웹툰작가를 위한
클립스튜디오 마스터 (한글판)

| 만든 사람들 |
기획 IT·CG기획부 | **진행** 양종엽 | **집필** 엘프화가 조지훈 |
편집·표지디자인 D.J.I books design studio 김진

| 책 내용 문의 |
도서 내용에 대해 궁금한 사항이 있으시면
저자의 홈페이지나 디지털북스 홈페이지의 게시판을 통해서 해결하실 수 있습니다.
디지털북스 홈페이지 digitalbooks.co.kr
디지털북스 페이스북 facebook.com/ithinkbook
디지털북스 인스타그램 instagram.com/digitalbooks1999
디지털북스 유튜브 유튜브에서 [디지털북스] 검색
디지털북스 이메일 djibooks@naver.com
저자 이메일 labica@gmail.com
저자 홈페이지 www.elfism.com

| 각종 문의 |
영업관련 dji_digitalbooks@naver.com
기획관련 djibooks@naver.com
전화번호 (02) 447-3157~8

※ 잘못된 책은 구입하신 서점에서 교환해 드립니다.
※ 이 책의 일부 혹은 전체 내용에 대한 무단 복사, 복제, 전재는 저작권법에 저촉됩니다.
※ 디지털북스가 창립 20주년을 맞아 현대적인 감각의 새로운 로고 DIGITAL BOOKS를 선보입니다.
　 지나온 20년보다 더 나은 앞으로의 20년을 기대합니다.
※ 유튜브 [디지털북스] 채널에 오시면 저자 인터뷰 및 도서 소개 영상을 감상하실 수 있습니다.

머리말

클립스튜디오

드디어, 저의 두 번째 강좌서적을 완성하게 되었습니다. 와~ 신난다. 클립스튜디오는 웹툰 작가들에게 참 좋은 툴이라 꼭! 사람들에게 알리고 싶었는데, 드디어 이렇게 기회를 얻게 되었네요. 책을 쓰면서 여러 가지 기능을 다시 익히기도 하고, 몰랐던 것도 알게 되면서 새삼 몸에 꼭 맞는 옷같은 느낌을 받았습니다. 그러면서 좋은 툴이라는 걸 새삼 깨닫게 됩니다.
우연인지 책을 쓰는 도중에 클립스튜디오 한글판이 등장하였습니다. 그만큼 국내에서도 클립스튜디오가 중요한 역할을 하고 있다는 반증 아닐까 합니다.
좋은 프로그램을 즐겁게 사용하기 위한 좋은 책으로 기억되면 좋겠습니다.

감사합니다.

감사합니다. 한 걸음 한 걸음 같은 방향을 바라보고 걸어가는 내 반쪽 파사. 사랑해~
늘 지켜봐주시는 부모님, 장인장모님 감사합니다.
내 청춘의 한 축이 된 친구들. 대의, 순찬, 만해, 태진, 호주 간 선영, 원철, 승현, 좋은 동생 동건. 땡큐~
여전히 만화에 대한 꿈을 잃지 않은 Penna의 친구들. 시린(대박나라 돕데이즈!), 예만의 친구들. 레이, 미궁, 모리, 아미, 루화. 다들 화이팅. 어느새 유니티 마스터까지 된 일러햄. 늘 멋진 그림을 그리는 페퍼업햄.
늘 힘이 되어주는 멋진 아이오 동료들. 장대표님 그리고 이제는 각자의 길을 가지만 멋진 병철씨, 현정씨, 종득씨, 의종씨. 감사합니다. 술 한잔 해야지~
첫 번째 책인 웹툰스케치업을 만들면서 새로운 분들과 많은 소통을 하게 되었고, 그것이 저에게 또다른 즐거움이 된 것 같습니다. 덕분에 새로운 책을 시도할 용기도 다시 불러일으켰던 것 같습니다. 감사합니다. 멋진 작업을 하시는 곽시탈님, 신신동성님, 허밀님, 잭잭님. 좀 더 세상을 따뜻하게 볼 수 있도록 도와주시는 그별님. 감사합니다.
제 꿈을 이룰 수 있도록 도와주신 디지털북스 여러분. 뜬금없는 제안에도 우선 클립스튜디오를 진행할 수 있도록 해주신 양종엽님. 감사합니다.
감사합니다. 늘 행복하세요.

* 강좌진행에 필요한 예제파일과 리소스는 엘프화가의 홈페이지에서 다운받으실 수 있습니다.(http://elfism.com/clipstudio_cd/start)

CONTENTS

CHAPTER 01
클립스튜디오란?

- 01 웹툰 작가가 클립스튜디오를 써야 하는 10가지 이유 — 008
- 02 클립스튜디오의 버전 별 차이점 소개 — 017
- 03 클립스튜디오 구매방법 — 019
- 04 클립스튜디오 다운로드 및 설치방법 — 022

CHAPTER 02
클립스튜디오의 기본화면 알아보기

- 01 클립스튜디오의 기본화면 알아보기 — 030
- 02 클립스튜디오의 툴 알아보기 — 034
- 03 클립스튜디오의 팔레트 알아보기 — 220

CHAPTER 03
일단 그려보자! 기본기 익히기

- 01 새창 만들기 — 262
- 02 러프 스케치 — 266
- 03 펜션 입히기 — 271
- 04 컬러링 하기 — 281
- 05 그림자와 반사광 입히기 — 293
- 06 컷선 만들기 — 302
- 07 배경 넣기 — 312
- 08 집중선 넣기 — 319
- 09 말풍선 만들기 — 325
- 10 효과음 그리기 — 333
- 11 웹툰규격으로 출력하기 — 338

CHAPTER 04
세팅을 통한 나만의 작업공간 만들기

- 01 클립스튜디오 설정 창 — 344
- 02 펜 압력 조정하기 — 356
- 03 단축키 설정하기 — 359
- 04 창 배치하기 — 362

CHAPTER 05
소재를 이용한 편리한 만화작업

01	소재란?	372
02	소재 팔레트 살펴보기	376
03	기본 소재 사용하기	383
04	소재 폴더 만들기	388
05	소재 등록하기	390
06	소재 속성 창 살펴보기	397
07	소재 예제 모음	402
08	소재 다운받아 사용하기	410
09	브러시 소재를 다운받을수 있는 곳	413

CHAPTER 06
브러시 마스터하기

01	클립스튜디오의 브러시 기능이란?	418
02	새 브러시 만들기	420
03	톱니바퀴 만들기	422
04	레이스 브러시 만들기	435
05	벚나무 그리기	446
06	화염이펙트 그리기	468
07	만든 브러시 저장하기	484
08	보조 도구 상세 팔레트 완전분석	486

CHAPTER 07
3D 툴 마스터하기

01	기본 기능 사용하기	498
02	실전! 지하철 씬 만들기	508
03	3D자선을 응용한 2D 배경에 오브젝트 배치하기	516
04	인체인형 사용하기	524
05	스케치업의 자동차 모델 가져오기	533

CHAPTER 08
표지 일러스트 그리기

01	컨셉 정하기	544
02	디테일 스케치하기	548
03	라인 작업하기	554
04	기본색 입히기	561
05	3D 오브젝트 삽입하기	565
06	디테일 작업하기	572
07	색 보완하기	593
08	타이틀 넣기	598

| 부록 | 웹툰에 쓸 수 있는 상업적 무료 폰트 리스트 | 603 |

클립스튜디오란 셀시스社(https://www.celsys.co.jp/en/)에서 개발된 만화 전문 소프트웨어입니다. 전신이었던 망가스튜디오에서 좀 더 발전된 개념으로 출시되었습니다. 출판만화 뿐만 아니라, 최근 트렌드에 맞춰 수채화, 유화 기능 등 디지털 작업에 탁월한 기능을 가지고 있습니다.

처음부터 만화를 위해 탄생한 툴이라 보다 만화에 적합하도록 만들어졌으며, 포토샵이나 페인터의 기능을 흡수하여 한층 발전한 툴입니다. 펜선이나 컷선 등 기본적인 기능 뿐만 아니라, 자잘한 부분까지 만화작업에 편리하도록 신경 쓰고 있어, 쓸수록 기분 좋은 툴이기도 합니다.

클립스튜디오는 다양한 기능 덕분에 웹툰 작업뿐만 아니라 전문 일러스트레이트, 게임 텍스쳐 작업 등 더 많은 분야로 확장되어 사용되고 있습니다.

덕분에 세계적으로 150만 카피 이상이 판매되었으며, 일본에서는 포토샵과 함께 사용량 1위를 달리고 있는 툴이기도 합니다.

최근에 클립스튜디오 한글판이 발매되었으며, 이를 통해 국내 작가들에게 더욱 대중적인 툴이 되리라 확신합니다.

웹툰 작가가 클립스튜디오를 써야 하는 10가지 이유

사실, 클립스튜디오가 꼭 필요할까? 라고 생각하는 분들이 많으실 거라 생각됩니다. 저 역시 20년 가까이 포토샵과 페인터 이외에는 불필요하다고 생각해왔었습니다. 하지만, 어느 순간 클립스튜디오를 실제 작업에 사용하게 되면서 '웹툰 작가라면 꼭 사용해야 한다'라는 결론에 다다르게 되었습니다. 저 역시 반년이 채 되지 않아, 대부분의 개인작업과 회사작업들을 클립스튜디오로 하고 있는 것을 발견하고 스스로도 놀라고 있습니다. 그리고 주변 작가분들에게도 열심히 추천하고 있습니다.
하지만 이렇게 말해선 와 닿지 않겠죠? 과연 웹툰 작가가 클립스튜디오를 사용해야 할 이유가 뭘까요?

UNIT 01_ 만화만을 위해 탄생한 툴

포토샵은 Photoshop, 즉, 사진관이라는 이름 그대로 사진보정을 위해 탄생한 툴입니다. 버전 업이 되면서 다양한 드로잉 기능이 추가되긴 했지만, 여전히 그 기반은 남아있습니다.
반면 클립스튜디오는 전신인 코믹 스튜디오*라는 제목에서 암시하는 것처럼, 처음부터 만화만을 위해 탄생한 툴입니다. 만화가의 책상을 대체하기 위해 태어났다고나 할까요?

처음부터 펜과 잉크, 스크린 톤 등을 사용한 전통적인 만화작업을 디지털에서도 편하게 하기 위해, 혹은 대체하기 위해 탄생하였으며, 레이아웃이나 기능 등이 만화작가의 시점에서 구성되어 있습니다. 다만, 기존 포토샵 등에 익숙한 분들이나 전통적인 만화작업에 익숙하지 않은 분들 (최근 웹툰 세대라고 하면 될까요?)에게는 조금 어렵게 느껴지기도 합니다.
코믹스튜디오의 뒤를 이어 등장한 클립스튜디오 역시 만화작업만을 위한 툴입니다. 전 세대들의 기본적인 기능들을 기반으로, 만화만을 위한 다양한 요소를 제공하고 있습니다.

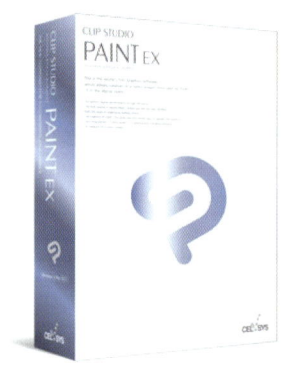

* 영문판은 망가 스튜디오라는 이름으로 출시되었습니다.

UNIT 02_ 저렴한 가격

만화가의 가난한 주머니를 생각했는지, 다른 유사 프로그램에 비해 상당히 저렴한 가격대를 형성하고 있습니다. 100만 원이 훌쩍 넘어가는 포토샵과 페인터 등과 달리 20만 원 안으로 구입할 수 있습니다. 종종 50% 이상의 세일도 하므로, 기회를 잘 노리면 10만 원 이하로도 충분히 구입 가능합니다. 가격은 저렴하지만 그 기능은 포토샵과 페인터의 기능을 합한 수준이라 가격 대비 성능이 무척 뛰어난 툴입니다.

UNIT 03_ 만화에 특화된 벡터 펜선

만화가 다른 예술매체와 다른 점은 뭐니 뭐니 해도 출판만화에서부터 시작된 펜선이 아닐까 합니다. 클립스튜디오에서는 이 펜선을 좀 더 깔끔하고 편하게 그을 수 있는 다양한 방법을 제공하고 있습니다. 특히 벡터 레이어와 벡터 펜선은 한번 그은 선을 재가공하고, 잘못 그은 선이나 삐져나온 선을 빠르게 지워버릴 수 있으며, 확대·축소에도 깨지지 않아 출판/웹 모두 아우를 수 있는 강력한 도구입니다.

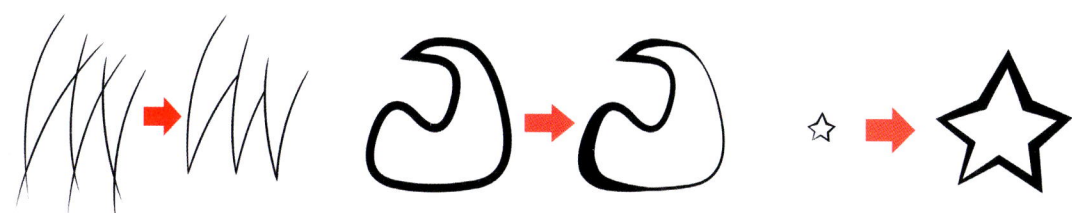

UNIT 04_ 강력한 일러스트용 브러시&패턴 브러시

최근 웹툰은 이전의 출판시장과 달리 컬러풀한 원고로 제작됩니다. 또한, 다양한 컬러링과 스타일을 보여주고 있습니다. 게임시장이 커지면서 게임일러스트 역시 인기를 끌고 있습니다.

클립스튜디오는 유화나 수채화 스타일의 강력한 디지털 컬러링 툴을 포함하고 있어, 전통적인 출판만화뿐만 아니라, 컬러풀한 웹툰 작업방식부터 게임에 들어가는 고퀄리티 일러스트 등도 작업 가능한 수준입니다.

또한 클립스튜디오는 다양한 패턴 브러시를 제공하며, 이를 이용해 수십 개의 돌이나, 꽃 등을 순식간에 그려 넣을 수도 있습니다. 그뿐만 아니라 자신만의 패턴 브러시를 만들어 자유롭게 사용할 수 있습니다.

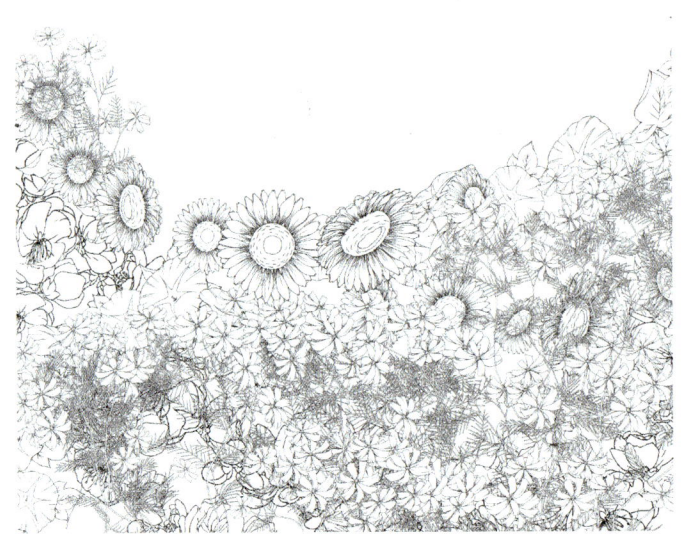

UNIT 05_ 강력한 자선 / 집중선 기능

클립스튜디오의 특징 중 하나는 강력한 자선/집중선 기능입니다. 예전에는 일일이 원고에 구멍을 뚫고, 종이를 이어서 그렸던 집중선을 원클릭으로 그릴 수 있습니다. 또한 3D 자선 등을 이용해 건물이나 배경 등을 그리는 것도 훨씬 편리해졌습니다. 거울자선을 이용하면 화려한 패턴이나 좌우가 똑같은 이미지도 손쉽게 그릴 수 있어 편리합니다.

UNIT 06_ 3D연동 기능

클립스튜디오는 자체적으로 동작을 위한 포즈와 다양한 배경을 포함하고 있어, 이를 작업에 응용해 사용할 수 있습니다.

그뿐만 아니라 FBX, OBJ 등 다양한 3D파일을 불러와 클립스튜디오 내에서 사용할 수 있습니다. 특히 최근 사용량이 늘고 있는 스케치업과 궁합이 상당히 잘 맞는 편으로, 직접 제작한 스케치업 배경을 만화로 가져와 다양한 각도로 배치할 수 있을뿐만 아니라, 스케치업에서 제공하는 수만가지의 오브젝트들을 간단히 변환해서 클립스튜디오로 가져와 사용할 수 있습니다. 그래서 스케치업과 함께 클립스튜디오를 사용할 경우 강력한 시너지효과를 얻을 수 있습니다. 배경 전문 어시스턴트가 생긴 느낌에 가깝다고 할까요?

UNIT 01_ 이미지를 선화로 만들어주는 LT conversion 기능

클립스튜디오는 기존 이미지나 사진 등에서 아웃라인을 추출해 다양한 이미지를 펜선처럼 만들 수 있습니다. 톤까지 만들어주므로 출판만화에 제격이며, 선의 굵기나 단순한 정도를 설정할 수 있어 웹툰에도 유용합니다.

특히 외부에서 불러온 3D오브젝트 역시 펜선처럼 만들 수 있어 함께 사용하면 강력한 시너지효과를 냅니다.

UNIT 08_ 강력한 라이브러리 관리 기능

클립스튜디오의 라이브러리 관리 기능에서는 2D이미지부터 펜션, 브러시 등을 보관할 수 있으며, 3D 오브젝트나 포즈 등도 저장할 수 있습니다. 그야말로 클립스튜디오에서 사용하는 대부분의 리소스를 저장하고 관리할 수 있습니다. 다양한 폴더나 레이아웃을 미리 저장해두었다가 불러내 손쉽게 사용할 수 있어, 작업효율을 올릴 수 있습니다. 한번 만든 리소스를 여러 번 재사용할 수 있으며, 다른 사람과 교환도 가능합니다.

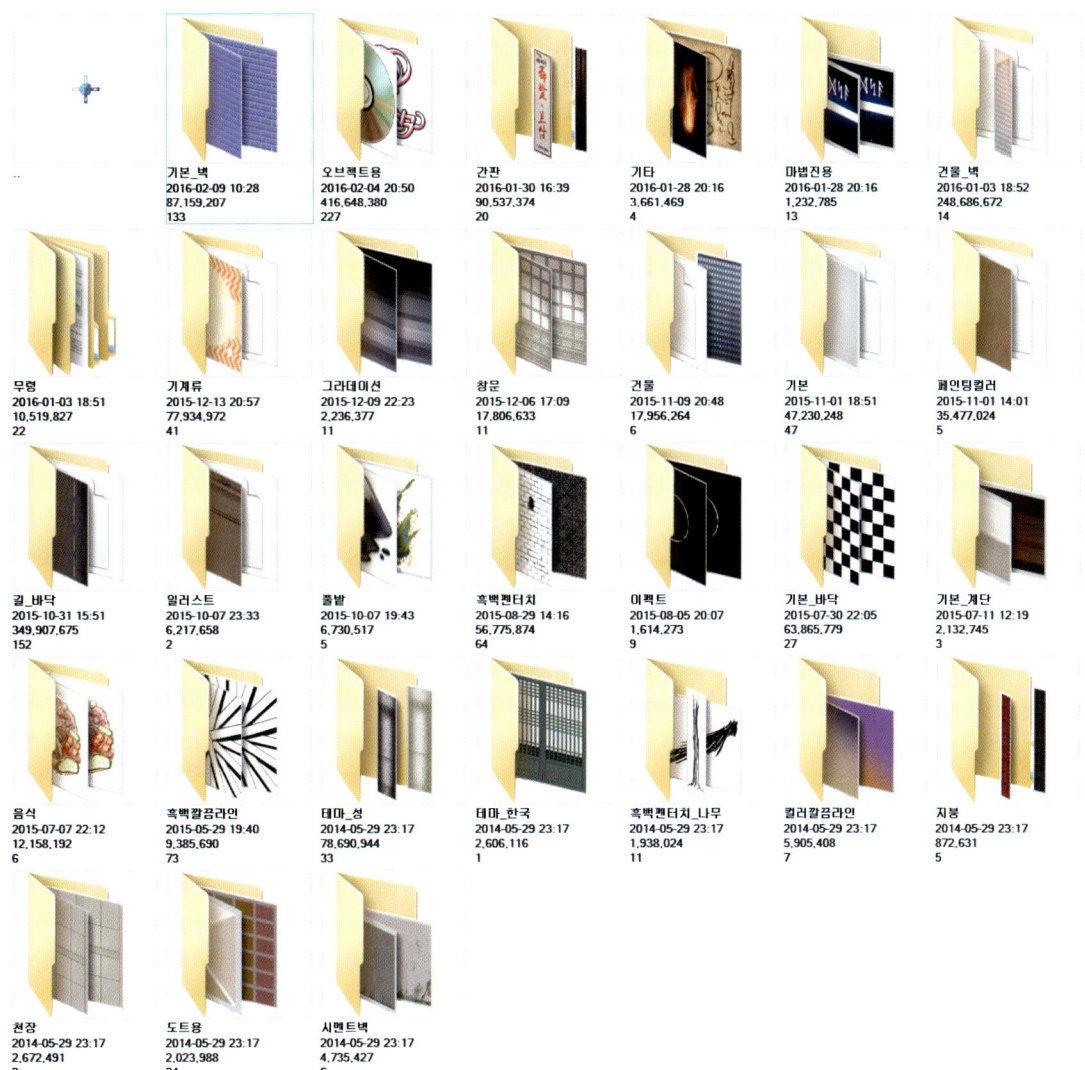

UNIT 09_ 레퍼런스 레이어와 밑그림 레이어

클립스튜디오만의 강력한 특징 중 하나는 레퍼런스 레이어와 밑그림 레이어입니다.
레퍼런스 레이어는 이름 그대로 참조를 할 수 있는 레이어입니다. 특정 레이어를 레퍼런스 삼아 색을 칠하거나, 이미지를 그려 넣을 수 있습니다.* 반대로 밑그림 레이어는 스케치 레이어이며, 실제로 익스포트할 때는 추출되지 않아 실수로 러프선을 남기거나 하는 일이 없으며, 어느 상황에도 깔끔한 원고 결과물을 만들 수 있습니다.

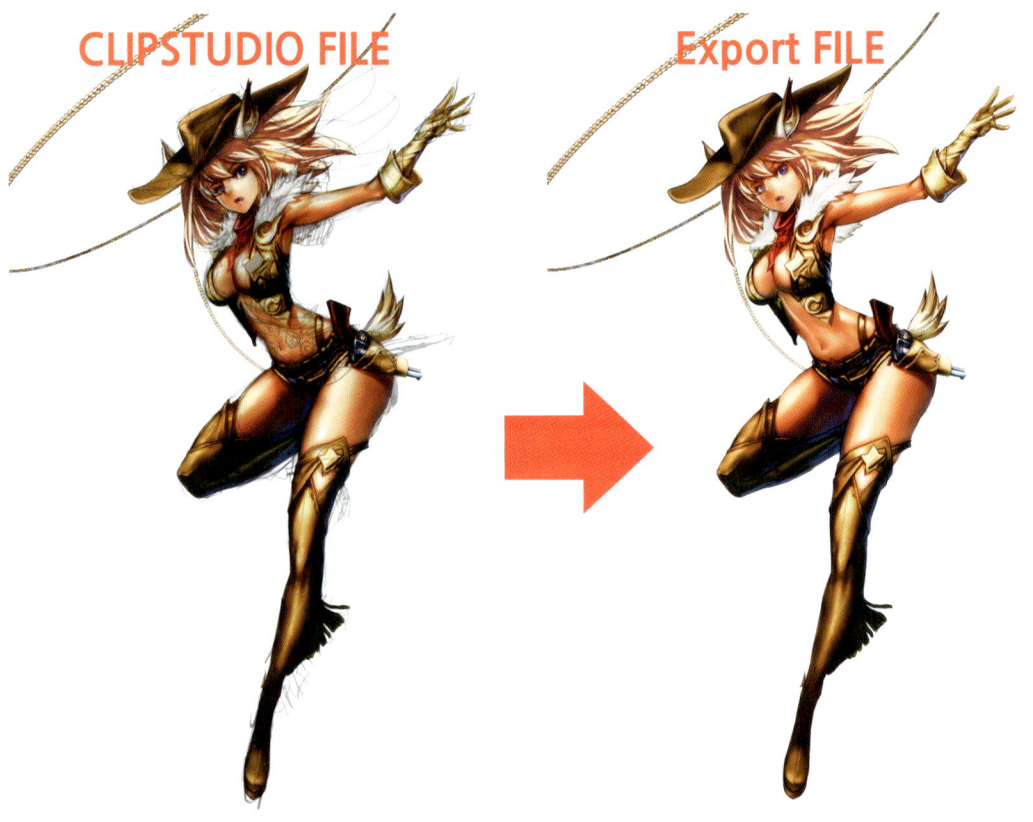

* 포토샵도 비슷한 기능이 있습니다. 전체 레이어만 참조할 수 있어 상대적으로 제한적입니다.

UNIT 10_ 원고관리 기능 및 다양한 도구들

클립스튜디오는 페이지와 대사 관리 기능을 자체적으로 포함하고 있습니다. 여러 장으로 그려야 하는 출판만화나 웹툰 작업을 하기에 편리하며, 대사관리 기능을 통해 미리 대사와 러프컷을 짜고, 디테일 작업까지 가져가는 등 다양하게 응용할 수 있습니다.

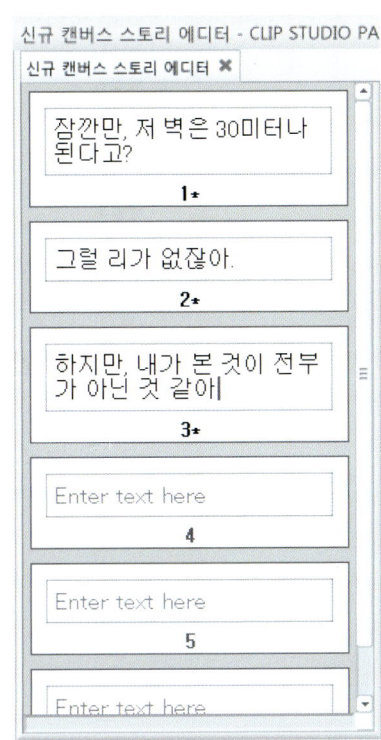

또한 참고자료를 보관할 수 있는 서브 뷰라는 기능도 제공합니다.

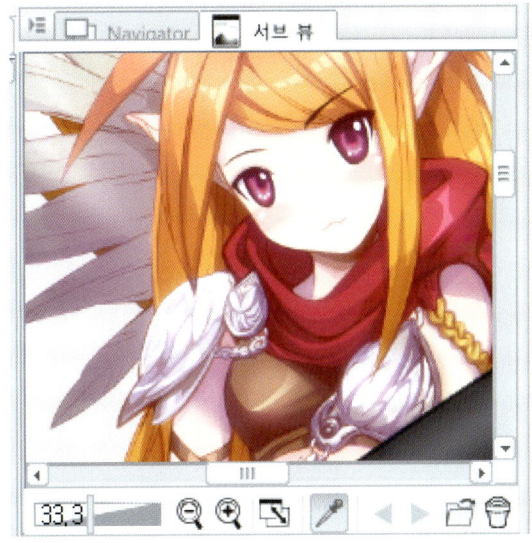

클립스튜디오를 사용하다 보면, 다른 그래픽프로그램에서는 느낄 수 없는 만화만을 위한 편리함이나 고민 등이 눈에 보여 종종 놀라고는 합니다.

UNIT 11_ 마음이 맞는 연인, 친구 같은 툴

이러한 다양한 장점 외에 클립스튜디오를 쓰면서 정말 좋았던 점은 클립스튜디오가 '마음 맞는 연인, 친구'같은 툴이라는 점입니다. 이 책을 쓰게 된 계기도 바로 이러한 점이 너무 좋았기 때문인데요…….

사실 포토샵이나 페인터는 만화와는 별개의 툴이기 때문에 내가 익히고 실패하고 도전해가면서 익혀가야만 합니다. 만화를 그리기 위해서는 내가 이 툴에 맞춰서 바뀌어야 하죠.

하지만, 처음부터 마음이 맞는 취미가 있고, 뭔가 이야기 하나만 해도 통하는 연인. 손을 뻗으면 원하는 도구를 쥐어주는 그런 친구가 있습니다. 클립스튜디오는 그런 툴에 가깝습니다. 만화를 위해 함께 고민하고, 발전하기 때문일까요? 마치 처음 펜과 잉크를 접했을 때의 설레임과 전율을 다시금 전해주는 멋진 프로그램이라 할 수 있습니다.

그런 경험. 해보고 싶지 않으신가요?

클립 스튜디오는 여러 종류가 있습니다. 이번 시간에는 클립 스튜디오의 종류와 각 종류별 기능의 차이점에 대해 알아보도록 하겠습니다.

· DEBUT

클립스튜디오 DEBUT는 다른 제품들과 다르게 비매품으로, 구입할 수 없는 버전입니다. 일반적으로 일본 그림사이트 픽시브의 프리미엄 서비스를 이용할 때 번들로 제공되며, 한때 픽시브(Pixiv) 전체 유저에게 2개월간 사용 가능한 DEBUT를 이벤트로 제공하는 등 주로 홍보를 위해 사용되는 버전입니다. 벡터 브러시나 브러시 커스터마이징 등의 클립스튜디오 주요기능은 빠져있습니다.

· PRO

클립스튜디오의 저가형 버전입니다. 원고작업을 위한 여러 페이지 작업이 불가능하며, 플러그인 등을 사용할 수 없는 단점이 있습니다. 2D와 3D작업물을 톤 방식으로 변경하는 기능도 없습니다. 대신 가격은 한화로 5만원(일본에서는 4500엔, 영문판은 49.99$) 정도로, 기능에 비해 무척 저렴한 가격대를 차지하고 있습니다.

국내의 경우 만화시장의 특수성으로 인해 출판만화보다는 웹툰만화가 주를 이루므로 웹툰 작업만 하실 예정이라면 구매를 고려해볼만 한 버전입니다. 구매한 뒤 추가금액을 내면 Ex 버전으로 언제든지 업그레이드가 가능하므로 부담도 적은 편입니다. 다만, 언젠가는 나의 웹툰으로 출판을 하겠다! 혹은 처음부터 출판만화를 목표로!라는 마음이라면, EX 버전을 구매하시는 것이 좋습니다.

· EX

클립스튜디오의 모든 기능을 갖춘 버전입니다. 웹툰이나 일러스트를 위한 기능뿐만 아니라, 출판만화를 제작하기 위한 기능이 포함되어 있으며, 최근에 애니메이션 기능이 추가되면서 다른 버전들과 달리 유일하게 24프레임 이상을 작업할 수 있습니다. 사이툴 등과의 호환성 / Kindle이나 epub출판기능 등이 포함되어 있습니다. 기능추가에 비해 pro와의 차이점은 그리 큰 편은 아닙니다.

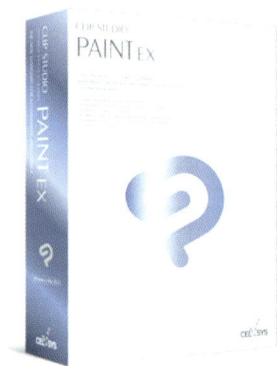

· 기능 비교표

클립스튜디오 공식 사이트(http://www.clipstudio.net/kr/functions)에 올라와 있는 기능을 정리해서 올립니다. 직접 비교해보시고 어떤 버전이 자신에게 맞는지 살펴보시기 바랍니다.

기본 기능	설명
1페이지짜리 일러스트나 만화 제작	클립스튜디오에서는 일러스트나 만화를 컬러, 흑백 버전으로 그릴 수 있습니다. 다만 DEBUT 버전에는 일부 기능이 빠져있습니다.
여러 페이지가 담긴 파일관리	책을 제작할 수 있는 여러 페이지짜리 파일을 관리합니다.
툴 커스터마이징	펜이나 브러시 등을 취향에 맞게 수정할 수 있습니다.
애니메이션 기능	클립스튜디오를 이용해 애니메이션을 만들 수 있습니다. DEBUT과 PRO 의 경우 24프레임 제한이 있습니다.
LT 변환	3D모델이나 2D 이미지, 사진 등을 만화 느낌의 라인과 톤으로 변환할 수 있습니다.
책으로 출판	여러 페이지로 된 책을 만들거나, 전자출판 등을 할 수 있습니다.
톤과 소재 기본 제공	만화에 유용한 톤과 소재를 설치 시 함께 제공합니다. DEBUT 버전은 일부가 빠져있습니다.

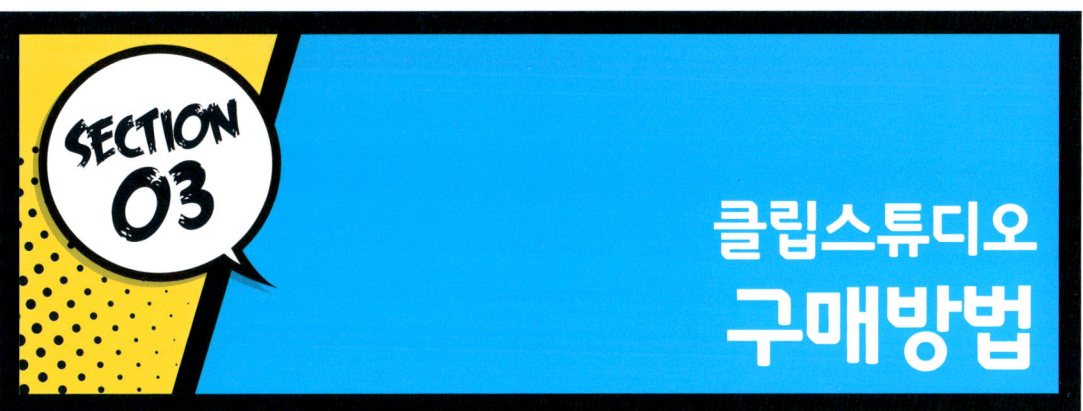

SECTION 03 클립스튜디오 구매방법

· 구매하는 방법

이번 시간에는 클립스튜디오를 구매하는 방법에 대해 알아보도록 하겠습니다.
다행히 최근 한글판 구매사이트도 열리고 한글판도 공개되었으므로, 예전에 비해 구매하기가 무척 편해졌습니다. 다만, 해외에서도 사용할 수 있는 신용카드가 있어야 하므로, 미리 준비하시기 바랍니다.

01 구매하기 위해서 클립스튜디오 한글 사이트로 들어갑니다. 네이버 등에서 검색하셔도 됩니다.
http://www.clipstudio.net/kr

02 친절하게 한글로 되어있습니다. '지금 구입' 버튼을 눌러 구매사이트로 넘어갑니다.

03 현재 클립스튜디오는 Pro 버전과 EX 버전 2종류로 판매되고 있습니다. 앞선 챕터에서 버전 차이를 확인하신 뒤, 자신에게 필요한 버전을 골라 '지금 구입'을 클릭합니다.

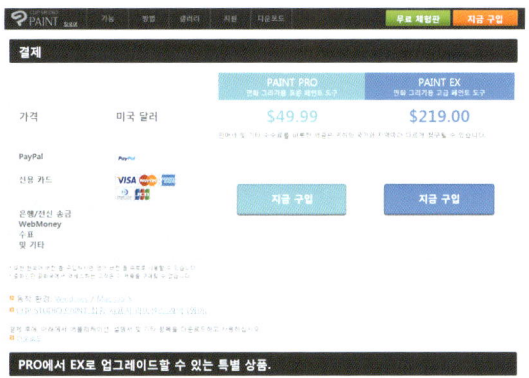

클릭하면 장바구니 페이지로 넘어갑니다. 구매는 신용카드와 수표, Paypal을 이용할 수 있으며, Paypal을 가지고 계시다면 훨씬 구매가 편합니다.(구석에 있는 Paypal 버튼을 눌러 계속합니다.)

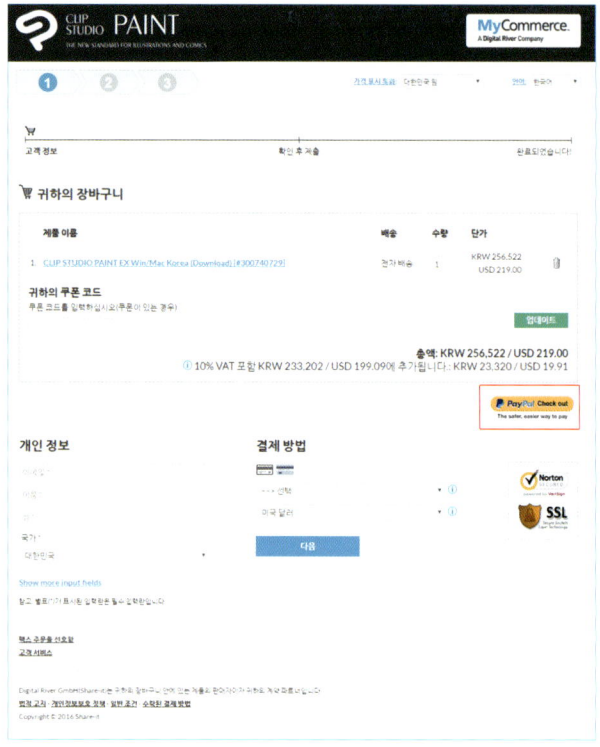

Paypal이 없는 경우 신용카드를 선택하고, 미국 달러를 선택합니다.

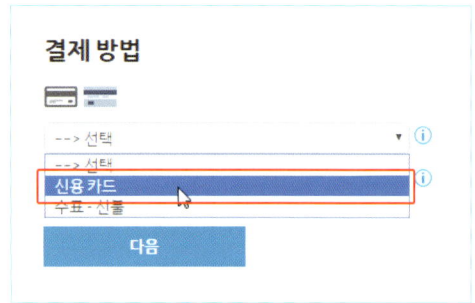

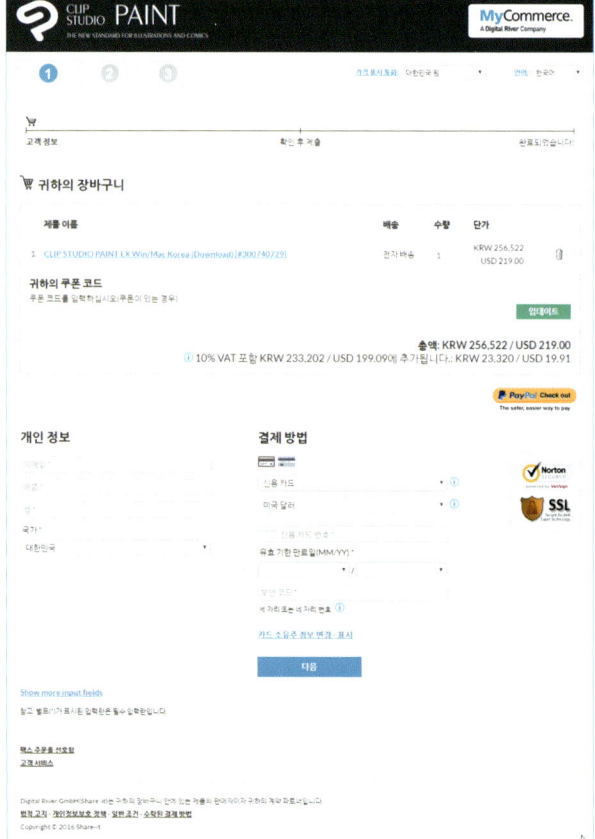

마지막으로 신용카드 번호와 관련정보를 넣고, 이메일을 포함한 개인정보 등을 입력하시면 됩니다. 은행사이트를 이용하지 않아도 돼서 상대적으로 구매가 편리합니다.

구매 버튼을 클릭합니다. 구매가 완료되면, 등록한 이메일로 시리얼넘버가 날아올 것입니다. 이 시리얼은 영문판과 한글판 모두 지원하므로 편하게 사용하실 수 있습니다.

 **해외결제용 신용카드가 없을 경우**

최근 해외구매가 늘어나면서 해외결제용 신용카드를 많이들 사용하는 편입니다. 하지만 해외결제용 신용카드가 없을 경우 구매자체가 힘들어지는데요, 이럴 때는 구매대행 사이트를 이용하면 편리합니다. 여러 사이트가 있겠지만, 제니엘이라는 곳에서 할인가격이 적용되므로(물론 할인기간이어야 합니다.) 추천합니다.
http://zerial.net/

 클립스튜디오를 싸게 구매하는 방법

클립스튜디오는 다른 툴들에 비해 가격이 그리 비싼 편은 아닙니다. 게다가 종종 할인 이벤트가 열리기 때문에 타이밍을 잘 맞춰서 구매하면 50% 가량 할인된 가격으로 구매할 수 있습니다.
할인을 하는 시기는 보통 다음과 같습니다.
크리스마스
블랙프라이데이
신년
그 외 특별한 이벤트 때 비정기적으로 할인을 하기도 하므로, Clipstudio 페이스북이나 트위터등을 주시하고 있다가 구매하시는 것도 절약하는 방법 중 하나입니다.

클립스튜디오는 미리 사용해볼 수 있는 체험판과, 구매자가 사용할 수 있는 구매자용으로 나뉘어져 있습니다.

· 체험판 다운로드

클립스튜디오 체험판은 누구나 다운로드해서 사용해볼 수 있습니다.
메인사이트에서 무료 체험판을 클릭하면 다운로드 페이지로 이동합니다.

 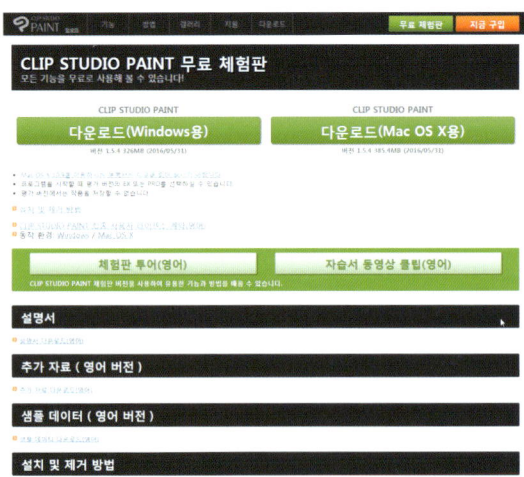

· 구매자용 다운로드

클립스튜디오를 구매했을 경우, 별도 페이지에서 다운받게 됩니다. 링크는 아래와 같습니다.

언어	주소
한글판	http://www.clipstudio.net/kr/dl/
영문판	http://www.clipstudio.net/en/dl/

해당 페이지에는 다운로드 링크와 함께 도움이 되는 설명서 등이 있으므로 다운받아 보시기 바랍니다.

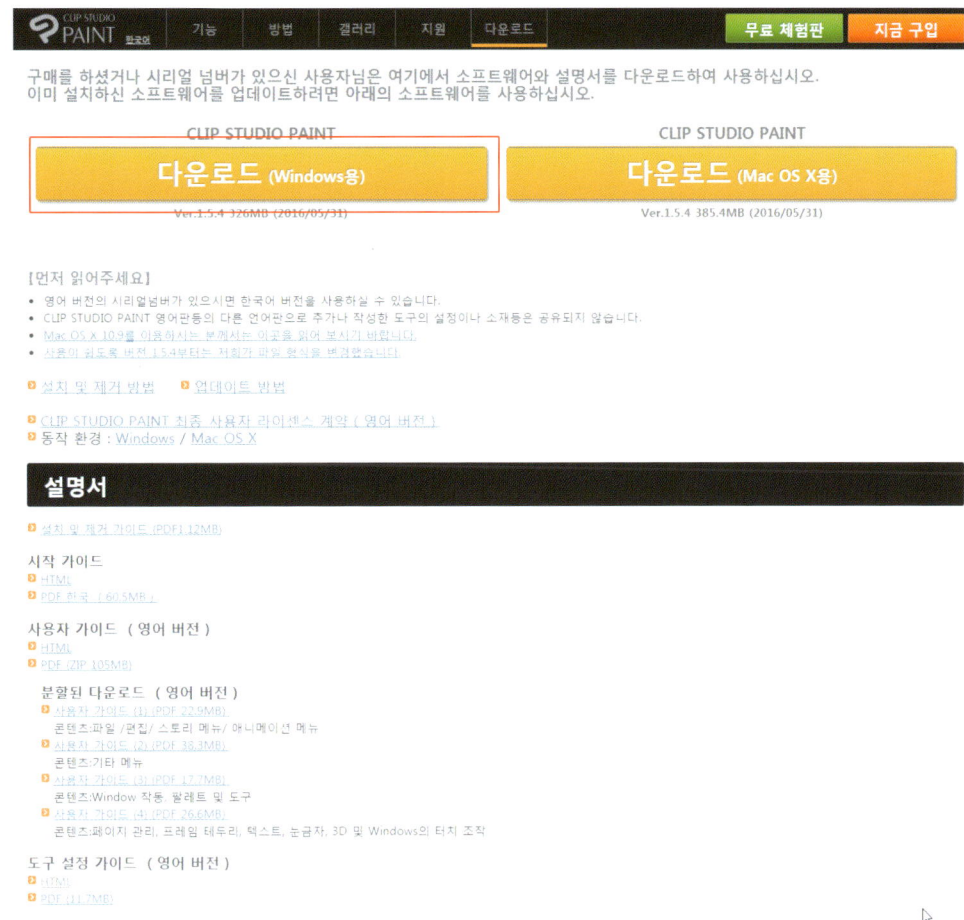

다운로드 버튼을 누르면 아래와 같은 팝업창이 등장합니다. 클릭해서 파일을 다운받습니다.

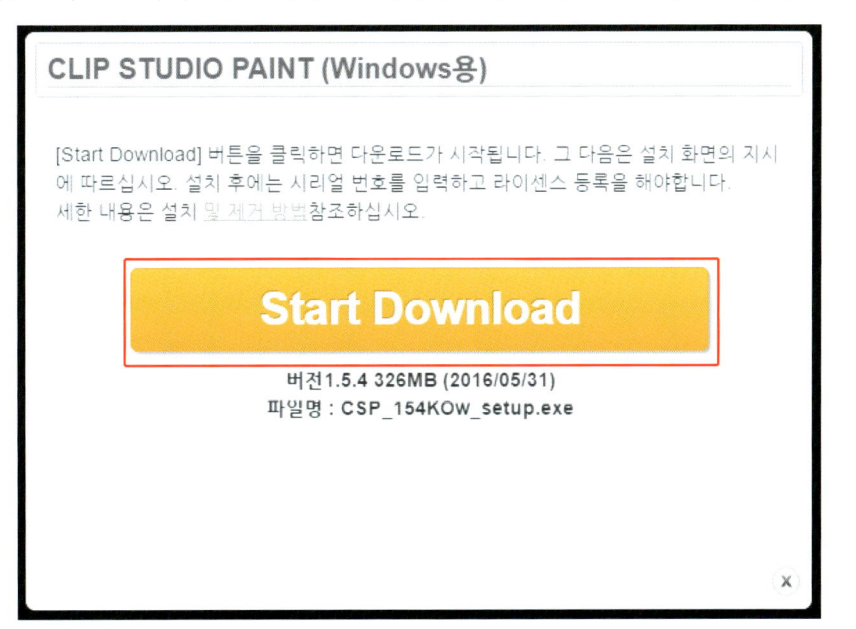

· 설치 과정

01 다운받은 파일을 실행합니다.

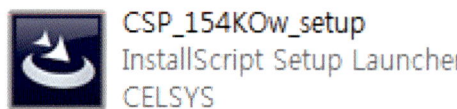

02 클립스튜디오의 설치과정은 다른 프로그램들과 유사합니다.
설치화면입니다.

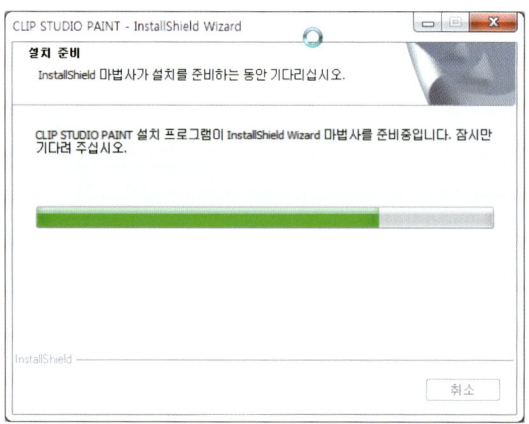

03 라이센스를 확인하는 화면입니다. 상단을 클릭해 승인합니다.

04 설치폴더를 설정하는 화면입니다. 그냥 넘어가셔도 됩니다.

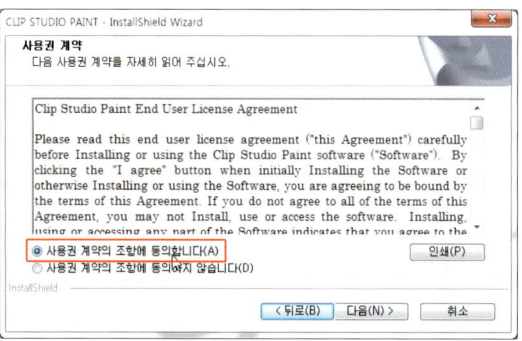

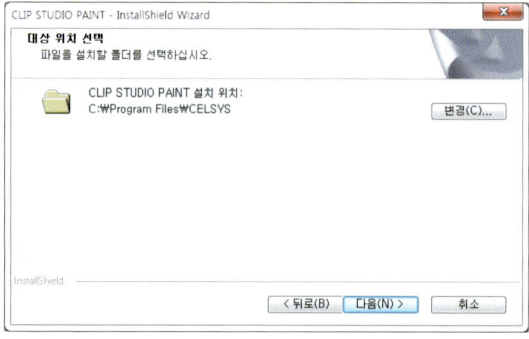

모든 설정을 마치면 인스톨합니다.

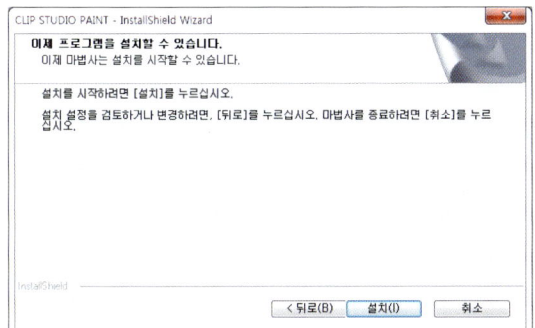

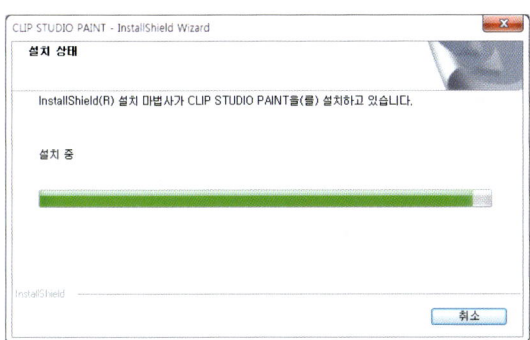

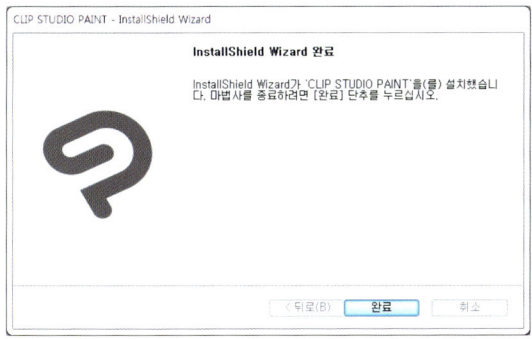

 모든 과정을 마치면 바탕화면에 실행 아이콘이 생성됩니다.

실행하면, 시리얼 넘버를 입력하는 창이 뜹니다. 구매자의 경우 시리얼넘버를 입력하고, 아닌 경우 체험판 사용 버튼을 선택합니다.

07 체험판 사용 버튼을 선택하면 아래와 같은 제한 사항을 알려줍니다.

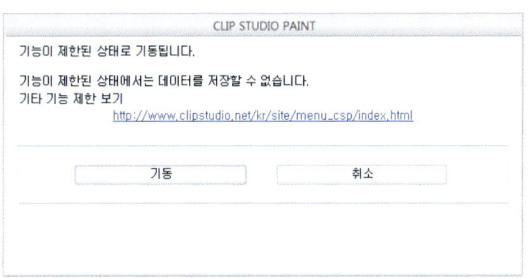

08 시리얼을 입력하면 라이센스가 등록됩니다.

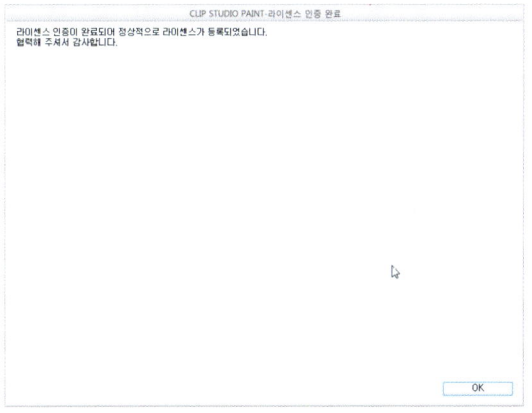

드디어 첫 화면입니다.

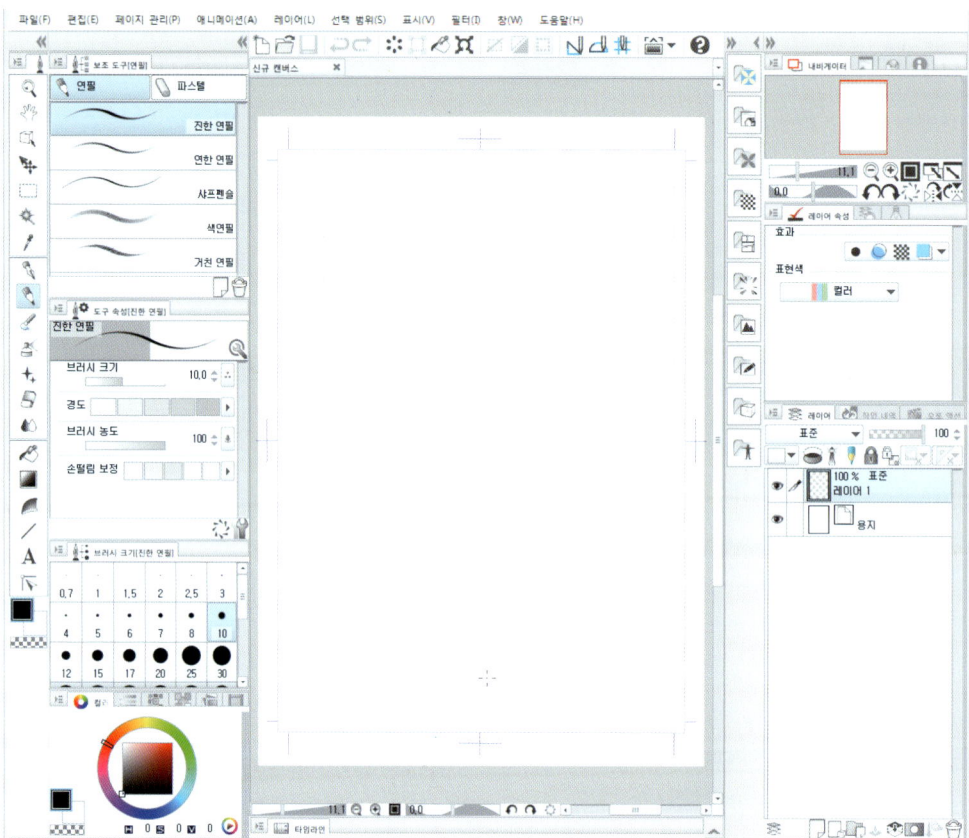

· 무료 리소스 다운받기

 클립스튜디오의 다운로드 페이지(http://www.clipstudio.net/en/dl에서는 다양한 리소스를 무료로 다운받아 사용할 수 있습니다. 쓸만한 리소스가 많으므로 꼭 다운받아 사용해보시기 바랍니다.

Additional materials

Select either batch download or divided download, whichever may be convenient for you, depending on your internet connection environment.

- Additional materials: Batch download of consolidated version (785MB)

Divided download
- Additional materials 1: Color pattern / illustration materials (188MB)
  Contains color pattern materials and illustration materials.
- Additional materials 2: Monochromatic pattern materials (130MB)
  Contains monochromatic pattern materials that are basic tone materials mainly used for drawing manga.
- Additional materials 3: Monochromatic pattern materials (184MB)
  Contains monochromatic pattern materials that are basic tone materials mainly used for drawing manga.
- Additional materials 4: Monochromatic pattern materials (184MB)
  Contains monochromatic pattern materials that are basic tone materials mainly used for drawing manga.
- Additional materials 6: Manga materials (31.5MB)
  Basic tone materials mainly used for drawing manga, such as balloons, sound effects, signs and effect line.
- Additional materials 7: 3D materials (71.3MB)
  Contains materials that use 3D.

Default Sub Tools
- Sub Tool Package(29.9MB)
  The sub tool data that is preinstalled in CLIP STUDIO PAINT EX and PRO, such as brush settings.
  Download this if you delete any sub tool settings by mistake. This allows you to reload the sub tool(s) you deleted into the application.
  (You do not need to install this data when you are installing the application for the first time.)
  *See the included instructions for details on how to install.

또한 소재 페이지(http://www.clipstudio.net/en/dl/materials/)에서 매주 새로운 리소스를 제공해주므로 편리하게 사용할 수 있습니다.

Materials

Free materials for CLIP STUDIO PAINT available for download.
Use the materials in agreement on "For use of the materials."

*Not available for CLIP STUDIO PAINT DEBUT and trial version.

Name of the material :
Flower lace ribbon brush
Category :
Brush
Date of release :
2016-06-21

Name of the material :
Colorful flower shaped...
Category :
Brush
Date of release :
2016-06-21

Name of the material :
Simple Flower_Pink
Category :
Brush
Date of release :
2016-06-14

Name of the material :
Petals of roses
Category :
Brush
Date of release :
2016-06-14

Name of the material :
Ornithogalum
Category :
Brush
Date of release :
2016-06-07

Name of the material :
Tone border
Category :
Auto Action
Date of release :
2016-06-07

Name of the material :
Open face
Category :
Auto Action
Date of release :
2016-06-01

Name of the material :
Black and white border
Category :
Auto Action
Date of release :
2016-06-01

Name of the material :
Change opacity
Category :
Auto Action
Date of release :
2016-05-24

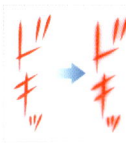
Name of the material :
Duplicate layer and...
Category :
Auto Action
Date of release :
2016-05-24

Name of the material :
Snow rabbit color set
Category :
Color Set
Date of release :
2016-05-17

Name of the material :
Renta_Action Set
Category :
Auto Action
Date of release :
2016-05-17

Name of the material :
Skin color set
Category :
Color Set
Date of release :
2016-05-10

Name of the material :
Hair color set
Category :
Color Set
Date of release :
2016-05-10

Name of the material :
Web safe color
Category :
Color Set
Date of release :
2016-04-26

Name of the material :
Line Brush
Category :
Brush
Date of release :
2016-04-26

Name of the material :
Rough Brush
Category :
Brush
Date of release :
2016-04-19

Name of the material :
Coloring2
Category :
Brush
Date of release :
2016-04-19

Name of the material :
Coloring1
Category :
Brush
Date of release :
2016-04-12

Name of the material :
Sensitive Brush
Category :
Brush
Date of release :
2016-04-12

Name of the material :
Writing pen
Category :
Brush
Date of release :
2016-04-12

Name of the material :
Dry eraser
Category :
Brush
Date of release :
2016-04-12

Name of the material :
Brush2
Category :
Brush
Date of release :
2016-04-06

Name of the material :
Brush1
Category :
Brush
Date of release :
2016-04-06

Name of the material :
Trapezium Brush
Category :
Brush
Date of release :
2016-03-29

Name of the material :
Custom water color...
Category :
Brush
Date of release :
2016-03-29

Name of the material :
Water color India ink
Category :
Brush
Date of release :
2016-03-29

Name of the material :
Volumed sponge PH
Category :
Brush
Date of release :
2016-03-22

Name of the material :
Dry Brush
Category :
Brush
Date of release :
2016-03-22

Name of the material :
Sponge PH
Category :
Brush
Date of release :
2016-03-22

클립스튜디오의 기본창은 포토샵 등과 비슷하면서도 다릅니다. 기본 개념부터가 '만화를 위한 툴'에서 출발했기도 했고, 다양한 만화작업을 모두 지원하기 위해 무척 많은, 하지만 편리한 기능들을 구석구석 숨겨놓았기 때문에 원하는 기능을 찾기가 은근 어려운 편입니다.

이번 시간에는 각 창들을 하나씩 살펴보면서, 전체 기능을 자세히 살펴보도록 하겠습니다. 사전적인 설명 느낌이 강하므로 한번만 가볍게 훑어보시고, 해당 기능이 궁금할 때마다 다시 해당 항목만 읽어보시면 좀 더 빨리 기능을 익히실 수 있을 것입니다.

SECTION 01 클립스튜디오의 기본화면 알아보기

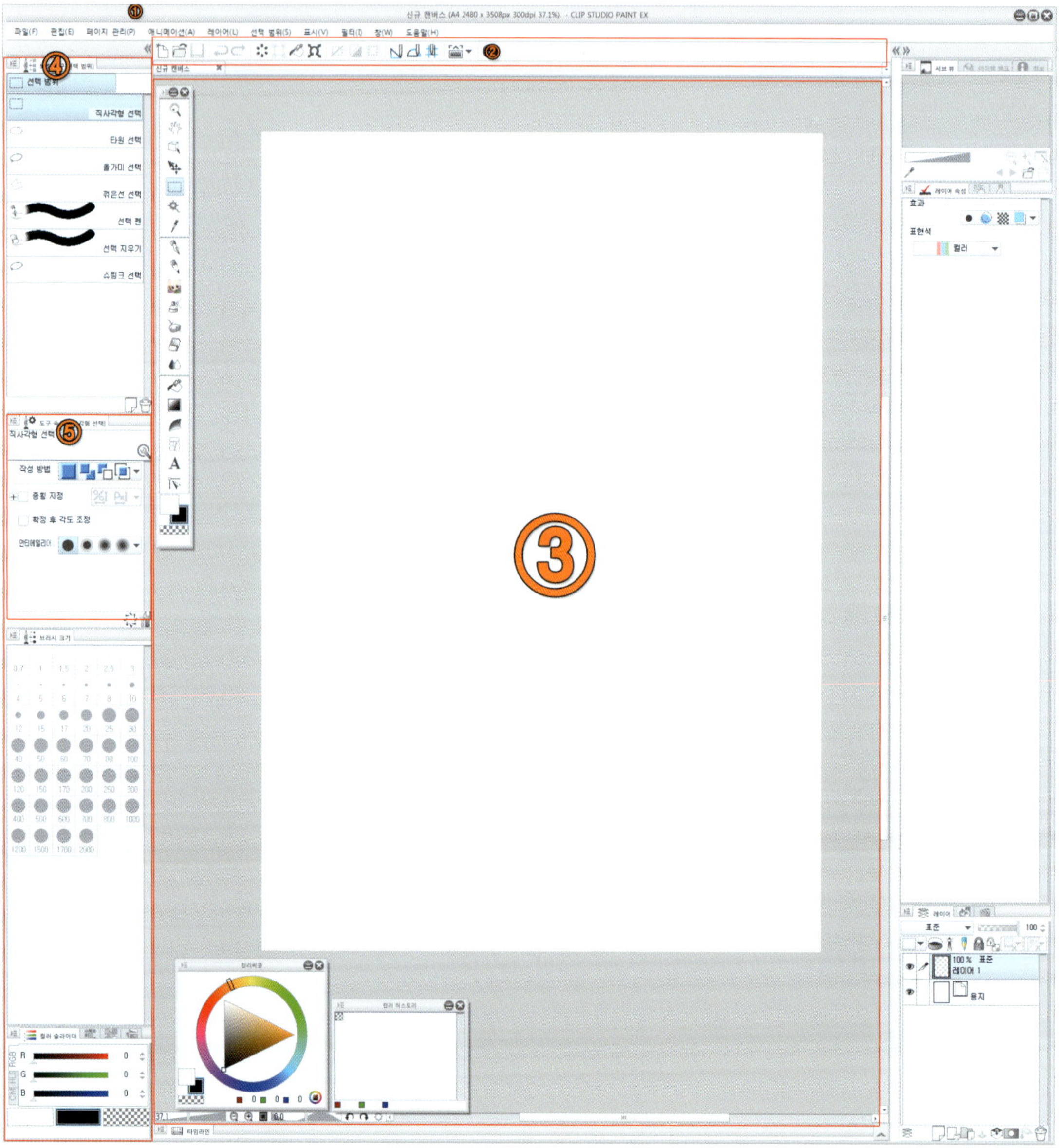

클립스튜디오를 실행하면 아래와 같은 화면을 맞이합니다. 포토샵 등과 비슷하면서도 조금씩 다른 모습이 보입니다. 각 창의 명칭을 알아보도록 하겠습니다.

타이틀 바에는 코믹스튜디오의 종류와 현재 작업 중인 파일이름과 크기 등의 정보가 표시됩니다. 저는 Ex를 사용하고 있습니다.

커맨드 바에는 파일과 관련된 다양한 기능들이 배치되어 있습니다. 이 창을 이용하면 빠르게 새 파일을 만들거나 psd 등으로 저장할 수 있습니다. 이 창의 내용은 파일 → 커맨드 바 설정에서 손쉽게 변경할 수 있어 원하는 대로 설정 가능합니다.

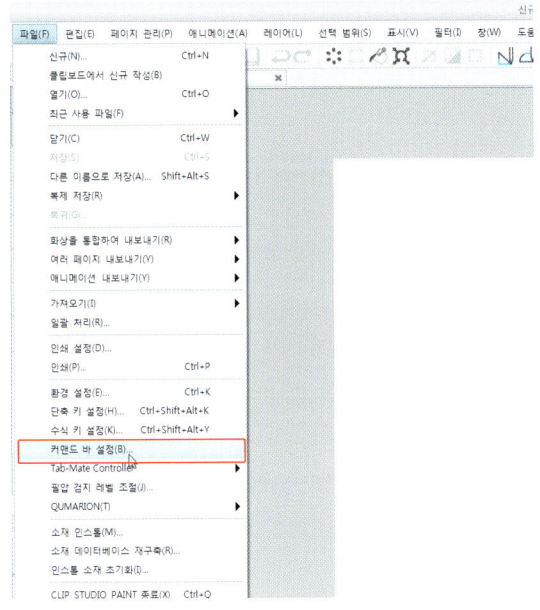
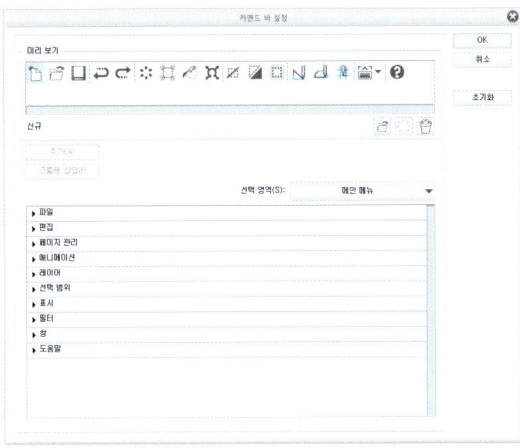

캔버스 윈도우에는 이름 그대로 캔버스가 위치하며, 이곳이 우리가 실제로 작업하는 공간입니다. 상단에는 원고 탭이 있어 여러 원고를 동시에 선택할 수 있으며, 아래쪽에서는 손쉽게 원고를 확대/축소하고 기울기를 조정할 수 있어 좀 더 자신에게 맞춘 작업이 가능합니다.

코믹스튜디오의 다양한 기능을 모아둔 창을 팔레트라고 합니다. 팔레트 독 안에는 이러한 팔레트를 배치해 둘 수 있습니다. 컬러써클 팔레트나 툴 팔레트 등 다양한 기능을 포함하고 있으며, 각 위치를 끄거나, 옮기거나, 숨길 수 있습니다.

2개 이상의 팔레트가 모여 있는 공간을 팔레트 독이라고 합니다. 팔레트 독은 상황에 따라 하나부터 여러 개의 독까지 자유롭게 만들 수 있습니다.

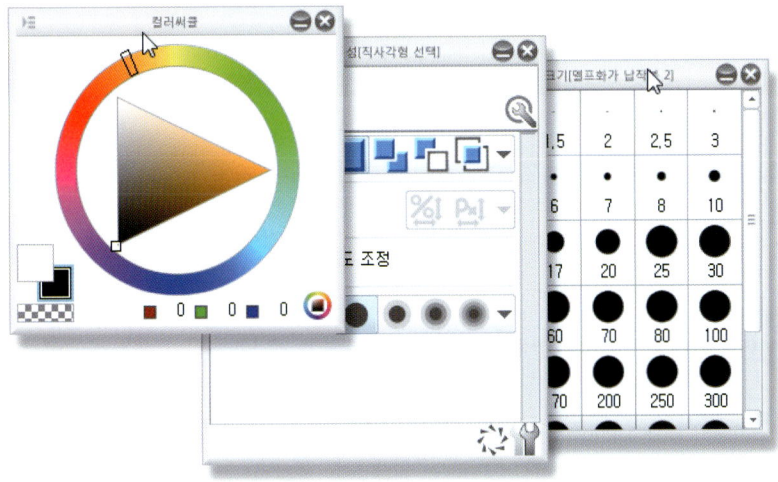

다음 시간에는 각 툴들과 팔레트의 기능에 대해 알아보도록 하겠습니다.

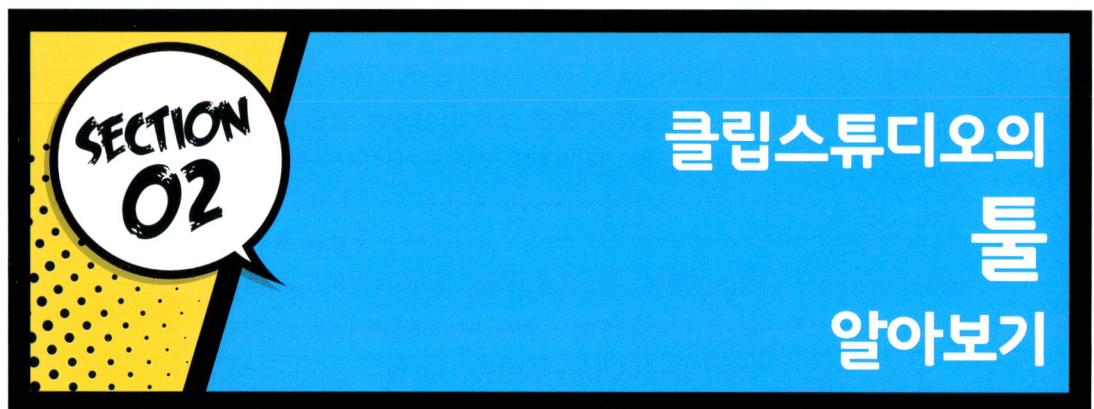

클립스튜디오의 툴 알아보기

UNIT 01_ 돋보기 툴

돋보기 툴은 이름 그대로 화면을 확대/축소하는 기능입니다.

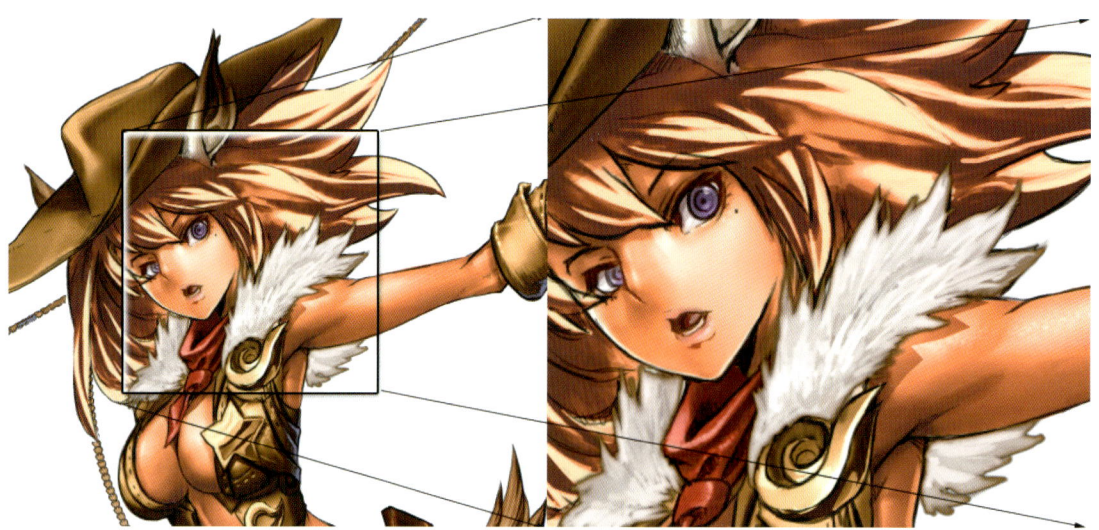

· 보조 도구

툴의 종류를 표시하는 보조 도구 팔레트에는 간단하게 2종류의 항목이 있습니다.

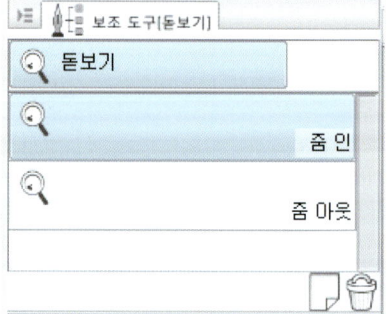

항목이름	기능
줌 인	화면을 확대하는 기능입니다.
줌 아웃	화면을 축소하는 기능입니다.

· **도구 속성**

툴의 세부설정을 조정하는 도구 속성 팔레트에서는 클릭 시 반응과 드래그 시 반응을 조정할 수 있습니다.

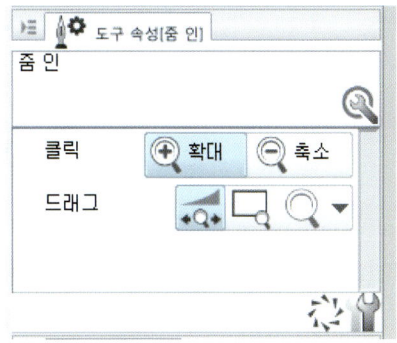

· **클릭**

클릭했을 때의 반응을 변경할 수 있습니다.

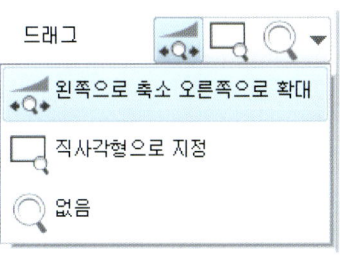

항목이름	기능
확대	클릭했을 때 화면을 확대합니다.
축소	클릭했을 때 화면을 축소합니다.

· **드래그**

드래그했을 때의 반응을 변경할 수 있습니다.

항목이름	기능
왼쪽으로 축소, 오른쪽으로 확대	왼쪽으로 드래그하면 축소, 오른쪽으로 드래그하면 확대됩니다.
직사각형으로 지정	사각형 영역을 지정하고, 지정한 만큼의 영역이 확대됩니다.
없음	아무런 반응을 하지 않습니다.

UNIT 02_ 이동 툴

이동 툴은 캔버스를 움직이는 툴입니다. 마치 원고용지를 움직이는 것과 같은 감각으로 움직일 수 있으며, 캔버스를 작업하기 좋은 위치로 배치할 때 사용합니다.

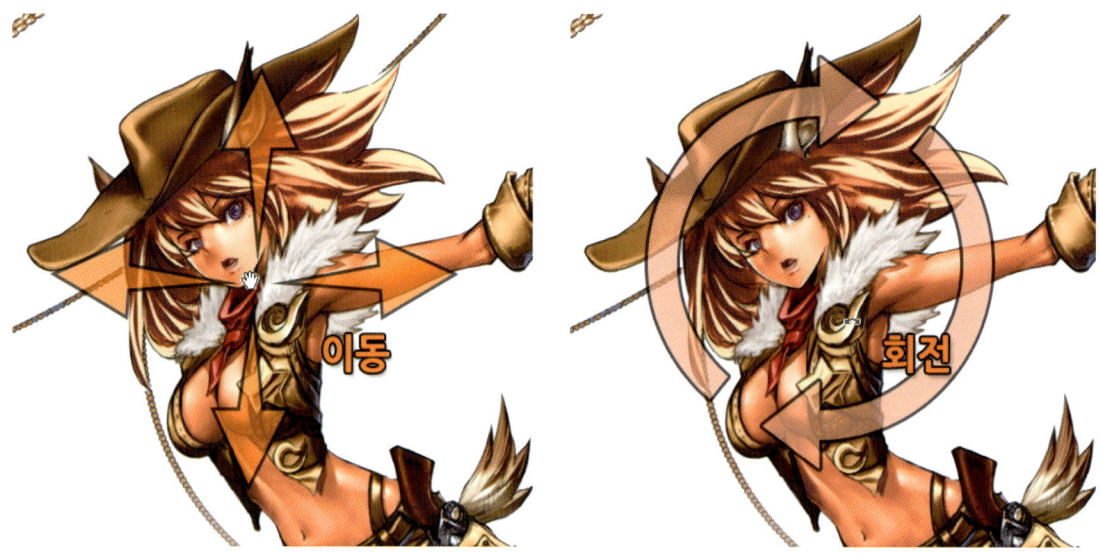

· 보조 도구

이동 툴은 간단한 2종류의 툴로 이루어져 있습니다.

항목이름	기능
손바닥	손바닥으로 밀듯 캔버스를 상하좌우로 이동시키는 기능입니다.
회전	캔버스를 회전시키는 기능입니다.

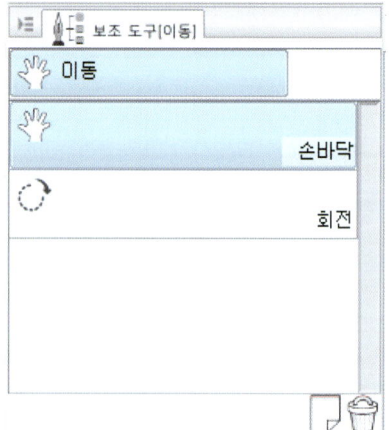

• 도구 속성

손바닥 : 손바닥 툴의 속성 항목은 없습니다.

회전 : 회전 툴의 세부항목입니다.

항목이름	기능
각도 단위	체크하면 특정 각도 단위로 회전합니다. 수치 입력을 통해 변경할 수 있습니다.

UNIT 03_ 조작 툴

조작 툴은 오브젝트와 레이어를 선택하는 기능을 가진 툴입니다. 4가지 보조 도구가 있습니다.

• 보조 도구

항목이름	기능
오브젝트	레이어, 3D객체, 자 툴 등 다양한 오브젝트를 선택합니다.
레이어 선택	레이어를 선택하는 툴입니다.
라이트 테이블	애니메이션 툴 중 하나인 라이트 테이블을 조작하는 툴입니다.
타임라인 편집	애니메이션 툴 중 하나인 타임라인을 편집하는 툴입니다.

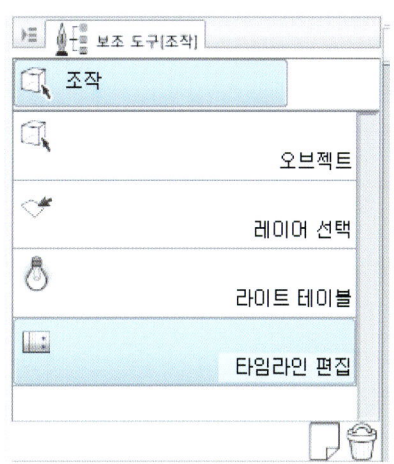

· 도구 속성

① 오브젝트

오브젝트 툴의 세부항목은 아래 2종류입니다.

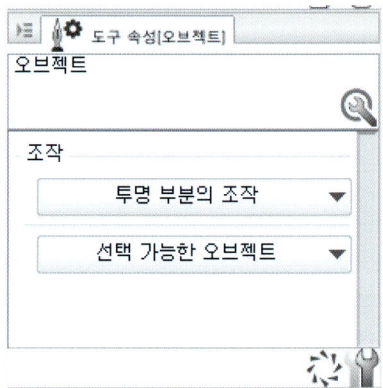

A. **투명 부분의 조작** : 투명한 부분을 클릭하거나 드래그할 때 어떤 반응을 보일지 선택할 수 있습니다. 체크로 여러 항목을 설정 가능합니다.

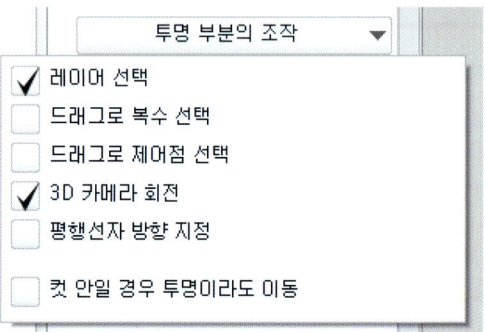

항목이름	기능
레이어 선택	레이어를 선택합니다.
드래그로 복수 선택	드래그하면 여러 개를 동시에 선택합니다.
드래그로 제어점 선택	드래그하면 컨트롤 포인트를 선택합니다.
3D 카메라 회전	3D 모드에서 카메라를 회전합니다.
평행선자 방향 지정	평행자의 방향을 설정합니다.
컷 안일 경우 투명이라도 이동	컷 안에 있을 경우, 투명한 영역이라도 이동합니다.

B. **선택 가능한 오브젝트** : 선택 가능한 오브젝트를 결정합니다. 원하지 않는 오브젝트(객체)가 선택될 경우 체크를 꺼두시면 편리합니다.

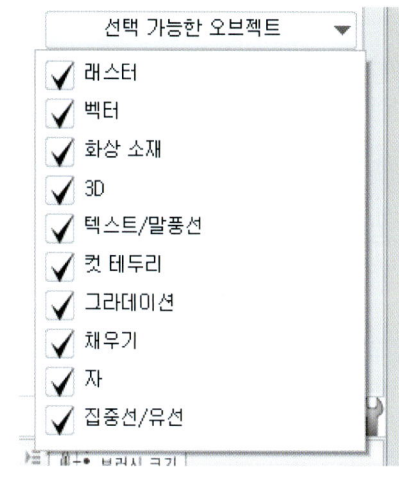

항목이름	기능
래스터	체크하면 레스터 레이어를 선택할 수 있습니다.
벡터	체크하면 벡터 레이어를 선택할 수 있습니다.
화상 소재	체크하면 이미지 소재를 선택할 수 있습니다.
3D	체크하면 3D 오브젝트를 선택할 수 있습니다.
텍스트/말풍선	체크하면 텍스트나 말풍선 오브젝트를 선택할 수 있습니다.
컷/테두리	체크하면 컷테두리를 선택할 수 있습니다.
그라데이션	체크하면 그라디언트를 선택할 수 있습니다.
채우기	체크하면 채우기 오브젝트를 선택할 수 있습니다.
자	체크하면 자 오브젝트를 선택할 수 있습니다.
집중선/유선	체크하면 집중선과 평행선 오브젝트를 선택할 수 있습니다.

② 레이어 선택

레이어 선택 시 제외할 항목을 설정합니다.

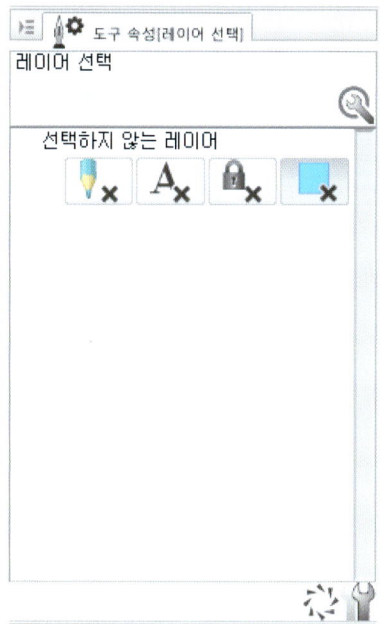

항목이름	기능
	밑그림 레이어를 선택에서 제외합니다.
	텍스트 레이어를 선택에서 제외합니다.
	잠긴 레이어를 선택에서 제외합니다.
	모노로 안이 채워진 레이어를 선택에서 제외합니다.

③ 라이트 테이블

애니메이션 툴 기능 중 하나인 라이트 테이블 기능을 조정하는 보조 도구입니다.

항목이름	기능
드래그	드래그시 라이트 테이블을 이동할지, 회전할지 설정합니다.
클릭	클릭 시 이동할지, 안할지 설정합니다.
터치	터치 시 이동/확대/회전 중 선택합니다.

④ 타임라인 편집

애니메이션 툴 기능인 타임라인을 조정할 수 있는 보조 도구입니다.
도구 속성은 아래와 같습니다.

항목이름	기능
클릭	클릭하면 이전 프레임으로 갈지, 다음 프레임으로 갈지 설정합니다.
드래그	드래그 시 타임라인을 이동할지, 안 할지 설정합니다.

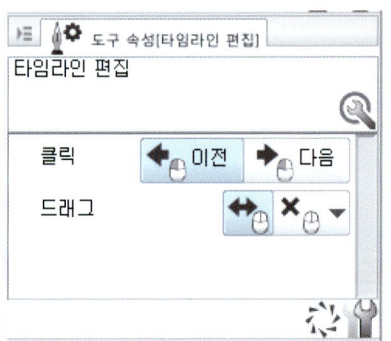

UNIT 04_ 레이어 이동 툴

레이어를 이동하는 심플한 기능의 레이어 이동 툴에 대해 알아보도록 하겠습니다. 심플하지만, 무척 자주 사용하게 되는 툴이기도 합니다.

· 도구 속성

항목이름	기능
이동대상	이동할 대상을 선택합니다.
클릭 위치에 있는 대상 이동	체크하면 레이어에 상관 없이 클릭한 위치의 오브젝트가 이동됩니다.
선택 범위 내 레이어 이동	체크하면 레이어에 상관 없이 선택한 영역이 함께 움직입니다. 여러 레이어를 동시에 편집할 때 편리합니다.
이동 대상을 선택 상태로 변경	체크하면 선택 영역을 움직일 때, 움직이는 레이어가 함께 선택됩니다.

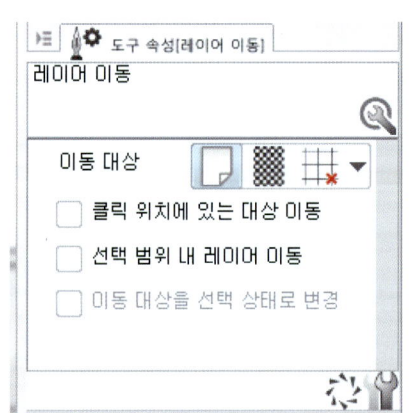

A. 이동 대상

이동할 대상을 선택합니다.

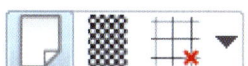

항목이름	기능
레이어	레이어를 이동합니다.
톤 망점	하프톤을 이동합니다. 톤 레이어에서만 동작합니다.
그리드/눈금자	자 단위를 이동합니다.

이해하기 쉽도록, 아래 움직이는 영역을 표시해두었습니다. 아래 이미지를 참고해서 직접 이동해보시기 바랍니다.

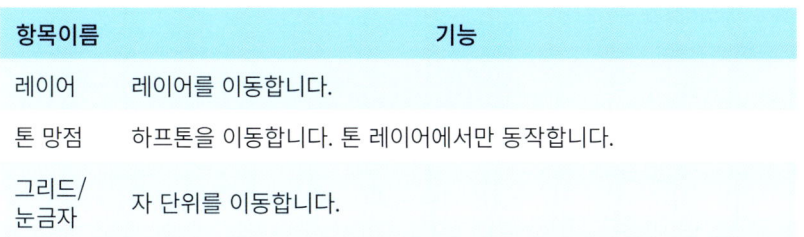

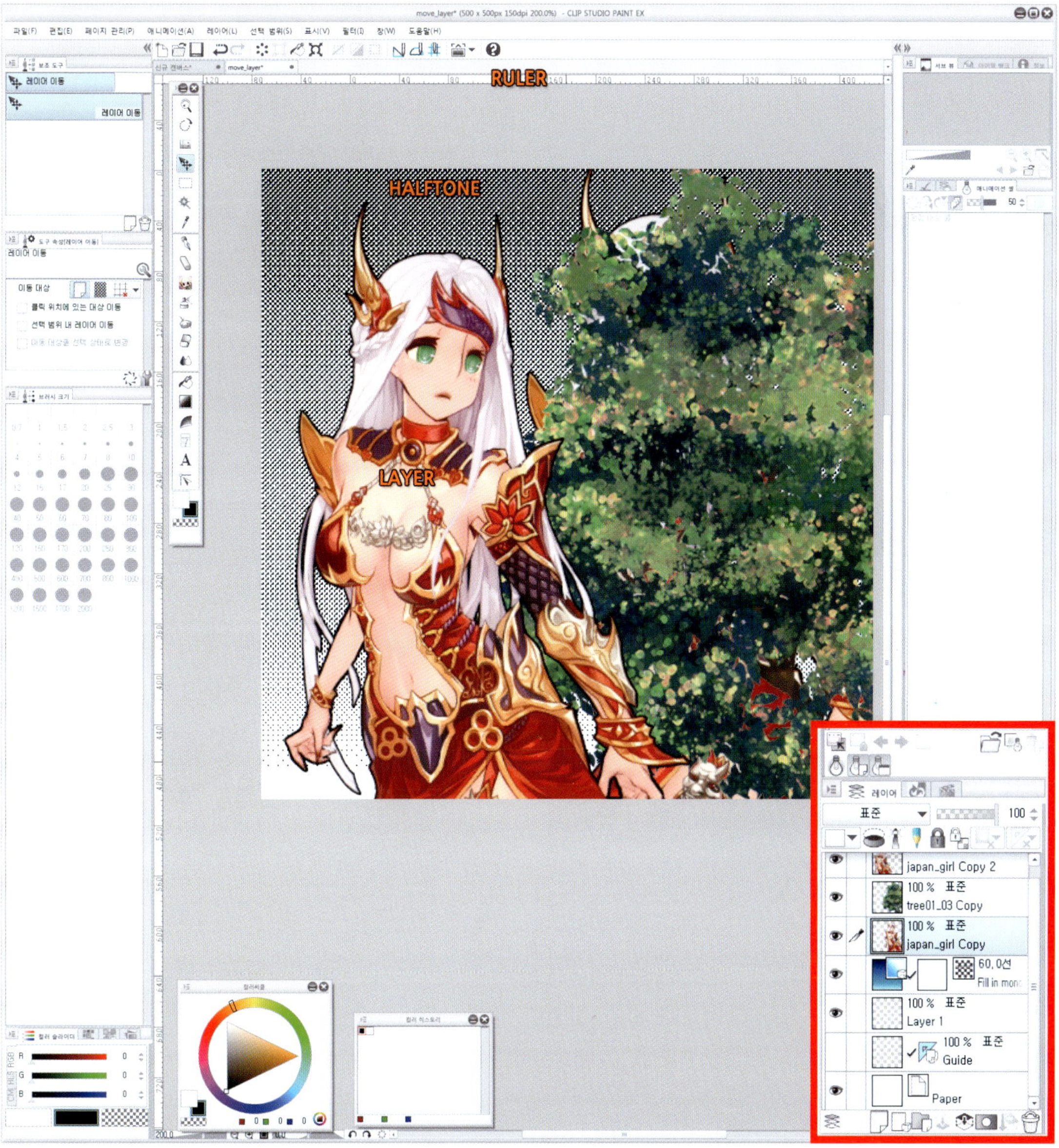

B. 클릭 위치에 있는 대상 이동

체크하면 레이어에 상관 없이 클릭한 위치의 오브젝트가 이동됩니다. 즉 지금 1레이어를 선택한 상태라도, 아래 2레이어에 오브젝트가 있을 경우, 2레이어의 오브젝트가 움직이게 됩니다.

C. 선택 범위 내 레이어 이동

체크하면 레이어에 상관 없이 선택한 영역이 함께 움직입니다. 여러 레이어를 동시에 편집할 때 편리합니다. 아래의 이미지는 체크를 켰을 때와 켜지 않았을 때의 비교이미지입니다. 두 개의 레이어로 분리되어 있지만, 체크를 켜면 함께 이동하는 것을 볼 수 있습니다.

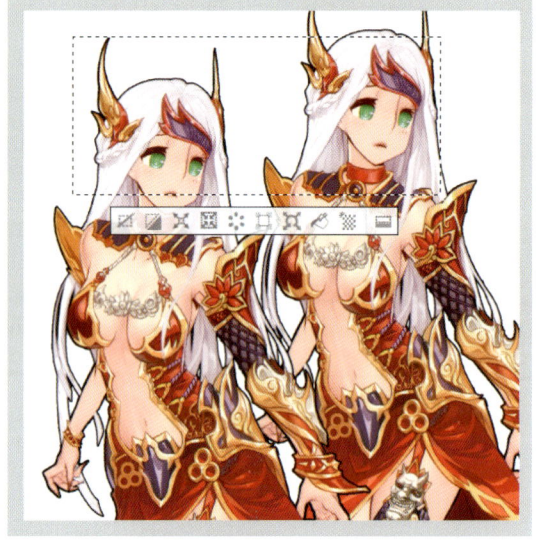

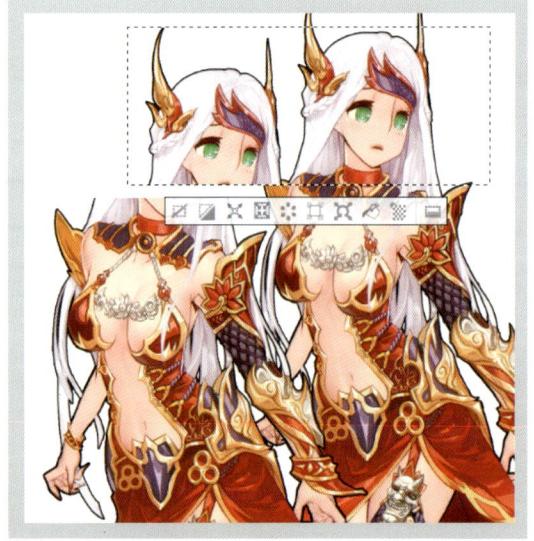

체크를 껐을 경우, 해당 레이어만 이동됩니다.

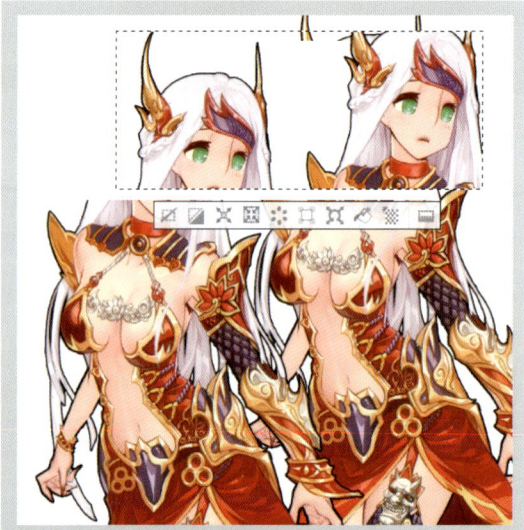

체크를 켜면, 2개의 레이어가 함께 이동됩니다.

D. 이동 대상을 선택 상태로 변경

체크하면, 선택 영역을 움직일 때 움직이는 레이어가 함께 선택됩니다. 레이어 팔레트에서 확인할 수 있습니다.

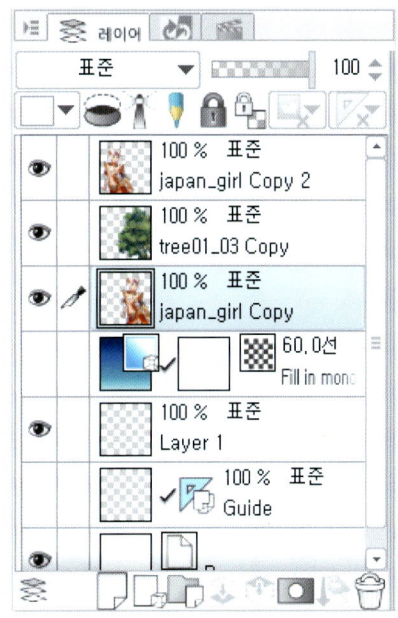

UNIT 05_ 선택 범위 툴

선택 영역을 만드는 ▢ 선택 범위 툴에 대해 알아보도록 하겠습니다. 포토샵의 라소 툴 / 셀렉트 기능과 동일하며 다양한 곳에서 사용되므로 꼭 익혀둘 필요가 있는 툴입니다.

① 보조 도구

선택 범위 툴은 사용처가 많은 만큼 다양한 보조 도구들이 존재합니다. 하나하나 알아보도록 하겠습니다.

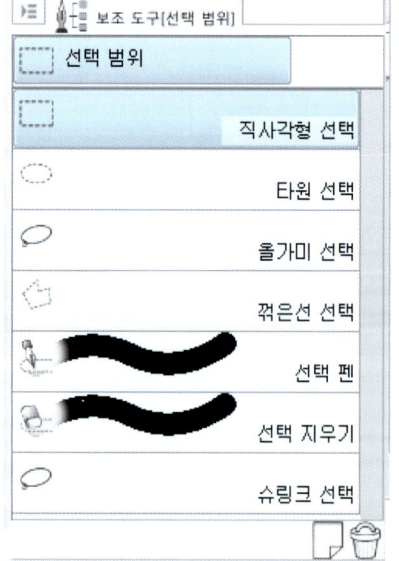

항목이름	기능
직사각형 선택	사각형 모양으로 선택하는 툴입니다.
타원 선택	원 모양으로 선택하는 툴입니다.
올가미 선택	자유선으로 선택하는 올가미 선택 툴입니다.
꺾은선 선택	다각형 모양으로 선택하는 툴입니다.
선택 펜	펜으로 칠한 부분만큼 선택됩니다. 패턴 등을 그릴 때 유용합니다.
선택 지우기	펜으로 칠한 부분만큼 선택 영역을 지웁니다.
슈링크 선택	불필요한 선택 영역을 축소시킵니다.

자세한 기능 설명은 아래에서 도구 속성 항목과 함께 알아보도록 하겠습니다.

② 도구 속성

A. 직사각형 선택 : 사각형 모양으로 선택하는 툴입니다.

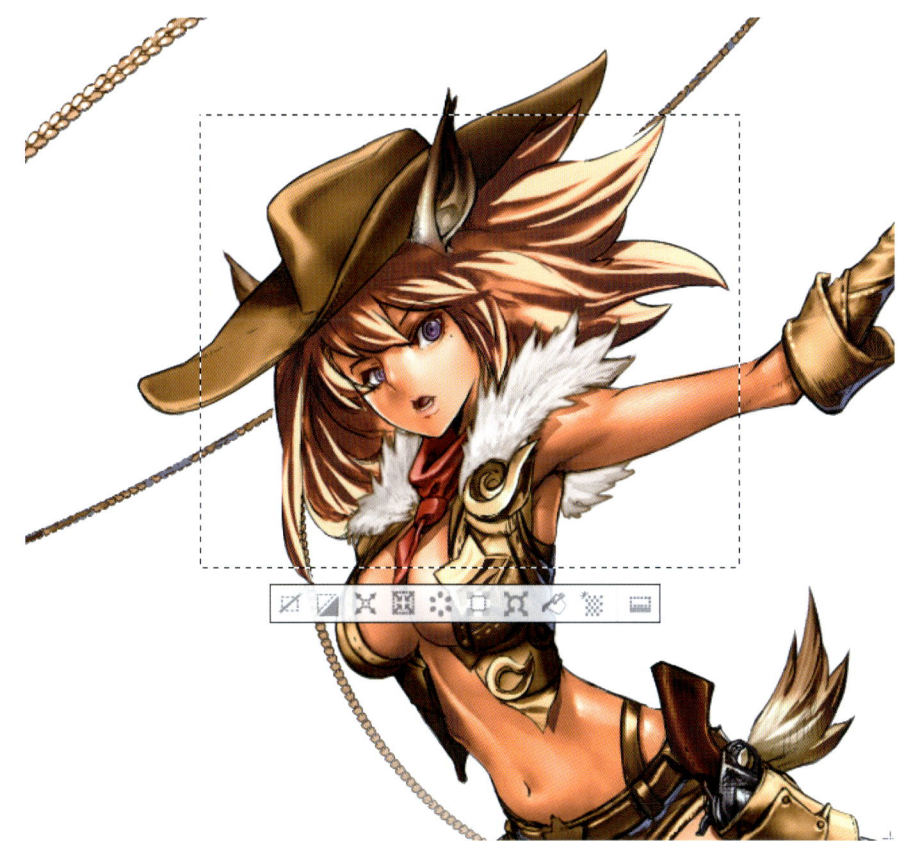

아래는 도구 속성 팔레트의 모습입니다.

항목이름	기능
작성 방법	기존 선택 영역과 어떤 식으로 선택할지 결정합니다. 기존 선택 영역에 합치거나, 뺄 수 있습니다.
종횡 지정	가로세로 비율을 고정할지를 결정합니다.
확정 후 각도 조정	선택 뒤 각도를 변경할지 결정합니다. 체크하면 기울어진 사각형 영역으로 선택할 수 있습니다.
안티에일리어싱	안티에일리어싱을 선택합니다. 우측으로 갈수록 선택 영역의 경계가 부드러워집니다.

B. **타원 선택** : 원 혹은 타원형으로 선택하는 툴입니다.

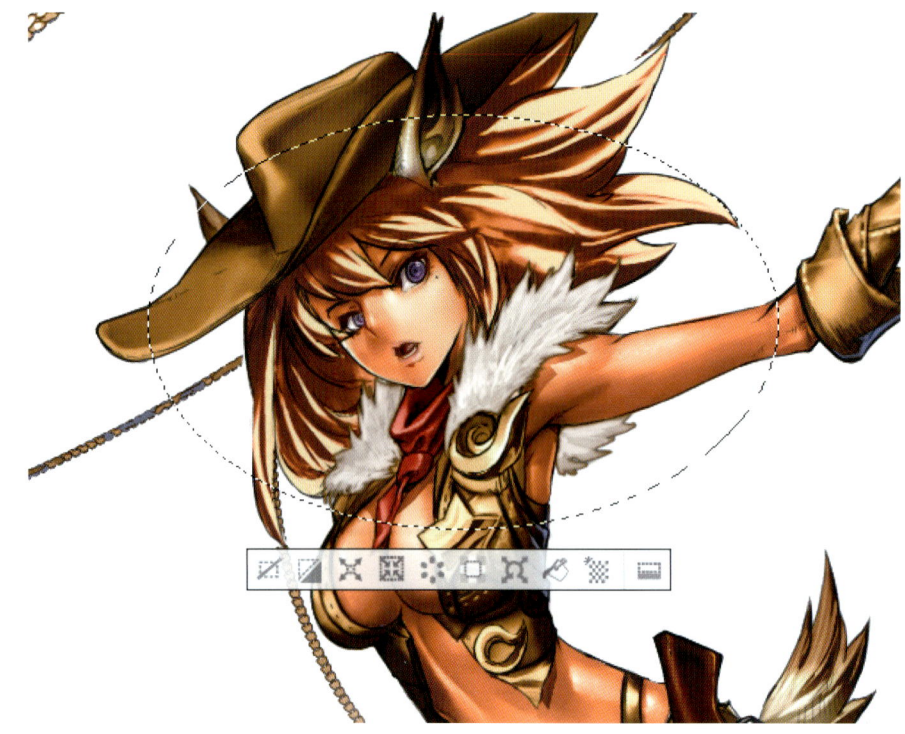

아래는 도구 속성 팔레트의 모습입니다. 속성은 직사각형 선택과 유사합니다.

항목이름	기능
작성 방법	기존 선택 영역과 어떤 식으로 선택할지 결정합니다. 기존 선택 영역에 합치거나, 뺄 수 있습니다.
종횡 지정	가로세로 비율을 고정할지를 결정합니다.
확정 후 각도 조정	선택 뒤 각도를 변경할지 결정합니다. 체크하면 기울어진 사각형 영역으로 선택할 수 있습니다.
안티에일리어싱	안티에일리어싱을 선택합니다. 우측으로 갈수록 선택 영역의 경계가 부드러워집니다.

C.**올가미 선택** : 자유곡선으로 선택 영역을 만들 수 있는 올가미 툴입니다.

아래는 도구 속성 팔레트의 모습입니다.

항목이름	기능
작성 방법	기존 선택 영역과 어떤 식으로 선택할지 결정합니다. 기존 선택 영역에 합치거나, 뺄 수 있습니다.
안티에일리어싱	안티에일리어싱을 선택합니다. 우측으로 갈수록 선택 영역의 경계가 부드러워집니다.

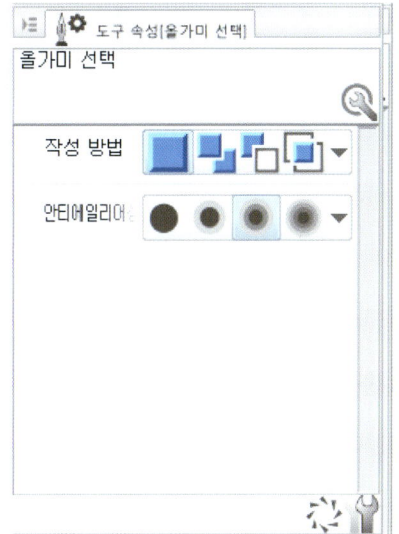

D.**꺾은선 선택** : 다각형으로 선택 영역을 만들 수 있는 툴입니다.

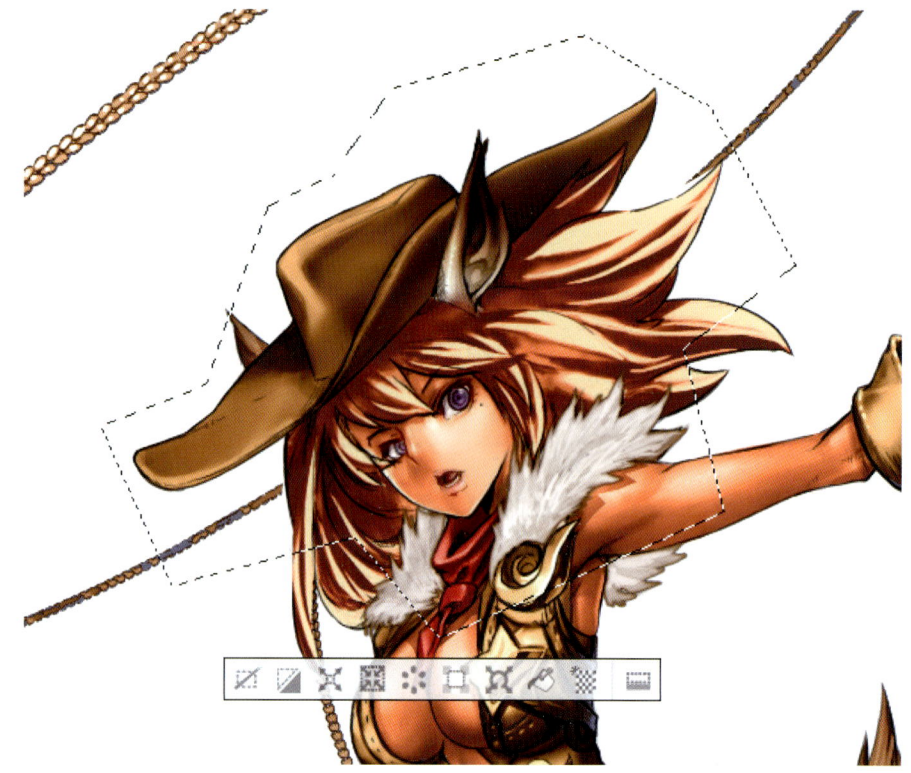

아래는 도구 속성 팔레트의 모습입니다. 올가미 선택 툴의 항목과 유사합니다.

항목이름	기능
작성 방법	기존 선택 영역과 어떤 식으로 선택할지 결정합니다. 기존 선택 영역에 합치거나, 뺄 수 있습니다.
안티에일리어싱	안티에일리어싱을 선택합니다. 우측으로 갈수록 선택 영역의 경계가 부드러워집니다.

E. 선택 펜 : 클립스튜디오 특유의 선택 툴로, 브러시로 그으면 선택 영역을 만들 수 있습니다. 복잡한 문양을 그릴 때 유용합니다.

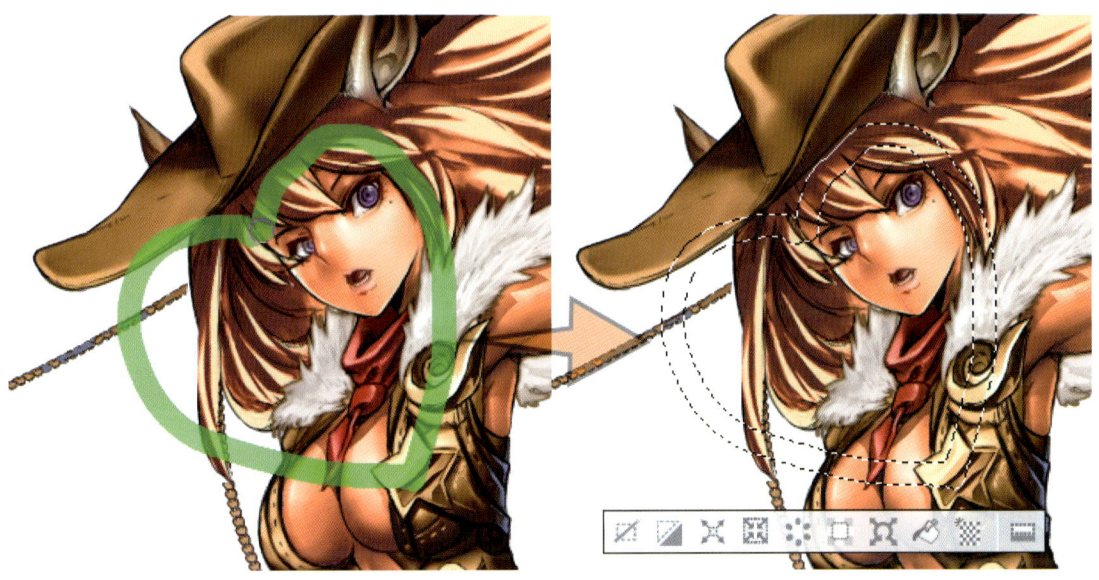

아래는 도구 속성 팔레트의 모습입니다. 기존 마퀴 툴의 설정과 브러시 설정이 함께 포함되어있습니다.

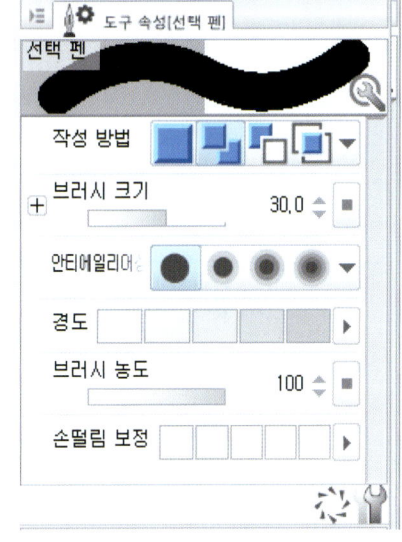

항목이름	기능
작성 방법	기존 선택 영역과 어떤 식으로 선택할지 결정합니다. 기존 선택 영역에 합치거나, 뺄 수 있습니다.
브러시 크기	선택용 브러시의 크기를 설정합니다.
안티에일리어싱	안티에일리어싱을 선택합니다. 우측으로 갈수록 선택 영역의 경계가 부드러워집니다.
경도	브러시의 부드러운 정도를 결정합니다. 우측으로 갈수록 경계가 단단해집니다.
브러시 농도	브러시의 농도를 설정합니다. 숫자가 낮을수록 옅어집니다.
손떨림 보정	브러시에 손떨림방지 기능을 적용합니다. 우측으로 갈수록 손떨림방지 기능이 강하게 들어갑니다.

F.선택 지우기 : 선택 펜과는 반대로, 브러시를 그은 영역에서 선택 영역을 제거합니다. 일종의 지우개기능이라고 할 수 있습니다. 역시 클립스튜디오 특유의 기능입니다.

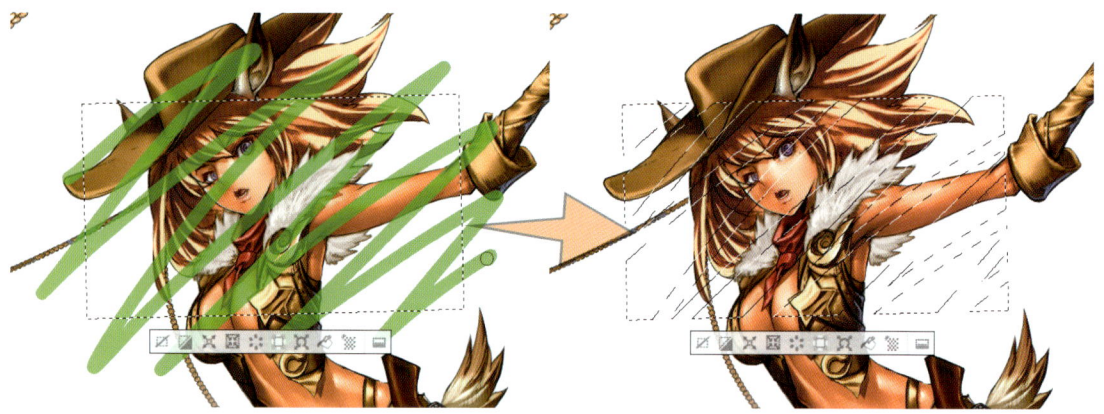

아래는 도구 속성 팔레트의 모습입니다. 선택 펜과 유사합니다.

항목이름	기능
작성 방법	기존 선택 영역과 어떤 식으로 선택할지 결정합니다. 지우개 툴이라 기본은 빼기로 되어있습니다.
브러시 크기	선택용 브러시의 크기를 설정합니다.
안티에일리어싱	안티에일리어싱을 선택합니다. 우측으로 갈수록 선택 영역의 경계가 부드러워집니다.
경도	브러시의 부드러운 정도를 결정합니다. 우측으로 갈수록 경계가 단단해집니다.
브러시 농도	브러시의 농도를 설정합니다. 숫자가 낮을수록 옅어집니다.
손떨림 보정	브러시에 손떨림방지 기능을 적용합니다. 우측으로 갈수록 손떨림방지 기능이 강하게 들어갑니다.

G.슈링크 선택 : 자유 곡선을 그리면 그 영역에 있는 오브젝트만 선택하는 툴입니다. 알아서 영역을 구별해주므로 잘 사용하면 매우 편하게 선택할 수 있습니다. 역시 클립스튜디오 특유의 툴입니다.

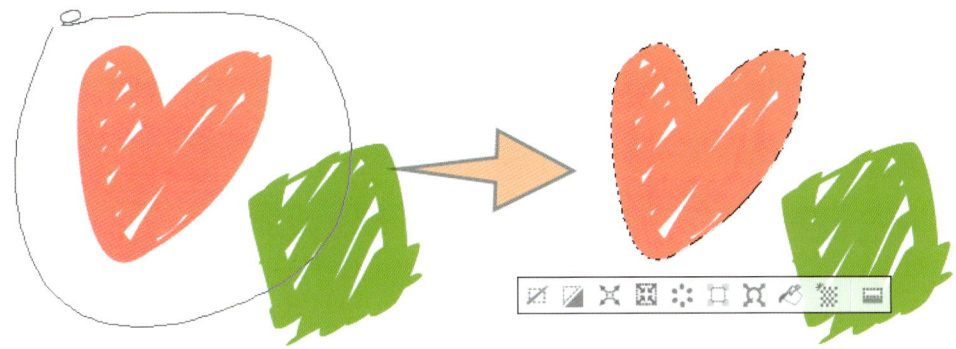

아래는 도구 속성 팔레트의 모습입니다. 기본 선택 툴의 설정에 오브젝트를 어떤 식으로 구별할지에 대한 설정이 더해져있습니다.

항목이름	기능
작성 방법	기존 선택 영역과 어떤 식으로 선택할지 결정합니다.
대상색	타겟 컬러를 설정합니다. 기본은 투명 영역이 아닌 부분을 선택합니다.
틈 닫기	체크하면 선택 영역에 구멍이 뚫려 있더라도, 적정수준은 그냥 넘어갑니다.
색의 오차	컬러마진 값을 설정합니다.
영역 확대/축소	체크하면 선택 영역을 원래 영역보다 살짝 키웁니다.
복수 참조	참조할 레이어를 설정합니다. 기본은 모든 레이어를 참조하도록 되어있습니다.
벡터의 중심선에서 채색 중지	체크하면 벡터선의 중앙부분을 칠하지 않습니다.
안티에일리어싱	체크하면 안티에일리어싱을 줍니다.

UNIT 06_ 자동 선택 툴

선택 영역을 자동으로 만들어주는 자동 선택 툴에 대해 알아보도록 하겠습니다.

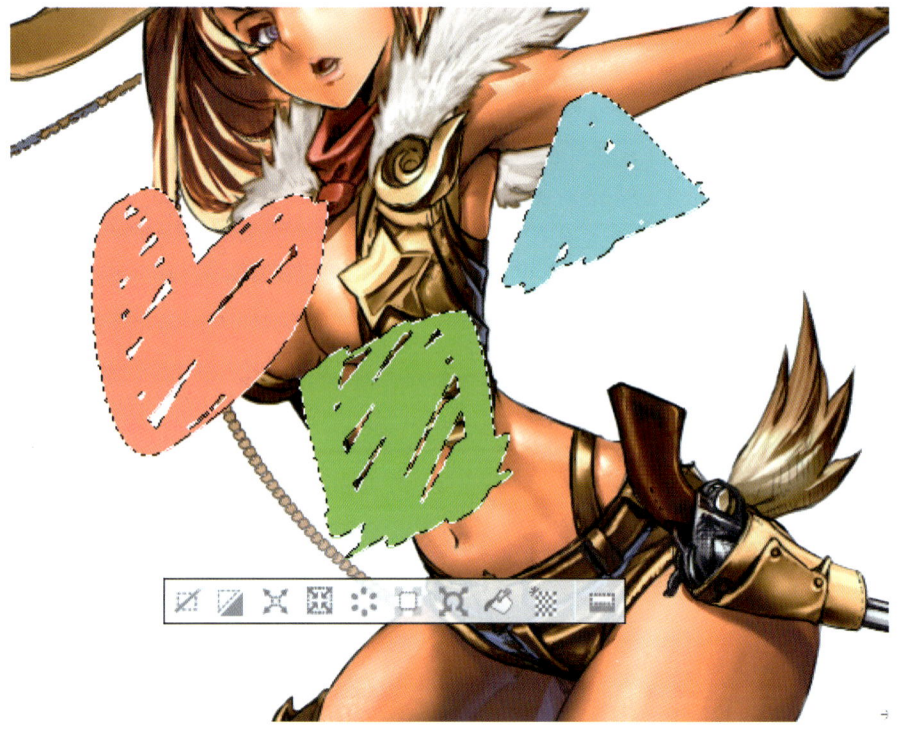

· 보조 도구

자동 선택 툴은 3개의 보조 도구로 구성되어 있습니다.

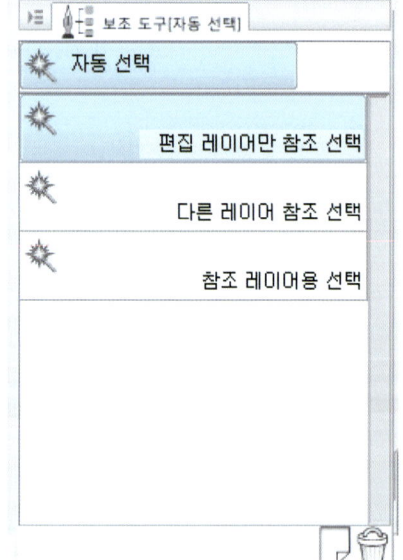

항목이름	기능
편집 레이어만 참조 선택	선택할 때 현재 레이어만 참조합니다.
다른 레이어 참조 선택	선택할 때 현재 레이어와 함께 다른 레이어도 참조합니다.
참조 레이어용 선택	선택할 때 현재 레이어 외에 레퍼런스 레이어를 참조합니다.

세부 내용은 도구 속성 창을 살펴보며 함께 설명하도록 하겠습니다.

· **도구 속성**

자동 선택 툴의 보조 도구들은 대부분 비슷한 기능을 가지고 있으며, 도구 속성 팔레트도 유사한 모양을 하고 있습니다.

A. **편집 레이어만 참조 선택** : 현재 레이어만 선택 영역으로 삼습니다.

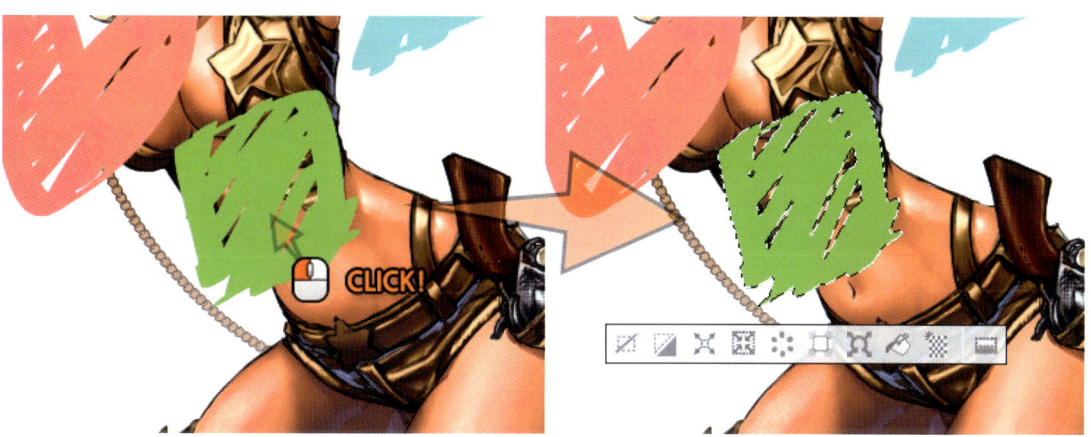

도구 속성은 아래와 같습니다.

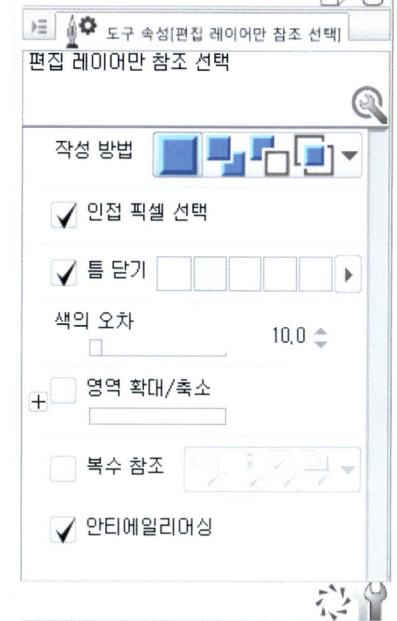

항목이름	기능
작성 방법	선택 영역을 기존의 선택 영역과 합칠지, 뺄지 등을 결정합니다.
인접 픽셀 선택	인접한 픽셀만 선택할지를 설정합니다. 체크를 끄면, 레이어 전체에서 유사한 색을 찾아 선택합니다.
틈 닫기	선택 영역에 구멍이 있더라도 적절히 넘어갑니다. 펜선 등을 딸 때 유용합니다.
색의 오차	근처 유사한 색상도 선택합니다. 숫자가 클수록 많은 색을 포함합니다.
영역 확대/축소	체크하면 실제 영역보다 살짝 넓게 선택 영역을 만듭니다.
복수 참조	현재 레이어 외의 레이어까지 포함합니다. 기본은 체크가 해제되어 있습니다.
안티에일리어싱	안티에일리어싱을 추가합니다.

B.다른 레이어 참조 선택 : 다른 레이어까지 함께 선택 영역으로 삼습니다.

도구 속성은 편집 레이어만 참조 선택과 같고, 일부 항목만 체크가 다르게 되어있습니다.

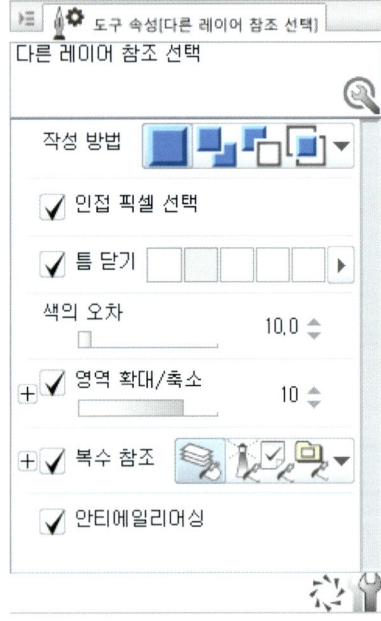

항목이름	기능
작성 방법	선택 영역을 기존의 선택 영역과 합칠지, 뺄지 등을 결정합니다.
인접 픽셀 선택	인접한 픽셀만 선택할지를 설정합니다. 체크를 끄면, 레이어 전체에서 유사한 색을 찾아 선택합니다.
틈 닫기	선택 영역에 구멍이 있더라도 적절히 넘어갑니다. 펜선 등을 딸 때 유용합니다.
색의 오차	근처 유사한 색상도 선택합니다. 숫자가 클수록 많은 색을 포함합니다.
영역 확대/축소	체크하면 실제 영역보다 살짝 넓게 선택 영역을 만듭니다. 체크가 되어 있습니다.
복수 참조	현재 레이어 외의 레이어까지 포함합니다. 전체 레이어로 체크되어 있습니다.
안티에일리어싱	안티에일리어싱을 추가합니다.

C.참조 레이어용 선택 : 다른 레이어를 함께 선택 영역으로 참조하되, 레퍼런스 레이어만 참조합니다. 밑그림 레이어 등은 제외되므로 관리하기 편합니다.

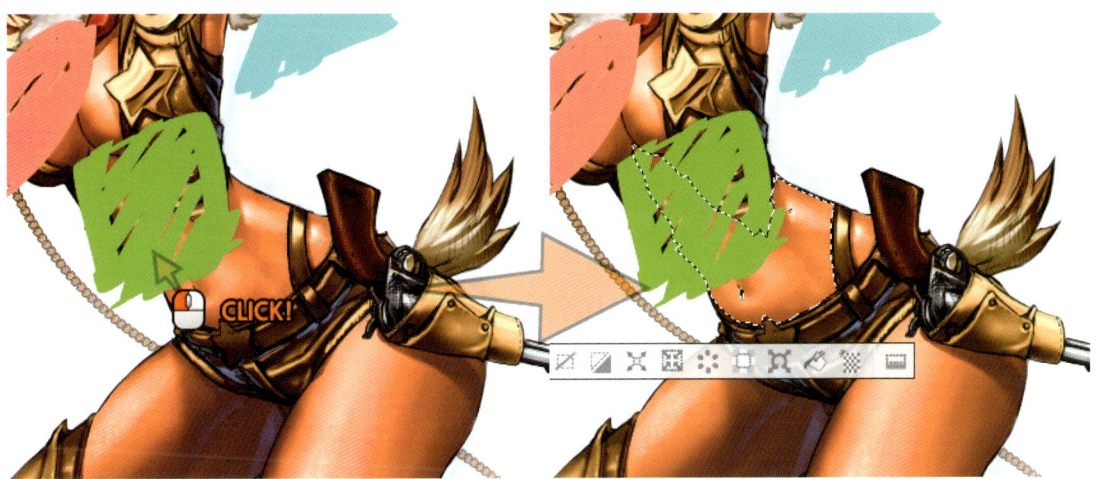

도구 속성은 앞선 항목들과 함께 벡터 레이어를 참조하기 위한 일부 항목이 추가되어 있습니다.

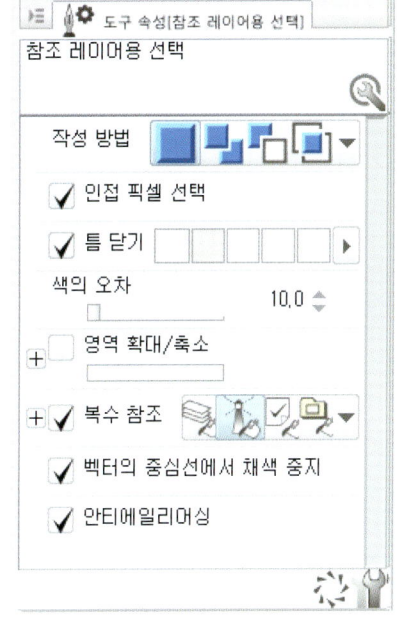

항목이름	기능
작성 방법	선택 영역을 기존의 선택 영역과 합칠지, 뺄지 등을 결정합니다.
인접 픽셀 선택	인접한 픽셀만 선택할지를 설정합니다. 체크를 끄면, 레이어 전체에서 유사한 색을 찾아 선택합니다.
틈 닫기	선택 영역에 구멍이 있더라도 적절히 넘어갑니다. 펜선 등을 딸 때 유용합니다.
색의 오차	근처 유사한 색상도 선택합니다. 숫자가 클수록 많은 색을 포함합니다.
영역 확대/축소	체크하면 실제 영역보다 살짝 넓게 선택 영역을 만듭니다.
복수 참조	현재 레이어 외의 레이어까지 포함합니다. 레퍼런스 레이어로 체크되어 있습니다.
벡터의 중심선에서 채색 중지	벡터 레이어의 경우 선 중앙까지 선택할지 결정합니다.
안티에일리어싱	안티에일리어싱을 추가합니다.

UNIT 01_ 스포이드 툴

스포이드 툴은 클릭한 위치의 색을 추출할 수 있는 툴입니다. 포토샵의 스포이드 툴과 유사합니다.

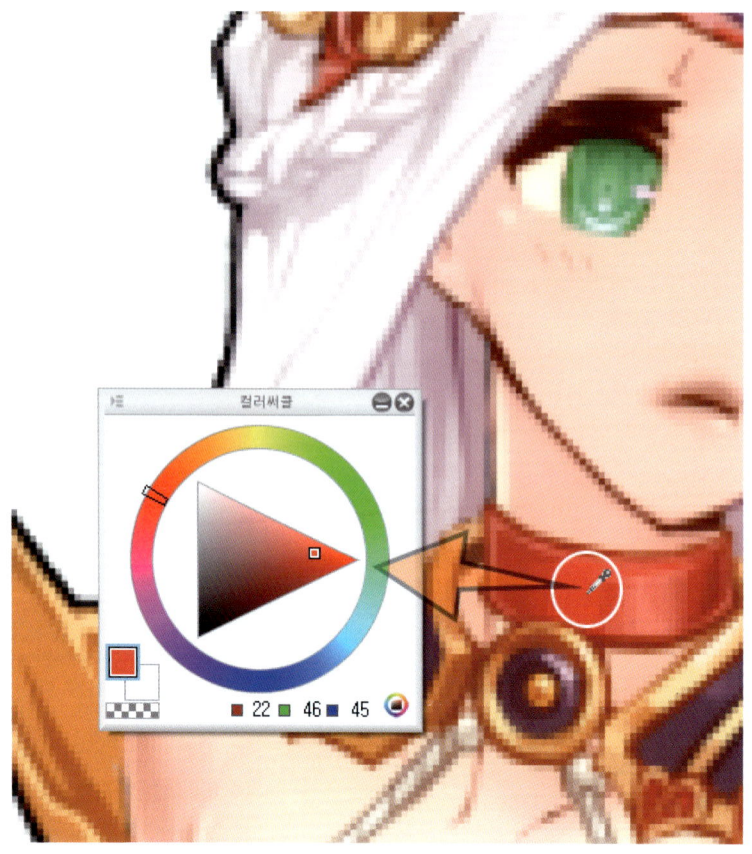

· 보조 도구

스포이드 툴은 두 가지 보조 도구로 되어 있습니다.

항목이름	기능
표시색 취득	해당 위치의 색상을 추출합니다.
레이어에서 색 취득	해당 레이어의 색상을 추출합니다. 다양한 레이어 효과로 겹쳐져 있을 때 사용하면 편리합니다.

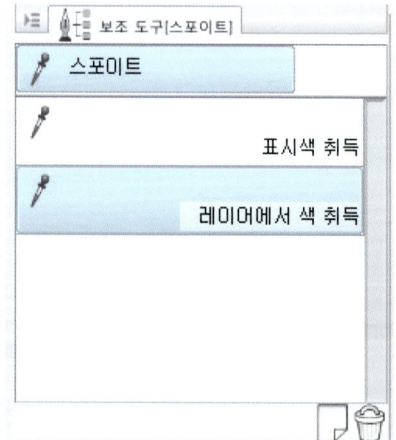

아래는 두 보조 도구를 비교한 이미지입니다. 양쪽 다 똑같이 옷의 어두운 부분 색상을 추출하지만, 레이어에서 색 취득(우측)은 곱하기 레이어를 인식하지 않고, 해당 레이어의 원래 색을 추출합니다.

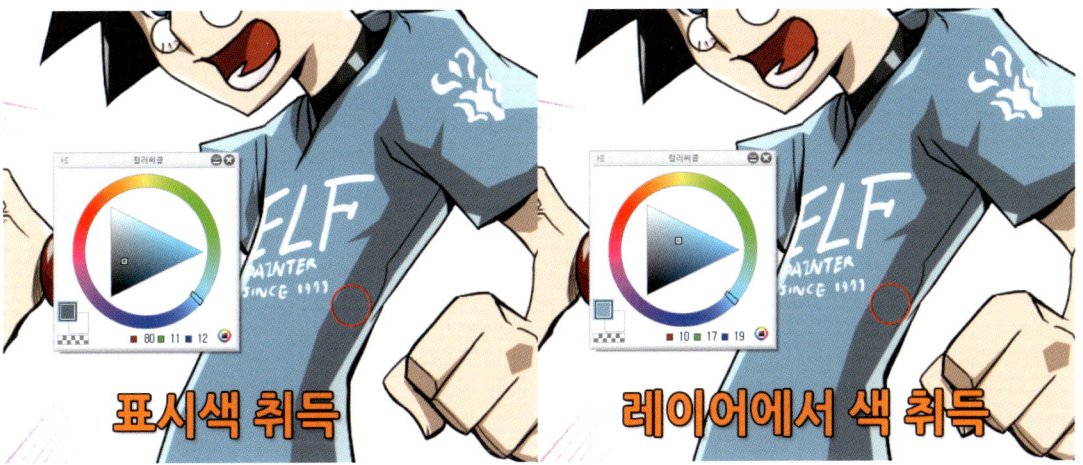

· 도구 속성

두 가지 보조 도구는 설정만 틀리므로, 함께 설명하도록 하겠습니다.

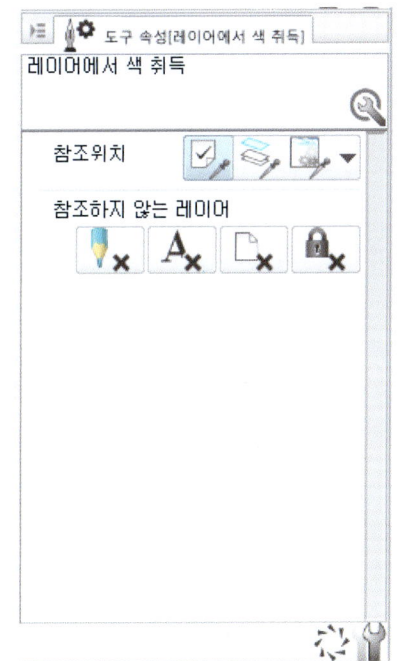

항목이름	기능
참조위치	참조할 레이어를 설정합니다.
참조하지 않는 레이어	참조하지 않을 레이어를 설정합니다. 실수로 러프 라인의 색을 가지고 오는 것을 방지합니다.

UNIT 08_ 펜 툴

클립스튜디오의 가장 강력한 툴이자 특징 중 하나인 펜 툴에 대해 알아보겠습니다. 클립스튜디오의 펜 툴은 실제 만화도구인 펜의 기능을 매우 흡사하게 구현하였습니다. 예전 출판만화 때도 마찬가지였지만, 펜은 웹툰 작업에 필수적인 도구이므로 꼭 익혀두시기 바랍니다.

· 보조 도구

펜 툴의 보조 도구들은 실제 만화에 사용되는 스푼펜, G펜, 마루펜 등의 특성을 가져와 제작되었습니다. 하지만, 영어로 직역하면 국내에서 사용하던 펜 이름과 살짝 달라 혼돈을 일으키는 경우가 있습니다. 아래 보조 도구 이름과 내용을 참고해봅시다.

항목이름	기능
G펜	실제로 만화 작업에 자주 사용되는 G펜의 특성을 가져온 펜 툴입니다.
둥근 펜	역시 만화작업에 자주 사용되는 마루펜의 특성을 가져온 펜 툴입니다.
스푼펜	역시 만화작업에 자주 사용되는 스푼펜의 특성을 가져온 펜 툴입니다.
캘리그라피	캘리그라피 펜의 특성을 가져온 펜 툴입니다.
효과선용	집중선을 그리기에 적합한 펜 툴입니다.
거친 펜	거친 터치를 그리기에 적합한 펜 툴입니다.

· 도구 속성

펜 보조 도구의 특성과 세부 설정에 대해 알아보도록 하겠습니다.

G펜 : 실제 만화가들의 도구였던 G펜의 특성을 가지고 있는 펜 툴입니다.

G펜은 선 굵기를 감각적으로 자유롭게 조정할 수 있어 기본적인 라인을 긋기에 좋으며, 웹툰 작업에도 무난합니다. 주로 캐릭터 라인 등에 어울립니다.

아래는 도구 속성 항목입니다.

항목이름	기능
브러시 크기	브러시 크기를 설정합니다.
불투명도	브러시의 투명도를 설정합니다.
안티에일리어싱	펜선의 외곽경계에 안티에일리어싱을 넣습니다. 우측으로 갈수록 외곽이 부드러워집니다.
손떨림 보정	손떨림 방지에 관한 기능입니다. 우측으로 갈수록 강하게 들어갑니다.
벡터 흡착	선을 연속해서 그으면, 하나의 펜선으로 자연스럽게 이어줍니다. 벡터 레이어에서만 적용됩니다.

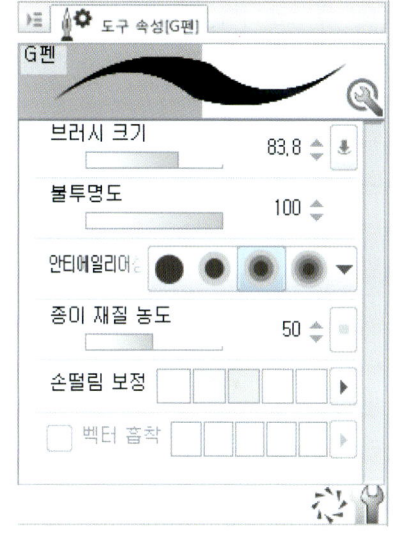

둥근 펜 : 일명, 마루펜이라고 불리는 펜의 특성을 가지고 있는 펜 툴입니다.

마루펜은 가느다란 선을 일정하게 긋기 좋은 펜이라 세밀한 터치를 하기에 좋습니다. 하지만, 힘을 주면 상당히 벌어지기도 해서, 굵기를 아주 굵게도 할 수 있는 독특한 펜입니다. 그만큼 쓰기 어렵지만, 잘 다루면 여러모로 쓸모 있는 펜이기

도 합니다. 클립스튜디오에서도 그런 특성을 가져와 아주 가는 선부터 매우 굵은 선까지 자유롭게 그을수 있는 펜으로 구현되어 있습니다.

아래는 도구 속성 항목입니다. G펜과 동일하며, 세팅 내용만 조금씩 틀립니다.

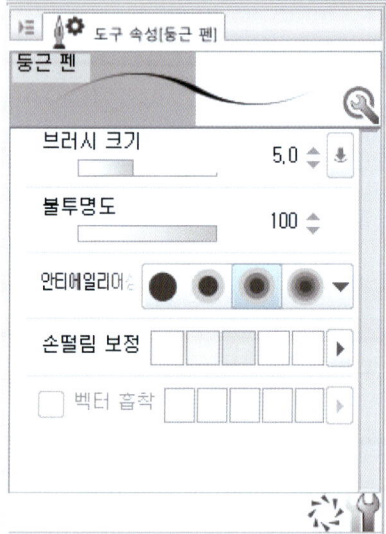

항목이름	기능
브러시 크기	브러시 크기를 설정합니다.
불투명도	브러시의 투명도를 설정합니다.
안티에일리어싱	펜선의 외곽경계에 안티에일리어싱을 넣습니다. 우측으로 갈수록 외곽이 부드러워집니다.
손떨림 보정	손떨림 방지에 관한 기능입니다. 우측으로 갈수록 강하게 들어갑니다.
벡터 흡착	선을 연속해서 그으면, 하나의 펜선으로 자연스럽게 이어줍니다. 벡터 레이어에서만 적용됩니다.

스푼펜 : 스푼펜의 특성을 가진 펜 툴입니다.

매우 균일한 굵기의 선을 그릴 수 있기 때문에 초보만화가가 처음 접하기 좋은 펜이며, 선의 굵기 차이가 덜한 소녀만화에서 사용하기도 합니다. 클립스튜디오에서도 그 특징을 따라, 균일한 굵기를 보여주고 있습니다.

아래는 스푼펜 도구 속성 팔레트입니다. 역시 앞선 두 가지 툴과 기본 속성은 동일합니다.

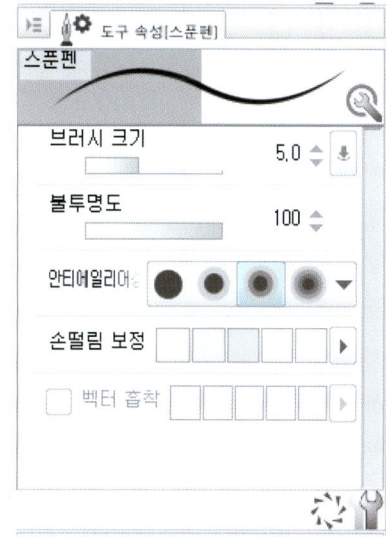

항목이름	기능
브러시 크기	브러시 크기를 설정합니다.
불투명도	브러시의 투명도를 설정합니다.
안티에일리어싱	펜선의 외곽경계에 안티에일리어싱을 넣습니다. 우측으로 갈수록 외곽이 부드러워집니다.
손떨림 보정	손떨림 방지에 관한 기능입니다. 우측으로 갈수록 강하게 들어갑니다.
벡터 흡착	선을 연속해서 그으면, 하나의 펜선으로 자연스럽게 이어줍니다. 벡터레이어에서만 적용됩니다.

캘리그라피 : 캘리그라피 펜은 이름 그대로 캘리그라피를 하기에 좋은 펜입니다. 펜 닙이 납작해서 글자를 적기 좋습니다.

아래는 캘리그라피의 도구 속성 창입니다. 두께와 방향이라는 항목이 추가되었습니다.

항목이름	기능
브러시 크기	브러시 크기를 설정합니다.
불투명도	브러시의 투명도를 설정합니다.
안티에일리어싱	펜션의 외곽경계에 안티에일리어싱을 넣습니다. 우측으로 갈수록 외곽이 부드러워집니다.
두께	닙의 굵기를 조절합니다. 우측으로 갈수록 둥글게 바뀝니다.
방향	닙의 각도를 조절합니다.
손떨림 보정	손떨림 방지에 관한 기능입니다. 우측으로 갈수록 강하게 들어갑니다.

효과선 : 이름 그대로 집중선을 그리기 위한 선입니다. 손으로 누르는 정도에 따라 굵기가 바뀌는 다른 펜 툴과 달리, 일정한 굵기와 끝처리가 되는 게 특징입니다. 일정한 굵기의 선을 여러 번 그어야 하는 집중선에 어울리는 특징이라 할 수 있습니다. 상대적으로 일반적인 펜 터치엔 쓰지 않는 펜이기도 합니다.

아래는 도구 속성 창입니다. 선을 후보정하는 후보정 툴과, 끝부분을 설정하는 시작점과 끝점 항목이 추가된 것을 알 수 있습니다.

항목이름	기능
브러시 크기	브러시 크기를 설정합니다.
불투명도	브러시의 투명도를 설정합니다.
안티에일리어싱	펜션의 외곽경계에 안티에일리어싱을 넣습니다. 우측으로 갈수록 외곽이 부드러워집니다.
후보정	선의 굵기와 각도를 후반에 조정합니다. 우측으로 갈수록 원래 선 느낌과 달라집니다.
시작점과 끝점	브러시의 첫부분과 끝부분을 어떻게 변경시킬지에 대한 설정입니다.

거친펜 : 거친 느낌의 선을 긋는 펜 툴입니다. 펜 보다는 붓이나, 나무젓가락 등에 가까운 터치를 표현합니다.

아래는 도구 속성 창의 모습입니다.

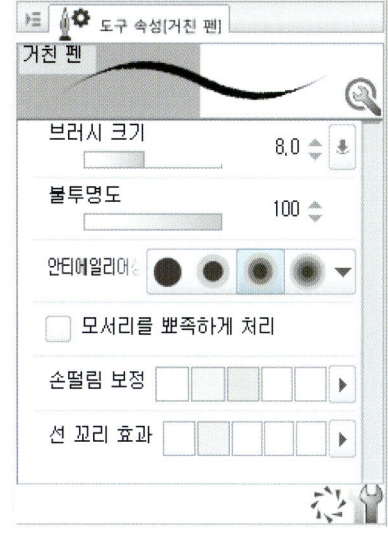

항목이름	기능
브러시 크기	브러시 크기를 설정합니다.
불투명도	브러시의 투명도를 설정합니다.
안티에일리어싱	펜선의 외곽경계에 안티에일리어싱을 넣습니다. 우측으로 갈수록 외곽이 부드러워집니다.
모서리를 뾰족하게 처리	코너에서 삐침선을 그립니다.
손떨림 보정	손떨림 방지에 관한 기능입니다. 우측으로 갈수록 강하게 들어갑니다.
선 꼬리 효과	선 끝부분에 흘림선을 남깁니다.

UNIT 09_ 마커 툴

이번 시간에는 마커 툴에 대해 알아보도록 하겠습니다.
마커펜은 실제의 마커펜을 기반으로 만들어진 펜 툴로, 굵기가 일정한 것이 특징입니다. 또한, 실제 마커펜처럼 툴에 따라 잉크가 살짝 번지거나 겹치게 칠하기가 가능한 종류도 존재하니, 상황에 맞춰 사용하면 편리합니다.

· 보조 도구

마커 툴의 보조 도구는 실제 사용되는 마커와 사인펜 등의 특성을 가져와 제작되었습니다.

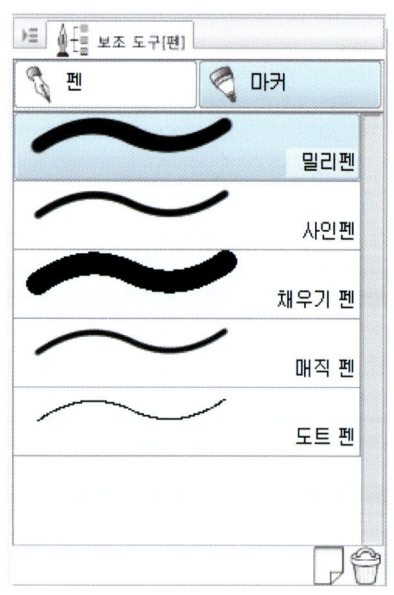

항목이름	기능
밀리펜	밀리펜 종류의 특성을 가진 툴입니다. 속도가 빠른 구간에는 선이 가늘어집니다.
사인펜	국내에서는 사인펜이라고 부르는 펠트펜 종류의 특성을 가진 툴입니다. 마르면 겹쳐지는 펠트펜처럼 겹쳐 칠할수록 진해집니다.
채우기 펜	넓은 면을 칠하기 편한 툴입니다.
매직 펜	일반적인 마커펜의 특성을 가진 툴입니다.
도트 펜	도트를 그릴 때 사용하는 펜입니다. 크기변경 없이 1px 로만 그을 수 있습니다.

· 도구 속성

밀리펜 : 밀리펜은 실제 밀리펜의 특성을 가지고 있는 마커펜입니다. 수성펜이라 끝부분이 퍼지는 느낌을 잘 살리고 있습니다.

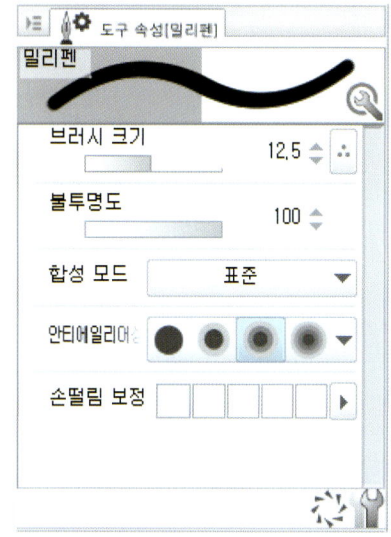

아래는 도구 속성 항목입니다.

항목이름	기능
브러시 크기	펜의 크기를 설정합니다.
불투명도	펜의 투명도를 설정합니다.
합성 모드	칠할 때의 속성을 설정합니다. 기본은 표준입니다.
안티에일리어싱	안티에일리어싱을 걸지를 설정합니다. 오른쪽으로 갈수록 선의 경계가 부드러워집니다.
손떨림 보정	손떨림 보정 기능을 설정합니다. 오른쪽으로 갈수록 강하게 보정됩니다.

사인펜 : 역시 마커의 한 종류로, 사인펜이라고 주로 불리우는 펠트펜의 특성을 기초로 한 펜입니다. 속건성 펜으로 마르고 난 뒤 칠하면 색이 더욱 진해지는 특성이 있으며, 이러한 펠트펜의 특성을 따라 칠할수록 진해집니다.

아래는 도구 속성 항목입니다. 밀리펜과 거의 동일하나, 합성 모드가 곱하기로 설정되어 칠할수록 진해집니다.

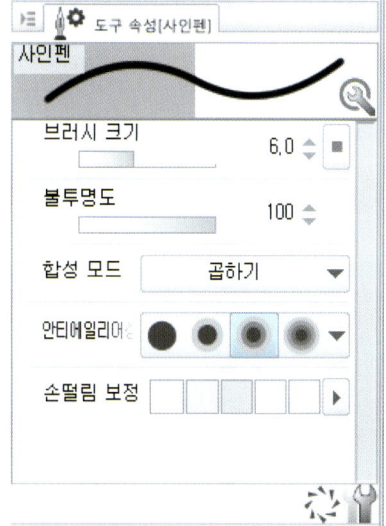

항목이름	기능
브러시 크기	펜의 크기를 설정합니다.
불투명도	펜의 투명도를 설정합니다.
합성 모드	칠할 때의 속성을 설정합니다. 기본은 곱하기 입니다.
안티에일리어싱	안티에일리어싱을 걸지를 설정합니다. 오른쪽으로 갈수록 선의 경계가 부드러워집니다.
손떨림 보정	손떨림 보정 기능을 설정합니다. 오른쪽으로 갈수록 강하게 보정됩니다.

채우기 펜 : 이름 그대로 한 가지 컬러로 넓게 칠하는 용도로 사용되는 펜입니다.

재미있는 점은 속성 항목 중 참조 레이어의 선을 넘어가지 않음을 체크할 경우, 레퍼런스 레이어의 선 영역을 넘지 않는 범위 내에서 칠을 한다는 점입니다. 복잡한 공간을 깔끔하게 칠하기 좋은 기능입니다.

아래는 도구 속성의 항목입니다.

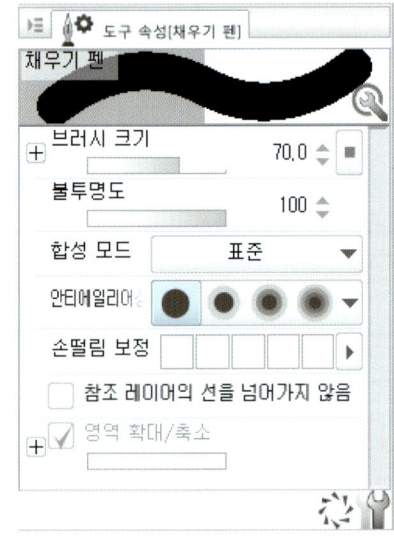

항목이름	기능
브러시 크기	펜의 크기를 설정합니다.
불투명도	펜의 투명도를 설정합니다.
합성 모드	칠할 때의 속성을 설정합니다. 기본은 표준 입니다.
손떨림 보정	손떨림 보정 기능을 설정합니다. 오른쪽으로 갈수록 강하게 보정됩니다.
참조 레이어의 선을 넘어가지 않음	체크하면 레퍼런스 레이어를 참고해서 세밀하게 칠합니다.
영역 확대/축소	레퍼런스 라인과 닿았을 때 선 안쪽을 얼마나 칠할지/어떻게 칠할지를 설정합니다.

매직 펜 : 무난한 마커펜의 특성을 가지고 있습니다.

아래는 도구 속성 항목입니다. 모서리 처리 등 일부 항목이 추가되어 있습니다.

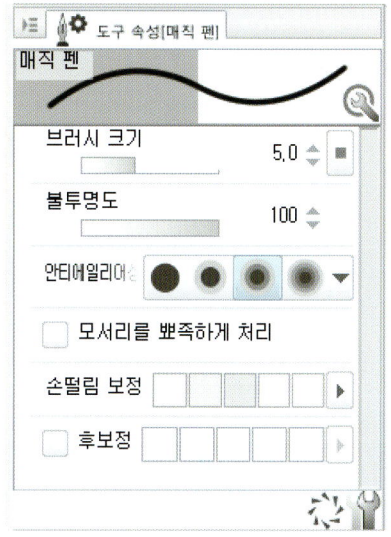

항목이름	기능
브러시 크기	펜의 크기를 설정합니다.
불투명도	펜의 투명도를 설정합니다.
안티에일리어싱	안티에일리어싱을 걸지를 설정합니다. 오른쪽으로 갈수록 선의 경계가 부드러워집니다.
모서리를 뾰족하게 처리	체크하면 꺾인 부분을 강하게 처리합니다.
손떨림 보정	손떨림 보정 기능을 설정합니다. 오른쪽으로 갈수록 강하게 보정됩니다.
후보정	체크하면 선을 그은 뒤, 추가보정합니다.

도트 펜 : 이름 그대로 도트작업에 유용한 펜으로, 1px로만 선을 그을수 있는 독특한 펜입니다.

아래는 도구 속성 창입니다. 단 하나의 항목만 있습니다.

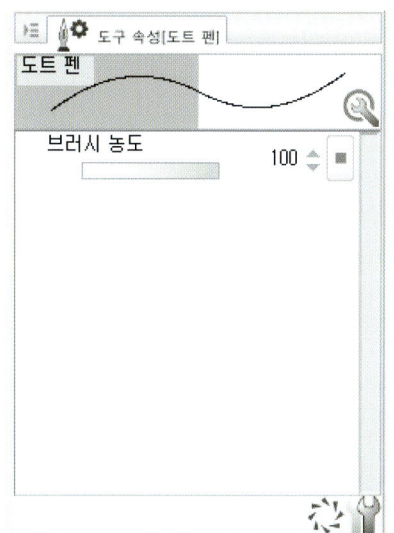

항목이름	기능
브러시 농도	마커의 투명도를 설정합니다. 적절히 설정해두면, 도트를 작업하기 편리합니다.

지금까지 마커 툴에 대해 알아보았습니다.

UNIT 10_ 연필 툴

클립스튜디오의 ✏ 연필 툴은 실제 연필의 특성을 단순화하고, 디지털 기본선의 특성을 추가한 툴입니다. 이전 망가스튜디오에서는 연필 툴이 펜 툴처럼 현실기반의 툴 위주였다는 점에서 차이가 있는데요. 아무래도 최근 디지털 작업에 익숙해진 작가들을 위한 배려가 아닐까 합니다.
이번 시간에는 연필 툴의 종류에 대해 알아보도록 하겠습니다.

· 보조 도구

클립스튜디오의 연필 툴은 아래 5가지가 기본 제공되고 있습니다.

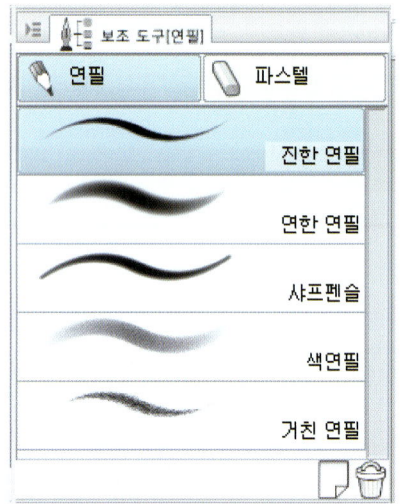

항목이름	기능
진한 연필	진한 연필 느낌을 냅니다. 경계가 진한 편입니다.
연한 연필	부드러운 연필 느낌을 냅니다. 경계가 부드러운 편입니다.
샤프펜슬	샤프처럼 가늘고 날카로운 선을 냅니다. 샤프를 자주 쓰시는 분이라면 익숙한 느낌일 것 같습니다.
색연필	색연필 느낌을 내는 툴입니다.
거친 연필	거친 연필 느낌을 냅니다. 종이 질감이 강하게 드러나는 편입니다.

· 도구 속성

각 보조 도구들의 특성과 설정항목에 대해 알아보도록 하겠습니다.

진한 연필 : 진한 연필은 터치가 상당히 진하게 나오며, 경계가 날카로운 브러시입니다. 연필보다는 포토샵 브러시의 느낌으로, 가볍게 사용 가능합니다.

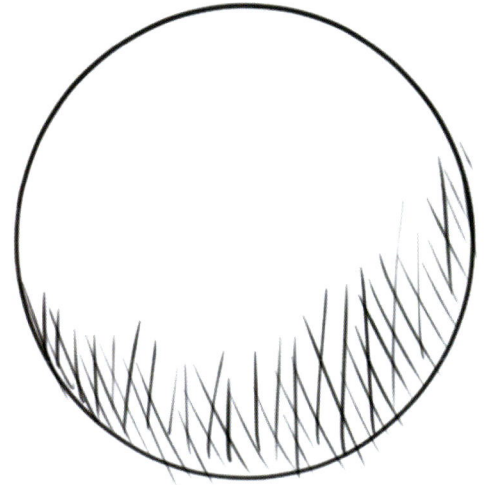

항목이름	기능
브러시 크기	브러시의 크기를 설정합니다.
경도	브러시 경계의 부드러움 정도를 설정합니다.
브러시 농도	브러시의 투명도를 설정합니다.
손떨림 보정	손떨림 보정 기능을 설정합니다. 오른쪽으로 갈수록 강하게 보정됩니다.

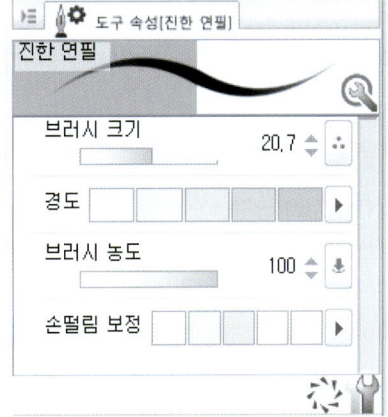

연필 툴의 특성 중 하나는 경도입니다. 이를 통해 경계의 부드러움 정도를 설정할 수 있습니다.

연한 연필 : 연한 연필은 연한 선부터 진한 선까지 자유롭게 낼 수 있으며, 상대적으로 경계가 흐린 편입니다.

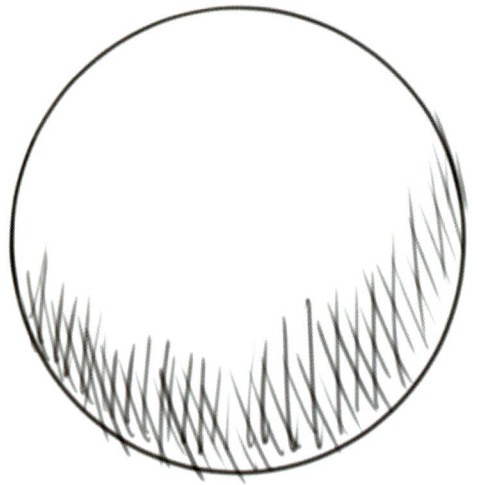

기본 도구 속성은 진한 연필과 동일하며 설정값만 다릅니다.

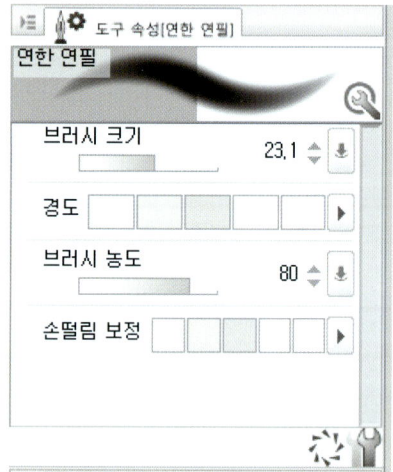

항목이름	기능
브러시 크기	브러시의 크기를 설정합니다.
경도	브러시 경계의 부드러움 정도를 설정합니다.
브러시 농도	브러시의 투명도를 설정합니다.
손떨림 보정	손떨림방지 기능입니다. 우측으로 갈수록 강하게 적용됩니다.

샤프펜슬 : 샤프펜슬은 이름 그대로 샤프펜슬의 특성을 흉내 낸 툴입니다. 샤프를 즐겨 쓰신 분이라면 좋아할만 한 터치감을 가지고 있습니다.

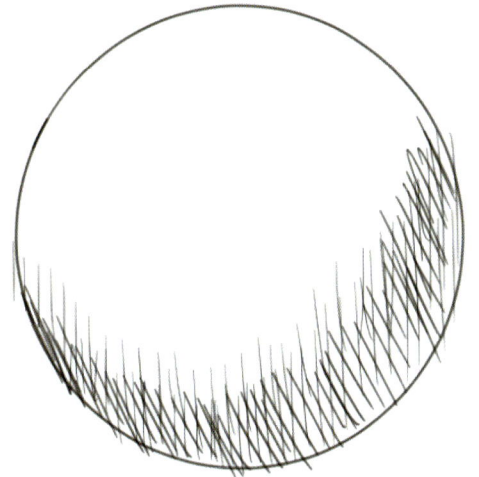

역시 기본 도구 속성은 진한 연필과 동일하며 설정값만 다릅니다.

항목이름	기능
브러시 크기	브러시의 크기를 설정합니다.
경도	브러시 경계의 부드러움 정도를 설정합니다.
브러시 농도	브러시의 투명도를 설정합니다.
손떨림 보정	손떨림방지 기능입니다. 우측으로 갈수록 강하게 적용됩니다.

색연필 : 색연필은 색연필의 터치감을 흉내 낸 브러시입니다. 브러시에 약간의 질감이 들어있으며, 옅은 편이라 농도를 조절하기 편합니다.

색연필은 브러시에 자체 질감이 들어있어 브러시의 단단한 정도를 설정하는 경도 항목이 빠져있습니다.

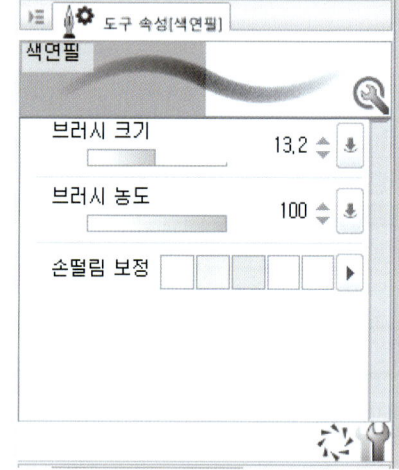

항목이름	기능
브러시 크기	브러시의 크기를 설정합니다.
브러시 농도	브러시의 투명도를 설정합니다.
손떨림 보정	손떨림방지 기능입니다. 우측으로 갈수록 강하게 적용됩니다.

거친 연필 : 거친 연필의 특성을 가지고 있으며, 종이 질감을 반영한다는 점이 특징입니다. 연필 툴 중에서는 가장 현실적인 연필 느낌입니다.

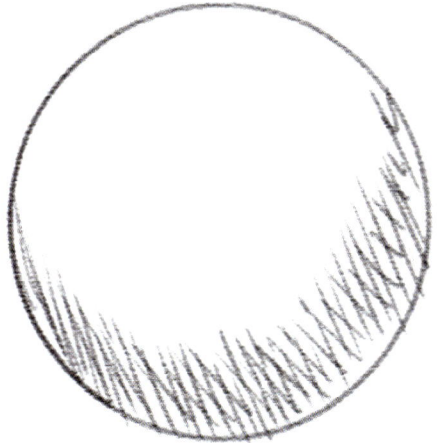

특성에 맞게 설정항목에는 종이 질감을 선택할 수 있는 항목이 추가되어 있습니다.

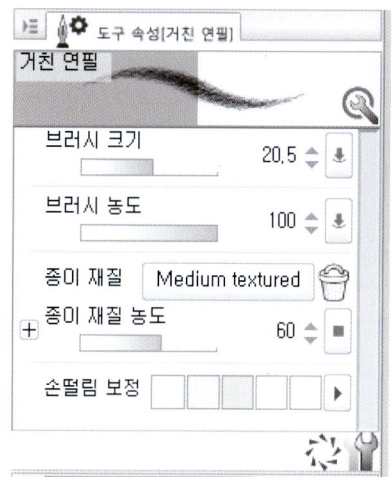

항목이름	기능
브러시 크기	브러시의 크기를 설정합니다.
브러시 농도	브러시의 투명도를 설정합니다.
종이 재질	종이 질감을 선택합니다.
종이 재질 농도	종이 질감을 얼마나 반영할지 결정합니다.
손떨림 보정	손떨림방지 기능입니다. 우측으로 갈수록 강하게 적용됩니다.

UNIT 11_ 파스텔 툴

파스텔 툴은 분필이나 파스텔, 크레용 같은 건식미술재료들의 특성을 가진 툴입니다. 건식미술재료는 주로 가루를 굳혀서 만들며, 물감처럼 물에 개어 쓰는 종류는 아닙니다. 그래서 칠할 때마다 가루가 흩어지며 부드러운 느낌을 내는 것이 특징입니다. 종이 질감에 따라 느낌이 크게 달라지는 도구이며, 수작업 느낌이 강합니다.

부드러운 느낌이 특징인 툴로, 잘 사용하면 무척 즐겁게 사용할 수 있습니다. 다만 웹툰에서는 잘 사용되지 않는 툴입니다.

· **보조 도구**

파스텔 툴의 보조 도구들은 실제 도구의 특성을 상당부분 따라오고 있습니다. 아래는 기본적으로 제공되는 툴들입니다.

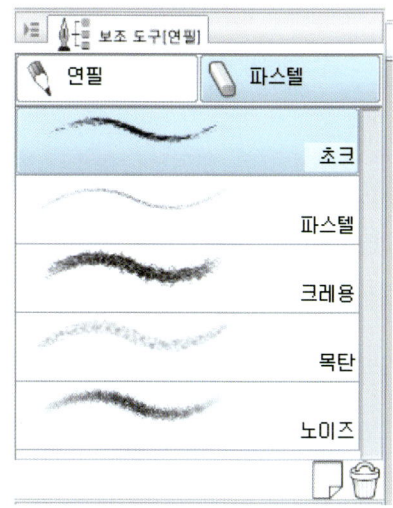

항목이름	기능
초크	분필 툴입니다. 꽤 거친 질감을 보여주며, 주변으로 많이 퍼지는 편입니다.
파스텔	파스텔 툴입니다. 초크 툴보다 부드러운 느낌이며 깔끔하게 그릴 수 있습니다.
크레용	크레용 툴입니다. 굵기조정이 안되는 대신 강약조절을 할 수 있으며 종이 재질의 영향을 강하게 받습니다.
목탄	목탄 툴입니다. 종이 질감을 강하게 타며, 연하게 칠해지는 편입니다.
노이즈	현실에는 없는 툴입니다. 디지털 느낌이 강합니다.

· **도구 속성**

각 파스텔 툴의 특성과 도구 속성에 대해 알아보도록 하겠습니다.

초크 : 현실의 분필을 기반으로 제작된 툴입니다. 힘을 주는 데 따라 굵기가 달라집니다. 거친 텍스쳐가 기본으로 잡혀있어, 칠판의 거친 느낌을 잘 표현하고 있습니다.

아래는 도구 속성 항목입니다.

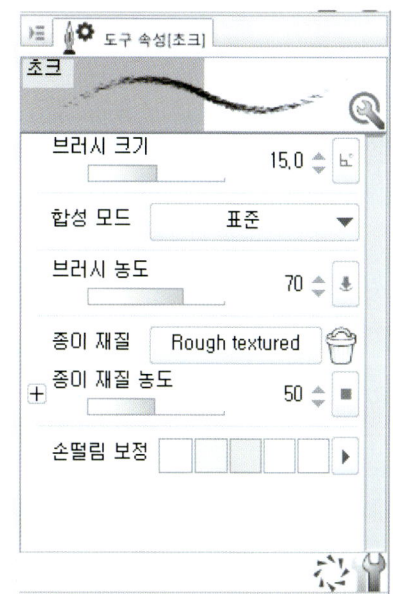

항목이름	기능
브러시 크기	브러시의 크기를 설정합니다.
합성 모드	브러시가 섞이는 방식을 결정합니다. 속성에 따라 다양한 느낌을 살릴 수 있습니다.
브러시 농도	브러시의 농도를 설정합니다.
종이 재질	종이 질감을 설정합니다. 기본은 Rough textured 로 되어 있어 거친 질감을 냅니다.
종이 재질 농도	종이 질감의 강도를 설정합니다.
손떨림 보정	손떨림 방지를 설정합니다.

파스텔 : 현실의 그림도구 중 하나인 파스텔을 기반으로 제작된 툴입니다. 분필보다 단단하고 가느다란 느낌입니다.

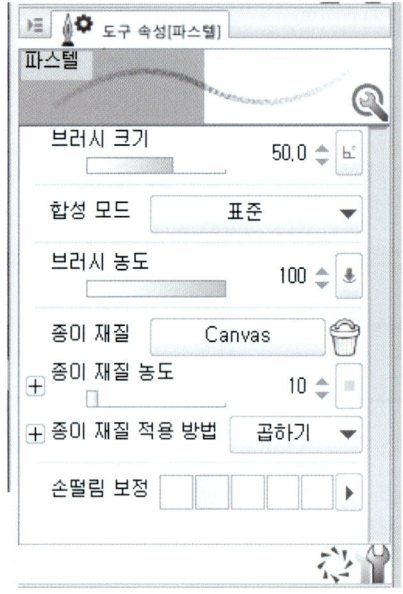

아래는 도구 속성 항목입니다.

항목이름	기능
브러시 크기	브러시의 크기를 설정합니다.
합성 모드	브러시가 섞이는 방식을 결정합니다. 속성에 따라 다양한 느낌을 살릴 수 있습니다.
브러시 농도	브러시의 농도를 설정합니다.
종이 재질	종이 질감을 설정합니다. 기본은 Canvas 로 되어 있어 거친 질감을 냅니다.
종이 재질 농도	종이 질감의 강도를 설정합니다.
종이 재질 적용 방법	종이 질감에 적용되는 방식을 결정합니다. 기본은 곱하기로 설정되어 있습니다.
손떨림 보정	손떨림 방지를 설정합니다.

크레용 : 어릴 적에 한번쯤은 사용해 본 크레용의 특징을 가진 툴입니다. 굵기 조정이 안 되지만, 강약에 따라 진하기가 달라지는 특징이 있습니다.

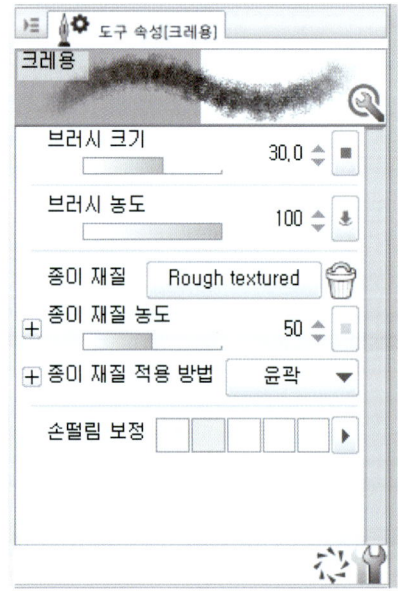

아래는 도구 속성 항목입니다.

항목이름	기능
브러시 크기	브러시의 크기를 설정합니다.
브러시 농도	브러시의 농도를 설정합니다.
종이 재질	종이 질감을 설정합니다. 기본은 Rough textured 로 되어 있어 거친 질감을 냅니다.
종이 재질 농도	종이 질감의 강도를 설정합니다.
종이 재질 적용 방법	종이 질감에 적용되는 방식을 결정합니다. 기본은 윤곽으로 설정되어 있습니다.
손떨림 보정	손떨림 방지를 설정합니다.

목탄 : 목탄의 특성을 반영한 툴입니다. 다른 툴들에 비해 상당히 연해, 소묘용으로 많이 사용됩니다.

아래는 도구 속성 항목입니다.

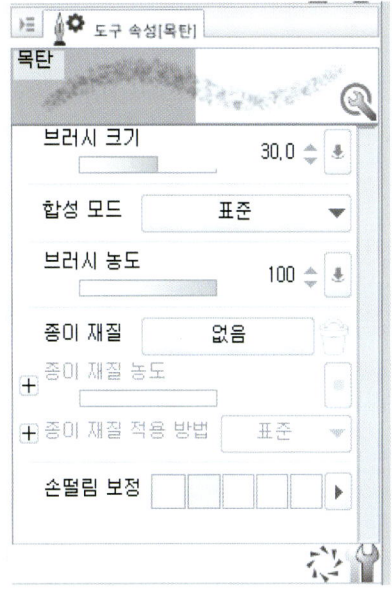

항목이름	기능
브러시 크기	브러시의 크기를 설정합니다.
합성 모드	브러시가 섞이는 방식을 결정합니다. 속성에 따라 다양한 느낌을 살릴 수 있습니다.
브러시 농도	브러시의 농도를 설정합니다.
종이 재질	종이 질감을 설정합니다. 기본은 없음 입니다.
종이 재질 농도	종이 질감의 강도를 설정합니다. 다른 툴에 비해 강하게 적용됩니다.
종이 재질 적용 방법	종이 질감에 적용되는 방식을 결정합니다.
손떨림 보정	손떨림 방지를 설정합니다.

노이즈 : 파스텔 툴 중에서는 독특하게, 현실에 없는 디지털 전용 툴입니다. 디지털브러시의 특징이 강하게 나타나며, 기존의 어떤 파스텔 계열 툴과도 다른 느낌을 줍니다.

아래는 도구 속성 항목입니다.

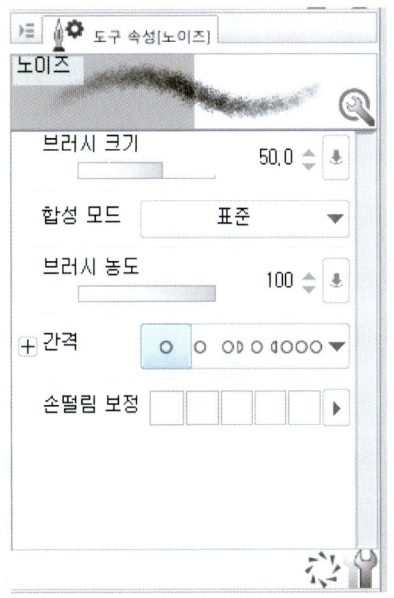

항목이름	기능
브러시 크기	브러시의 크기를 설정합니다.
합성 모드	브러시가 섞이는 방식을 결정합니다. 속성에 따라 다양한 느낌을 살릴 수 있습니다.
브러시 농도	브러시의 농도를 설정합니다.
간격	브러시 팁의 간격을 설정합니다. 간격에 따라 부들부들한 느낌부터 단단한 느낌까지 표현할 수 있습니다.
손떨림 보정	손떨림 방지를 설정합니다.

지금까지 파스텔 툴에 대해 알아보았습니다.

UNIT 12_ 수채 툴

✏️ 수채 툴은 이름 그대로 수채화 느낌을 내는 툴입니다. 상대적으로 투명한 느낌의 색이 나오며, 힘을 주는 것에 따라 투명도가 달라지는 특성이 있습니다. 또한 색을 다양한 방식으로 섞을 수 있다는 점이 강점입니다. 다양한 일러스트 작업이나, 셀화가 아닌 방식의 웹툰 작업에는 필수 툴이라고 할 수 있으며, 많은 작가들이 이 수채 툴을 기반으로 자신만의 브러시를 만들어 사용하고 있습니다.

· 보조 도구

기본적으로 제공하는 보조 도구는 아래와 같습니다. 펜이나 연필 툴과 다르게, 수채화라는 기본 재료를 기반으로 물 섞임이나 채색기법에 따라 보조 도구를 제공하고 있습니다.

항목이름	기능
불투명 수채	불투명 수채화의 특성을 가지고 있는 툴입니다.
투명 수채	투명 수채화의 특성을 가지고 있는 툴입니다.
진한 수채	물을 적게 쓰는 수채화의 특성을 가지고 있는 툴입니다. 유화 툴의 특성에 가깝습니다.
매끄러운 수채	투명에 가까운 색부터 아주 진한 색까지 표현할 수 있으며, 색이 부드럽게 섞입니다.
채색&융합	칠하면서 색을 강하게 섞어버리는 툴입니다.
수채 붓	붓 터치가 남는 느낌의 툴입니다.
번짐 가장자리 수채	경계가 부드러운 툴입니다.
물 많음	칠하면서 수채화 특유의 물 자국을 남기는 브러시입니다.
종이 재질 강조	종이 질감을 강조하는 브러시입니다.

· 도구 속성

일부를 제외하고는 이름들이 좀 애매한 편이라, 이름보다는 실제 터치감을 기억하는 것이 좋습니다. 아래에서 보조 도구와 각 도구 속성의 항목들에 대해 알아보도록 하겠습니다.

불투명 수채 : 불투명 수채는 불투명 수채화라는 의미입니다. 이름 그대로 불투명 수채화의 특성을 가진 툴입니다.

아래는 도구 속성 팔레트입니다.

항목이름	기능
브러시 크기	브러시 크기를 설정합니다.
물감량	물감의 정도를 설정합니다. 높을수록 물감색이, 낮을수록 캔버스의 색이 묻어나옵니다.
물감 농도	물감의 투명도를 설정합니다. 높을수록 원래의 투명도가, 낮을수록 캔버스의 투명도가 묻어나옵니다.
색 늘이기	색과 투명도가 얼마나 오래 묻어날지를 설정합니다. 오른쪽으로 갈수록 캔버스의 특징이 오래 남습니다.
경도	브러시의 단단한 정도를 설정합니다. 오른쪽으로 갈수록 단단한 느낌을 줍니다.
브러시 농도	브러시의 정도를 설정합니다. 우측으로 갈수록 강한 특성을 보여줍니다.
손떨림 보정	손떨림 방지를 적용합니다.
종이 재질 강조	종이 질감을 강조하는 브러시입니다.

투명 수채 : 투명수채화의 특성을 가진 툴입니다. 이름처럼, 브러시의 투명도를 설정할 수 있어 겹쳐 칠하기에 편리합니다. 칠하면 아래 덧칠한 자국이 살짝 남는 특징이 있습니다.

아래는 도구 속성 팔레트입니다. 불투명 수채와 달리, 불투명도를 설정할 수 있습니다.

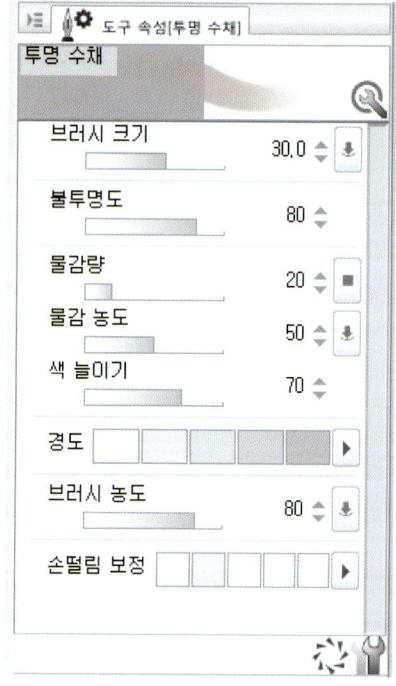

항목이름	기능
브러시 크기	브러시 크기를 설정합니다.
불투명도	브러시의 투명도를 설정합니다. 오른쪽으로 갈수록 불투명해집니다.
물감량	물감의 정도를 설정합니다. 높을수록 물감색이, 낮을수록 캔버스의 색이 묻어나옵니다.
물감 농도	물감의 투명도를 설정합니다. 높을수록 원래의 투명도가, 낮을수록 캔버스의 투명도가 묻어나옵니다.
색 늘이기	색과 투명도가 얼마나 오래 묻어날지를 설정합니다. 오른쪽으로 갈수록 캔버스의 특징이 오래 남습니다.
경도	브러시의 단단한 정도를 설정합니다. 오른쪽으로 갈수록 단단한 느낌을 줍니다.
브러시 농도	브러시의 정도를 설정합니다. 우측으로 갈수록 강한 특성을 보여줍니다.
손떨림 보정	손떨림 방지를 적용합니다.

진한 수채 : 유화에 가까운 특성을 나타내는 툴입니다. 현재 색을 제대로 표현하면서도 적절히 섞어주므로, 디지털 작업에 편리합니다.

아래는 도구 속성 팔레트입니다. 기본은 불투명 수채와 유사합니다.

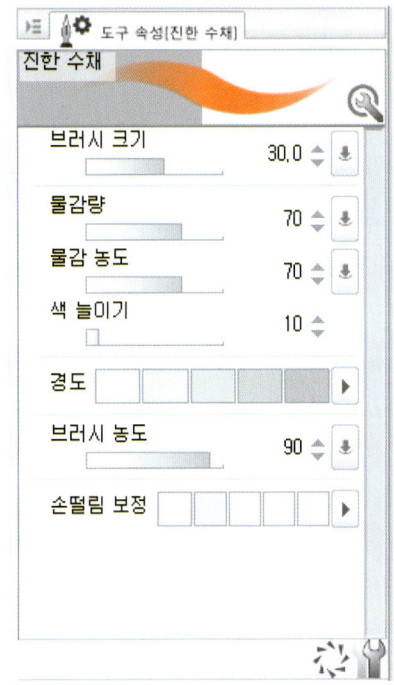

항목이름	기능
브러시 크기	브러시 크기를 설정합니다.
물감량	물감의 정도를 설정합니다. 높을수록 물감색이, 낮을수록 캔버스의 색이 묻어나옵니다.
물감 농도	물감의 투명도를 설정합니다. 높을수록 원래의 투명도가, 낮을수록 캔버스의 투명도가 묻어나옵니다.
색 늘이기	색과 투명도가 얼마나 오래 묻어날지를 설정합니다. 오른쪽으로 갈수록 캔버스의 특징이 오래 남습니다.
경도	브러시의 단단한 정도를 설정합니다. 오른쪽으로 갈수록 단단한 느낌을 줍니다.
브러시 농도	브러시의 정도를 설정합니다. 우측으로 갈수록 강한 특성을 보여줍니다.
손떨림 보정	손떨림 방지를 적용합니다.

매끄러운 수채 : 투명한 색부터 아주 진한 색까지 자유롭게 농담을 표현할 수 있습니다. 캔버스를 부드럽게 섞어주는 것도 특징입니다.

아래는 도구 속성 팔레트입니다. 기본은 불투명 수채와 유사합니다.

항목이름	기능
브러시 크기	브러시 크기를 설정합니다.
물감량	물감의 정도를 설정합니다. 높을수록 물감색이, 낮을수록 캔버스의 색이 묻어나옵니다.
물감 농도	물감의 투명도를 설정합니다. 높을수록 원래의 투명도가, 낮을수록 캔버스의 투명도가 묻어나옵니다.
색 늘이기	색과 투명도가 얼마나 오래 묻어날지를 설정합니다. 오른쪽으로 갈수록 캔버스의 특징이 오래 남습니다.
경도	브러시의 단단한 정도를 설정합니다. 오른쪽으로 갈수록 단단한 느낌을 줍니다.
브러시 농도	브러시의 정도를 설정합니다. 우측으로 갈수록 강한 특성을 보여줍니다.
손떨림 보정	손떨림 방지를 적용합니다.

채색 & 융합 : 채색과 색 섞임 절반 정도의 비중으로 이루어진 툴입니다. 이미지를 부드럽게 다듬으면서 색을 살짝 추가할 때 유용한 툴입니다. 캔버스의 색을 브러시 주변으로 퍼트리며, 수채화의 색 섞임을 표현합니다.

아래는 도구 속성 팔레트입니다. 번짐 강조 항목이 추가되어 있습니다.

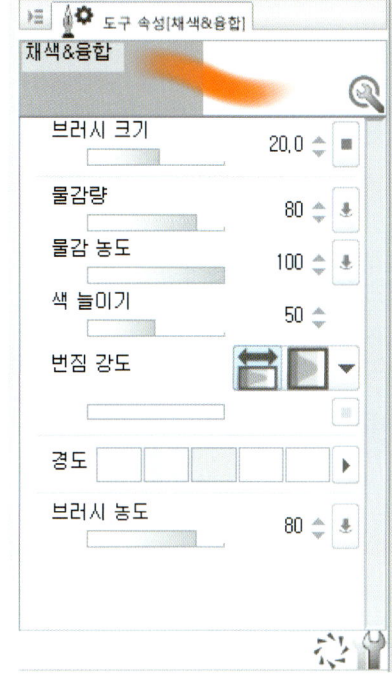

항목이름	기능
브러시 크기	브러시 크기를 설정합니다.
물감량	물감의 정도를 설정합니다. 높을수록 물감색이, 낮을수록 캔버스의 색이 묻어나옵니다.
물감 농도	물감의 투명도를 설정합니다. 높을수록 원래의 투명도가, 낮을수록 캔버스의 투명도가 묻어나옵니다.
색 늘이기	색과 투명도가 얼마나 오래 묻어날지를 설정합니다. 오른쪽으로 갈수록 캔버스의 특징이 오래 남습니다.
번짐 강도	채색&융합은 칠할 때 캔버스의 이미지를 퍼트립니다. 그 정도를 결정합니다.
경도	브러시의 단단한 정도를 설정합니다. 오른쪽으로 갈수록 단단한 느낌을 줍니다.
브러시 농도	브러시의 정도를 설정합니다. 우측으로 갈수록 강한 특성을 보여줍니다.

수채 붓 : 붓 모양의 브러시입니다. 붓 터치를 남겨서 좀 더 수작업에 가까운 질감을 냅니다.

아래는 도구 속성 팔레트입니다. 붓 모양의 팁을 가지고 있어, 경도 항목은 빠져있습니다.

항목이름	기능
브러시 크기	브러시 크기를 설정합니다.
물감량	물감의 정도를 설정합니다. 높을수록 물감색이, 낮을수록 캔버스의 색이 묻어나옵니다.
물감 농도	물감의 투명도를 설정합니다. 높을수록 원래의 투명도가, 낮을수록 캔버스의 투명도가 묻어나옵니다.
색 늘이기	색과 투명도가 얼마나 오래 묻어날지를 설정합니다. 오른쪽으로 갈수록 캔버스의 특징이 오래 남습니다.
브러시 농도	브러시의 정도를 설정합니다. 우측으로 갈수록 강한 특성을 보여줍니다.
손떨림 보정	손떨림 방지를 적용합니다.

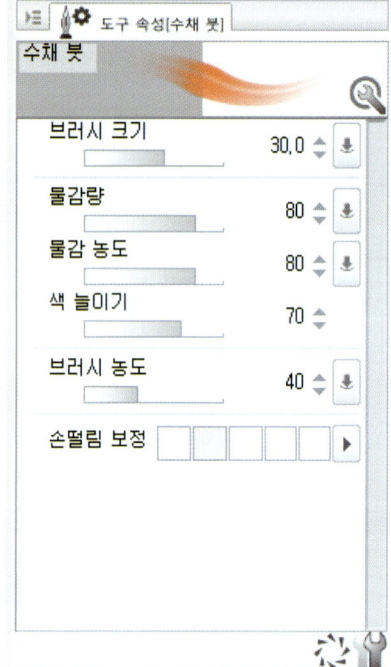

번짐 가장자리 수채 : 외곽이 퍼진 느낌의 툴입니다. 브러시로 문지른 듯한 독특한 느낌이 납니다. 색은 약간 빽빽하게 섞이는 느낌입니다.

아래는 도구 속성 팔레트입니다. 역시 자체 팁을 가지고 있어, 경도 항목은 빠져있습니다.

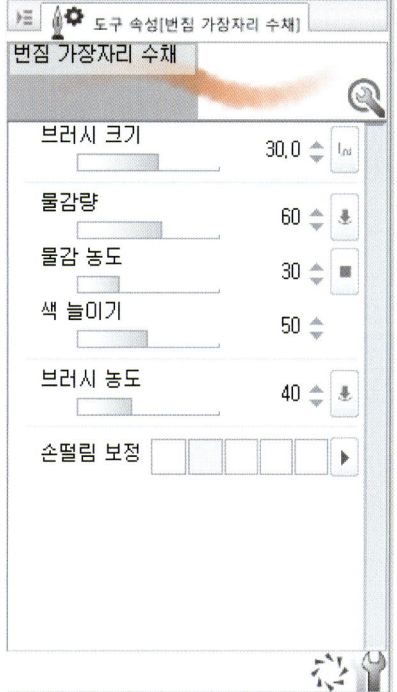

항목이름	기능
브러시 크기	브러시 크기를 설정합니다.
물감량	물감의 정도를 설정합니다. 높을수록 물감색이, 낮을수록 캔버스의 색이 묻어나옵니다.
물감 농도	물감의 투명도를 설정합니다. 높을수록 원래의 투명도가, 낮을수록 캔버스의 투명도가 묻어나옵니다.
색 늘이기	색과 투명도가 얼마나 오래 묻어날지를 설정합니다. 오른쪽으로 갈수록 캔버스의 특징이 오래 남습니다.
브러시 농도	브러시의 정도를 설정합니다. 우측으로 갈수록 강한 특성을 보여줍니다.
손떨림 보정	손떨림 방지를 적용합니다.

물 많음 : 물 많음은 물기가 마른 뒤 생기는 수채화 특유의 붓 자국이 강조되는 툴입니다. 터치할 때마다 자잘한 붓 터치가 남아 좀 더 수작업같은 느낌을 줍니다.

아래는 도구 속성 팔레트입니다. 붓 자국 정도를 결정하는 수채 경계라는 항목이 추가되었습니다.

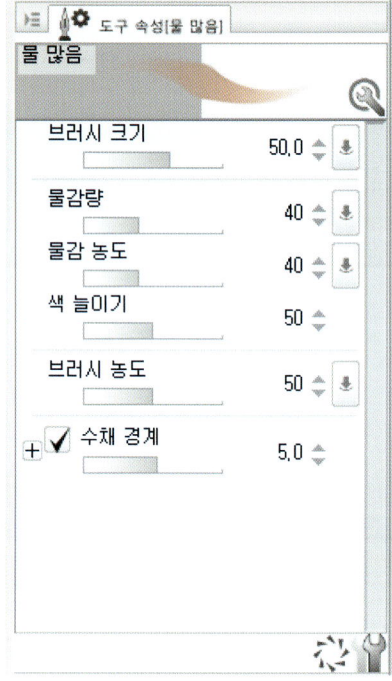

항목이름	기능
브러시 크기	브러시 크기를 설정합니다.
물감량	물감의 정도를 설정합니다. 높을수록 물감색이, 낮을수록 캔버스의 색이 묻어나옵니다.
물감 농도	물감의 투명도를 설정합니다. 높을수록 원래의 투명도가, 낮을수록 캔버스의 투명도가 묻어나옵니다.
색 늘이기	색과 투명도가 얼마나 오래 묻어날지를 설정합니다. 오른쪽으로 갈수록 캔버스의 특징이 오래 남습니다.
브러시 농도	브러시의 정도를 설정합니다. 우측으로 갈수록 강한 특성을 보여줍니다.
수채 경계	수채화의 마른 붓 자국 크기를 설정합니다. 우측으로 갈수록 커집니다.

종이 재질 강조 : 이름에서 보듯 종이 질감을 강조하는 툴로, 다른 수채화 툴과 달리 종이 질감이 표현됩니다.

아래는 도구 속성 팔레트입니다.

항목이름	기능
브러시 크기	브러시 크기를 설정합니다.
물감량	물감의 정도를 설정합니다. 높을수록 물감색이, 낮을수록 캔버스의 색이 묻어나옵니다.
물감 농도	물감의 투명도를 설정합니다. 높을수록 원래의 투명도가, 낮을수록 캔버스의 투명도가 묻어나옵니다.
색 늘이기	색과 투명도가 얼마나 오래 묻어날지를 설정합니다. 오른쪽으로 갈수록 캔버스의 특징이 오래 남습니다.
경도	브러시의 단단한 정도를 설정합니다. 오른쪽으로 갈수록 단단한 느낌을 줍니다.
브러시 농도	브러시의 정도를 설정합니다. 우측으로 갈수록 강한 특성을 보여줍니다.
종이 재질	종이 질감을 설정합니다. 다양한 종이를 선택할 수 있습니다.

UNIT 13_ 유채 툴

브러시 툴 중 두 번째 툴인 ✏️ 유채 툴은 이름 그대로 유화의 특성을 가진 툴입니다. 페인터보다 심플하지만, 디지털에 어울리는 스타일의 유화 느낌을 낼 수 있습니다.

· 보조 도구

유채 툴의 보조 도구는 3종류로 수채 툴보다 상당히 심플한 편입니다.

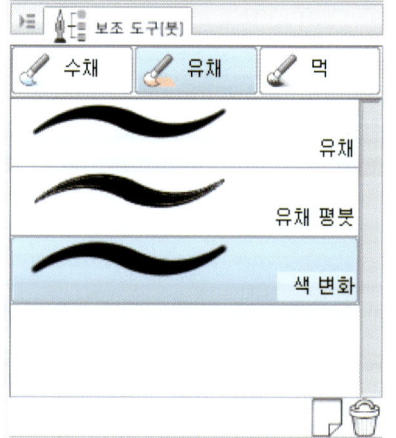

항목이름	기능
유채 툴	기본적인 오일 브러시입니다.
유채 평붓	납작붓 형태의 오일 브러시입니다. 좀 더 수작업에 가까운 터치감이 나옵니다.
색 변화	투톤으로 칠할 수 있는 브러시입니다. 터치 압력에 따라 컬러가 바뀝니다.

· 도구 속성

유채 툴의 보조 도구는 심플하지만, 재미있는 기능이 꽤 숨어있습니다.

유채 : 가장 기본적인 브러시로 디지털 느낌의 유화 터치감을 제공하는 브러시입니다. 색 섞임이 꽤 강하면서도 터치감은 살아있습니다.

도구 속성 팔레트의 항목은 수채화의 것과 거의 같지만, 압력 그래프가 달라 미묘하게 다른 터치감을 줍니다.

항목이름	기능
브러시 크기	브러시의 크기를 설정합니다.
물감량	물감의 정도를 설정합니다. 높을수록 물감색이, 낮을수록 캔버스의 색이 묻어나옵니다.
물감 농도	물감의 투명도를 설정합니다. 높을수록 원래의 투명도가, 낮을수록 캔버스의 투명도가 묻어나옵니다.
색 늘이기	색과 투명도가 얼마나 오래 묻어날지를 설정합니다. 오른쪽으로 갈수록 캔버스의 특징이 오래 남습니다.
경도	브러시의 단단한 정도를 설정합니다. 오른쪽으로 갈수록 단단한 느낌을 줍니다.
브러시 농도	브러시의 정도를 설정합니다. 우측으로 갈수록 강한 특성을 보여줍니다.
손떨림 보정	손떨림 방지를 적용합니다.

유채 평붓 : 붓 터치를 살려주는 브러시로, 자연스러운 수작업 느낌이 납니다. 색이 섞이는 정도는 약한 편입니다. 브러시 농도를 적당히 조절해 주면 좀 더 편리하게 사용할 수 있습니다.

도구 속성은 유채 툴과 유사하나, 붓 터치 브러시로 인해 경도가 없습니다.

항목이름	기능
브러시 크기	브러시의 크기를 설정합니다.
물감량	물감의 정도를 설정합니다. 높을수록 물감색이, 낮을수록 캔버스의 색이 묻어나옵니다.
물감 농도	물감의 투명도를 설정합니다. 높을수록 원래의 투명도가, 낮을수록 캔버스의 투명도가 묻어나옵니다.
색 늘이기	색과 투명도가 얼마나 오래 묻어날지를 설정합니다. 오른쪽으로 갈수록 캔버스의 특징이 오래 남습니다.
브러시 농도	브러시의 정도를 설정합니다. 우측으로 갈수록 강한 특성을 보여줍니다.
손떨림 보정	손떨림 방지를 적용합니다.

색 변화 : 꽤 재미있는 툴입니다. 유화에서 붓에 두 가지 색상의 물감을 찍어 바르는 느낌과 비슷합니다. 손에 힘을 줄수록 배경색이 묻어나오며, 한번의 터치로 다양한 색을 칠할 수 있습니다.

도구 속성 팔레트에는 색을 얼마나 많이 섞을지에 대한 기능인 보조 그리기색 혼합율 항목이 추가되어 있습니다.

항목이름	기능
브러시 크기	브러시의 크기를 설정합니다.
물감량	물감의 정도를 설정합니다. 높을수록 물감색이, 낮을수록 캔버스의 색이 묻어나옵니다.
물감 농도	물감의 투명도를 설정합니다. 높을수록 원래의 투명도가, 낮을수록 캔버스의 투명도가 묻어나옵니다.
색 늘이기	색과 투명도가 얼마나 오래 묻어날지를 설정합니다. 오른쪽으로 갈수록 캔버스의 특징이 오래 남습니다.
보조 그리기색 혼합율	배경색을 얼마나 많이 묻어나게 할지를 설정합니다. 오른쪽으로 갈수록 진하게 묻어나옵니다.
경도	브러시의 단단한 정도를 설정합니다. 오른쪽으로 갈수록 단단한 느낌을 줍니다.
브러시 농도	브러시의 정도를 설정합니다. 우측으로 갈수록 강한 특성을 보여줍니다.
손떨림 보정	손떨림 방지를 적용합니다.

UNIT 14_ 먹 툴

우리가 일반적으로 이야기하는 먹을 표현하는 툴입니다. 클립스튜디오의 먹 툴은 한지와 같이 잘 퍼지는 종이에 먹으로 그리는 느낌을 제공하며, 삐침선과 거친 붓 터치, 퍼지는 느낌 등이 특징입니다. 현실과 달리 다양한 색깔로 칠할 수 있으며, 동양화 등에 어울립니다.

· 보조 도구

먹 툴의 보조 도구는 강한 붓 터치를 주는 툴부터 먹이 번지는 느낌을 주는 툴까지 다양하게 존재합니다. 기본으로 제공하는 툴은 아래와 같습니다.

항목이름	기능
약간 희끗	굵은 가닥의 붓으로 그리는 느낌의 툴입니다.
매끄러움	촘촘한 가닥의 붓으로 그리는 느낌의 툴입니다.
거침	납작한 붓으로 먹을 이용해 그리는 느낌의 툴입니다.
연한 먹	종이에 먹이 연하게 퍼지는 느낌의 툴입니다.
진한 번짐	먹을 듬뿍 찍어 그릴 때마다 진하게 먹이 묻어나는 느낌의 툴입니다.

· 도구 속성

각 보조 도구의 터치감과 설정 창에 대해 알아보도록 하겠습니다.

약간 희끗 : 짐승의 굵은 털이 느껴질 정도로 거친 선을 보여주는 브러시입니다.

도구 속성 창은 아래와 같습니다. 다른 브러시류와 다르게 선 꼬리 효과가 기본적으로 설정되어있습니다.

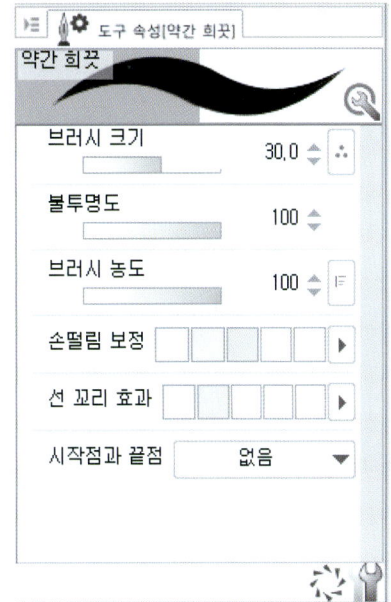

항목이름	기능
브러시 크기	브러시의 크기를 설정합니다.
불투명도	브러시의 투명도를 설정합니다.
브러시 농도	브러시의 농도를 설정합니다.
손떨림 보정	손떨림방지 기능을 설정합니다. 우측으로 갈수록 강하게 적용됩니다.
선 꼬리 효과	브러시 끝에 남는 붓 삐침선을 설정합니다. 우측으로 갈수록 실제 붓을 끄는 느낌처럼 길게 남습니다.
시작점과 끝점	첫 부분과 끝부분을 어떻게 처리할지 설정합니다. 기본은 없음 으로 아무 설정을 하지 않습니다.

매끄러움 : 이름처럼 매끄러운 느낌의 먹선을 그리며, 먹이 갈라지는 느낌 없이 깔끔한 선이 나옵니다.

도구 속성 창은 약간 희끗과 동일합니다.

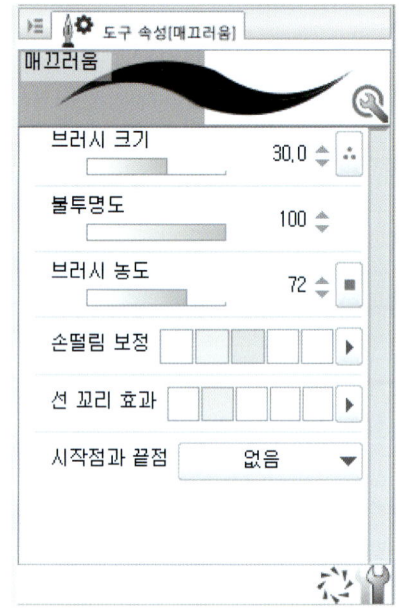

항목이름	기능
브러시 크기	브러시의 크기를 설정합니다.
불투명도	브러시의 투명도를 설정합니다.
브러시 농도	브러시의 농도를 설정합니다.
손떨림 보정	손떨림방지 기능을 설정합니다. 우측으로 갈수록 강하게 적용됩니다.
선 꼬리 효과	브러시 끝에 남는 붓 삐침선을 설정합니다. 우측으로 갈수록 실제 붓을 끄는 느낌처럼 길게 남습니다.
시작점과 끝점	첫 부분과 끝부분을 어떻게 처리할지 설정합니다. 기본은 없음 으로 아무 설정을 하지 않습니다.

거침 : 납작한 붓으로 거친 느낌의 먹선을 그립니다. 먹이 번지는 등의 표현을 제공합니다.

도구 속성 창은 약간 희끗과 동일합니다.

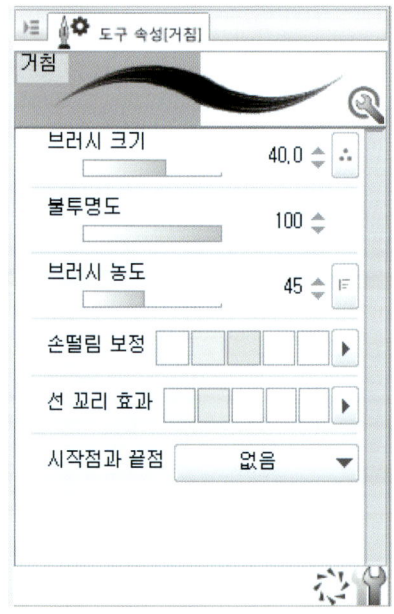

항목이름	기능
브러시 크기	브러시의 크기를 설정합니다.
불투명도	브러시의 투명도를 설정합니다.
브러시 농도	브러시의 농도를 설정합니다.
손떨림 보정	손떨림방지 기능을 설정합니다. 우측으로 갈수록 강하게 적용됩니다.
선 꼬리 효과	브러시 끝에 남는 붓 삐침선을 설정합니다. 우측으로 갈수록 실제 붓을 끄는 느낌처럼 길게 남습니다.
시작점과 끝점	첫 부분과 끝부분을 어떻게 처리할지 설정합니다. 기본은 없음 으로 아무 설정을 하지 않습니다.

연한 먹 : 자체로도 연한 선을 그을 수 있지만, 다른 먹선을 번지게 하는데 더 유용한 툴입니다.

섞는 것이 주된 기능의 툴답게, 설정 창 역시 그에 맞춰져있습니다.

항목이름	기능
브러시 크기	브러시의 크기를 설정합니다.
불투명도	브러시의 투명도를 설정합니다.
밑바탕 혼색	밑색과 칠해지는 색을 섞을지를 결정합니다.
물감량	색이 섞이는 정도를 결정합니다.
두께	브러시의 두께를 설정합니다.
브러시 농도	브러시의 농도를 설정합니다.
수채 경계	체크하면 수채화 특유의 물 마른 자국을 만들어줍니다.

진한 번짐 : 진한 번짐 툴은 진한 먹을 붓에 듬뿍 묻혀 그리는 느낌을 주는 툴입니다. 선 번짐이 매력적입니다.

설정 창은 아래와 같습니다. 퍼짐을 조절하기 위한 기능이 많습니다.

항목이름	기능
브러시 크기	브러시의 크기를 설정합니다.
불투명도	브러시의 투명도를 설정합니다.
합성 모드	밑색과 어떤 식으로 섞일지 결정합니다. 기본은 표준 입니다.
브러시 농도	브러시의 농도를 설정합니다.
입자 크기	번짐의 크기를 설정합니다.
입자 밀도	번짐의 강도를 설정합니다.
수채 경계	체크하면 수채화 특유의 물마른 자국을 만들어줍니다.

UNIT 15_ 에어브러시 툴

이번 시간에는 에어브러시 툴에 대해 알아보도록 하겠습니다. 에어브러시는 이름 그대로 스프레이/라커 같은 느낌으로 칠을 해주는 브러시입니다.

· 보조 도구

에어브러시의 보조 도구들은 아래와 같습니다. 포토샵의 기본 부드러운 브러시와 스프레이 브러시가 공존하는 느낌입니다.

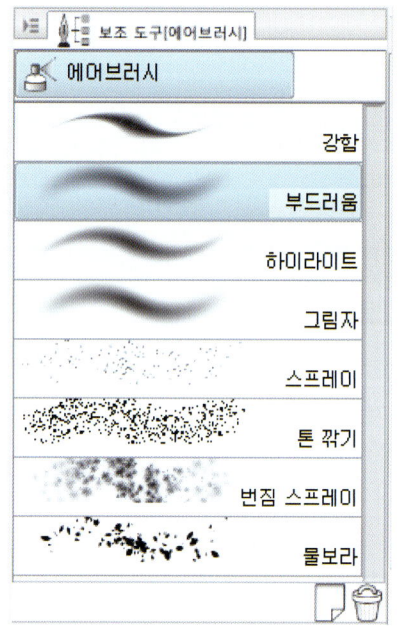

항목이름	기능
강함	진하게 칠해주며, 압력에 민감하게 반응하는 편입니다.
부드러움	부드러운 칠을 하며, 압력에 반응하지 않습니다.
하이라이트	칠한 부분을 밝게 만들어줍니다. 밝은 명암 표현을 빠르게 할 때 사용하면 편리합니다.
그림자	칠한 부분을 어둡게 만들어줍니다. 빠르게 어두운 명암 표현을 할 때 사용하면 편리합니다.
스프레이	위의 부드러운 브러시류와 다르게 직접 알갱이를 뿌리는 스프레이 기능입니다.
톤 깎기	톤을 깎을 때 사용하면 유용한 스프레이입니다..부드럽게 보카시를 만들어줍니다.
번짐 스프레이	부드럽게 퍼진 스프레이 효과를 내는 툴입니다.
물보라	물을 튀기는 느낌의 스프레이 브러시입니다. 화산재나 암울한 분위기를 표현하기 좋습니다.

· 도구 속성

에어브러시 툴에 있는 각 보조 도구의 특성과 도구 속성들에 대해 알아보도록 하겠습니다.

강함 : 원래 색감을 유지하면서 칠해주는 툴입니다. 일반 펜 브러시에서 강도를 약하게 만든 느낌에 가깝습니다.

도구 속성 창은 아래와 같습니다.

항목이름	기능
브러시 크기	브러시의 크기를 설정합니다.
합성 모드	섞이는 방식을 설정합니다. 기본은 표준 입니다.
경도	브러시의 단단한 정도를 설정합니다.
브러시 농도	브러시의 농도를 설정합니다.
연속 칠하기	체크할 경우 펜을 누르고 있으면 계속 칠해집니다.
손떨림 보정	손떨림방지 기능을 적용합니다. 우측으로 갈수록 강하게 적용됩니다.
참조 레이어의 선을 넘어가지 않음	체크하면 참조 선을 기준으로 칠해집니다. 선 바깥으로 스프레이가 나가지 않아 채색할 때 편합니다.
영역 확대/축소	선을 어느 정도로 침범할지 설정합니다.

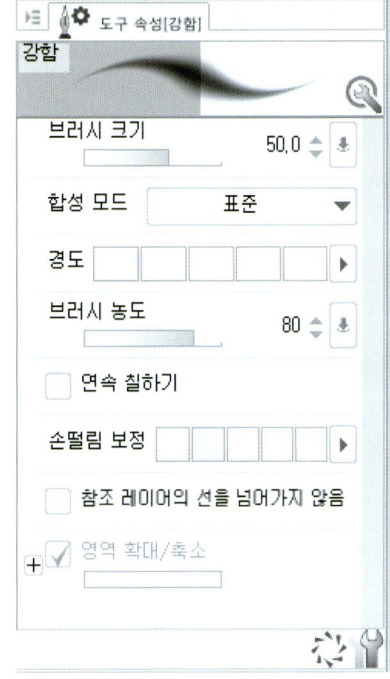

부드러움 : 이름 그대로 부드럽게 칠합니다. 선 굵기가 바뀌지 않으며 색을 크게 변화시키지 않기 때문에, 넓은 면에 명암을 넣거나 가볍게 그라데이션 등을 넣어줄 때 사용하면 편리합니다.

도구 속성 창은 강함과 동일합니다.

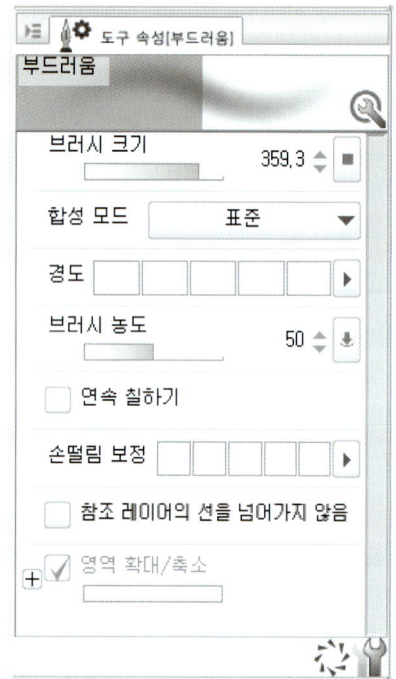

항목이름	기능
브러시 크기	브러시의 크기를 설정합니다.
합성 모드	섞이는 방식을 설정합니다. 기본은 표준 입니다.
경도	브러시의 단단한 정도를 설정합니다.
브러시 농도	브러시의 농도를 설정합니다.
연속 칠하기	체크할 경우 펜을 누르고 있으면 계속 칠해집니다.
손떨림 보정	손떨림방지 기능을 적용합니다. 우측으로 갈수록 강하게 적용됩니다.
참조 레이어의 선을 넘어가지 않음	체크하면 참조 선을 기준으로 칠해집니다. 선 바깥으로 스프레이가 나가지 않아 채색할 때 편합니다.
영역 확대/축소	선을 어느 정도로 침범할지 설정합니다.

하이라이트 : 칠한 부분을 밝게(ADD) 칠해주는 브러시입니다. 명암표현을 할 때 유용하며, 밑색이 없을 경우 칠해지지 않습니다.

도구 속성 창은 상대적으로 심플한 편입니다.

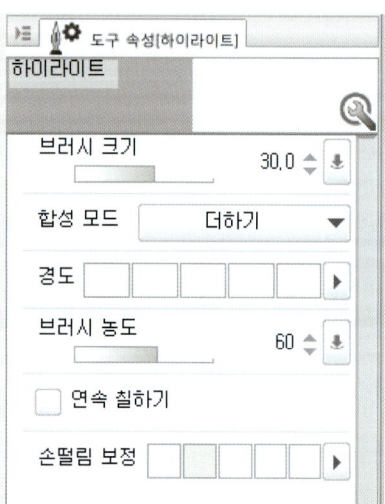

항목이름	기능
브러시 크기	브러시의 크기를 설정합니다.
합성 모드	섞이는 방식을 설정합니다. 기본은 더하기 입니다.
경도	브러시의 단단한 정도를 설정합니다.
브러시 농도	브러시의 농도를 설정합니다.
연속 칠하기	체크할 경우 펜을 누르고 있으면 계속 칠해집니다.
손떨림 보정	손떨림방지 기능을 적용합니다. 우측으로 갈수록 강하게 적용됩니다.

그림자 : 하이라이트와 반대로 칠한 부분을 어둡게 만들어주는 브러시입니다. 역시 명암 표현에 유용합니다. 하이라이트와 달리 밑색이 없어도 칠할 수 있습니다.

도구 속성 창은 하이라이트와 동일하며, 합성 모드만 차이납니다.

항목이름	기능
브러시 크기	브러시의 크기를 설정합니다.
합성 모드	섞이는 방식을 설정합니다. 기본은 선형 번 입니다.
경도	브러시의 단단한 정도를 설정합니다.
브러시 농도	브러시의 농도를 설정합니다.
연속 칠하기	체크할 경우 펜을 누르고 있으면 계속 칠해집니다.
손떨림 보정	손떨림방지 기능을 적용합니다. 우측으로 갈수록 강하게 적용됩니다.

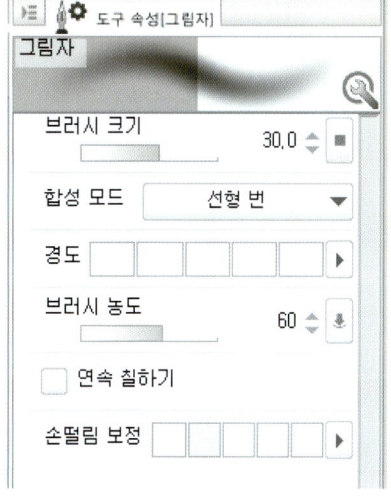

스프레이 : 알갱이가 뿌려지는 기본 스프레이 브러시입니다.

도구 속성 창에는 알갱이(파티클) 관련 항목이 추가되어 있으며, 이를 조절해 알갱이의 굵기나 양을 조절할 수 있습니다.

항목이름	기능
브러시 크기	브러시의 크기를 설정합니다.
합성 모드	섞이는 방식을 설정합니다. 기본은 표준 입니다.
경도	브러시의 단단한 정도를 설정합니다.
브러시 농도	브러시의 농도를 설정합니다.
입자 크기	뿌려지는 알갱이의 크기를 조절합니다.
입자 밀도	뿌려지는 알갱이의 강도를 조절합니다.
살포 편향	뿌려지는 알갱이의 퍼짐 정도를 조절합니다.
연속 칠하기	체크할 경우 펜을 누르고 있으면 계속 칠해집니다.

톤 깎기 : 톤을 긁어내는 용도로 사용되는 스프레이 브러시입니다. 흑백작업에 사용되며, 안티에일리어싱이 적용되지 않아 거친 느낌이 납니다.

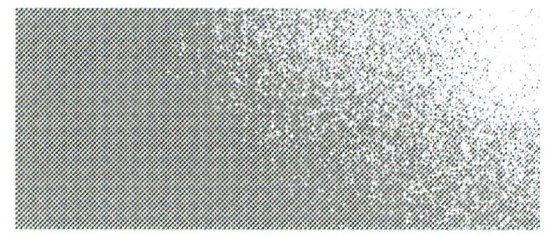

도구 속성 창에는 살포 편향이 추가되어 있습니다.

항목이름	기능
브러시 크기	브러시의 크기를 설정합니다.
불투명도	브러시의 투명도를 설정합니다.
합성 모드	섞이는 방식을 설정합니다. 기본은 표준 입니다.
경도	브러시의 단단한 정도를 설정합니다.
입자 크기	뿌려지는 알갱이의 크기를 조절합니다.
입자 밀도	뿌려지는 알갱이의 강도를 조절합니다.
살포 편향	뿌려지는 알갱이의 퍼짐정도를 조절합니다.

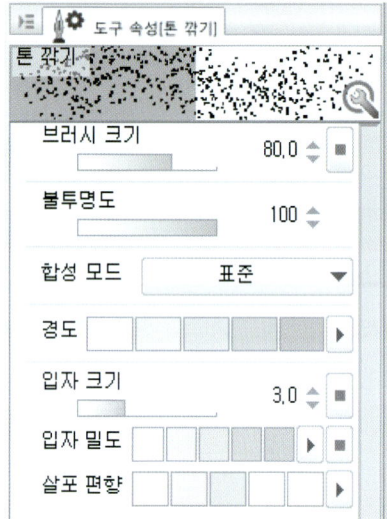

번짐 스프레이 : 물에 젖어 뿌려진 부분의 스프레이가 번진 효과를 주는 스프레이입니다. 다른 소재를 추가해 개조하기 편합니다.

도구 속성 창은 아래와 같습니다.

항목이름	기능
브러시 크기	브러시의 크기를 설정합니다.
합성 모드	섞이는 방식을 설정합니다. 기본은 표준 입니다.
입자 크기	뿌려지는 알갱이의 크기를 조절합니다.
입자 밀도	뿌려지는 알갱이의 강도를 조절합니다.

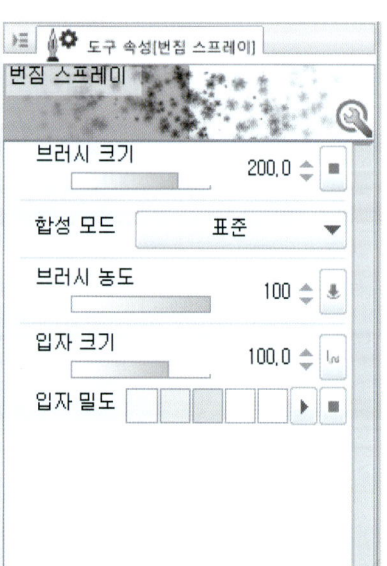

물보라 : 물이나 먹을 뿌리는 느낌의 브러시입니다. 일반 스프레이로는 흉내 내기 힘든 리얼한 효과를 줍니다.

도구 속성 창은 아래와 같습니다. 두께 항목이 있어 알갱이의 폭을 조절할 수 있습니다.

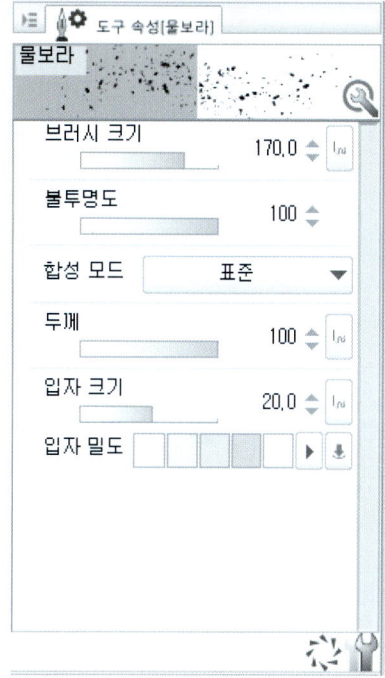

항목이름	기능
브러시 크기	브러시의 크기를 설정합니다.
불투명도	브러시의 투명도를 설정합니다.
합성 모드	섞이는 방식을 설정합니다. 기본은 표준 입니다.
두께	알갱이의 두께를 설정합니다.
입자 크기	뿌려지는 알갱이의 크기를 조절합니다. 우측으로 갈수록 굵어지며, 좌측으로 갈수록 납작해집니다.
입자 밀도	뿌려지는 알갱이의 강도를 조절합니다.

UNIT 16_ 효과/연출 툴

효과/연출 툴은 데코레이션 툴의 일종이며, 이름 그대로 다양한 이펙트를 그려주는 툴입니다. 주로 배경작업에 효과적이며 간단히 꺼내 사용할 수 있습니다. 종류는 많지만 다들 한눈에 이해할 수 있는 기능들이므로, 가볍게 훑어보시고 필요할 때 사용하시면 됩니다.

· 보조 도구

총 13개의 보조 도구로 되어 있습니다. 꽤 많은 편이지만 어떤 이펙트가 뿌려지냐 정도의 차이만 있으며, 사용방법은 비슷비슷합니다. 같은 이펙트를 사용하는 툴은 A, B 등으로 나뉘어져 있으므로 목적에 맞게 사용할 수 있어 편리합니다. 한번씩 사용해보시고, 어떻게 사용하는지 익혀두시기 바랍니다.

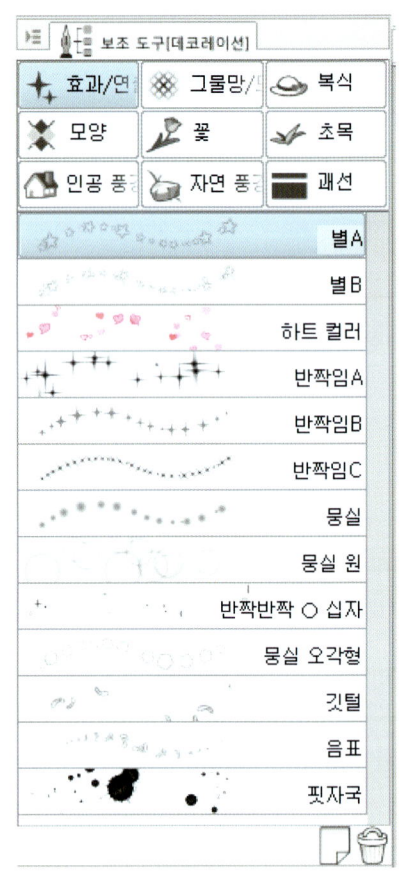

항목이름	기능
별 A, B	별모양 이펙트를 뿌려줍니다. A는 좀 더 균일하게, B는 좀 더 마구 뿌리는 느낌입니다.
하트 컬러	예쁜 하트모양 이펙트를 뿌려줍니다. 사랑스러운 느낌을 표현할 때 좋습니다. 색을 변경할 수는 없습니다.
반짝임 A, B, C	십자 이펙트를 뿌려줍니다. 반짝이는 느낌을 표현할 때 좋습니다. A는 작고 넓게, B는 크고 다양하게, C는 작고 균일하게 뿌려주는 느낌입니다.
뭉실	부드러운 둥근 점 형태 이펙트를 뿌려줍니다.
뭉실 원	부드러운 원형 이펙트를 뿌려줍니다. 부드러운 분위기를 표현할 때 효과적입니다.
반짝반짝 십자	다양한 반짝이는 느낌을 뿌려줍니다.
뭉실 오각형	부드러운 오각형 무늬를 뿌려줍니다. 부드러운 분위기를 표현할 때 효과적입니다.
깃털	깃털이 날리는 이펙트입니다. 천사 같은 느낌을 줄때 좋을 것 같습니다.
음표	음표를 뿌리는 이펙트입니다.
핏자국	핏자국 느낌의 이펙트입니다.

· 도구 속성

효과/연출 툴은 뿌리는 데 특화되어 있어 상대적으로 단순한 설정 창을 가지고 있습니다. 툴 설명 역시 특별한 설명보다는 예제이미지 위주로 보시면 될 것 같습니다.

별 A : 별모양 이펙트입니다.

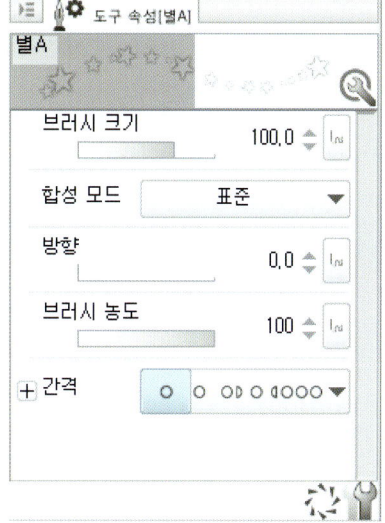

항목이름	기능
브러시 크기	이펙트가 뿌려지는 영역의 크기를 설정합니다.
합성 모드	이펙트가 뿌려지는 속성을 설정합니다. 어두운 배경이라면 스크린이나 더하기 등이 적합합니다.
방향	이펙트의 방향을 설정합니다.
브러시 농도	이펙트의 강도를 설정합니다.
간격	이펙트가 뿌려지는 간격을 설정합니다.

별 B : 별모양 이펙트 입니다. A보다 조금더 많이 뿌려지는 편입니다. 도구 속성은 별 A와 같습니다.

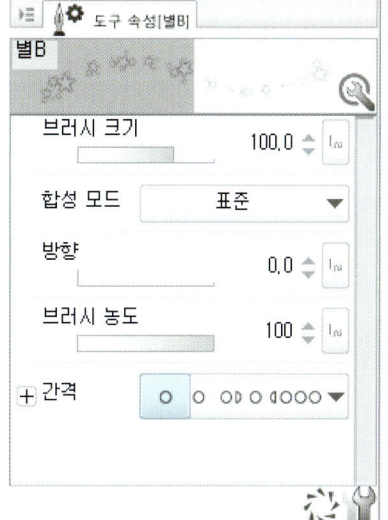

항목이름	기능
브러시 크기	이펙트가 뿌려지는 영역의 크기를 설정합니다.
합성 모드	이펙트가 뿌려지는 속성을 설정합니다. 어두운 배경이라면 스크린이나 더하기 등이 적합합니다.
방향	이펙트의 방향을 설정합니다.
브러시 농도	이펙트의 강도를 설정합니다.
간격	이펙트가 뿌려지는 간격을 설정합니다.

하트 컬러 : 하트모양 이펙트입니다. 색은 바꿀 수 없습니다. 스프레이 형태라 파티클 관련 설정이 포함되어 있습니다.

항목이름	기능
브러시 크기	이펙트가 뿌려지는 영역의 크기를 설정합니다.
합성 모드	이펙트가 뿌려지는 속성을 설정합니다. 어두운 배경이라면 스크린이나 더하기 등이 적합합니다.
브러시 농도	이펙트의 강도를 설정합니다.
입자 크기	이펙트 각각의 크기를 설정합니다.
입자 밀도	이펙트의 밀도를 설정합니다.

반짝임 A : 십자형태의 이펙트입니다. A는 작고 촘촘하게 뿌려지는 편입니다.

항목이름	기능
브러시 크기	이펙트가 뿌려지는 영역의 크기를 설정합니다.
합성 모드	이펙트가 뿌려지는 속성을 설정합니다. 어두운 배경이라면 스크린이나 더하기 등이 적합합니다.
방향	이펙트의 방향을 설정합니다.
브러시 농도	이펙트의 강도를 설정합니다.
입자 크기	이펙트 각각의 크기를 설정합니다.
입자 밀도	이펙트의 밀도를 설정합니다.

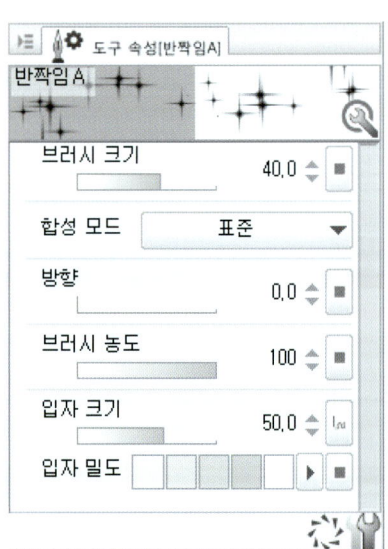

반짝임 B : 십자형태의 이펙트입니다. B는 한줄로 뿌려집니다.

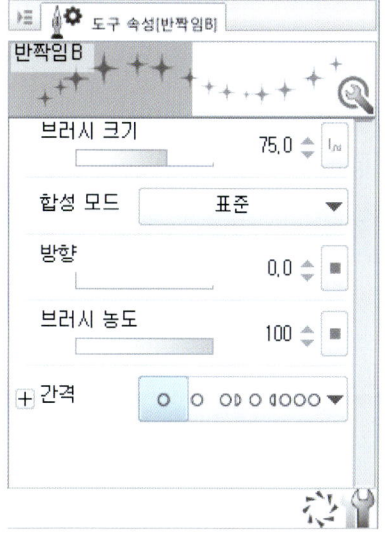

항목이름	기능
브러시 크기	이펙트가 뿌려지는 영역의 크기를 설정합니다.
합성 모드	이펙트가 뿌려지는 속성을 설정합니다. 어두운 배경이라면 스크린이나 더하기 등이 적합합니다.
방향	이펙트의 방향을 설정합니다.
브러시 농도	이펙트의 강도를 설정합니다.
간격	이펙트가 뿌려지는 간격을 설정합니다.

반짝임 C : 십자형태의 이펙트입니다. C는 차량 헤드라이트에 사용하면 효과적입니다.

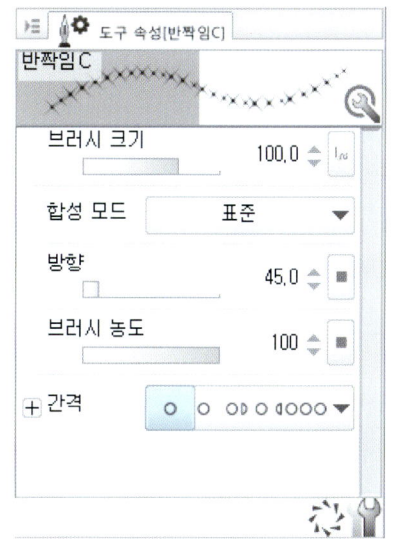

항목이름	기능
브러시 크기	이펙트가 뿌려지는 영역의 크기를 설정합니다.
합성 모드	이펙트가 뿌려지는 속성을 설정합니다. 어두운 배경이라면 스크린이나 더하기 등이 적합합니다.
방향	이펙트의 방향을 설정합니다.
브러시 농도	이펙트의 강도를 설정합니다.
간격	이펙트가 뿌려지는 간격을 설정합니다.

뭉실 : 부드러운 점 형태 이펙트를 뿌려줍니다.

항목이름	기능
브러시 크기	이펙트가 뿌려지는 영역의 크기를 설정합니다.
합성 모드	이펙트가 뿌려지는 속성을 설정합니다. 어두운 배경이라면 스크린이나 더하기 등이 적합합니다.
방향	이펙트의 방향을 설정합니다.
브러시 농도	이펙트의 강도를 설정합니다.
간격	이펙트가 뿌려지는 간격을 설정합니다.

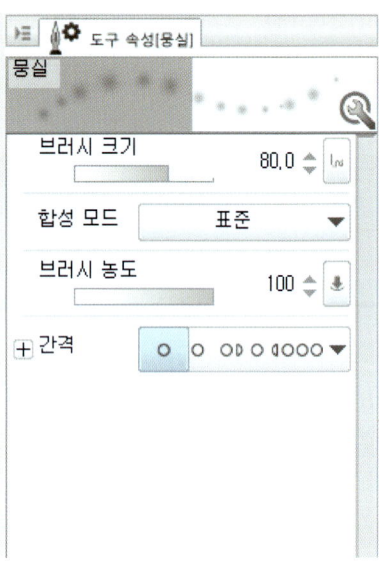

뭉실 원 : 부드러운 원형 이펙트를 뿌려줍니다.
추억이나 비눗방울을 표현할 때 효과적입니다.

항목이름	기능
브러시 크기	이펙트가 뿌려지는 영역의 크기를 설정합니다.
합성 모드	이펙트가 뿌려지는 속성을 설정합니다. 어두운 배경이라면 스크린이나 더하기 등이 적합합니다.
브러시 농도	이펙트의 강도를 설정합니다.
입자 크기	이펙트 각각의 크기를 설정합니다.
입자 밀도	이펙트의 밀도를 설정합니다.
연속 칠하기	체크하면 클릭하는 동안 계속해서 뿌려줍니다.

반짝반짝 ○ 십자 : 3종류의 이펙트가 반복해서 뿌려집니다.

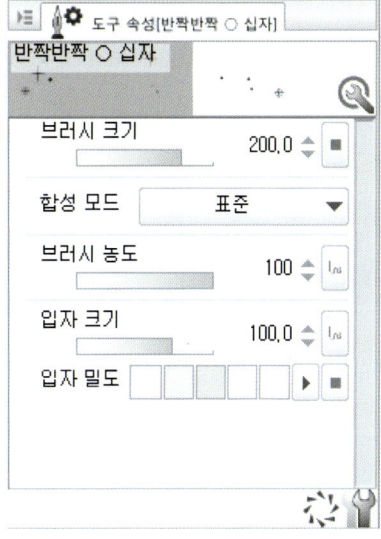

항목이름	기능
브러시 크기	이펙트가 뿌려지는 영역의 크기를 설정합니다.
합성 모드	이펙트가 뿌려지는 속성을 설정합니다. 어두운 배경이라면 스크린이나 더하기 등이 적합합니다.
브러시 농도	이펙트의 강도를 설정합니다.
입자 크기	이펙트 각각의 크기를 설정합니다.
입자 밀도	이펙트의 밀도를 설정합니다.

뭉실 오각형 : 부드러운 오각형 형태의 이펙트를 뿌려줍니다.

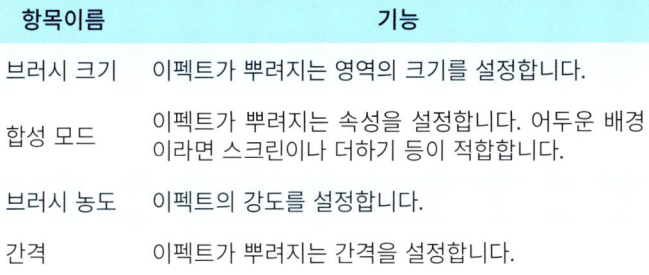

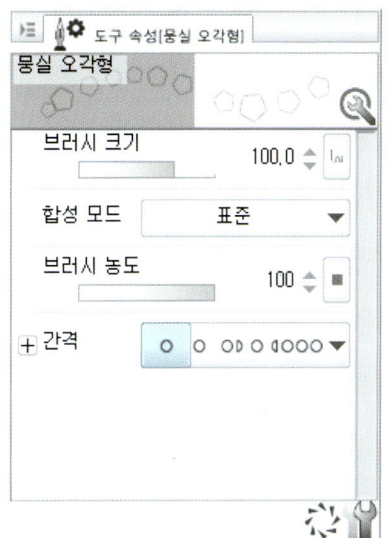

항목이름	기능
브러시 크기	이펙트가 뿌려지는 영역의 크기를 설정합니다.
합성 모드	이펙트가 뿌려지는 속성을 설정합니다. 어두운 배경이라면 스크린이나 더하기 등이 적합합니다.
브러시 농도	이펙트의 강도를 설정합니다.
간격	이펙트가 뿌려지는 간격을 설정합니다.

깃털 : 이름 그대로 깃털을 뿌려주는 이펙트입니다. 다양하게 사용할 수 있을 듯합니다.

항목이름	기능
브러시 크기	이펙트가 뿌려지는 영역의 크기를 설정합니다.
불투명도	이펙트의 투명도를 설정합니다.
합성 모드	이펙트가 뿌려지는 속성을 설정합니다. 어두운 배경이라면 스크린이나 더하기 등이 적합합니다.
입자 크기	파티클의 크기를 설정합니다.
입자 밀도	파티클의 밀도를 설정합니다.

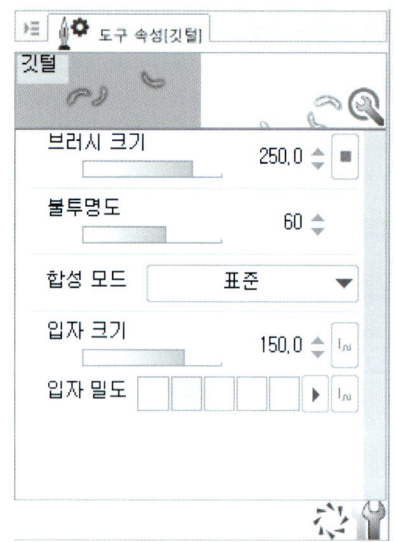

음표 : 이름 그대로 음표를 뿌려줍니다. 음악만화에 유용할 것 같습니다.

항목이름	기능
브러시 크기	이펙트가 뿌려지는 영역의 크기를 설정합니다.
합성 모드	이펙트가 뿌려지는 속성을 설정합니다. 어두운 배경이라면 스크린이나 더하기 등이 적합합니다.
브러시 농도	이펙트의 강도를 설정합니다.
간격	이펙트가 뿌려지는 간격을 설정합니다.

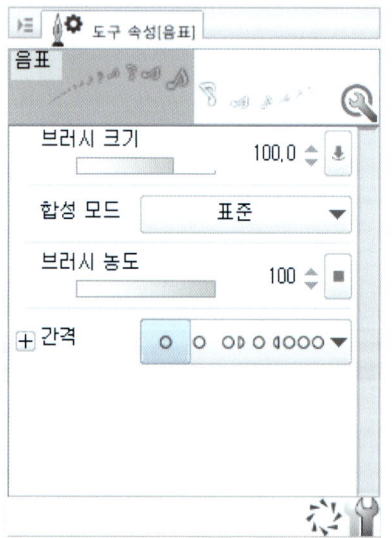

핏자국 : 핏방울이 뿌려진 느낌의 이펙트입니다.

항목이름	기능
브러시 크기	이펙트가 뿌려지는 영역의 크기를 설정합니다.
불투명도	이펙트의 투명도를 설정합니다.
합성 모드	이펙트가 뿌려지는 속성을 설정합니다.
입자 크기	파티클의 크기를 설정합니다.
입자 밀도	파티클의 밀도를 설정합니다.
간격	이펙트가 뿌려지는 간격을 설정합니다.

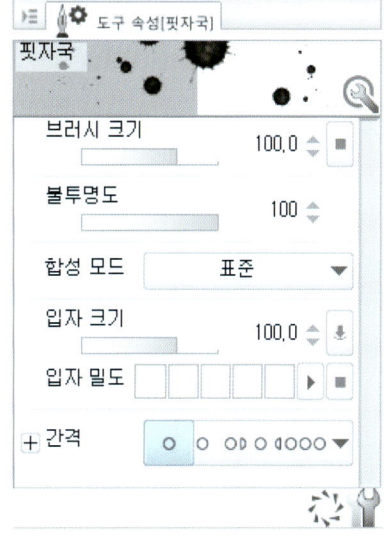

UNIT 17_ 그물망/모래 툴

그물망이란 크로스해칭 기법을 뜻하며, 펜선을 일정한 간격으로 겹치거나 점을 찍어서 명암을 표현하는 펜화기법 중 하나입니다. 클립스튜디오의 그물망/모래 툴 역시 그러한 펜화 기법을 적절히 표현할 수 있습니다. 주로 출판만화에 유용할 것 같은 툴이지만, 웹툰에서도 적절하게 사용하면 재미있는 효과를 줄 수 있을 것입니다.

· 보조 도구

그물망/모래 툴은 9가지 툴로 되어 있습니다. 각각 점묘법이나, 크로스해칭 등 펜화기법을 적절히 표현하고 있습니다.

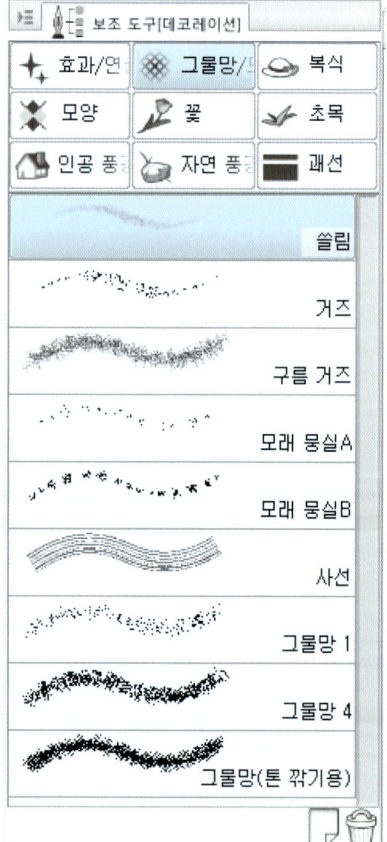

항목이름	기능
쓸림	먹 등을 문질러 명암을 표현하는 효과를 줍니다.
거즈	거즈 등의 천에 먹을 묻힌 다음 찍는 듯한 효과를 줍니다.
구름 거즈	거즈 등의 천에 먹을 묻힌 다음 찍는 듯한 효과를 줍니다.
모래 뭉실 A	점묘법 효과를 줍니다.
모래 뭉실 B	점묘법 효과를 줍니다. A보다 가는 편입니다.
사선	대각선 효과입니다. 일정 간격의 선을 동시에 그어 줍니다.
그물망 1	크로스해칭 효과를 줍니다.
그물망 4	크로스해칭을 4번 한 효과를 줍니다.
그물망 (톤 깎기용)	크로스해칭 효과입니다. 톤 깎기 용으로 제작되었습니다.

· 도구 속성

쓸림 : 먹을 문질러 표현하는 기법을 효과적으로 표현합니다.

항목이름	기능
브러시 크기	이펙트가 뿌려지는 영역의 크기를 설정합니다.
합성 모드	이펙트가 뿌려지는 속성을 설정합니다. 어두운 배경이라면 스크린이나 더하기 등이 적합합니다.
브러시 농도	이펙트의 강도를 설정합니다.
간격	이펙트가 뿌려지는 간격을 설정합니다.

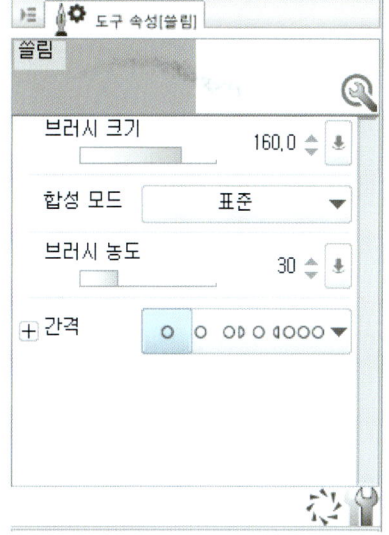

거즈 : 거즈 천에 먹을 묻힌 다음 찍어서 질감을 표현하는 효과를 냅니다.

항목이름	기능
브러시 크기	이펙트가 뿌려지는 영역의 크기를 설정합니다.
합성 모드	이펙트가 뿌려지는 속성을 설정합니다. 어두운 배경이라면 스크린이나 더하기 등이 적합합니다.
브러시 농도	이펙트의 강도를 설정합니다.
간격	이펙트가 뿌려지는 간격을 설정합니다.

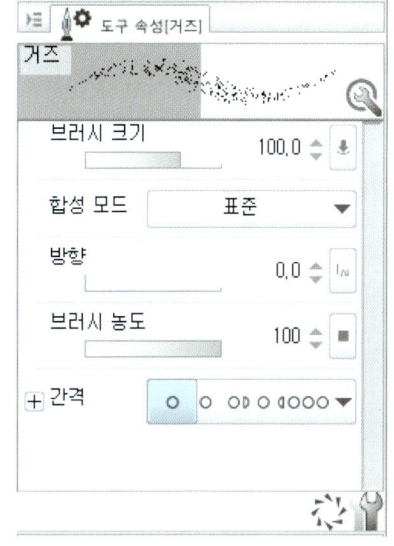

구름 거즈 : 거즈 천에 먹을 묻힌 다음 찍어서 질감을 표현하는 효과를 냅니다. 거즈에 비해 넓고 부드러운 질감을 냅니다.

항목이름	기능
브러시 크기	이펙트가 뿌려지는 영역의 크기를 설정합니다.
합성 모드	이펙트가 뿌려지는 속성을 설정합니다. 어두운 배경이라면 스크린이나 더하기 등이 적합합니다.
브러시 농도	이펙트의 강도를 설정합니다.
간격	이펙트가 뿌려지는 간격을 설정합니다.

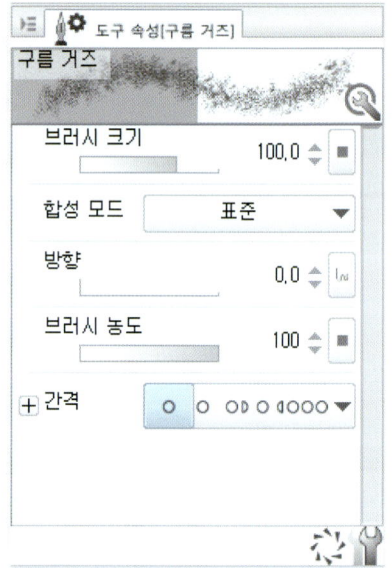

모래 뭉실 A : 점묘법 효과를 냅니다.

항목이름	기능
브러시 크기	이펙트가 뿌려지는 영역의 크기를 설정합니다.
합성 모드	이펙트가 뿌려지는 속성을 설정합니다. 어두운 배경이라면 스크린이나 더하기 등이 적합합니다.
안티에일리어싱	안티에일리어싱을 적용합니다. 우측으로 갈수록 부드럽게 처리됩니다.
브러시 농도	이펙트의 강도를 설정합니다.
간격	이펙트가 뿌려지는 간격을 설정합니다.

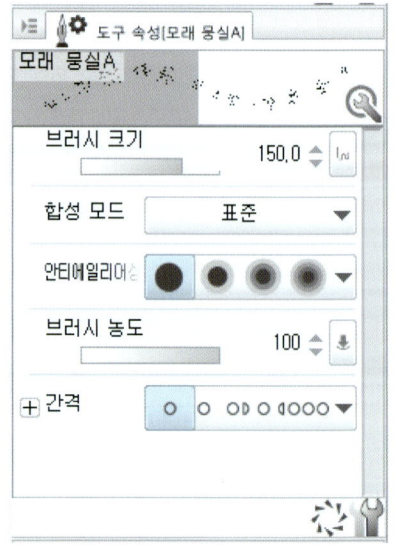

모래 뭉실 B : 점묘법 효과를 냅니다. A보다 좀
더 진한 느낌입니다.

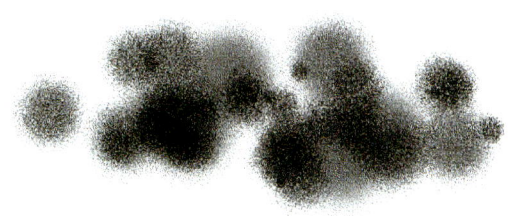

항목이름	기능
브러시 크기	이펙트가 뿌려지는 영역의 크기를 설정합니다.
합성 모드	이펙트가 뿌려지는 속성을 설정합니다. 어두운 배경이라면 스크린이나 더하기 등이 적합합니다.
안티에일리어싱	안티에일리어싱을 적용합니다. 우측으로 갈수록 부드럽게 처리됩니다.
브러시 농도	이펙트의 강도를 설정합니다.
간격	이펙트가 뿌려지는 간격을 설정합니다.

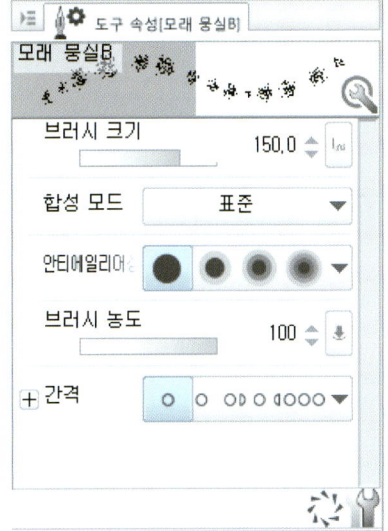

사선 : 동시에 여러 선을 긋는 효과를 냅니다.

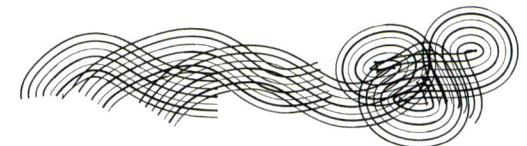

항목이름	기능
브러시 크기	이펙트가 뿌려지는 영역의 크기를 설정합니다.
합성 모드	이펙트가 뿌려지는 속성을 설정합니다. 어두운 배경이라면 스크린이나 더하기 등이 적합합니다.
안티에일리어싱	안티에일리어싱을 적용합니다. 우측으로 갈수록 부드럽게 처리됩니다.
브러시 농도	이펙트의 강도를 설정합니다.
손떨림 보정	손떨림 보정을 설정합니다. 우측으로 갈수록 강하게 적용됩니다.
후보정	후보정을 설정합니다.

그물망 1 : 해칭 효과를 주는 브러시입니다. 상당히 자연스러운 느낌의 해칭느낌이 납니다.

항목이름	기능
브러시 크기	이펙트가 뿌려지는 영역의 크기를 설정합니다.
불투명도	투명도를 설정합니다.
합성 모드	이펙트가 뿌려지는 속성을 설정합니다. 어두운 배경이라면 스크린이나 더하기 등이 적합합니다.
방향	해칭선의 방향을 설정합니다.
간격	이펙트가 뿌려지는 간격을 설정합니다.

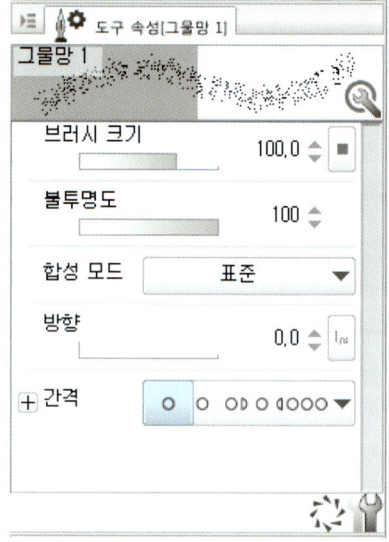

그물망 4 : 4번 겹쳐 긋는 해칭선 효과를 주는 브러시입니다. 도구 속성 팔레트는 1과 유사합니다.

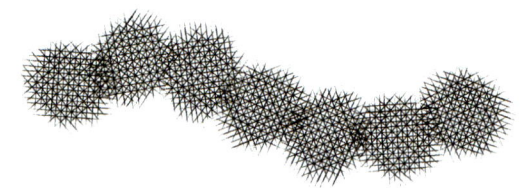

항목이름	기능
브러시 크기	이펙트가 뿌려지는 영역의 크기를 설정합니다.
불투명도	투명도를 설정합니다.
합성 모드	이펙트가 뿌려지는 속성을 설정합니다. 어두운 배경이라면 스크린이나 더하기 등이 적합합니다.
방향	해칭선의 방향을 설정합니다.
간격	이펙트가 뿌려지는 간격을 설정합니다.

그물망(톤깎기용) : 십자해칭선 효과를 주는 브러시입니다. 다른 브러시와 다르게 톤깎기에 최적화되어있습니다.

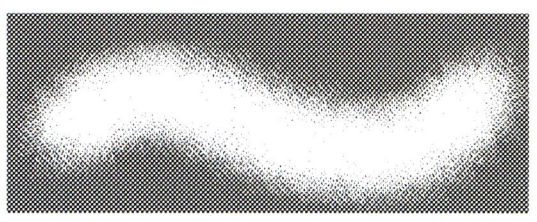

항목이름	기능
브러시 크기	이펙트가 뿌려지는 영역의 크기를 설정합니다.
불투명도	투명도를 설정합니다.
합성 모드	이펙트가 뿌려지는 속성을 설정합니다. 어두운 배경이라면 스크린이나 더하기 등이 적합합니다.
방향	해칭선의 방향을 설정합니다.
간격	이펙트가 뿌려지는 간격을 설정합니다.

UNIT 18_ 복식 툴

복식은 이름 그대로 옷의 들어가는 패턴이나 장식을 그리는데 특화된 브러시입니다. 복잡한 문양을 쉽게 그릴 수 있어, 의복작업에 유용합니다.

· 보조 도구

8종의 보조 도구로 이루어져있으며, 각각 명확한 특징을 가지고 있는 툴이기도 합니다.

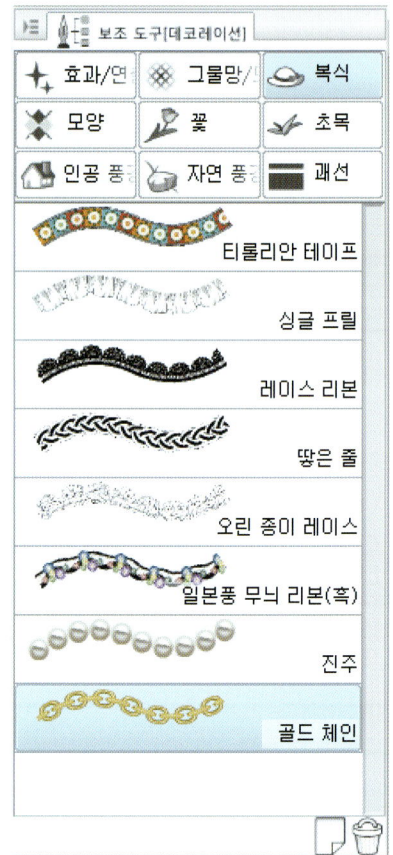

항목이름	기능
티롤리안 테이프	티롤리안 문양을 그릴 수 있는 브러시입니다.
싱글 프릴	간단한 형태의 프릴을 그릴 수 있는 브러시입니다.
레이스 리본	레이스 리본을 그릴 수 있는 브러시입니다.
땋은 줄	꼬인 로프를 그릴 수 있는 브러시입니다.
오린 종이 레이스	커팅된 레이스 문양을 그릴 수 있는 브러시입니다.
일본풍 무늬 리본 (흑)	일본전통문양패턴을 그릴 수 있는 브러시입니다.
진주	진주목걸이 등을 그리는데 유용한 브러시입니다.
골드 체인	금색 체인을 그릴 수 있는 브러시입니다.

· 도구 속성

한눈에 알 수 있는 툴이 대부분이며, 모두 동일한 속성내용을 가지고 있습니다.

티롤리안 테이프 : 티롤 지방의 전통문양을 그릴 수 있는 브러시입니다.

항목이름	기능
브러시 크기	브러시의 크기를 설정합니다.
불투명도	브러시의 투명도를 설정합니다.
합성 모드	이펙트가 뿌려지는 속성을 설정합니다. 어두운 배경이라면 스크린이나 더하기 등이 적합합니다.
손떨림 보정	손떨림방지 기능을 설정합니다. 우측으로 갈수록 강하게 적용됩니다.

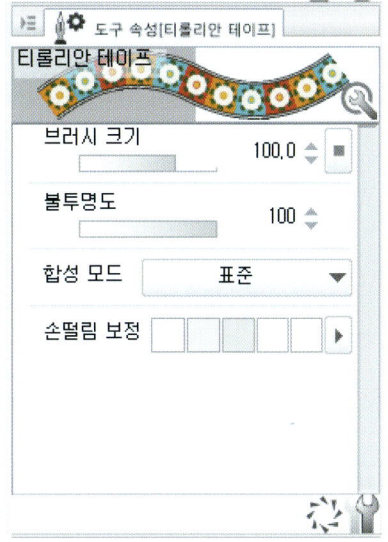

싱글 프릴 : 간단한 프릴 형태를 그려주는 편리한 브러시입니다.

항목이름	기능
브러시 크기	브러시의 크기를 설정합니다.
불투명도	브러시의 투명도를 설정합니다.
합성 모드	이펙트가 뿌려지는 속성을 설정합니다. 어두운 배경이라면 스크린이나 더하기 등이 적합합니다.
손떨림 보정	손떨림방지 기능을 설정합니다. 우측으로 갈수록 강하게 적용됩니다.

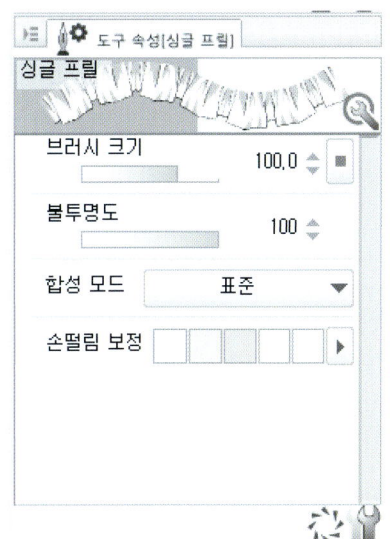

레이스 리본 : 레이스가 들어간 리본을 그려주는 브러시입니다.

항목이름	기능
브러시 크기	브러시의 크기를 설정합니다.
불투명도	브러시의 투명도를 설정합니다.
합성 모드	이펙트가 뿌려지는 속성을 설정합니다. 어두운 배경이라면 스크린이나 더하기 등이 적합합니다.
손떨림 보정	손떨림방지 기능을 설정합니다. 우측으로 갈수록 강하게 적용됩니다.

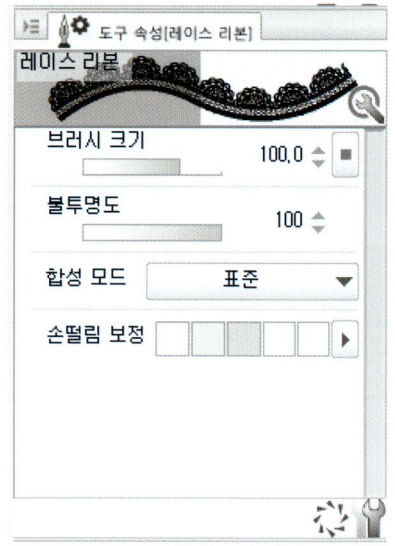

땋은 줄 : 꼬인 로프 형태를 그려주는 브러시입니다.

항목이름	기능
브러시 크기	브러시의 크기를 설정합니다.
불투명도	브러시의 투명도를 설정합니다.
합성 모드	이펙트가 뿌려지는 속성을 설정합니다. 어두운 배경이라면 스크린이나 더하기 등이 적합합니다.
손떨림 보정	손떨림방지 기능을 설정합니다. 우측으로 갈수록 강하게 적용됩니다.

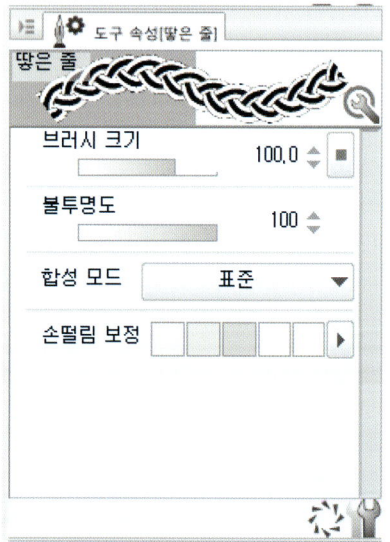

오린 종이 레이스 : 레이스 무늬를 그릴 수 있는 브러시입니다. 속옷류에 사용하면 예쁠 것 같습니다.

항목이름	기능
브러시 크기	브러시의 크기를 설정합니다.
불투명도	브러시의 투명도를 설정합니다.
합성 모드	이펙트가 뿌려지는 속성을 설정합니다. 어두운 배경이라면 스크린이나 더하기 등이 적합합니다.
손떨림 보정	손떨림방지 기능을 설정합니다. 우측으로 갈수록 강하게 적용됩니다.

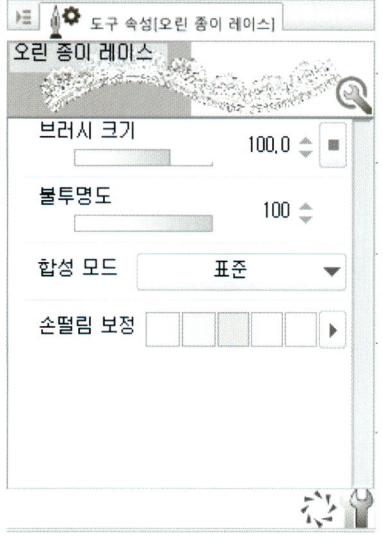

일본풍 무늬 리본(흑) : 기모노 등 일본전통의 문양패턴을 그릴 수 있는 브러시입니다.

항목이름	기능
브러시 크기	브러시의 크기를 설정합니다.
불투명도	브러시의 투명도를 설정합니다.
합성 모드	이펙트가 뿌려지는 속성을 설정합니다. 어두운 배경이라면 스크린이나 더하기 등이 적합합니다.
손떨림 보정	손떨림방지 기능을 설정합니다. 우측으로 갈수록 강하게 적용됩니다.

진주 : 이름 그대로 진주목걸이 등을 그릴 수 있는 브러시입니다.

항목이름	기능
브러시 크기	브러시의 크기를 설정합니다.
불투명도	브러시의 투명도를 설정합니다.
합성 모드	이펙트가 뿌려지는 속성을 설정합니다. 어두운 배경이라면 스크린이나 더하기 등이 적합합니다.
손떨림 보정	손떨림방지 기능을 설정합니다. 우측으로 갈수록 강하게 적용됩니다.

골드 체인 : 금색 체인을 그릴 수 있는 브러시입니다.

항목이름	기능
브러시 크기	브러시의 크기를 설정합니다.
불투명도	브러시의 투명도를 설정합니다.
합성 모드	이펙트가 뿌려지는 속성을 설정합니다. 어두운 배경이라면 스크린이나 더하기 등이 적합합니다.
손떨림 보정	손떨림방지 기능을 설정합니다. 우측으로 갈수록 강하게 적용됩니다.

UNIT 19_ 모양 툴

모양 툴은 다양한 패턴을 제공하는 툴입니다. 하트, 별모양 등 대중적으로 사용되는 다양한 툴이 있어 의외로 많이 사용하는 툴이기도 합니다.

· 보조 도구

모양 툴은 총 9개의 보조 도구로 구성되어 있습니다.

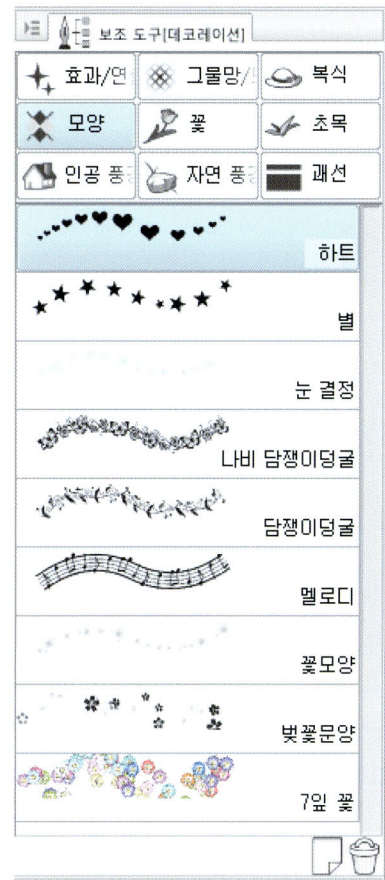

항목이름	기능
하트	하트모양 패턴을 그려주는 툴입니다.
별	별모양 패턴을 그려주는 툴입니다.
눈 결정	눈결정 모양 패턴을 그려주는 툴입니다.
나비 담쟁이덩굴	나비와 꽃이 섞인 문양을 그려주는 툴입니다.
담쟁이덩굴	아이비 덩굴을 그려주는 툴입니다.
멜로디	음표모양 패턴을 그려주는 툴입니다.
꽃모양	꽃모양 패턴을 그려주는 툴입니다.
벚꽃문양	벚꽃 패턴을 그려주는 툴입니다.
7잎 꽃	다양한 색상의 꽃 패턴을 그려주는 툴입니다.

· 도구 속성

하트 : 하트모양 패턴을 그려줍니다.

항목이름	기능
브러시 크기	브러시 크기를 설정합니다.
합성 모드	이펙트가 뿌려지는 속성을 설정합니다. 어두운 배경이라면 스크린이나 더하기 등이 적합합니다.
안티에일리어싱	안티에일리어싱을 적용합니다. 우측으로 갈수록 부드럽게 처리됩니다.
방향	브러시의 방향을 설정합니다.
브러시 농도	이펙트의 강도를 설정합니다.
간격	이펙트가 뿌려지는 간격을 설정합니다.

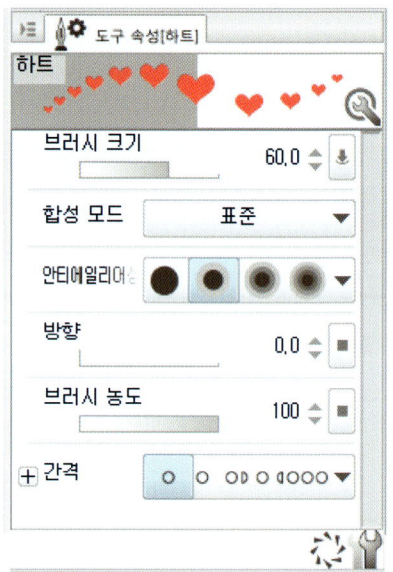

별 : 별 모양 패턴을 그려줍니다.

항목이름	기능
브러시 크기	브러시 크기를 설정합니다.
합성 모드	이펙트가 뿌려지는 속성을 설정합니다. 어두운 배경이라면 스크린이나 더하기 등이 적합합니다.
안티에일리어싱	안티에일리어싱을 적용합니다. 우측으로 갈수록 부드럽게 처리됩니다.
방향	브러시의 방향을 설정합니다.
브러시 농도	이펙트의 강도를 설정합니다.
간격	이펙트가 뿌려지는 간격을 설정합니다.

눈 결정 : 눈 결정 모양 패턴을 그려줍니다. 색은
푸른색계열입니다.

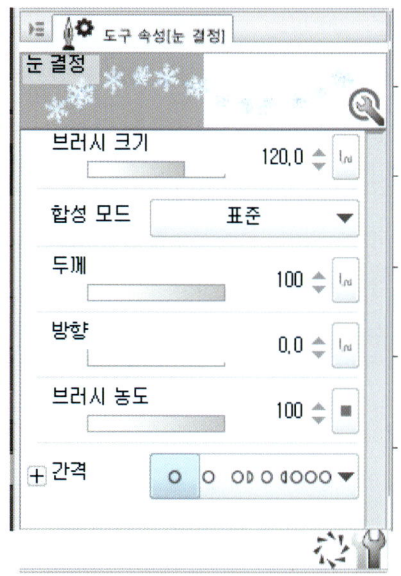

항목이름	기능
브러시 크기	브러시 크기를 설정합니다.
합성 모드	이펙트가 뿌려지는 속성을 설정합니다. 어두운 배경이라면 스크린이나 더하기 등이 적합합니다.
두께	눈결정의 납작한 정도를 설정합니다.
방향	브러시의 방향을 설정합니다.
브러시 농도	이펙트의 강도를 설정합니다.
간격	이펙트가 뿌려지는 간격을 설정합니다.

나비 담쟁이덩굴 : 나비와 덩굴이 섞여있는 장식
문양을 그려줍니다.

항목이름	기능
브러시 크기	브러시 크기를 설정합니다.
합성 모드	이펙트가 뿌려지는 속성을 설정합니다. 어두운 배경이라면 스크린이나 더하기 등이 적합합니다.
안티에일리어싱	안티에일리어싱을 적용합니다. 우측으로 갈수록 부드럽게 처리됩니다.
브러시 농도	이펙트의 강도를 설정합니다.
손떨림 보정	손떨림 보정을 설정합니다. 우측으로 갈수록 강하게 적용됩니다.

담쟁이덩굴 : 덩굴 장식문양을 그려줍니다.

항목이름	기능
브러시 크기	브러시 크기를 설정합니다.
합성 모드	이펙트가 뿌려지는 속성을 설정합니다. 어두운 배경이라면 스크린이나 더하기 등이 적합합니다.
안티에일리어싱	안티에일리어싱을 적용합니다. 우측으로 갈수록 부드럽게 처리됩니다.
브러시 농도	이펙트의 강도를 설정합니다.
손떨림 보정	손떨림 보정을 설정합니다. 우측으로 갈수록 강하게 적용됩니다.

멜로디 : 음표모양의 장식문양을 그려줍니다.

항목이름	기능
브러시 크기	브러시 크기를 설정합니다.
합성 모드	이펙트가 뿌려지는 속성을 설정합니다. 어두운 배경이라면 스크린이나 더하기 등이 적합합니다.
안티에일리어싱	안티에일리어싱을 적용합니다. 우측으로 갈수록 부드럽게 처리됩니다.
브러시 농도	이펙트의 강도를 설정합니다.
손떨림 보정	손떨림 보정을 설정합니다. 우측으로 갈수록 강하게 적용됩니다.

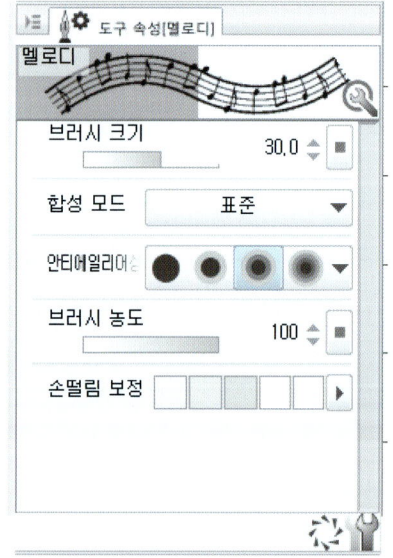

꽃모양 : 꽃모양의 패턴이미지를 그려줍니다. 분위기 있는 배경을 만들 때 유용할 듯합니다.

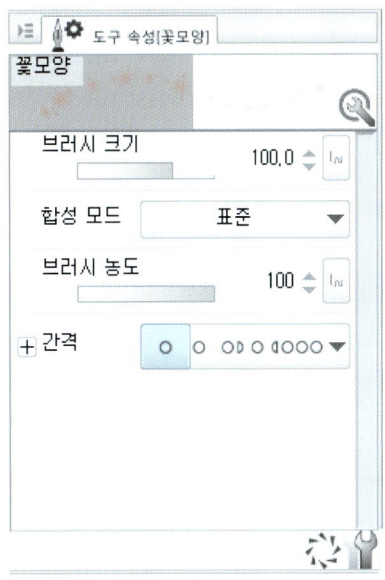

항목이름	기능
브러시 크기	브러시 크기를 설정합니다.
합성 모드	이펙트가 뿌려지는 속성을 설정합니다. 어두운 배경이라면 스크린이나 더하기 등이 적합합니다.
브러시 농도	이펙트의 강도를 설정합니다.
간격	이펙트가 뿌려지는 간격을 설정합니다.

벚꽃문양 : 벚꽃모양 패턴을 그려줍니다.

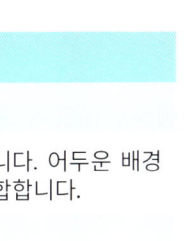

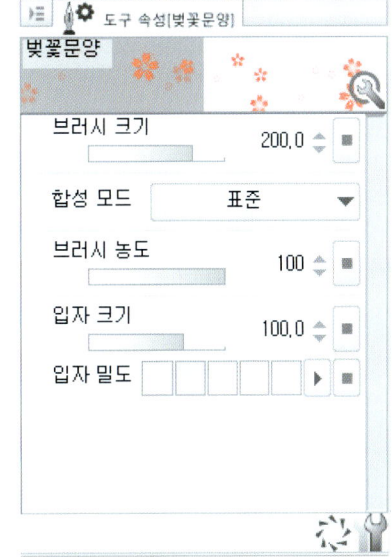

항목이름	기능
브러시 크기	브러시 크기를 설정합니다.
합성 모드	이펙트가 뿌려지는 속성을 설정합니다. 어두운 배경이라면 스크린이나 더하기 등이 적합합니다.
브러시 농도	이펙트의 강도를 설정합니다.
입자 크기	이펙트의 크기를 설정합니다.
입자 밀도	이펙트의 뿌려지는 빈도를 설정합니다.

7잎 꽃 : 여러 가지 색으로 이루어진 꽃모양 패턴을 그려줍니다.

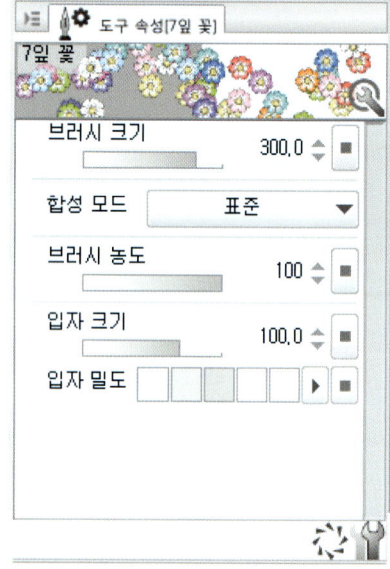

항목이름	기능
브러시 크기	브러시 크기를 설정합니다.
합성 모드	이펙트가 뿌려지는 속성을 설정합니다. 어두운 배경이라면 스크린이나 더하기 등이 적합합니다.
브러시 농도	이펙트의 강도를 설정합니다.
입자 크기	이펙트의 크기를 설정합니다.
입자 밀도	이펙트의 뿌려지는 빈도를 설정합니다.

UNIT 20_ 꽃 툴

데코레이션의 꽃 툴은 다양한 종의 꽃을 손쉽게 그리기 위한 툴입니다. 주로 배경용으로 사용하면 좋을 것 같습니다.

· 보조 도구

꽃은 워낙 종류가 많은 만큼 관련 보조 도구도 12종으로 상당히 많은 편입니다.

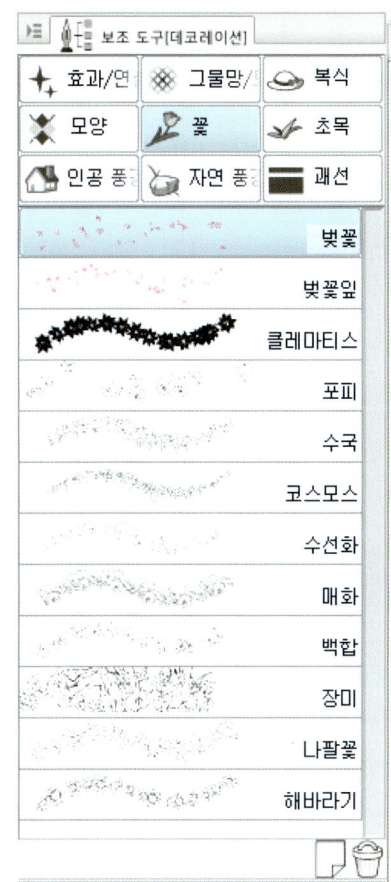

항목이름	기능
벚꽃	벚꽃모양을 손쉽게 그릴 수 있는 툴입니다.
벚꽃잎	벚꽃잎이 흩날리는 환상적인 장면을 손쉽게 그릴 수 있는 툴입니다.
클레마티스	클레마티스 꽃을 그리는 툴입니다.
포피	탐스러운 양귀비 꽃을 그릴 수 있는 툴입니다.
수국	수국 꽃을 그릴 수 있는 툴입니다.
코스모스	코스모스를 그릴 수 있는 툴입니다.
수선화	수선화를 그릴 수 있는 툴입니다.
매화	매화를 그릴 수 있는 툴입니다.
백합	백합을 그릴 수 있는 툴입니다.
장미	장미를 그릴 수 있는 툴입니다.
나팔꽃	나팔꽃을 그릴 수 있는 툴입니다.
해바라기	해바라기를 그릴 수 있는 툴입니다.

· 도구 속성

벚꽃 : 벚꽃을 그릴 수 있는 툴입니다.

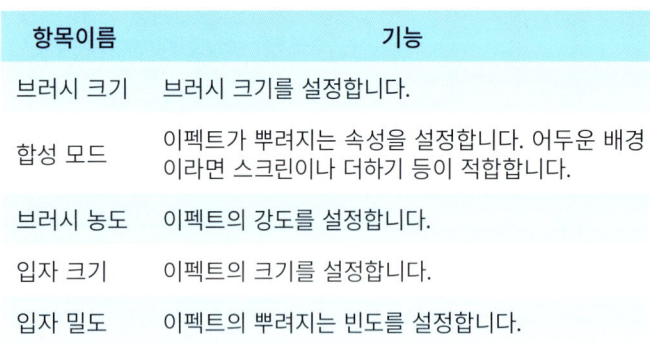

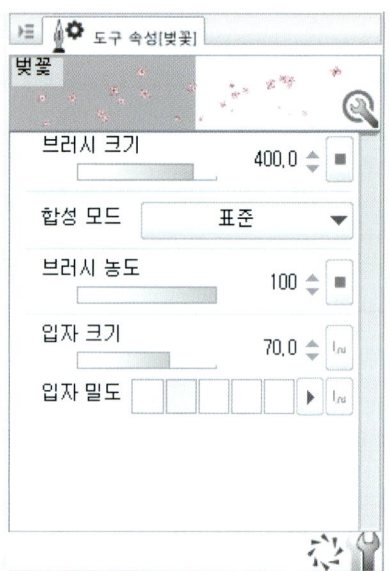

항목이름	기능
브러시 크기	브러시 크기를 설정합니다.
합성 모드	이펙트가 뿌려지는 속성을 설정합니다. 어두운 배경이라면 스크린이나 더하기 등이 적합합니다.
브러시 농도	이펙트의 강도를 설정합니다.
입자 크기	이펙트의 크기를 설정합니다.
입자 밀도	이펙트의 뿌려지는 빈도를 설정합니다.

벚꽃잎 : 벚꽃잎이 흩날리는 장면을 연출할 수 있는 툴입니다.

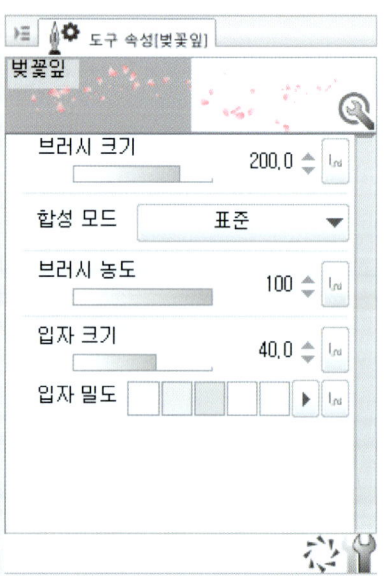

항목이름	기능
브러시 크기	브러시 크기를 설정합니다.
합성 모드	이펙트가 뿌려지는 속성을 설정합니다. 어두운 배경이라면 스크린이나 더하기 등이 적합합니다.
브러시 농도	이펙트의 강도를 설정합니다.
입자 크기	이펙트의 크기를 설정합니다.
입자 밀도	이펙트의 뿌려지는 빈도를 설정합니다.

클레마티스 : 클레마티스 꽃을 그릴 수 있는 툴입니다.

항목이름	기능
브러시 크기	브러시 크기를 설정합니다.
합성 모드	이펙트가 뿌려지는 속성을 설정합니다. 어두운 배경이라면 스크린이나 더하기 등이 적합합니다.
방향	브러시의 방향을 설정합니다.
브러시 농도	이펙트의 강도를 설정합니다.
간격	이펙트가 뿌려지는 간격을 설정합니다.

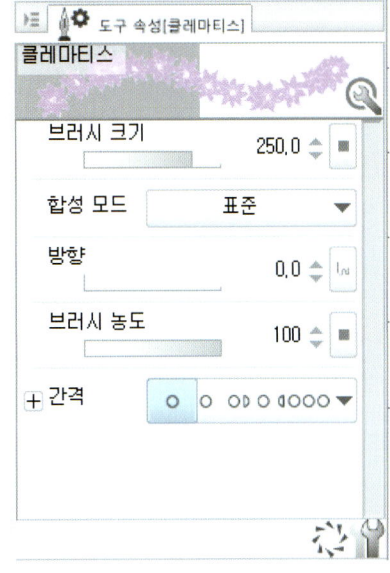

포피 : 탐스러운 양귀비꽃을 그릴 수 있는 툴입니다.

항목이름	기능
브러시 크기	브러시 크기를 설정합니다.
불투명도	투명도를 설정합니다.
합성 모드	이펙트가 뿌려지는 속성을 설정합니다. 어두운 배경이라면 스크린이나 더하기 등이 적합합니다.
안티에일리어싱	안티에일리어싱을 적용합니다. 우측으로 갈수록 부드럽게 처리됩니다.
입자 크기	이펙트의 크기를 설정합니다.
입자 밀도	이펙트의 뿌려지는 빈도를 설정합니다.

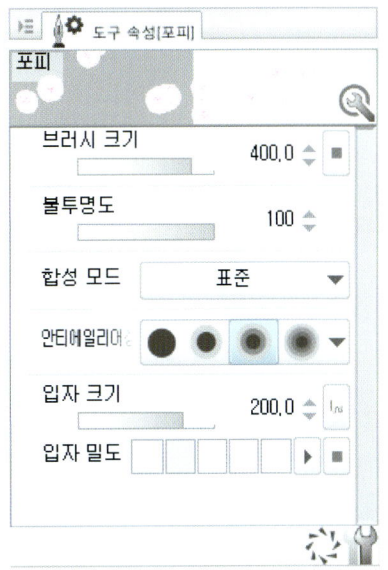

수국 : 청초한 수국을 그릴 수 있는 툴입니다.

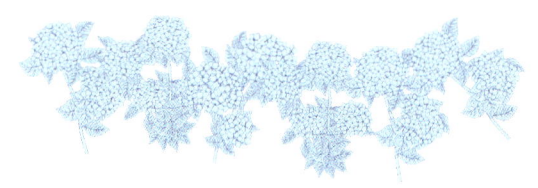

항목이름	기능
브러시 크기	브러시 크기를 설정합니다.
불투명도	투명도를 설정합니다.
합성 모드	이펙트가 뿌려지는 속성을 설정합니다. 어두운 배경이라면 스크린이나 더하기 등이 적합합니다.
안티에일리어싱	안티에일리어싱을 적용합니다. 우측으로 갈수록 부드럽게 처리됩니다.
방향	브러시의 방향을 설정합니다.
간격	이펙트가 뿌려지는 간격을 설정합니다.

코스모스 : 가을이면 흔히 볼 수 있는 코스모스를 그릴 수 있는 툴입니다.

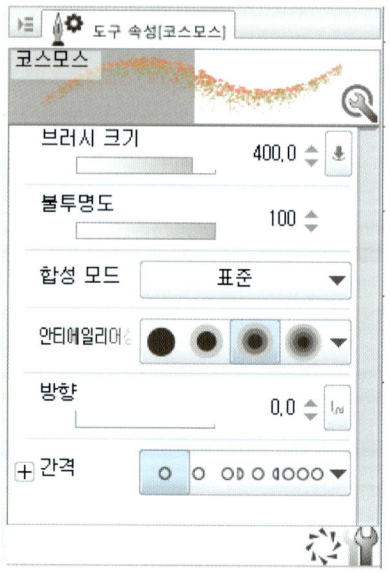

항목이름	기능
브러시 크기	브러시 크기를 설정합니다.
불투명도	투명도를 설정합니다.
합성 모드	이펙트가 뿌려지는 속성을 설정합니다. 어두운 배경이라면 스크린이나 더하기 등이 적합합니다.
안티에일리어싱	안티에일리어싱을 적용합니다. 우측으로 갈수록 부드럽게 처리됩니다.
방향	브러시의 방향을 설정합니다.
간격	이펙트가 뿌려지는 간격을 설정합니다.

수선화 : 수선화를 그릴 수 있는 툴입니다.

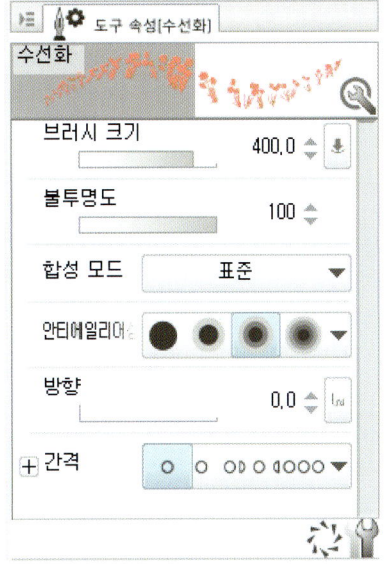

항목이름	기능
브러시 크기	브러시 크기를 설정합니다.
불투명도	투명도를 설정합니다.
합성 모드	이펙트가 뿌려지는 속성을 설정합니다. 어두운 배경이라면 스크린이나 더하기 등이 적합합니다.
안티에일리어싱	안티에일리어싱을 적용합니다. 우측으로 갈수록 부드럽게 처리됩니다.
방향	브러시의 방향을 설정합니다.
간격	이펙트가 뿌려지는 간격을 설정합니다.

매화 : 매화를 그릴 수 있는 툴입니다.

항목이름	기능
브러시 크기	브러시 크기를 설정합니다.
불투명도	투명도를 설정합니다.
합성 모드	이펙트가 뿌려지는 속성을 설정합니다. 어두운 배경이라면 스크린이나 더하기 등이 적합합니다.
안티에일리어싱	안티에일리어싱을 적용합니다. 우측으로 갈수록 부드럽게 처리됩니다.
손떨림 보정	손떨림 보정을 설정합니다. 우측으로 갈수록 강하게 적용됩니다.

백합 : 백합을 그릴 수 있는 툴입니다.

항목이름	기능
브러시 크기	브러시 크기를 설정합니다.
불투명도	투명도를 설정합니다.
합성 모드	이펙트가 뿌려지는 속성을 설정합니다. 어두운 배경이라면 스크린이나 더하기 등이 적합합니다.
안티에일리어싱	안티에일리어싱을 적용합니다. 우측으로 갈수록 부드럽게 처리됩니다.
방향	브러시의 방향을 설정합니다.
간격	이펙트가 뿌려지는 간격을 설정합니다.

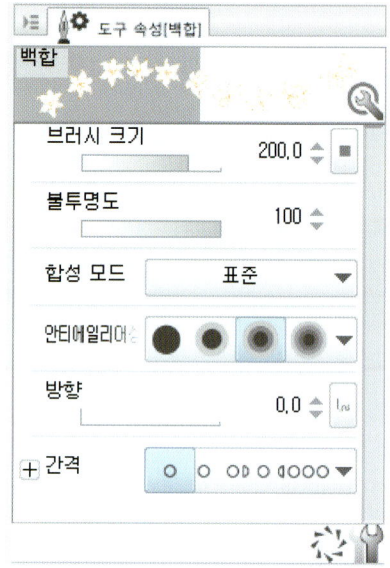

장미 : 장미를 그릴 수 있는 툴입니다.

항목이름	기능
브러시 크기	브러시 크기를 설정합니다.
불투명도	투명도를 설정합니다.
합성 모드	이펙트가 뿌려지는 속성을 설정합니다. 어두운 배경이라면 스크린이나 더하기 등이 적합합니다.
안티에일리어싱	안티에일리어싱을 적용합니다. 우측으로 갈수록 부드럽게 처리됩니다.
입자 크기	이펙트의 크기를 설정합니다.
입자 밀도	이펙트의 뿌려지는 빈도를 설정합니다.

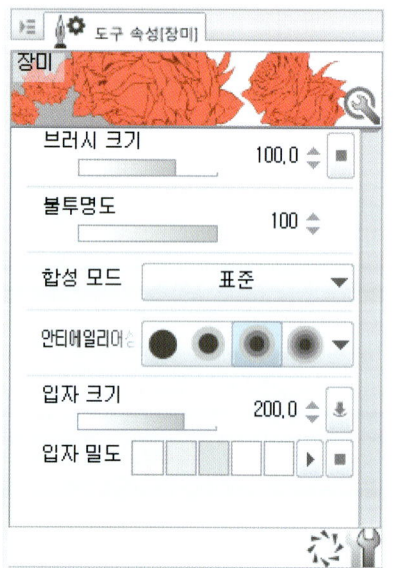

나팔꽃 : 나팔꽃을 그릴 수 있는 툴입니다.

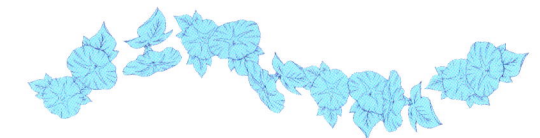

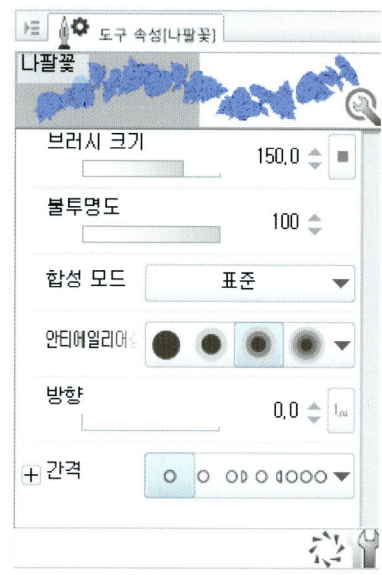

항목이름	기능
브러시 크기	브러시 크기를 설정합니다.
불투명도	투명도를 설정합니다.
합성 모드	이펙트가 뿌려지는 속성을 설정합니다. 어두운 배경이라면 스크린이나 더하기 등이 적합합니다.
안티에일리어싱	안티에일리어싱을 적용합니다. 우측으로 갈수록 부드럽게 처리됩니다.
방향	브러시의 방향을 설정합니다.
간격	이펙트가 뿌려지는 간격을 설정합니다.

해바라기 : 해바라기를 그릴 수 있는 툴입니다.

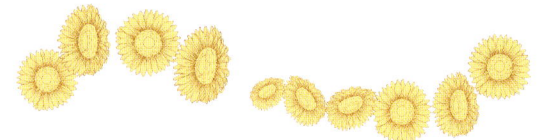

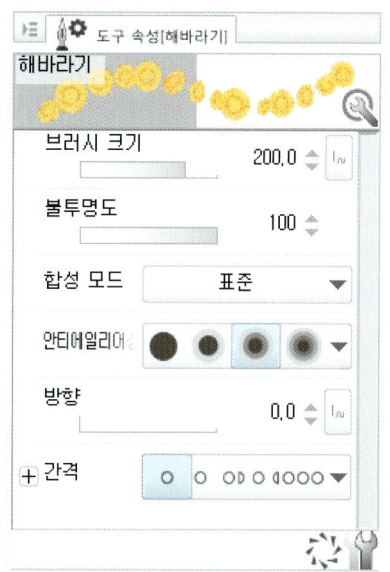

항목이름	기능
브러시 크기	브러시 크기를 설정합니다.
불투명도	투명도를 설정합니다.
합성 모드	이펙트가 뿌려지는 속성을 설정합니다. 어두운 배경이라면 스크린이나 더하기 등이 적합합니다.
안티에일리어싱	안티에일리어싱을 적용합니다. 우측으로 갈수록 부드럽게 처리됩니다.
방향	브러시의 방향을 설정합니다.
간격	이펙트가 뿌려지는 간격을 설정합니다.

UNIT 21_ 초목 툴

초목 툴은 나무나 풀 등을 손쉽게 그릴 수 있는 툴입니다.

· 보조 도구

9종의 보조 도구로 구성되어 있습니다.

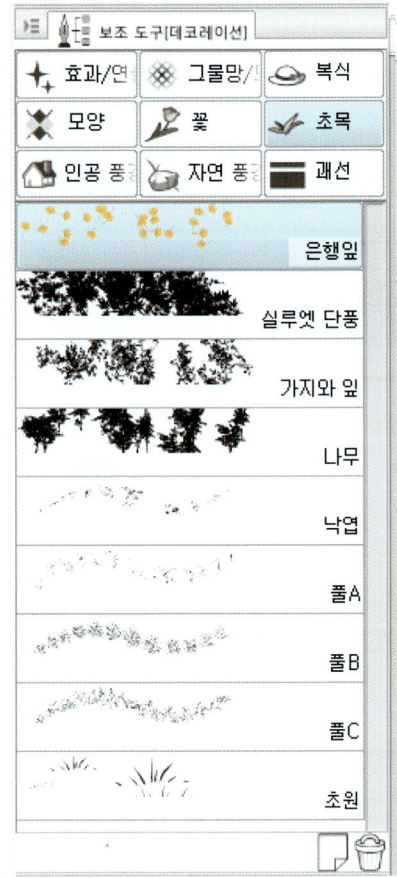

항목이름	기능
은행잎	은행잎을 그릴 수 있는 툴입니다.
풀A	일반적인 풀을 그릴 수 있는 툴입니다. 듬성듬성 난 풀을 표현하기 좋습니다.
풀B	일반적인 풀을 그릴 수 있는 툴입니다. 수풀에 가까운 느낌입니다.
풀C	일반적인 풀을 그릴 수 있는 툴입니다. 울창한 수풀을 그리기 좋습니다.
실루엣 단풍	단풍나무 잎을 그릴 수 있는 툴입니다.
가지와 잎	자잘한 잎사귀를 그릴 수 있는 툴입니다.
나무	나무를 그릴 수 있는 툴입니다.
낙엽	흩날리는 잎사귀를 그릴 수 있는 툴입니다.
초원	짧은 잔디를 그릴 수 있는 툴입니다.
나팔꽃	나팔꽃을 그릴 수 있는 툴입니다.
해바라기	해바라기를 그릴 수 있는 툴입니다.

· 도구 속성

은행잎 : 은행잎은 말 그대로 은행잎을 그릴 수 있는 툴입니다. 노란색 계열로 설정되어있습니다.

항목이름	기능
브러시 크기	브러시 크기를 설정합니다.
불투명도	투명도를 설정합니다.
합성 모드	이펙트가 뿌려지는 속성을 설정합니다. 어두운 배경이라면 스크린이나 더하기 등이 적합합니다.
입자 크기	이펙트의 크기를 설정합니다.
입자 밀도	이펙트의 뿌려지는 빈도를 설정합니다.

풀A : 풀잎사귀를 그릴 수 있는 툴입니다.

항목이름	기능
브러시 크기	브러시 크기를 설정합니다.
불투명도	투명도를 설정합니다.
합성 모드	이펙트가 뿌려지는 속성을 설정합니다. 어두운 배경이라면 스크린이나 더하기 등이 적합합니다.
안티에일리어싱	안티에일리어싱을 적용합니다. 우측으로 갈수록 부드럽게 처리됩니다.
방향	브러시의 방향을 설정합니다.
간격	이펙트가 뿌려지는 간격을 설정합니다.

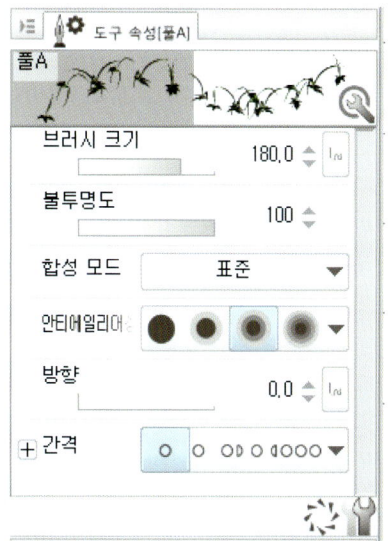

풀B : 풀잎사귀를 그릴 수 있는 툴입니다.

항목이름	기능
브러시 크기	브러시 크기를 설정합니다.
불투명도	투명도를 설정합니다.
합성 모드	이펙트가 뿌려지는 속성을 설정합니다. 어두운 배경이라면 스크린이나 더하기 등이 적합합니다.
안티에일리어싱	안티에일리어싱을 적용합니다. 우측으로 갈수록 부드럽게 처리됩니다.
방향	브러시의 방향을 설정합니다.
간격	이펙트가 뿌려지는 간격을 설정합니다.

풀C : 풀잎사귀를 그릴 수 있는 툴입니다.

항목이름	기능
브러시 크기	브러시 크기를 설정합니다.
불투명도	투명도를 설정합니다.
합성 모드	이펙트가 뿌려지는 속성을 설정합니다. 어두운 배경이라면 스크린이나 더하기 등이 적합합니다.
안티에일리어싱	안티에일리어싱을 적용합니다. 우측으로 갈수록 부드럽게 처리됩니다.
방향	브러시의 방향을 설정합니다.
간격	이펙트가 뿌려지는 간격을 설정합니다.

실루엣 단풍 : 단풍나무 잎을 손쉽게 그릴 수 있는 툴입니다.

항목이름	기능
브러시 크기	브러시 크기를 설정합니다.
불투명도	투명도를 설정합니다.
합성 모드	이펙트가 뿌려지는 속성을 설정합니다. 어두운 배경이라면 스크린이나 더하기 등이 적합합니다.
안티에일리어싱	안티에일리어싱을 적용합니다. 우측으로 갈수록 부드럽게 처리됩니다.
입자 크기	이펙트의 크기를 설정합니다.
입자 밀도	이펙트의 뿌려지는 빈도를 설정합니다.

가지와 잎 : 나뭇잎을 손쉽게 그릴 수 있는 툴입니다. 나무 배경 등을 그릴 때 좋을 것 같습니다.

항목이름	기능
브러시 크기	브러시 크기를 설정합니다.
불투명도	투명도를 설정합니다.
합성 모드	이펙트가 뿌려지는 속성을 설정합니다. 어두운 배경이라면 스크린이나 더하기 등이 적합합니다.
안티에일리어싱	안티에일리어싱을 적용합니다. 우측으로 갈수록 부드럽게 처리됩니다.
입자 크기	이펙트의 크기를 설정합니다.
입자 밀도	이펙트의 뿌려지는 빈도를 설정합니다.

나무 : 나무를 그릴 수 있는 툴입니다. 쉽게 배경을 만들 수 있습니다.

항목이름	기능
브러시 크기	브러시 크기를 설정합니다.
불투명도	투명도를 설정합니다.
합성 모드	이펙트가 뿌려지는 속성을 설정합니다. 어두운 배경이라면 스크린이나 더하기 등이 적합합니다.
안티에일리어싱	안티에일리어싱을 적용합니다. 우측으로 갈수록 부드럽게 처리됩니다.
입자 크기	이펙트의 크기를 설정합니다.
입자 밀도	이펙트의 뿌려지는 빈도를 설정합니다.

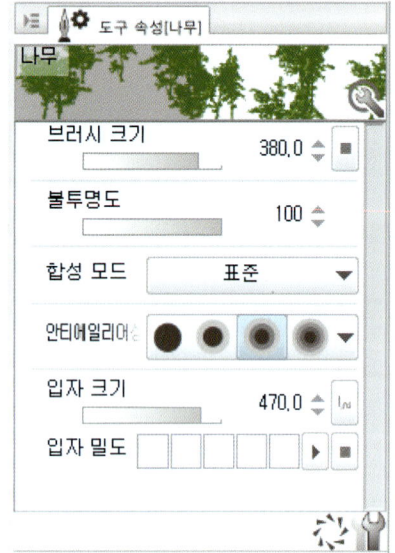

낙엽 : 떨어지는 잎사귀를 그릴 수 있습니다. 바람 부는 장면에 어울릴 것 같습니다.

항목이름	기능
브러시 크기	브러시 크기를 설정합니다.
불투명도	투명도를 설정합니다.
합성 모드	이펙트가 뿌려지는 속성을 설정합니다. 어두운 배경이라면 스크린이나 더하기 등이 적합합니다.
안티에일리어싱	안티에일리어싱을 적용합니다. 우측으로 갈수록 부드럽게 처리됩니다.
방향	브러시의 방향을 설정합니다.
간격	이펙트가 뿌려지는 간격을 설정합니다.

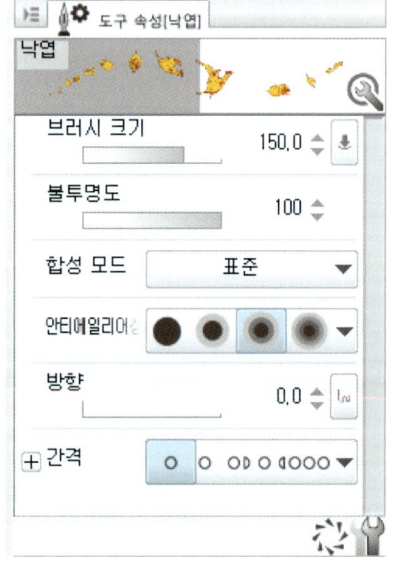

초원 : 바닥의 잔디를 그릴 수 있는 툴입니다. 출판만화쪽에 유용하게 사용할 수 있을 것 같습니다.

항목이름	기능
브러시 크기	브러시 크기를 설정합니다.
불투명도	투명도를 설정합니다.
합성 모드	이펙트가 뿌려지는 속성을 설정합니다. 어두운 배경이라면 스크린이나 더하기 등이 적합합니다.
안티에일리어싱	안티에일리어싱을 적용합니다. 우측으로 갈수록 부드럽게 처리됩니다.
입자 크기	이펙트의 크기를 설정합니다.
입자 밀도	이펙트의 뿌려지는 빈도를 설정합니다.

UNIT 22_ 인공 풍경 툴

인공 풍경은 인공적인 배경을 만들 수 있는 툴입니다. 철조망이나, 철망 등을 만들 수 있습니다.

· 보조 도구

인공 풍경 툴은 8개의 보조 도구로 되어있습니다.

항목이름	기능
철조망	리얼한 철조망을 쉽게 그릴 수 있는 툴입니다.
잔해	부서진 벽돌을 쉽게 그릴 수 있는 툴입니다.
균열	금 간 부분을 그릴 수 있는 툴입니다.
KEEPOUT	위험표시마크를 그릴 수 있는 툴입니다.
나무 울타리	나무 울타리를 그릴 수 있는 툴입니다.
철책	철로 된 울타리를 그릴 수 있는 툴입니다.
전봇대	전신주와 전선을 그릴 수 있는 툴입니다.
비눗방울	비눗방울을 그릴 수 있는 툴입니다.

· 도구 속성

철조망 : 리얼한 철조망을 그릴 수 있는 툴입니다.

항목이름	기능
브러시 크기	브러시 크기를 설정합니다.
불투명도	투명도를 설정합니다.
합성 모드	이펙트가 뿌려지는 속성을 설정합니다. 어두운 배경이라면 스크린이나 더하기 등이 적합합니다.
손떨림 보정	손떨림 보정을 설정합니다. 우측으로 갈수록 강하게 적용됩니다.

잔해 : 부서진 벽돌을 그릴 수 있는 툴입니다.

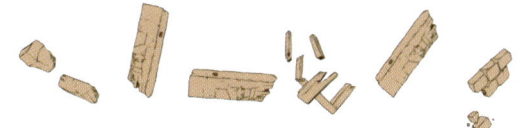

항목이름	기능
브러시 크기	브러시 크기를 설정합니다.
불투명도	투명도를 설정합니다.
합성 모드	이펙트가 뿌려지는 속성을 설정합니다. 어두운 배경이라면 스크린이나 더하기 등이 적합합니다.
안티에일리어싱	안티에일리어싱을 적용합니다. 우측으로 갈수록 부드럽게 처리됩니다.
간격	이펙트가 뿌려지는 간격을 설정합니다.

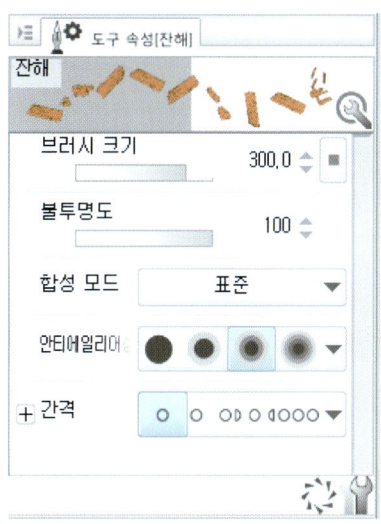

균열 : 금 간 부분을 그리는 툴입니다.

항목이름	기능
브러시 크기	브러시 크기를 설정합니다.
불투명도	투명도를 설정합니다.
합성 모드	이펙트가 뿌려지는 속성을 설정합니다. 어두운 배경이라면 스크린이나 더하기 등이 적합합니다.
안티에일리어싱	안티에일리어싱을 적용합니다. 우측으로 갈수록 부드럽게 처리됩니다.
손떨림 보정	손떨림 보정을 설정합니다. 우측으로 갈수록 강하게 적용됩니다.

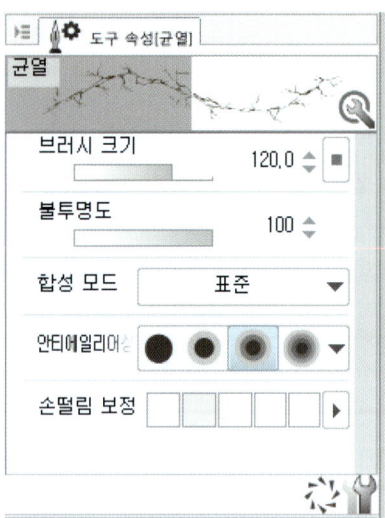

KEEPOUT : 범죄현장 등에 연출되는 경고표시 라인을 그릴 수 있습니다.

항목이름	기능
브러시 크기	브러시 크기를 설정합니다.
불투명도	투명도를 설정합니다.
합성 모드	이펙트가 뿌려지는 속성을 설정합니다. 어두운 배경이라면 스크린이나 더하기 등이 적합합니다.
손떨림 보정	손떨림 보정을 설정합니다. 우측으로 갈수록 강하게 적용됩니다.

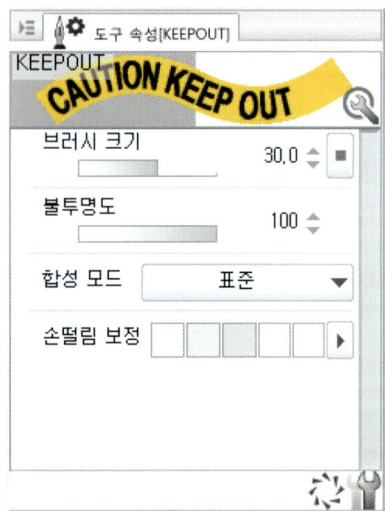

나무 울타리 : 나무 울타리를 그릴 수 있는 툴입니다.

항목이름	기능
브러시 크기	브러시 크기를 설정합니다.
불투명도	투명도를 설정합니다.
합성 모드	이펙트가 뿌려지는 속성을 설정합니다. 어두운 배경이라면 스크린이나 더하기 등이 적합합니다.
후보정	후보정을 합니다. 우측으로 할수록 강하게 적용됩니다.

철책 : 철로 된 담장을 만드는 툴입니다.

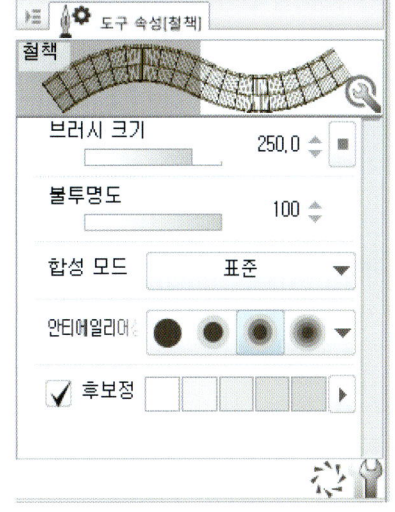

항목이름	기능
브러시 크기	브러시 크기를 설정합니다.
불투명도	투명도를 설정합니다.
합성 모드	이펙트가 뿌려지는 속성을 설정합니다. 어두운 배경이라면 스크린이나 더하기 등이 적합합니다.
안티에일리어싱	안티에일리어싱을 적용합니다. 우측으로 갈수록 부드럽게 처리됩니다.
후보정	후보정을 합니다. 우측으로 할수록 강하게 적용됩니다.

전봇대 : 전신주와 전선을 그릴 수 있는 브러시입니다.

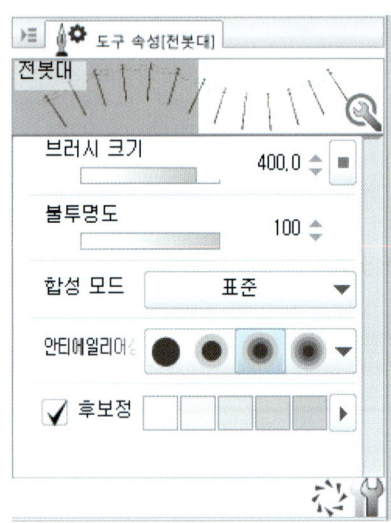

항목이름	기능
브러시 크기	브러시 크기를 설정합니다.
불투명도	투명도를 설정합니다.
합성 모드	이펙트가 뿌려지는 속성을 설정합니다. 어두운 배경이라면 스크린이나 더하기 등이 적합합니다.
안티에일리어싱	안티에일리어싱을 적용합니다. 우측으로 갈수록 부드럽게 처리됩니다.
후보정	후보정을 합니다. 우측으로 할수록 강하게 적용됩니다.

비눗방울 : 비눗방울을 그릴 수 있는 브러시입니다.

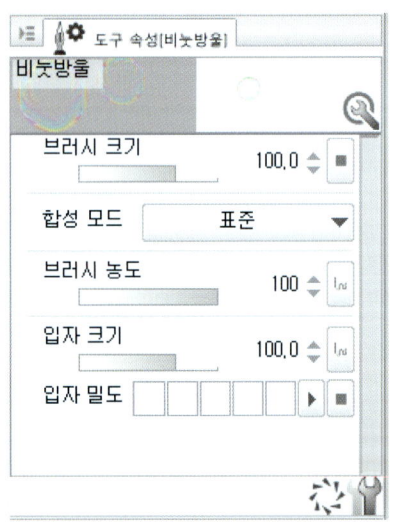

항목이름	기능
브러시 크기	브러시 크기를 설정합니다.
합성 모드	이펙트가 뿌려지는 속성을 설정합니다. 어두운 배경이라면 스크린이나 더하기 등이 적합합니다.
브러시 농도	이펙트의 강도를 설정합니다.
입자 크기	이펙트의 크기를 설정합니다.
입자 밀도	이펙트의 뿌려지는 빈도를 설정합니다.

UNIT 23_ 자연 풍경 툴

자연 풍경은 자연의 현상이나 장면을 표현할 때 사용할 수 있는 다양한 브러시가 있는 곳입니다. 무지개나, 불꽃, 바위 등 자연적인 물체들을 손쉽게 그릴 수 있습니다.

· 보조 도구

총 6개의 보조 도구로 이루어져 있습니다.

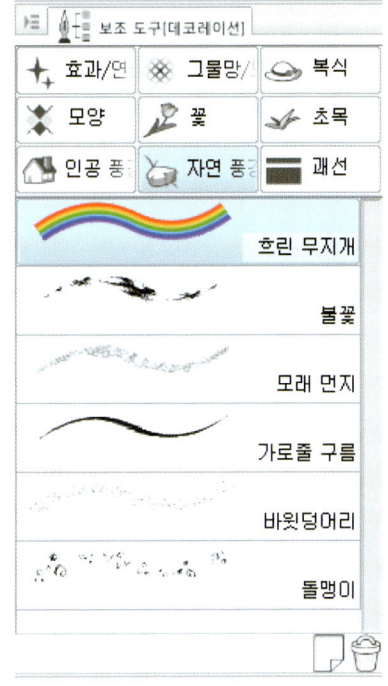

항목이름	기능
흐린 무지개	무지개를 그릴 수 있는 툴입니다.
불꽃	불꽃을 손쉽게 그릴 수 있는 툴입니다.
모래 먼지	모래 구름을 그릴 수 있는 툴입니다.
가로줄 구름	수평으로 펼쳐진 구름을 그릴 수 있는 툴입니다.
바위 덩어리	바위를 그릴 수 있는 툴입니다.
돌맹이	작은 돌들을 그릴 수 있는 툴입니다.

· 도구 속성

흐린 무지개 : 무지개를 손쉽게 그릴 수 있는 브러시입니다.

항목이름	기능
브러시 크기	브러시 크기를 설정합니다.
합성 모드	이펙트가 뿌려지는 속성을 설정합니다. 어두운 배경이라면 스크린이나 더하기 등이 적합합니다.
브러시 농도	이펙트의 강도를 설정합니다.
손떨림 보정	손떨림 보정을 설정합니다. 우측으로 갈수록 강하게 적용됩니다.

불꽃 : 만화적인 표현의 불꽃을 그릴 수 있는 브러시입니다.

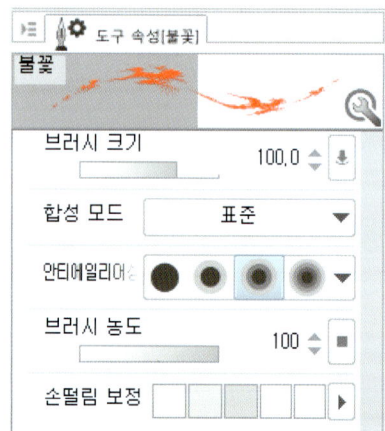

항목이름	기능
브러시 크기	브러시 크기를 설정합니다.
합성 모드	이펙트가 뿌려지는 속성을 설정합니다. 어두운 배경이라면 스크린이나 더하기 등이 적합합니다.
안티에일리어싱	안티에일리어싱을 적용합니다. 우측으로 갈수록 부드럽게 처리됩니다.
브러시 농도	이펙트의 강도를 설정합니다.
손떨림 보정	손떨림 보정을 설정합니다. 우측으로 갈수록 강하게 적용됩니다.

모래 먼지 : 모래 구름을 그릴 수 있는 브러시입니다.

항목이름	기능
브러시 크기	브러시 크기를 설정합니다.
합성 모드	이펙트가 뿌려지는 속성을 설정합니다. 어두운 배경이라면 스크린이나 더하기 등이 적합합니다.
안티에일리어싱	안티에일리어싱을 적용합니다. 우측으로 갈수록 부드럽게 처리됩니다.
브러시 농도	이펙트의 강도를 설정합니다.
간격	이펙트가 뿌려지는 간격을 설정합니다.

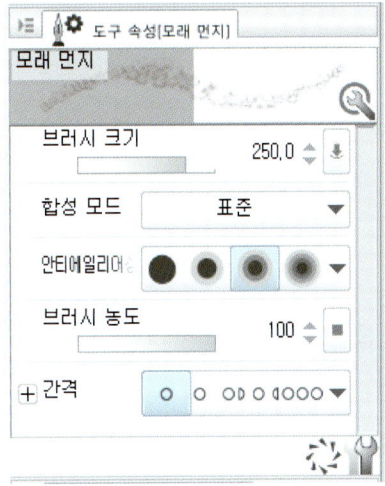

가로줄 구름 : 수평선에 펼쳐진 구름을 그릴 수 있는 브러시입니다.

항목이름	기능
브러시 크기	브러시 크기를 설정합니다.
합성 모드	이펙트가 뿌려지는 속성을 설정합니다. 어두운 배경이라면 스크린이나 더하기 등이 적합합니다.
안티에일리어싱	안티에일리어싱을 적용합니다. 우측으로 갈수록 부드럽게 처리됩니다.
브러시 농도	이펙트의 강도를 설정합니다.
간격	이펙트가 뿌려지는 간격을 설정합니다.

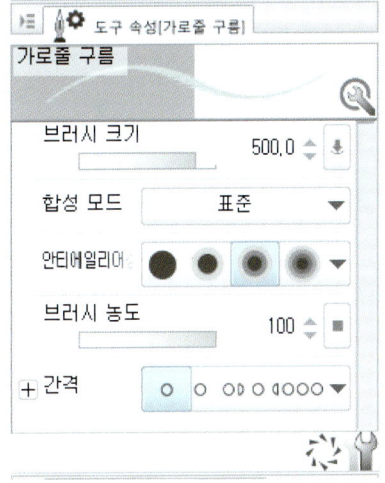

바위 덩어리 : 바위 덩어리를 그릴 수 있는 브러시입니다.

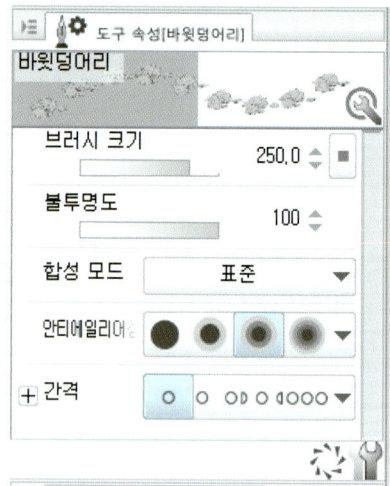

항목이름	기능
브러시 크기	브러시 크기를 설정합니다.
불투명도	투명도를 설정합니다.
합성 모드	이펙트가 뿌려지는 속성을 설정합니다. 어두운 배경이라면 스크린이나 더하기 등이 적합합니다.
안티에일리어싱	안티에일리어싱을 적용합니다. 우측으로 갈수록 부드럽게 처리됩니다.
간격	이펙트가 뿌려지는 간격을 설정합니다.

돌맹이 : 작은 돌맹이를 그릴 수 있는 브러시입니다.

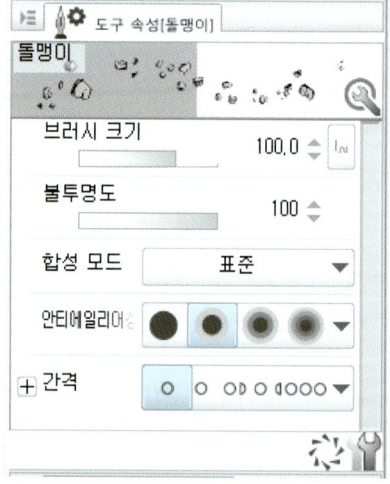

항목이름	기능
브러시 크기	브러시 크기를 설정합니다.
불투명도	투명도를 설정합니다.
합성 모드	이펙트가 뿌려지는 속성을 설정합니다. 어두운 배경이라면 스크린이나 더하기 등이 적합합니다.
안티에일리어싱	안티에일리어싱을 적용합니다. 우측으로 갈수록 부드럽게 처리됩니다.
간격	이펙트가 뿌려지는 간격을 설정합니다.

UNIT 24_ 괘선 툴

괘선 툴은 규칙적인 선들이 모여 있는 곳입니다.
곡선이나, 톱니바퀴모양, 점선 등을 편하게 그릴 수 있습니다.

· 보조 도구

5종류의 보조 도구로 이루어져 있습니다.

항목이름	기능
물결선	파도형태의 곡선을 그릴 수 있는 툴입니다.
들쭉날쭉	지그재그 선을 그릴 수 있는 툴입니다.
요철	톱니바퀴 모양의 선을 그릴 수 있는 툴입니다.
파선	긴 점선을 그릴 수 있는 툴입니다.
점선	원 형태의 점선을 그릴 수 있는 툴입니다.

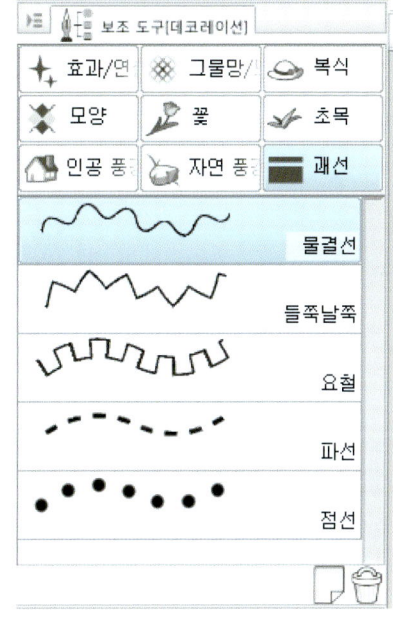

· 도구 속성

물결선 : 파도형태의 라인을 그릴 수 있는 브러시입니다. 반복된 패턴을 그리기 좋을 듯합니다.

항목이름	기능
브러시 크기	브러시 크기를 설정합니다.
안티에일리어싱	안티에일리어싱을 적용합니다. 우측으로 갈수록 부드럽게 처리됩니다.
두께	브러시의 두께를 설정합니다. 좌측으로 갈수록 촘촘해집니다.
브러시 농도	브러시의 농도를 설정합니다.
손떨림 보정	손떨림 보정을 설정합니다. 우측으로 갈수록 강하게 적용됩니다.
후보정	후보정을 할지를 설정합니다.

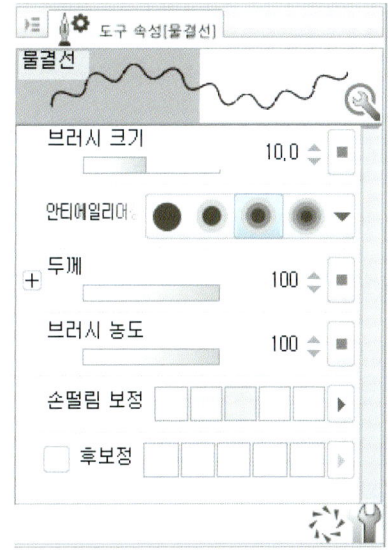

들쭉날쭉 : 지그재그 선을 그릴 수 있는 브러시입니다.

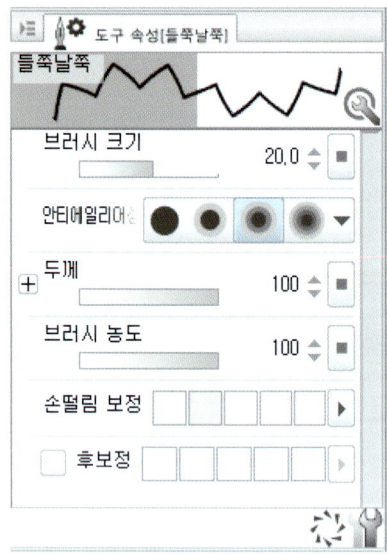

항목이름	기능
브러시 크기	브러시 크기를 설정합니다.
안티에일리어싱	안티에일리어싱을 적용합니다. 우측으로 갈수록 부드럽게 처리됩니다.
두께	브러시의 두께를 설정합니다. 좌측으로 갈수록 촘촘해집니다.
브러시 농도	브러시의 농도를 설정합니다.
손떨림 보정	손떨림 보정을 설정합니다. 우측으로 갈수록 강하게 적용됩니다.
후보정	후보정을 할지를 설정합니다.

요철 : 톱니바퀴모양을 그릴 수 있는 브러시입니다.

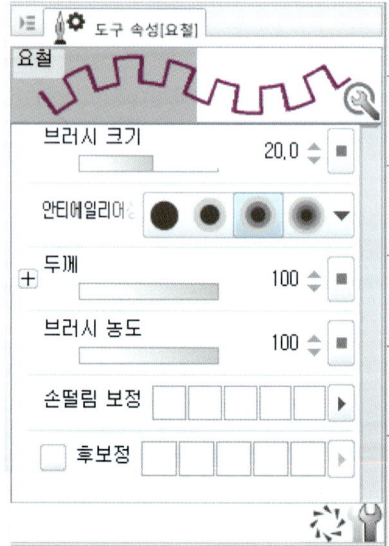

항목이름	기능
브러시 크기	브러시 크기를 설정합니다.
안티에일리어싱	안티에일리어싱을 적용합니다. 우측으로 갈수록 부드럽게 처리됩니다.
두께	브러시의 두께를 설정합니다. 좌측으로 갈수록 촘촘해집니다.
브러시 농도	브러시의 농도를 설정합니다.
손떨림 보정	손떨림 보정을 설정합니다. 우측으로 갈수록 강하게 적용됩니다.
후보정	후보정을 할지를 설정합니다.

파선 : 긴 점선을 그릴 수 있는 브러시입니다.

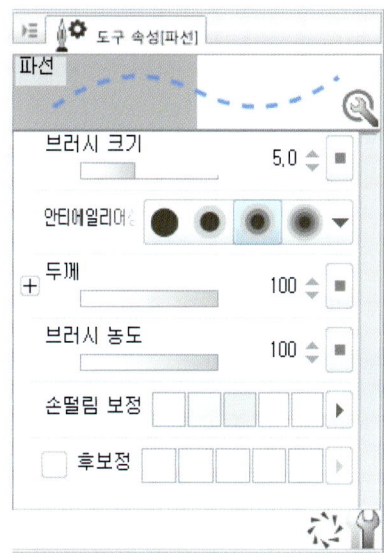

항목이름	기능
브러시 크기	브러시 크기를 설정합니다.
안티에일리어싱	안티에일리어싱을 적용합니다. 우측으로 갈수록 부드럽게 처리됩니다.
두께	브러시의 두께를 설정합니다. 좌측으로 갈수록 촘촘해집니다.
브러시 농도	브러시의 농도를 설정합니다.
손떨림 보정	손떨림 보정을 설정합니다. 우측으로 갈수록 강하게 적용됩니다.
후보정	후보정을 할지를 설정합니다.

점선 : 동그란 점선을 그릴 수 있는 브러시입니다.

항목이름	기능
브러시 크기	브러시 크기를 설정합니다.
안티에일리어싱	안티에일리어싱을 적용합니다. 우측으로 갈수록 부드럽게 처리됩니다.
두께	브러시의 두께를 설정합니다. 좌측으로 갈수록 촘촘해집니다.
브러시 농도	브러시의 농도를 설정합니다.
손떨림 보정	손떨림 보정을 설정합니다. 우측으로 갈수록 강하게 적용됩니다.
간격	이펙트가 뿌려지는 간격을 설정합니다.
후보정	후보정을 할지를 설정합니다.

UNIT 25_ 지우개 툴

지우개 툴은 다양한 지우개 기능이 모여 있는 툴입니다. 지우개의 질감을 바꿀 수 있을 뿐만 아니라, 벡터 라인을 손쉽게 지우는 벡터지우개도 있으므로 잘 살펴보고 응용하시기 바랍니다.

· 보조 도구

지우개 툴은 5종류의 개성적인 보조 도구로 이루어져 있습니다.

항목이름	기능
딱딱함	단단한 질감의 지우개 툴입니다.
부드러움	부드러운 질감의 지우개 툴입니다.
러프	아주 깔끔하게 지우는 지우개 툴입니다.
벡터용	벡터 라인을 지우는 데 특화된 지우개 툴입니다.
레이어 관통	여러 레이어를 한꺼번에 지울 수 있는 지우개 툴입니다.

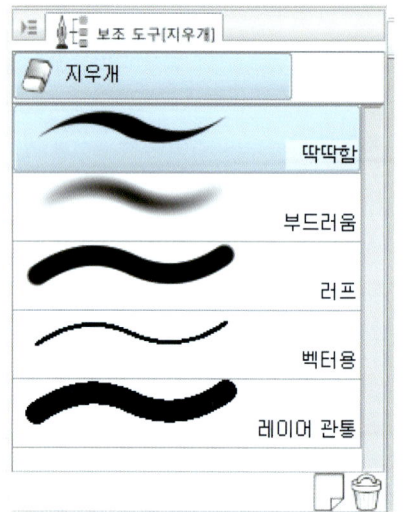

· 도구 속성

클립스튜디오 지우개 툴의 특징 중 하나는 벡터 지우기 입니다. 벡터선을 지울 때 어떤 식으로 지울지 설정할 수 있으며 선이 겹쳐진 부분까지만 제거할 수 있습니다. 이 기능을 이용하면 머리카락 등을 그릴 때 따로 선 정리를 하지 않아도 되어 편리합니다.
벡터 지우기는 도구 속성 창에서 언제든 조정 가능합니다.

아래는 타입에 따른 결과 차이입니다.

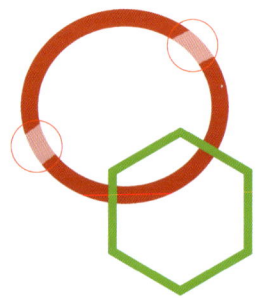

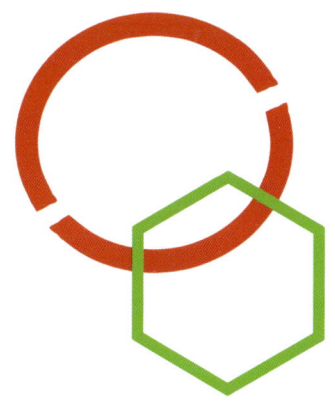  

접하는 부분 : 지우개질한 부분만 제거합니다.

교점까지 : 지우개질한 부분의 선을 겹쳐진 부분까지만 지웁니다.

선 전체 : 지우개질한 부분의 선을 모두 지웁니다.

딱딱함 : 단단한 질감으로 지워줍니다. 경계면이 날카롭게 지워집니다.

항목이름	기능
브러시 크기	지우개 브러시의 크기를 설정합니다.
안티에일리어싱	지워지는 경계를 얼마나 부드럽게 할지 설정합니다.
경도	지워지는 질감의 단단한 정도를 설정합니다. 우측으로 갈수록 경계면이 날카롭게 지워집니다.
브러시 농도	브러시의 농도를 설정합니다.
벡터 지우기	벡터 레이어에서 지워지는 방식을 설정합니다. 벡터 레이어에서만 활성화됩니다.
손떨림 보정	손떨림방지 기능을 설정합니다. 우측으로 갈수록 단단해집니다.

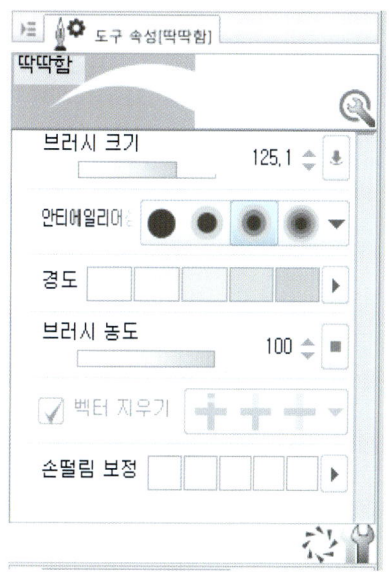

부드러움 : 부드러운 질감으로 지워줍니다. 경계면이 흐리게 지워집니다.

항목이름	기능
브러시 크기	지우개 브러시의 크기를 설정합니다.
경도	지워지는 질감의 단단한 정도를 설정합니다. 우측으로 갈수록 경계면이 날카롭게 지워집니다.
브러시 농도	브러시의 농도를 설정합니다.
벡터 지우기	벡터 레이어에서 지워지는 방식을 설정합니다. 벡터 레이어에서만 활성화됩니다.
손떨림 보정	손떨림방지 기능을 설정합니다. 우측으로 갈수록 단단해집니다.

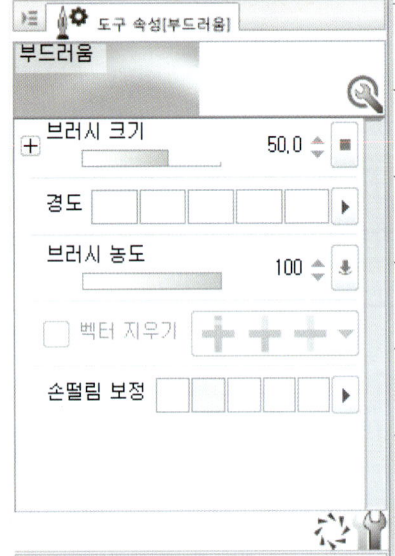

러프 : 일정한 두께로 지울 수 있는 툴입니다.

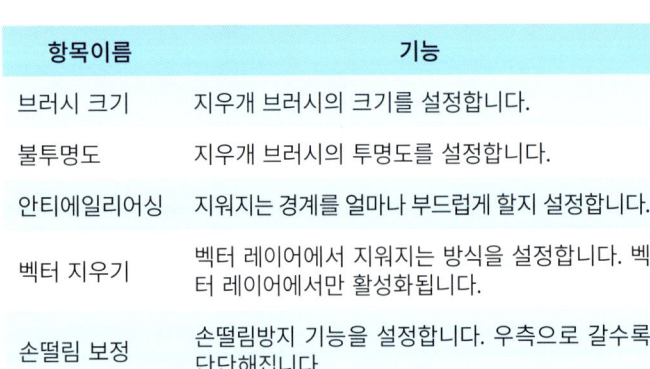

항목이름	기능
브러시 크기	지우개 브러시의 크기를 설정합니다.
불투명도	지우개 브러시의 투명도를 설정합니다.
안티에일리어싱	지워지는 경계를 얼마나 부드럽게 할지 설정합니다.
벡터 지우기	벡터 레이어에서 지워지는 방식을 설정합니다. 벡터 레이어에서만 활성화됩니다.
손떨림 보정	손떨림방지 기능을 설정합니다. 우측으로 갈수록 단단해집니다.

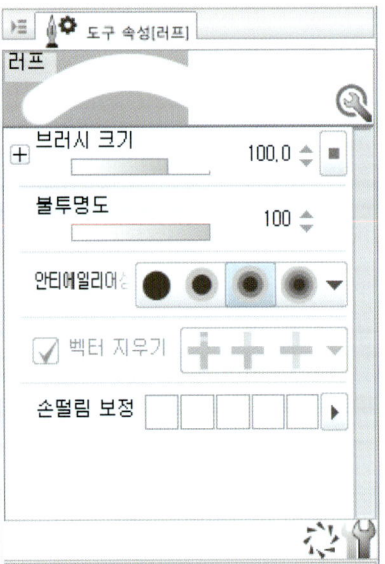

벡터용 : 벡터 라인에 특화된 지우개입니다. 삐져나온 선을 한 꺼번에 제거할 때 편리합니다.

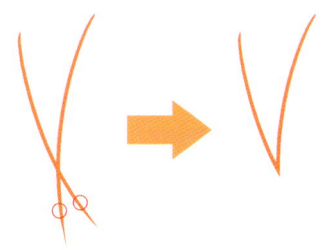

항목이름	기능
브러시 크기	지우개 브러시의 크기를 설정합니다.
안티에일리어싱	지워지는 경계를 얼마나 부드럽게 할지 설정합니다.
벡터 지우기	벡터 레이어에서 지워지는 방식을 설정합니다. 벡터 레이어에서만 활성화됩니다.

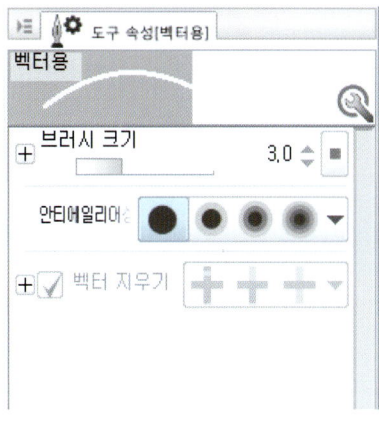

레이어 관통 : 여러 레이어를 한꺼번에 지웁니다. 펜선 레이어와 컬러 레이어를 한꺼번에 지울 때 편리합니다.

항목이름	기능
브러시 크기	지우개 브러시의 크기를 설정합니다.
안티에일리어싱	지워지는 경계를 얼마나 부드럽게 할지 설정합니다.
벡터 지우기	벡터 레이어에서 지워지는 방식을 설정합니다. 벡터 레이어에서만 활성화됩니다.
손떨림 보정	손떨림방지 기능을 설정합니다. 우측으로 갈수록 단단해집니다.

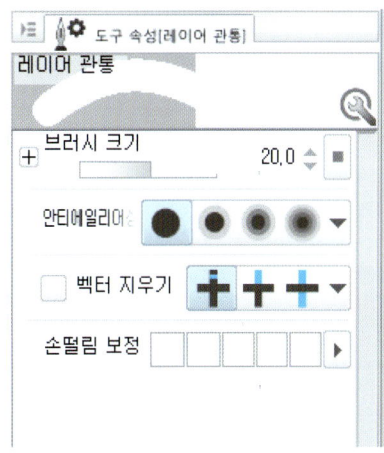

UNIT 26_ 색 혼합

색 혼합은 색을 섞는 역할을 하는 툴입니다. 주로 명암단계를 부드럽게 하거나, 두 가지 색을 섞어 이어지게 만드는데 사용합니다.

· 보조 도구

색 혼합의 보조 도구는 6가지로 이루어져 있습니다. 각각 다양한 방법으로 색을 섞습니다.

항목이름	기능
색 혼합	기본적인 섞는 툴입니다.
흐림	흐린 느낌으로 섞는 툴입니다.
손끝	손끝으로 문지르는 듯한 느낌으로 섞는 툴입니다.
섬유 번짐	먹이 헌자애 번지는 느낌으로 섞이는 툴입니다.
수채섞기	수채화붓으로 섞는 듯한 느낌의 툴입니다.
복제 도장	일반적으로 말하는 복제 툴입니다. 특정 위치의 이미지를 그대로 옮길 수 있습니다.

· 도구 속성

색 혼합 : 기본적으로 섞는 기능을 하는 브러시입니다.

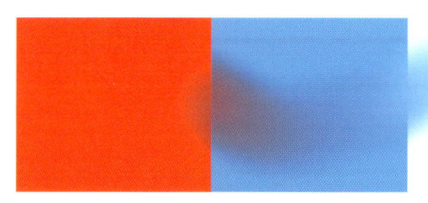

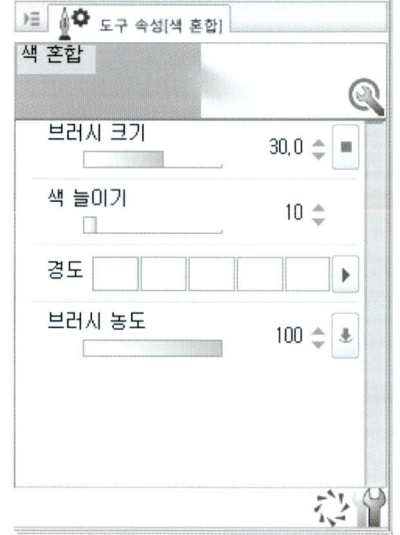

항목이름	기능
브러시 크기	브러시의 크기를 설정합니다.
색 늘이기	색이 브러시를 따라가는 정도를 설정합니다. 우측으로 갈수록 오래 색이 남습니다.
경도	브러시의 단단한 정도를 설정합니다. 우측으로 갈수록 경계가 날카로워집니다.
브러시 농도	브러시의 농도를 설정합니다.

흐림 : 문지른 부분을 흐리게 만드는 브러시입니다.

항목이름	기능
브러시 크기	브러시의 크기를 설정합니다.
번짐 강도	흐려지는 정도를 설정합니다.
브러시 농도	브러시의 농도를 설정합니다.

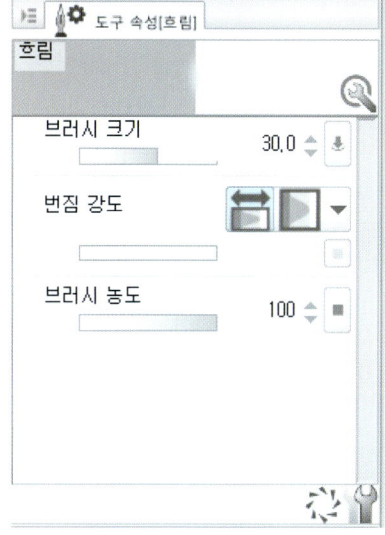

손끝 : 손가락으로 문지르는 것처럼 색이 강하게 따라오는 브러시입니다.

항목이름	기능
브러시 크기	브러시의 크기를 설정합니다.
불투명도	브러시의 투명도를 설정합니다.
색 늘이기	색이 브러시를 따라가는 정도를 설정합니다. 우측으로 갈수록 오래 색이 남습니다.
경도	브러시의 단단한 정도를 설정합니다. 우측으로 갈수록 경계가 날카로워집니다.

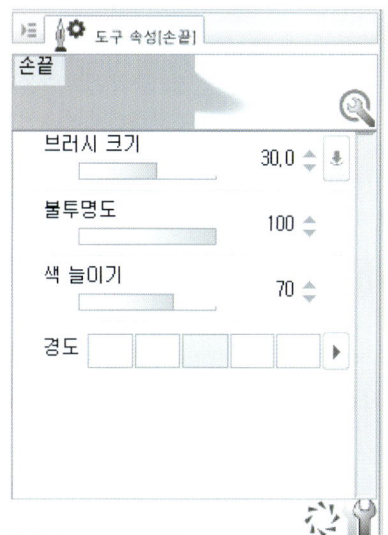

섬유 번짐 : 먹이 번지는 느낌으로 섞이는 툴입니다.

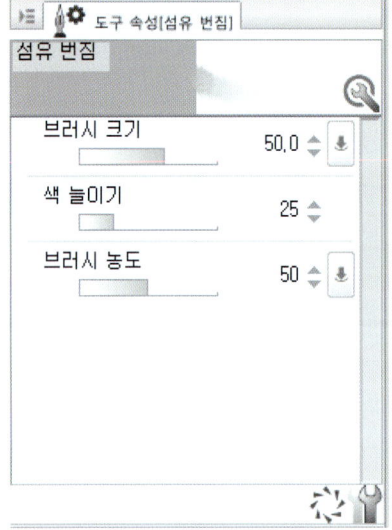

항목이름	기능
브러시 크기	브러시의 크기를 설정합니다.
색 늘이기	색이 브러시를 따라가는 정도를 설정합니다. 우측으로 갈수록 오래 색이 남습니다.
브러시 농도	브러시의 농도를 설정합니다.

수채 섞기 : 붓으로 섞는 듯한 느낌을 주는 브러시입니다.

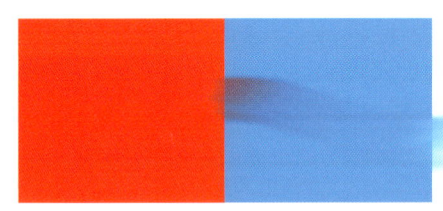

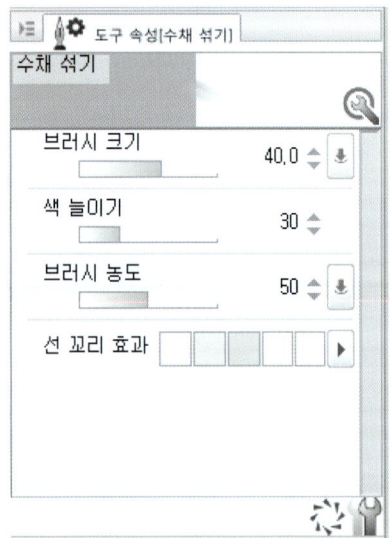

항목이름	기능
브러시 크기	브러시의 크기를 설정합니다.
색 늘이기	색이 브러시를 따라가는 정도를 설정합니다. 우측으로 갈수록 오래 색이 남습니다.
브러시 농도	브러시의 농도를 설정합니다.
선 꼬리 효과	브러시가 끌리는 정도를 설정합니다. 우측으로 갈수록 길게 꼬리가 남습니다.

복제 도장 : 일반적으로 말하는 복제 툴입니다. 특정 위치의 이미지를 그대로 옮길 수 있습니다.

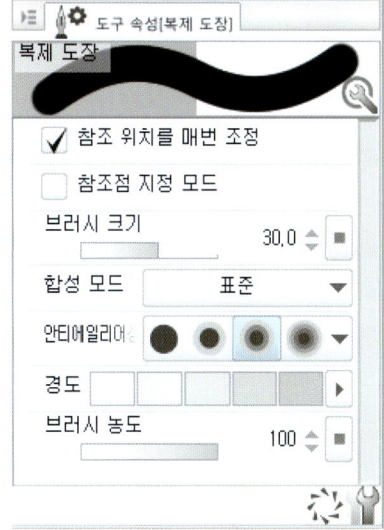

항목이름	기능
참조 위치를 매번 조정	체크하면 검출하는 위치를 맞춰줍니다.
참조점 지정 모드	특별한 검출 모드를 사용합니다.
브러시 크기	브러시의 크기를 설정합니다.
합성 모드	섞이는 속성을 설정합니다.
안티에일리어싱	안티에일리어싱 기능을 설정합니다. 우측으로 갈수록 경계선이 부드러워집니다.
경도	브러시의 단단한 정도를 설정합니다. 우측으로 갈수록 경계가 날카로워집니다.
브러시 농도	브러시의 농도를 설정합니다.

UNIT 27_ 채우기 툴

🖌 채우기 툴은 채우기를 하는 툴입니다.

클립스튜디오의 툴은 웹툰이나 그래픽작업에 좀 더 특화되어 있습니다.

특정 레이어만 참조해서 색을 칠한다거나, 선이 이어지지 않은 곳을 적절히 체크해서 채워주고, 자잘하게 비어있는 곳을 손쉽게 채우는 등의 작업이 가능합니다. 포토샵등에서 일일이 신경써야 했던 불편함을 잘 채워주므로 이 기능만 알아도 꽤 많은 도움이 될것 같습니다.

· 보조 도구

채우기 툴의 보조 도구는 총 4가지입니다. 각각 다양한 특성을 대표하고 있습니다. 이 툴들은 그대로 쓰기보다는 성향에 맞게 조금씩 조정해서 사용하는 편입니다. 차후 실전강좌를 통해 좀 더 익히실 수 있습니다.

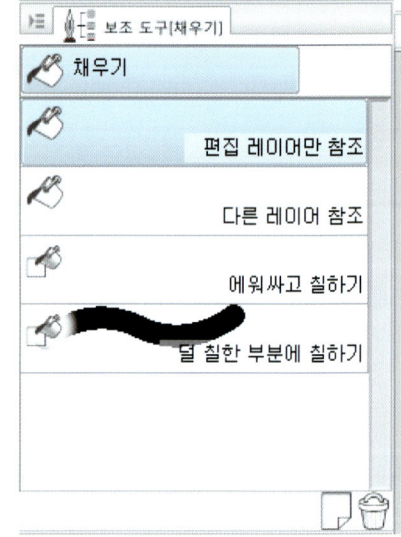

항목이름	기능
편집 레이어만 참조	현재 레이어만 참조해서 색칠합니다.
다른 레이어 참조	다른 레이어도 참조해서 색칠합니다. 어떤 레이어를 참조할지 설정 가능합니다.
에워싸고 칠하기	올가미 툴로 감싸면 해당 영역 안을 적절히 칠해줍니다.
덜 칠한 부분에 칠하기	펜선 사이사이 칠하기 힘든 부분을 브러시로 문지르면 적절히 채워주는 편리한 툴입니다.

· 도구 속성

편집 레이어만 참조 : 현재 레이어를 기준으로 칠하는 툴입니다. 위의 경우 펜션 레이어가 아닌 채색 레이어에 색을 칠했기 때문에, 전체가 다 입혀지는 것을 알 수 있습니다.

항목이름	기능
인접 픽셀 선택	인접한 픽셀을 넘지 않습니다. 특정 영역만 칠할 때 편리합니다.
틈 닫기	칠하는 부분의 선이 살짝 끊어져 있어도 칠해줍니다. 머리카락 등 세세한 부분을 칠할 때 편리합니다.
색의 오차	특정 색깔 위에 칠할 경우, 얼마나 비슷한 색깔까지 칠할지 설정합니다.
영역 확대/축소	칠한 부분보다 살짝 넓게 칠해줍니다. 선과 색이 뜨는 현상을 방지합니다.
복수 참조	다른 레이어를 참조할지 설정합니다. 현재 폴더의 레이어나 레퍼런스 레이어 등 특정 레이어만 골라 참조 가능합니다.
불투명도	칠의 투명도를 설정합니다.
안티에일리어싱	안티에일리어싱을 설정합니다. 체크하면 경계면이 부드러워집니다.

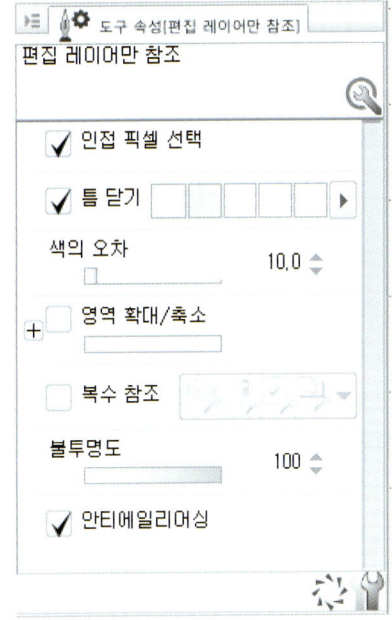

다른 레이어 참조 : 다른 레이어를 참조해서 칠할 수 있는 툴입니다. 위에서는 채색 레이어에 칠했지만, 펜선 레이어를 기준으로 색을 입혀주는 것을 알 수 있습니다.

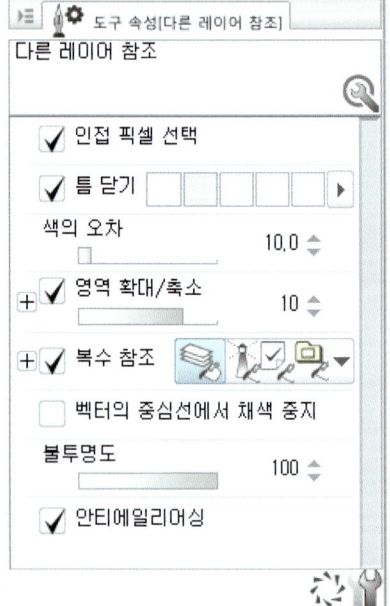

항목이름	기능
인접 픽셀 선택	인접한 픽셀을 넘지 않습니다. 특정 영역만 칠할 때 편리합니다.
틈 닫기	칠하는 부분의 선이 살짝 끊어져 있어도 칠해줍니다. 머리카락 등 세세한 부분을 칠할 때 편리합니다.
색의 오차	특정 색깔 위에 칠할 경우, 얼마나 비슷한 색깔까지 칠할지 설정합니다.
영역 확대/축소	칠한 부분보다 살짝 넓게 칠해줍니다. 선과 색이 뜨는 현상을 방지합니다.
복수 참조	다른 레이어를 참조할지 설정합니다. 현재 폴더의 레이어나 레퍼런스 레이어 등 특정 레이어만 골라 참조 가능합니다.
벡터의 중심선에서 채색 중지	벡터 레이어를 참조할 경우, 선의 중앙부분까지 칠해줍니다. 색이 뜨는 부분을 최소화할 수 있어 편리합니다.
불투명도	칠의 투명도를 설정합니다.
안티에일리어싱	안티에일리어싱을 설정합니다. 체크하면 경계면이 부드러워집니다.

에워싸고 칠하기 : 드래그한 부분을 기준으로 색을 입혀주는 편리한 기능입니다. 원하는 부분만 빠르게 골라 칠할 수 있기 때문에 자주 사용되는 툴이기도 합니다.

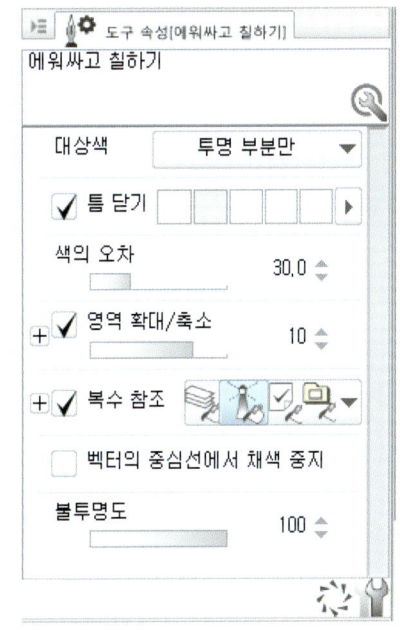

항목이름	기능
대상색	어떤 색을 기준으로 칠할지 설정합니다. 기본은 Only transparent 즉, 투명한 컬러만 칠합니다.
틈 닫기	칠하는 부분의 선이 살짝 끊어져 있어도 칠해줍니다. 머리카락 등 세세한 부분을 칠할 때 편리합니다.
색의 오차	특정 색깔 위에 칠할 경우, 얼마나 비슷한 색깔까지 칠할지 설정합니다.
영역 확대/축소	칠한 부분보다 살짝 넓게 칠해줍니다. 선과 색이 뜨는 현상을 방지합니다.
복수 참조	다른 레이어를 참조할지 설정합니다. 현재 폴더의 레이어나 레퍼런스 레이어 등 특정 레이어만 골라 참조 가능합니다.
벡터의 중심선에서 채색 중지	벡터 레이어를 참조할 경우, 선의 중앙부분까지 칠해줍니다. 색이 뜨는 부분을 최소화할 수 있어 편리합니다.
불투명도	칠의 투명도를 설정합니다.

덜 칠한 부분에 칠하기 : 자잘하게 덜 칠해진 부분을 브러시를 통해 한번에 정리할 수 있는 툴입니다. 펜선 작업을 위한 툴로, 불필요한 작업을 많이 줄여줍니다.

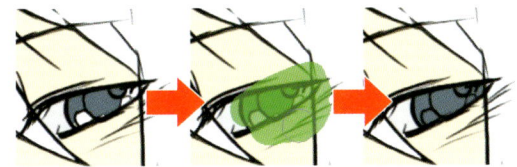

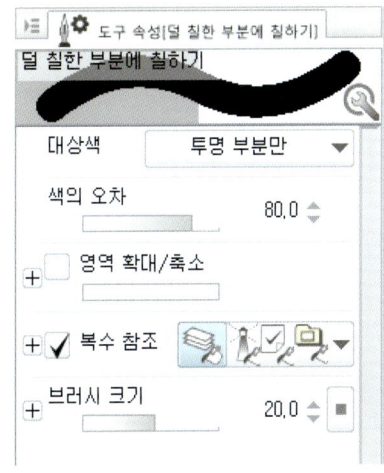

항목이름	기능
대상색	어떤색을 기준으로 칠할지 설정합니다. 기본은 Only transparent 즉, 투명한 컬러만 칠합니다.
색의 오차	특정 색깔 위에 칠할 경우, 얼마나 비슷한 색깔까지 칠할지 설정합니다.
영역 확대/축소	칠한 부분보다 살짝 넓게 칠해줍니다. 선과 색이 뜨는 현상을 방지합니다.
복수 참조	다른 레이어를 참조할지 설정합니다. 현재 폴더의 레이어나 레퍼런스 레이어 등 특정 레이어만 골라 참조 가능합니다.
브러시 크기	브러시의 크기를 설정합니다.

UNIT 28_ 그라데이션 툴

그라데이션 툴은 이름 그대로 그라데이션을 그릴 수 있는 편리한 툴입니다. 포토샵의 그라데이션 기능과 달리 반복되는 패턴으로 그릴 수 있으며, 스프라이트 형태도 드릴 수 있는 등 응용범위가 좀 더 넓은 편입니다.

· 보조 도구

그라데이션 툴의 보조 도구는 11종으로 이루어져있으며, 다양한 방식을 표현할 수 있습니다. 하늘색이나, 스프라이트 등을 그릴 수 있어 응용하기 좋은 편입니다.

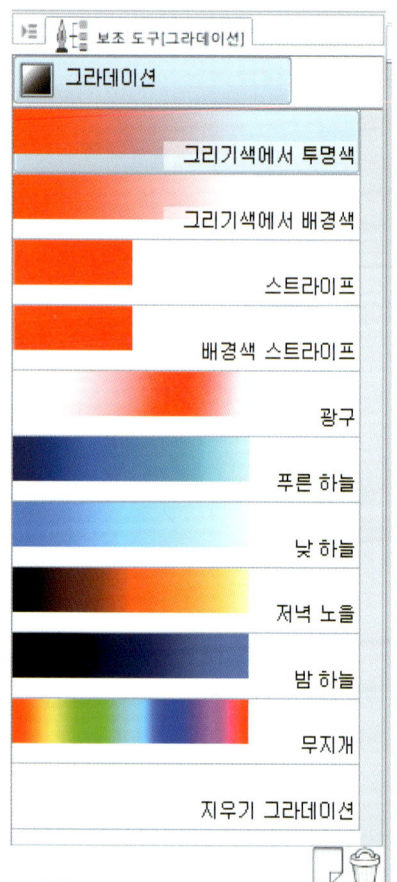

항목이름	기능
그리기색에서 투명색	전경색부터 투명까지의 그라데이션을 그립니다.
그리기색에서 배경색	전경색부터 배경색까지의 그라데이션을 그립니다.
스트라이프	전경색과 투명색으로 줄무늬를 그립니다.
배경색 스트라이프	전경색과 배경색으로 줄무늬를 그립니다.
광구	원형 그라데이션을 그립니다.
푸른 하늘	푸른 하늘 느낌의 그라데이션을 그립니다.
낮 하늘	좀더 낮느낌의 하늘 색 그라데이션을 그립니다.
저녁 노을	노을색 그라데이션을 그립니다.
밤 하늘	밤 하늘 그라데이션을 그립니다.
무지개	무지개 그라데이션을 그립니다.
지우기 그라데이션	그라데이션 느낌으로 지웁니다. 햇빛 느낌을 내기 좋습니다.

· 도구 속성

그리기색에서 투명색 : 전경색에서 투명색으로 그라데이션을 그리는 툴입니다.

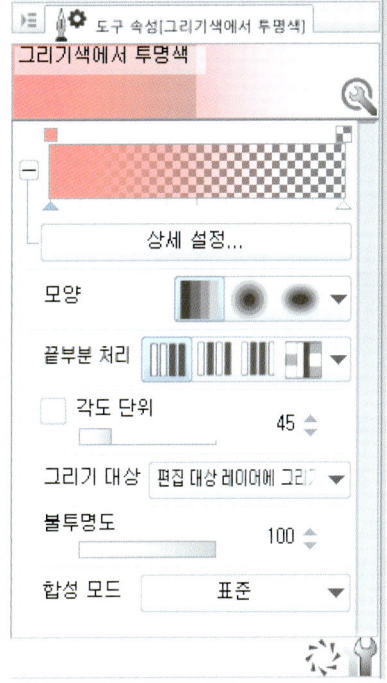

항목이름	기능
그라데이션 색 지정	그라데이션의 색깔과 투명도를 설정합니다.
모양	어떤 형태의 그라데이션을 그릴지 설정합니다. 라인 형태, 원 형태, 타원 형태로 설정 가능합니다.
끝 부분 처리	그라데이션 끝부분을 어떻게 처리할지 설정합니다. 그대로 연장할 수도 있고, 반복하거나, 투명처리할 수 있습니다.
각도 단위	각도를 고정할 때 설정합니다.
그리기 대상	그릴 레이어를 설정합니다.
불투명도	그라데이션의 투명도를 설정합니다.
합성 모드	섞이는 속성을 설정합니다.

그리기색에서 배경색 : 전경색에서 배경색으로 그라데이션을 그리는 툴입니다.

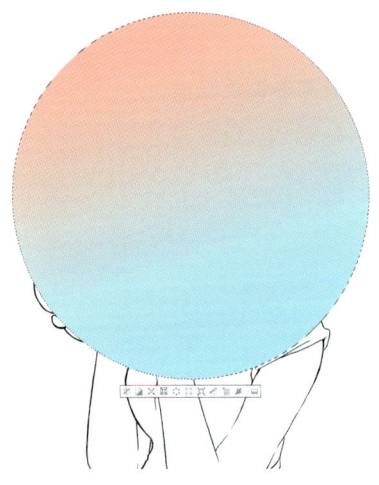

항목이름	기능
그라데이션 색 지정	그라데이션의 색깔과 투명도를 설정합니다.
모양	어떤 형태의 그라데이션을 그릴지 설정합니다. 라인 형태, 원 형태, 타원 형태로 설정 가능합니다.
끝 부분 처리	그라데이션 끝부분을 어떻게 처리할지 설정합니다. 그대로 연장할 수도 있고, 반복하거나, 투명처리할 수 있습니다.
각도 단위	각도를 고정할 때 설정합니다.
그리기 대상	그릴 레이어를 설정합니다.
불투명도	그라데이션의 투명도를 설정합니다.
합성 모드	섞이는 속성을 설정합니다.

스트라이프 : 전경색과 투명색이 줄무늬를 그리는 그라데이션 툴입니다.

항목이름	기능
그라데이션 색 지정	그라데이션의 색깔과 투명도를 설정합니다.
모양	어떤 형태의 그라데이션을 그릴지 설정합니다. 라인 형태, 원 형태, 타원 형태로 설정 가능합니다.
각도 단위	각도를 고정할 때 설정합니다.
그리기 대상	그릴 레이어를 설정합니다.
불투명도	그라데이션의 투명도를 설정합니다.
합성 모드	섞이는 속성을 설정합니다.
안티에일리어싱	안티에일리어싱 속성을 설정합니다. 체크하면 경계면이 부드러워집니다.

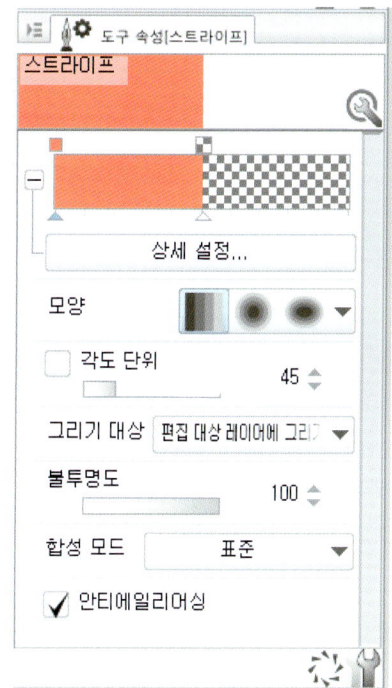

배경색 스트라이프 : 배경색과 전경색이 반복되는 줄무늬를 그리는 그라데이션 툴입니다.

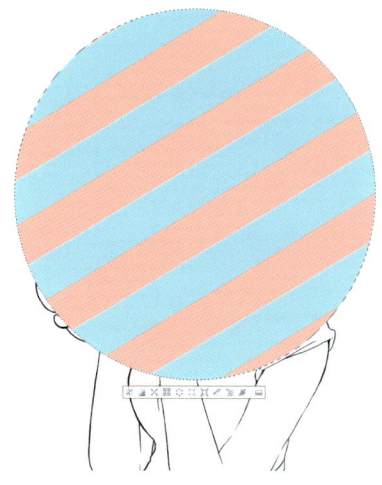

항목이름	기능
그라데이션 색 지정	그라데이션의 색깔과 투명도를 설정합니다.
모양	어떤 형태의 그라데이션을 그릴지 설정합니다. 라인 형태, 원 형태, 타원 형태로 설정 가능합니다.
각도 단위	각도를 고정할 때 설정합니다.
그리기 대상	그릴 레이어를 설정합니다.
불투명도	그라데이션의 투명도를 설정합니다.
합성 모드	섞이는 속성을 설정합니다.
안티에일리어싱	안티에일리어싱 속성을 설정합니다. 체크하면 경계면이 부드러워집니다.

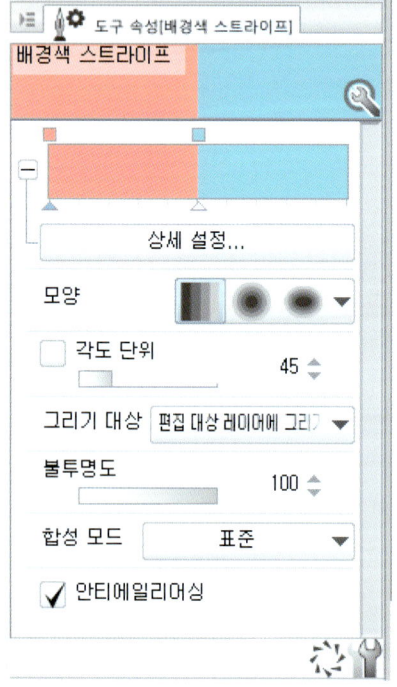

광구 : 원형 그라데이션을 그리는 툴입니다.

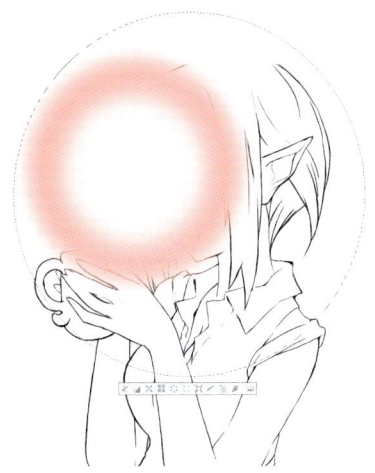

항목이름	기능
그라데이션 색 지정	그라데이션의 색깔과 투명도를 설정합니다.
모양	어떤 형태의 그라데이션을 그릴지 설정합니다. 라인 형태, 원 형태, 타원 형태로 설정 가능합니다.
그리기 대상	그릴 레이어를 설정합니다.
불투명도	그라데이션의 투명도를 설정합니다.
합성 모드	섞이는 속성을 설정합니다.
안티에일리어싱	안티에일리어싱 속성을 설정합니다. 체크하면 경계면이 부드러워집니다.

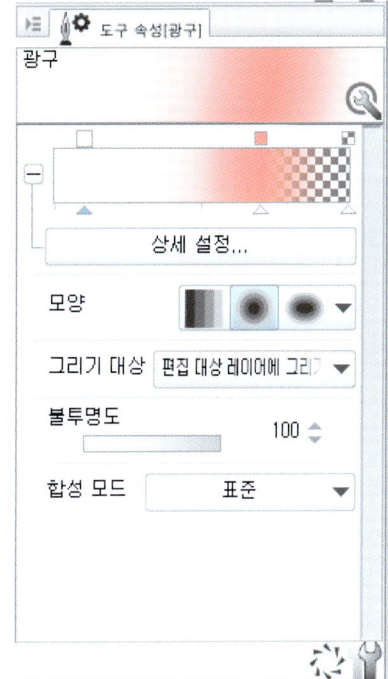

푸른 하늘 : 이름 그대로 푸른 하늘 스타일의 그라데이션을 그리는 툴입니다.

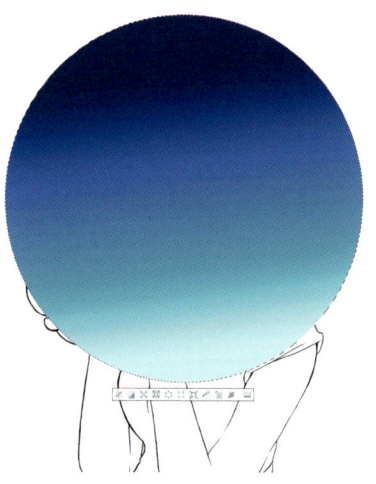

항목이름	기능
그라데이션 색 지정	그라데이션의 색깔과 투명도를 설정합니다.
각도 단위	각도를 고정할 때 설정합니다.
그리기 대상	그릴 레이어를 설정합니다.
불투명도	그라데이션의 투명도를 설정합니다.
합성 모드	섞이는 속성을 설정합니다.

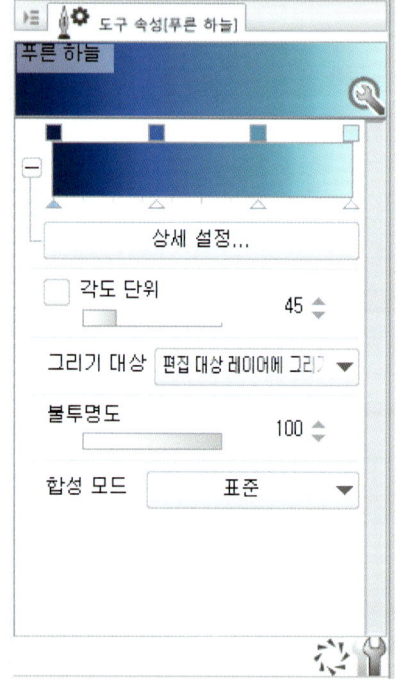

낮 하늘 : 대낮의 하늘 스타일 그라데이션을 그리는 툴입니다.

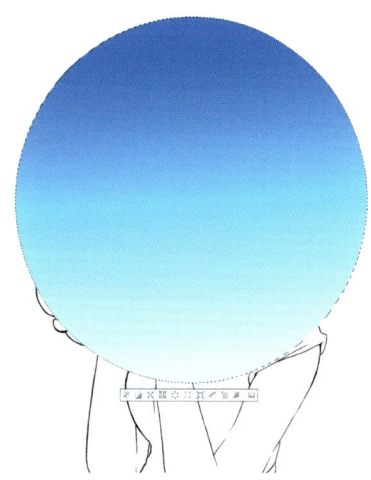

항목이름	기능
그라데이션 색 지정	그라데이션의 색깔과 투명도를 설정합니다.
각도 단위	각도를 고정할 때 설정합니다.
그리기 대상	그릴 레이어를 설정합니다.
불투명도	그라데이션의 투명도를 설정합니다.
합성 모드	섞이는 속성을 설정합니다.

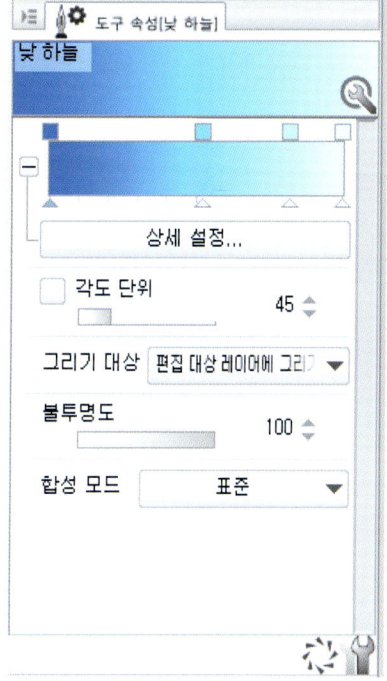

저녁 노을 : 노을지는 하늘 스타일 그라데이션을 그리는 툴입니다.

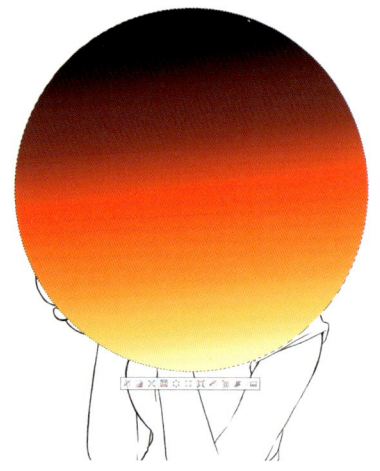

항목이름	기능
그라데이션 색 지정	그라데이션의 색깔과 투명도를 설정합니다.
각도 단위	각도를 고정할 때 설정합니다.
그리기 대상	그릴 레이어를 설정합니다.
불투명도	그라데이션의 투명도를 설정합니다.
합성 모드	섞이는 속성을 설정합니다.

밤 하늘 : 한밤의 하늘 스타일 그라데이션을 그리는 툴입니다.

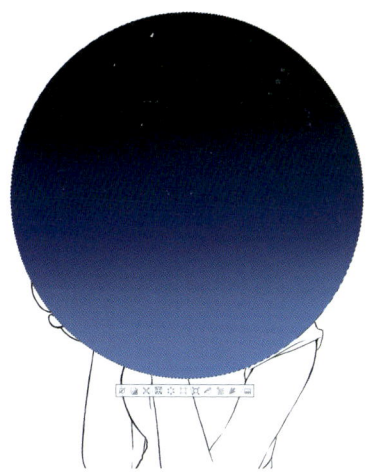

항목이름	기능
그라데이션 색 지정	그라데이션의 색깔과 투명도를 설정합니다.
각도 단위	각도를 고정할 때 설정합니다.
그리기 대상	그릴 레이어를 설정합니다.
불투명도	그라데이션의 투명도를 설정합니다.
합성 모드	섞이는 속성을 설정합니다.

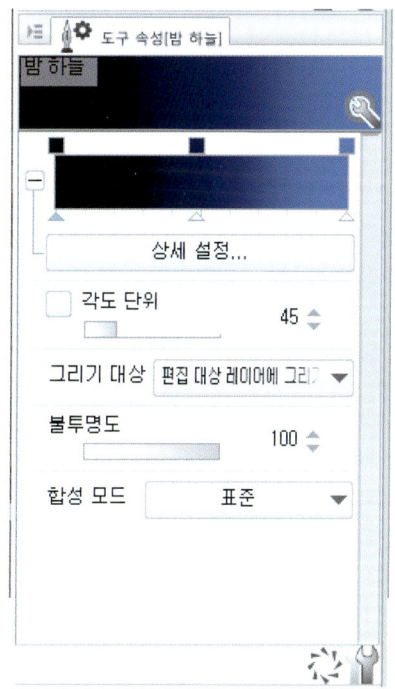

무지개 : 무지개색 그라데이션을 그리는 툴입니다.

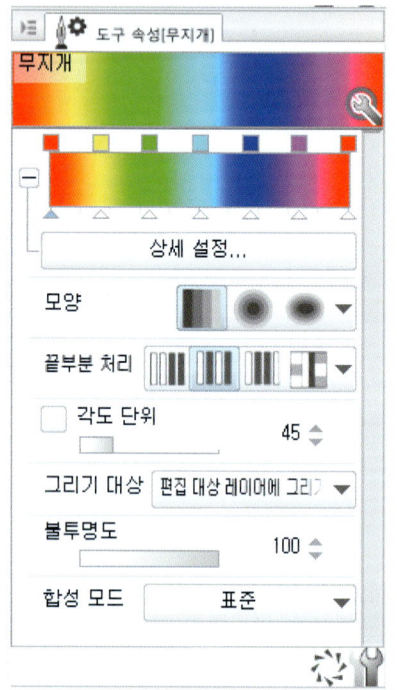

항목이름	기능
그라데이션 색 지정	그라데이션의 색깔과 투명도를 설정합니다.
모양	어떤 형태의 그라데이션을 그릴지 설정합니다. 라인 형태, 원 형태, 타원 형태로 설정 가능합니다.
끝 부분 처리	그라데이션 끝부분을 어떻게 처리할지 설정합니다. 그대로 연장할 수도 있고, 반복하거나, 투명처리할 수 있습니다.
각도 단위	각도를 고정할 때 설정합니다.
그리기 대상	그릴 레이어를 설정합니다.
불투명도	그라데이션의 투명도를 설정합니다.
합성 모드	섞이는 속성을 설정합니다.

지우기 그라데이션 : 그라데이션 형태로 이미지를 지워주는 툴입니다.

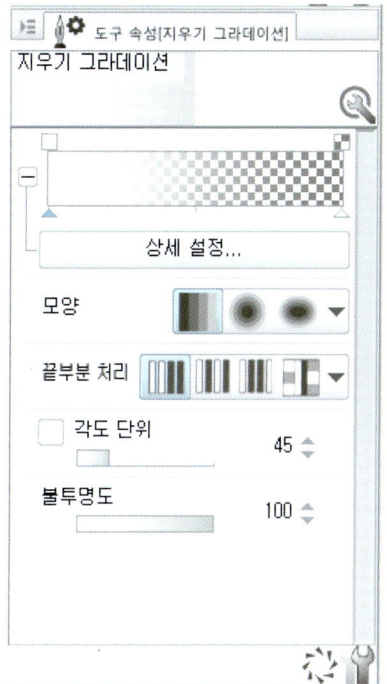

항목이름	기능
그라데이션 색 지정	그라데이션의 색깔과 투명도를 설정합니다.
모양	어떤 형태의 그라데이션을 그릴지 설정합니다. 라인 형태, 원 형태, 타원 형태로 설정 가능합니다.
끝 부분 처리	그라데이션 끝부분을 어떻게 처리할지 설정합니다. 그대로 연장할 수도 있고, 반복하거나, 투명처리할 수 있습니다.
각도 단위	각도를 고정할 때 설정합니다.
불투명도	그라데이션의 투명도를 설정합니다.
합성 모드	섞이는 속성을 설정합니다.

UNIT 29_ 직접 그리기 툴

직접 그리기 툴은 도형 툴 중 하나로 여러 가지 도형을 손쉽게 그릴 수 있는 툴입니다. 브러시 모양을 이용해서 다양한 패턴 역시 그릴 수 있습니다. 기계류나 배경, 무늬를 그리는데 도움이 됩니다.

· 보조 도구

항목이름	기능
직선	직선을 그리는 툴입니다.
곡선	곡선을 그리는 툴입니다.
꺾은선	다각형 선을 그리는 툴입니다.
연속곡선	여러 각으로 된 곡선을 그리는 툴입니다.
올가미 채색	올가미 툴로 채색할 수 있는 툴입니다.
직사각형	사각형을 그릴 수 있는 툴입니다.
타원	타원을 그릴 수 있는 툴입니다.
다각형	다각형을 그릴 수 있는 툴입니다.

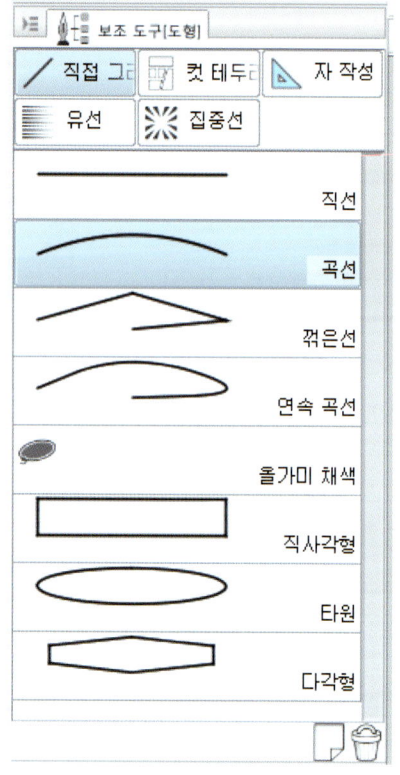

· 도구 속성

직선 : 직선을 그릴 수 있는 툴입니다.

항목이름	기능
브러시 크기	브러시의 크기를 설정합니다.
불투명도	브러시의 투명도를 설정합니다.
안티에일리어싱	안티에일리어싱을 설정합니다. 우측으로 갈수록 경계가 부드러워집니다.
브러시 모양	브러시의 형태를 설정합니다. 단순한 선뿐만 아니라, 다양한 패턴을 선처럼 사용할 수 있습니다.
벡터 흡착	벡터 레이어에서 가까이 선을 그을 경우 합치는 기능입니다. 우측으로 갈수록 더 멀리 있는 라인까지 합쳐줍니다.
시작점과 끝점	시작점과 끝점을 설정합니다.

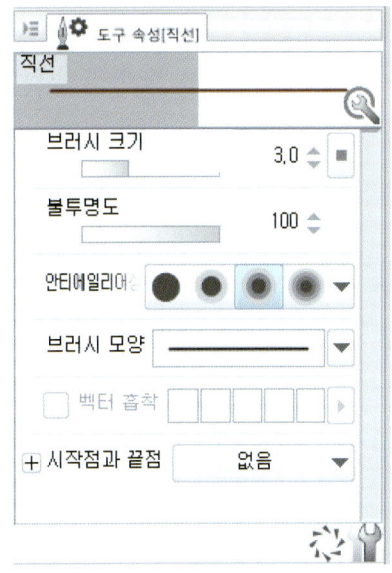

곡선 : 곡선을 그릴 수 있는 툴입니다.

항목이름	기능
브러시 크기	브러시의 크기를 설정합니다.
불투명도	브러시의 투명도를 설정합니다.
안티에일리어싱	안티에일리어싱을 설정합니다. 우측으로 갈수록 경계가 부드러워집니다.
브러시 모양	브러시의 형태를 설정합니다. 단순한 선뿐만 아니라, 다양한 패턴을 선처럼 사용할 수 있습니다.
벡터 흡착	벡터 레이어에서 가까이 선을 그을 경우 합치는 기능입니다. 우측으로 갈수록 더 멀리 있는 라인까지 합쳐줍니다.
시작점과 끝점	시작점과 끝점을 설정합니다.

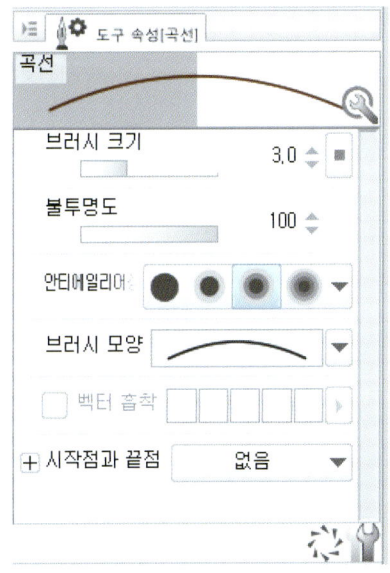

꺾은선 : 여러 개의 각을 가진 선을 그릴 수 있습니다.

항목이름	기능
선/채색	선 형태로 할지, 내부를 채울지 등을 설정합니다.
선 닫기	선을 닫아 도형형태로 만들지를 설정합니다.
브러시 크기	브러시의 크기를 설정합니다.
불투명도	브러시의 투명도를 설정합니다.
안티에일리어싱	안티에일리어싱을 설정합니다. 우측으로 갈수록 경계가 부드러워집니다.
브러시 모양	브러시의 형태를 설정합니다. 단순한 선뿐만 아니라, 다양한 패턴을 선처럼 사용할 수 있습니다.

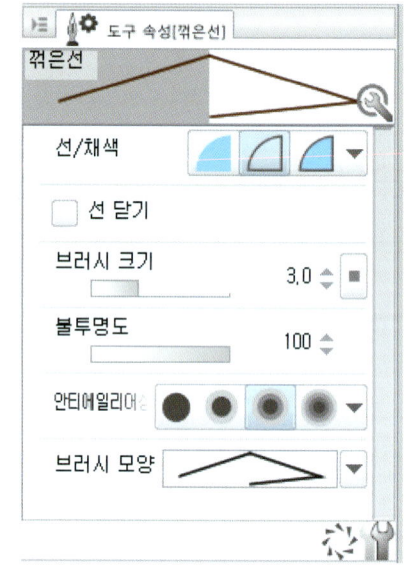

연속곡선 : 여러 개의 각을 가진 곡선을 그릴 수 있습니다.

항목이름	기능
선/채색	선 형태로 할지, 내부를 채울지 등을 설정합니다.
곡선	곡선 생성 방식을 설정합니다.
선 닫기	선을 닫아 도형형태로 만들지를 설정합니다.
브러시 크기	브러시의 크기를 설정합니다.
불투명도	브러시의 투명도를 설정합니다.
안티에일리어싱	안티에일리어싱을 설정합니다. 우측으로 갈수록 경계가 부드러워집니다.
브러시 모양	브러시의 형태를 설정합니다. 단순한 선뿐만 아니라, 다양한 패턴을 선처럼 사용할 수 있습니다.

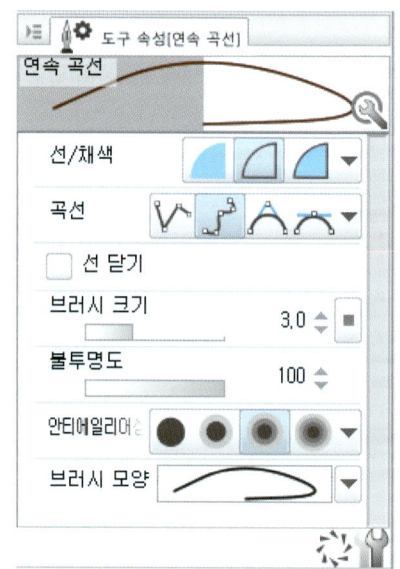

올가미 채색 : 올가미 툴을 이용해 색을 칠할 수 있습니다.

항목이름	기능
불투명도	브러시의 투명도를 설정합니다.
합성 모드	색이 섞이는 속성을 설정합니다.
안티에일리어싱	안티에일리어싱을 설정합니다. 우측으로 갈수록 경계가 부드러워집니다.
손떨림 보정	손떨림 방지를 설정합니다. 우측으로 갈수록 부드러워집니다.

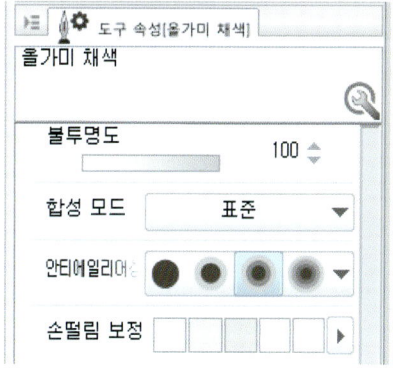

직사각형 : 사각형을 그릴 수 있는 툴입니다.

항목이름	기능
모서리에 둥글기	모서리를 둥글게 할지를 설정합니다.
선/채색	선 형태로 할지, 내부를 채울지 등을 설정합니다.
종횡 지정	가로/세로의 비율을 설정합니다.
확정 후 각도 조정	크기를 설정한 뒤, 각도도 변경할지를 설정합니다.
브러시 크기	브러시의 크기를 설정합니다.
불투명도	브러시의 투명도를 설정합니다.
안티에일리어싱	안티에일리어싱을 설정합니다. 우측으로 갈수록 경계가 부드러워집니다.
브러시 모양	브러시의 형태를 설정합니다. 단순한 선뿐만 아니라, 다양한 패턴을 선처럼 사용할 수 있습니다.

타원 : 타원을 그릴 수 있는 툴입니다.

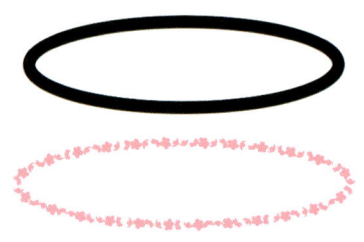

항목이름	기능
선/채색	선 형태로 할지, 내부를 채울지 등을 설정합니다.
종횡 지정	가로/세로의 비율을 설정합니다.
확정 후 각도 조정	크기를 설정한 뒤, 각도도 변경할지를 설정합니다.
브러시 크기	브러시의 크기를 설정합니다.
불투명도	브러시의 투명도를 설정합니다.
안티에일리어싱	안티에일리어싱을 설정합니다. 우측으로 갈수록 경계가 부드러워집니다.
브러시 모양	브러시의 형태를 설정합니다. 단순한 선뿐만 아니라, 다양한 패턴을 선처럼 사용할 수 있습니다.

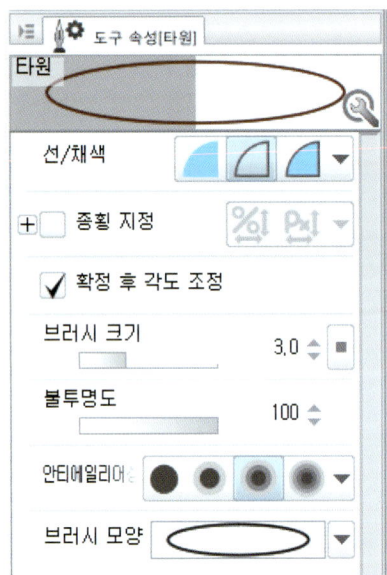

다각형 : 다각형을 그릴 수 있습니다.

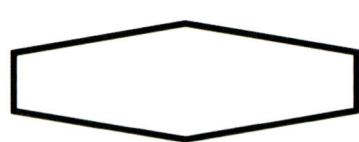

항목이름	기능
도형	어떤 형태를 만들지 설정합니다.
다각형의 정점 수	다각형의 각 개수를 설정합니다.
선/채색	선 형태로 할지, 내부를 채울지 등을 설정합니다.
종횡 지정	가로/세로의 비율을 설정합니다.
확정 후 각도 조정	크기를 설정한 뒤, 각도도 변경할지를 설정합니다.
브러시 크기	브러시의 크기를 설정합니다.
불투명도	브러시의 투명도를 설정합니다.
안티에일리어싱	안티에일리어싱을 설정합니다. 우측으로 갈수록 경계가 부드러워집니다.

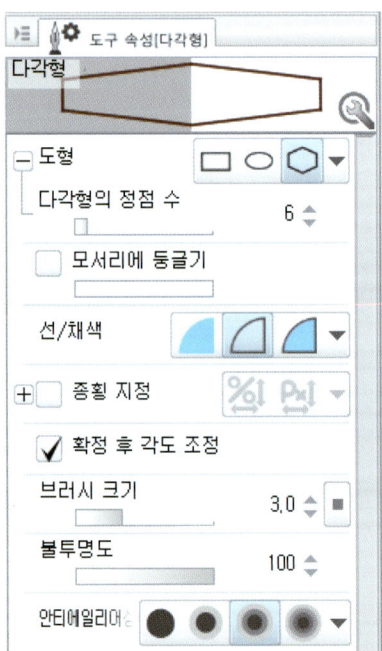

UNIT 30_ 컷 테두리 툴

컷 테두리 툴은 도형 툴 중 하나로, 컷선을 만들거나 자르는 기능을 하는 툴입니다.

· 보조 도구

5가지 보조 도구로 이루어져 있으며, 다양한 모양의 컷선을 만들거나 자를 수 있는 툴로 이루어져 있습니다.

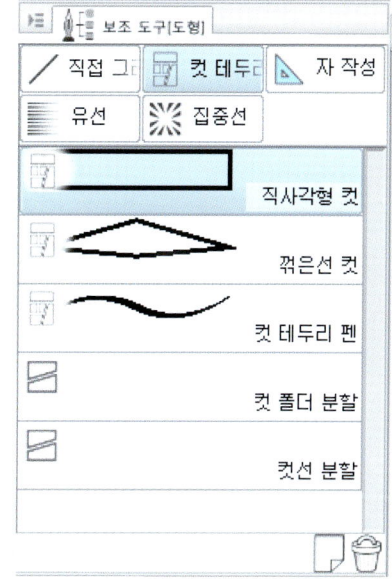

항목이름	기능
직사각형 컷	일반적인 형태의 사각형 컷선을 만들 수 있는 툴입니다.
꺾은선 컷	다각형이나, 곡선으로 컷선을 만들 수 있는 툴입니다.
컷 테두리 펜	컷선을 자유롭게 그릴 수 있는 툴입니다.
컷 폴더 분할	컷선을 나눠줍니다. 나뉜 컷선은 두개의 폴더로 분리됩니다.
컷선 분할	컷선을 나눠줍니다. 하지만 나뉜 컷선은 하나의 폴더로 유지됩니다.
타원	타원을 그릴 수 있는 툴입니다.
다각형	다각형을 그릴 수 있는 툴입니다.

· 도구 속성

직사각형 컷 : 사각형 형태의 컷선을 그릴 수 있는 툴입니다. 가장 기본적으로 많이 사용될 것 같습니다.

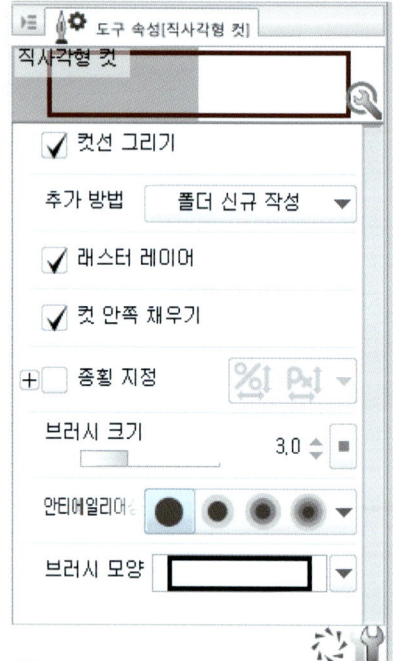

항목이름	기능
컷선 그리기	컷선라인을 그릴지를 설정합니다.
추가 방법	어떤 식으로 컷선을 삽입할지 설정합니다. 기본은 새 폴더를 생성합니다.
래스터 레이어	체크하면 레이어를 래스터 레이어로 설정합니다.
컷 안쪽 채우기	체크하면 컷선 안쪽을 채색합니다.
종횡 지정	체크하면 가로세로 비율을 설정합니다.
브러시 크기	컷선의 굵기를 설정합니다.
안티에일리어싱	컷선에 안티에일리어싱 설정을 합니다. 우측으로 갈수록 경계가 부드러워집니다.
브러시 모양	컷선의 형태를 설정합니다. 다양한 모양의 컷선을 그려봅니다.

꺾은선 컷 : 다각선을 이용해 컷선을 그릴 수 있는 툴입니다. 독특한 모양의 컷선을 그릴 수도 있습니다.

항목이름	기능
컷선 그리기	컷선라인을 그릴지를 설정합니다.
추가 방법	어떤 식으로 컷선을 삽입할지 설정합니다. 기본은 새 폴더를 생성합니다.
래스터 레이어	체크하면 레이어를 레스터 레이어로 설정합니다.
컷 안쪽 채우기	체크하면 컷선 안쪽을 채색합니다.
커브	곡선의 생성형태를 설정합니다.
브러시 크기	컷선의 굵기를 설정합니다.
안티에일리어싱	컷선에 안티에일리어싱 설정을 합니다. 우측으로 갈수록 경계가 부드러워집니다.
브러시 모양	컷선의 형태를 설정합니다. 다양한 모양의 컷선을 그려봅니다.

컷 테두리 펜 : 자유곡선으로 이루어진 컷선을 만듭니다.

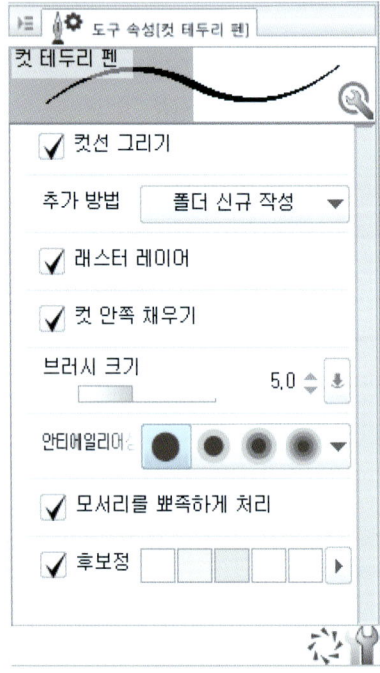

항목이름	기능
컷선 그리기	컷선라인을 그릴지를 설정합니다.
추가 방법	어떤 식으로 컷선을 삽입할지 설정합니다. 기본은 새 폴더를 생성합니다.
래스터 레이어	체크하면 레이어를 레스터 레이어로 설정합니다.
컷 안쪽 채우기	체크하면 컷선 안쪽을 채색합니다.
브러시 크기	컷선의 굵기를 설정합니다.
안티에일리어싱	컷선에 안티에일리어싱 설정을 합니다. 우측으로 갈수록 경계가 부드러워집니다.
모서리를 뾰족하게 처리	모서리를 뾰족하게 처리할지를 설정합니다.
후보정	후보정으로 선을 매끄럽게 처리합니다.

컷 폴더 분할 : 기존 컷선을 나누는 역할을 합니다. 페이지에 맞춰 컷선 나누기를 할 때 필요합니다. 이 기능을 사용하면, 기존 컷선 폴더는 2개의 폴더로 나뉘어집니다.

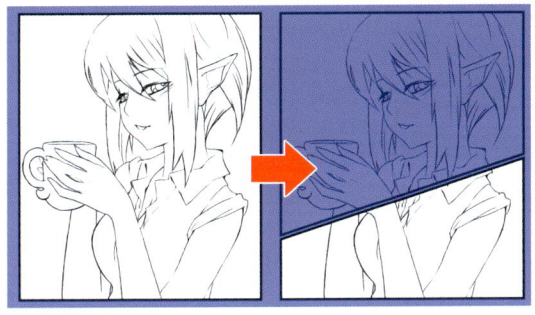
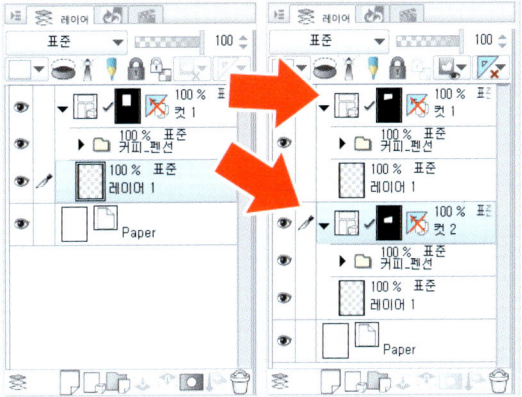

도구 속성 창은 아래와 같습니다.

항목이름	기능
분할 모양	나누는 라인의 모양을 선택합니다. 직선이나 다각선, 곡선 모두 가능합니다.
분할 방법	나누었을 때 폴더로 분리할지, 컷선 모양만 나눌지 등을 선택할 수 있습니다.
환경 설정의 컷선 간격	체크하면 나눔 간격을 기본설정값으로 설정합니다.
좌우 간격	나눔 간격의 가로선을 설정합니다.
상하 간격	나눔 간격의 세로선을 설정합니다.

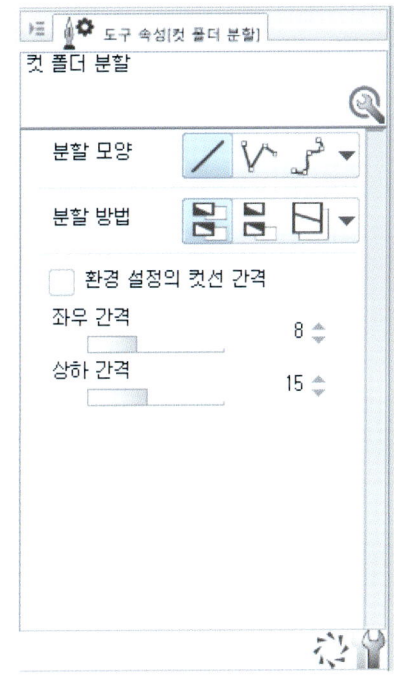

컷선 분할 : 기존 컷선을 나누는 역할을 합니다. 페이지에 맞춰 컷선 나누기 할 때 필요합니다. 이 기능은 사용하더라도 컷선 폴더를 나누지는 않습니다. 한장의 이미지를 연출상 나누어야 할 때 유용합니다.

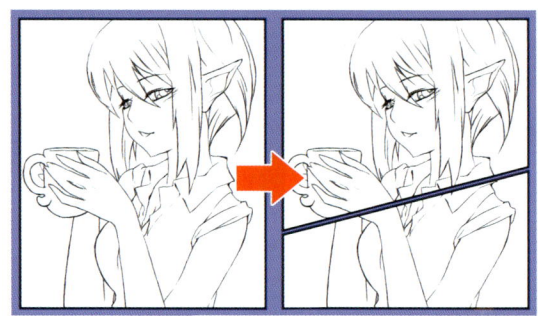

항목이름	기능
분할 모양	나누는 라인의 모양을 선택합니다. 직선이나 다각선, 곡선 모두 가능합니다.
환경 설정의 컷선 간격	체크하면 나눔 간격을 기본설정값으로 설정합니다.
좌우 간격	나눔 간격의 가로선을 설정합니다.
상하 간격	나눔 간격의 세로선을 설정합니다.

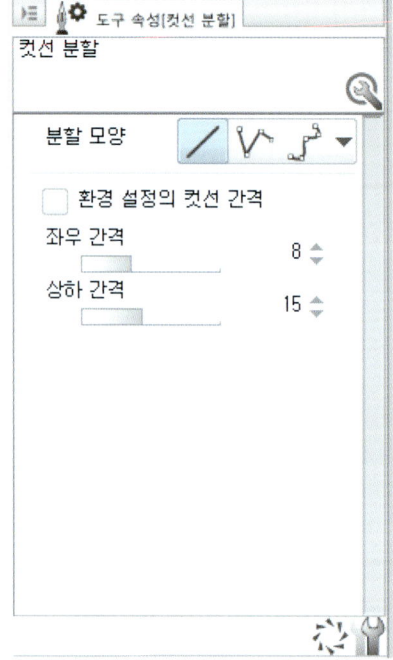

UNIT 31_ 자 작성 툴

클립스튜디오의 자 작성 툴은 자선을 만드는 기능을 합니다. 클립스튜디오의 자선은 손쉽게 맞춰 선을 그을 수 있기 때문에 여러모로 유용한 툴입니다. 특히 집중선이나, 3D공간에 맞춰 선을 그을수 있다는 점은 클립스튜디오만의 장점이 아닐까 합니다.

· 보조 도구

자 작성 툴의 보조 도구는 8가지가 있으며, 각각 다양한 특성을 가지고 있어 상황에 맞춰 사용할 수 있습니다.

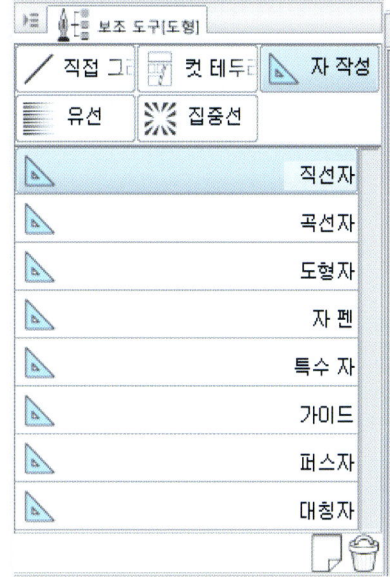

항목이름	기능
직선자	직선형태의 자선을 만듭니다.
곡선자	곡선 형태의 자선을 만듭니다.
도형자	다각형/원형 형태의 자선을 만듭니다.
자 펜	자유곡선으로 된 자선을 만듭니다.
특수 자	집중선이나 평형선 등 특수한 형태의 자선을 만듭니다.
가이드	가이드 형태의 자선을 만듭니다.
퍼스자	원근이 적용된 자선을 만듭니다.
대칭	여러 각도로 대칭된 듯한 자선을 만듭니다.

· 도구 속성

직선자 : 직선 형태의 자선을 만들어 주는 툴입니다.

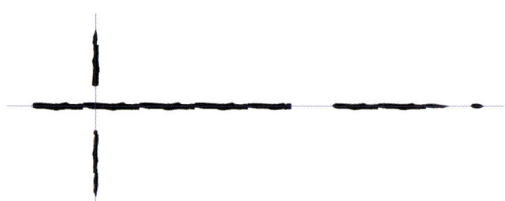

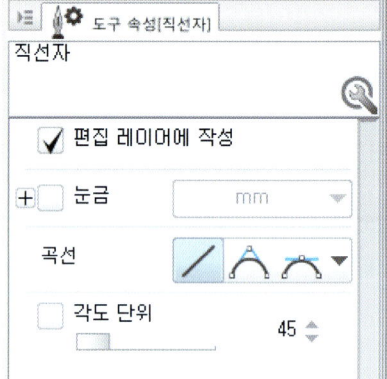

항목이름	기능
편집 레이어에 작성	체크하면 현재 레이어에 자선을 만듭니다.
눈금	체크하면 길이표시가 된 자선을 만들어줍니다.
곡선	커브형태의 선으로 변경할 수 있습니다.
각도 단위	각도를 일정하게 유지할 경우 체크합니다.

곡선자 : 커브 형태의 자선을 만들어주는 툴입니다.

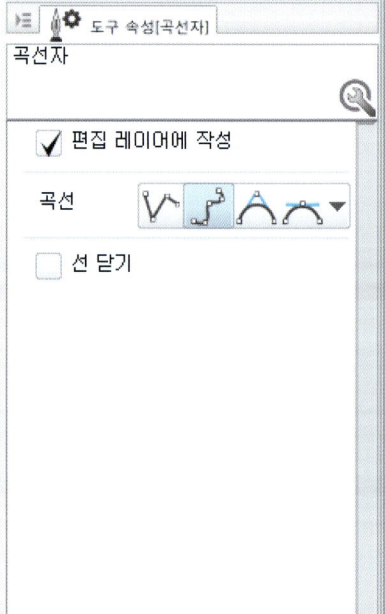

항목이름	기능
편집 레이어에 작성	체크하면 현재 레이어에 자선을 만듭니다.
곡선	커브형태의 선으로 변경할 수 있습니다.
선 닫기	체크하면 곡선을 닫습니다.

도형자 : 원형이나, 다각형 형태의 자선을 만들어 주는 툴입니다.

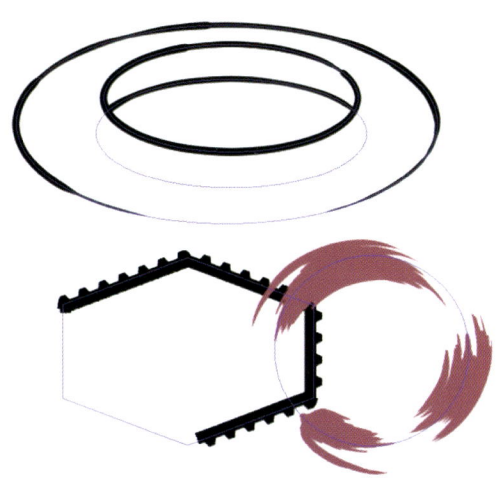

항목이름	기능
편집 레이어에 작성	체크하면 현재 레이어에 자선을 만듭니다.
도형	자선의 형태를 설정합니다.
모서리에 둥글기	체크하면 모서리부분을 둥글게 처리합니다.
종횡 지정	가로세로비를 고정합니다.
확정 후 각도 조정	크기를 설정한 뒤, 각도를 조정합니다.

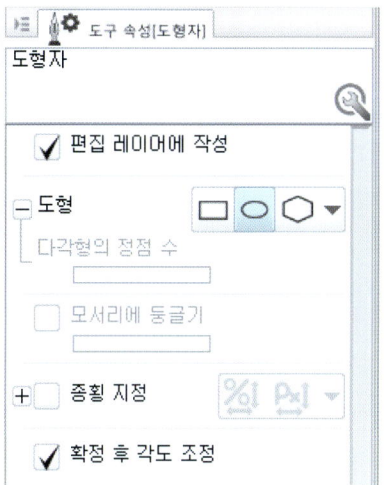

자 펜 : 자유곡선 형태의 자선을 만들어주는 툴입니다.

항목이름	기능
편집 레이어에 작성	체크하면 현재 레이어에 자선을 만듭니다.
후보정	후보정을 합니다. 우측으로 갈수록 강하게 들어갑니다.

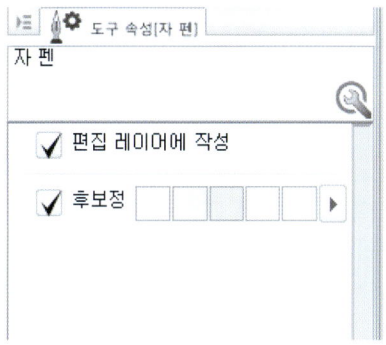

특수 자 : 평행선이나, 곡선평행선, 집중선 형태의 특수한 자선을 만들어주는 기능입니다.

항목이름	기능
특수 자	자선을 설정합니다.
평행선	평행선을 그릴 수 있습니다.
평행곡선	평행곡선을 그릴 수 있습니다.
다중곡선	여러각으로 된 평행곡선을 그릴 수 있습니다.
방사선	집중선을 그릴 수 있습니다.
방사곡선	집중 곡선을 그릴 수 있습니다.
동심원	원형으로 된 집중선을 그릴 수 있습니다.
가이드	가이드 선을 그릴 수 있습니다.
곡선	곡선 형태를 설정합니다.
종횡비 고정	가로세로비율을 설정합니다.
각도 단위	체크하면 일정각도로 고정합니다.
편집 레이어에 작성	체크하면 현재 레이어에 자선을 생성합니다.

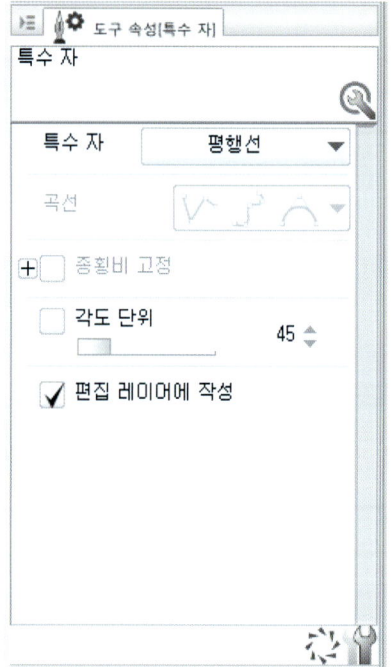

가이드 : 가이드용 자선을 만듭니다. 모든 레이어에 적용되는 것이 특징입니다. 도구 속성 창은 따로 없습니다.

퍼스자 : 원근감이 있는 자선을 만듭니다.

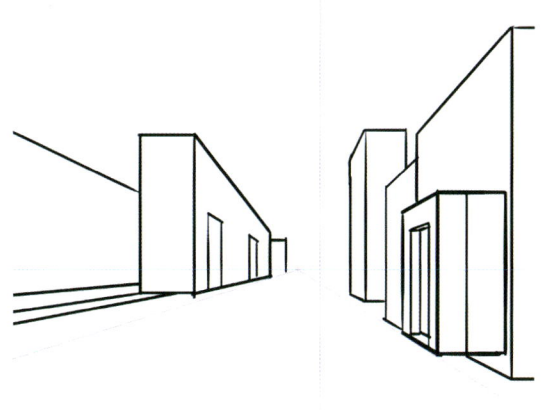

항목이름	기능
처리 내용	클릭 시 동작을 설정합니다. 기본은 소실점을 추가합니다.
투시도법 변경	개수에 따라 소실점을 변경합니다.
편집 레이어에 작성	체크하면 현재 레이어에 자선을 생성합니다.

대칭 : 여러 방향으로 반사된 듯한 자선입니다. 문양 등을 그릴 때 유용합니다.

항목이름	기능
선 수	기준이 될 선의 개수를 설정합니다.
선 대칭	거울처럼 반전/대칭시킬지를 설정합니다.
각도 단위	각도를 고정할지를 설정합니다.
편집 레이어에 작성	체크하면 현재 레이어에 자선을 생성합니다.

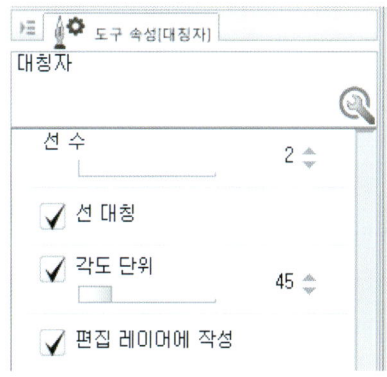

UNIT 32_ 유선 툴

수평/수직선을 빠르고 편하게 그릴 수 있는 유선 툴입니다.

· 보조 도구

총 4가지 보조 도구로 이루어져 있습니다. 개수가 적은 대신, 도구 속성에서 설정할 수 있는 내용이 상당히 많은 편입니다.

항목이름	기능
성긴 유선	기본적인 평행선을 긋습니다.
진한 유선	짙은 평행선을 긋습니다.
음산한 기운	흔히 우울한 장면에 등장하는 수직선을 긋습니다.
비	비가 내리는 듯한 느낌의 짧은 수직선들을 긋습니다.

· 도구 속성

성긴 유선 : 기본적인 평행선을 긋습니다.

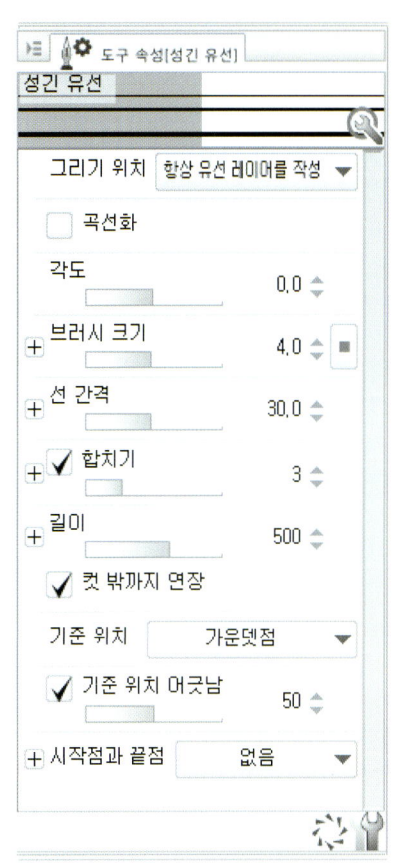

항목이름	기능
그리기 위치	평행선을 어디에 생성할지를 설정합니다.
곡선화	휘어진 평행선을 만들지를 설정합니다.
각도	선의 각도를 설정합니다.
브러시 크기	선의 두께를 설정합니다.
선 간격	선의 간격을 설정합니다.
합치기	몇 개의 선을 묶어줍니다. 좀 더 깔끔한 느낌을 줍니다.
길이	선의 길이를 설정합니다.
컷 밖까지 연장	선을 무한대로 설정합니다.
기준 위치	참고할 위치를 설정합니다. 기본은 중앙입니다.
기준위치 어긋남	참고위치와의 거리를 설정합니다.
시작점과 끝점	시작점과 끝점의 처리를 설정합니다.
시작점	시작점의 길이를 설정합니다.
끝점	끝점의 길이를 설정합니다.

진한 유선 : 좀 더 짙은 평행선을 긋습니다.

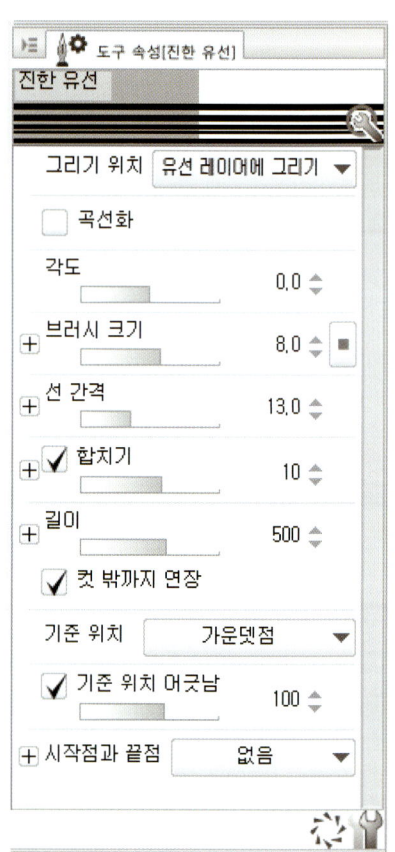

항목이름	기능
그리기 위치	평행선을 어디에 생성할지를 설정합니다.
곡선화	휘어진 평행선을 만들지를 설정합니다.
각도	선의 각도를 설정합니다.
브러시 크기	선의 두께를 설정합니다.
선 간격	선의 간격을 설정합니다.
합치기	몇 개의 선을 묶어줍니다. 좀 더 깔끔한 느낌을 줍니다.
길이	선의 길이를 설정합니다.
컷 밖까지 연장	선을 무한대로 설정합니다.
기준 위치	참고할 위치를 설정합니다. 기본은 중앙입니다.
기준위치 어긋남	참고위치와의 거리를 설정합니다.
시작점과 끝점	시작점과 끝점의 처리를 설정합니다.
시작점	시작점의 길이를 설정합니다.
끝점	끝점의 길이를 설정합니다.

음산한 기운 : 우울한 장면 연출에 흔히 등장하는 수직선을 긋습니다.

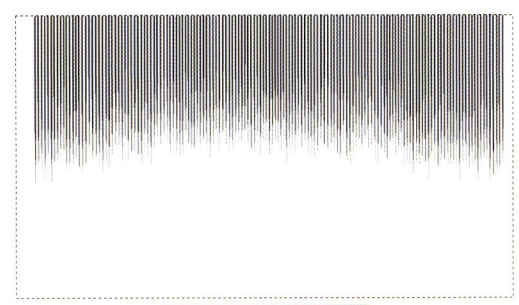

항목이름	기능
그리기 위치	평행선을 어디에 생성할지를 설정합니다.
곡선화	휘어진 평행선을 만들지를 설정합니다.
각도	선의 각도를 설정합니다.
브러시 크기	선의 두께를 설정합니다.
선 간격	선의 간격을 설정합니다.
기준위치 어긋남	참고위치와의 거리를 설정합니다.
시작점과 끝점	시작점과 끝점의 처리를 설정합니다.
끝점	끝점의 길이를 설정합니다.

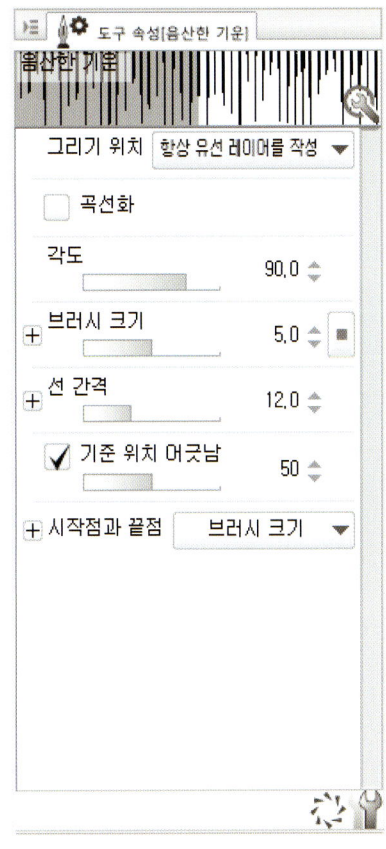

비 : 비가 오는 듯한 느낌의 짧은 수직선을 그립니다.

항목이름	기능
그리기 위치	평행선을 어디에 생성할지를 설정합니다.
각도	선의 각도를 설정합니다.
브러시 크기	선의 두께를 설정합니다.
선 간격	선의 간격을 설정합니다.
길이	선의 길이를 설정합니다.
기준 위치	참고할 위치를 설정합니다. 기본은 중앙입니다.
기준위치 어긋남	참고위치와의 거리를 설정합니다.
시작점과 끝점	시작점과 끝점의 처리를 설정합니다.
시작점	시작점의 길이를 설정합니다.
끝점	끝점의 길이를 설정합니다.

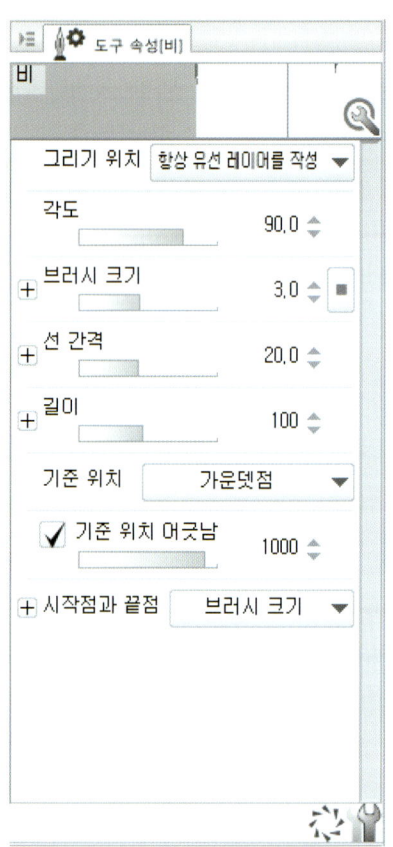

UNIT 33_ 집중선 툴

집중선 툴은 집중선을 만들 수 있는 편리한 툴입니다. 클립스튜디오를 사용하는 가장 주된 이유 중 하나이기도 합니다.

· 보조 도구

항목이름	기능
성긴 집중선	일반적인 집중선을 그립니다.
진한 집중선 (곡선 지정)	선에 맞춰 짙은 집중선을 그립니다.
빽빽한 집중선	균일한 집중선을 그립니다.
양기	빛이 퍼지는 듯한 느낌의 집중선을 그립니다.
파열	폭파되는 듯한 강렬한 느낌의 집중선을 그립니다.

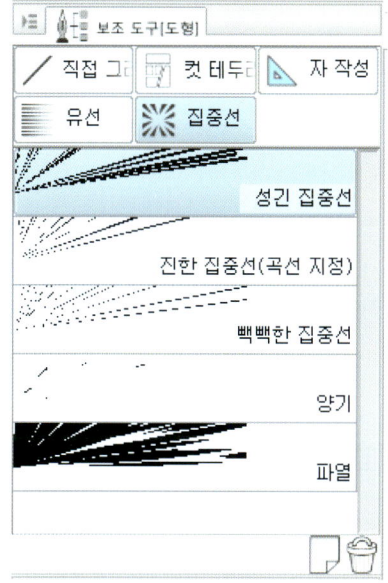

· 도구 속성

성긴 집중선 : 적당히 굵기와 간격이 다른 기본적인 집중선을 그립니다.

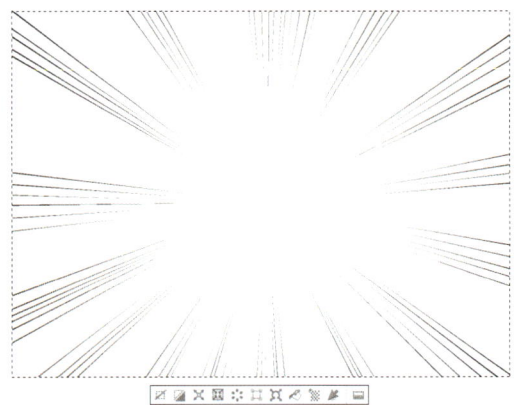

항목이름	기능
그리기 위치	평행선을 어디에 생성할지를 설정합니다.
곡선화	휘어진 평행선을 만들지를 설정합니다.
브러시 크기	선의 두께를 설정합니다.
선 간격	선의 간격을 설정합니다.
합치기	몇 개의 선을 묶어줍니다. 좀 더 깔끔한 느낌을 줍니다.
기준 위치 어긋남	참고위치와의 거리를 설정합니다.

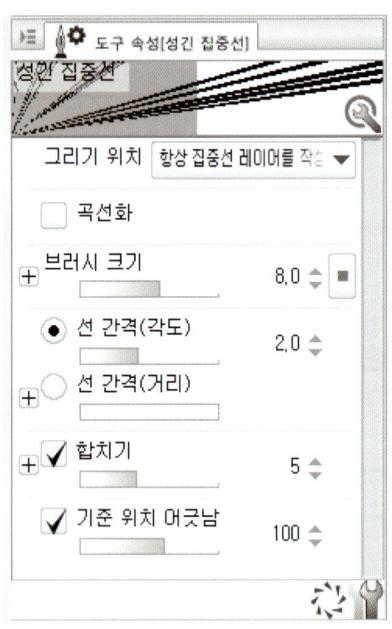

진한 집중선(곡선 지정) : 짙은 집중선을 그립니다. 곡선을 이용해 간격과 범위를 조절할 수 있습니다.

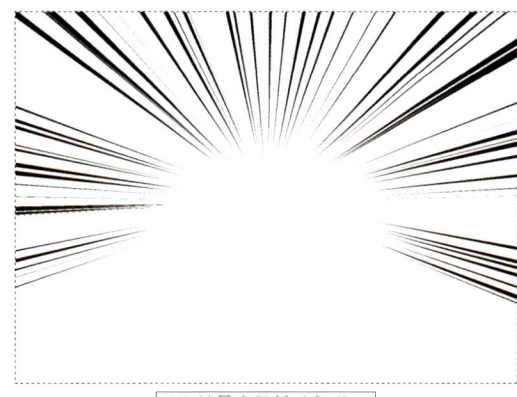

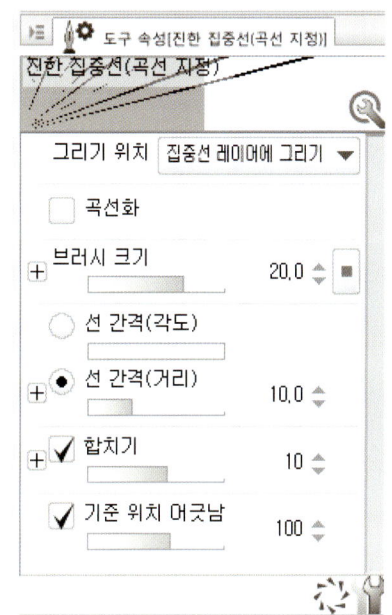

항목이름	기능
그리기 위치	평행선을 어디에 생성할지를 설정합니다.
곡선화	휘어진 평행선을 만들지를 설정합니다.
브러시 크기	선의 두께를 설정합니다.
선 간격	선의 간격을 설정합니다.
합치기	몇 개의 선을 묶어줍니다. 좀 더 깔끔한 느낌을 줍니다.
기준 위치 어긋남	참고위치와의 거리를 설정합니다.

빽빽한 집중선 : 일정한 간격의 집중선을 그립니다.

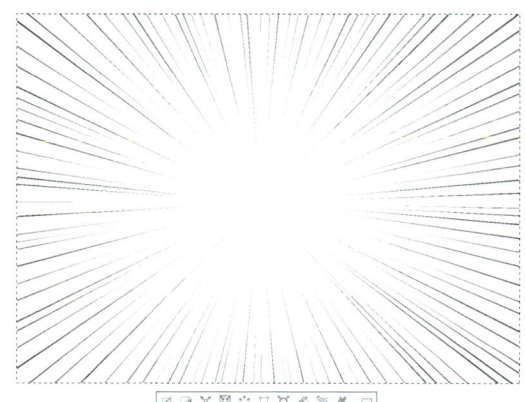

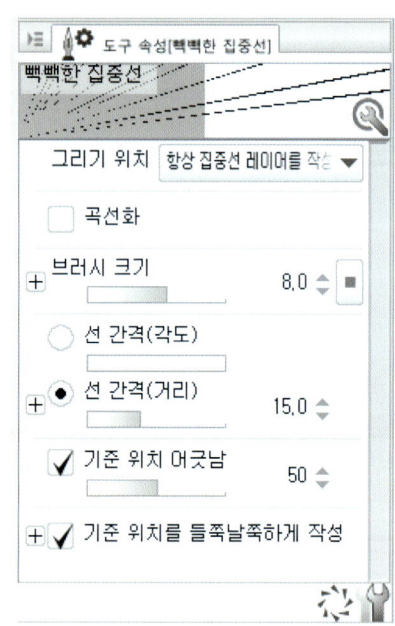

항목이름	기능
그리기 위치	평행선을 어디에 생성할지를 설정합니다.
곡선화	휘어진 평행선을 만들지를 설정합니다.
브러시 크기	선의 두께를 설정합니다.
선 간격	선의 간격을 설정합니다.
기준 위치 어긋남	참고위치와의 거리를 설정합니다.
기준 위치를 들쭉날쭉하게 작성	중심점을 비틀어서 거친 느낌을 냅니다.

양기 : 빛을 내뿜는 듯한 효과를 주는 집중선을 그립니다.

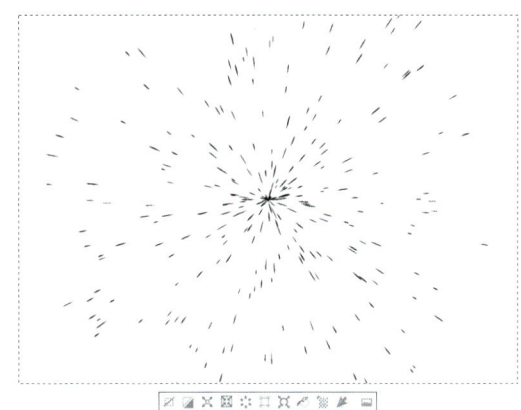

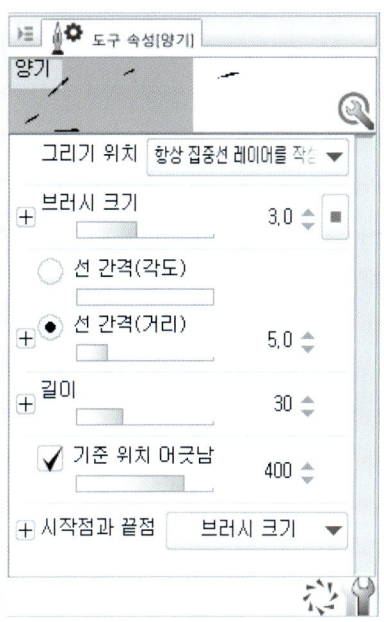

항목이름	기능
그리기 위치	평행선을 어디에 생성할지를 설정합니다.
브러시 크기	선의 두께를 설정합니다.
선 간격	선의 간격을 설정합니다.
길이	선의 길이를 설정합니다.
기준 위치 어긋남	참고위치와의 거리를 설정합니다.
시작점과 끝점	시작점과 끝점의 처리를 설정합니다.
시작점	시작점의 길이를 설정합니다.
끝점	끝점의 길이를 설정합니다.

파열 : 폭발하는 듯한 강렬한 느낌의 집중선을 그립니다.

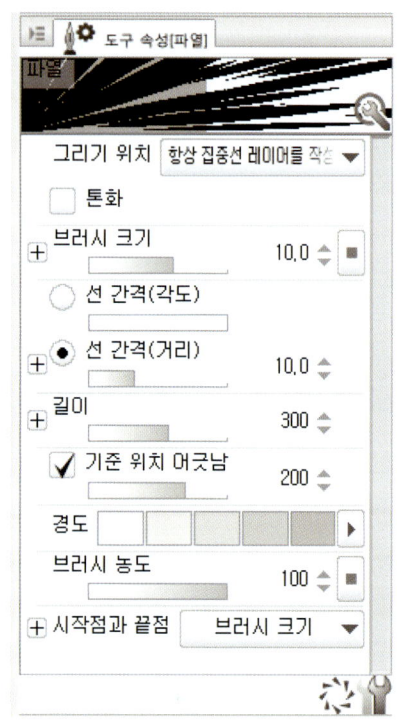

항목이름	기능
그리기 위치	평행선을 어디에 생성할지를 설정합니다.
톤화	톤 레이어형태로 생성합니다.
브러시 크기	선의 두께를 설정합니다.
선 간격	선의 간격을 설정합니다.
길이	선의 길이를 설정합니다.
기준 위치 어긋남	참고위치와의 거리를 설정합니다.
경도	브러시의 단단한 정도를 설정합니다.
브러시 농도	브러시의 농도를 설정합니다.
시작점과 끝점	시작점과 끝점의 처리를 설정합니다.
시작점	시작점의 길이를 설정합니다.
끝점	끝점의 길이를 설정합니다.

UNIT 34_ 텍스트 툴

텍스트 툴은 글을 쓸 수 있는 툴입니다. 차후 별도의 스토리 에디터 창과 연동해서 대사를 관리할 수도 있는 등 만화작업에 편리한 구조로 되어 있습니다.

· 보조 도구

텍스트 툴의 보조 도구는 6종으로 글자와 말풍선, 말풍선꼬리 부분으로 되어 있습니다.

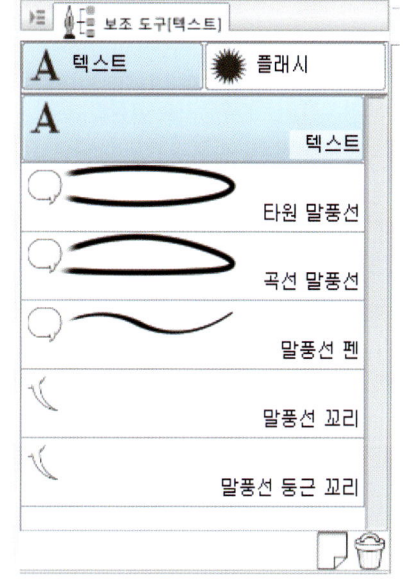

항목이름	기능
텍스트	글자를 입력할 수 있는 툴입니다.
타원 말풍선	타원형의 말풍선을 그리는 툴입니다.
곡선 말풍선	곡선으로 이루어진 말풍선을 그리는 툴입니다.
말풍선 펜	말풍선을 그릴 수 있는 펜 툴입니다.
말풍선 꼬리	말풍선꼬리부분을 그릴 수 있는 툴입니다.
말풍선 둥근 꼬리	생각말풍선 꼬리 부분을 그릴 수 있는 툴입니다.

· 도구 속성

텍스트 : 이름 그대로 글자를 입력하는 툴입니다. 글자 폰트나 방향, 스타일 등을 자유롭게 설정 할 수 있습니다.

엘프화가의 클립스튜디오 강좌입니다.

항목이름	기능
글꼴	폰트를 설정합니다.
크기	글자크기를 설정합니다.
스타일	굵기/기울기 등의 폰트속성을 설정합니다.
줄맞춤	정렬방향을 설정합니다.
문자방향	텍스트 방향을 설정합니다.
텍스트 색	텍스트 색상을 설정합니다.

타원 말풍선 : 타원형 말풍선을 만드는 툴입니다.

엘프화가의 클립스튜디오 강좌입니다.

항목이름	기능
선 색	라인의 색을 설정합니다.
채색 색	안쪽 면의 색을 설정합니다.
추가 방법	말풍선이 추가되는 방식을 설정합니다. 기본은 선택된 레이어에 추가됩니다.
톤화	톤처리를 할지 설정합니다.
도형	말풍선의 모양을 결정합니다. 원형뿐만 아니라, 사각형이나 다각형으로도 설정 가능합니다.
브러시 크기	선의 굵기를 설정합니다.
안티에일리어싱	안티에일리어싱을 적용할지 설정합니다. 우측으로 갈수록 경계가 부드러워집니다.
브러시 모양	선의 형태를 변경할 수 있습니다. 자신만의 독특한 말풍선을 만들 수 있습니다.

곡선 말풍선 : 다각곡선을 이용해 말풍선을 만들 수 있는 툴입니다. 일반적인 구름형태나, 뽀족한 외침말칸 등 다양하게 제작할 수 있습니다.

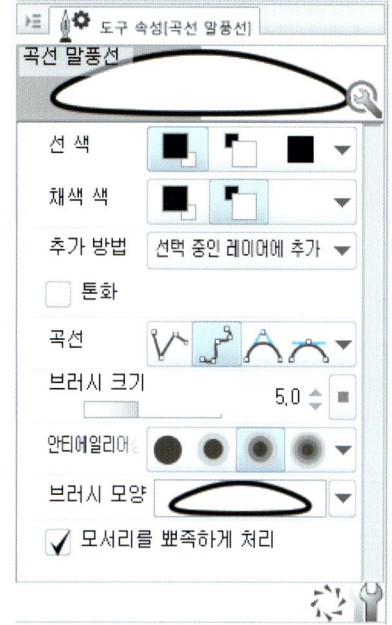

항목이름	기능
선 색	라인의 색을 설정합니다.
채색 색	안쪽 면의 색을 설정합니다.
추가 방법	말풍선이 추가되는 방식을 설정합니다. 기본은 선택된 레이어에 추가됩니다.
톤화	톤처리를 할지를 설정합니다.
곡선	말풍선 곡선모양을 결정합니다.
브러시 크기	선의 굵기를 설정합니다.
안티에일리어싱	안티에일리어싱을 적용할지 설정합니다. 우측으로 갈수록 경계가 부드러워집니다.
브러시 모양	선의 형태를 변경할 수 있습니다. 자신만의 독특한 말풍선을 만들 수 있습니다.
모서리를 뽀족하게 처리	모서리를 뽀족하게 처리합니다.

말풍선 펜 : 펜으로 선을 그은 부분이 그대로 말풍선 형태가 되는 툴입니다. 자연스러운 느낌의 말풍선을 만들 수 있습니다.

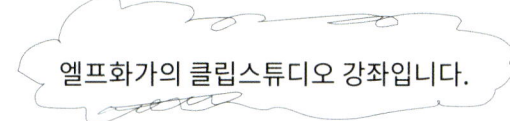

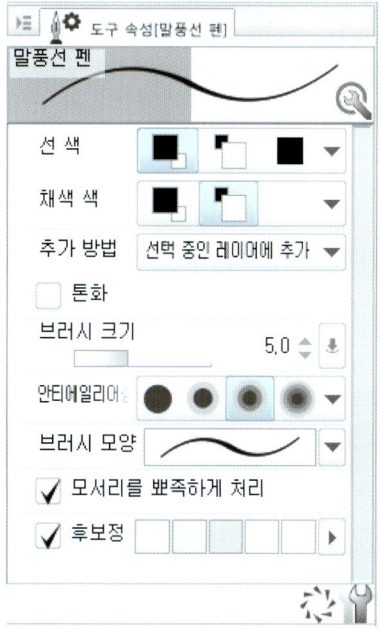

항목이름	기능
선 색	라인의 색을 설정합니다.
채색 색	안쪽 면의 색을 설정합니다.
추가 방법	말풍선이 추가되는 방식을 설정합니다. 기본은 선택된 레이어에 추가됩니다.
톤화	톤 처리를 할지를 설정합니다.
브러시 크기	선의 굵기를 설정합니다.
안티에일리어싱	안티에일리어싱을 적용할지 설정합니다. 우측으로 갈수록 경계가 부드러워집니다.
브러시 모양	선의 형태를 변경할 수 있습니다. 자신만의 독특한 말풍선을 만들 수 있습니다.
모서리를 뽀족하게 처리	모서리를 뽀족하게 처리합니다.
후보정	후보정 처리를 합니다.

말풍선 꼬리 : 말풍선에 붙는 꼬리를 만드는 툴입니다.

항목이름	기능
구부리는 방법	어떤 식으로 휘게 할지 설정합니다.
꼬리 폭	꼬리부분의 굵기를 설정합니다.

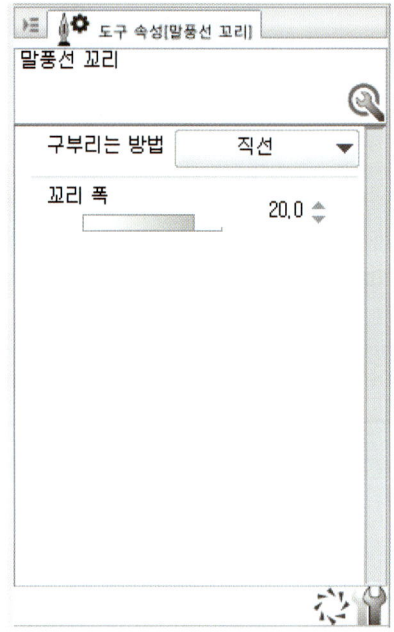

말풍선 둥근 꼬리 : 생각하는 말풍선 꼬리를 만드는 툴입니다.

항목이름	기능
구부리는 방법	어떤 식으로 휘게 할지 설정합니다.
꼬리 폭	꼬리부분의 굵기를 설정합니다.

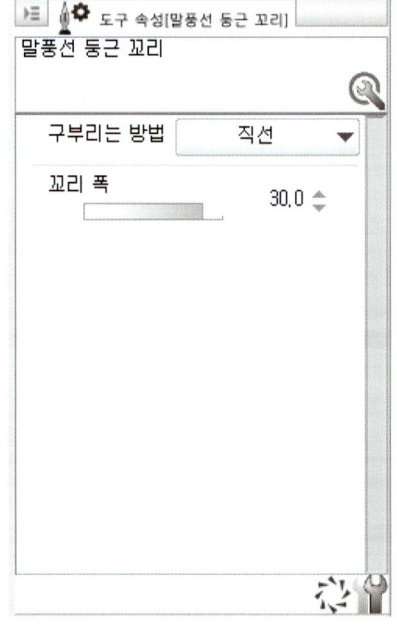

UNIT 35_ 플래시 툴

플래시 툴은 원형 집중선을 그리는 툴입니다. 전형적인 원형 집중선뿐만 아니라, 불꽃놀이 같은 특수 효과 등도 만들 수 있는 편리한 툴입니다.

· 보조 도구

플래시 툴은 5종의 보조 도구로 이루어져 있습니다.

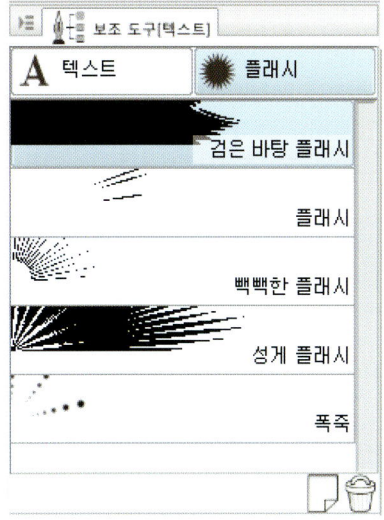

항목이름	기능
검은 바탕 플래시	먹선으로 내부를 채운 원형 집중선을 만듭니다.
플래시	일반적인 원형 집중선을 만듭니다.
빽빽한 플래시	촘촘한 형태의 원형 집중선을 만듭니다.
성게 플래시	성게모양의 집중선을 만듭니다.
폭죽	불꽃놀이 느낌의 집중선을 만듭니다.

· 도구 속성

검은 바탕 플래시 : 내부를 채운 원형 집중선을 만듭니다.

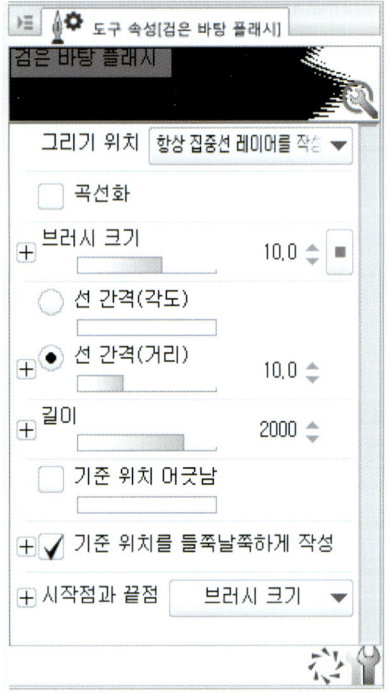

항목이름	기능
그리기 위치	평행선을 어디에 생성할지를 설정합니다.
곡선화	휘어진 평행선을 만들지를 설정합니다.
브러시 크기	선의 두께를 설정합니다.
선 간격	선의 간격을 설정합니다.
길이	선의 길이를 설정합니다.
기준 위치 어긋남	참고위치와의 거리를 설정합니다.
기준 위치를 들쭉날쭉하게 작성	중심점을 비틀어서 거친 느낌을 냅니다.
시작점과 끝점	시작점과 끝점의 처리를 설정합니다.
끝점	끝점의 길이를 설정합니다.

플래시 : 기본적인 원형 집중선을 만듭니다.

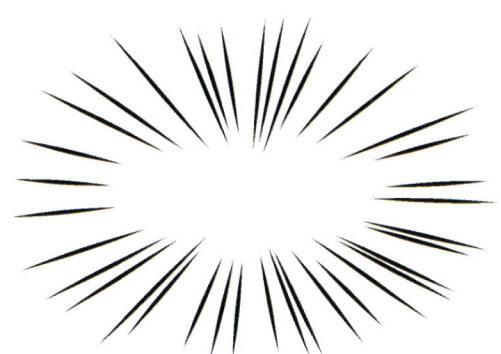

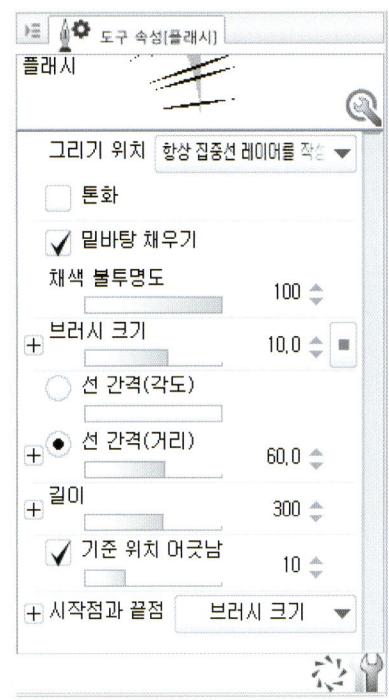

항목이름	기능
그리기 위치	평행선을 어디에 생성할지를 설정합니다.
톤화	톤으로 처리합니다.
밑바탕 채우기	배경색을 칠합니다.
채색 불투명도	배경색의 투명도를 설정합니다.
브러시 크기	선의 두께를 설정합니다.
선 간격	선의 간격을 설정합니다.
길이	선의 길이를 설정합니다.
기준 위치 어긋남	참고위치와의 거리를 설정합니다.
시작점과 끝점	시작점과 끝점의 처리를 설정합니다.
시작점	시작점의 길이를 설정합니다.
끝점	끝점의 길이를 설정합니다.

빽빽한 플래시 : 촘촘한 원형 집중선을 만듭니다.

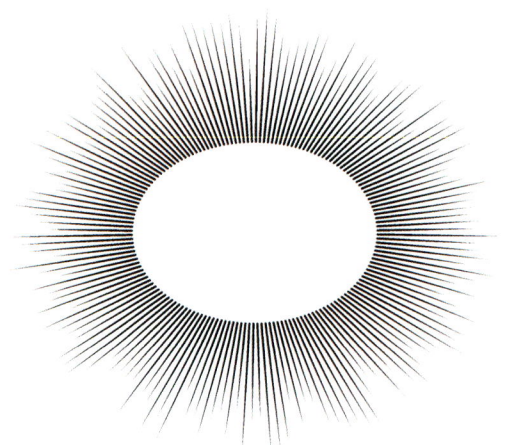

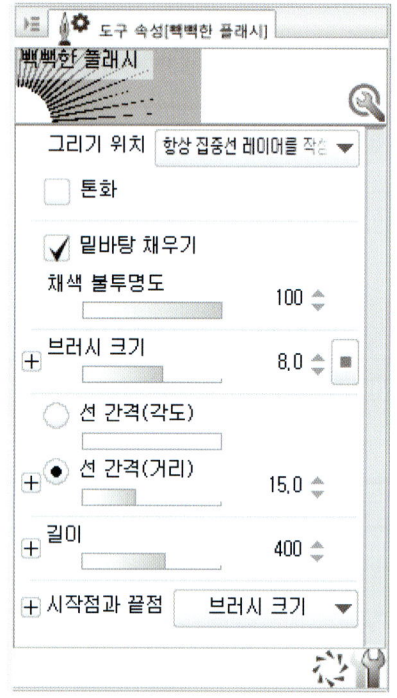

항목이름	기능
그리기 위치	평행선을 어디에 생성할지를 설정합니다.
톤화	톤으로 처리합니다.
밑바탕 채우기	배경색을 칠합니다.
채색 불투명도	배경색의 투명도를 설정합니다.
브러시 크기	선의 두께를 설정합니다.
선 간격	선의 간격을 설정합니다.
길이	선의 길이를 설정합니다.
시작점과 끝점	시작점과 끝점의 처리를 설정합니다.
끝점	끝점의 길이를 설정합니다.

성게 플래시 : 성게 모양의 원형 집중선을 만듭니다.

항목이름	기능
그리기 위치	평행선을 어디에 생성할지를 설정합니다.
밑바탕 채우기	배경색을 칠합니다.
브러시 크기	선의 두께를 설정합니다.
선 간격	선의 간격을 설정합니다.
길이	선의 길이를 설정합니다.
기준 위치 어긋남	참고위치와의 거리를 설정합니다.
기준 위치를 들쭉날쭉하게 작성	중심점을 비틀어서 거친 느낌을 냅니다.

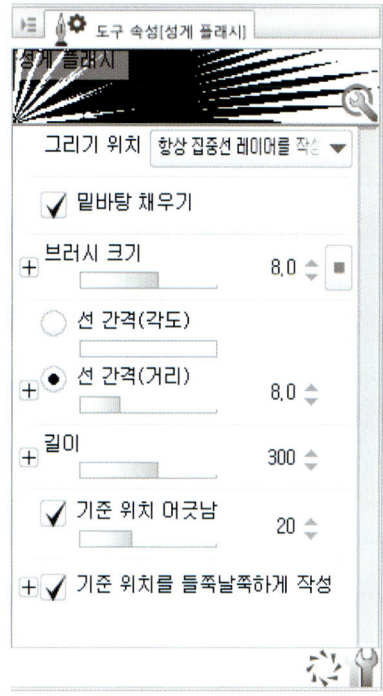

폭죽 : 불꽃놀이 모양의 원형 집중선을 만듭니다. 원형 집중선이라기보단 특수효과에 가까운 느낌입니다.

항목이름	기능
그리기 위치	평행선을 어디에 생성할지를 설정합니다.
톤화	톤으로 처리합니다.
밑바탕 채우기	배경색을 칠합니다.
채색 불투명도	배경색의 투명도를 설정합니다.
브러시 크기	선의 두께를 설정합니다.
선 간격	선의 간격을 설정합니다.
길이	선의 길이를 설정합니다.
기준 위치 어긋남	참고위치와의 거리를 설정합니다.
경도	브러시의 단단한 정도를 설정합니다.
간격	브러시의 간격을 설정합니다.
시작점과 끝점	시작점과 끝점의 처리를 설정합니다.

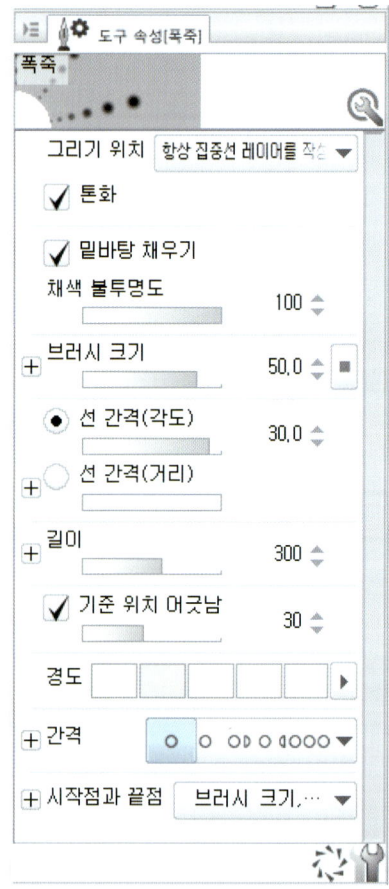

UNIT 36_ 선 수정 툴

선 수정 툴은 그은 선의 굵기를 변경하고, 선의 위치를 바꾸는 등의 편리한 기능을 하는 툴입니다. 한번 그은 선을 수정할 수 있어, 좀 더 편하게 보정이 가능합니다. 이 툴은 벡터 레이어에서만 동작합니다.

· 보조 도구

선 수정 툴은 7가지 보조 도구로 이루어져 있으며, 각각 고유의 특성을 가지고 있습니다.

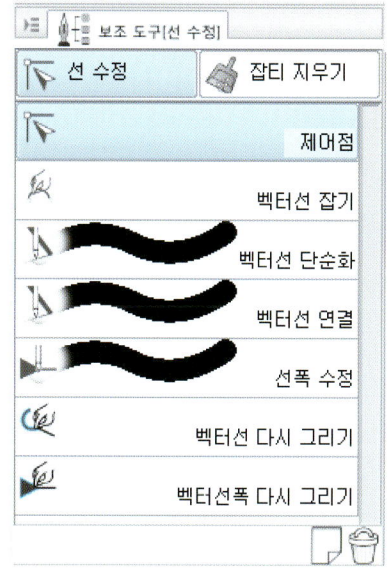

항목이름	기능
제어점	벡터 라인의 각 꼭짓점을 조절합니다.
벡터선 잡기	벡터 라인의 위치를 조절합니다.
벡터선 단순화	벡터 라인을 좀 더 단순하게 변경합니다.
벡터선 연결	2개의 라인을 하나로 합칩니다.
선폭 수정	선의 두께를 조정합니다.
벡터선 다시 그리기	벡터 라인을 새로 그립니다.
벡터선폭 다시 그리기	벡터 라인의 두께를 새로 조정합니다.

· 도구 속성

제어점 : 벡터 라인의 각 꼭짓점을 조절합니다.

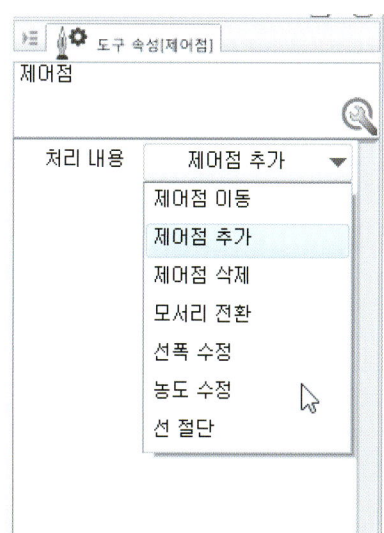

항목이름	기능
처리 내용	각 꼭짓점을 드래그했을 때의 동작을 설정합니다.
제어점 이동	각 꼭짓점을 이동합니다.
제어점 추가	새로운 꼭짓점을 추가합니다.
제어점 삭제	클릭한 부분의 꼭짓점을 제거합니다.
모서리 전환	클릭한 부분을 부드럽게 하거나, 뽀족하게 하거나 합니다.
선폭 수정	드래그하면 해당 꼭짓점의 라인 두께를 변경합니다.
농도 수정	드래그하면 해당 꼭짓점의 브러시 강도를 조정합니다.
선 절단	선을 2개로 자릅니다.

벡터선 잡기 : 벡터선을 당겨서 조정할 수 있습니다.

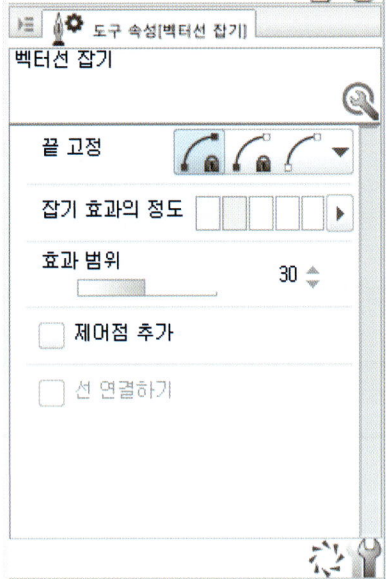

항목이름	기능
끝 고정	양쪽 끝을 고정할지를 결정합니다.
잡기 효과의 정도	당기는 정도를 조절합니다.
효과 범위	영향을 미치는 범위를 조절합니다.
제어점 추가	당길 때 꼭짓점을 추가합니다.
선 연결하기	체크하면 붙은 선을 이어줍니다.

벡터선 단순화 : 선을 단순하게 정리하는 기능을 하는 툴입니다. 꼭짓점이 단순하게 정리됩니다.

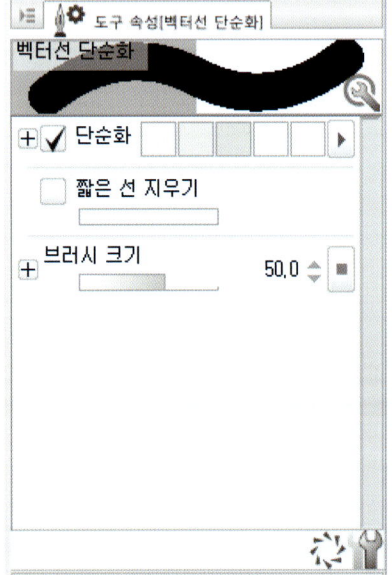

항목이름	기능
단순화	선을 단순하게 하는 정도를 조정합니다.
짧은 선 지우기	짧은 선일 경우 제거합니다.
브러시 크기	브러시 크기를 조정합니다.

벡터선 연결 : 2개 이상의 벡터 라인을 하나로 합쳐줍니다.

항목이름	기능
단순화	선을 단순하게 하는 정도를 조정합니다.
선 연결하기	얼마나 가까이 있는 선까지 연결할지 설정합니다. 우측으로 갈수록 멀리 있는 선까지 이어줍니다.
브러시 크기	브러시 크기를 조정합니다.

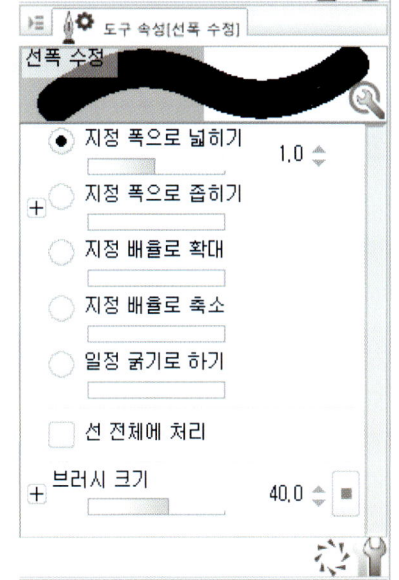

선폭 수정 : 선의 굵기를 더하고 빼는 형태로 재조정합니다. 항목과 적용범위를 선택할 수 있습니다.

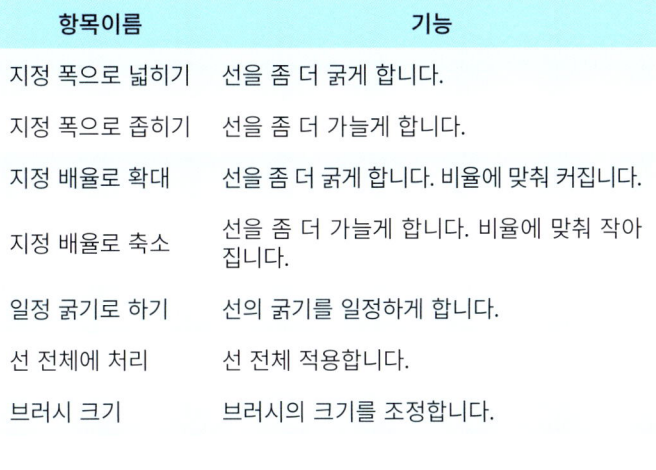

항목이름	기능
지정 폭으로 넓히기	선을 좀 더 굵게 합니다.
지정 폭으로 좁히기	선을 좀 더 가늘게 합니다.
지정 배율로 확대	선을 좀 더 굵게 합니다. 비율에 맞춰 커집니다.
지정 배율로 축소	선을 좀 더 가늘게 합니다. 비율에 맞춰 작아집니다.
일정 굵기로 하기	선의 굵기를 일정하게 합니다.
선 전체에 처리	선 전체 적용합니다.
브러시 크기	브러시의 크기를 조정합니다.

벡터선 다시 그리기 : 기존의 벡터 라인을 새로 그리는 기능입니다.

항목이름	기능
끝 고정	끝부분을 고정할지를 설정합니다.
선 연결하기	근처에 라인이 있을 경우 끝부분을 고정합니다.
단순화	선을 단순하게 처리합니다.
손떨림 보정	손떨림 보정기능을 설정합니다.

벡터선폭 다시 그리기 : 기존의 벡터 라인 두께를 바꾸는 기능입니다. 펜의 압력을 따라갑니다.

항목이름	기능
브러시 크기	브러시 사이즈를 설정합니다.

UNIT 31_ 잡티 지우기 툴

잡티 지우기 툴은 이미지의 잡티들을 제거하고, 보정하는 것에 특화된 기능들로 구성되어 있습니다.

· 보조 도구

잡티 지우기 툴의 보조 도구는 3가지 심플한 기능으로 이루어져 있습니다.

항목이름	기능
잡티 지우기	자잘한 잡티를 제거하는 툴입니다.
덜 칠한 부분 메우기	작은 투명한 부분을 정리해주는 툴입니다.
잡티 선택	자잘한 잡티를 선택하는 툴입니다. 선택 후 제거하거나 옮기는 등의 작업을 할 수 있습니다.

· 도구 속성

잡티 지우기 : 이미지에 있는 자잘한 잡티를 제거하는 기능입니다. 주로 스캔한 이미지에 유용합니다.

  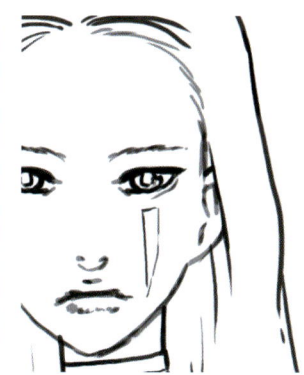

항목이름	기능
잡티 크기	제거할 잡티의 최대 크기를 설정합니다.
모드	어떤 식으로 제거할지를 설정합니다.
복수 참조	어떤 레이어를 참고할지 설정합니다.

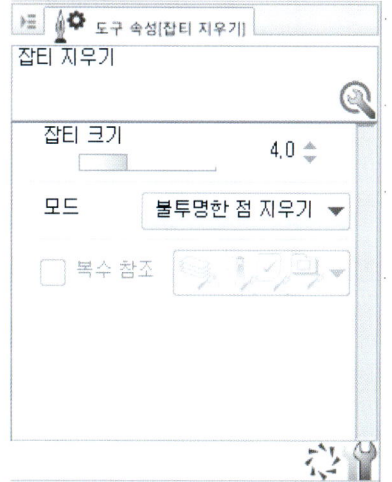

덜 칠한 부분 메우기 : 앞서와 달리 부족한 부분을 채워주는 역할을 하는 툴입니다. 자동으로 해당 색을 찾아 채워주므로 편리하게 이용할 수 있습니다.

항목이름	기능
잡티 크기	채울 잡티의 최대 크기를 설정합니다.
모드	어떤 식으로 채울지 설정합니다.
복수 참조	어떤 레이어를 참조할지 결정합니다.
브러시 크기	브러시의 크기를 설정합니다.

잡티 선택 : 잡티를 선택하는 기능을 합니다. 잡티 지우기와 달리 제거가 아니라 선택 영역만 만듭니다.

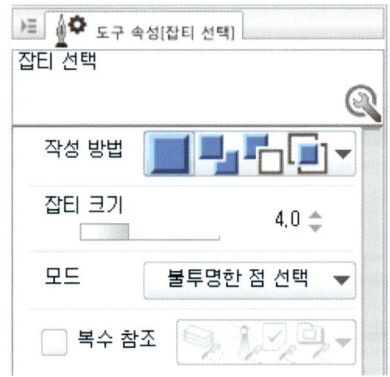

항목이름	기능
작성 방법	선택 영역을 어떻게 생성할지를 설정합니다.
잡티 크기	잡티의 크기를 설정합니다.
모드	어떤 부분을 선택할지를 설정합니다.
복수 참조	참조할 레이어를 설정합니다.

UNIT 38_ 컬러 패널

컬러 패널은 이름 그대로 색을 관리하는 창입니다. 전경색(그리기색)과 배경색(보조색) 그리고 투명색을 선택할 수 있습니다.

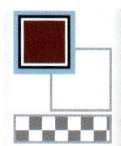

클립스튜디오의 팔레트 알아보기

UNIT 01_ 도구 팔레트

도구 팔레트는 직접 작업에 사용할 수 있는 다양한 툴들이 구비되어 있는 팔레트입니다. 붓이나 선 툴, 지우개, 자선 등 다양한 툴들이 있습니다.

· 기본 기능

각 툴마다 방대한 기능을 가지고 있으므로, 2-2. 툴 알아보기에서 자세히 설명하였습니다.

세부 메뉴 : 좌상단을 클릭하면 세부 메뉴가 나옵니다.
기능은 아래와 같습니다.

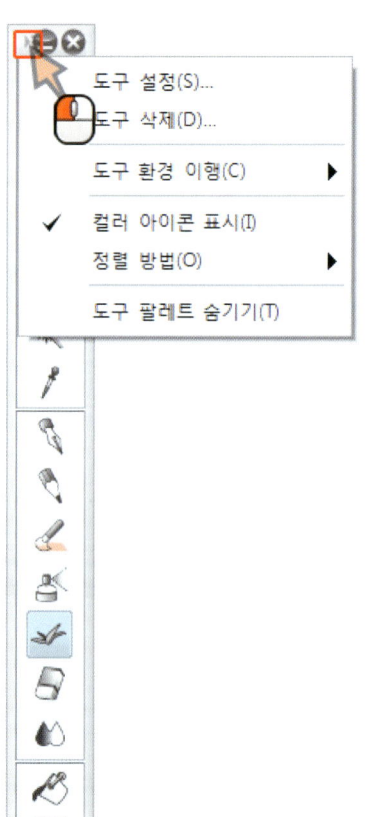

메뉴이름	기능
도구 설정	선택한 툴의 이름을 변경합니다.
도구 삭제	선택한 툴을 제거합니다.
도구 환경 이행	코믹스튜디오 4.0이나 일러스트 스튜디오의 세팅을 가져옵니다.
컬러 아이콘 표시	컬러로 된 아이콘을 보여줍니다.
정렬 방법	순서를 변경합니다.
도구 팔레트 숨기기	툴 팔레트를 숨깁니다.

UNIT 02_ 신규 창

클립스튜디오를 실행하면 미리 세팅된 새 창이 띄워집니다. 하지만 새로 작업을 시작하거나, 표지 작업 등을 위해 다른 사이즈의 이미지를 만들어야 할 때가 종종 발생합니다. 이럴 때는 파일 → 신규 를 선택하거나 [CTRL]+[N] 을 눌러 새로운 창을 만들게 됩니다.
새창을 열면 아래와 같은 세팅화면이 등장합니다.

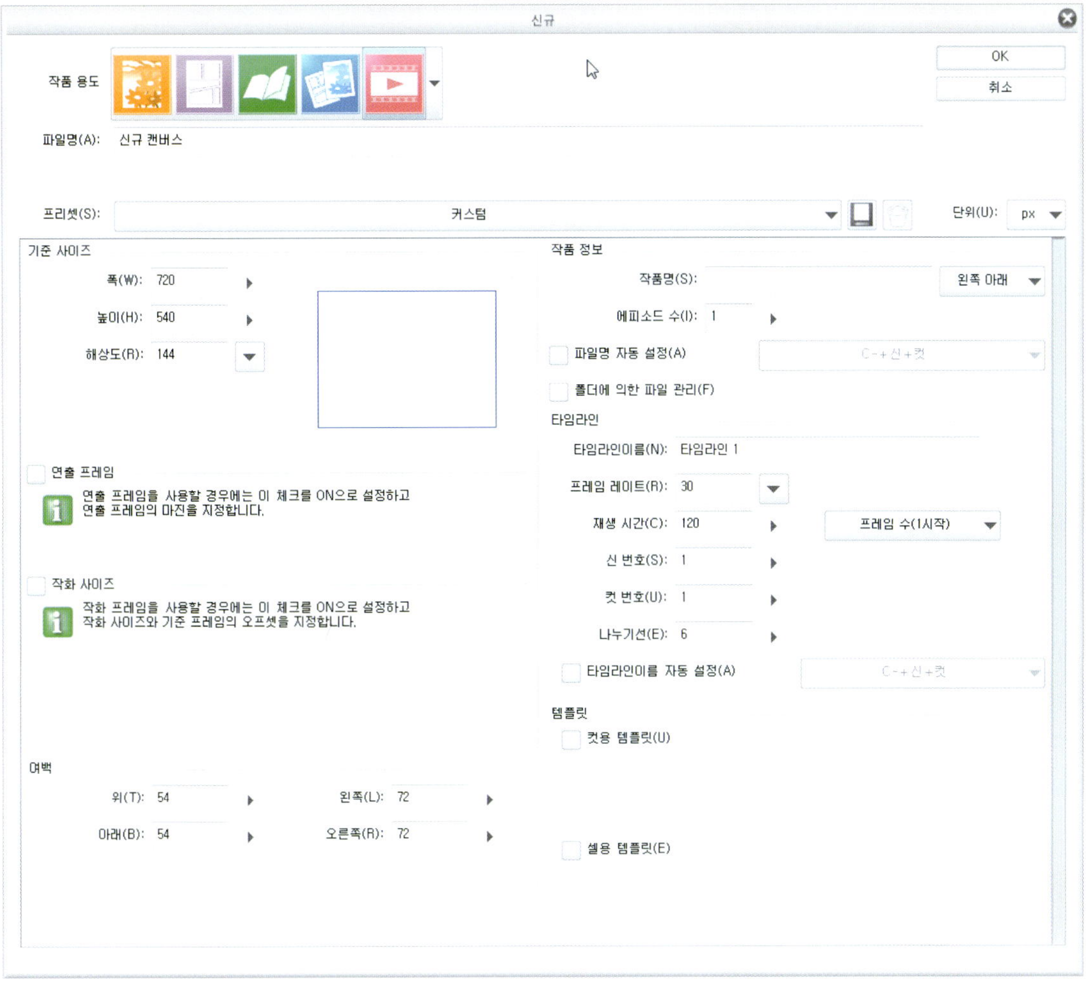

포토샵 등과 달리, 다양한 규격의 만화를 지원하기 위해 설정할 부분이 많은 편이라 뭔가 어려워 보이는 느낌이 듭니다. 하지만 익혀두면 편하게 사용이 가능한 부분이기도 합니다.
이번 시간에서는 신규 창의 세부 옵션을 알아보도록 하겠습니다.

① 작품 용도

작품 용도 항목은 가장 많이 쓰는 작업프리셋을
모아둔 곳입니다.
주로 용도에 따라 필요한 세팅만 보여줌으로써
빠르고, 편하게 원하는 작업을 시작할 수 있도록 되어 있습니다.

일러스트 : 일러스트를 그리기 편한 세팅입니다. 아이콘을 누르면 일러스트 작업에 필요한 세부창 내용만 보여집니다.

코믹 : 출판만화 작업을 위한 세팅입니다. 아이콘을 누르면, 출판만화에 필요한 전문적인 세팅들- 절단선 추가나 표지페이지, 스토리 정보 등을 입력할 수 있는 세부창이 등장합니다. 출판만화를 하시는 분들이 아니라면 그다지 필요없는 세팅입니다.

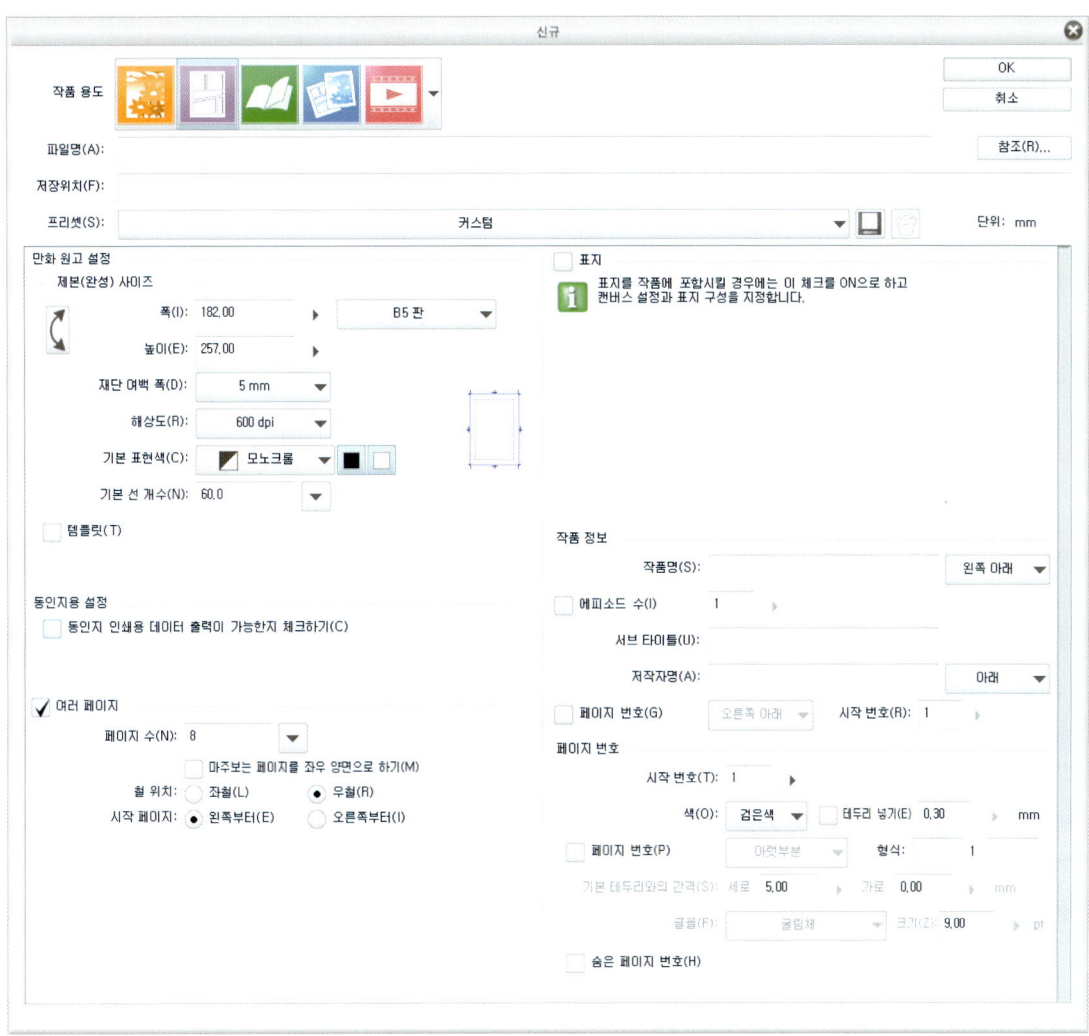

동인지 입고 : 동인지 작업을 위한 세팅입니다. 역시 아이콘을 누르면 동인지에 관련된 전문적인 세팅들이 등장합니다. 재미있는 것은 동인지 인쇄소를 선택할 수 있다는 점인데요, 동인지 시장이 활성화된 일본의 특수한 상황을 감안한 재미있는 기능이라 할 수 있습니다.

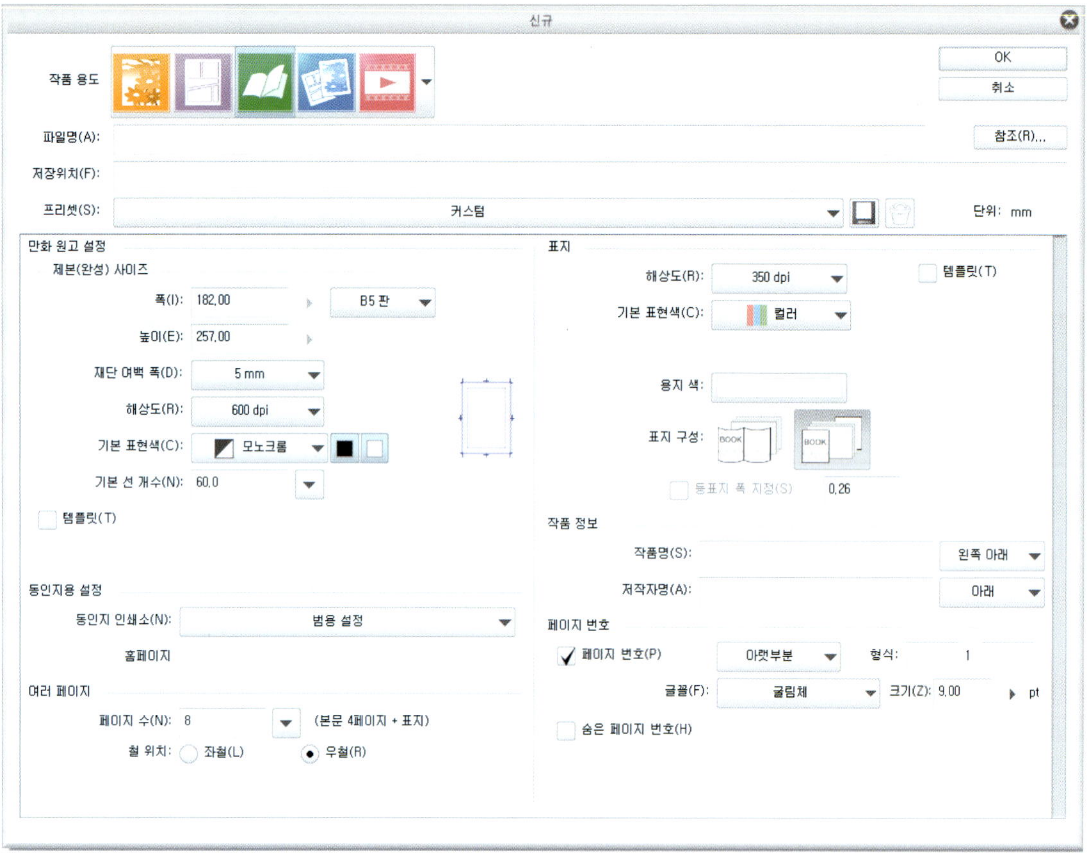

모든 코믹 설정 표시 : 앞선 3가지 세팅을 사용하지 않을 경우를 위한 세팅입니다. 제어가 가능한 모든 세부세팅창이 등장하며, 취향대로 선택해서 사용할 수 있습니다. 그만큼 무척 복잡해보이기도 합니다. 이 설정에서만 모든 세팅이 보이게 되므로, 이어지는 각 항목에 대한 설명은 모든 코믹 설정 표시 내용을 기준으로 설명드릴 예정입니다.

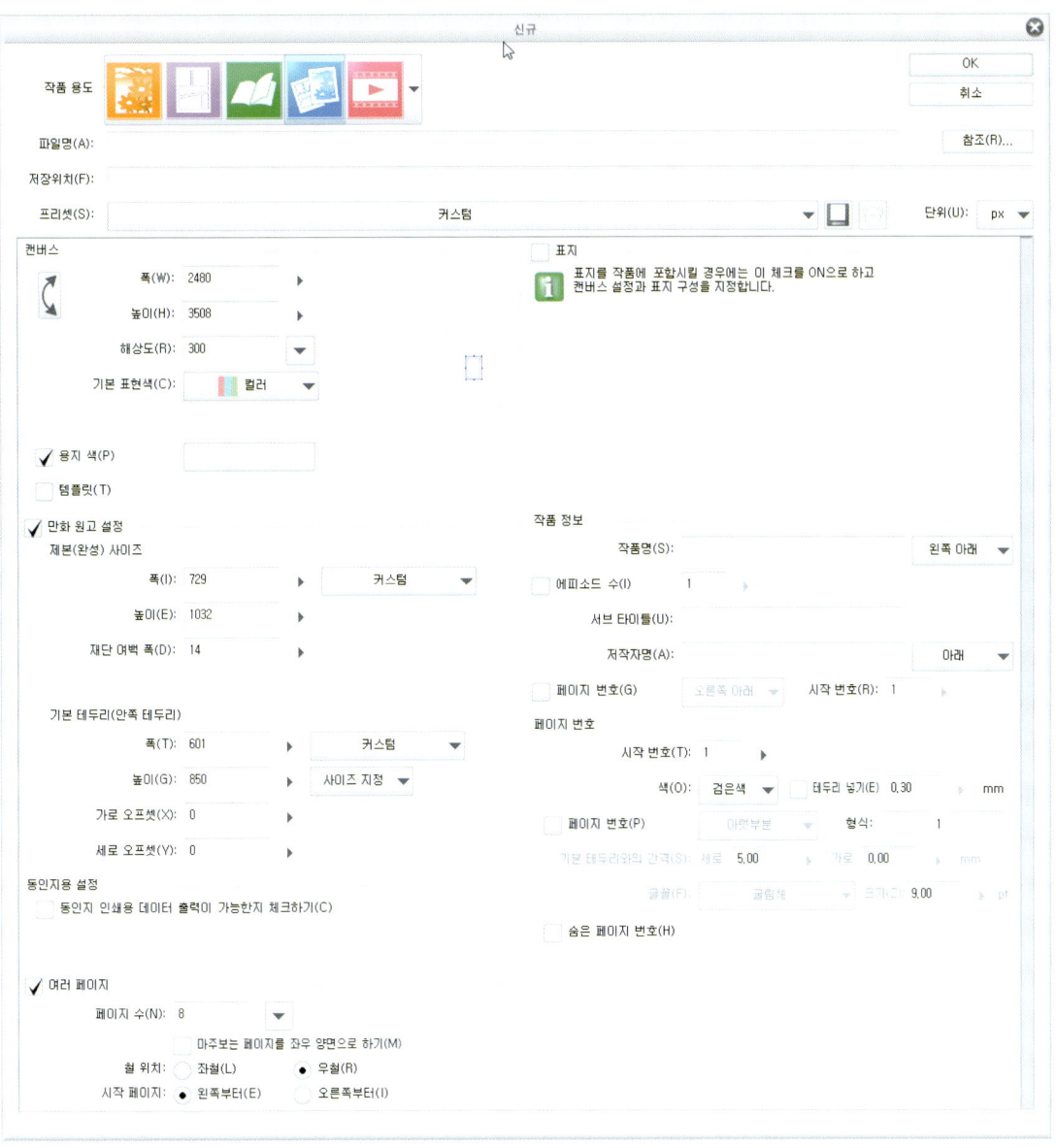

애니메이션 : 1.5 버전에 새로 추가된 형식으로 애니메이션을 위한 세팅입니다. 타임라인을 관리하는 기능이 추가되었습니다.

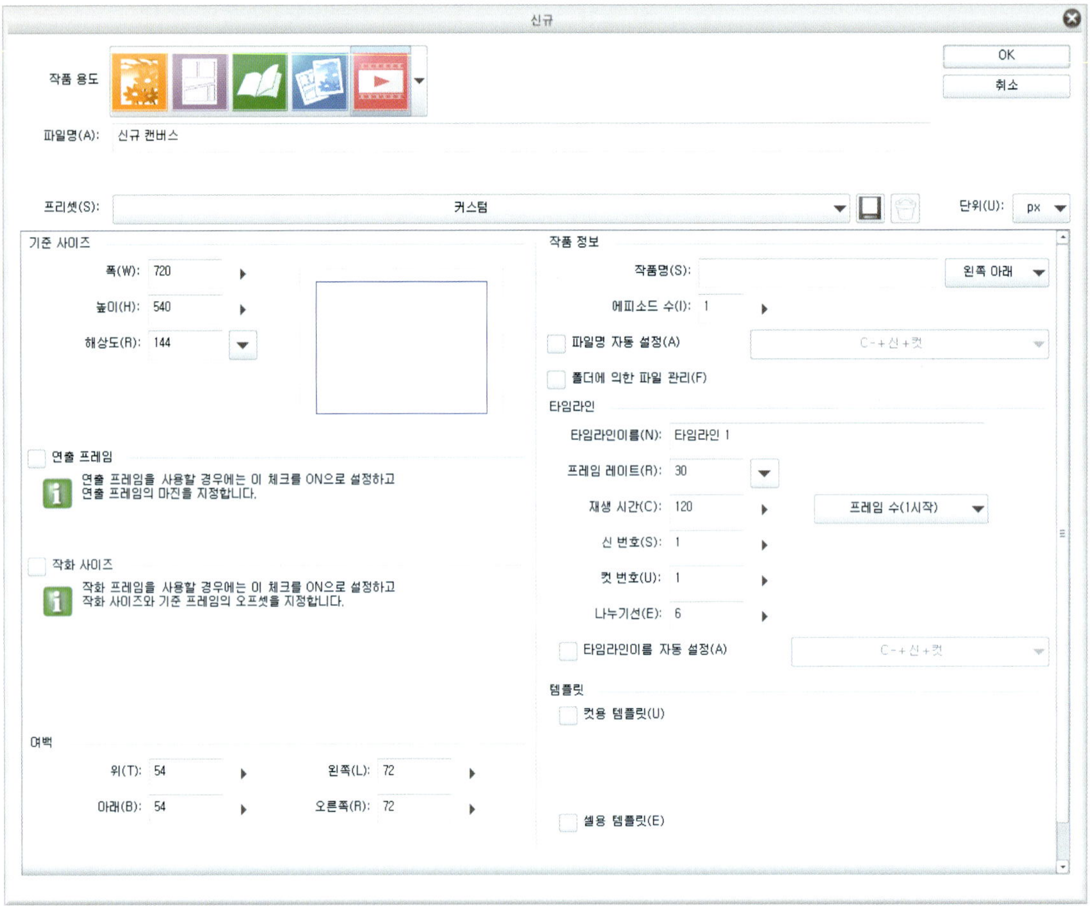

② 파일명
파일이름을 설정하는 창입니다.

③ 참조
저장 위치 : 저장위치를 설정하는 창입니다. 참조 버튼으로 해당 폴더를 설정할 수 있습니다. 여러 페이지가 체크되어있을 경우에만 활성화됩니다.

④ 프리셋
미리 세팅한 값을 불러와 사용할 수 있습니다. 웹
툰 작가라면 자신이 속한 웹툰의 기본 틀을 미리
작업한 뒤 ▣ 버튼을 눌러서 저장하시면 편리하게 사용할 수 있습니다.
저장 시 아래와 같은 세부창이 등장합니다. 저장할 속성을 결정하는 곳으로, 취향대로 설정하시면 됩
니다.

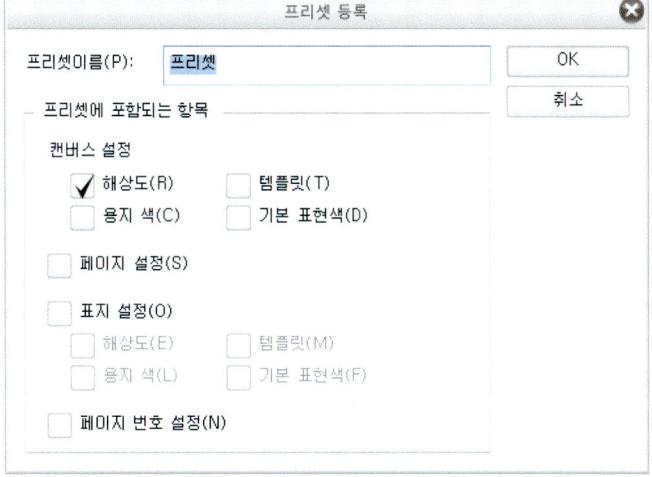

프리셋 이름 : 프리셋의 이름을 결정합니다. 자신이 알아보기 쉽도록 '네X버웹툰_기본' 정도로 설정하
면 됩니다.

프리셋에 포함되는 항목 : 프리셋에 포함할 속성값을 지정할 수 있습니다. 작품 용도의 세팅값에 따라
보이는 내용이 달라집니다.

캔버스 설정
해상도 : 해상도값을 저장합니다.
템플릿 : 템플리트값을 저장합니다.
용지 색 : 종이(바탕)색을 저장합니다.
기본 표현색 : 컬러/흑백원고인지를 저장합니다.
페이지 설정 : 페이지 설정값을 저장합니다.
표지 설정 : 커버를 제작할 경우 관련값을 저장합니다. 세부 설정은 캔버스 설정과 같습니다.
해상도 : 해상도값을 저장합니다.
템플릿 : 템플리트값을 저장합니다.
용지 색 : 종이색을 저장합니다.
기본 표현색 : 컬러/흑백표지인지를 저장합니다.
페이지 번호 설정 : 페이지설정을 저장합니다.

⑤ 단위
이미지의 길이 종류를 설정하는 세부창입니다. 출판원고일 경우 mm등으로, 웹툰
전용이라면 px 단위로 설정하시면 됩니다.

⑥ 캔버스

캔버스의 크기와 해상도 등을 저장하는 세부창입니다. 가장 기본적인 세팅부분이며, 국내 웹툰 작가나 일러스트레이터 라면 보통 이 부분만 조정하면 됩니다. 반면 출판 작가일 경우 만화 원고 설정 항목에서 통합관리하는 것이 편리합니다.

폭 : 이미지 가로값을 설정합니다.
높이 : 이미지의 세로값을 설정합니다.
해상도 : 이미지의 해상도를 설정합니다.
기본 표현색: 이미지의 컬러값을 설정합니다. 표지의 경우 보통 컬러를 사용하시면 됩니다.
모노크롬 : 흑백표지입니다. 바탕과 잉크색을 결정할 수 있습니다.
그레이 : 역시 흑백이지만 회색조를 사용할 수 있습니다.
컬러 : 컬러원고를 작업할 때 사용합니다. 웹툰 작가라면 이쪽을 사용하시면 됩니다.
템플릿 : 템플리트값을 저장합니다.
용지 색 : 종이색을 저장합니다.

우측에는 이미지의 사이즈에 따라 변경되는 미리보기 이미지가 있으므로 어떤 크기인지 예측하기 편합니다.

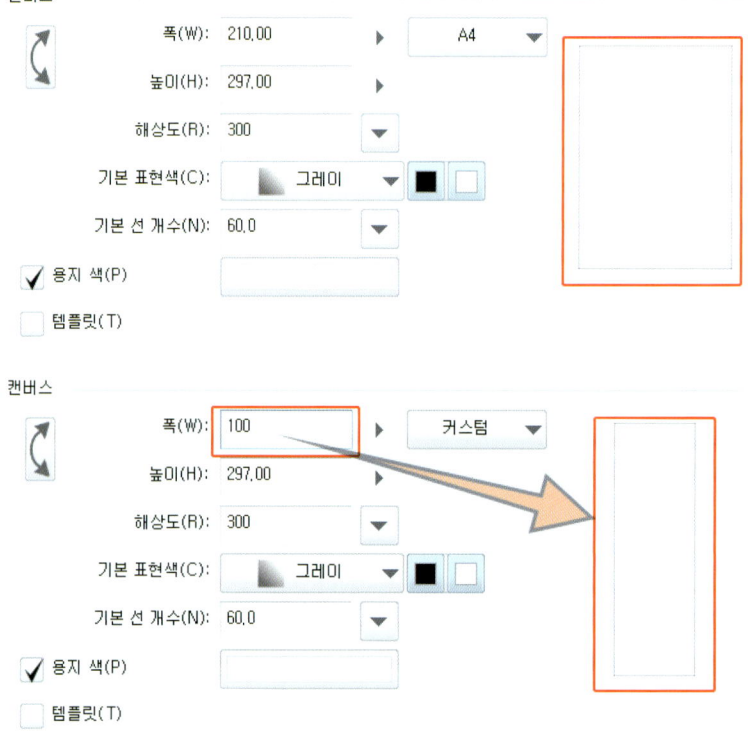

좌측의 화살표아이콘은 가로세로의 길이를 바꾸는 역할을 합니다. 역시 우측의 미리보기가 함께 변경되므로 손쉽게 파악할 수 있습니다.

기본 표현색 : 이미지의 컬러값을 설정합니다. 흑백원고를 할지, 컬러원고를 할지를 결정하는 부분입니다.
모노크롬 : 흑백원고입니다. 바탕과 잉크색을 결정할 수 있습니다.
그레이 : 역시 흑백원고지만, 회색조를 사용할 수 있습니다.
컬러 : 컬러원고를 작업할 때 사용합니다. 웹툰 작가라면 이쪽을 사용하시면 됩니다.
템플릿 : 템플릿을 선택하는 창입니다.. 선택하면, 미리 나누어진 컷 템플릿이 나타납니다.

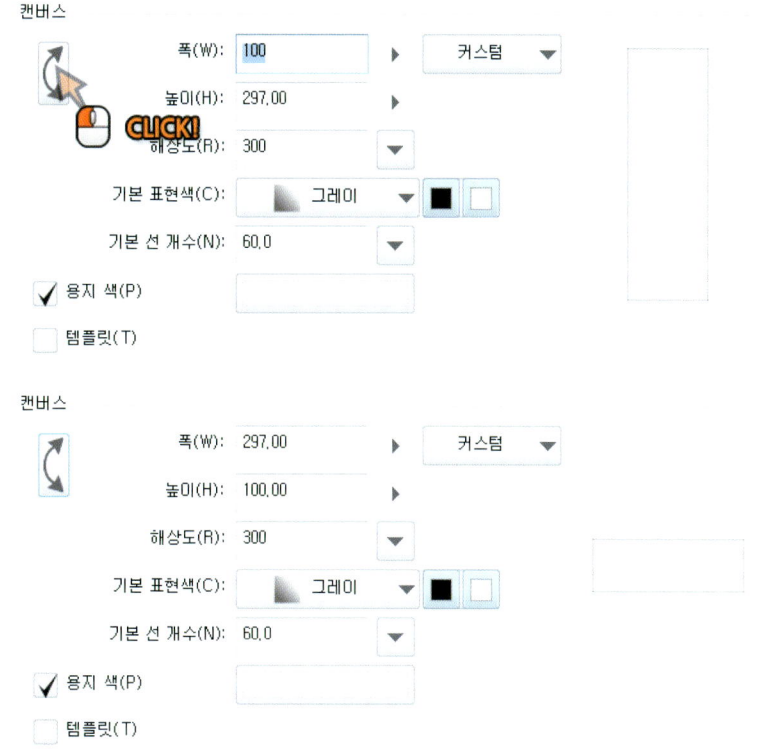

⑦ 만화 원고 설정

만화 원고 설정은 출력만화를 위한 기능입니다. 재단선과 원고라인 등의 간격을 설정할 수 있습니다. 출판사와 협의해서 결정하면 되는 부분이며, 웹툰 작가라면 크게 신경쓰지 않으셔도 됩니다.(작품 용도 항목의 일러스트에서는 이부분이 체크 해제되어 있습니다.) 반면, 출판원고작가라면 캔버스 부분을 사용하지 않고 이곳에서 통합관리하므로 참고하시기 바랍니다.

제본(완성) 사이즈

제본(완성) 사이즈에서는 최종출력 사이즈를 결정합니다.
폭 : 가로크기를 설정합니다.
높이 : 세로크기를 설정합니다.
재단 여백 폭 : 재단선 간격을 설정합니다.

기본 테두리(안쪽테두리)

기본 테두리(안쪽테두리)에서는 재단선 안쪽 사이즈를 결정합니다.
폭 : 가로크기를 설정합니다.
높이 : 세로크기를 설정합니다.
가로 오프셋 : 가로로 얼마나 밀지 결정합니다.
세로 오프셋 : 세로로 얼마나 밀지 결정합니다.

⑧ 동인지용 설정

동인지를 위한 설정부분입니다. 출판사와 디지털원고를 주고받기 위해 설정하는 부분으로, 국내에서 일한다면 크게 신경 쓰지 않아도 됩니다.

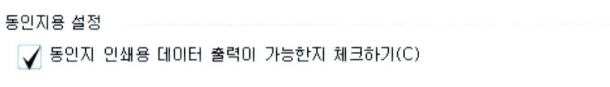

⑨ 여러 페이지

여러 페이지를 사용할 때를 위한 부분입니다. 출판용 원고의 경우 25페이지 가량으로 고정되어서 작업하므로, 미리 설정해두면 편리합니다.
페이지 수 : 페이지수를 설정합니다.
마주보는 페이지를 좌우 양면으로 하기 : 체크하면 2페이지를 함께 편집할 수 있도록 연결된 페이지로 제작됩니다.
철 위치 : 페이지를 어느 방향으로 넘길지를 설정합니다. 국내/서양의 경우 좌철, 일본의 경우 우철을 선택합니다.
시작 페이지 : 첫 페이지가 우측인지, 좌측인지를 설정합니다. 잡지 등에 사용하는 용도이며 커버 페이지가 있을 경우 활성화되지 않습니다.

⑩ 표지

표지를 설정하는 부분입니다. 권 단위로 작업할 경우 설정하시면 됩니다. 동인지 입고 설정에서 기본적으로 활성화됩니다.

해상도 : 해상도를 설정합니다. 보통 350dpi 이상을 선택하시면 됩니다.

기본 표현색 : 이미지의 컬러값을 설정합니다. 표지의 경우 보통 컬러를 사용하시면 됩니다.

모노크롬 : 흑백표지입니다. 바탕과 잉크 색을 결정할 수 있습니다.

그레이 : 역시 흑백이지만 회색조를 사용할 수 있습니다.

컬러 : 컬러원고를 작업할 때 사용합니다. 웹툰 작가라면 이쪽을 사용하시면 됩니다.

용지 색 : 종이 컬러값을 설정합니다.

표지 구성 : 커버가 별도로 들어갈지, 원고와 함께 들어갈지를 결정하는 부분입니다. 별도로 들어갈 경우 등표지 폭 지정에서 띠지의 넓이를 설정할 수 있습니다.

⑪ 작품 정보

작가 정보를 기록하는 부분입니다. 이 내용은 재단선(출력되지 않는 부분)에 기록됩니다. 출판만화에 주로 사용되는 항목입니다.

작품명 : 만화 제목을 기록합니다.

에피소드 수 : 만화의 넘버링을 입력합니다.

서브타이틀 : 부제가 있을 경우 입력합니다.

저작자명 : 작가명을 입력합니다.

페이지 번호 : 페이지 넘버를 입력할 경우 체크합니다. 페이지 위치와 첫페이지 넘버를 입력할 수 있습니다.

⑫ 페이지 번호

페이지수를 보여주는 부분을 설정합니다. 페이지가 입력되는 위치나, 폰트 크기 등을 결정할 수 있습니다. 출판시 함께 기록됩니다.

페이지번호 [P] : 페이지 표시할 위치와 포맷을 설정합니다.
시작 번호 : 시작하는 페이지수를 설정합니다.
색 : 페이지 컬러를 설정합니다.
테두리 넣기 : 테두리를 넣습니다.
페이지 번호 : 페이지 번호를 어디에 넣을지 설정합니다.
페이지 형식 : 페이지 양옆에 어떤 기호를 넣을지 설정합니다.
기본 테두리와의 간격 : 기본 테두리와의 간격을 설정합니다.
글꼴 : 폰트 종류를 설정할 수 있습니다.
크기 : 폰트 크기를 설정합니다.
숨은 페이지 번호 [H] : 페이지를 숨길지를 결정합니다.

⚠ 웹툰 작가를 위한 세팅

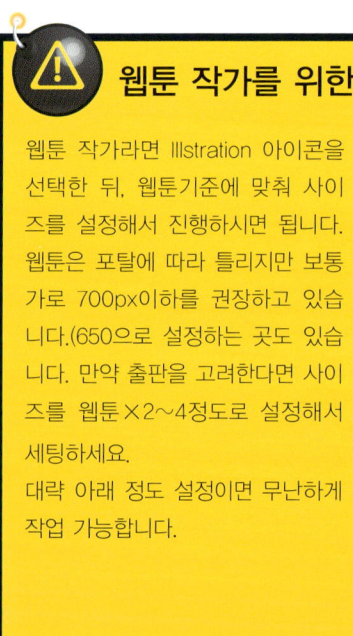

웹툰 작가라면 Illstration 아이콘을 선택한 뒤, 웹툰기준에 맞춰 사이즈를 설정해서 진행하시면 됩니다. 웹툰은 포탈에 따라 틀리지만 보통 가로 700px이하를 권장하고 있습니다.(650으로 설정하는 곳도 있습니다. 만약 출판을 고려한다면 사이즈를 웹툰×2~4정도로 설정해서 세팅하세요.
대략 아래 정도 설정이면 무난하게 작업 가능합니다.

UNIT 03_ 보조 도구 팔레트

· 기본 기능

보조 도구 팔레트는 각 툴의 하위 카테고리 툴들을 선택할 수 있는 팔레트입니다. 미리 준비되어 있는 다양한 툴들을 빠르게 선택해 사용할 수 있습니다. 툴을 선택하면, 그에 맞춰 내용이 변경됩니다. 아래는 조작 툴의 보조 도구 팔레트 입니다.

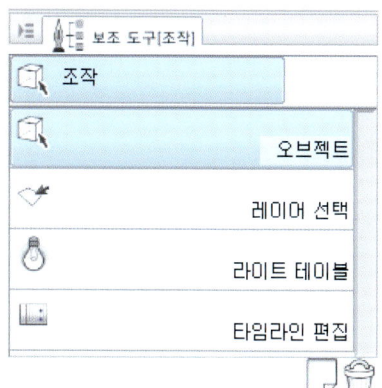

메뉴이름	기능
	선택한 보조 도구를 복사합니다.
	선택한 보조 도구를 제거합니다.

· 세부 메뉴

좌상단의 버튼을 누르면 세부 메뉴가 나옵니다.

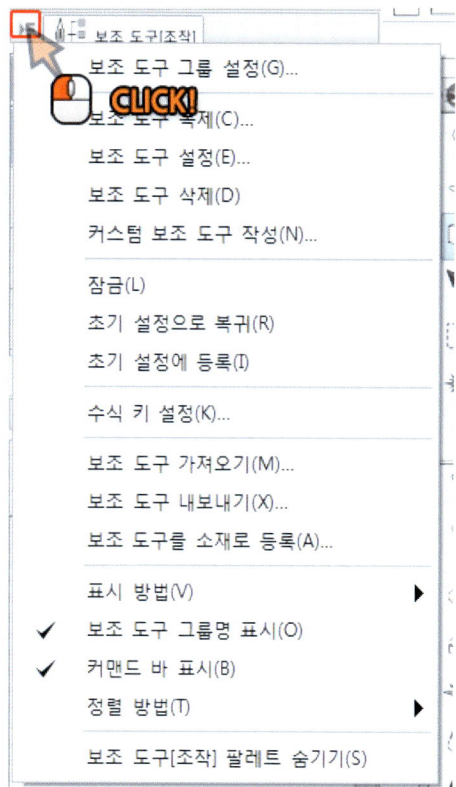

메뉴이름	기능
보조 도구 그룹 설정	해당 보조 도구 그룹의 이름을 설정합니다.
보조 도구 복제	선택한 보조 도구를 복제합니다.
보조 도구 설정	선택한 보조 도구의 이름과 아이콘 등의 설정을 변경합니다.
보조 도구 삭제	선택한 보조 도구를 제거합니다. 지우면 복구하기 힘드니 주의하세요.
커스텀 보조 도구 작성	새로운 보조 도구를 만듭니다.
잠금	선택한 보조 도구의 세부설정을 변경하지 못하도록 잠급니다.
초기 설정으로 복귀	선택한 보조 도구의 설정을 원래대로 변경합니다.
초기 설정에 등록	선택한 보조 도구의 기본설정을 지금 설정으로 덮어씁니다.
수식 키 설정	보조 도구의 키를 설정합니다.
보조 도구 가져오기	보조 도구 파일(sut확장자)을 가져옵니다.
보조 도구 내보내기	보조 도구 파일을 내보냅니다.
보조 도구를 소재로 등록	지금 보조 도구를 소재 팔레트에 등록합니다.
표시 방법	각 보조 도구를 어떻게 보일지 설정합니다.
보조 도구 그룹명 표시	보조 도구의 그룹이름을 설정합니다.
커맨드 바 표시	커맨드 바를 보여줍니다.
정렬 방법	순서를 변경합니다.
보조 도구[XXX] 팔레트 숨기기	해당 보조 도구 팔레트를 숨깁니다.

UNIT 04_ 도구 속성 팔레트

· 기본 기능

보조 도구 팔레트에서 선택한 툴들의 세부속성을 설정할 수 있습니다. 클립스튜디오를 작업하면서 가장 많이 보게 되는 창이기도 합니다.

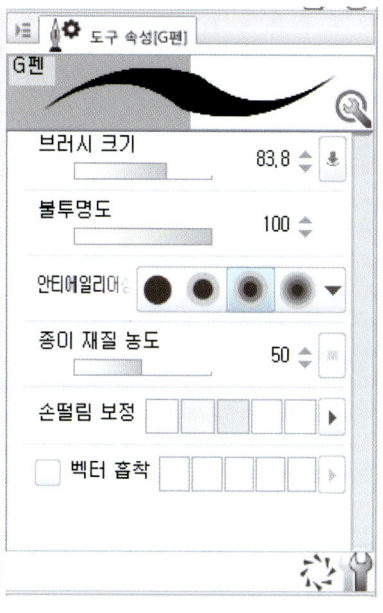

· 세부 메뉴

좌상단을 클릭하면 세부 메뉴가 보입니다.

메뉴이름	기능
잠금	선택한 보조 도구의 세부설정을 변경하지 못하도록 잠급니다.
초기 설정으로 복귀	선택한 보조 도구의 설정을 원래대로 변경합니다.
초기 설정에 등록	선택한 보조 도구의 기본설정을 지금 설정으로 덮어씁니다.
수식 키 설정	보조 도구의 키를 설정합니다.
카테고리 표시	카테고리를 보이게 합니다.
스트로크 미리 보기 표시	선 미리보기를 보이게 합니다.
커맨드 바 표시	커맨드 바를 보이게 합니다.
도구 속성[XXX] 팔레트 숨기기	해당 도구 속성 팔레트를 숨깁니다.

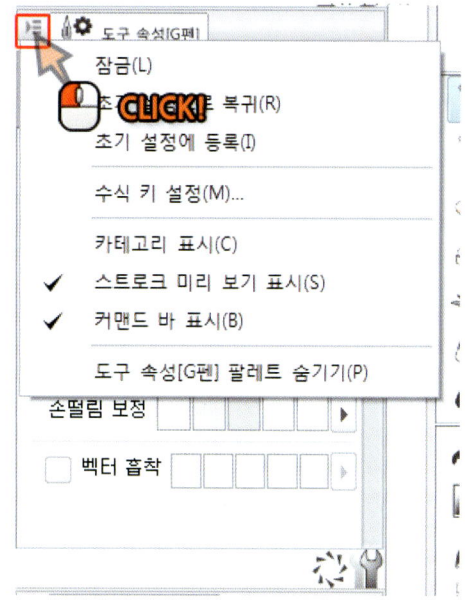

UNIT 05_ 컬러 써클

색을 직관적으로 선택할 수 있는 컬러 써클입니다. 포토샵에서는 별도 플러그인으로 판매되는 기능이지만, 클립스튜디오에는 기본 내장되어 있습니다.

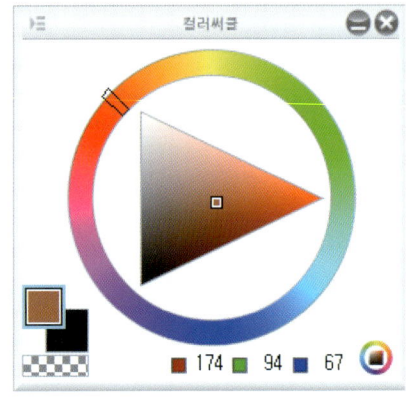

· 기본 기능

1. 바깥쪽 휠로 색상을 선택하고, 내부의 삼각형으로 채도와 명도를 설정할 수 있습니다.

2. 전경색과 배경색 중 어떤 걸 변경할지 설정할 수 있습니다.

3. 아래의 숫자부분은 색상값을 보여주며, 클릭할 때마다 색상표가 변경됩니다.

4. 클릭하면, 포토샵처럼 사각형 모델로 사용할 수 있습니다.

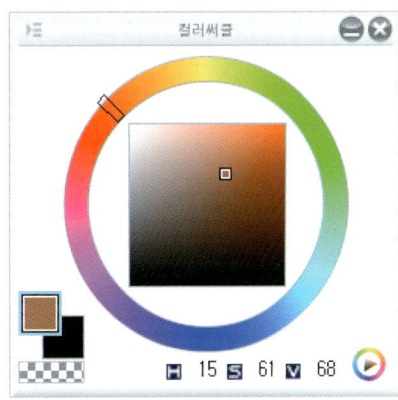

· 세부 메뉴

컬러 써클의 좌상단을 클릭하면 세부 메뉴가 나옵니다. 다만, 대부분의 기능을 팔레트 내에서 처리하므로, 내용은 적은 편입니다.

메뉴이름	기능
HSV 색공간	HSV(색상/채도/강도) 구조의 색상환으로 설정합니다.
HLS 색공간	HLS(색상/밝기/채도) 구조의 색상환으로 설정합니다.
컬러 써클 숨기기	컬러 써클 팔레트를 숨깁니다.

UNIT 06_ 컬러 슬라이더 팔레트

컬러 슬라이더 팔레트는 슬라이드를 이용해 색을 선택할 수 있는 팔레트입니다. 3가지 방식으로 색을 변경할 수 있습니다.

RGB : 빛의 3원색인 빨강(Red) / 초록(Green) / 파랑(Blue)을 이용해 색을 변경합니다.

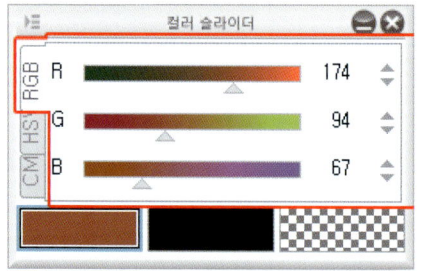

HLS : 색상환의 방식으로 색상(Hue), 명도(Lightness), 채도(Saturation) 을 이용해 색을 변경합니다.

CMYK : CMYK 인쇄용 컬러인 시안(Cyan), 마젠타(Magenta), 옐로(Yellow), 블랙(Black = Key)를 이용해 설정합니다. 출력원고에 유용합니다.

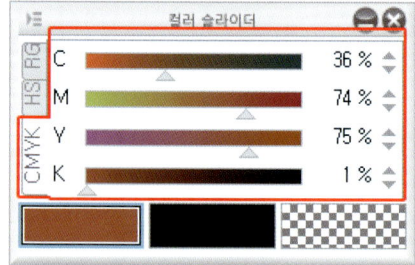

· 세부 메뉴

컬러 슬라이더 팔레트 좌상단을 클릭하면 세부 메뉴가 등장합니다.

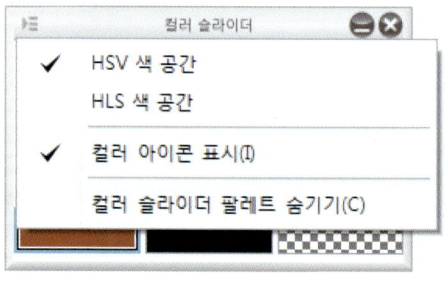

메뉴이름	기능
HSV 색공간	HSV 방식으로 설정합니다.
HLS 색공간	HLS 방식으로 설정합니다.
컬러 아이콘 표시	색상 아이콘을 보입니다.
컬러 슬라이더 팔레트 숨기기	컬러 슬라이더 팔레트를 숨깁니다.

UNIT 01_ 컬러 세트 팔레트

· 기본 기능

컬러 세트 팔레트는 색깔을 저장하고 불러올 수 있는 팔레트입니다. 필요에 따라 여러 세트를 만들고 교체해가면서 사용할 수 있습니다.

각 색상마다 마우스 우클릭을 통해 추가 메뉴를 열수 있습니다. 특정 색을 직접 변경할 때 편리합니다.

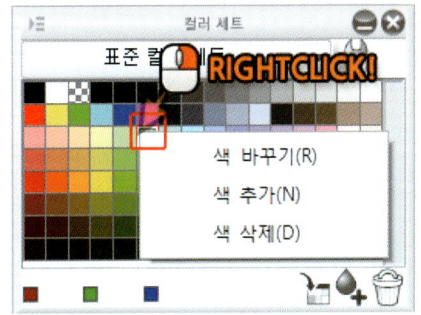

메뉴항목	기능
색 바꾸기	해당 위치의 색깔을 현재 전경색으로 변경합니다.
색 추가	해당 위치의 색깔을 밀고 현재 전경색을 추가합니다.
색 삭제	해당 위치의 색깔을 제거합니다.

🔧 아이콘을 누르면 다양한 색깔세트를 저장하고 관리할 수 있는 창이 나옵니다. 자신만의 세트를 만들고, 불필요한 세트를 제거할 수 있습니다.

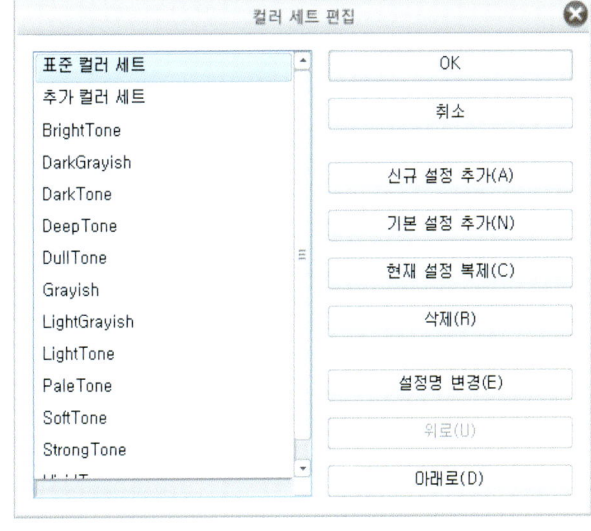

메뉴항목	기능
신규 설정 추가	새 컬러세트를 추가합니다.
기본 설정 추가	새 기본컬러세트를 추가합니다.
현재 설정 복제	선택한 컬러세트를 복제합니다.
삭제	선택한 컬러세트를 제거합니다.
설정명 변경	선택한 컬러세트의 이름을 변경합니다.
위로	선택한 컬러세트를 리스트에서 한칸 위로 올립니다.
아래로	선택한 컬러세트를 리스트에서 한칸 아래로 내립니다.

· 세부 메뉴

좌상단을 클릭하면 설정할 수 있는 메뉴가 나옵니다.

메뉴이름	기능
컬러 세트 편집	컬러세트를 설정할 수 있는 창을 띄웁니다.
컬러 세트 전환	컬러세트를 변경합니다.
컬러 세트 가져오기	컬러세트 파일을 불러옵니다.
컬러 세트 내보내기	컬러세트 파일을 내보냅니다.
컬러 세트를 소재로 등록	현재 컬러세트를 소재 창에 등록합니다.
색 바꾸기	현재 선택한 컬러세트를 전경색으로 덮어씁니다.
색 추가	현재 선택한 컬러세트를 밀고 전경색을 끼워넣습니다.
색 삭제	현재 선택한 컬러세트 컬러를 제거합니다.
스포이트에서 얻은 색 자동 등록	스포이드 툴로 선택한 색을 자동으로 컬러세트에 등록합니다.
표시 방법	각 보조 도구을 어떻게 보일지 설정합니다.
컬러 세트 바 표시	컬러세트 팔레트의 그룹이름을 설정합니다.
커맨드 바 표시	커맨드 바를 보여줍니다.
정렬 방법	순서를 변경합니다.
컬러 세트 숨기기	컬러세트 팔레트를 숨깁니다.

UNIT 08_ 중간색 팔레트

클립스튜디오에는 색을 선택하는 다양한 팔레트가 존재합니다. 그중 중간색 팔레트는 4가지 색을 선택하면 그 사이의 색을 추출해서 선택할 수 있게 해주는 독특한 기능입니다.

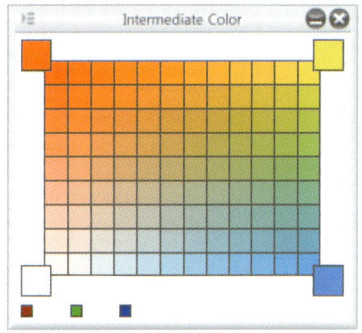

· 기본 기능

각 모서리에 색을 넣으면, 그에 맞춰 타일 색이 각 모서리의 색을 연결시키는 느낌으로 변경됩니다.

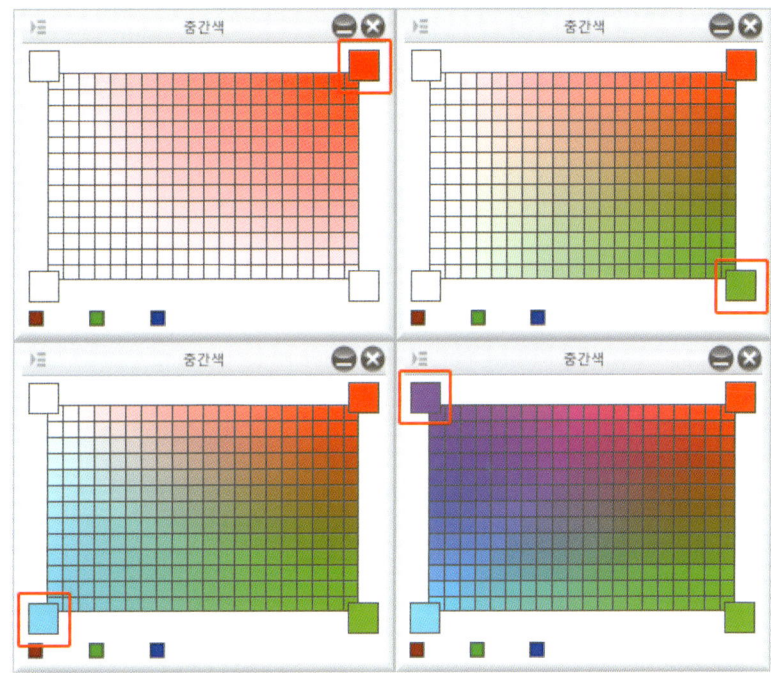

· 세부 메뉴

좌상단을 클릭하면 세부 메뉴가 나옵니다.

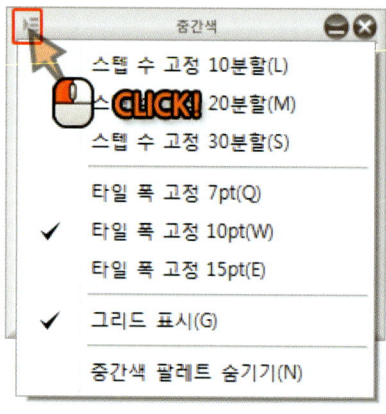

메뉴이름	기능
스텝 수 고정 10분할	사각형의 가로/세로 타일을 10등분합니다.
스텝 수 고정 20분할	사각형의 가로/세로 타일을 20등분합니다.
스텝 수 고정 30분할	사각형의 가로/세로 타일을 30등분합니다.
타일 폭 고정 7pt	타일의 크기를 7pt 로 고정합니다.
타일 폭 고정 10pt	타일의 크기를 10pt 로 고정합니다.
타일 폭 고정 15pt	타일의 크기를 15pt 로 고정합니다.
그리드 표시	타일을 나누는 선을 보이게 합니다.
중간색 팔레트 숨기기	중간색 팔레트를 숨깁니다.

UNIT 09_ 유사색 팔레트

· 기본 기능

선택한 색상을 중심으로, 유사한 색을 펼쳐서 보여주는 팔레트입니다. 자주 사용되지는 않습니다.

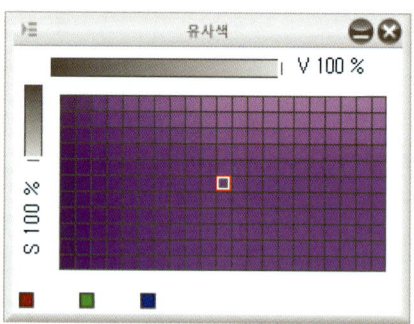

가로/세로의 슬라이드를 이용해 펼칠 정도를 결정합니다.

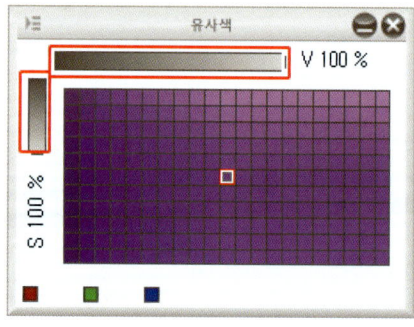

수치 부분을 클릭하면, 어떤 정보를 기반으로 펼칠지 결정합니다.

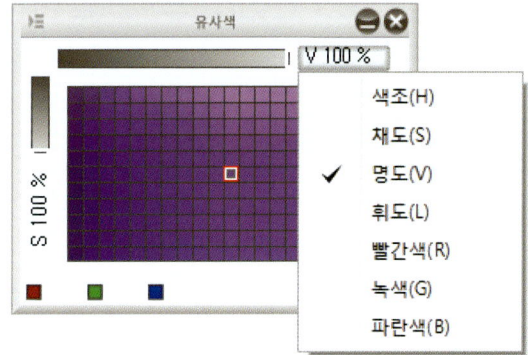

· 세부 메뉴

메뉴이름	기능
스탭 수 고정 10분할	사각형의 가로/세로 타일을 10등분합니다.
스탭 수 고정 20분할	사각형의 가로/세로 타일을 20등분합니다.
스탭 수 고정 30분할	사각형의 가로/세로 타일을 30등분합니다.
타일 폭 고정 7pt	타일의 크기를 7pt 로 고정합니다.
타일 폭 고정 10pt	타일의 크기를 10pt 로 고정합니다.
타일 폭 고정 15pt	타일의 크기를 15pt 로 고정합니다.
그리드 표시	타일을 나누는 선을 보이게 합니다.
중간색 팔레트 숨기기	중간색 팔레트를 숨깁니다.

UNIT 10_ 컬러 히스토리 팔레트

컬러 히스토리 팔레트는 사용한 컬러의 사용내역을 기록하는 툴입니다. 색을 선택할 때마다 리스트가 추가되며, 최근에 사용했던 색을 찾을 때 유용합니다.

· 세부 메뉴

팔레트 좌상단을 클릭하면 세부 메뉴가 등장합니다.

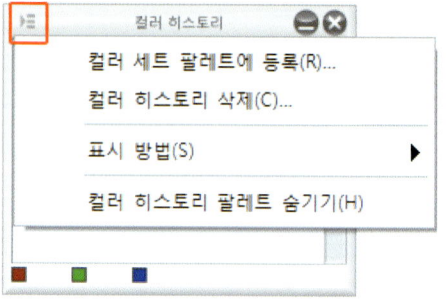

메뉴이름	기능
컬러 세트 팔레트에 등록	현재 색상들을 컬러세트로 저장합니다.
컬러 히스토리 삭제	현재 히스토리를 제거합니다.
표시 방법	팔레트를 어떻게 보일지 설정합니다.
컬러 히스토리 팔레트 숨기기	컬러 히스토리 팔레트를 숨깁니다.

UNIT 11 _ 레이어 팔레트

레이어 팔레트는 레이어에 관한 많은 것을 다루는 팔레트입니다. 포토샵의 그것과 비슷하지만, 좀 더 만화에 필요한 다양한 기능들을 포함하고 있습니다.

· 기본 기능

각 부분에 대해 알아보도록 하겠습니다.

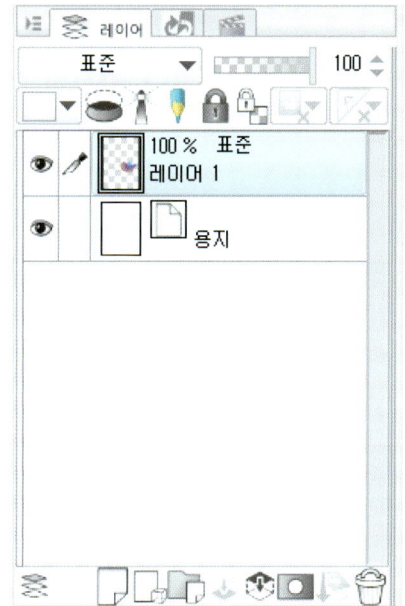

항목	기능
Normal	레이어의 속성을 결정합니다. 포토샵보다 속성의 개수는 조금 적은 편이지만, 버전 업에 맞춰 새로운 속성이 지속적으로 추가되고 있습니다.
100	레이어의 투명도를 설정합니다.
	레이어 탭의 색깔을 설정합니다. 레이어를 구별할 때 편리합니다.
	아래 레이어를 클리핑한 채로 칠합니다. 옷 등의 명암작업을 할 때 편리합니다.
	선택한 레이어를 레퍼런스 레이어로 설정합니다. 해당 레이어를 참조해서 다른 작업들을 관리할 수 있습니다.
	스케치 등을 위한 임시 레이어로 설정합니다. 밑그림 레이어는 출력 시 레이어에 포함되지 않습니다.
	레이어를 잠급니다. 잠긴 레이어는 이동/덧칠 등이 불가능합니다.
	투명 영역을 잠급니다. 투명한곳에는 칠해지지 않으므로, 특정 레이어 안쪽을 칠할 때 편리합니다.
	마스크 레이어를 활성화합니다. 마스크 레이어를 만들었을 때만 동작합니다.
	자선을 어떻게 처리할지 설정합니다. 전체로 보이게 할 수도 있고, 해당 폴더에서만 보이게 할 수도 있습니다.
	레이어 이미지의 색상을 변경합니다. 전체 명암을 확인하거나, 불필요하게 작업된 영역 등을 찾는데 편리합니다.
	해당 레이어를 보이게 합니다.

하단에는 레이어를 만들고, 관리할 수 있는 커맨드 바가 있습니다.

항목	기능
	레이어를 두개의 창으로 볼 수 있습니다. 폴더가 많거나, 특별히 관리해야 할 레이어가 있을 경우 사용하면 편리합니다.
	새 래스터 레이어를 만듭니다.
	새 벡터 레이어를 만듭니다.
	새 폴더를 만듭니다.
	선택한 레이어의 내용을 아래 레이어로 옮깁니다.
	선택한 레이어를 아래 레이어와 합칩니다.
	마스크를 생성합니다.
	마스크를 레이어와 합칩니다.
	선택한 레이어를 제거합니다.

· 세부 메뉴

레이어를 선택한 다음 마우스 오른쪽 버튼을 누르면 메뉴가 나옵니다. 상당히 다양한 기능을 다루고 있습니다.

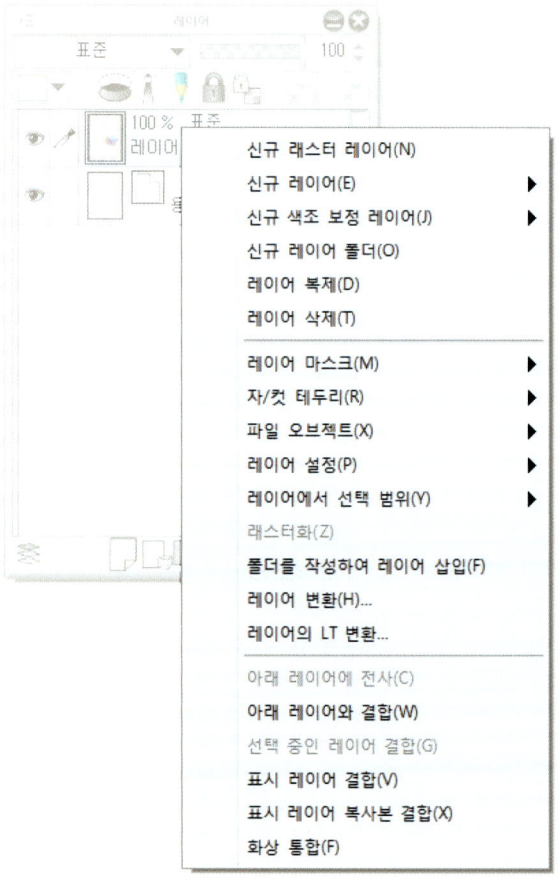

메뉴이름	기능
신규 레스터 레이어	새 레스터 레이어를 만듭니다.
신규 레이어	필요한 속성의 레이어를 만듭니다.
신규 색조 보정 레이어	새 보정 레이어를 만듭니다.
신규 레이어 폴더	새 레이어 폴더를 만듭니다.
레이어 복제	레이어를 복제합니다.
레이어 삭제	레이어를 삭제합니다.
레이어 마스크	레이어 마스크를 관리합니다.
자/컷 테두리	자선과 컷선을 관리합니다.
파일 오브젝트	레이어를 파일상태로 관리합니다.
레이어 설정	레이어 속성을 변경합니다.
레이어에서 선택 범위	레이어를 통해 선택 영역을 만들거나 추가합니다.
레스터화	벡터 레이어나 3D 레이어를 레스터 레이어로 변경합니다.
폴더를 작성하여 레이어 삽입	새 레이어 폴더를 만들고 선택한 레이어를 넣습니다.
레이어 변환	레이어를 컬러 레이어나, 회색 레이어 등으로 변경합니다.
레이어의 LT 변환	레이어를 펜션 형태로 변형하는 기능입니다.
아래 레이어에 전사	현재 레이어의 내용을 아래 레이어로 옮깁니다. 현재 레이어는 투명으로 남습니다.
아래 레이어와 결합	아래 레이어와 합칩니다.
선택 중인 레이어 결합	선택한 레이어들을 하나로 합칩니다. 벡터 레이어끼리 합치면 벡터 레이어가 됩니다.
표시 레이어 결합	현재 보이는 레이어를 모두 합칩니다.
표시 레이어 복사본 결합	현재 보이는 레이어들의 카피본을 만듭니다.
화상 통합	레이어들을 합칩니다.

UNIT 12_ 레이어 검색 팔레트

레이어 검색 팔레트는 필요한 레이어를 필터링해서 손쉽게 선택할 수 있는 팔레트입니다.

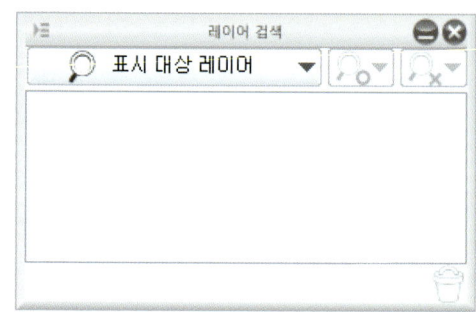

· 기본 기능

표시 대상 레이어 버튼을 누르면, 어떤 속성의 레이어를 선택할지 고를 수 있습니다.

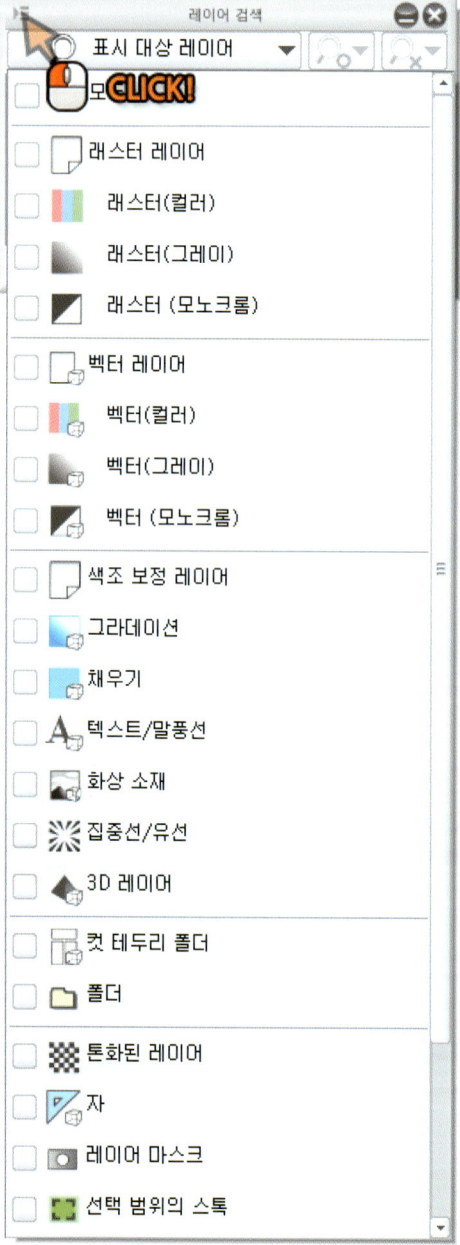

여기에서 선택한 레이어는 레이어 팔레트에서도 동시에 선택되는 것을 확인할 수 있습니다.

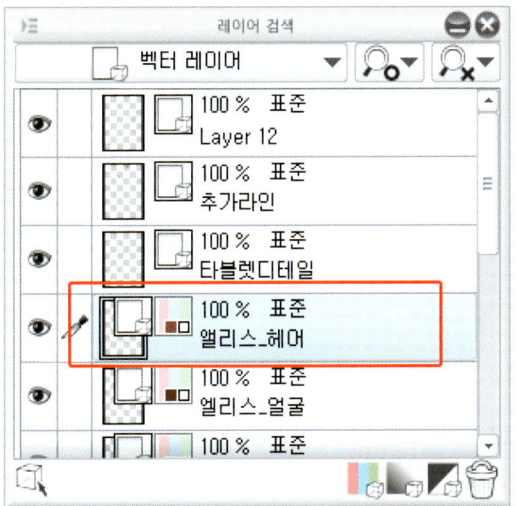 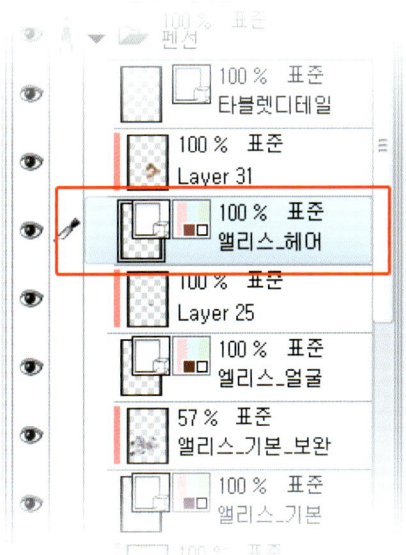

UNIT 13_ 레이어 속성 팔레트

레이어 속성 팔레트는 레이어의 속성을 확인하고 변경할 수 있는 팔레트입니다.

· 기본 기능

효과 항목에서는 해당 레이어를 간단히 조작할 수 있습니다.

항목	기능
●	외곽선을 생성합니다.
◐	라인을 추출합니다.
▦	톤 형태로 변경합니다.
▣	색상을 입힙니다.

표현색에서는 레이어의 색상을 선택할 수 있습니다. 컬러 레이어를 강제로 회색으로 바꾸거나, 흰색 영역을 날리고 검은색만 남기는 등의 작업을 할 수 있습니다.

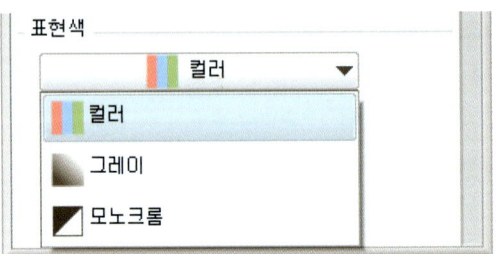

항목	기능
컬러	컬러 레이어로 설정합니다.
그레이	회색 레이어로 설정합니다. 검은색만 남기거나, 흰색만 남기는 등의 작업을 할 수 있습니다.
모노크롬	완전히 검은색과 완전히 흰색만 남깁니다. 만화 인쇄용으로 적합합니다.

· 세부 메뉴

레이어 속성의 세부 메뉴는 간단한 편입니다.

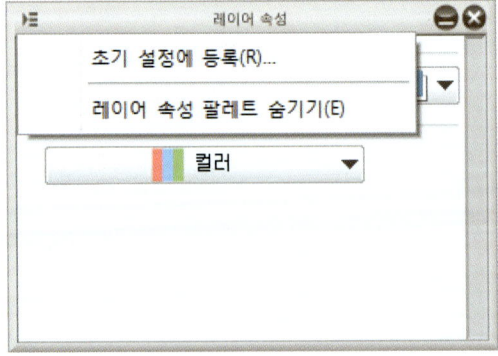

메뉴이름	기능
초기 설정에 등록	기본 세팅으로 설정합니다.
레이어 속성 팔레트 숨기기	레이어 속성 팔레트를 숨깁니다.

UNIT 14_ 내비게이터 팔레트

내비게이터 팔레트는 캔버스를 미리보기 할 수 있는 팔레트입니다. 이미지를 크게 확대해서 작업할 때 전체를 확인할 수 있어 편리합니다. 또한, 캔버스를 확대/축소하거나 회전하는 등의 다양한 작업을 할 수 있습니다.

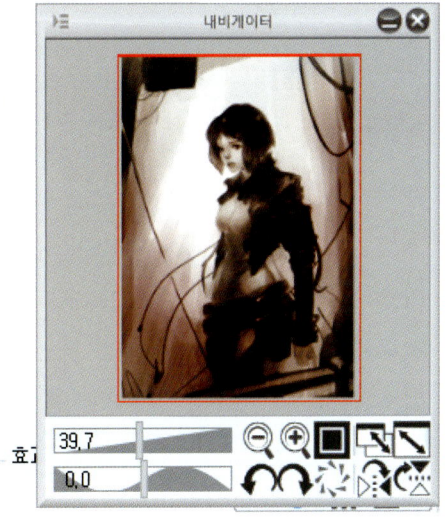

· 기본 기능

효과 항목에서는 해당 레이어를 간단히 조작할 수 있습니다.

항목	기능
	캔버스를 확대/축소합니다.
	캔버스를 회전합니다.
	캔버스를 한 단계 축소합니다.
	캔버스를 한 단계 확대합니다.
	100% 크기로 설정합니다.
	내비게이터와 캔버스의 크기를 맞춥니다.
	스크린 크기와 캔버스의 크기를 맞춥니다.
	캔버스를 한 단계 왼쪽으로 회전합니다.
	캔버스를 한 단계 왼쪽으로 회전합니다.
	원래 크기로 조정합니다.
	좌우를 반전해서 보여줍니다.
	상하를 반전해서 보여줍니다.

· 세부 메뉴

팔레트창 좌상단을 클릭하면 세부 메뉴가 등장합니다.

메뉴이름	기능
회전/반전	화면을 회전하거나 뒤집는 메뉴들이 있습니다.
줌 인	캔버스를 확대합니다.
줌 아웃	캔버스를 축소합니다.
픽셀 동일 배율	100% 크기로 설정합니다.
전체 표시	화면크기에 캔버스를 맞춥니다.
표시 위치 리셋	화면크기를 리셋합니다.
피팅	내비게이터에 맞춥니다.
인쇄 크기	인쇄 사이즈에 맞춥니다.
커맨드 바 표시	커맨드 바를 보여줍니다.
내비게이터 팔레트 숨기기	내비게이터 팔레트를 숨깁니다.

UNIT 15_ 서브 뷰 팔레트

서브 뷰 팔레트는 이름 그대로 보조창으로, 참고용 이미지를 띄워 보는 용도로 사용되는 팔레트입니다. 별도의 이미지 뷰어를 띄울 필요가 없이 참고용 이미지를 여러 개 띄운 뒤, 번갈아가면서 볼 수 있습니다. 또한 스포이드로 바로 색을 추출하는 등의 편의기능도 제공합니다. 넣어둔 이미지는 다음번 실행 때도 남아있으므로, 인체자료나 캐릭터시트 등을 미리 넣어두고 참고할 수 있습니다.

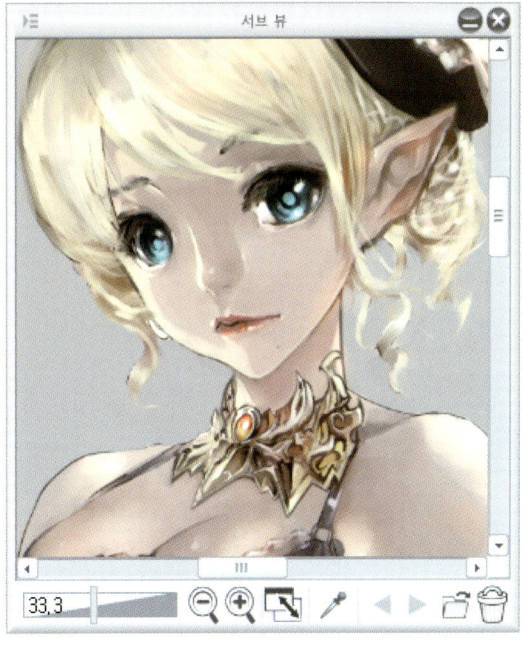

· 기본 기능

필요한 이미지를 드래그/드롭하면 서브 뷰 팔레트에 표시됩니다. 또한 커맨드 바를 이용해 필요한 기능을 이용할 수 있습니다.

항목	기능
	이미지의 크기를 조절합니다.
	이미지의 크기를 축소합니다.
	이미지의 크기를 확대합니다.
	서브 뷰 팔레트의 크기에 이미지를 맞춥니다.
	서브 뷰 팔레트에 커서를 올리면 스포이드 기능으로 전환합니다.
	이전 참고이미지를 보입니다.
	이후 참고이미지를 보입니다.
	참고할 이미지를 불러옵니다.
	선택한 이미지를 서브 뷰에서 제거합니다.

· 세부 메뉴

서브 뷰 팔레트 좌상단을 클릭하면 세부 메뉴가 등장하며, 서브 뷰의 모든 기능을 사용할 수 있습니다.

메뉴이름	기능
줌 인	이미지의 크기를 확대합니다.
줌 아웃	이미지의 크기를 축소합니다.
피팅	서브 뷰 창에 크기를 맞춥니다.
자동으로 스포이드 변환	스포이드툴로 자동변경합니다.
가져오기	참고할 이미지파일을 불러옵니다.
클리어	선택한 이미지를 서브 뷰에서 제거합니다.
이전 화상으로	이전 이미지를 보입니다.
다음 화상으로	다음 이미지를 보입니다.
커맨드 바 표시	커맨드 바를 보이게 합니다.
서브 뷰 팔레트 숨기기	서브 뷰 팔레트를 숨깁니다.

UNIT 16_ 오토 액션 팔레트

오토 액션 팔레트는 매크로 기능을 위한 팔레트입니다. 여러 번 반복해야 하는 작업 등을 자동으로 처리할 수 있습니다.

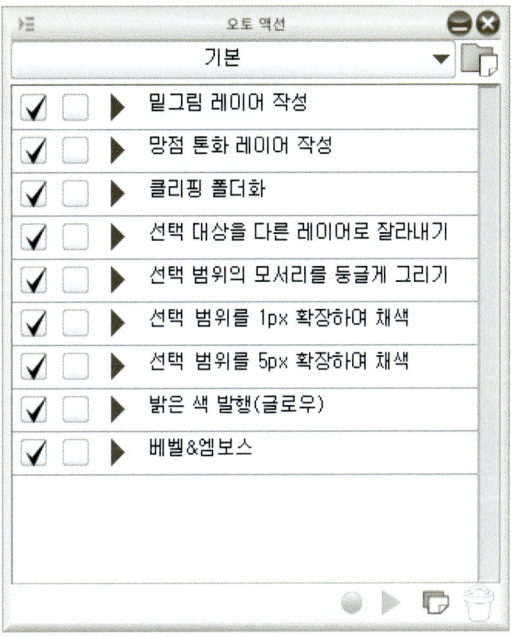

· 기본 기능

항목	기능
🔴	작업과정을 녹화합니다.
▶	선택한 오토액션을 실행합니다.
🗐	선택한 오토액션에 작업을 추가합니다.
🗑	선택한 오토액션을 제거합니다.

· 세부 메뉴

오토 액션 팔레트의 좌상단을 클릭하면, 세부 메뉴가 등장합니다.

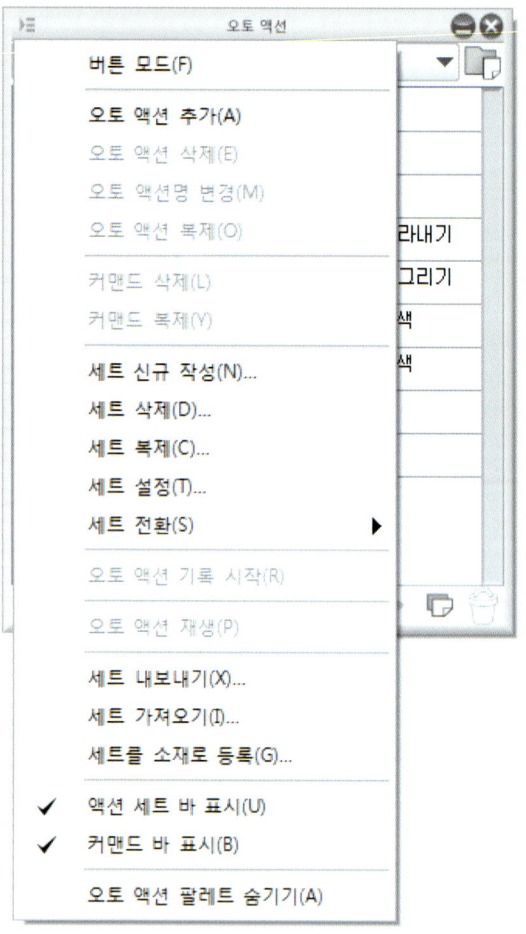

메뉴이름	기능
버튼 모드	체크하면 버튼 형태로 변경됩니다.
오토 액션 추가	새 액션을 추가합니다.
오토 액션 삭제	선택한 액션을 제거합니다.
오토 액션명 변경	선택한 액션의 이름을 변경합니다.
오토 액션 복제	선택한 액션을 복제합니다.
커맨드 삭제	선택한 명령어를 삭제합니다.
커맨드 복제	선택한 명령어를 복제합니다.
세트 신규 작성	새 액션세트를 만듭니다.
세트 삭제	선택한 액션세트를 제거합니다.
세트 복제	선택한 액션세트를 제거합니다.
세트 설정	액션세트를 세팅합니다.
세트 전환	액션세트를 변경합니다.
오토 액션 기록 시작	액션 기록을 시작합니다.
오토 액션 재생	선택한 액션을 실행합니다.
세트 내보내기	액션세트를 파일로 내보냅니다.
세트 가져오기	액션세트 파일을 불러옵니다.
세트를 소재로 등록	액션세트를 소재로 등록합니다.
액션 세트 바 표시	액션 세팅 항목을 보이게 합니다.
커맨드 바 표시	커맨드 바를 보이게 합니다.
오토 액션 팔레트 숨기기	오토 액션 팔레트를 숨깁니다.

UNIT 17_ 정보 팔레트

정보 팔레트는 현재 작업의 정보를 알려주는 창입니다. 현재 사용중인 시스템 및 어플리케이션의 메모리양이나, 현재 커서의 좌표, 이미지의 크기등의 정보를 알 수 있습니다.

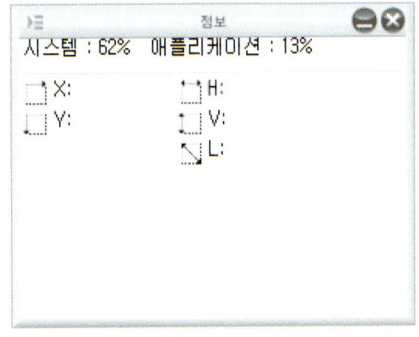

· 세부 메뉴

정보 팔레트의 좌상단을 클릭하면 세부 메뉴가 등장합니다.

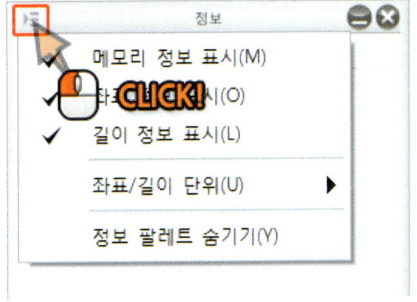

메뉴이름	기능
메모리 정보 표시	메모리 사용량을 보여줍니다.
좌표 정보 표시	현재 마우스 커서의 위치값을 보여줍니다.
길이 정보 표시	현재 선택 영역의 크기를 보여줍니다.
좌표/길이 단위	위치/크기값의 단위를 설정합니다.
정보 팔레트 숨기기	정보 팔레트를 숨깁니다.

UNIT 18_ 히스토리 팔레트

히스토리 팔레트는 작업한 과정을 기록하며, 되돌릴 수 있는 팔레트입니다. 사용한 툴 이름이 나오므로, 어디까지 진행했는지 손쉽게 확인하고 되돌릴 수 있습니다.

UNIT 19_ 소재 팔레트

소재 팔레트는 다양한 소재를 넣어두고, 언제라도 꺼내 쓸 수 있는 편리한 툴입니다. 클립스튜디오의 가장 큰 특징이자, 작업시간을 줄여주는 일등공신이기도 합니다.

2D이미지나, 3D소재, 포즈자료, 브러시, 컷선, 액션 등 클립스튜디오의 거의 대부분 요소를 저장해두고 불러올수 있습니다.

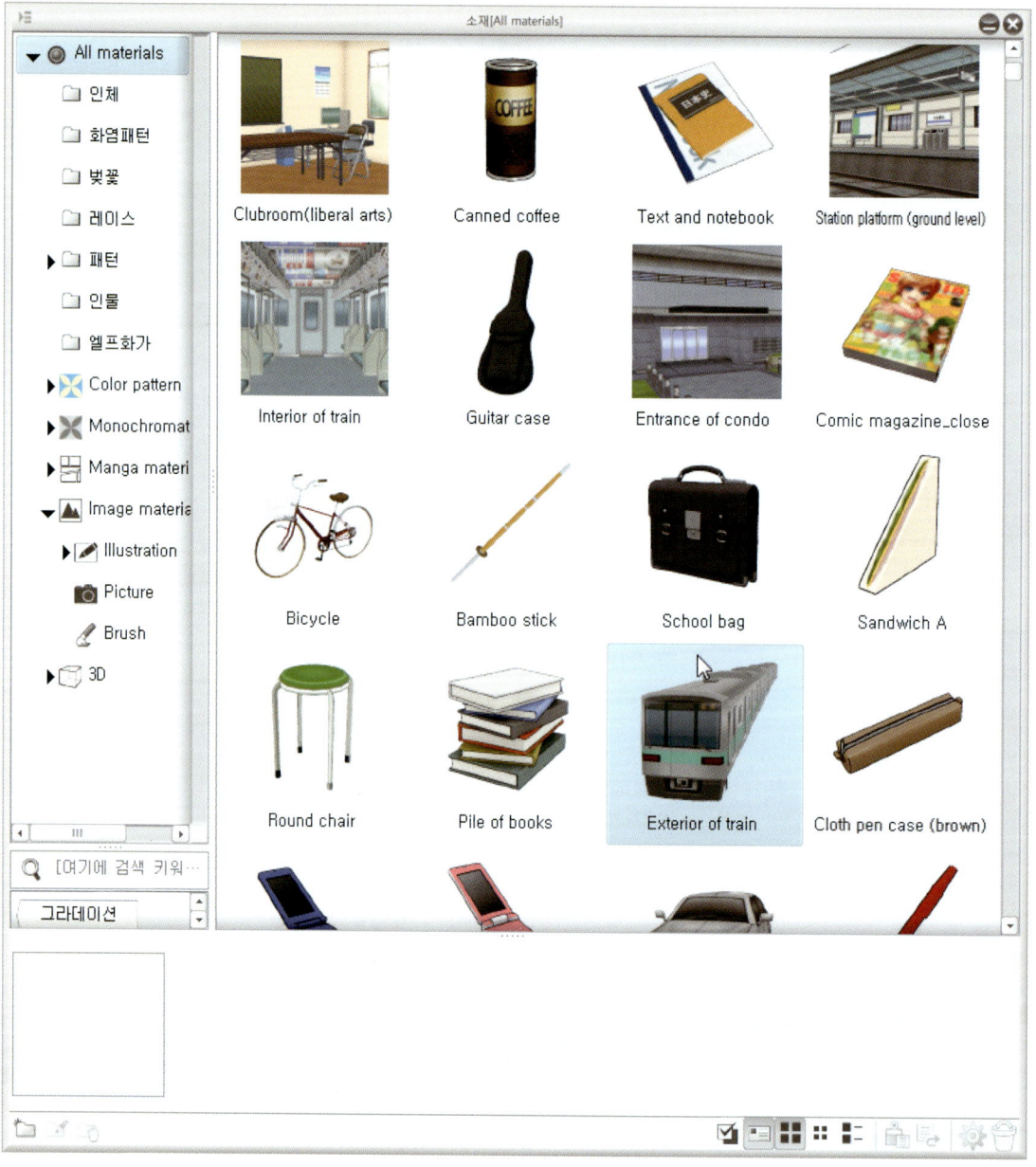

· 기본 기능

소재 팔레트는 양이 많기도 하고, 클립스튜디오의 코어한 부분인만큼, 별도 챕터로 내용을 구성하였습니다. 5장. 소재를 이용한 편리한 만화작업에서 좀 더 깊이 다루고 있으니 참고해주세요.

· 세부 메뉴

소재 팔레트의 좌상단을 클릭하면, 세부 메뉴가 등장합니다.

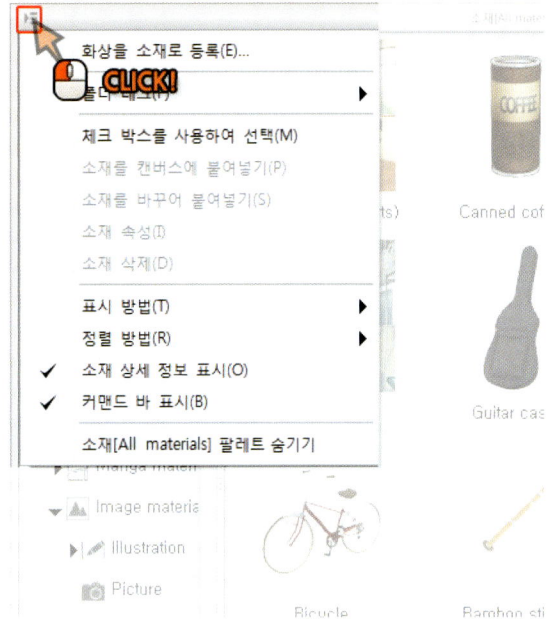

메뉴이름	기능
화상을 소재로 등록	현재 레이어의 내용을 소재로 등록합니다.
폴더 태그	폴더 태그를 관리하는 기능입니다.
체크 박스를 사용하여 선택	체크 박스를 이용해 여러 소재를 동시에 관리할 수 있습니다.
소재를 캔버스에 붙여넣기	선택한 소재를 캔버스에 새 레이어로 붙여넣기 합니다.
소재를 바꾸어 붙여넣기	선택한 소재를 캔버스에 붙여넣기 합니다. 현재 레이어를 덮어 씁니다.
소재 속성	소재 속성 창을 엽니다.
소재 삭제	선택한 소재를 삭제합니다.
표시 방법	어떻게 보일지 설정합니다.
정렬 방법	어떻게 정렬할지 설정합니다.
소재 상세 정보 표시	소재의 상세 정보 항목을 보이게 합니다.
커맨드 바 표시	커맨드 바를 보이게 합니다.
소재 팔레트 숨기기	소재 팔레트를 숨깁니다.

앞서 2장에서는 클립 스튜디오의 기본 툴과 팔레트들에 대해 간단히 알아보았습니다.
클립스튜디오에는 만화를 위한 다양하고 강력한 툴들이 있습니다. 소재나 3D 툴 등이 그러합니다. 하지만 클립 스튜디오에 채 익숙해지지 않은 상황에서 다루기에는 어려운 것들이기도 합니다.
그래서 이번 시간에는 어려운 기능보다는, 기본적인 툴을 이용해 기본적인 웹툰의 컷을 만드는 과정을 알아보도록 하겠습니다. 기본적으로 웹툰의 한 컷은 아래의 과정을 거치며 완성되게 되며 웹툰 한 화는 보통 이를 반복해서 작업하게 되므로, 꼭 한번 따라해 보시길 권합니다.

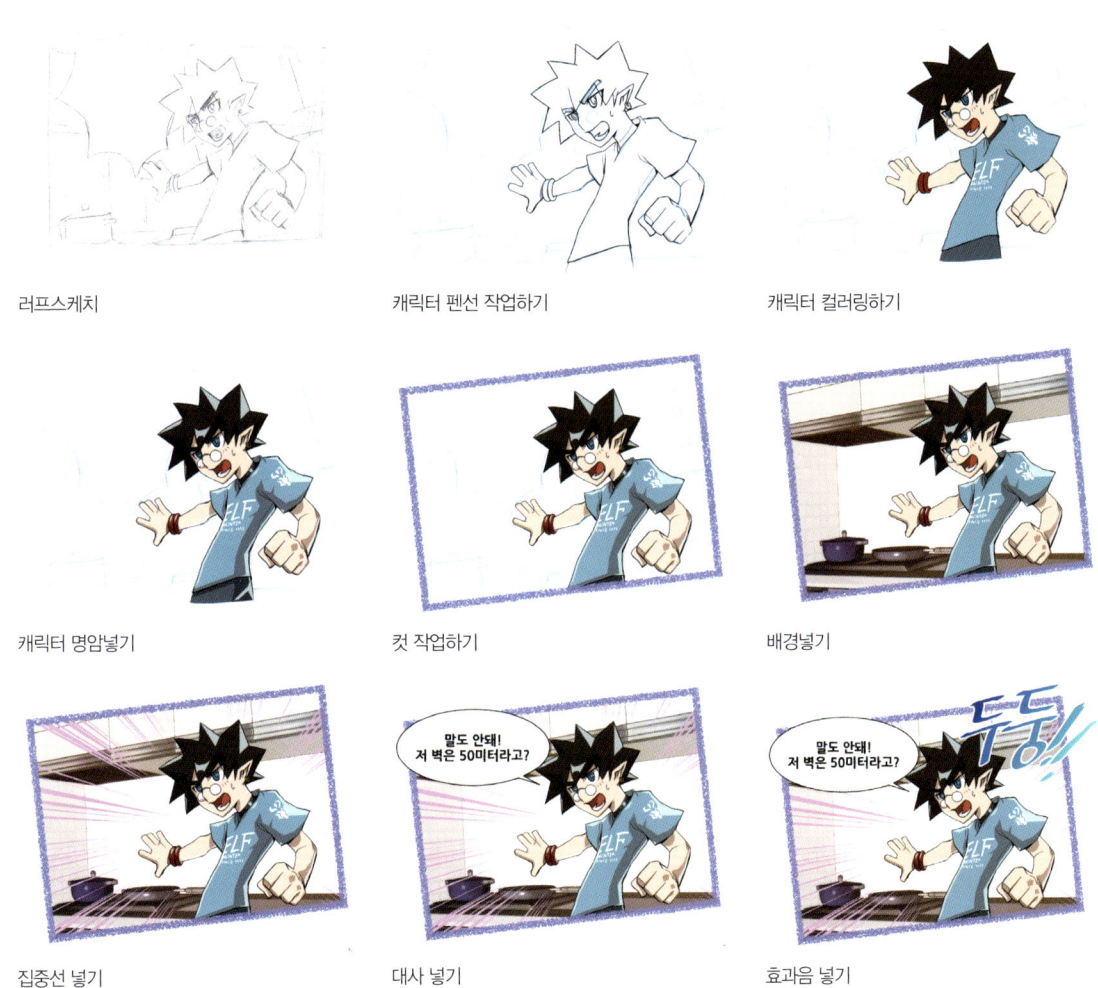

이번 챕터에서는 위의 과정을 하나하나 따라가며 필요한 툴들을 직접 사용해 볼 예정입니다. 클립스튜디오를 실행한 상태에서 본 과정을 하나하나 따라해 보시면 웹툰 작업의 기본작업을 직접 익히실 수 있으며 클립스튜디오가 한결 익숙해지실 것입니다.

SECTION 01 새창 만들기

UNIT 01_ 만화의 크기 설정하기

이번 시간에는 새 작업에 맞는 새 캔버스를 만들어보도록 하겠습니다.

01 `CTRL`+`N`을 눌러 새 창 옵션을 연 뒤, 일러스트 아이콘을 눌러 전용 옵션을 보이게 합니다.

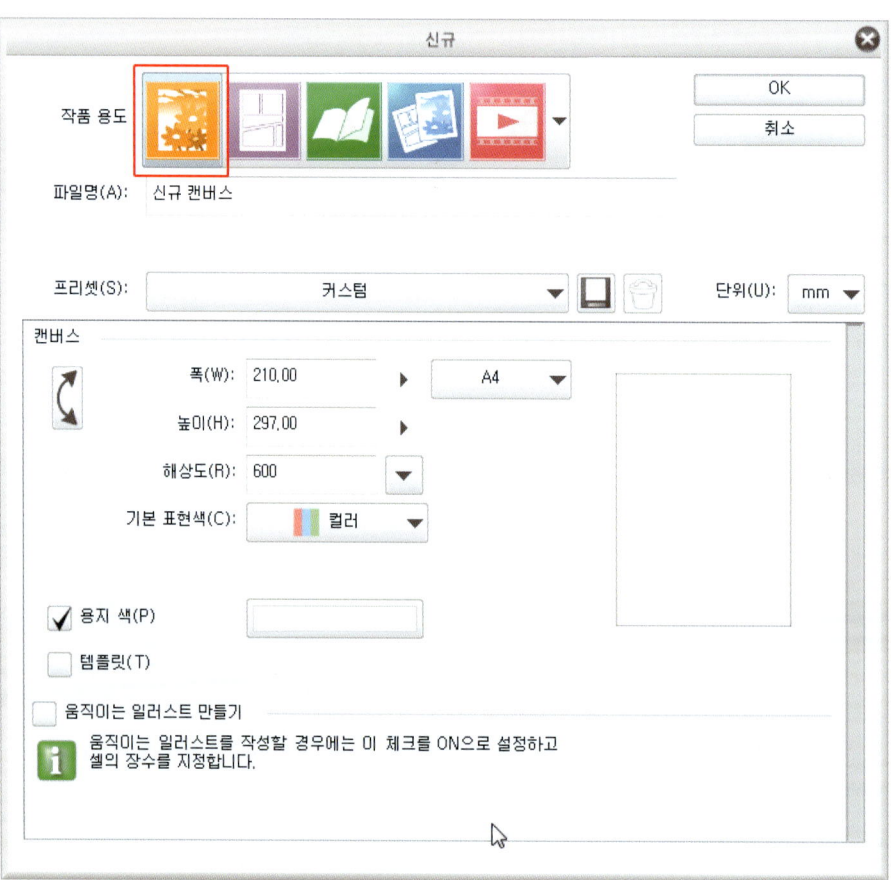

저는 네이버도전만화용 일상툰을 그릴 예정이므로 우선 그에 맞는 사이즈를 확인해봅니다. 아래는 각 포탈별 웹툰 크기를 비교한 표입니다.

웹툰서비스 업체	가로사이즈	세로사이즈	1회당 용량제한
네이버 도전만화	690px	제한없음	20MB
다음 나도만화가	700px	제한없음	20MB

저는 네이버도전만화 규격으로 작업해보도록 하겠습니다. 일반적으로 네이버웹툰의 가로 크기제한은 690px 입니다. 사실 대부분 웹툰은 이 사이즈보다 큰 편이므로, 이에 맞춰 작업하시면 됩니다.

일상툰이니 그보다 적어도 상관 없지만 공간 확인을 위해 가로 690px×세로 2000px 정도로 출력할 것입니다. 하지만, 나중에 잘되면(?) 출판도 하고, 연재시 펜선도 예쁘게 나올 수 있도록 2배 정도로 작업을 합시다. 창의 크기를 1380×4000으로 설정하고 해상도는 150으로 맞추었습니다. 물론, 단위는 px로 조정하였습니다. 파일명은 작업할 원고명으로 설정합니다. 저는 ABxAB커플_1화로 설정하였습니다.

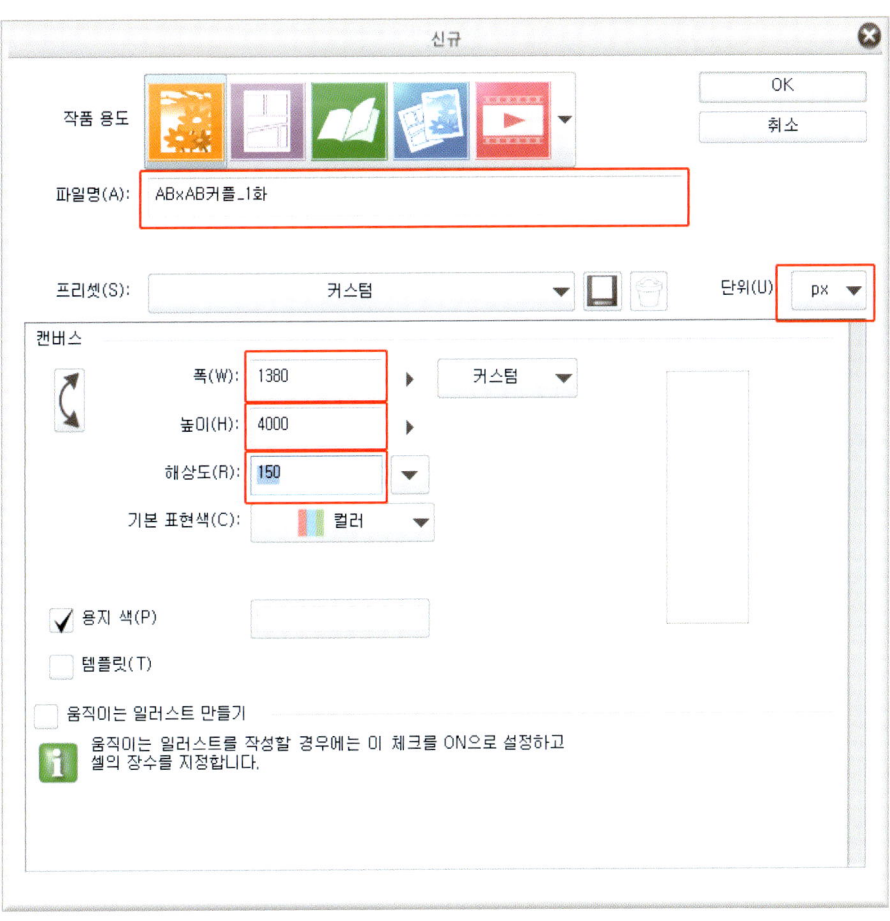

03 OK 버튼을 눌러 새창을 연 모습입니다.

이제 작업할 준비가 되었습니다. 다음 시간에는 러프스케치를 하면서 연필 툴과 밑그림 레이어에 대해 알아보도록 하겠습니다.

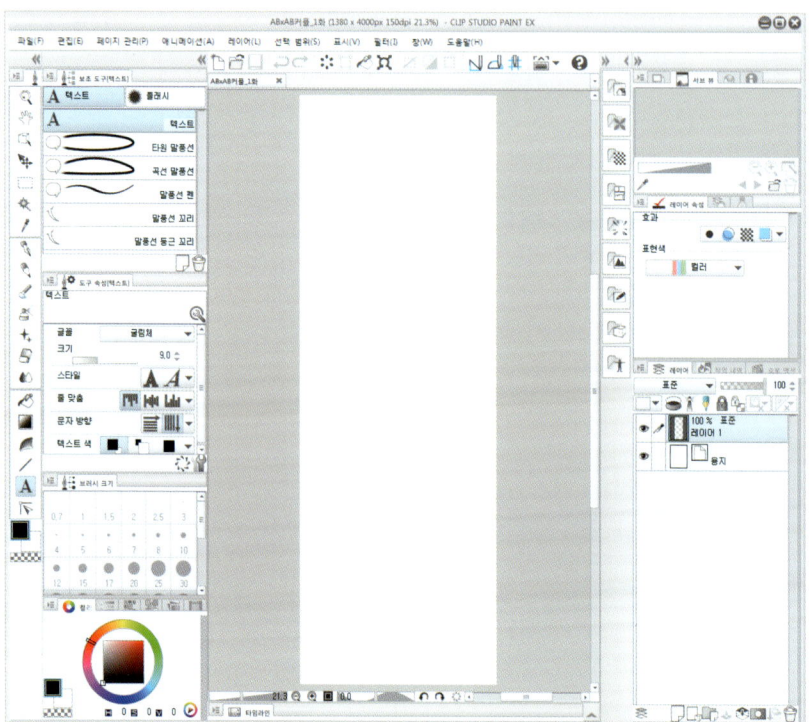

만든 창 크기 저장해두기

보통 웹툰을 연재하게 되면 똑같은 규격으로 작업하게 됩니다. 그러므로 미리 일정한 규격을 저장해두면, 언제라도 편하게 꺼내 쓸 수 있어 편리합니다. 새창옵션에서 원하는 내용을 설정한 뒤 저장 아이콘을 선택하면, 현재 크기를 저장할 수 있습니다.

네이버도전만화라는 이름으로 설정하고 저장합니다.

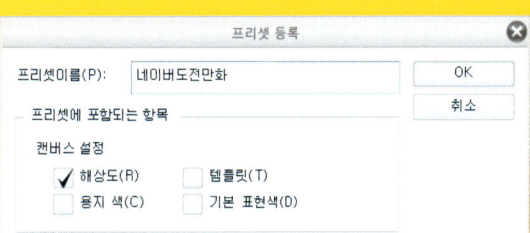

다음부터는 프리셋 메뉴에서 '네이버도전만화'를 선택하면, 미리 설정한 사이즈로 작업할 수 있습니다.

러프 스케치

이번 시간에는 러프스케치를 해보도록 하겠습니다. 클립스튜디오의 연필 툴을 이용합니다.

UNIT 01 _ 밑그림 레이어 설정하기

01 새 캔버스를 연 모습입니다.

레이어 탭을 보면 배경 레이어와 함께 레이어 1 이라는 새로운 레이어가 있는 것을 확인할 수 있습니다. 백그라운드만 생성하는 포토샵보다는 조금 친절한 느낌입니다.

02 이 레이어에 러프작업을 해봅시다. 레이어 1이라고 적힌 부분을 더블클릭하면, 편하게 이름을 바꿀 수 있습니다.
'러프'라고 변경합니다.

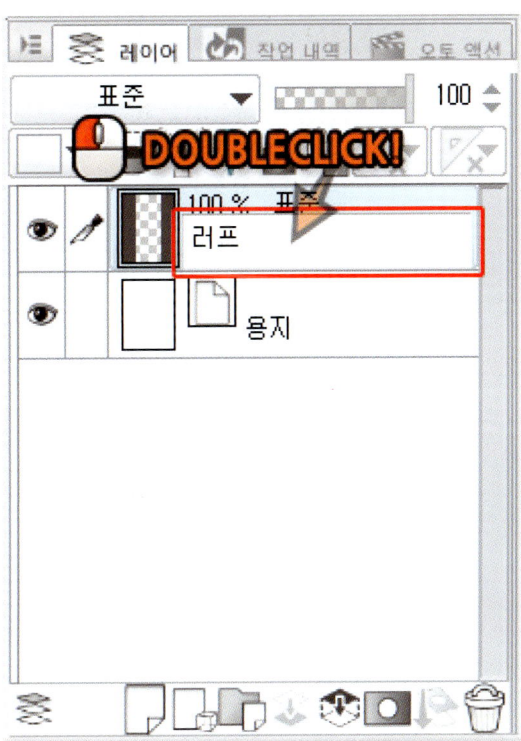

만든 '러프' 레이어 위에 마우스 우클릭 → 레이어 설정 → 밑그림 레이어로 설정을 선택해서 밑그림 레이어로 설정합니다.

밑그림 레이어는 출력할 때 나오지 않으므로 다른 작업에 영향을 주지 않아 러프작업을 할 때 유용합니다.

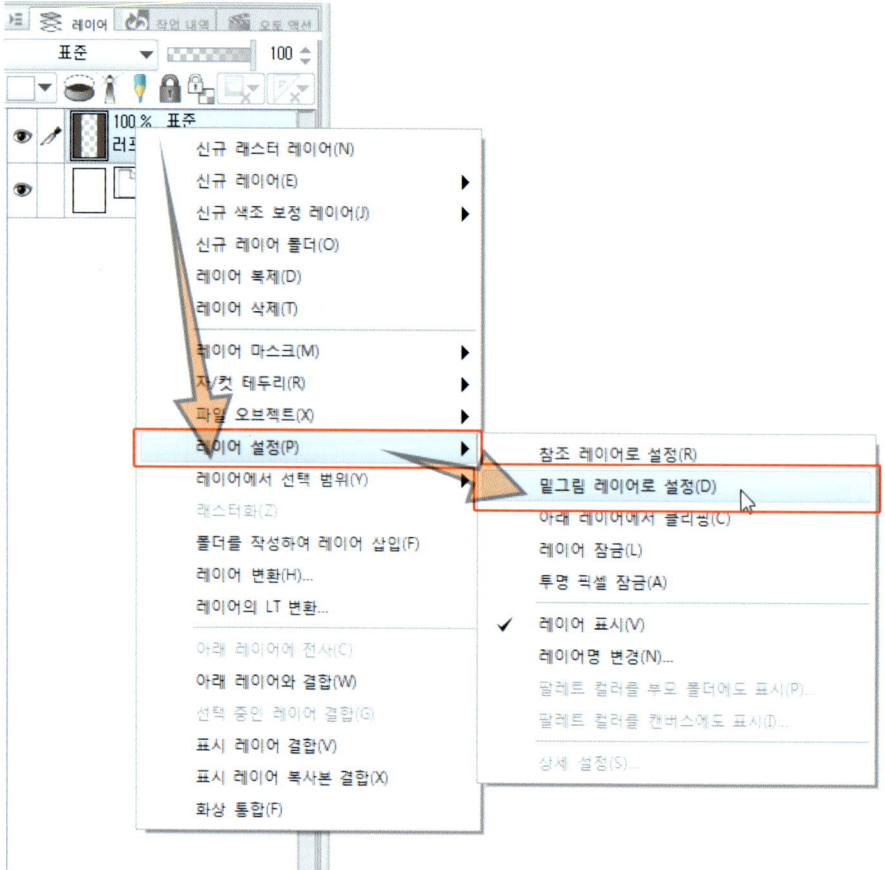

밑그림 레이어는 푸른 색연필 아이콘으로 표시되어 편하게 구별할 수 있습니다.

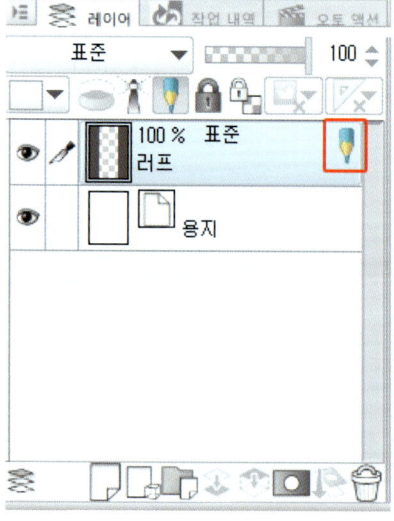

UNIT 02_ 연필 툴 사용하기

이제 연필 툴을 사용해보도록 하겠습니다.
 아이콘을 클릭합니다.

01 보조 도구 팔레트를 확인합니다. 다양한 연필 툴들이 보입니다.

02 하나씩 선택해 캔버스에 그어보며, 취향에 맞는 연필 툴을 골라봅니다.

부드러운 연필이 편하신 분이라면 연한 연필이, 포토샵의 단단한 브러시가 편하신 분이라면 진한 연필이 쓰기 편합니다. 샤프가 편하신 분은 샤프펜슬을 사용하시면 됩니다. 저는 샤프펜슬을 선택하였습니다.

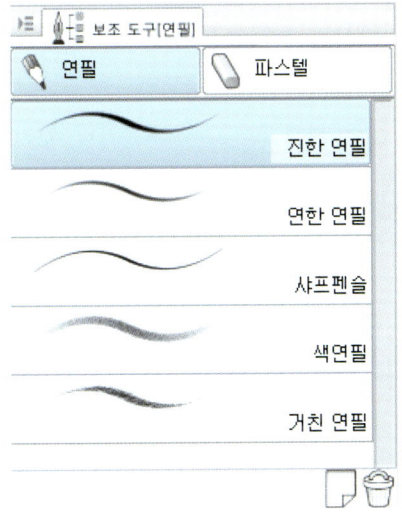

03 브러시의 세부적인 설정은 도구 속성 팔레트에서 조정할 수 있습니다. 각 브러시마다 세팅이 조금씩 다르며 연필 툴은 아래처럼 조정 가능합니다.

설정항목	기능
브러시 크기	브러시의 크기를 설정합니다.
경도	단단한 정도를 설정합니다. 우측으로 갈수록 외곽이 날카롭게 나옵니다.
브러시 농도	브러시의 강약을 조절합니다. 투명도라고 이해하셔도 좋습니다.
손떨림 보정	손떨림 보정기능을 켭니다. 우측으로 갈수록 매끄럽게 나옵니다.

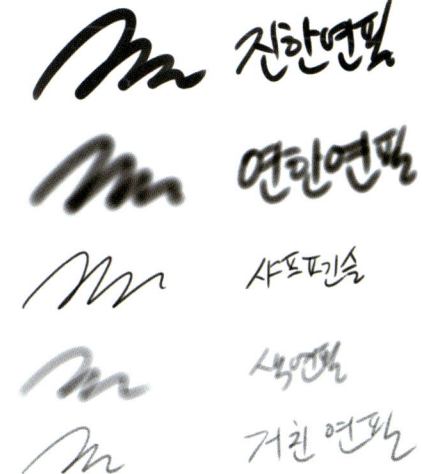

연필 사이즈를 조절해가며, 원하는 원고를 그려봅시다.

브러시 크기는 도구 속성 팔레트에서 조정하거나, [,]를 눌러서 조정할 수도 있지만, `ALT`+`CTRL`+마우스 드래그로도 손쉽게 조정할 수 있습니다. 직관적으로 크기를 확인할 수 있으므로 이쪽을 추천합니다.

불필요한 부분은 지우개 툴 `E`로 지워가면서 작업합니다.

한 컷을 완성한 모습입니다. 연필 스케치 느낌이 나나요?^^

샤프펜슬은 샤프와 흡사한 느낌이라, 가는 선으로 러프하게 작업하기 편합니다. 다음 시간에는 이 스케치를 이용해서 깔끔한 펜선을 그어보도록 하겠습니다.

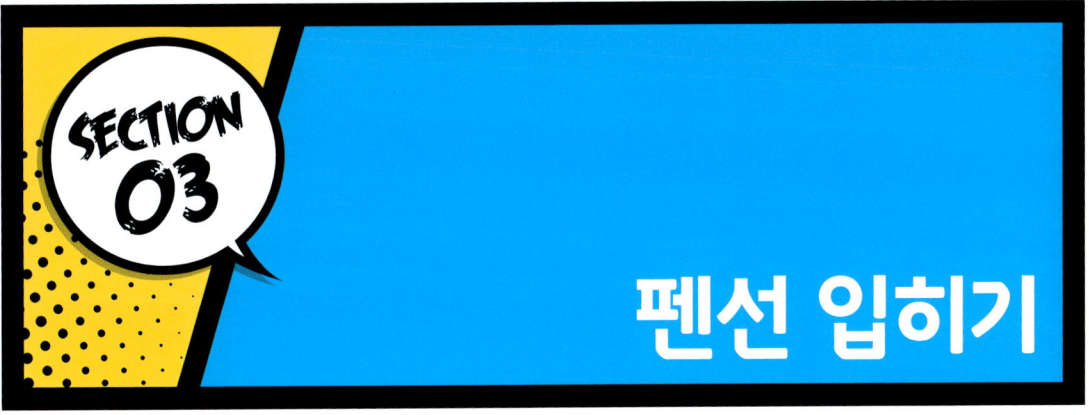

펜선 입히기

지난 시간에는 러프스케치를 해보았습니다. 이번 시간에는 러프스케치를 작업하기 편하게 변경하는 방법과, 클립스튜디오의 벡터 레이어를 사용하는 방법을 통해 펜선 작업을 해보도록 하겠습니다.

UNIT 01_ 펜선을 푸른색으로 바꾸기

스케치가 끝나셨나요? 이제 펜선 작업을 위한 밑준비를 해보도록 하겠습니다.

레이어 속성의 효과 항목에서 아이콘(레이어 컬러)을 선택하면, 푸른색으로 변경할 수 있습니다.

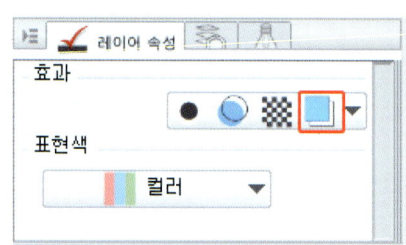

레이어 컬러 설정 전

레이어 컬러 설정 후

 러프선을 푸른색으로 변경하면 실제 펜선 작업을 할 때 구분이 편리합니다. 아래 이미지를 보면 검은색 러프선에서는 펜선이 잘 보이지 않는 반면, 푸른색 러프선에서는 펜선이 확실히 구별되는 것을 알 수 있습니다.

러프와 펜선이 잘 구별되지 않습니다.

러프와 펜선이 잘 구별됩니다.

여기서 궁금증이 생깁니다. 하필이면 왜 푸른색일까요? 사실 이는 전통적인 만화 작업프로세스에서 온 부분입니다. 출판만화의 경우 연필선을 잘 지우지 않으면, 인쇄에 얼룩으로 나오는 경우가 종종 있었습니다. 하지만 푸른색은 인쇄할 때 잘 표시되지 않기 때문에, 푸른색 색연필로 러프작업을 하고 인쇄를 하는 게 일반적인 과정이었습니다. 이러한 전통이 지금까지 내려온 것입니다.

디지털 작업으로 바뀐 지금은 레이어를 숨기는 것만으로 이런 문제점이 해결되긴 합니다.. 그 전통만은 그대로 남겨두었습니다. 포토샵과 달리 만화만을 위해 탄생한 클립스튜디오다운 센스인 것 같습니다.

UNIT 02 _ 벡터 레이어로 펜선 작업하기

러프 레이어를 푸른색으로 바꾸셨나요? 이제 펜션 레이어를 만들어봅시다. 클립스튜디오의 드로잉 레이어는 크게 레스터 레이어와 벡터 레이어로 나뉩니다. 벡터 레이어는 확대/축소에도 깨지지 않고, 선을 다양하게 편집할 수 있어서 펜선 작업에 무척 편리합니다. 포토샵과 다른 클립스튜디오만의 장점이기도 하지요. 그 장점을 버리긴 아까우니, 벡터 레이어를 이용해 펜선을 그려보도록 합시다.

01 레이어 팔레트의 신규 벡터 레이어 아이콘을 클릭해서 새 벡터 레이어를 생성합니다.

02 레이어 이름을 변경합니다. 일단 몸통부터 그릴 생각이라 '몸통'으로 이름을 변경해서 알아보기 쉽게 만듭니다.

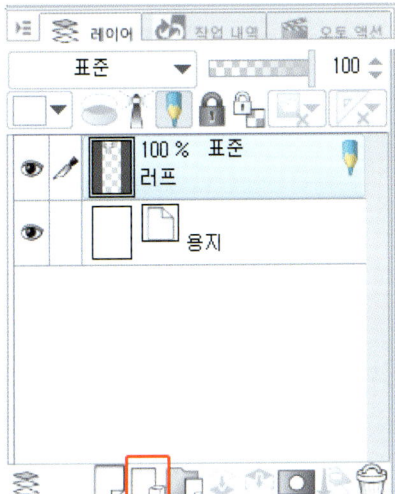
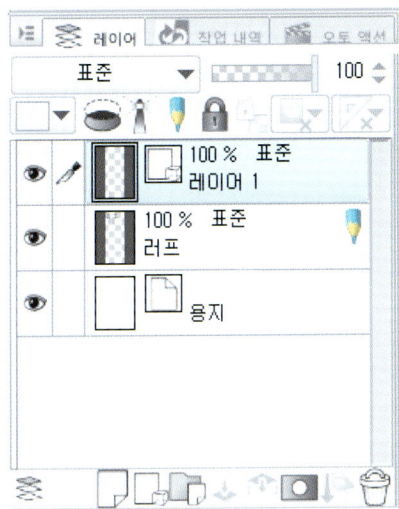
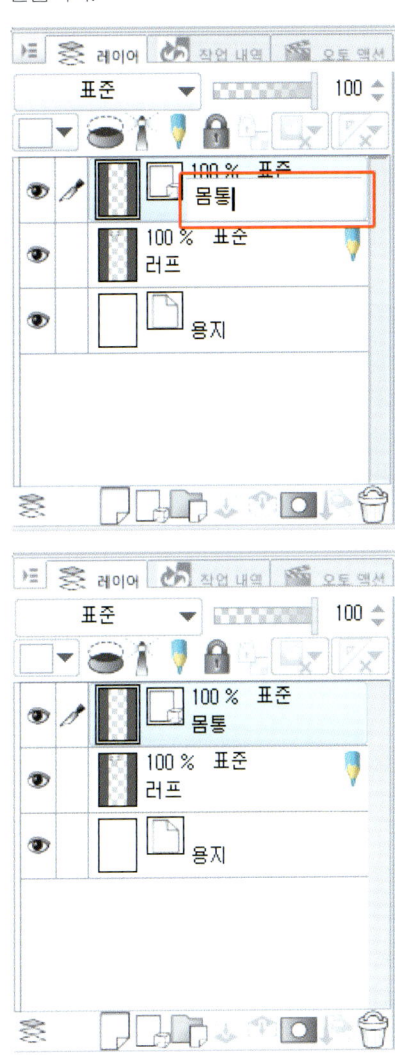

UNIT 03_ 펜 툴 사용하기

이제 펜 툴을 사용해봅시다. 툴 팔레트에서 펜 툴을 선택합니다. 연필 툴과 마찬가지로, 보조 도구 팔레트에 여러 펜이 나옵니다. 대부분 실존하는 펜을 기반으로 세팅되어 있습니다. 여러 펜을 써보며, 취향에 맞는 걸 선택하시기 바랍니다. 전, 실제로 즐겨쓰던 G펜을 사용해서 작업할 예정입니다.

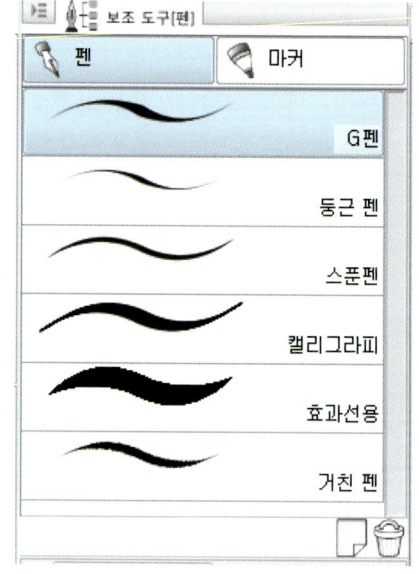

실물은 이렇게 생긴 펜입니다. 힘을 주는 정도에 따라 선의 굵기가 쉽게 바뀝니다. 덕분에 사용하기 약간 까다롭긴 하지만, 익숙해지면 맛깔나는 선이 나옵니다. 클립스튜디오의 G펜 역시 이러한 특성을 잘 반영한 펜 툴입니다.

펜 툴 역시 도구 속성 팔레트에서 세부기능을 조정할 수 있습니다. 대부분 연필 툴과 비슷하지만, 툴에 맞는 기능설정이 일부 추가되어 있습니다.

설정항목	기능
브러시 크기	브러시의 크기를 설정합니다.
불투명도	투명도를 설정합니다.
안티에일리어싱	펜 툴의 외곽을 다듬을지를 결정합니다. 높을수록 선의 경계부분이 부드러워집니다.
손떨림 보정	손떨림 보정 기능을 사용합니다.
벡터 흡착	벡터 레이어에서만 보이는 기능으로, 가까이 있는 선을 하나로 합쳐주는 기능입니다. 편리한 기능이지만, 너무 과하게 설정하면 선을 왜곡시키므로 주의해야 합니다.

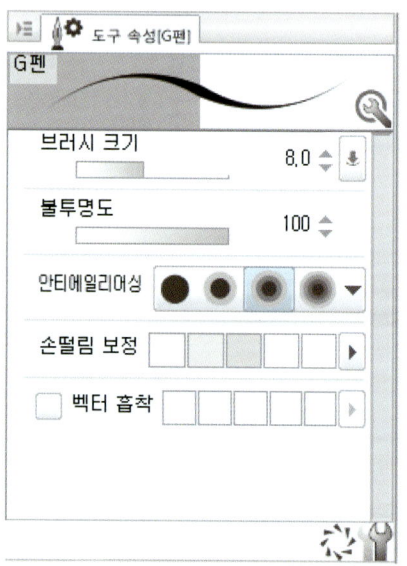

위 설정을 참고해서 인물 펜선 작업을 진행해봅시다.

겹쳐져서 튀어나온 선은 지우개 툴 의 벡터용 툴을 사용하면 편리하게 제거할 수 있습니다.

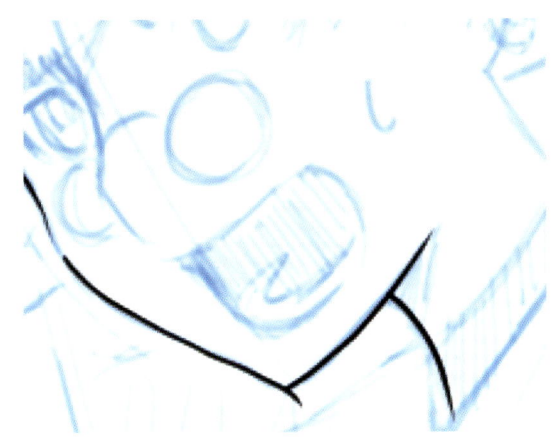

1차로 작업한 모습입니다. 헤어와 얼굴 등은 별도의 레이어로 작업할 예정이라, 아직 작업하지 않았습니다.

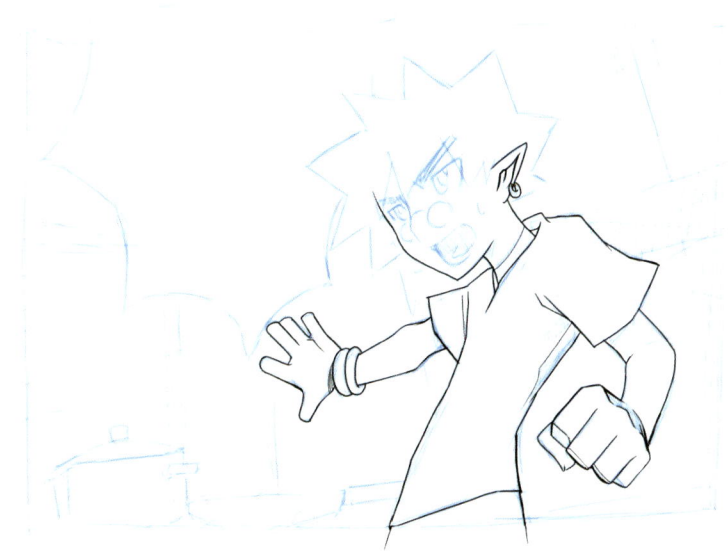

러프 레이어를 끄고 펜선만 남긴 다음, 부족한 부분을 추가하고 마무리합니다.

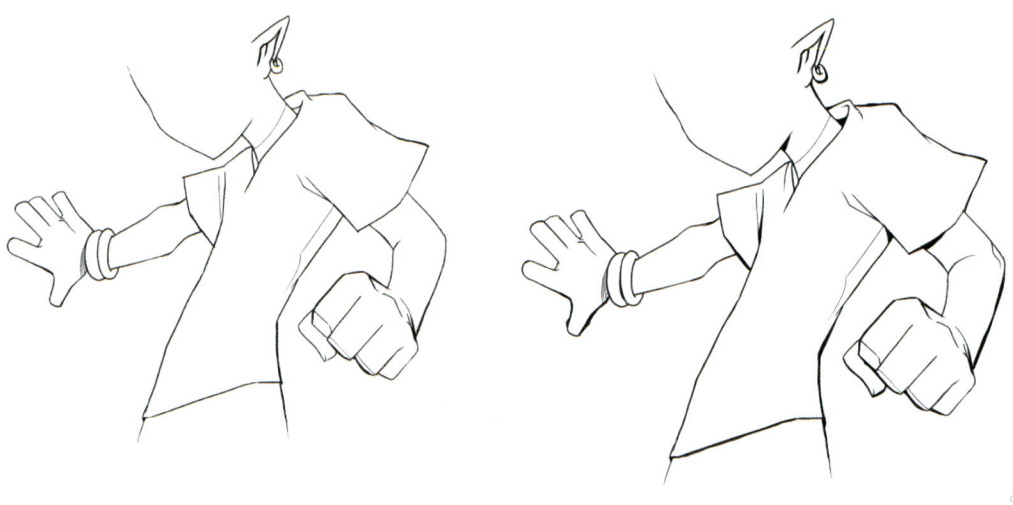

UNIT 04_ 얼굴과 헤어라인 그리기

이번에는 얼굴과 헤어라인을 만들어보도록 하겠습니다.

 새 벡터 레이어 아이콘을 눌러 새 벡터 레이어를 2종류 만든 다음, 각각 이름을 '얼굴', '헤어' 로 만듭니다.

이렇게 분리를 해두면, 나중에 얼굴을 수정하거나 할 때 좀 더 편리하게 관리할 수 있습니다.

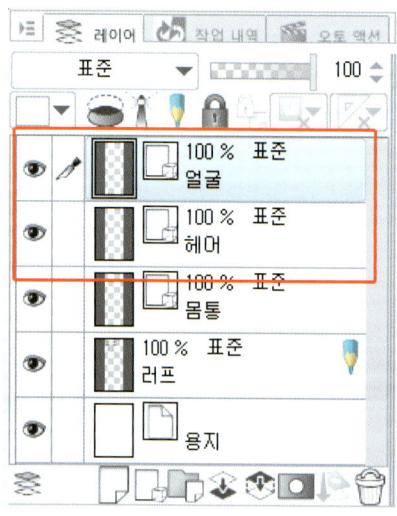

 러프 레이어를 켠 다음, 펜 툴을 이용해서 각 레이어를 채워 넣었습니다.

· **안경그리기**

안경은 동그란 원을 그려야 해서, 펜 툴만으로는 그리기 쉽지 않습니다. 이럴 때는 ╱ 도형 툴을 사용하면 편리합니다.

01 도형 툴을 선택합니다. 보조 도구 팔레트에서 직접그리기 → 타원 툴을 선택합니다.

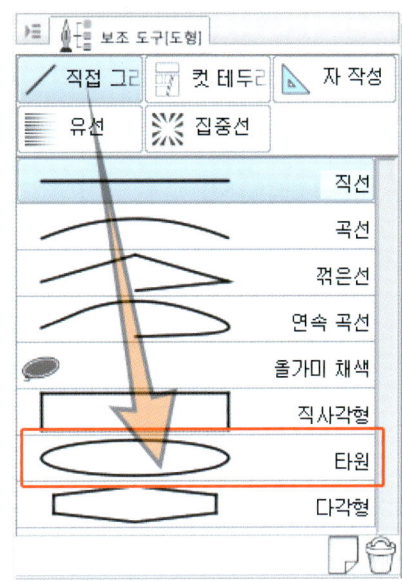

02 타원 툴은 원을 쉽게 그릴 수 있는 편리한 툴입니다. 새로 '안경' 레이어를 만든 다음, 안경알을 그려 넣습니다.

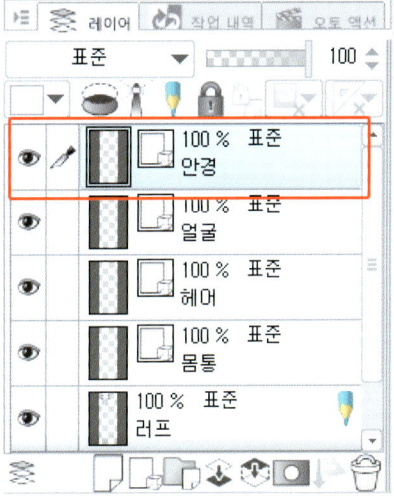

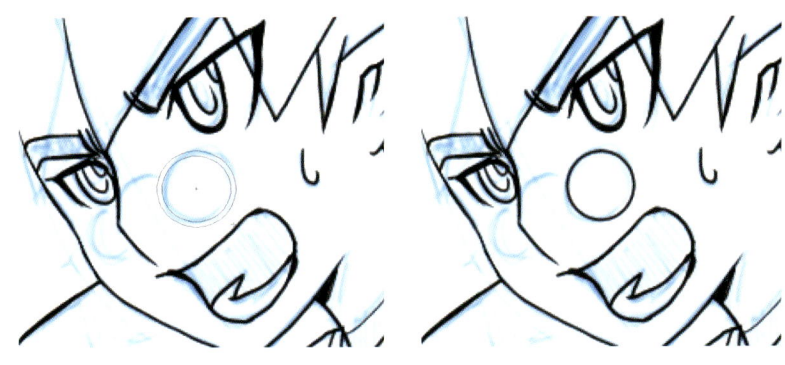

코와 안경알이 겹친 부분은 타원 툴로 그린 다음, 벡터 지우개로 지우면 불필요한 부분이 깔끔하게 제거됩니다. 벡터 레이어의 장점이죠.

04 남은 부분은 펜 툴로 그려준 다음, 마무리합니다.

05 다음 작업을 위해 만든 펜선 레이어를 폴더로 정리해봅시다. 레이어 팔레트에서 신규 레이어 폴더 버튼을 눌러서 새 폴더를 하나 만든 다음, 펜선 레이어들을 드래그해 넣습니다. 폴더 이름은 '펜선' 으로 변경합니다.

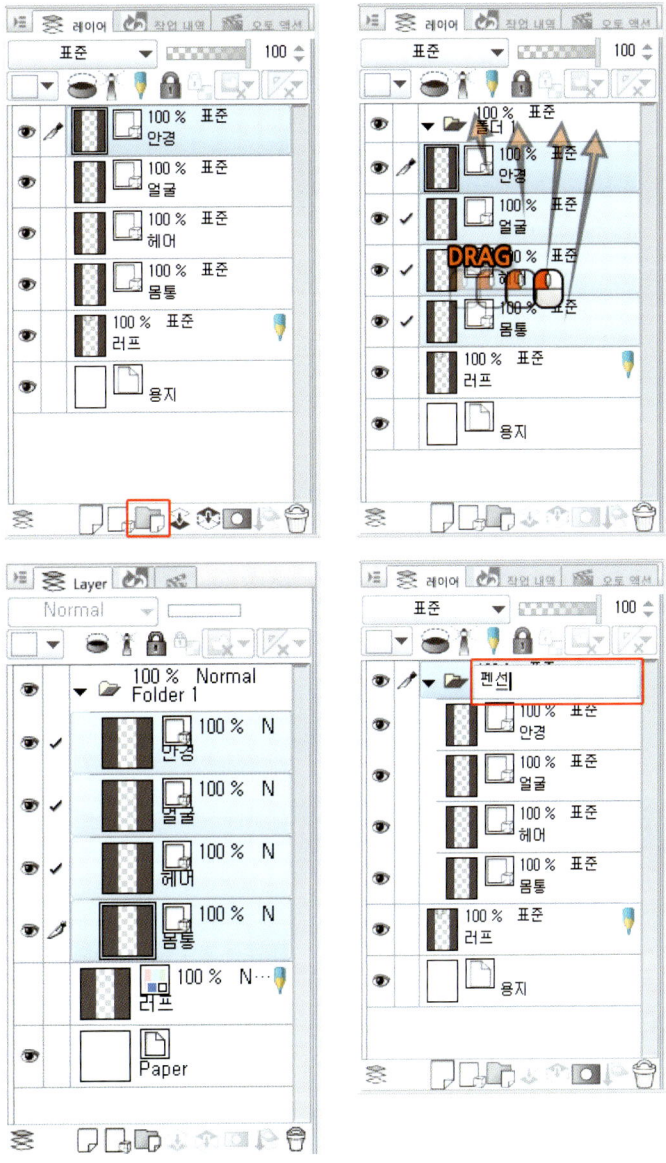

벡터 레이어를 이용해 펜작업까지 해보았습니다. 클립스튜디오의 벡터 레이어 기능은 포토샵보다 강력하며, 편하게 펜선 작업을 할 수 있습니다. 기존에 실제 잉크와 펜을 이용하던 사람들도 손쉽게 적응할 수 있다는 장점이 있습니다.

다음 시간에는 컬러링을 해볼 예정입니다. 컬러링 작업을 통해 클립스튜디오의 또다른 강력함을 느낄 수 있을 것입니다.

컬러링 하기

이번 시간에는 컬러링 작업을 해보도록 하겠습니다. 클립스튜디오에는 그림에 색을 칠할 수 있는 다양한 방법이 있습니다. 그중에 저희가 사용할 방식은 클립스튜디오 특유의 채색방식 중 하나인 '에워싸고 칠하기' 툴입니다. 이 툴은 선택 영역만을 잡으면 그 부분을 스마트하게 칠해주는 멋진 기능을 가지고 있어, 작업속도를 빠르게 올려줍니다. 이번 강좌를 통해 꼭 알아두시기 바랍니다.

01 이번에는 정리하기 편하도록 레이어 폴더를 먼저 만들어보도록 하겠습니다. 앞서 만든 '펜션' 레이어 폴더 아래에 📁 신규 레이어 폴더버튼을 눌러서 새 폴더를 만듭니다. 폴더 1 부분을 더블클릭해서 편집 모드로 변경한 다음, 이름을 '컬러링'으로 변경합니다.

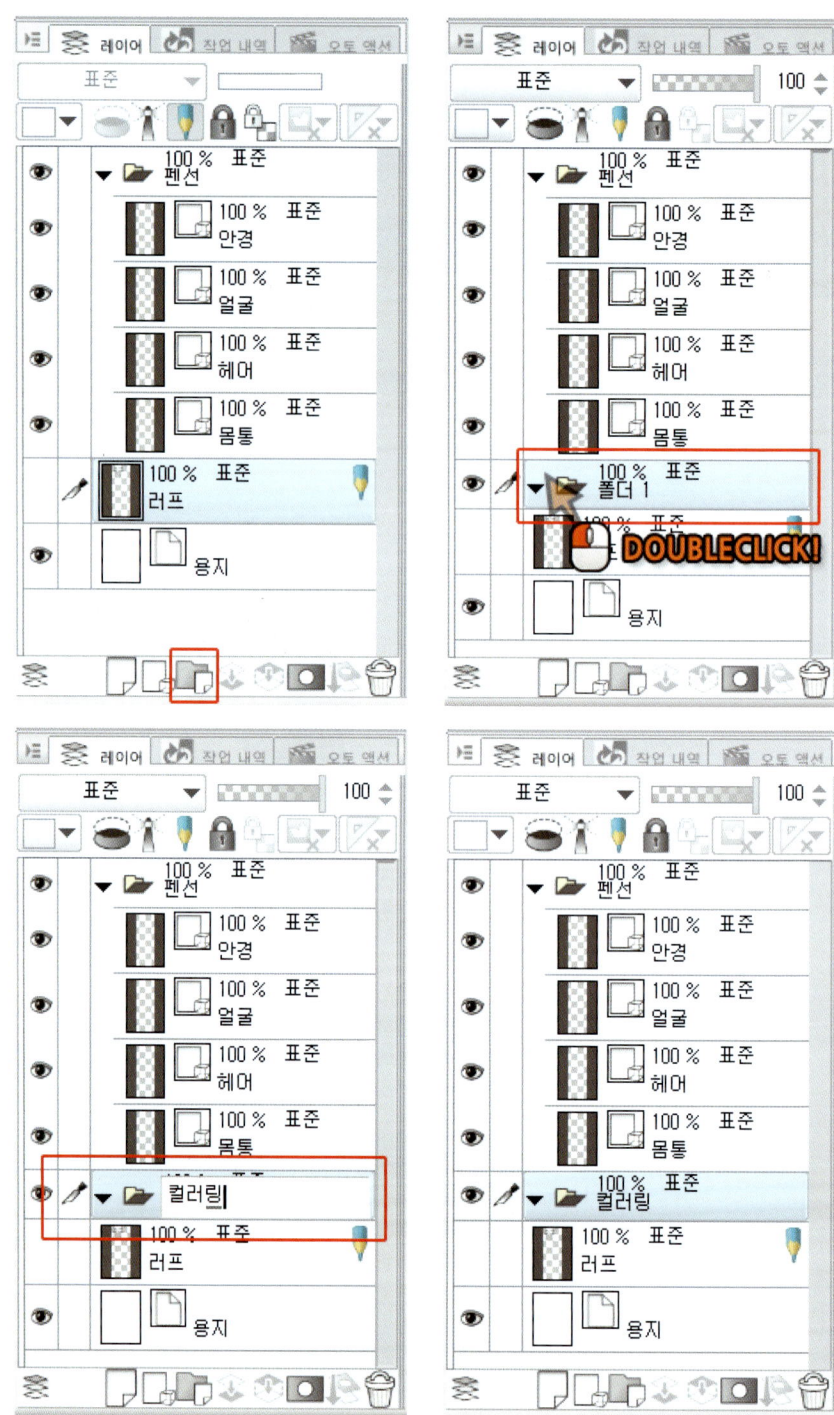

· 피부 채색하기

01 피부를 칠할 레이어를 만들어봅시다. '컬러링' 레이어 폴더를 선택한 상태에서, 신규 레스터 레이어 버튼을 눌러서 새 레이어를 만듭니다. 그러면 컬러링 폴더안에 새 레스터 레이어가 생성됩니다.(컬러링 툴은 벡터 레이어에서는 동작하지 않습니다.) 만든 레이어는 '피부'라고 이름을 바꿉니다.

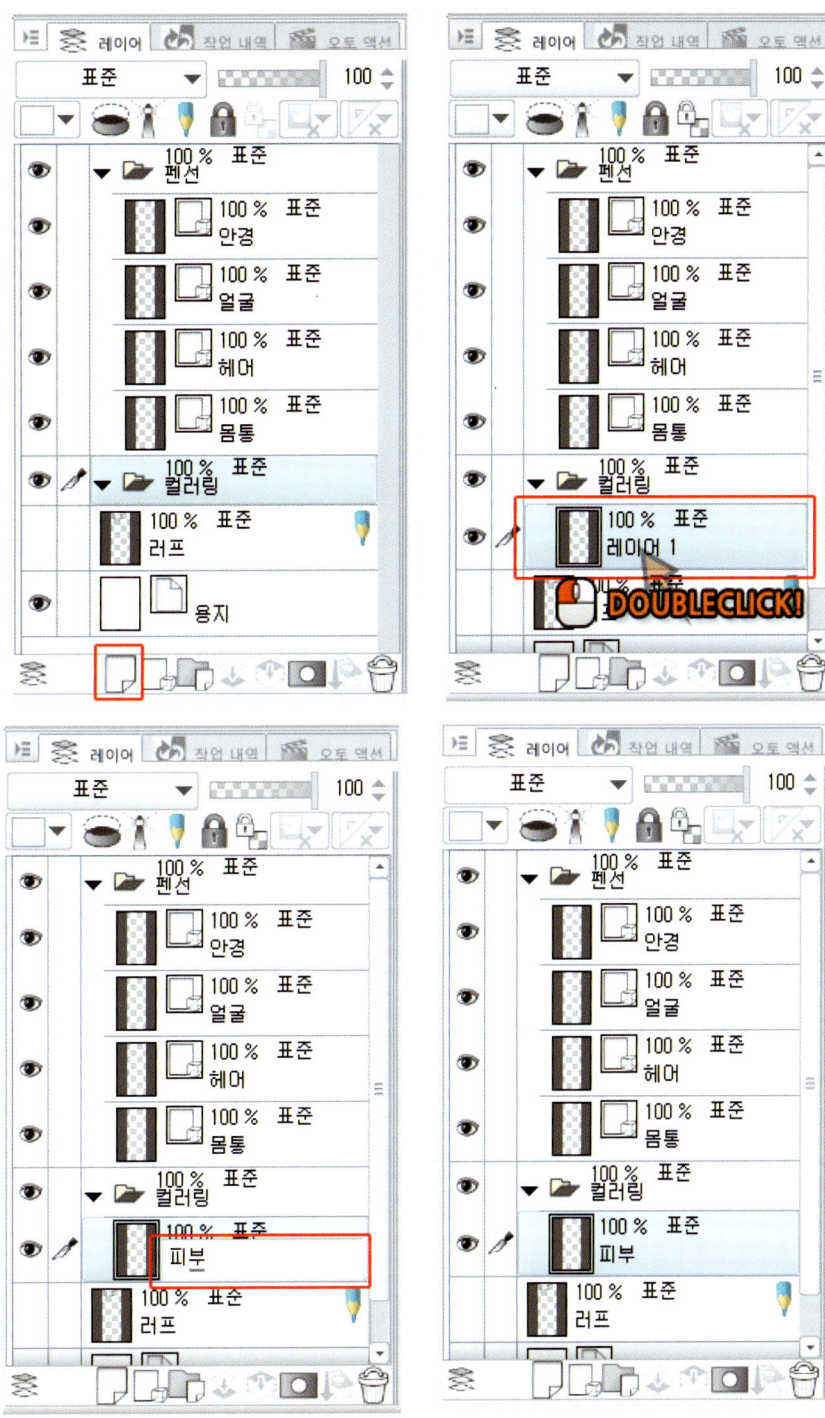

02 툴을 선택합니다. 역시 보조 도구 팔레트에 다양한 툴이 등장하는 것을 볼 수 있습니다.

보조 도구 종류	보조 도구 기능
편집 레이어만 참조	지금 작업 중인 레이어만 참조합니다.
다른 레이어 참조	다른 레이어도 참조합니다.
에워싸고 칠하기	선택 영역을 그리면 그 안의 공간을 칠합니다.
덜 칠한 부분에 칠하기	칠해지지 않은 작은 공간들을 칠합니다. 붓 형태의 툴입니다.

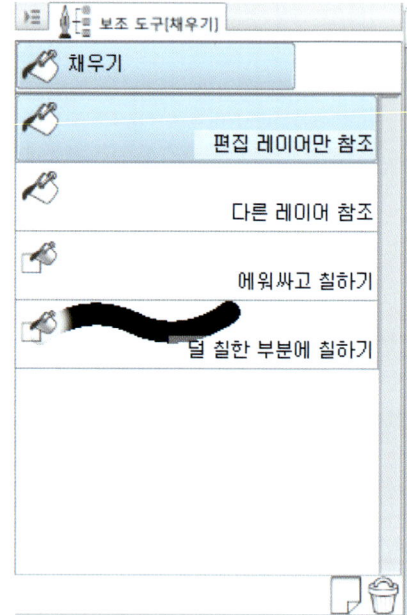

03 이번에 사용할 툴은 에워싸고 칠하기 툴입니다. 원하는 영역을 드래그만으로 빠르고 깔끔하게 칠할 수 있어, 자주 애용하는 툴입니다. 에워싸고 칠하기 툴을 선택합니다.

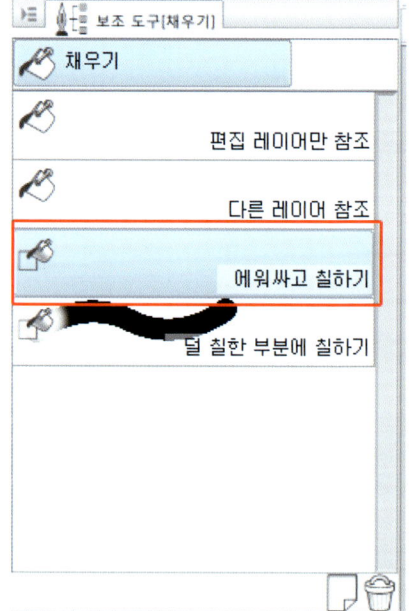

04 에워싸고 칠하기 툴을 선택하면, 거기에 맞게 도구 속성 팔레트의 내용도 변경됩니다. 진행하기 전에 간단히 속성을 알아보도록 하겠습니다.

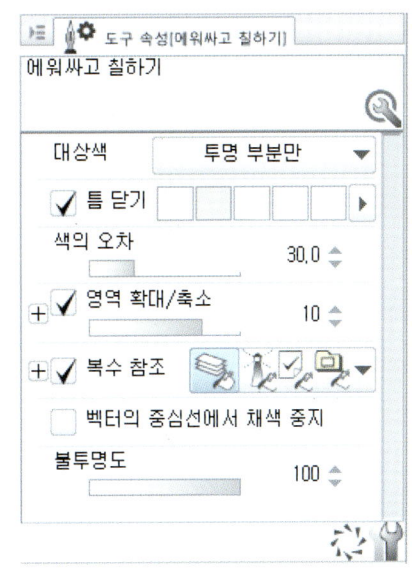

항목설명	기능
대상색	칠할 색상 영역을 결정합니다. 기본은 투명 부분만 으로, 투명한 부분만 칠해집니다.
틈 닫기	선이 살짝 끊어져 있더라도, 같은 영역으로 인식해서 채워줍니다. 클립스튜디오의 주요 특징입니다.
색의 오차	안티에일리어싱 영역을 얼마나 칠할지를 결정합니다. 숫자가 커질수록 더 많이 칠합니다.
영역 확대/축소	참고할 펜선 안쪽까지 칠해줍니다. 안티에일리어싱 등으로 지저분해지는 걸 막아 깔끔하게 칠해집니다.
복수 참조	참조할 레이어를 설정합니다. 그 대상에 따라 칠하는 영역이 달라집니다.
벡터의 중심선에서 채색 중지	체크를 끄면 벡터 라인이 참조 레이어일 때 중앙 부분을 기준으로 칠합니다.
불투명도	투명도를 조정합니다.

강좌 중간이므로, 이 정도로만 간단히 설명하도록 하겠습니다. 더 자세한 내용은 2장의 툴 설명의 예제를 참고하시기 바랍니다.

05 에워싸고 칠하기 툴을 선택한 다음, 펜선을 참고해서 피부를 칠할 영역을 둘러싸면서 드래그합니다. 그럼 그 안쪽의 영역이 자연스럽게 채워집니다. 포토샵에서 페인트 툴로 일일이 붓거나 영역을 잡아서 칠하는 방법보다 훨씬 빠르고 꼼꼼하게 칠할 수 있습니다.

같은 방법으로 피부의 다른 부분도 칠합니다.

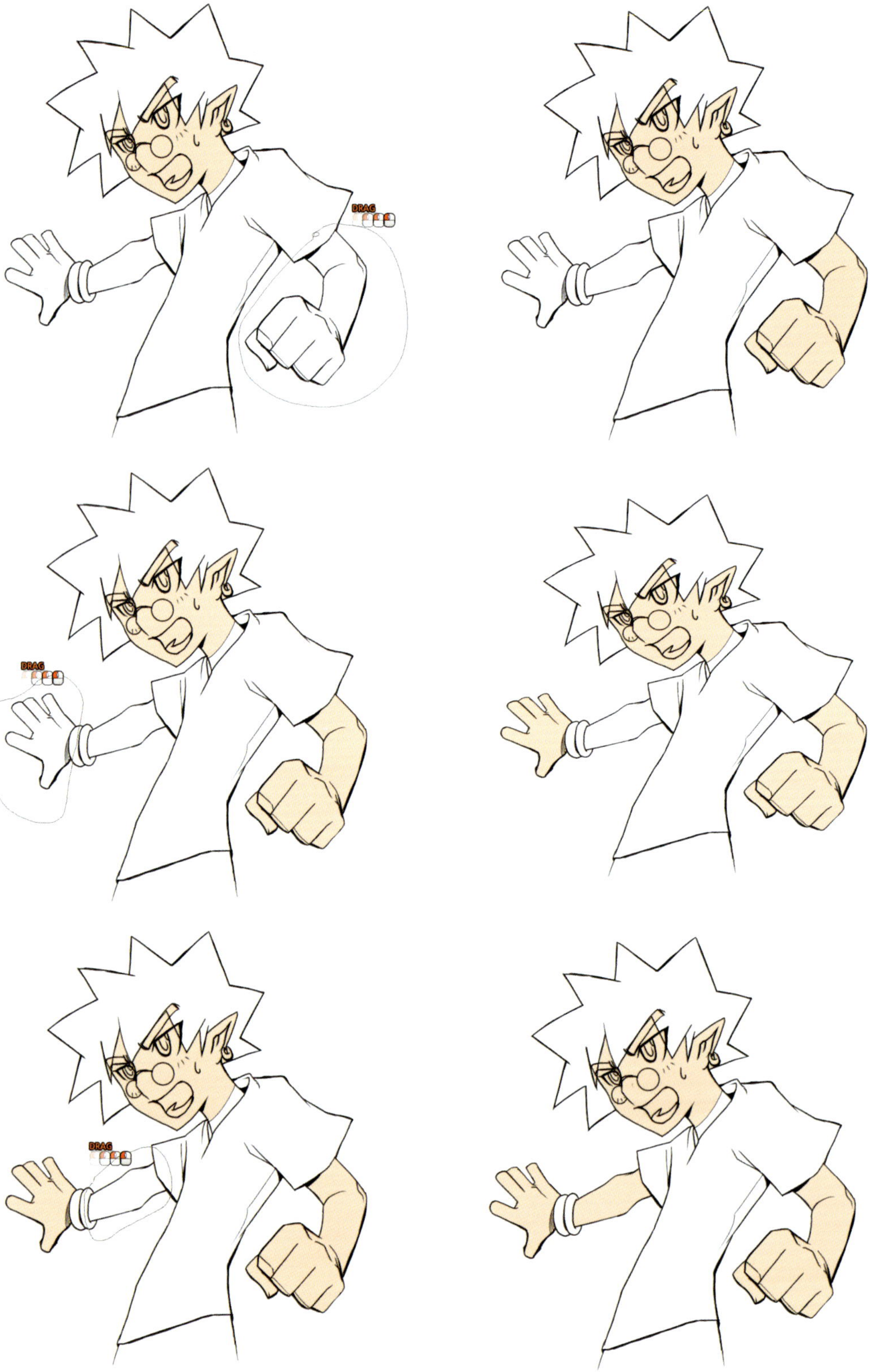

· 헤어 채색하기

 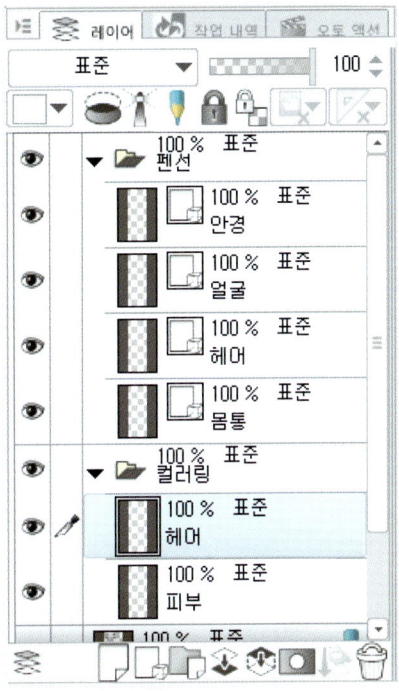 신규 레스터 레이어로 새 레이어 '헤어' 레이어를 만든 다음 적당한 색을 골라 헤어부분도 칠해줍니다. 하지만 아까 칠해졌던 부분과 눈썹부분은 칠해지지 않았습니다. 도구 속성 팔레트에서 대상색을 투명 부분만 으로 설정해서 투명색만 칠해지도록 되어 있기 때문입니다.

도구 속성 팔레트에서 대상색을 모든 색 대상 으로 변경합니다. 이렇게 설정하면 칠해진 부분도 다시 칠할 수 있습니다. 다시 눈썹과 헤어부분을 칠하고 마무리합니다.

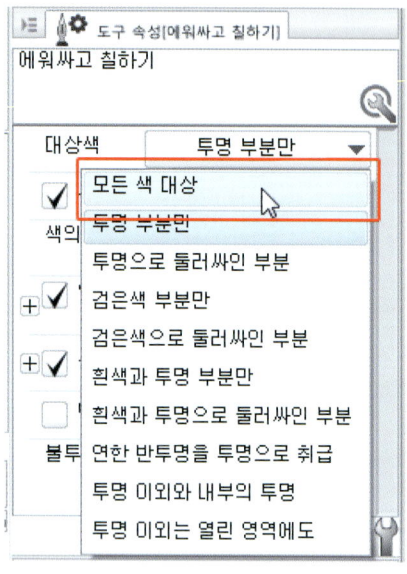

· 옷 채색하기

 동일한 방식으로 '옷' 레이어를 만들고 옷을 칠해줍니다. 색은 본인의 취향대로 칠해주세요.

바지 부분은 펜선이 이어지지 않아서 일반 채우기 툴로는 색이 입혀지지 않습니다. 이때는 바지 색깔의 선으로 아래부분을 막아준 뒤 칠하면, 깔끔하게 처리됩니다.

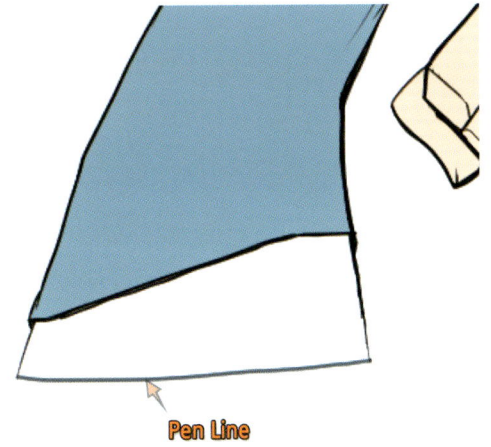

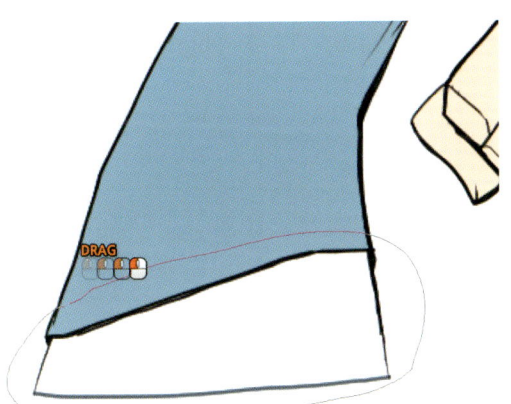

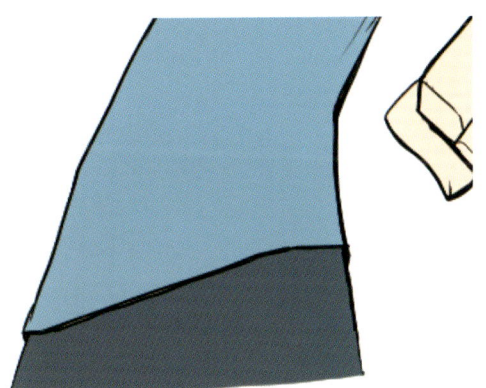

옷까지 전부 칠해본 모습입니다. 에워싸고 칠하기 툴을 쓰면, 이처럼 포토샵과는 비교되지 않는 속도로 빠르고 깔끔한 채색이 가능합니다.

· 얼굴과 옷 무늬 채색하기

01 얼굴은 채우기 툴로는 그리기 어렵습니다. '얼굴' 레이어를 만든 다음 펜 툴과 브러시를 이용해 그려주세요. 확대와 축소를 하면서 꼼꼼히 그려주시면 됩니다. 눈의 흰 부분과, 눈동자 부분을 그려주세요. 옷 무늬 레이어도 만든 다음 그려주고 마무리합니다.

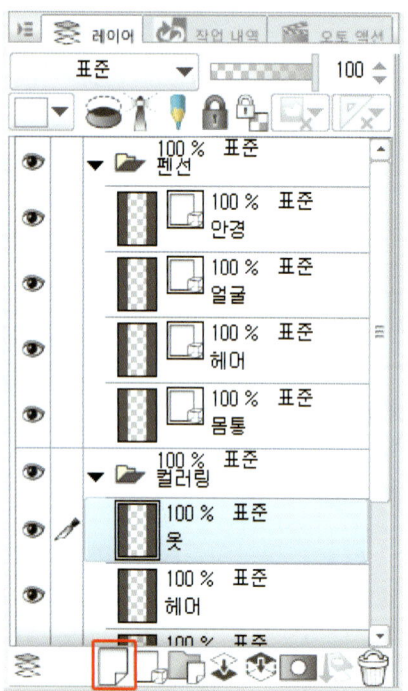 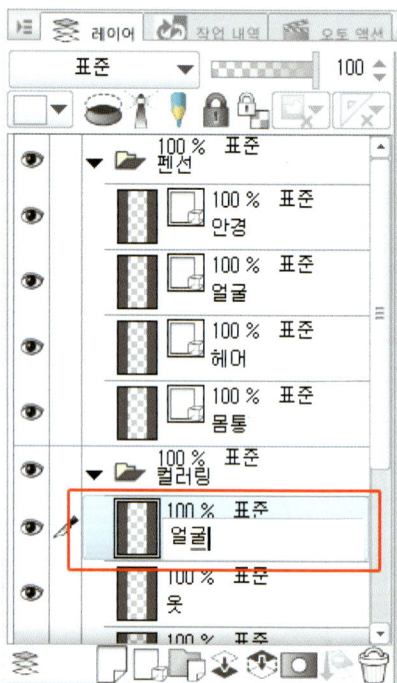

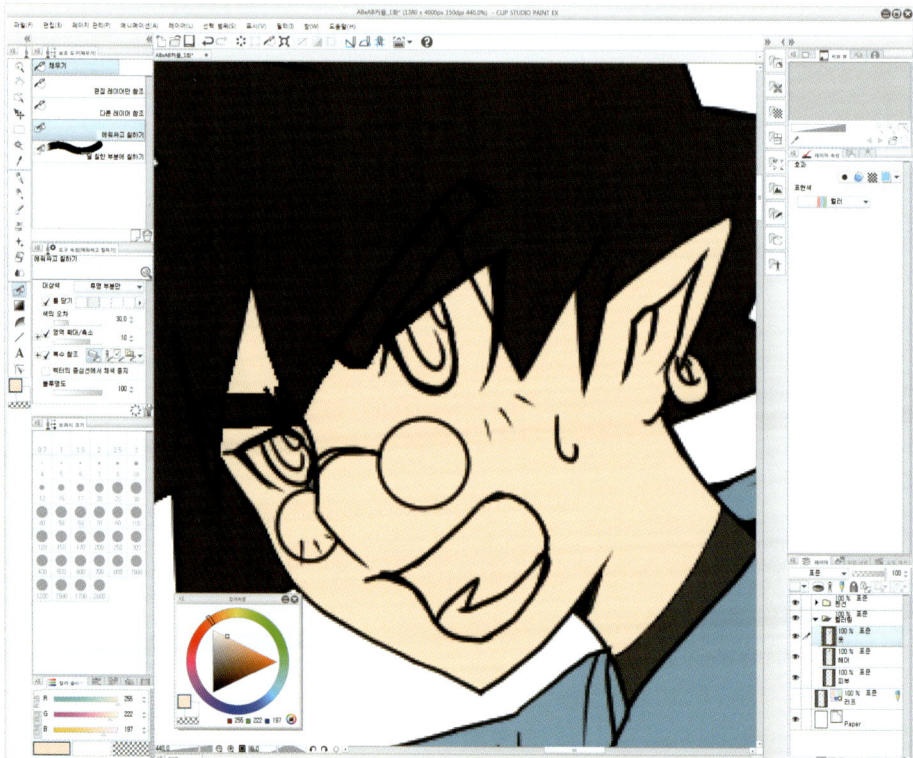

아래는 마무리된 모습입니다. 깔끔하군요. 다음 시간에는 입체감을 살려줄 수 있도록 깔끔한 셀 방식의 명암 작업을 해보도록 하겠습니다.

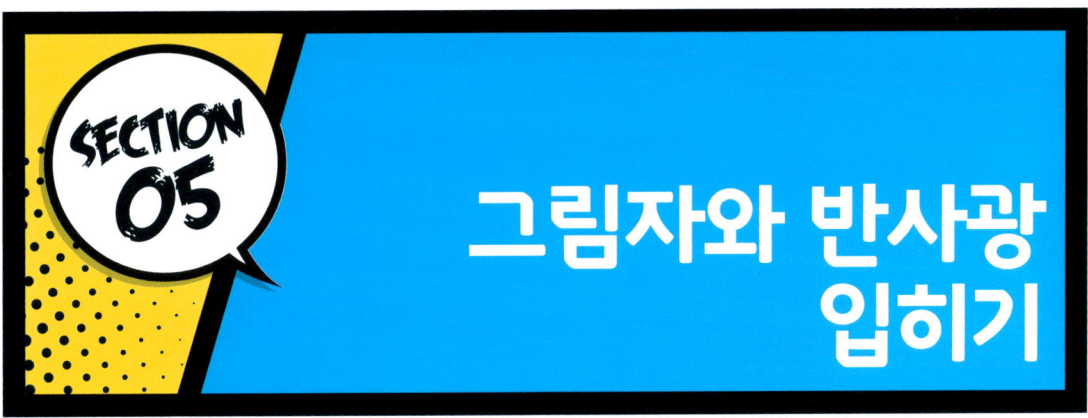

그림자와 반사광 입히기

컬러링은 잘 마무리하셨나요? 이번 시간에는 캐릭터 전체에 그림자와 반사광을 넣어 풍성한 입체감을 만들어보도록 합시다. 레이어 폴더와 아래 레이어에서 클리핑을 잘 이용하면, 전체 이미지에 명암을 편하게 적용할 수 있습니다.

· 그림자 레이어 설정하기

01 우선 앞서 입힌 컬러링 폴더 위에 신규 레스터 레이어를 선택해서 새 레이어를 만듭니다. 이름은 '어두운 영역'으로 설정해둡니다. 위치가 컬러링 폴더 위에 있는지 잘 확인해두세요.

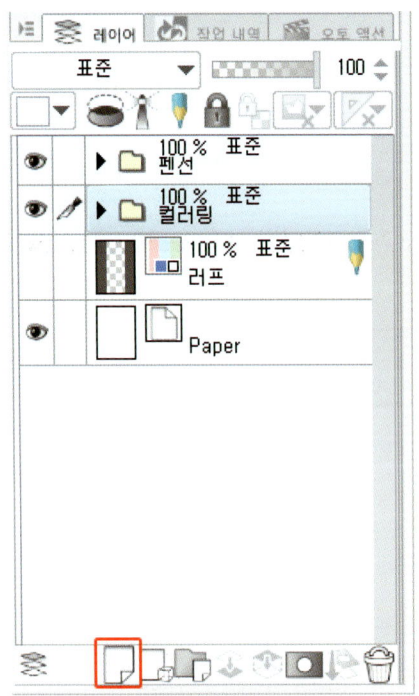 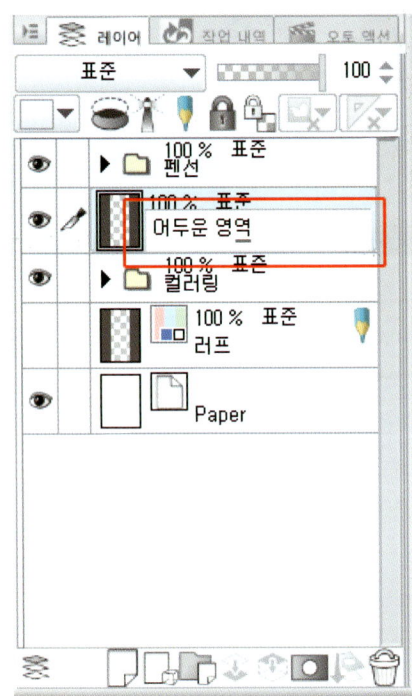

02 레이어 탭에서 아래 레이어에서 클리핑 버튼을 눌러 '어두운 영역' 레이어를 클리핑 레이어로 만듭니다.

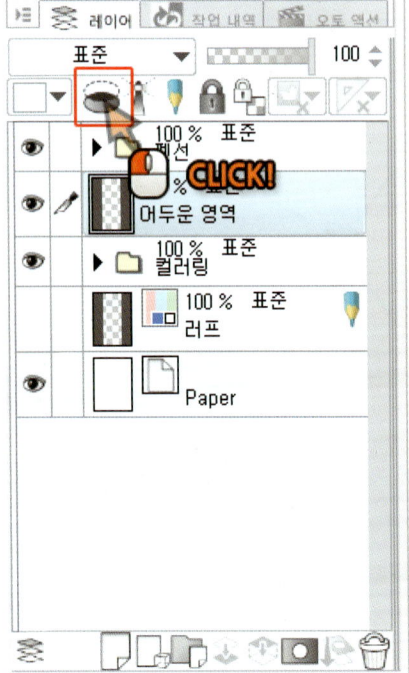 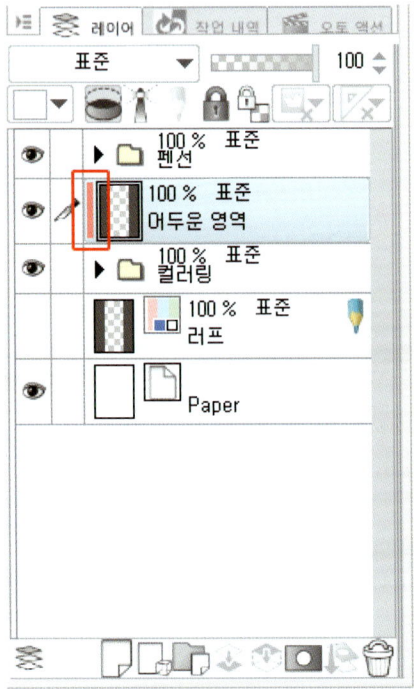

03 아래 레이어에서 클리핑 의 특징은 아래의 레이어나 폴더 등을 기준으로 칠해진 부분에만 적용된다는 점입니다. 그렇기 때문에 이미지 밖으로 명암이 튀어나갈 걱정 없이 작업할 수 있습니다.

04 아래 컬러 영역과 명암이 잘 섞이도록 합성 모드를 곱하기로 변경하고 준비를 마무리합니다.

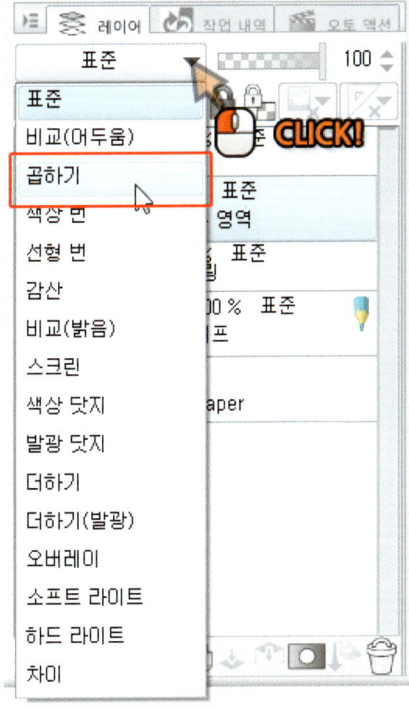
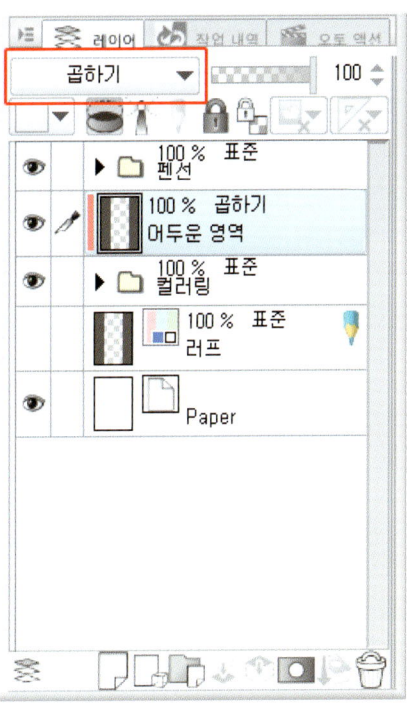

· 셀 방식으로 그림자 입히기

01 깔끔한 셀 방식으로 칠하기 위해서는 영역을 선택한 뒤 진행하는 것이 편합니다. 선택 범위 툴 중 꺾은 선 선택 툴을 선택합니다.

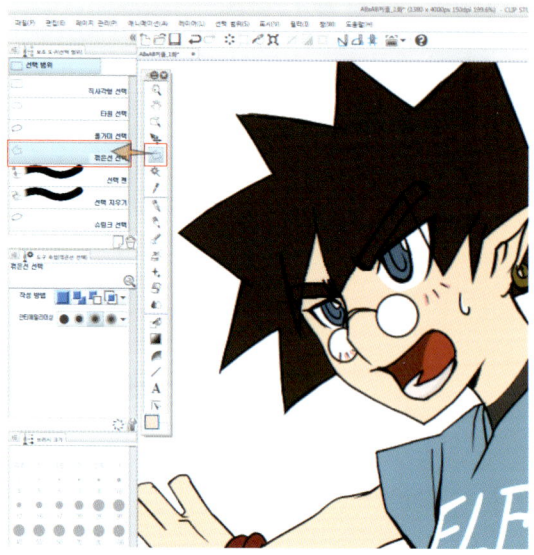

02 꺾은 선 선택 툴은 클릭한 지점을 이어가며 명암을 생성합니다. 툴을 이용해 명암을 입히기 원하는 부분을 선택해 나갑니다. 실수로 클릭한 부분은 DEL 키를 누르면 취소됩니다. 원하는 부분까지 선택이 완료되면 선을 잇거나 더블클릭으로 완료합니다.

03 컬러 써클에서 적당히 그림자용 색을 선택합니다. 저는 아래와 같이 선택하였습니다.

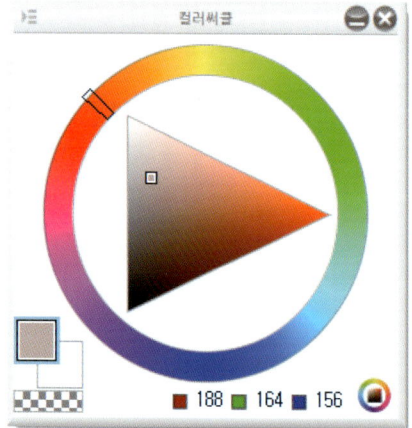

04 채우기 툴에서 편집 레이어만 참조 항목을 선택합니다. 이 항목은 해당 레이어만 참조하기 때문에 다른 펜선 등에 방해를 받지 않고 칠할 수 있습니다.

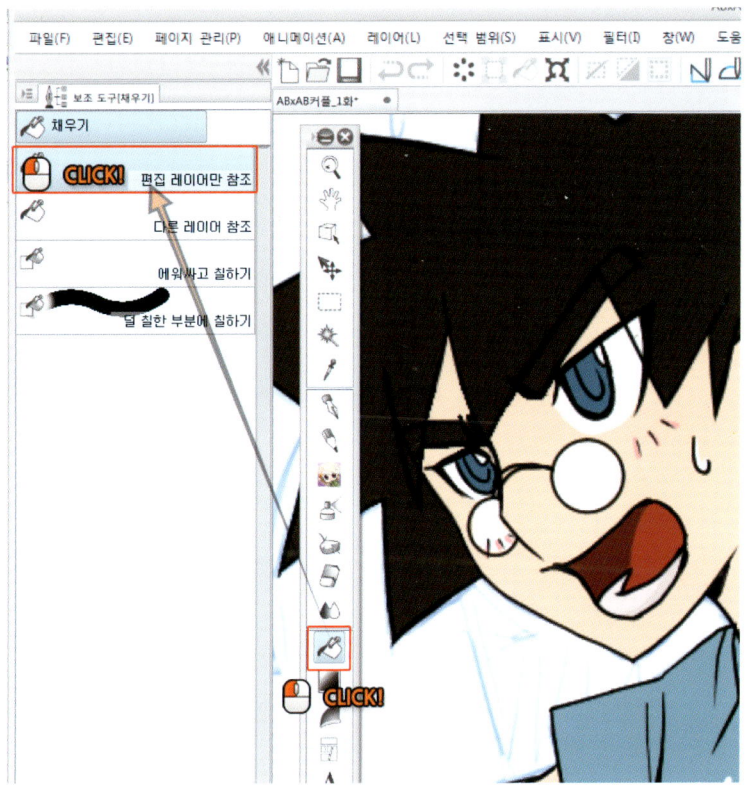

05 툴을 이용해 색을 입힙니다. 컬러링 영역만 칠해지는 것을 확인하셨나요?

06 같은 방식으로 다른 곳들도 그림자를 만들어주고 마무리합니다.

· 셀 방식으로 반사광 입히기

이번에는 반사광을 입혀봅시다. 반사광이 들어가면 그림 전체가 풍성해지고 입체적으로 보입니다. 이 작업 역시 아래 레이어에서 클리핑을 이용하고, 레이어 속성을 스크린으로 써서 빛 받는 느낌을 내 볼 예정입니다.

01 앞서와 마찬가지로 '어두운 영역' 위에 새 레스터 레이어를 만듭니다. 이름은 반사광 으로 설정합니다.

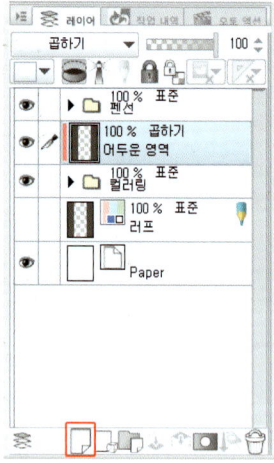 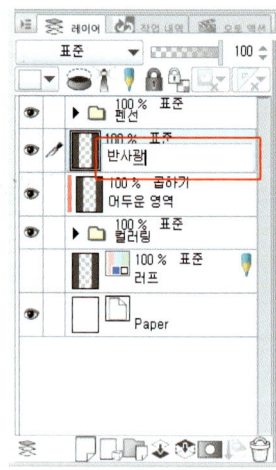

02 아래 레이어에서 클리핑 버튼을 눌러 클리핑한 뒤, 합성 모드를 스크린 으로 설정합니다.

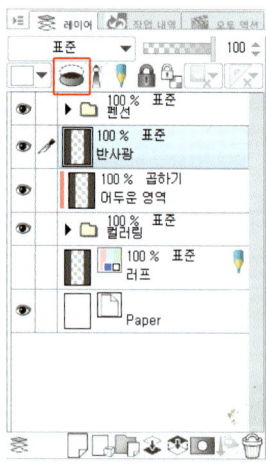 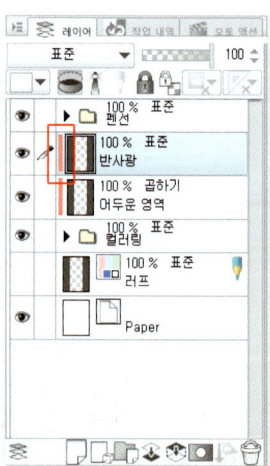

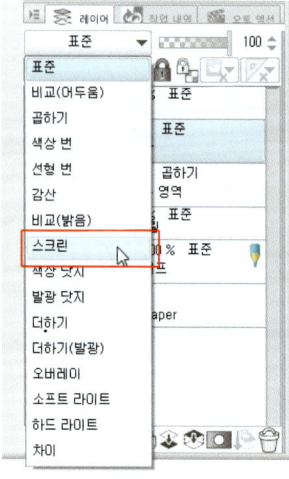 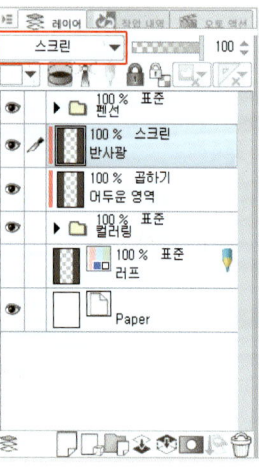

| 03 | 색을 선택해봅시다. 아까는 갈색계열이었으니, 이번에는 푸른 계열 색을 선택하였습니다. 명암과 반사광 색감을 다르게 설정하면 그림이 좀 더 화사한 느낌이 납니다. 조금씩 색을 바꾸면서 적절한 색을 찾아 적용합니다.

| 04 | 꺾은 선 선택 툴을 이용해 반사광을 받을 부분을 선택합니다.

| 05 | 앞서는 기본 채우기 툴을 사용했습니다.. 이번에는 더 쉬운 방법을 써볼까요? 선택 영역 아래를 보면, 작은 메뉴들이 있습니다. 그 메뉴 중 채우기 아이콘을 선택합니다.

| 06 | 선택 면이 선택한 색으로 채워지는 것을 알 수 있습니다. 이 방법을 사용하면 채우기 툴을 선택했다가, 다시 꺾은 선 선택 툴로 돌아오는 걸 반복하지 않고 칠하는 게 가능합니다. 빠른 작업속도를 중시하는 클립스튜디오다운 장점이라고 할 수 있습니다.

같은 방법으로 반사광까지 그려서 마무리합니다.

그림자 영역과 반사광까지 마무리된 모습입니다. 훨씬 이미지가 풍성해진 느낌입니다. 다음 시간에는 컷을 만들어보도록 하겠습니다.

SECTION 06 컷선 만들기

이번 시간에는 기존에 만든 원고를 기초로, 컷선을 만들어보도록 하겠습니다. 만화 전문 프로그램답게 클립스튜디오는 다양한 컷선 작업을 지원하고 있습니다.

01 클립스튜디오의 컷선은 컷 테두리 툴을 이용합니다. 도형 툴을 선택한 다음 보조 도구 팔레트에서 컷 테두리를 선택합니다.

02 컷 테두리 툴에는 다양한 보조 도구들이 존재하며, 컷선을 손쉽게 그리거나 수정할 수 있는 기능을 가지고 있습니다. 간단히 알아보도록 하겠습니다.

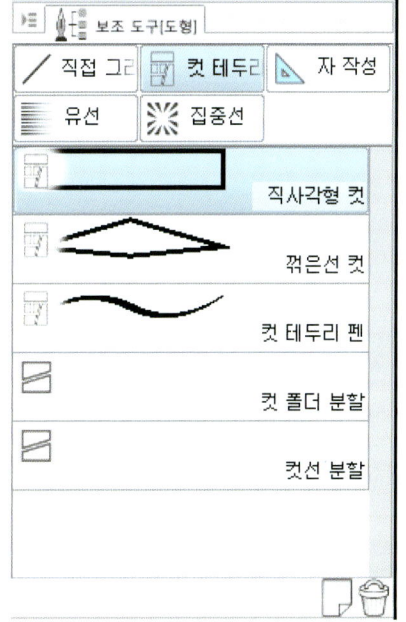

보조 도구 이름	툴 기능
직사각형 컷	사각형 모양으로 컷을 그릴 수 있습니다.
꺾은 선 컷	다각형 모양으로 컷을 그릴 수 있습니다.
컷 테두리 펜	펜선을 긋는 대로 컷이 됩니다. 곡선 형태의 컷을 그릴 때 유용합니다.
컷 폴더 분할	컷 폴더를 2개의 폴더로 나눌 때 씁니다.
컷선 분할	컷 폴더는 놔두고 컷선만 2개로 나눌 때 씁니다.

03 여기서 저희가 쓸 툴은 가장 무난하게 사용할 수 있는 직사각형 컷 툴입니다. 직사각형 컷 툴을 선택합니다.

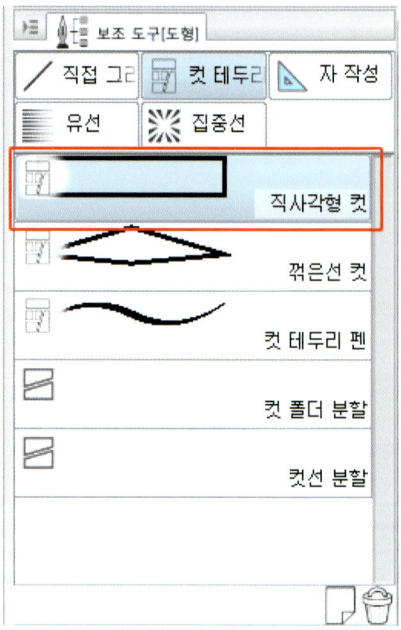

04 직사각형 컷 툴을 사용하기 전에, 도구 속성 팔레트에서 일부 기능을 수정할 예정입니다. 수정하기 전에 간단히 기능에 대해 알아보고 넘어가도록 하겠습니다.

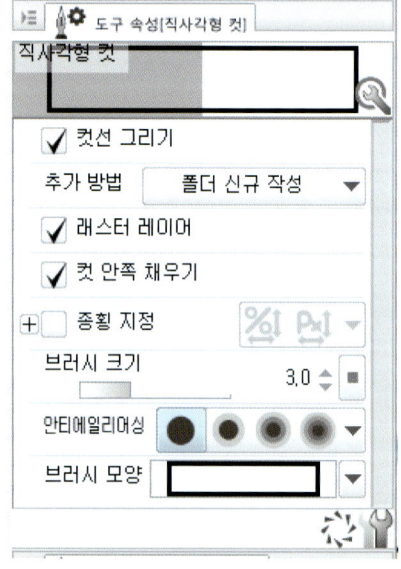

기능 이름	기능 설명
컷선 그리기	체크하면 테두리선을 그립니다.
추가방법	어떻게 폴더를 생성할지 설정합니다.
레스터 레이어	체크하면 레스터 레이어로 생성합니다.
컷 안쪽 채우기	체크하면 배경용 레이어를 생성합니다.
종횡 지정	체크하면 컷의 가로/세로 비율을 고정합니다.
브러시 크기	테두리 라인 굵기를 설정합니다.
안티 에일리어싱	선의 안티에일리어싱을 설정합니다.
브러시 모양	브러시 모양을 설정합니다.

05 배경은 딱히 설정할 필요가 없으므로, 컷 안쪽 채우기만 체크를 끕니다. 브러시 사이즈는 10 정도로 설정합니다. 색은 검은색으로 설정해둡니다.

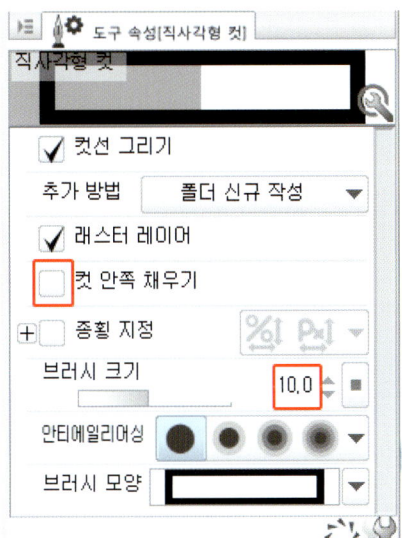 

06 앞서 그렸던 러프에 맞춰 마우스 드래그를 해서 컷선을 그려봅시다. 컷선이 그려지고 주변에 푸른색 영역이 생깁니다. 이는 컷과 컷 주변부를 표현합니다. 하지만, 캐릭터의 하반신이 컷선 바깥으로 다 튀어나와 있어 거슬립니다.

07 레이어 팔레트를 보면, 새로운 폴더가 생성되고, 컷선처럼 생긴 아이콘이 있는 것을 확인할 수 있습니다. 이 폴더가 컷선을 관리하는 컷 테두리 폴더로, 폴더 안에 넣은 레이어들을 하나로 묶어서 쓸 수 있습니다.

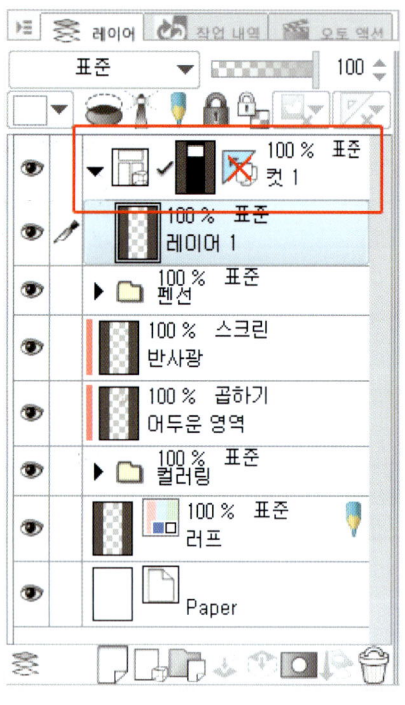

08 '컬러링' 폴더와 '펜선' 폴더, '반사광', '어두운 영역' 레이어를 모두 선택한 다음, 새로 생긴 컷1 폴더에 드래그해 넣습니다. 캐릭터가 제대로 컷선 안에 들어가는 것을 확인할 수 있습니다.

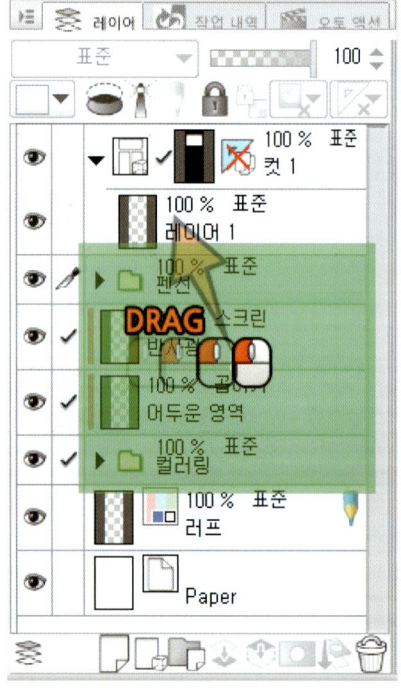

09 컷선 바깥쪽의 반투명 푸른색은 따로 출력되지는 않으며, 다른 레이어를 선택하면 파란색 부분은 사라집니다.

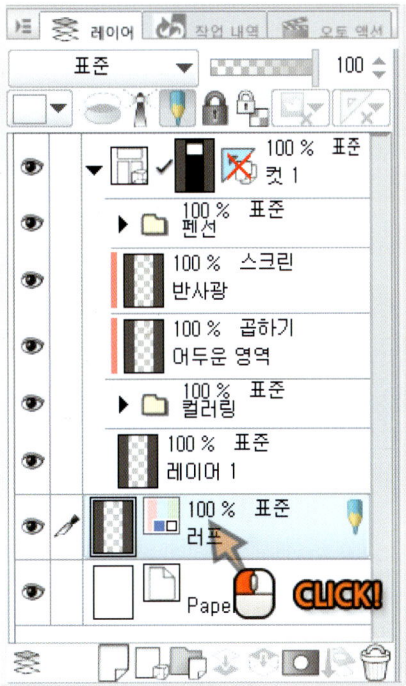

10 관리를 편하게 하기 위해 방금 생성한 컷1 폴더는 이름을 '1컷' 으로 바꾸어둡니다. 역시 이름 부분을 선택하면 바꿀 수 있습니다.

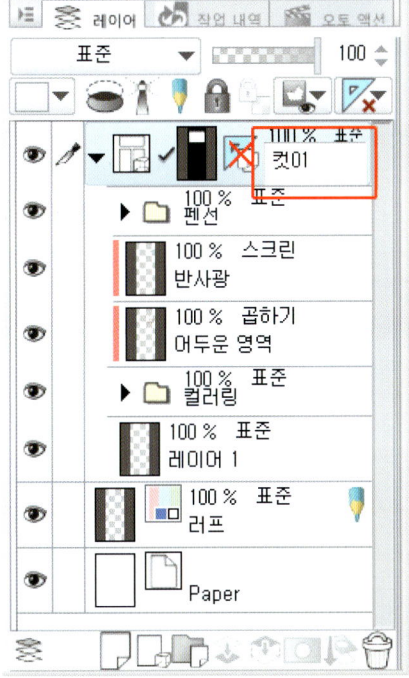

11 만든 컷선은 색이나 크기, 테두리 모양 등을 변경할 수 있습니다. 최근 웹툰에는 검은색 테두리는 잘 안쓰는 편이므로 바꾸어봅시다. 오브젝트 툴을 선택합니다.

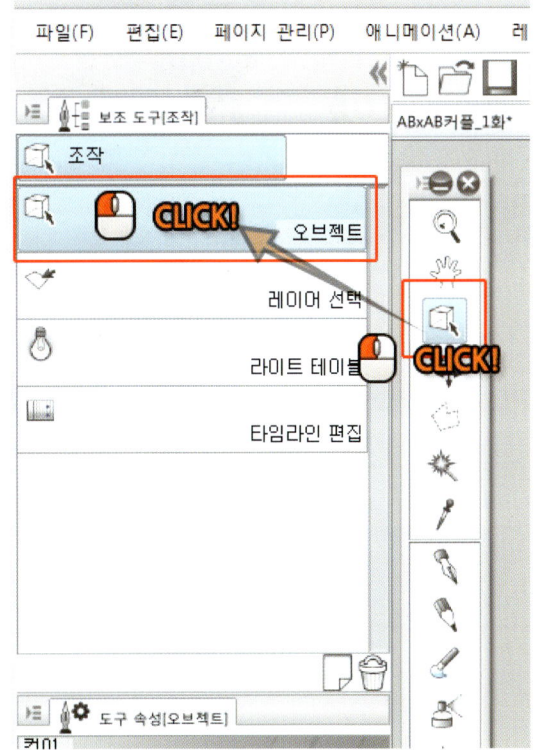

12 오브젝트 툴로 '컷01' 폴더를 선택하면, 컷선에 조정할 수 있는 조정선(기즈모)가 생성되며, 도구 속성 창에도 컷 테두리 관련 내용이 표시됩니다. 이 부분은 자유롭게 편집 가능합니다.

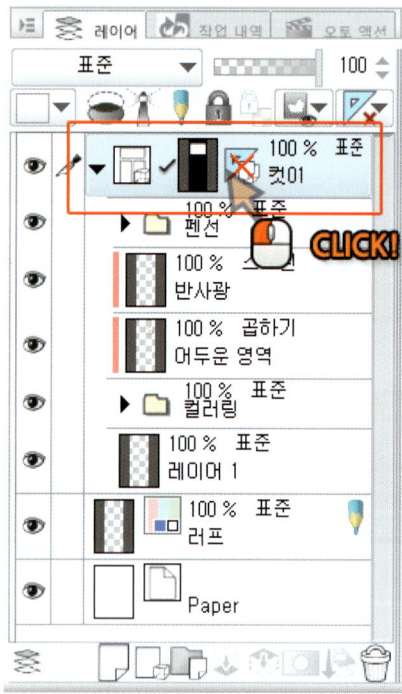

13 우선 색상을 좀 더 산뜻하게 바꿔봅시다. 메인 컬러 항목을 클릭해서 푸른색 계열로 변경합니다.

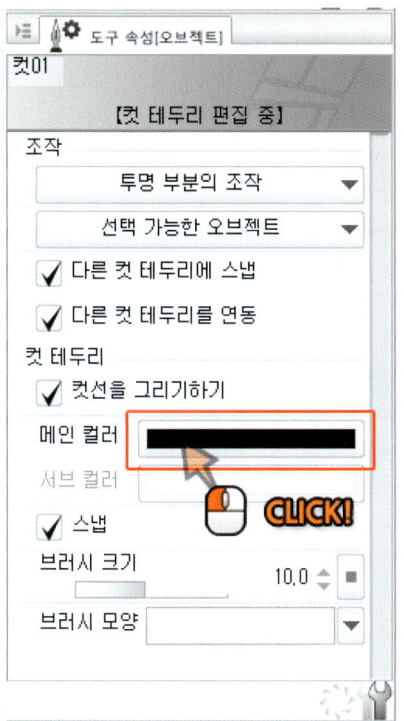

14 이번에는 테두리 모양을 바꿔보도록 합시다. 클립스튜디오에는 모양을 변경할 수 있는 다양한 테두리라인이 제공되어 있습니다. 브러시 모양을 클릭해 나온 리스트에서 취향에 맞는 라인을 선택합시다. 저는 Spray를 선택하였습니다.

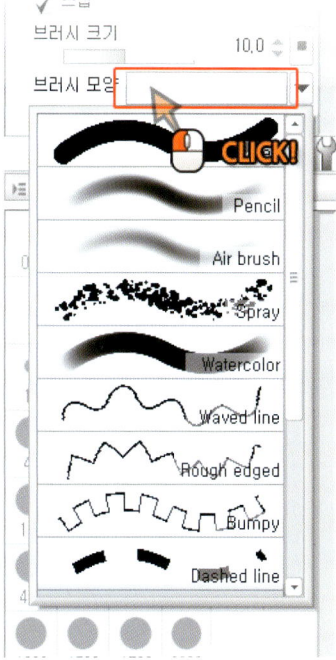

15 테두리가 색연필 같은 질감으로 바뀐 것을 볼 수 있습니다. 끝으로, 브러시 크기를 조정해서 컷선 두께를 늘였습니다.

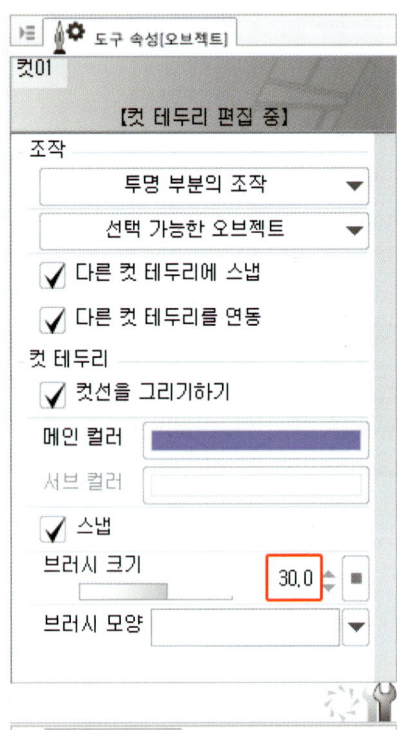

16 조정선의 모서리 점을 클릭하면, 컷선의 모양이나 크기도 바꿀 수 있습니다. 선 윗부분의 조정점을 움직여서 컷을 살짝 기울여주고 마무리합니다.

이것으로 컷선 작업까지 마무리하였습니다. 클립스튜디오의 컷선 기능을 이용하면 편리하게 컷 작업과 관리를 할 수 있습니다. 꼭 익혀두시기 바랍니다.

다음 시간에는 외부 이미지를 이용해 배경작업을 해보도록 하겠습니다.

이번 시간에는 허전한 배경을 메꿔보도록 하겠습니다. 앞서 한 작업처럼 펜선과 컬러작업을 통해 진행해도 되지만, 다양한 기능을 가볍게 짚어나가는 이번 챕터의 취지와는 맞지 않는 것 같습니다. 그러니 새로운 기능에 익숙해질 수 있도록, 이번 시간에는 기존 이미지를 응용해 작업하는 방법을 알아볼까 합니다.

· **배경이미지 준비하는 방법**

클립스튜디오에서 배경을 작업하는 방법은 여러 가지가 있습니다.

클립스튜디오에서 배경그리기 : 클립스튜디오에서 직접 그리는 방법입니다. 간단한 배경이나 하늘 등은 간단히 펜선으로 작업할 수 있습니다. 건물이라면 기본으로 제공하는 퍼스자를 이용해 그리면 편리합니다.

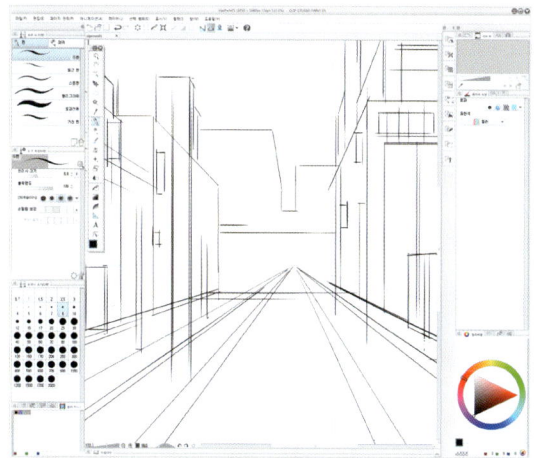

검색엔진에서 원하는 무료이미지를 찾아 트레이싱 하기 : 구글 등의 검색엔진에서 사진을 검색한 뒤, 이를 편집해서 사용하는 방법이 있습니다. 쉽게 고퀄리티의 배경을 구할 수 있지만, 원하는 각도를 찾기 힘들다는 문제가 있습니다.

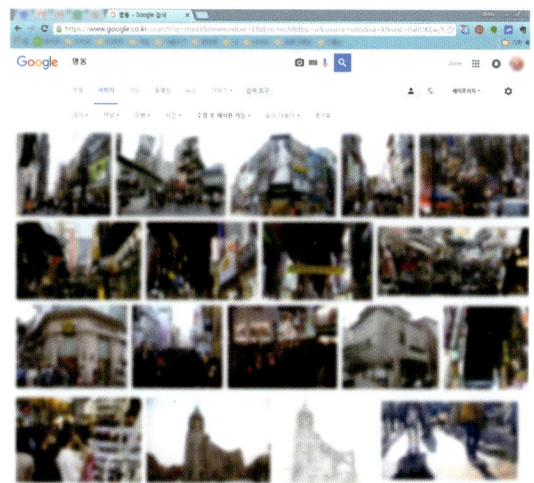

저작권이 있는 사진의 경우 트레이싱 역시 문제가 됩니다. 필히 필터링 조건을 적절히 조정하셔서 검색하시기

바랍니다. 수정 후 재사용 가능을 체크하면, 저작권 문제가 없는 사진을 구할 수 있습니다.

그 외 무료사진을 제공하는 여러 사이트가 있으므로 이용하시면 편리합니다.

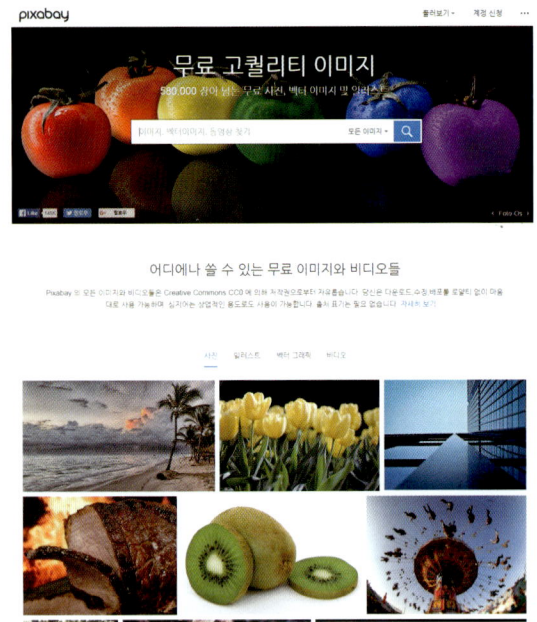

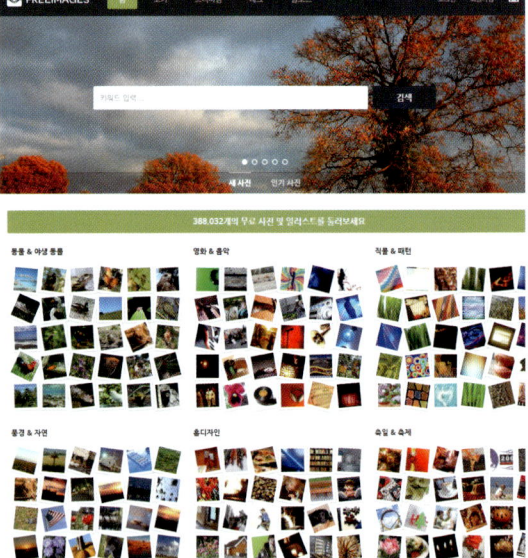

https://pixabay.com/   http://kr.freeimages.com/

직접 사진 찍기 : 직접 사진을 찍고, 이를 트레이싱 하는 방법도 있습니다. 저작권 문제도 없고, 원하는 각도를 얻을 수 있어 편리하지만 현대물에 국한되는 단점이 있습니다.

스케치업으로 제작하기 : 무료 툴인 스케치업을 이용해 배경을 제작하는 방법도 있습니다. 다양한 장르에 적용이 가능하며, 3D로 제작한 배경은 여러 각도에서 재사용할 수 있어 편리합니다. 특정한 공간에서 사용하는 배경이라면 적극 사용을 권장합니다.

아래는 스케치업으로 작업한 배경작업 중 일부입니다.

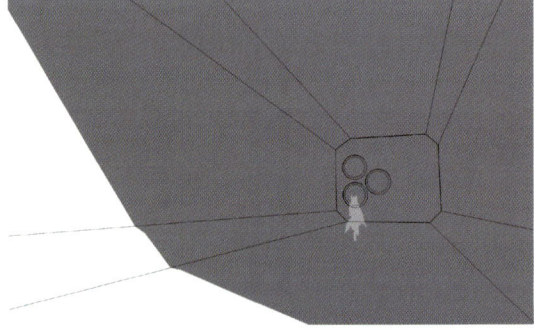

스케치업을 웹툰에 응용하는 방법이 궁금하시다면 저의 또 다른 책 '웹툰 스케치업'을 읽어보시기 바랍니다.

· 클립보드에 이미지 삽입하기

이번 시간에는 스케치업으로 제작한 배경을 사용해보도록 하겠습니다.

`01` 배경을 삽입할 위치를 먼저 정해야 합니다. 레이어 탭에서 배경이 들어갈 곳을 클릭해 둡니다. 전 컬러링 레이어 아래에 배치할 것이므로, 해당 레이어를 선택하였습니다.

`02` 클립스튜디오에서 외부 이미지를 불러봅시다. 파일 → 가져오기 → 화상 을 선택합니다.

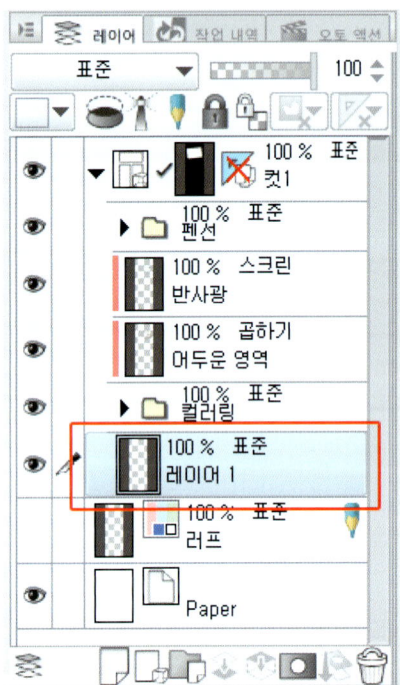

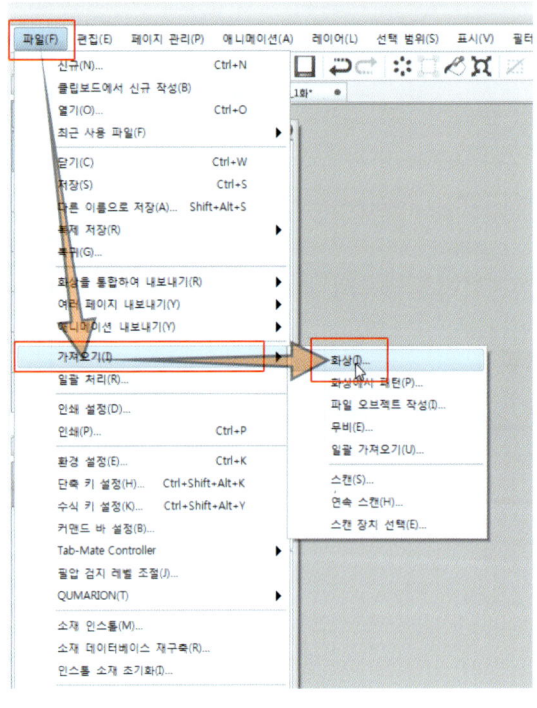

`03` 파일을 선택하는 창이 열립니다. 부록리소스 폴더에서 background_resource.png 를 선택한 다음 열기 버튼을 눌러서 불러옵니다.

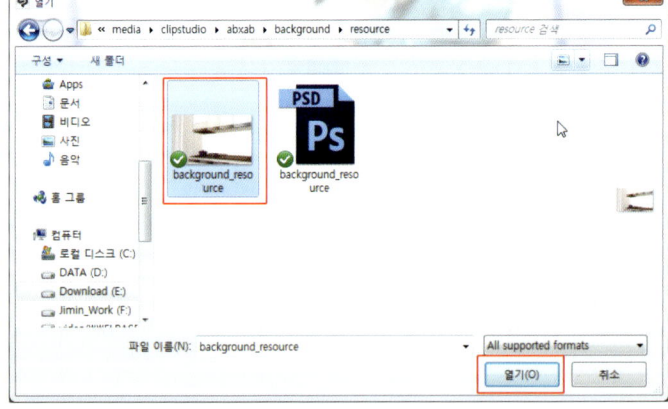

Chapter 03. 일단 그려보자! 기본기 익히기 | 317

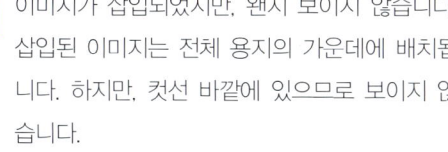
04 이미지가 삽입되었지만, 왠지 보이지 않습니다. 삽입된 이미지는 전체 용지의 가운데에 배치됩니다. 하지만, 컷선 바깥에 있으므로 보이지 않습니다.

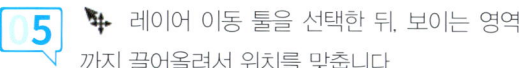
05 레이어 이동 툴을 선택한 뒤, 보이는 영역까지 끌어올려서 위치를 맞춥니다.

06 적절히 위치는 맞추었지만, 크기와 각도가 애매한 것 같습니다. 조정해보도록 합시다. 크기와 각도를 조정하려면 오브젝트 툴을 이용하면 됩니다. 오브젝트 툴을 선택한 다음 적절한 각도와 크기를 찾아 배치해봅니다.

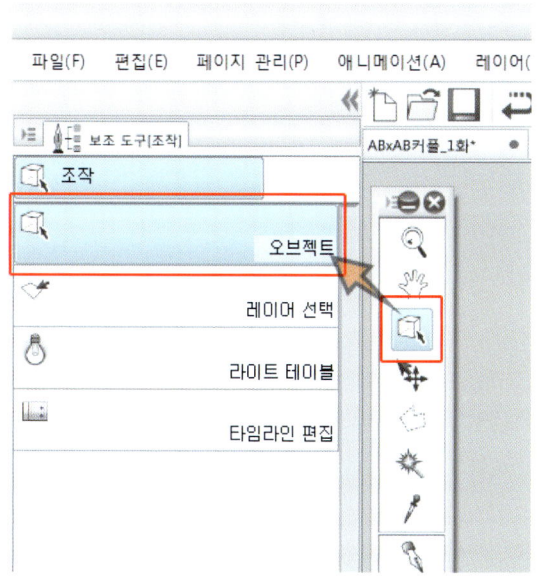

배치가 끝난 모습입니다. 이처럼 클립스튜디오에서는 직접 그릴 필요 없이 외부의 이미지를 이용해서 빠르게 배경을 삽입할 수 있습니다. 이 방법을 사용하면 좀 더 빠르게 원고작업이 가능하며, 배경을 어시 등에게 맡긴 뒤 최종적으로 손쉽게 합칠 수 있어 편리합니다.

하나의 씬이 마무리되고 있습니다. 다음 시간에는 클립스튜디오의 집중선 기능을 이용해 편리하게 집중선을 넣어보도록 하겠습니다.

SECTION 08 집중선 넣기

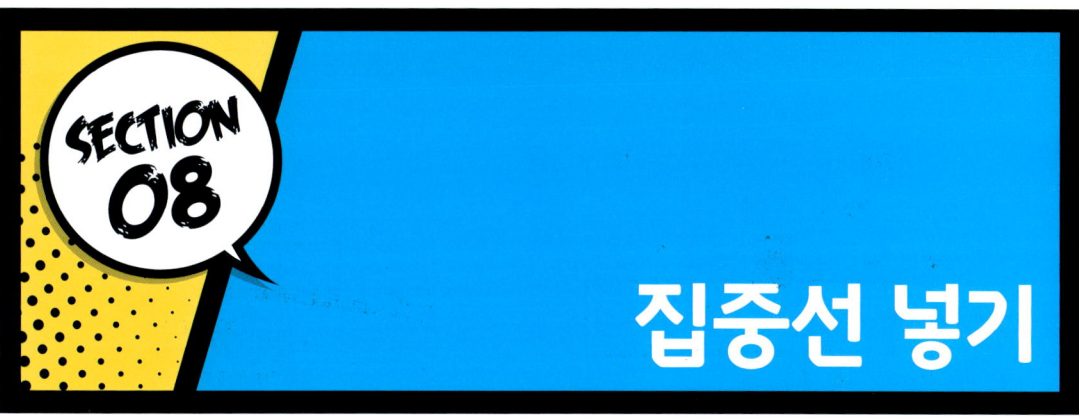

클립스튜디오의 집중선 작업은 무척 쉽고 강력합니다. 직관적이기도 하죠. 한번 사용해보면 그 매력에 푹 빠질 것입니다.
이번 시간에는 집중선의 기본 기능을 소개하고 직접 원고에 적용하는 것까지 진행해보겠습니다.

01 집중선을 캐릭터 위에 보이게 할 예정입니다. 레이어 팔레트에서 펜선 폴더를 선택합니다.

02 도형 툴에서 ※ 집중선 툴을 선택합니다. 집중선 툴은 이름 그대로 집중선을 그리는데 특화된 툴입니다.

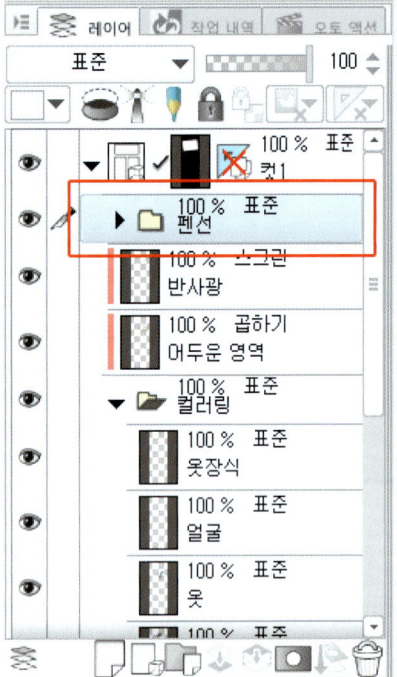

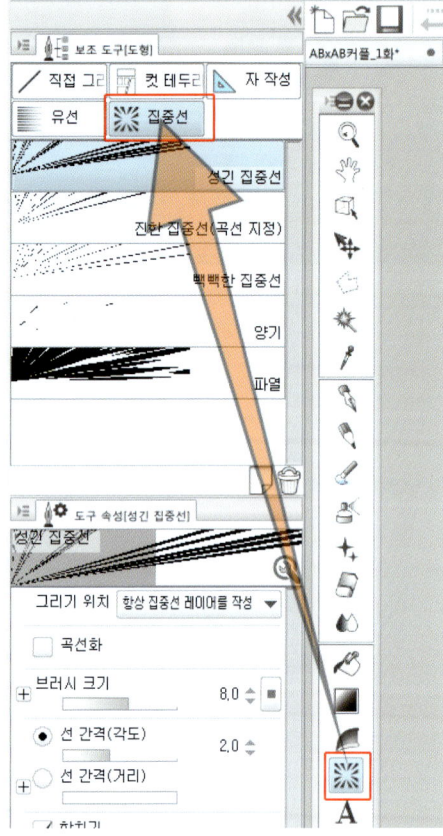

03 다양한 보조 도구들이 나옵니다. 모두 다양한 상황에 따라 유연하게 쓸 수 있는 집중선들입니다.

간단히 기능을 알아보겠습니다.

이름	기능
성긴 집중선	원형을 그리고, 그 주변으로 집중선을 그립니다.
진한 집중선 (곡선 지정)	가이드 선을 그은 뒤, 그 주변으로 짙은 집중선을 그립니다. 캐릭터에 쓰기 유용합니다.
빽빽한 집중선	이름 그대로 빽빽한 집중선을 그립니다.
양기	폭죽이나 파편이 튀는 느낌의 집중선을 그립니다.
파열	폭발하는 듯한 강렬한 느낌의 집중선을 그립니다.

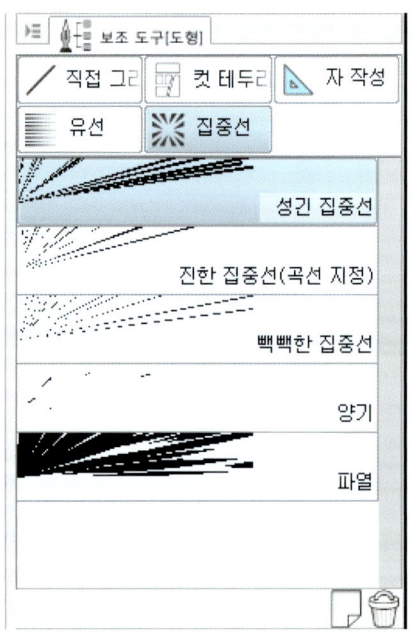

04 이 중 저희가 사용할 툴은 진한 집중선(곡선지정) 입니다. 캐릭터 주변으로 가이드 선을 그릴 수 있어 캐릭터를 부각시키는 집중선에 사용하기 편리합니다. 진한 집중선(곡선지정) 툴을 선택합니다.

05 도구 속성 팔레트에 집중선의 속성을 수정할 수 있는 항목이 등장합니다. 해당 항목들에게 대해 가볍게 알아보도록 하겠습니다.

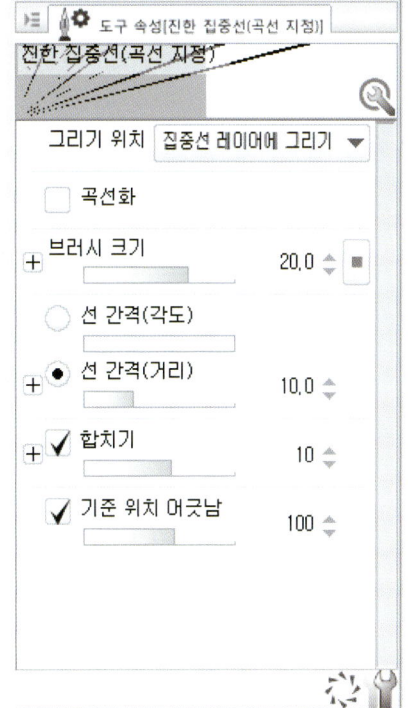

항목이름	기능
그리기 위치	어떤 레이어에 그릴지를 결정합니다. 기본은 집중선 레이어로 설정되어 있습니다.
곡선화	체크하면 커브집중선을 그릴 수 있습니다. 그린 뒤 조작 툴로 조정 가능합니다.
브러시 크기	선의 두께를 결정합니다.
선 간격 (각도 or 거리)	선의 간격을 어떻게 조정할지 결정합니다. 각도나 거리로 설정 가능합니다.
합치기	집중선을 묶어서 좀 더 정리된 느낌으로 만들어줍니다.
기준 위치 어긋남	가이드라인에서 적당히 자연스럽게 튀어나오게 그려줍니다. 0으로 하면, 가이드라인과 일치하는 집중선 라인을 그립니다.

더 자세한 설명은 2장의 집중선 툴 항목을 참고하세요. 자세한 설명과 예제를 보실수 있습니다.

06 이제 사용해 보도록 하겠습니다. 캐릭터 주변을 빙 둘러서 클릭하면 클릭한 위치를 중심으로 가이드라인이 생깁니다. 아래 이미지를 참고해서 클릭해나갑니다.

07 정말 간단히 집중선이 완성되었습니다. 하지만 집중선의 굵기와 컬러가 마음에 들지 않습니다. 만든 집중선을 수정해보도록 합시다.

08 집중선 모양을 변경하려면 조작 툴을 사용합니다. 조작 툴을 선택하세요.(만약, 도구 속성에서 그리기 위치를 편집 대상 레이어로 설정했을 경우, 조작 툴이 적용되지 않으므로 주의합니다.)

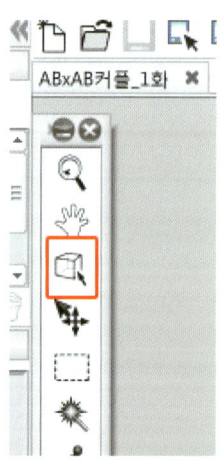

09 집중선의 가이드라인과 조정선이 나옵니다. 이를 이용하면 크기나 위치 조정이 가능합니다. 취향에 맞게 조정하시기 바랍니다. 저는 그냥 두었습니다.

10 또한 도구 속성 팔레트에 관련 항목이 나오는 것을 확인할 수 있습니다. 항목 중 브러시 크기를 조정해서 선 굵기를 변경해봅니다.

11 끝으로 메인 컬러 항목을 선택해서 원하는 색으로 변경하고 마무리합니다.

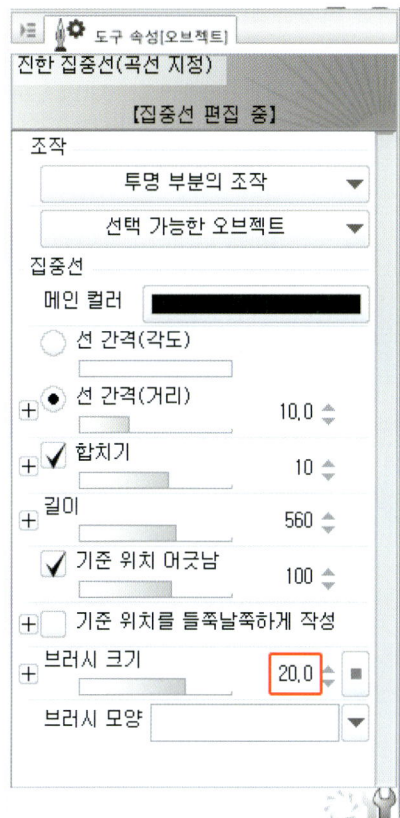

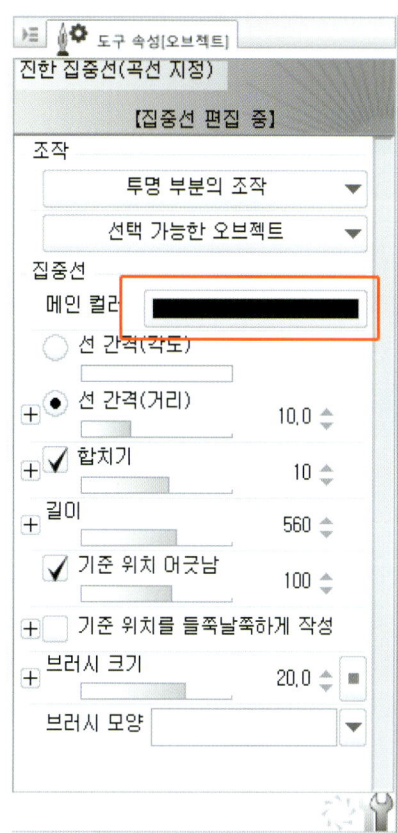

이번 시간에는 집중선을 이용하는 방법에 대해 알아보았습니다. 기존에는 일일이 손으로 작업하거나 포토샵 필터 등의 힘을 빌려야 했지만 클립스튜디오에서는 원클릭으로 집중선이 완성되는 걸 확인할 수 있습니다.

다음 시간에는 만화에 꼭 필요한 '말풍선'을 만들어보도록 하겠습니다.

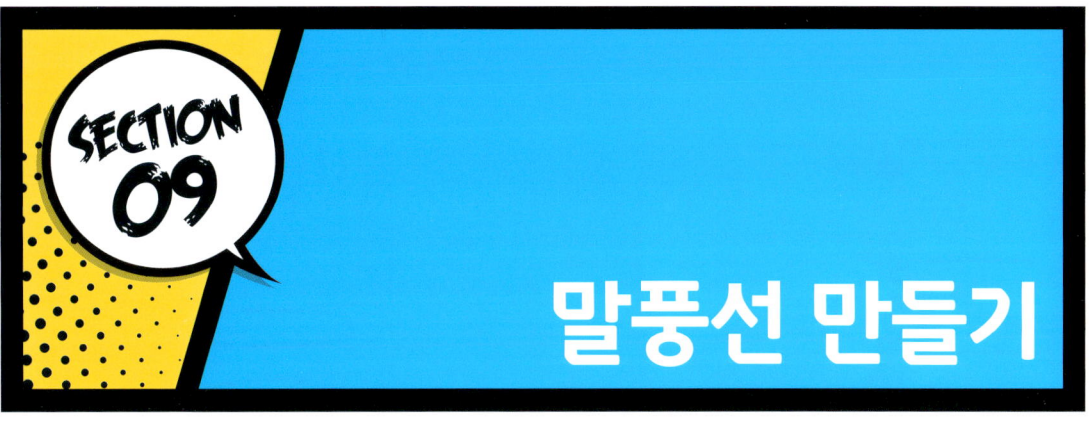

말풍선 만들기

이번 시간에는 말풍선을 만들어보도록 하겠습니다. 말풍선은 캐릭터들이 대화를 할 수 있게 하는 멋진 기능입니다. 포토샵으로 작업할 때는 말풍선과 대사를 따로 관리해야 하고, 크기 조절에도 주의해야 해서 귀찮은 일이 많습니다. 하지만 클립스튜디오에서는 훨씬 편하게 작업과 관리를 할 수 있습니다.

01 말풍선은 텍스트 툴을 사용해 만듭니다. 텍스트 툴을 선택합니다.

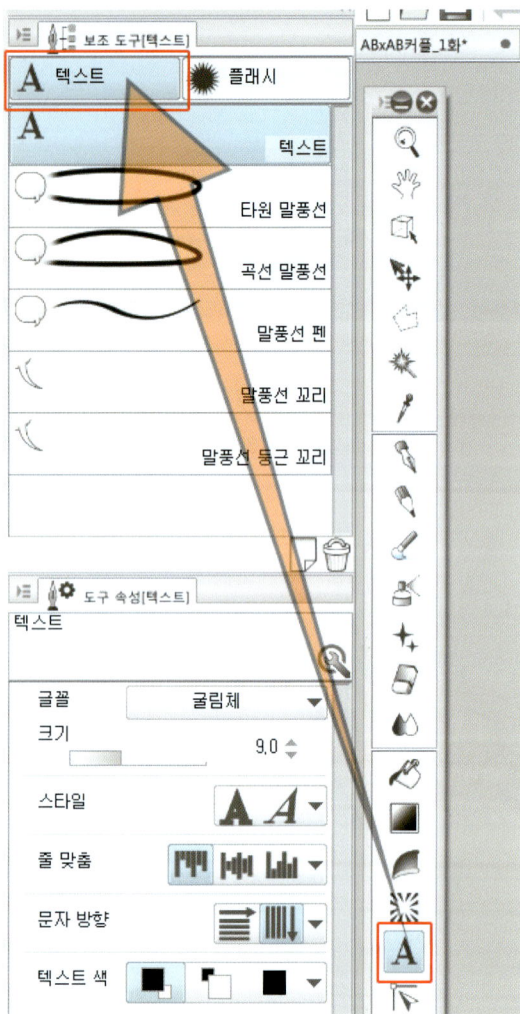

02 보조 도구 팔레트에 다양한 보조 도구들이 등장합니다. 각 보조 도구에 대해 간단히 알아보도록 하겠습니다.

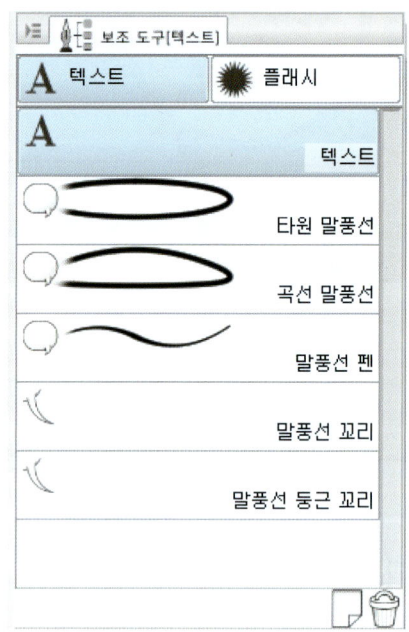

보조 도구이름	기능
텍스트	대사를 입력할 수 있는 보조 도구입니다.
타원 말풍선	원형의 말풍선을 만들 수 있는 보조 도구입니다.
곡선 말풍선	커브라인을 이용해 말풍선을 만들 수 있는 보조 도구입니다.
말풍선 펜	직접 선을 그어 말풍선을 만들 수 있는 보조 도구입니다.
말풍선 꼬리	말풍선 꼬리부분을 만들 수 있는 보조 도구입니다.
말풍선 둥근 꼬리	생각하는 말풍선 꼬리부분을 만들 수 있는 보조 도구입니다.

03 대사와 말풍선은 어떤 걸 먼저 작업하든 상관 없습니다. 그래서, 러프단에서 미리 대사를 적어 놓은 다음. 차후에 말풍선을 그려서 마무리하는 방법도 종종 사용합니다. 대사의 흐름을 알기 좋기 때문에 클립스튜디오에서 권장하는 방법이기도 합니다.

04 저희도 대사부터 입력해보도록 하겠습니다. 보조 도구에서 텍스트 툴을 선택합니다.

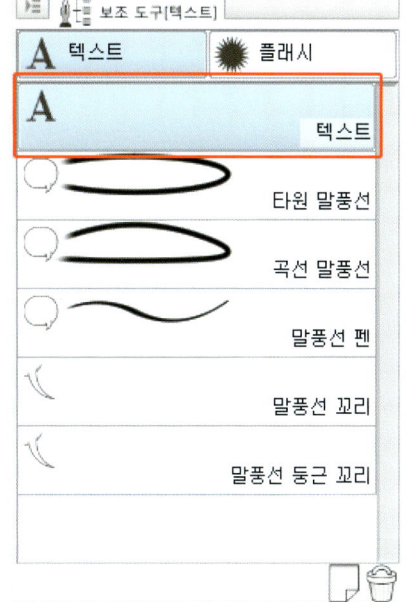

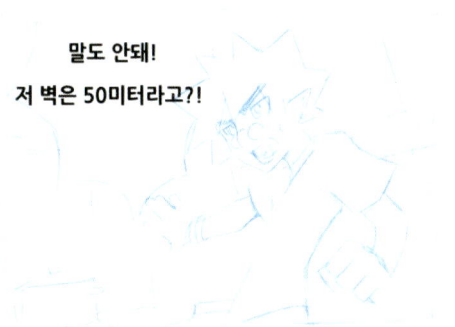

05 도구 속성 팔레트에 대사를 편리하게 입력할 수 있도록 도와주는 설정항목이 등장합니다. 포토샵의 텍스트와 비슷합니다. 각 설정항목에 대해 알아보도록 하겠습니다.

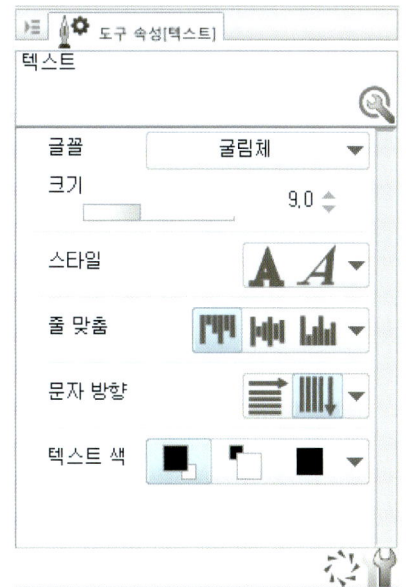

항목	기능
글꼴	어떤 폰트를 사용할지 설정합니다. 윈도우 내부의 대부분의 폰트가 가능합니다.
크기	폰트의 크기를 설정합니다.
스타일	폰트의 굵기/기울임 등을 설정합니다.
줄맞춤	정렬방향을 결정합니다. 일본판을 기준으로 작업된 지라 기본은 아래 정렬입니다.
문자 방향	텍스트의 방향을 결정합니다. 일본산인 클립스튜디오의 특성상 처음에는 세로방향으로 설정되어 있습니다.
텍스트 색	글자 색을 설정합니다.

06 취향에 맞춰 설정해둡니다. 폰트의 경우 저작권을 고려해야 하므로, 상업적 무료폰트를 선택합니다. 저는 나눔고딕 ExtraBold 를 사용하고, 글자크기는 24, 문자 방향은 가로로 변경하였습니다.

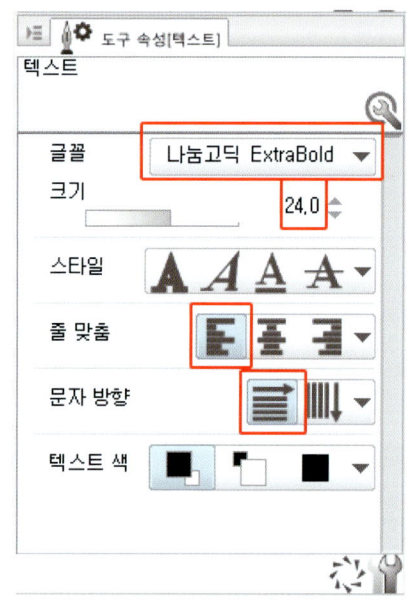

07 컷01 폴더를 선택한 다음, 원하는 위치를 클릭하면 대사를 입력할 수 있습니다. 생각해둔 대사를 적어 넣습니다.

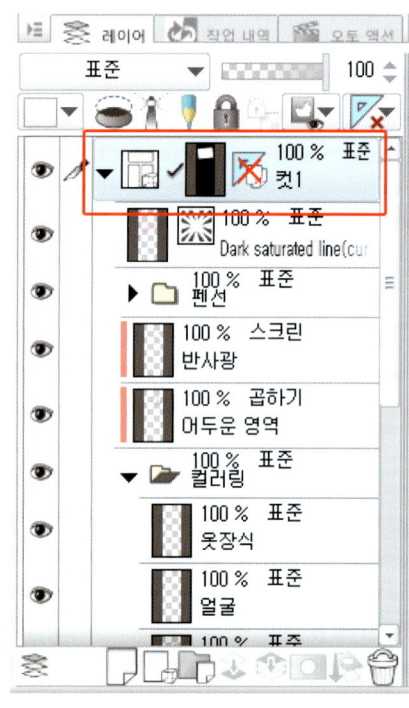

| 08 | 대사를 입력하면, 레이어 팔레트에 새 글자 레이어가 생성되는 것을 확인할 수 있습니다. |

| 09 | 이제 말풍선을 만들어보도록 하겠습니다. 러프 작업에서는 외침 말풍선이었지만, 일반적으로 많이 사용하게 될 일반 말풍선으로 바꿔서 진행하도록 하겠습니다. 텍스트 툴에서 타원 말풍선 툴을 선택합니다. |

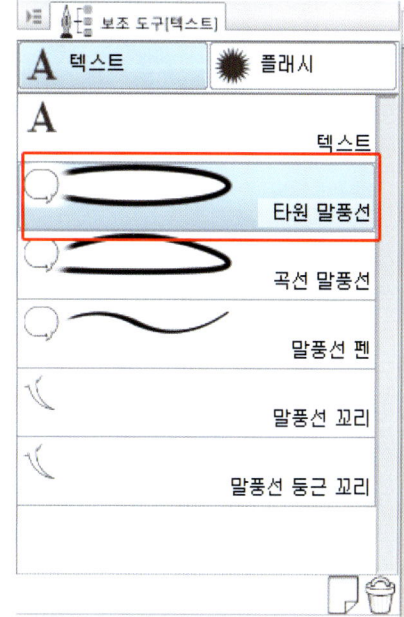

| 10 | 도구 속성 팔레트가 말풍선에 맞게 변경되는 것을 확인할 수 있습니다. 역시 가볍게 짚고 넘어가도록 하겠습니다. |

항목	기능
선색	선의 색깔을 선택합니다.
채색 색	내부의 색을 선택합니다. 기본은 흰색입니다.
추가 방법	말풍선을 어떻게 추가할지에 대한 내용입니다. 기본적으로 선택된 레이어에 추가됩니다.
톤화	체크하면 하프톤 형태로 추가됩니다.
도형	형태를 결정합니다. 사각형/원형/다각형 말풍선을 만들 수 있습니다.
브러시 크기	브러시 사이즈를 결정합니다.
안티에일리어싱	안티에일리어싱을 적용할지 결정합니다. 오른쪽으로 갈수록 경계가 부드러워집니다.
브러시 모양	브러시 형태를 결정합니다. 수정하면 다양한 테두리를 선택할 수 있습니다.
서브 뷰 팔레트 숨기기	서브 뷰 팔레트를 숨깁니다.

11 취향대로 결정하신 뒤, 적절한 위치로 드래그하면 말풍선이 생성됩니다.

12 말풍선꼬리도 만들어볼까요? 텍스트 툴에서 말풍선 꼬리 툴을 선택합니다.

13 도구 속성 팔레트도 살펴봅시다. 워낙 간단한 기능이라 2가지 항목만 있습니다.

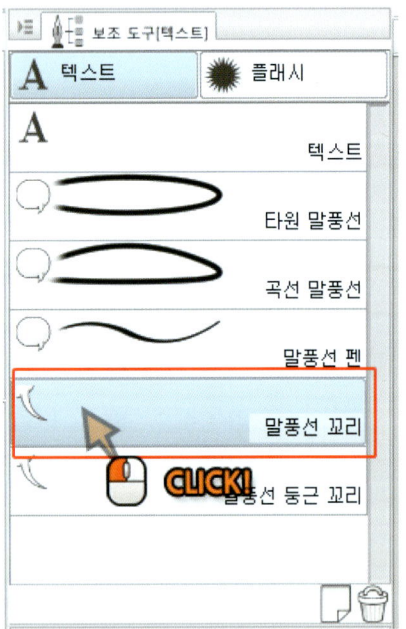 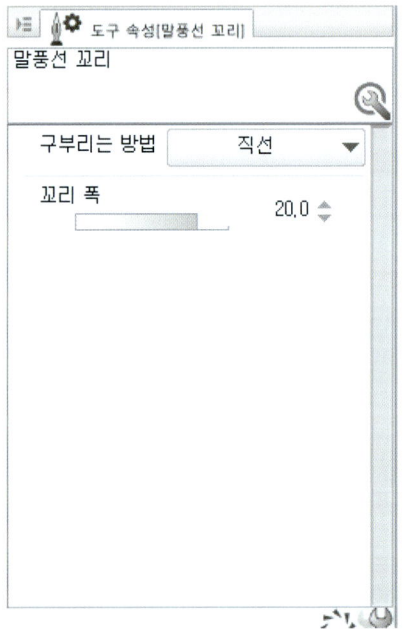

항목	기능
구부리는 방법	말풍선 꼬리를 구부릴지를 결정합니다. 직선형/다각형/곡선형을 고를 수 있습니다.
꼬리 폭	꼬리의 두께를 결정합니다.

14 툴 설정을 한 뒤, 적절한 위치로 드래그하면 말풍선 꼬리가 만들어집니다.

15 레이어 팔레트를 보면 앞서 만든 대사와, 말풍선, 말풍선 꼬리가 하나의 레이어로 통합되어 있는 것을 알 수 있습니다. 이처럼 클립스튜디오에서는 대사와 말풍선을 함께 관리함으로서 좀 더 편리한 작업이 가능합니다.

16 이 상태에서 말풍선 레이어를 이동하거나 크기를 변경하더라도 포토샵과 달리 글자크기나 위치는 적절히 유지됩니다. 클립스튜디오만의 장점이라고 할 수 있습니다.

17 말풍선을 컷 바깥쪽에 배치하고 싶다면, 레이어 팔레트에서 말풍선 레이어를 컷 바깥으로 드래그해서 이동시키면 됩니다.

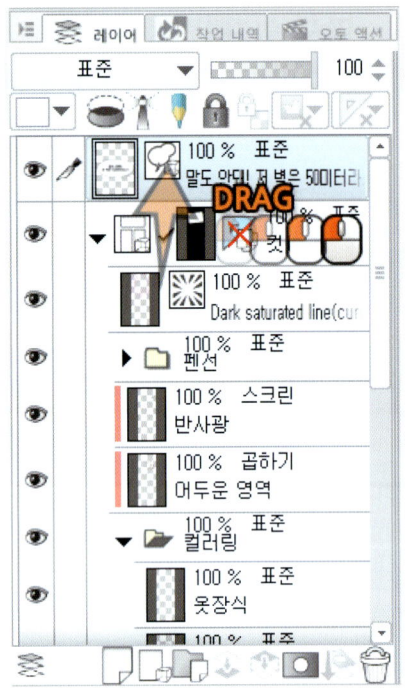

이로서 말풍선이 완성되었습니다. 클립스튜디오의 말풍선 기능을 이용하면, 편리하게 말풍선을 만들 수 있습니다.

다음은 효과음을 넣는 방법을 알아보도록 하겠습니다.

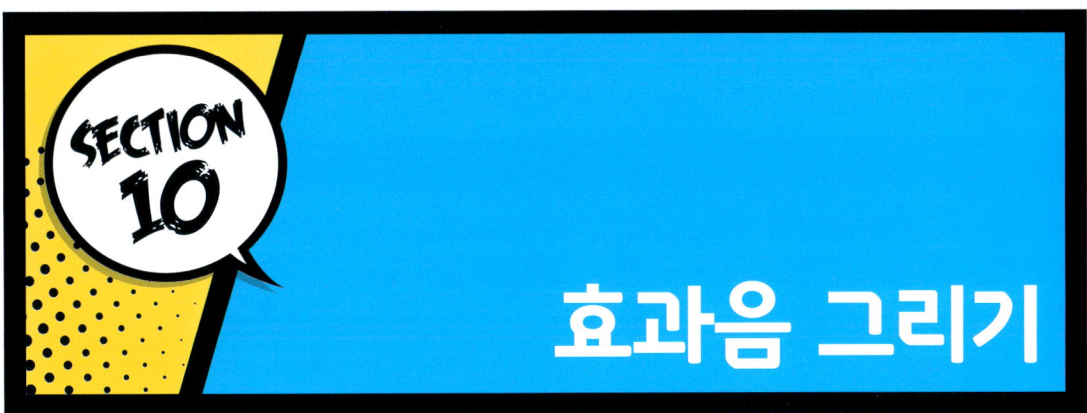

효과음 그리기

이번 시간에는 만화연출을 배가시키는 효과음을 넣어보도록 하겠습니다. 이것으로 기본적인 작업은 마무리됩니다.

· 기본효과음 그리기

01 우선, 효과음이 들어갈 레이어를 만들어봅시다. 신규 레스터 레이어를 선택한 다음, 이름을 '효과음'으로 바꿉니다.

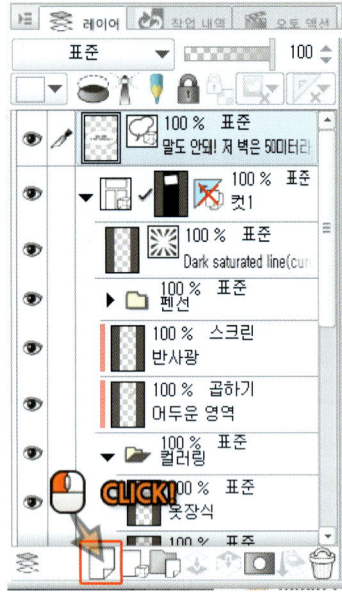 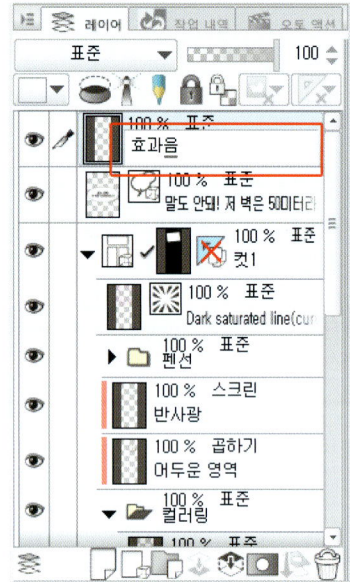 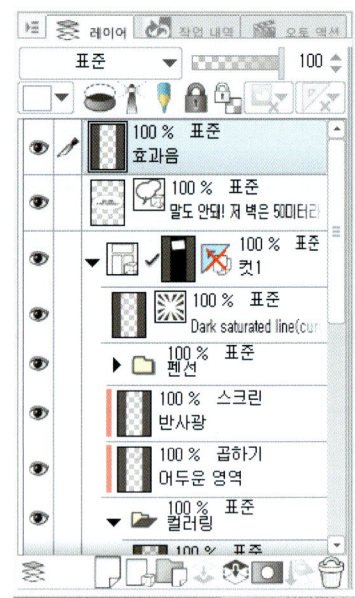

02 효과음은 펜 툴 중 캘리그라피를 이용합니다. 캘리그라피는 이름 그대로 캘리그라피를 그리기 편한 툴로, 효과음을 그리는 데에도 효과적입니다. 캘리그라피 툴을 선택합니다.

03 브러시 크기를 적절히 조절한 다음, 원하는 글자를 적습니다. 저는 '두둥!'이라고 적었습니다.

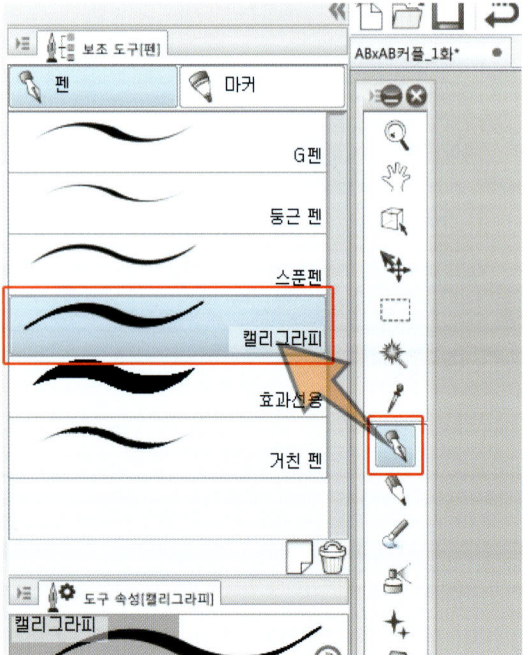

04 글자가 이미지에 묻혀서 잘 보이지 않습니다. 잘 보이도록 외곽선을 추가해보겠습니다. 레이어 속성 팔레트에서 효과 항목의 경계효과를 클릭합니다. 경계효과는 레이어에 테두리효과를 주는 편리한 기능입니다.

05 테두리가 들어가긴 했지만, 너무 얇아 보입니다. 테두리 두께 항목을 5로 조정합니다. 테두리가 굵어지면서 좀 더 뚜렷한 효과음으로 바뀌었습니다.

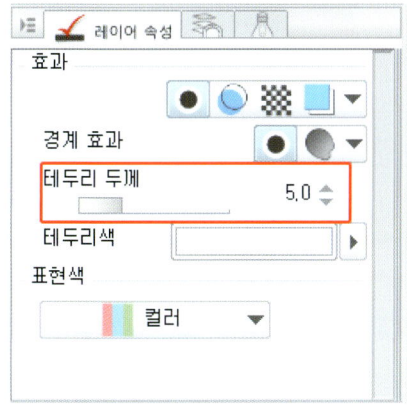

어느 정도 마무리된 것 같습니다. 끝으로 글자에 그라데이션 효과를 넣어서 좀 더 웹툰다운 느낌으로 바꾸어보겠습니다.

· 그라데이션 효과 추가하기

01 그라데이션 효과를 넣기 위해서는 투명 영역을 잠가두는 것이 편리합니다. 레이어 팔레트에서 투명 픽셀 잠금 을 클릭해서 투명 영역을 잠급니다.

02 그라데이션 툴을 선택합니다. 보조 도구 팔레트에 다양한 그라데이션 리스트가 나오므로 원하는 색상을 골라봅시다. 저는 그중 푸른 하늘을 선택하였습니다.

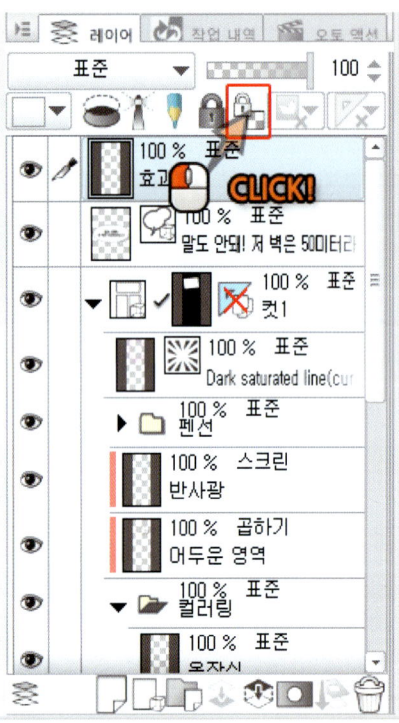
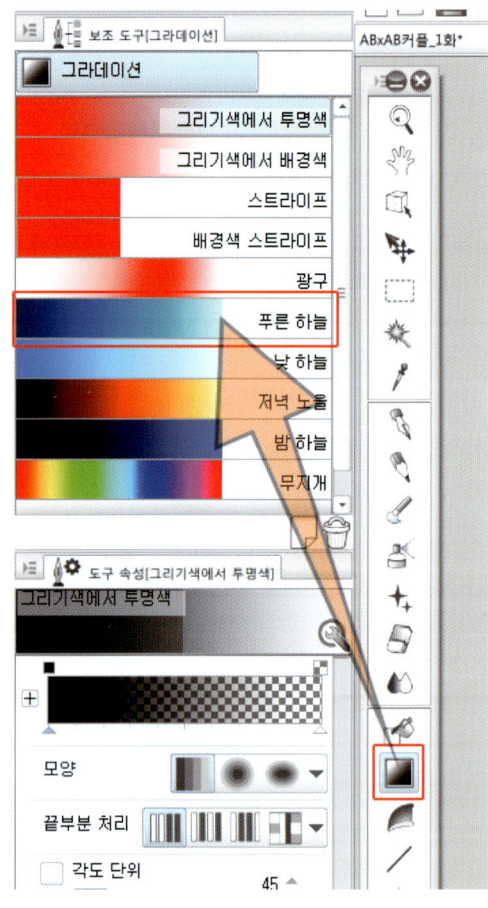

03 그라데이션 툴을 선택한 다음 원하는 각도로 드래그합니다. 그라데이션 컬러가 입혀집니다.

이것으로 효과음까지 넣어보았습니다. 지금까지의 과정으로 웹툰 원고를 만드는 대부분의 과정을 경험할 수 있었을 것입니다. 남은 컷들도 같은 방식으로 완성하면 됩니다.
다음 시간에는 만든 원고를 jpg파일로 추출해서 마무리하도록 하겠습니다.

SECTION 11
웹툰규격으로 출력하기

원고는 잘 완성하셨나요? 이번 시간에는 만든 원고를 웹툰 규격으로 출력하는 방법에 대해 알아보도록 하겠습니다. 아래는 임시로 채워 넣은 원고입니다.

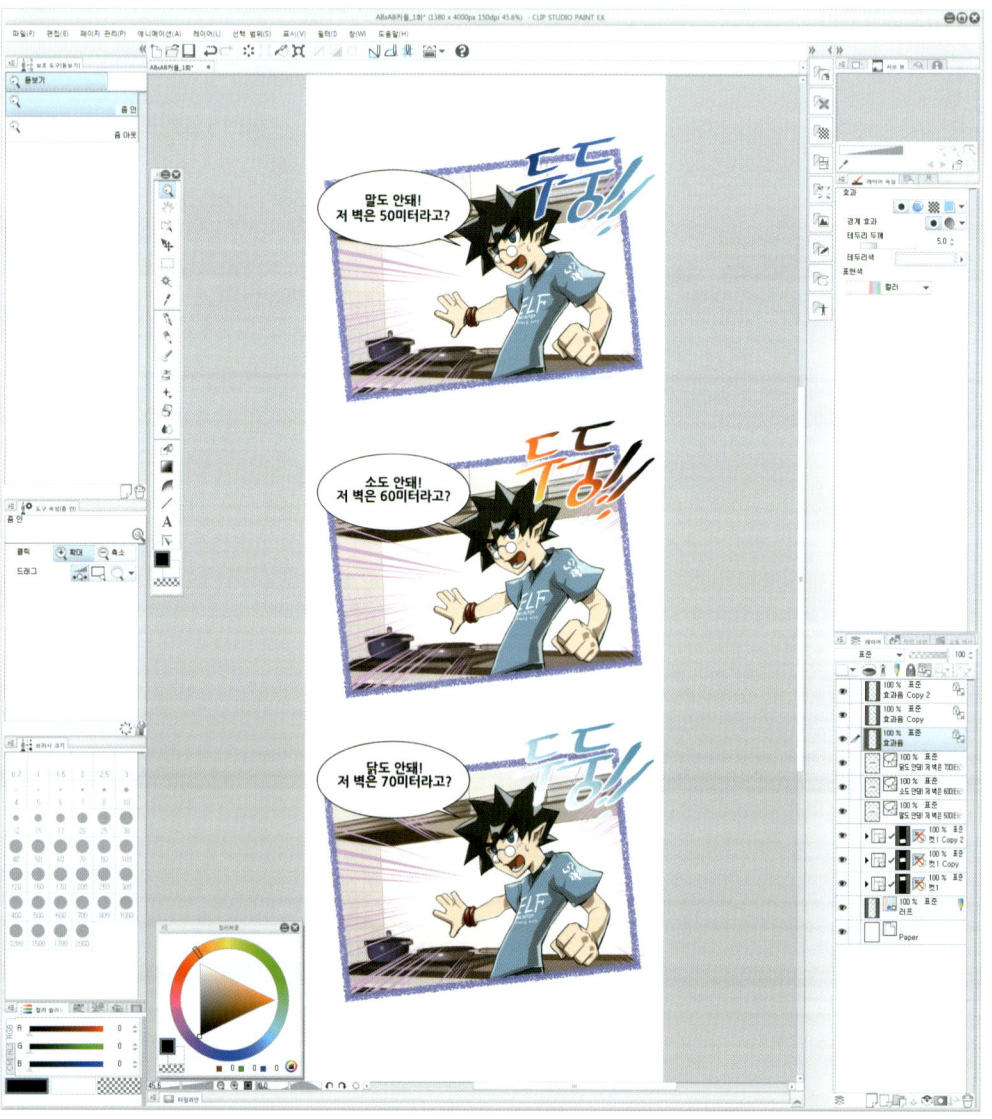

01 원고를 출력하기 위해서는 화상을 통합하여 내보내기 기능을 사용합니다. 레이어 분리는 하지 않을 예정입니다. 메뉴에서 파일 → 화상을 통합하여 내보내기 → .jpg(Jpeg) 를 선택합니다.

02 저장창이 나오면, 원하는 폴더에서 이름을 정하고, 저장 버튼을 누릅니다.

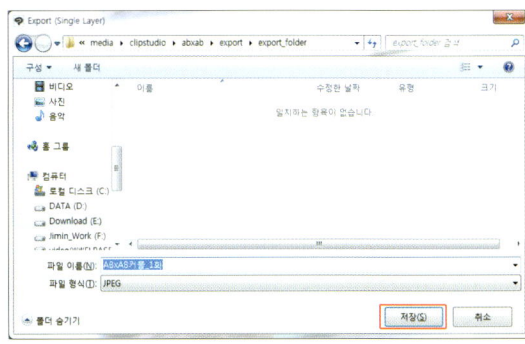

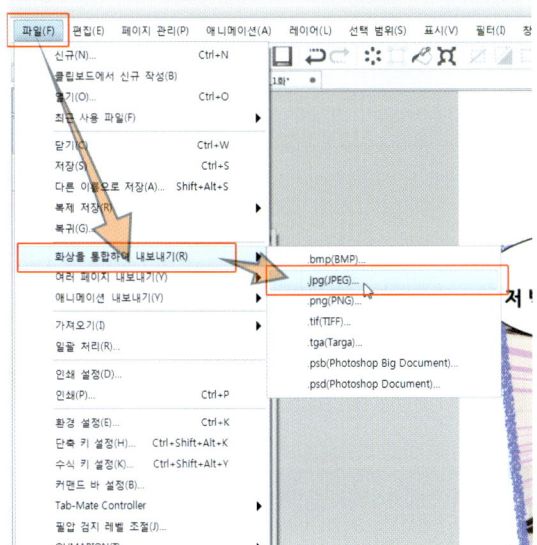

03 저장 버튼을 누르면 바로 저장되는 것이 아니라 옵션창이 등장합니다. 이 옵션창을 통해 크기나 출력내용 등을 조절할 수 있습니다. 해당 옵션에 대해 간단히 알아보도록 하겠습니다.

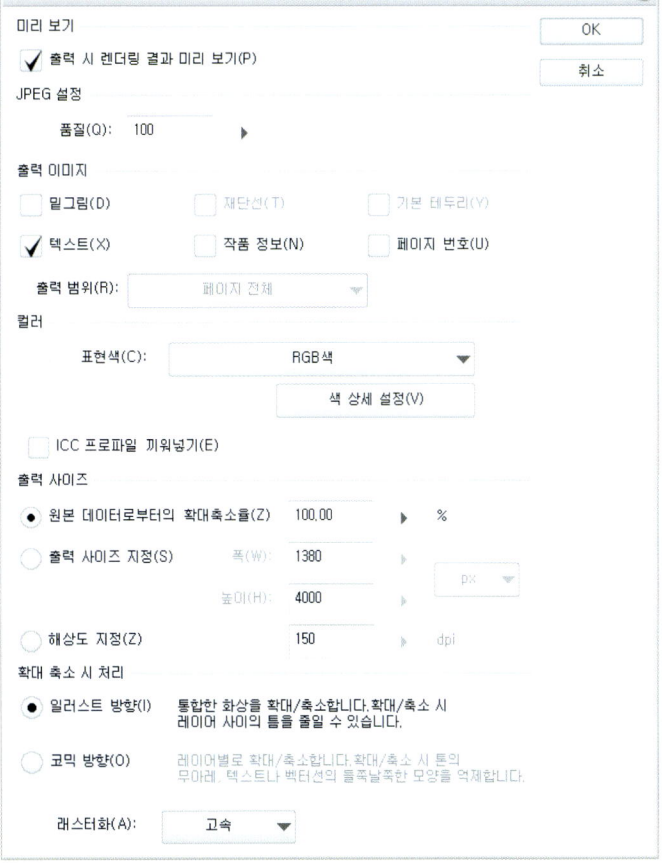

항목	기능
출력 시 렌더링 결과 미리 보기	출력 시 미리보기창을 한번 더 띄워줍니다.
JPEG 설정	압축률을 선택합니다.
출력이미지	출력한 내용을 선택합니다. 밑그림 레이어 등 불필요한 레이어를 제거하고 출력할 수 있습니다.
밑그림	체크하면 밑그림 레이어도 함께 출력합니다. 혹시나 실수로 러프선이 남을 수 있으니 레이어는 꺼둡니다.
재단선	체크하면 재단선을 출력합니다.
기본 테두리	체크하면 기본 테두리선을 출력합니다.
텍스트	체크하면 대사를 출력합니다. 기본적으로 체크되어 있습니다.
작품정보	체크하면 내용 정보를 출력합니다.
페이지 번호	체크하면 페이지 정보를 출력합니다.
컬러	출력할 색상을 설정합니다.
표현색	어떤 컬러로 출력할지 설정합니다. 웹툰이므로 RGB로 출력하시면 됩니다.
색 상세 설정	세부 설정입니다. 지금은 딱히 신경 안써도 됩니다.
ICC profile 끼워넣기	색상 프로파일을 포함합니다.
출력사이즈	출력사이즈를 설정합니다.
원본 데이터로부터의 확대축소율	원본 크기를 기반으로 비율을 맞춰 출력합니다.
출력 사이즈 지정	비율과 상관 없이 원하는 사이즈로 출력합니다.
해상도 지정	크기조정 시 프로세싱 방식을 결정합니다.
일러스트 방향	일러스트에 적합한 방식으로 합친 이미지를 기반으로 크기를 변환합니다.
코믹 방향	만화에 적합한 방식으로 각 레이어를 별도로 크기변환합니다. 모아레 등의 현상을 방지할 수 있습니다.
레스터화	레스터라이징을 속도 중심으로 할지, 퀄리티 중심으로 할지 결정합니다.

처음에 2배 크기로 작업을 하였으므로, 50%로 줄이고, 레스터라이징은 속도보단 퀄리티로 조정합니다. 사이즈가 690px 인지도 확인합니다.

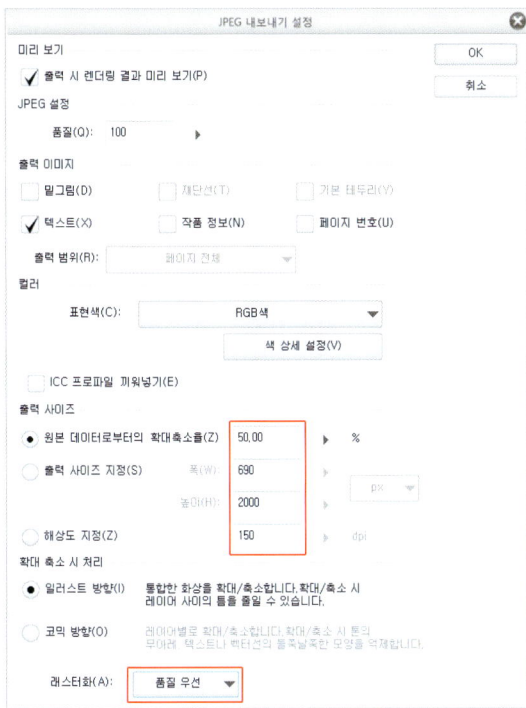

 다시 OK 버튼을 누르면, jpg파일로 저장됩니다.

OK 버튼을 누르면, 미리보기 화면이 나옵니다. 원하는 형태로 나왔는지 잘 확인해봅니다.

클립스튜디오를 처음 사용하다 보면, 뭔가 손에 맞지 않는 감각이 생길 때가 있습니다. 포토샵과는 다른 단축키에 당황하게 될 때도 종종 있습니다. 이러한 세세한 차이가 마치 남의 옷을 입는 듯한 느낌이 들어 불편하고, 신경이 쓰입니다. 많은 작가분들이 이런 불편을 느끼면서도 어떻게 해결해야 하는지 몰라 그냥 익숙해지는 방법을 택하곤 합니다.

이번 시간에는 클립스튜디오를 내 손에 꼭 맞게 만들기 위한 다양한 세팅방법을 공유해보도록 하겠습니다.

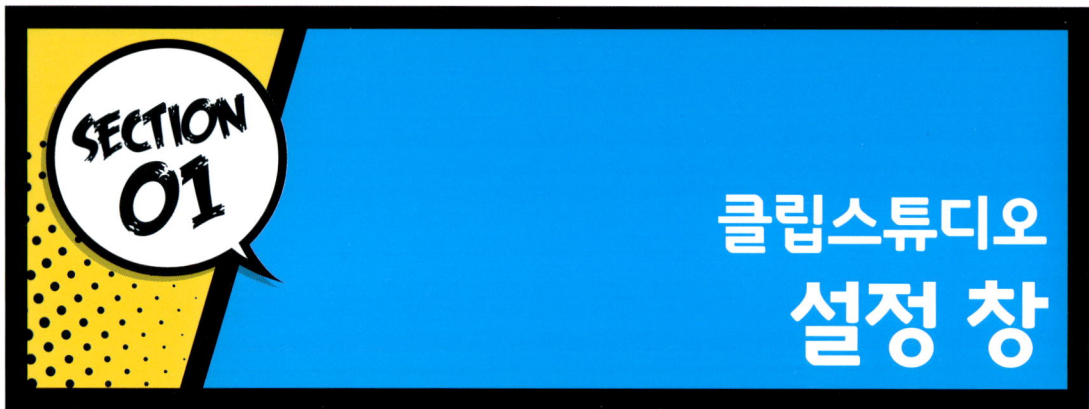

클립스튜디오 설정 창

이번 시간에는 클립스튜디오의 설정 창에 대해 알아보겠습니다. 조금 어려운 부분도 있지만, 알아두면 편리한 설정이 많으므로 천천히 살펴보시기 바랍니다.

UNIT 01_ 설정 창 열기

파일 → 환경설정을 선택하면 설정 창이 열립니다.

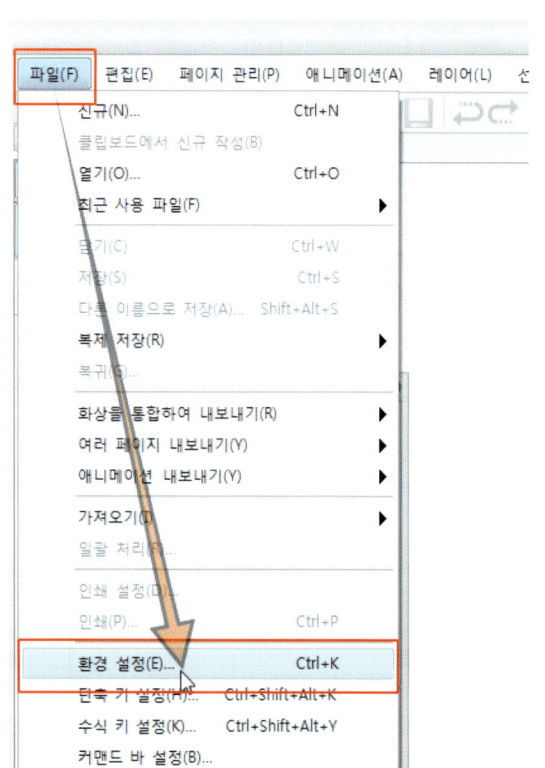

UNIT 02_ 설정탭

설정 창은 여러 탭으로 이루어져 있습니다. 각 세부설정탭을 알아보도록 하겠습니다.

· 도구

도구 탭은 툴 윈도우의 세부항목을 설정할 수 있습니다.

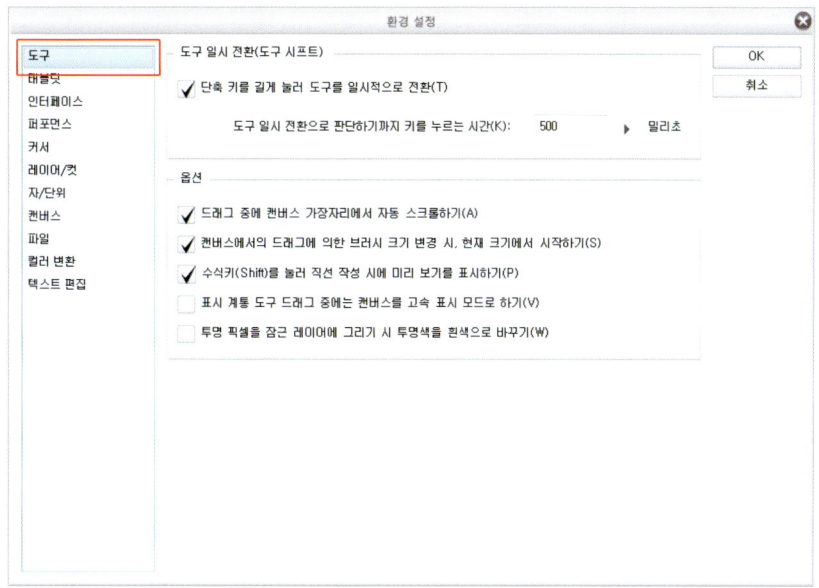

도구 일시 전환(도구 시프트) :

단축키를 길게 눌러 도구를 일시적으로 전환 : 클립스튜디오는 단축키를 두 개 이상의 툴에 할당할 수 있습니다.(예를 들어 P를 펜 툴과 연필 툴에 할당할 수 있습니다.. 이때 단축키를 길게 눌러 교체할지를 설정하는 부분입니다.

도구 일시 전환으로 판단하기까지 키를 누르는 시간 : 교체할 때 얼마나 길게 눌러야 할지를 결정합니다. 기본은 500ms. 즉, 0.5초입니다. 1초로 늘이려면 1000 으로 변경하시면 됩니다.

옵션 : 그 외 자잘한 설정을 할 수 있습니다.

드래그 중에 캔버스 가장자리에서 자동스크롤하기 : 드래그하다가 커서가 캔버스의 가장자리에 닿을 경우, 캔버스를 스크롤할지를 설정합니다. 켜두는 쪽이 편합니다.

캔버스에서의 드래그에 의한 브러시 크기 변경 시 현재 크기에서 시작하기 : 클립스튜디오는 마우스를 드래그해서 브러시 크기를 변경할 수 있습니다. 이때 원래 크기를 기준으로 변경할지를 설정합니다. 체크를 끄면, 0부터 시작합니다.

수식키(Shift)를 눌러 직선 작성 시에 미리 보기를 표시하기 : Shift를 눌러서 선을 그을 때, 어떻게 그어질지 미리보기를 보여줍니다.

표시 계통 도구 드래그 중에는 캔버스를 고속 표시 모드로 하기 : 돋보기나 이동 툴 등을 쓸 때, 화면을 고속 모드로 보여줍니다. 퀄리티는 낮아지는 대신, 속도가 올라갑니다.

투명 픽셀을 잠근 레이어에 그리기 시 투명색을 흰색으로 바꾸기 : 체크하면, 투명 레이어를 그릴 때 투명색을 흰색으로 표현합니다.

· **태블릿**

사용하는 태블릿 서비스 : 어떤 종류의 태블릿을 쓰고 있는지 설정합니다. 이 설정부분이 잘못되면 이상 작동하는 경우가 종종 있으므로, 잘 체크하시기 바랍니다.

Wintab : 일반적인 태블릿을 사용할 때 선택합니다.
Tablet PC : 신티크나 서피스 등의 태블릿 PC를 사용할 때 선택합니다.
좌표 검출 모드 : 좌표를 체크하는 방식에 관한 설정입니다.
태블릿 드라이버 설정에서 마우스 모드 사용 : 태블릿을 펜 모드가 아닌 마우스 모드를 사용할 때 선택합니다.

태블릿 조작 구역 : 태블릿 영역설정을 클립스튜디오에서 할 경우 설정할 항목입니다.
태블릿 조작 구역을 애플리케이션에서 설정 : 체크하면 태블릿의 영역을 클립스튜디오에서 설정합니다. 이미 태블릿에서 설정된 경우가 많으므로, 기본적으로는 체크가 되어있지 않습니다.
전화면 조작 : 화면을 기준으로 설정합니다.
지정 모니터 조작 : 여러 모니터를 사용할 경우, 특정 모니터를 기준으로 설정합니다.
모니터 종횡비를 유지하며 조작 : 모니터의 종횡비에 맞춰 태블릿 영역을 설정합니다.
태블릿 전체에서 조작 : 전체 태블릿 영역을 사용합니다.

· 인터페이스

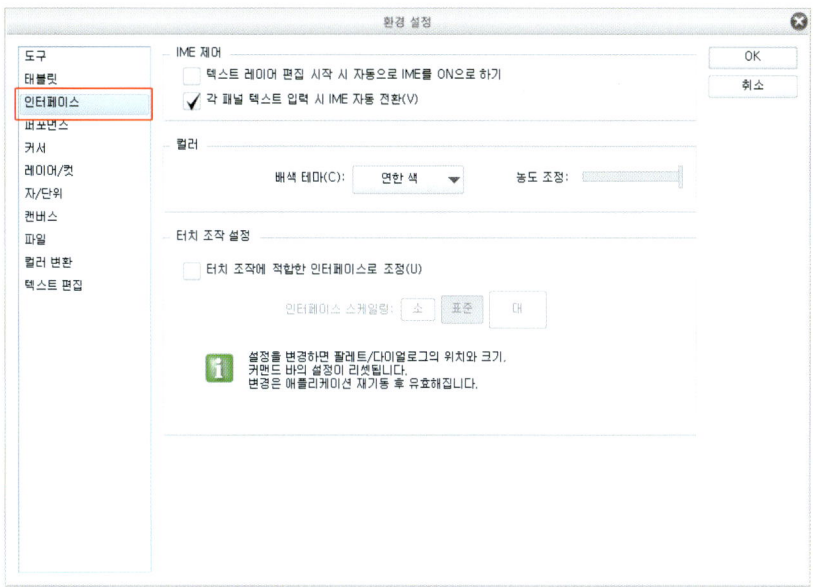

IME 제어 : IME 관련 설정을 설정합니다.
　텍스트 레이어 편집 시작 시 자동으로 IME를 ON으로 하기 : 체크하면, 문자를 텍스트 레이어에 입력할 경우 IME가 자동으로 활성화됩니다.
　각 패널 텍스트 입력 시 IME 자동 전환 : 체크하면, 패널에 텍스트를 입력할 때 IME가 전환됩니다.

컬러 : 인터페이스의 컬러를 설정합니다. 밝은색과 어두운 색깔을 선택할 수 있으며 농도조정을 통해 진하기를 결정할 수 있습니다.
　터치 조작 설정 : 터치 모드에 관한 세팅입니다. 태블릿PC 등에서 유용하게 사용할 수 있습니다.
　터치 조작에 적합한 인터페이스로 조정 : 터치 모드에 맞게 인터페이스를 조절합니다.

· 퍼포먼스

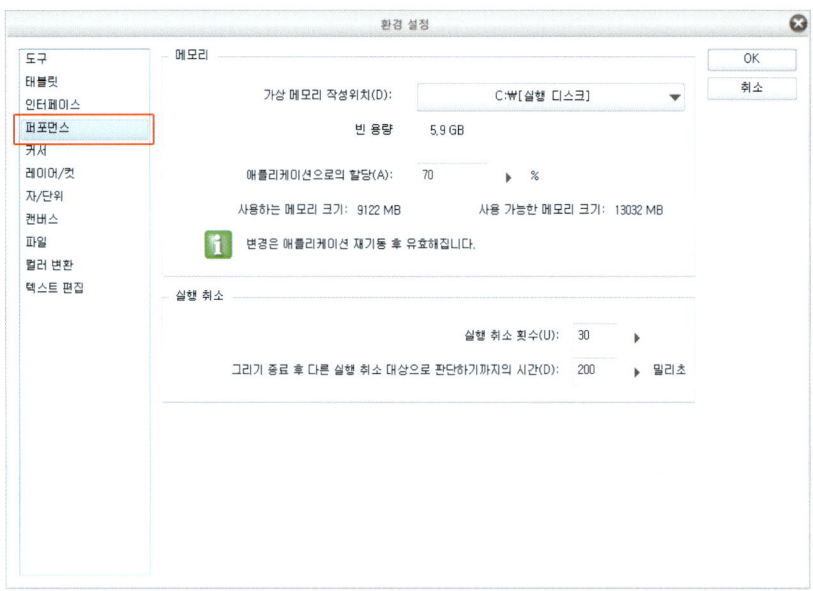

퍼포먼스에 관한 설정을 합니다.

메모리 : 메모리에 관한 설정입니다.
    가상 메모리 작성위치 : 가상메모리를 만들 하드를 설정합니다. 되도록이면 C:가 아닌 다른 곳에 설정하는 것이 속도 면에서 좋습니다. 용량이 넉넉한 곳에 설정합니다. 해당 하드디스크의 용량은 빈 용량에서 확인 가능합니다.
    애플리케이션으로의 할당 : 메모리의 몇 퍼센트를 클립스튜디오에 할당할지를 설정합니다. 대략 70~80정도로 맞춰두시면 됩니다. 100에 가까이 할 경우 시스템이 먹통이 될 수가 있으니 주의하세요.
    실행취소 : 되돌리기를 어느 정도나 사용할지 설정합니다. 많으면 쓰기 편하지만 시스템메모리를 많이 잡아먹게 됩니다.
    실행 취소 횟수 : 되돌리기의 최대횟수를 설정합니다.
    그리기 종료 후 다른 실행 취소 대상으로 판단하기까지의 시간 : 되돌리기 직후 새 오브젝트를 만들 때, 기다리는 시간을 설정합니다. 이 숫자가 클수록 되돌리기를 한꺼번에 하게 됩니다. 자잘한 펜 터치를 빠르게 많이 하는 타입일 경우 유용한 방식입니다.

· 커서

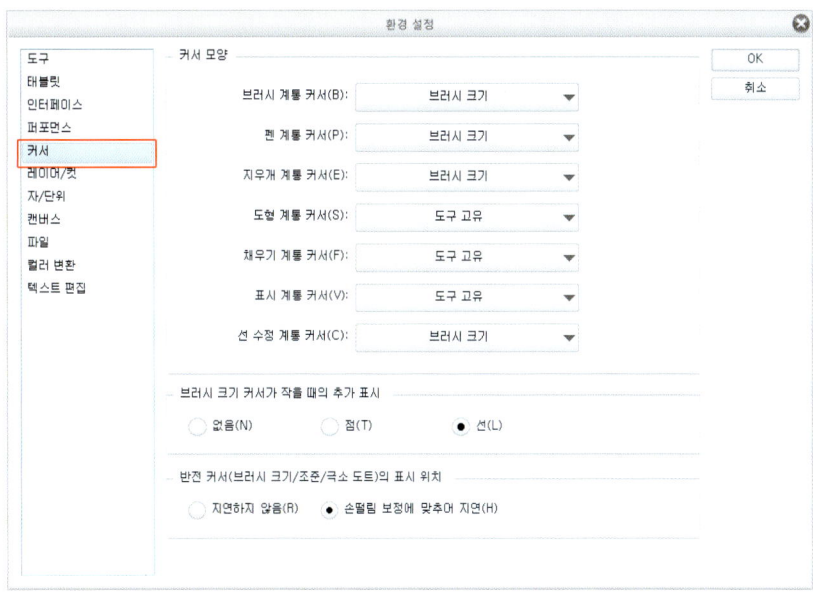

커서의 모양을 설정하는 탭입니다.

커서 모양 : 커서의 기본 모양을 설정합니다.
　브러시 계통 커서 : 브러시 타입의 커서를 설정합니다.
　펜 계통 커서 : 펜 타입의 커서를 설정합니다.
　지우개 계통 커서 : 지우개 타입의 커서를 설정합니다.
　도형 계통 커서 : 피규어 타입의 커서를 설정합니다.
　채우기 계통 커서 : 채우기 타입의 커서를 설정합니다.
　표시 계통 커서 : 뷰 타입의 커서를 설정합니다.
　선 수정 계통 커서 : 라인조정 타입의 커서를 설정합니다.

각 설정 내용은 아래와 같습니다.
　도구 고유 : 툴의 아이콘 모양으로 표현합니다.
　십자 : 십자 형태의 커서로 표현합니다.
　삼각 화살표 : 삼각형 모양의 커서로 표현합니다.
　점: 점 형태의 커서로 표현합니다.
　극소도트: 1픽셀의 점으로 표현합니다.

　조준 : 과녁 모양의 커서로 표현합니다.
　브러시 크기 : 브러시 크기로 표현합니다.
　브러시 크기와 도구 고유 : 브러시 사이즈로 툴 종류를 함께 보여줍니다.
　브러시 크기와 십자 : 브러시 사이즈와 십자 형태를 함께 보여줍니다.
　브러시 크기와 점 : 브러시 사이즈와 점 형태를 함께 보여줍니다.
　브러시 크기와 극소도트 : 브러시 사이즈와 1크기의 점을 함께 보여줍니다.

브러시 크기 커서가 작을 때의 추가 표시 : 커서가 너무 작아서 안보일 경우 추가로 커서에 덧붙일 것을 설정합니다.
　없음 : 아무것도 붙이지 않습니다.
　점 : 점을 붙입니다.
　선 : 선을 붙입니다.
　반전 커서(브러시 크기/조준/극소 도트)의 표시 위치 : 반전된 커서를 사용할 때 딜레이를 줄지 결정합니다.

· 레이어/컷

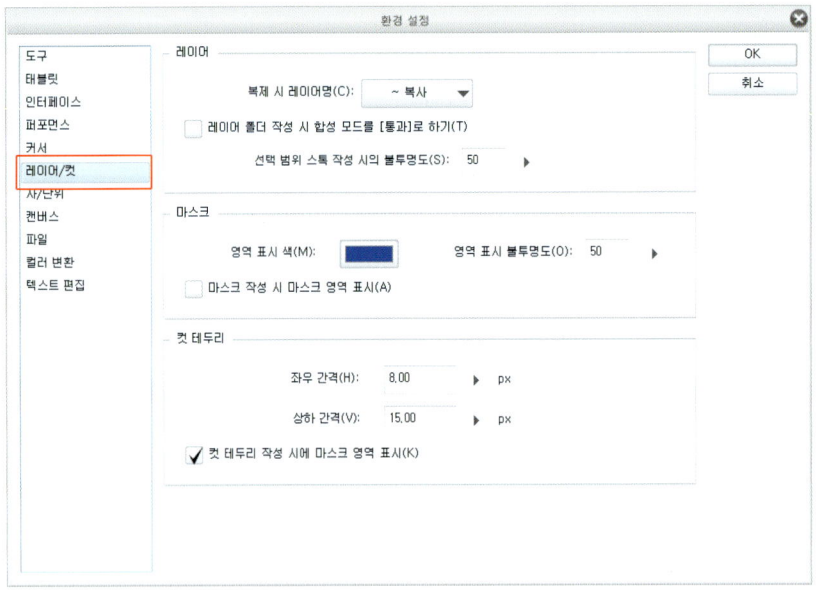

레이어와 프레임의 속성을 변경하는 탭입니다.

레이어
복제 시 레이어명 : 레이어를 복제할 때 이름을 어떻게 표시할지 설정합니다. 기본은 ~ 복사 가 뒤에 붙습니다.
레이어 폴더 작성 시 합성 모드를 [통과]로 하기 : 레이어 폴더를 생성시 통과 속성으로 세팅합니다. 포토샵에 익숙하다면 설정하세요.
선택 범위 스톡 작성 시의 불투명도 : 새로운 선택 영역 스톡을 만들 때 투명도를 설정합니다.

마스크
영역 표시 색 [M] : 마스킹 컬러를 설정합니다.
영역 표시 불투명도 : 영역의 투명도를 설정합니다.
마스크 작성 시 마스크 영역 표시 : 마스크를 만들 때 마스크 영역을 보여줍니다.

컷 테두리
좌우 간격 / 상하 간격 : 컷테두리(컷선)를 분할할 때 그 틈을 어느 정도로 만들지 설정합니다.
컷 테두리 작성 시에 마스크 영역 표시 : 프레임을 만들면, 마스킹 영역을 표시합니다.

· **자/단위**

자의 속성과 길이단위 등을 설정하는 탭입니다.

자/그리드/재단선 : 자와 그리드, 재단선의 컬러와 투명도 등을 설정합니다.
　스냅하는 자의 색 : 스냅이 먹힌 자선 색을 설정합니다.
　스냅하지 않는 자의 색 : 스냅이 되지 않는 자선 색을 설정합니다.
　그리드선 색 : 그리드 선의 색을 선택합니다.
　그리드 분할 선 색 : 그리드 나눔선의 색을 설정합니다.
　재단선/기본 테두리 색 : 크로핑이나 기본 보더의 색을 선택합니다.
　자/그리드/재단선의 불투명도 : 자선/그리드 선/재단선의 투명도를 설정합니다.
　퍼스자 스냅 중에 그리기 시작 점으로 돌아가면 방향을 다시 결정하기 : 퍼스자선(원근을 그릴 수 있는 자선)을 사용할 경우, 중점을 선택하면, 방향을 다시 정하게 합니다.

단위 : 단위를 설정합니다.
　길이 단위 : 길이 단위를 설정합니다. 기본은 픽셀(px)입니다.
　텍스트 단위 : 글자크기 단위를 설정합니다. 기본은 pt입니다.

· **캔버스**

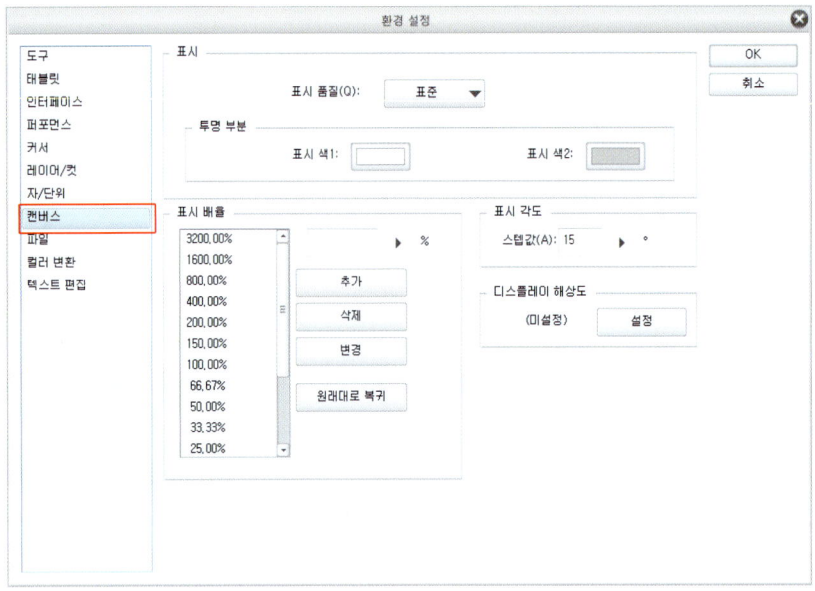

캔버스에 관한 사항을 결정하는 탭입니다.

표시

표시 품질 : 보여주는 퀄리티를 설정합니다. 기본은 표준 입니다. 고품질 로 설정하면, 보여주는 퀄리티가 좋아지는 만큼 속도가 떨어지므로, 자신의 컴퓨터 사양에 맞춰 설정합니다.
투명 부분 : 투명색을 어떻게 표현할지 설정합니다. 기본은 흰색/회색으로 일반적인 투명체크무늬가 나옵니다.
표시 배율 : 줌인/줌아웃 시 변화될 크기단위를 설정합니다. 취향에 맞게 설정하면 됩니다.
표시 각도 : 각도를 변경할 때 단위를 설정합니다. 기본은 15도입니다.
디스플레이 해상도 : 보여줄 해상도를 설정합니다.

· 파일

파일을 어떻게 관리할지에 대한 설정을 하는 탭입니다.

IllustStudio 문서(xpg) 가져오기 : 일러스트스튜디오 확장자(xpg)를 어떻게 불러올지 설정합니다.
    모든 레이어 통합 : 레이어를 모두 합칩니다.
    벡터 안티에일리어싱 : 벡터 라인에 안티에일리어싱을 넣습니다.
    벡터를 래스터화 : 벡터 레이어를 래스터 레이어로 변경합니다.

ComicStudio 페이지 파일(cpg) 가져오기 : 클립스튜디오의 전작인 코믹(망가)스튜디오의 파일을 어떻게 불러올지 설정합니다. 기본 설정은 일러스트스튜디오와 동일합니다.

페이지 관리
    페이지 전환시 자동으로 저장 : 페이지를 전환할 때 자동 저장합니다.
    더블 클릭으로 페이지를 열 때 항상 새로운 탭으로 열기 : 페이지를 더블클릭으로 열면, 항상 새 탭으로 엽니다.

· **컬러 변환**

컬러값을 설정하는 탭입니다.

RGB 프로파일 : RGB값에 대한 설정을 합니다. 기본적으로 자신의 모니터 프로파일에 맞춰져 있습니다.

CMYK 프로파일 : 출력값인 CMYK 관련 프로파일 설정을 합니다.

렌더링 인텐트 : 색상을 변환할 때의 방식을 결정합니다.

사용 라이브러리 : 사용할 색상 라이브러리를 결정합니다.

· **텍스트 편집**

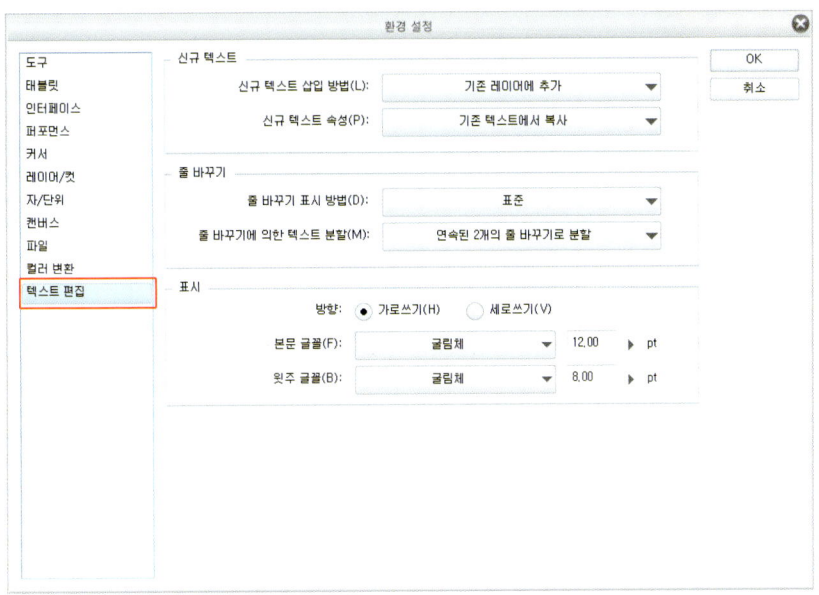

끝으로 글자입력을 설정하는 탭입니다.

신규 텍스트 : 새 텍스트를 입력할 때의 설정입니다.
　신규 텍스트 삽입 방법 : 새 텍스트를 넣을 때 어떤 식으로 넣을지 결정합니다. 현재 레이어에 추가가 기본 설정입니다.
　신규 텍스트 속성 : 새 텍스트의 설정값을 결정합니다. 기본은 지금 텍스트에서 가져옵니다.

줄 바꾸기 : 줄바꿈 시의 설정입니다.
　줄 바꾸기 표시 방법 : 줄바꿈 할 때 어떻게 보여줄지를 설정합니다.
　줄 바꾸기에 의한 텍스트 분할 : 스토리 편집기에서 선을 바꿀 때 어떻게 바꿀지를 설정합니다.

표시 : 어떻게 보여질지 결정합니다. 스토리에디터의 설정입니다.
　방향 : 보여지는 방향을 결정합니다. 가로(Horizontal)와 세로(Vertical)을 선택할 수 있습니다.
　본문 글꼴 : 기본 텍스트 폰트를 설정합니다.
　윗주 글꼴 : 음독(일본만화에서 한자위에 달리는 작은 글자)용 폰트를 설정합니다.

이제 설정 창에 대한 내용을 모두 살펴보았습니다. 설정을 자신의 작업스타일에 맞게 변경하고, 좀 더 최적화된 작업을 하시기 바랍니다.

펜 압력 조정하기

클립스튜디오에는 개인의 버릇이나 성향에 맞춰 태블릿 압력정도를 조정할 수 있는 기능을 제공하고 있습니다. 이 기능을 사용하면, 원하는 선을 좀 더 자유롭게 뽑아낼 수 있어 편리합니다. 개인적으로 클립스튜디오를 설치한 뒤, 가장 먼저 하는 작업일 정도로 중요한 부분입니다.

UNIT 01_ 세팅창 열기

01 파일 → 필압 검지 레벨 조절을 선택합니다.

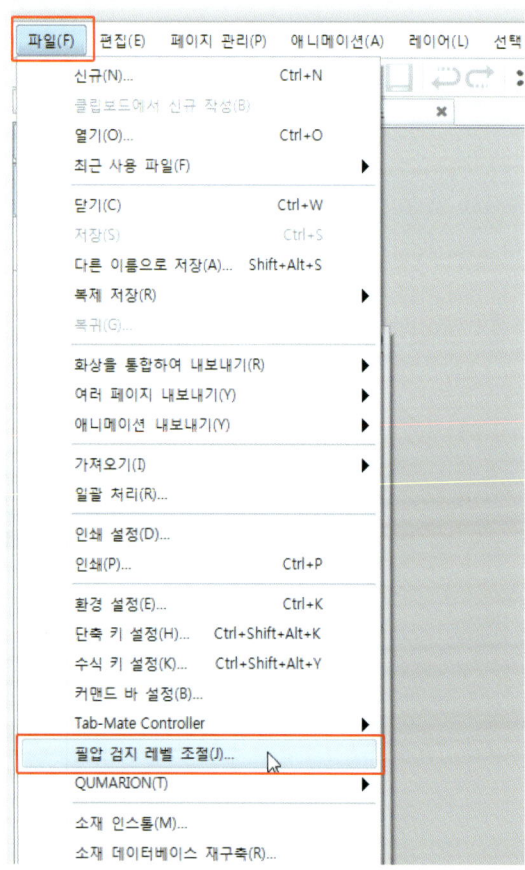

02 압력을 조절하는 창이 등장합니다.

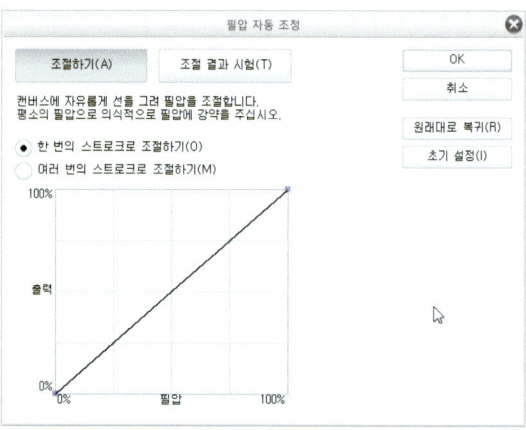

항목	기능
조절하기	압력을 조정합니다. 선택하면, 펜 터치에 따라 압력이 자연스럽게 세팅됩니다.
조절 결과 시험	설정한 펜 터치를 테스트해 볼 수 있습니다.
한 번의 스트로크로 조절하기	한 번의 선긋기로 펜 압력을 결정합니다.
여러 번의 스트로크로 조절하기	여러 번의 터치를 반복해서 그 평균값을 구해 압력세팅을 합니다. 여러 번 할수록 더 자신의 손에 맞는 터치를 만들 수 있습니다.

UNIT 02_ 사용방법

01 펜 압력 세팅을 위해서는, 조절하기 를 우선 선택. 그리고 여러 번의 스트로크로 조절하기 를 선택합니다.

02 그런 다음, 빈 캔버스에 선을 그어봅니다. 자신이 할 수 있는 한 가장 가는 선부터, 힘을 줘서 두꺼운 선까지 속도와 압력을 다르게 하면서 하나의 긴 선을 긋습니다. 이를 여러 번 반복합니다.

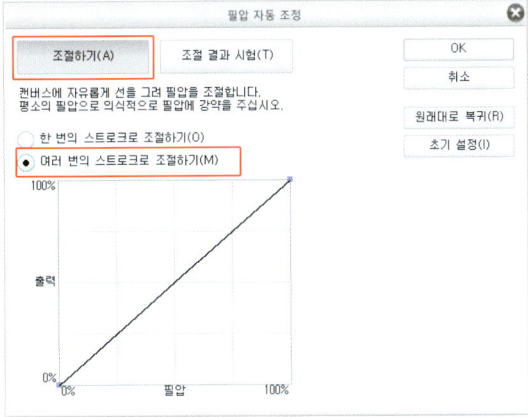

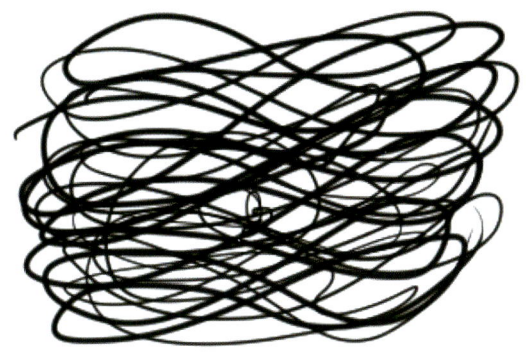

03 선을 어느 정도 긋고 난 뒤, 조절 결과 시험을 선택한 다음 선을 그어봅니다. 원하는 감각인지를 확인하세요.

04 원하는 세팅이 되었을 경우 OK 버튼을 눌러 마무리합니다.

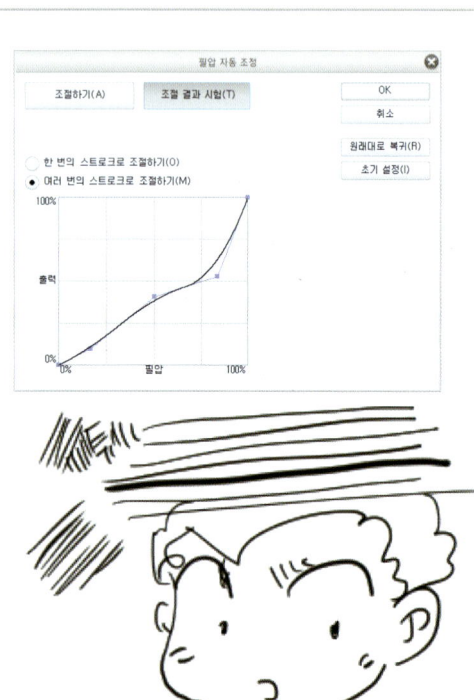

다시 새 캔버스를 꺼내서 그림을 그려봅시다. 펜 압력이 좀 더 자신에 맞게 변화된 것을 알 수 있습니다.

단축키 설정하기

클립스튜디오는 최근에 만들어진 프로그램으로, 기존의 다양한 그래픽 프로그램의 장점을 흡수하였습니다. 그래서인지 클립스튜디오의 기능들은 만화를 그리던 기존 툴 - 포토샵과 비슷하면서도 차이가 있습니다. 이는 단축키 역시 마찬가지인데요. 기능과 세부항목이 다른 만큼 단축키도 포토샵과 다르게 세팅이 되어 있습니다. 그래서 처음부터 포토샵을 쓰다가, 클립스튜디오로 넘어갔을 경우 단축키가 헷갈리는 경우가 종종 발생합니다.

이럴 때는 기존 단축키에 익숙해질 때까지 사용하는 방법도 좋지만, 자신의 취향에 맞춰 단축키를 바꾸는 것도 클립스튜디오에 빠르게 적응하는 데에 도움이 됩니다. 이번 시간에는 클립스튜디오의 단축키를 바꾸는 방법에 대해 알아보도록 하겠습니다.

· 단축키 설정 창 열기

01 단축키를 바꾸기 위해서는 단축키 설정 창을 열어야 합니다.
파일 → 단축키 설정 메뉴를 선택해 창을 엽니다.

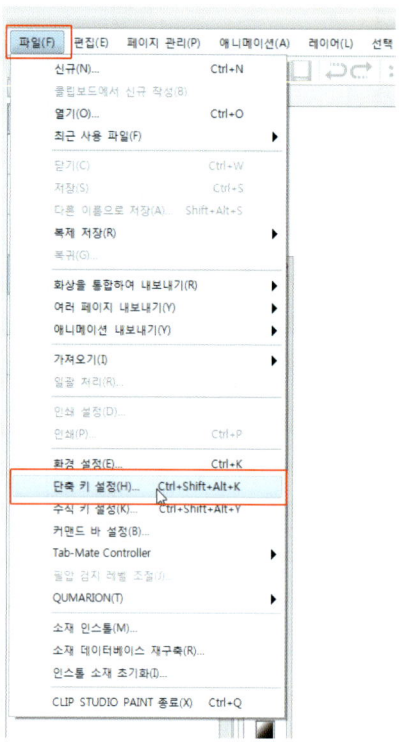

· 단축키 설정 창 알아보기

아래와 같은 설정 창이 등장합니다. 각 항목에 대해 알아보도록 하겠습니다.

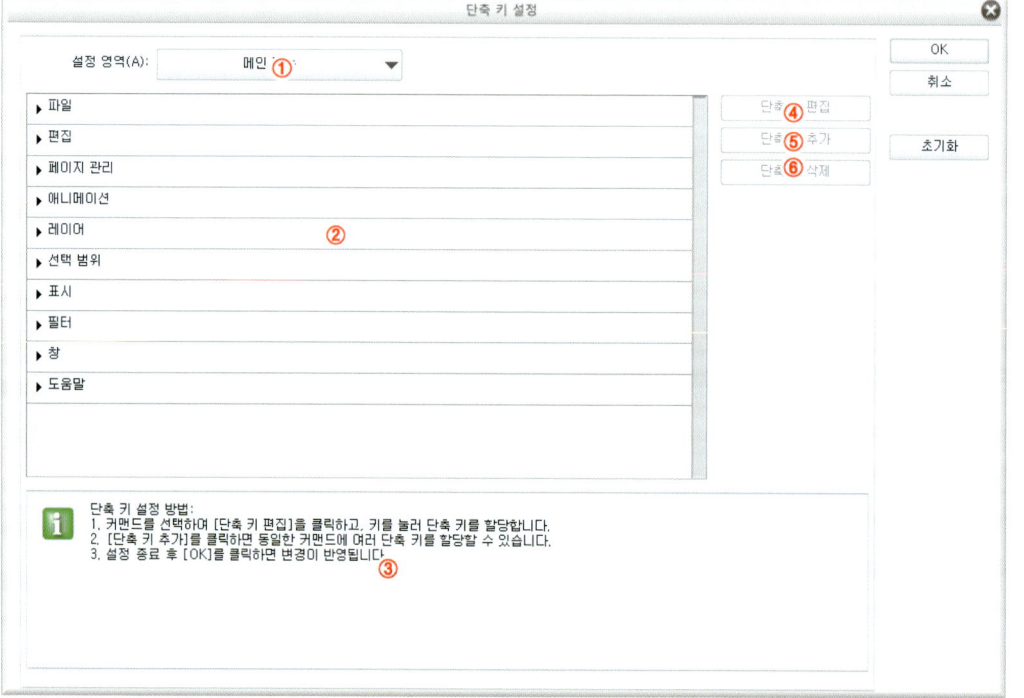

① 설정 영역
설정을 세팅할 영역을 선택합니다.

메인 메뉴	상단메뉴의 단축키를 설정합니다.
옵션	다양한 옵션들의 단축키를 설정합니다.
도구	툴 팔레트의 단축키를 설정합니다. 주로 이쪽을 많이 변경하게 됩니다.
오토 액션	자동으로 다양한 동작을 실행하는 기능인 오토 액션의 단축키를 설정합니다.

② 설정 리스트
현재 단축키가 설정되어 있는 세부 목록이 나옵니다.

③ 설정 정보
설정에 대한 도움말이 나옵니다. 단축키가 겹쳤을 경우 표시해주기도 합니다. 단, 겹치더라도 허용은 해주며, 해당 키를 누를 때마다 툴이 번갈아가면서 바뀝니다.

단축 키 설정 방법:
1. 커맨드를 선택하며 [단축 키 편집]을 클릭하고, 키를 눌러 단축 키를 할당합니다.
2. [단축 키 추가]를 클릭하면 동일한 커맨드에 여러 단축 키를 할당할 수 있습니다.
3. 설정 종료 후 [OK]를 클릭하면 변경이 반영됩니다.

④ 단축키 편집
설정 리스트 에서 선택한 항목의 단축키를 변경합니다. 이 버튼을 누른 뒤, 원하는 단축키를 누르고 ENTER 키를 누르면 키가 설정됩니다.

⑤ 단축 키 추가
단축키를 추가하는 기능입니다.

⑥ 단축 키 삭제
선택한 메뉴의 단축키를 제거하는 기능입니다.

· 엘프화가의 단축키 설정
저는 오랜 포토샵 사용자라, 일부분만 포토샵의 단축키에 맞게 설정해서 진행하고 있습니다. 사용하시는 분들도 본인의 스타일에 맞춰 진행해주시기 바랍니다.

B   연필 툴과 펜 툴을 설정해서 사용합니다.

R   색 혼합 툴을 설정해서 사용하고 있습니다.

창 배치하기

설정하기의 마지막 시간으로, 이번에는 창 배치하기에 대해 알아보도록 하겠습니다. 클립스튜디오의 창 배치는 무척 자유로우며, 마음대로 위치를 변경하고 크기를 조정할 수 있습니다.

이러한 조정을 위해 클립스튜디오는 독(Dock)이라는 기능을 지원하는데요. 여러 윈도우를 모을 수 있는 일종의 틀 같은 것입니다. 이 독이라는 틀 안에 윈도우를 넣을 수도, 밖으로 뺄 수도 있어 취향에 따라 배치하고 설정할 수 있습니다.

아래는 제가 쓰는 창 모습입니다. 일부 창들은 밖으로 빼고, 어떤 창은 캔버스 위로 올려 빠르게 원하는 기능을 사용할 수 있도록 만든 모습입니다.

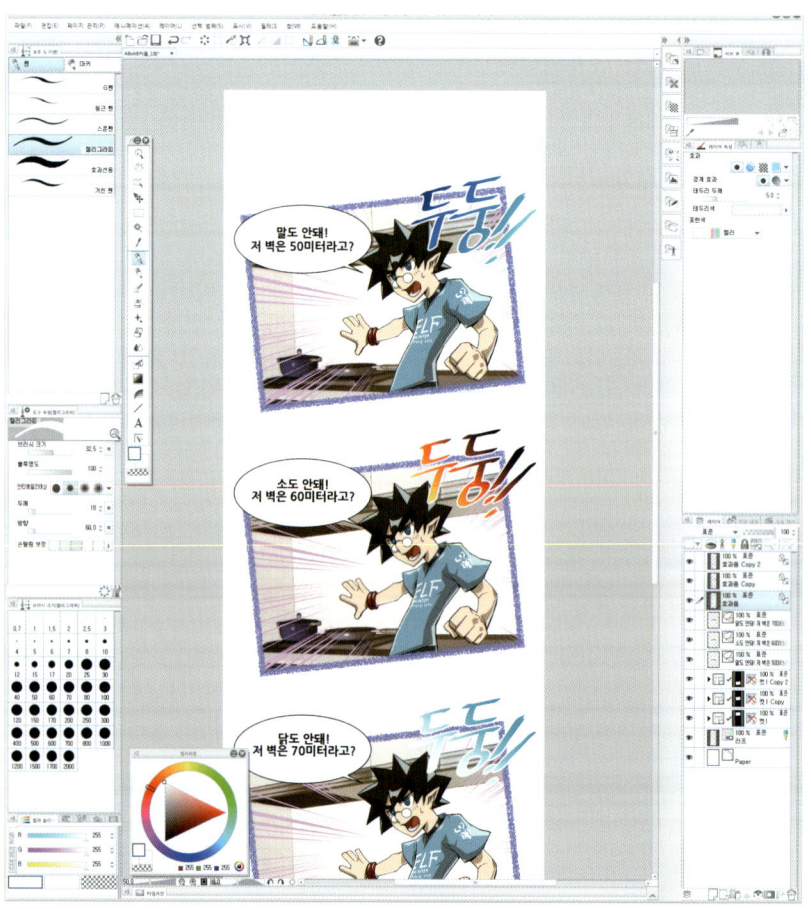

· 창 분리하기

01 독에 합쳐져 있는 각 세부 창들의 타이틀 부분을 드래그하면 자유롭게 이동할 수 있습니다. 밖으로 드래그하면 별도의 창으로 분리됩니다.

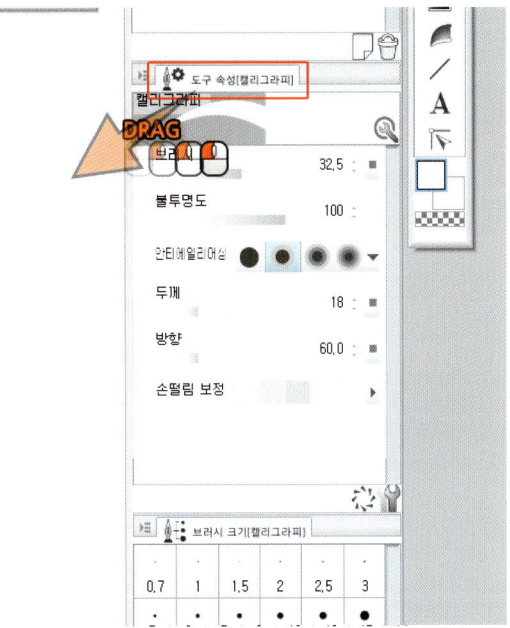

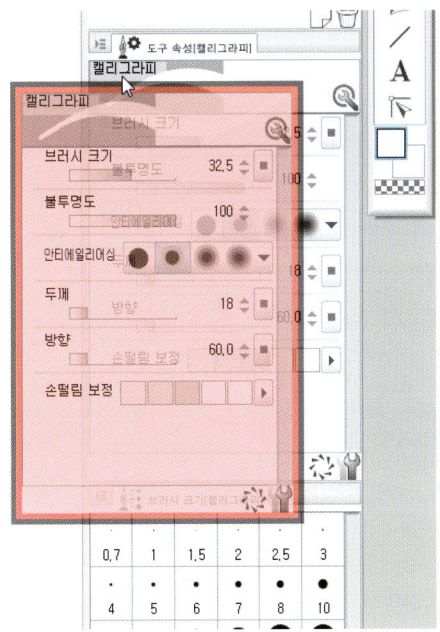

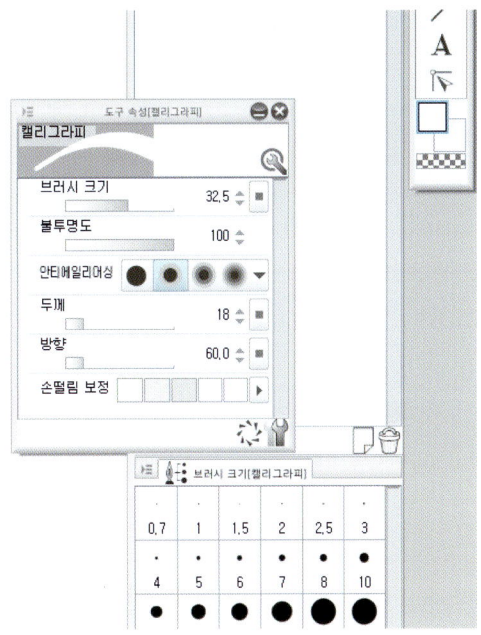

· 창 합치기

01 분리된 창은 드래그하면 다시 독으로 집어넣을 수 있습니다. 이때 드래그하는 위치에 따라 붉은색의 가이드 라인이 나오므로 참고해서 넣을 수 있습니다.

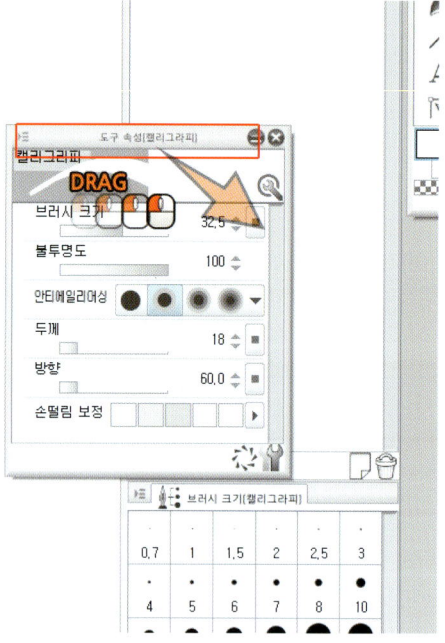

02 창 측면으로 가져가면, 측면에 붉은 색 가이드라인이 생깁니다. 이곳에 배치하면 독 옆에 새로운 영역이 생기며, 창이 배치됩니다.

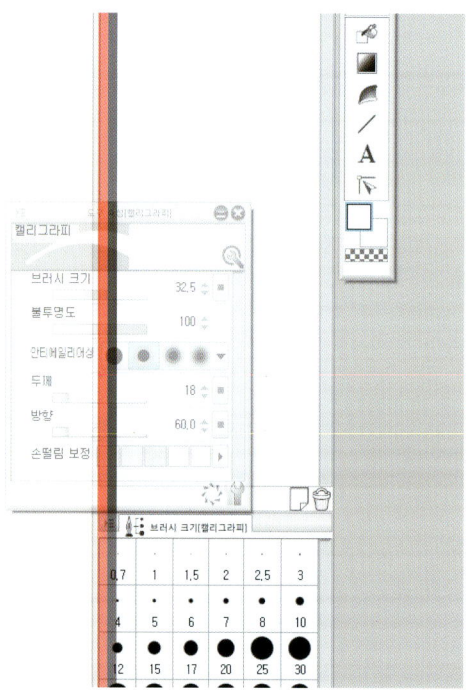
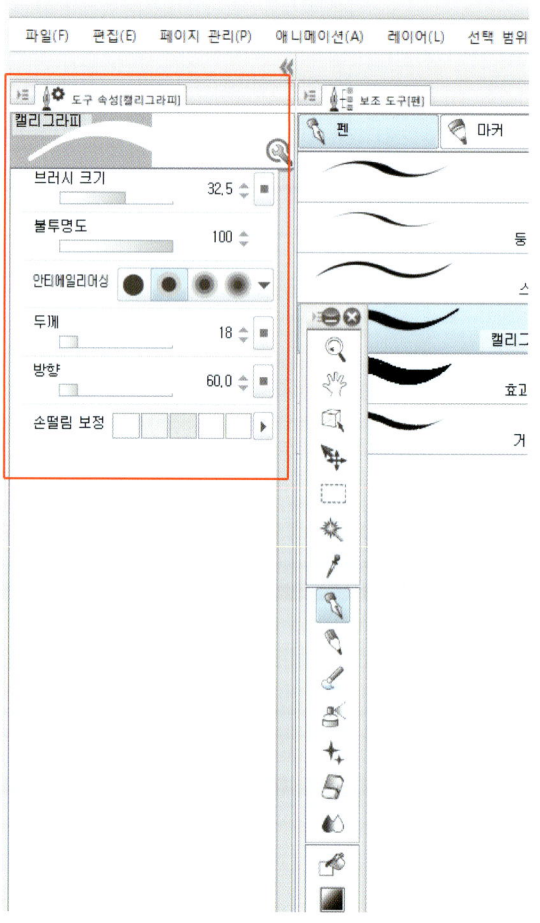

| 03 | 다른 창 사이로 드래그하면 붉은색 가로 가이드라인이 생깁니다. 이곳에 배치하면 위 아래 창을 밀어내고 그 사이에 배치됩니다.

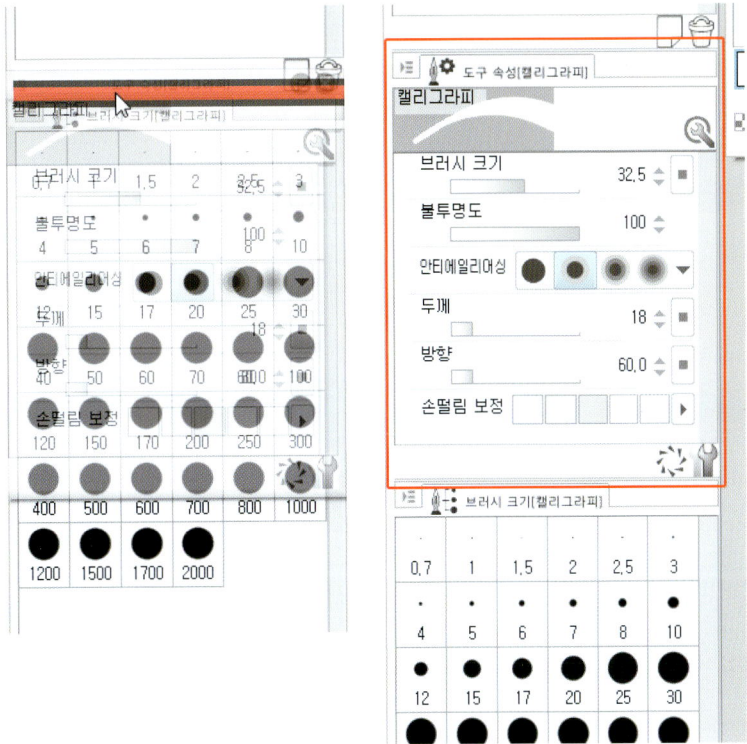

| 04 | 끝으로, 다른 창에 겹치도록 드래그하면, 붉은색 창 형태의 가이드라인이 생깁니다. 해당창에 탭 형태로 배치됩니다.

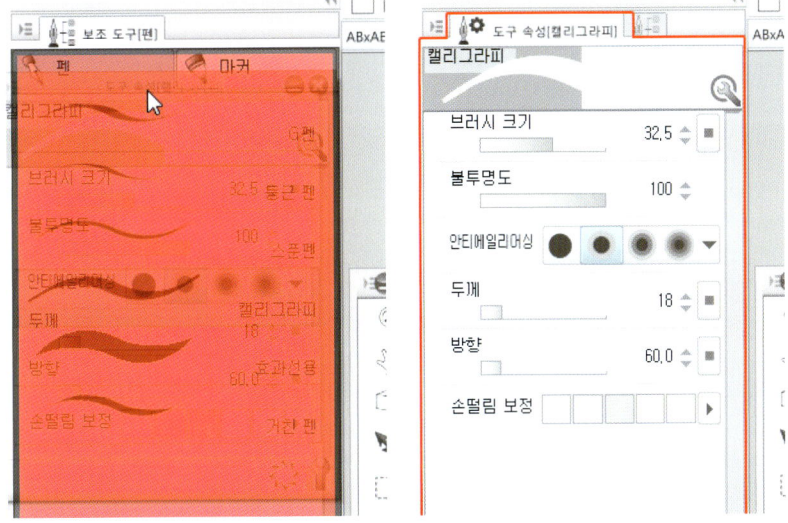

이처럼, 클립스튜디오는 창을 자유롭게 배치할 수 있습니다. 다양한 방법으로 직접 배치해보시기 바랍니다.

· 창 위치 저장하기

클립스튜디오는 마음대로 창을 배치할 수 있으며, 또한 이 배치한 위치를 저장해둘 수 있습니다. 위치 뿐만 아니라 앞서 설정했던 단축키와 눈금자단위 등도 저장 가능하므로, 필요에 따라 다양한 설정을 만들어놓고 바꾸어가며 자유롭게 작업할 수 있습니다. 이렇게 저장한 세팅을 워크스페이스라고 부릅니다. 이번 시간에는 이 설정을 저장하고, 변경하는 방법에 대해 알아보도록 하겠습니다.

01 메인 메뉴에서 창 → 워크스페이스 메뉴를 선택합니다. 다양한 세부 메뉴가 보입니다. 이 설정이 창 위치를 저장하는 설정들입니다.

오른쪽에 있는 예제이미지에서는 제가 만든 워크스페이스가 있는 것을 볼 수 있습니다.

02 우선 앞서 강좌에서 원하는 대로 창의 위치와 설정값 등을 바꾸셨을 것입니다. 그 세팅을 저장해보도록 하겠습니다. 창 → 워크스페이스 → 워크스페이스 등록 을 선택합니다.

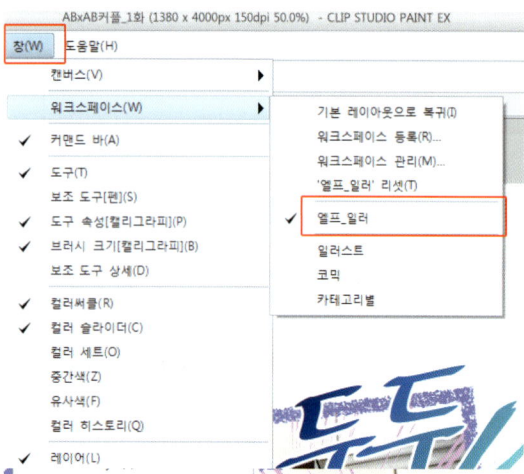

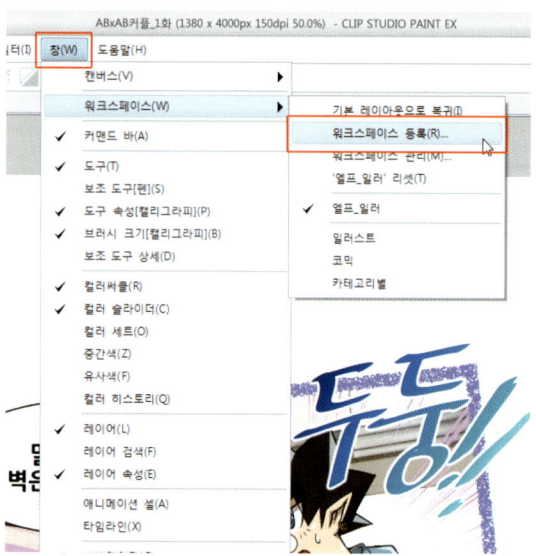

03 현재 세팅을 저장할 수 있는 창이 뜹니다.

04 원하는 이름을 입력하고, OK 버튼을 누릅니다. 저는 '클립1'로 저장해보겠습니다.

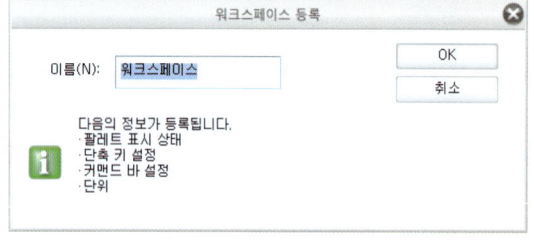

05 다시 워크스페이스 메뉴를 보면, '클립1'이 등록되어 있는 것을 확인할 수 있습니다.

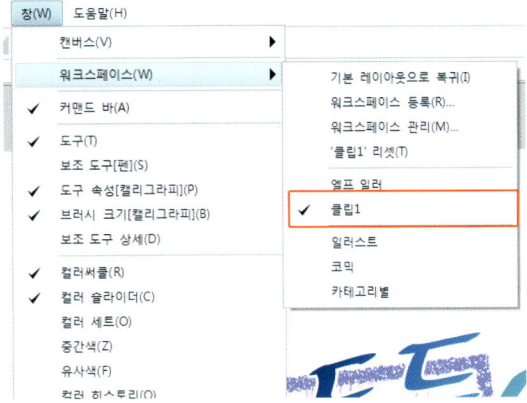

06 등록한 클립1은 언제든 사용할 수 있습니다. 우선 기존에 미리 세팅되어 있는 창 설정을 사용해봅시다. 창 → 워크스페이스 → 일러스트 를 선택합니다. 옵션창이 뜹니다. 간단히 알아보겠습니다.

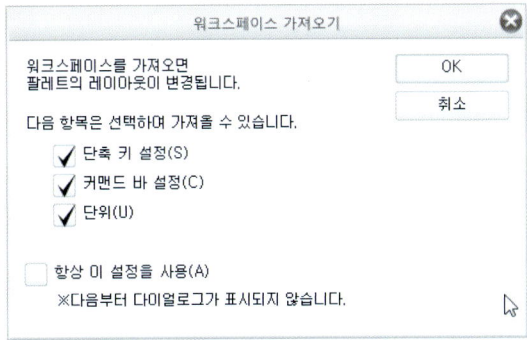

항목이름	설명
단축 키 설정	단축키 세팅을 변경합니다.
커맨드 바 설정	커맨드 바의 세팅을 변경합니다.
단위	눈금자 단위를 변경합니다.
항상 이 설정을 사용	항상 상단에 체크한 내용을 기반으로 변경합니다. 체크하면 다음부터는 이 옵션창이 뜨지 않습니다.
톤과 소재 기본 제공	만화에 유용한 톤과 소재를 설치 시 함께 제공합니다. DEBUT 버전은 일부가 빠져있습니다.

07 적당히 설정하고 OK를 누르면, 아래처럼 일러스트 워크스페이스로 변경됩니다. 이어서 코믹 과 카테고리별 도 선택해봅니다. 창의 모양과 크기 / 배치가 변화하는 것을 확인할 수 있습니다.

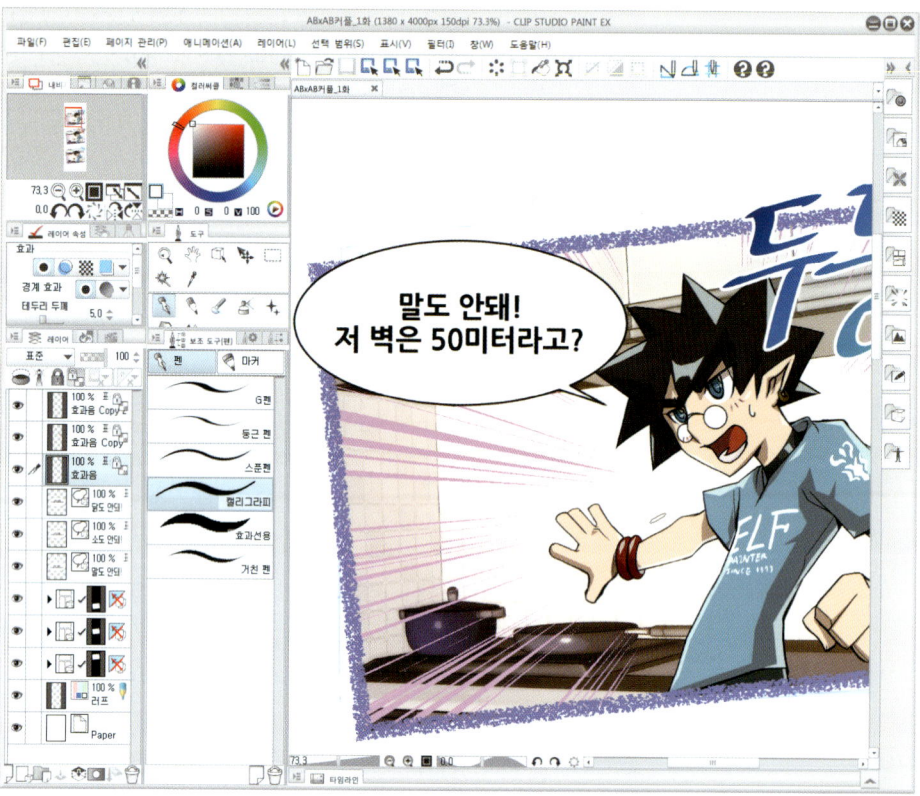

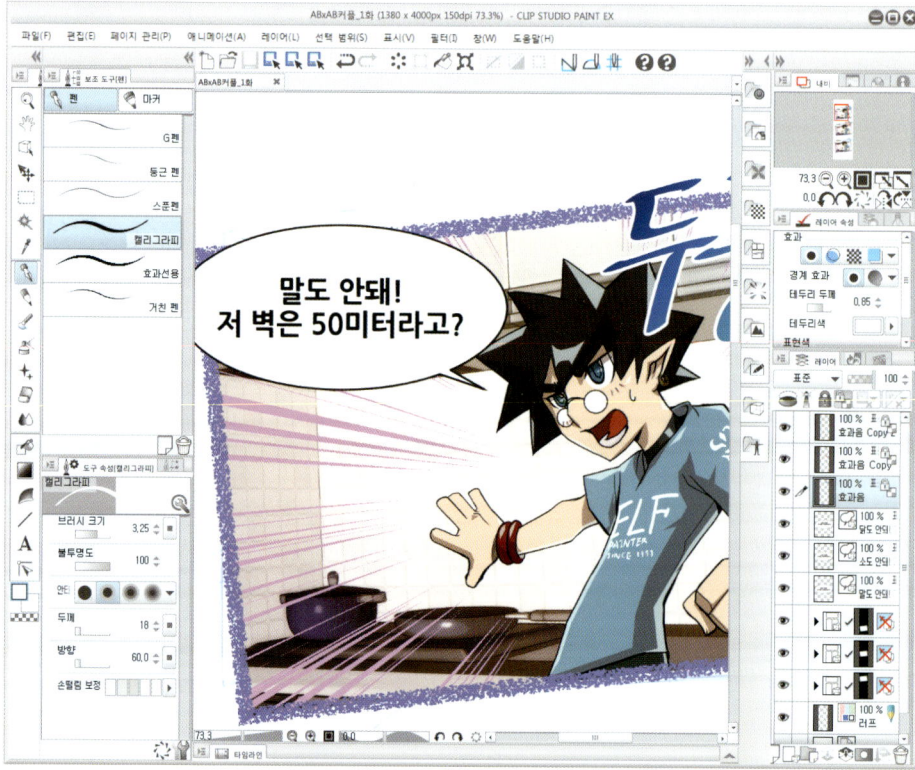

08 끝으로 원래 창 모양으로 돌아가기 위해서는 등록한 '클립1'을 실행하시면 됩니다.

이로써 클립스튜디오의 창을 이동하고, 저장하는 것까지 알아보았습니다. 배운 내용을 기반으로 자신에게 맞는 최적의 세팅을 찾아보시기 바랍니다.

클립스튜디오의 특징 중 하나는 무궁무진한 소재의 존재입니다. 이를 이용하면, 한번 만들어둔 이미지나 톤 등을 언제든지 재사용할 수 있습니다.
클립스튜디오의 장점 중 하나이므로, 꼭 익혀두시기 바랍니다.

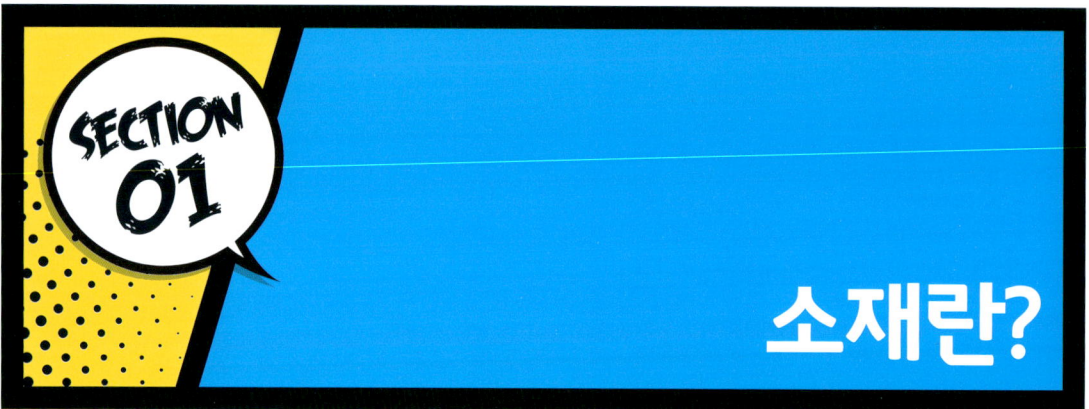

소재란?

· 소재

소재는 한번만 저장해두면 언제라도 꺼내 쓸 수 있기 때문에, 잘 활용하면 작업속도가 굉장히 빨라집니다. 매주가 바쁜 웹툰 작가에게는 필수기능이라고 할 수 있습니다.

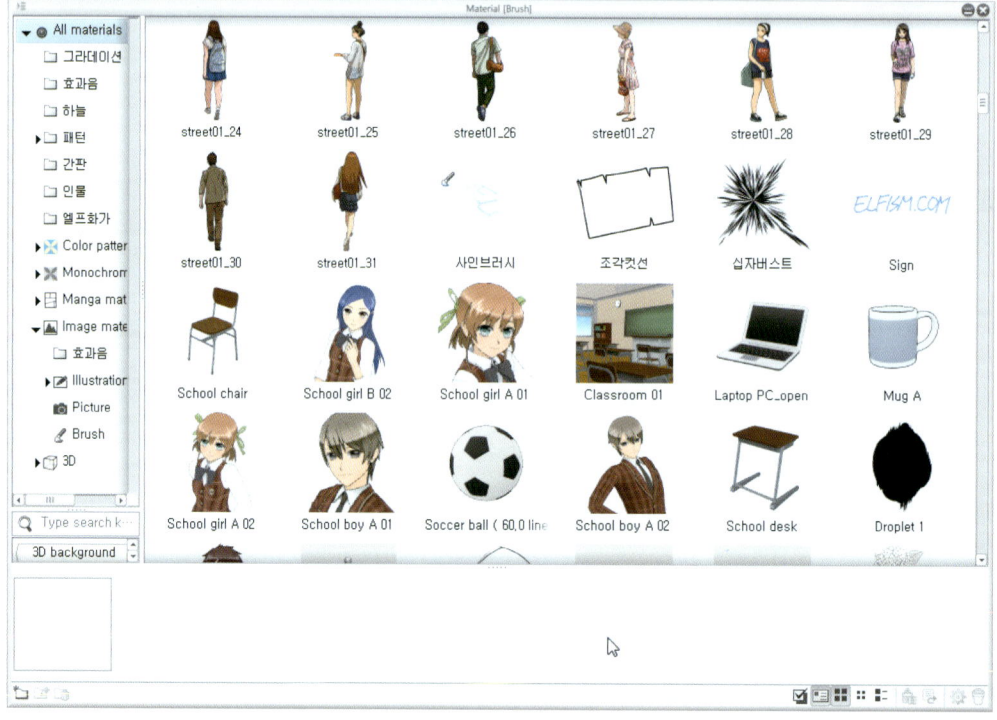

소재는 소재 팔레트에서 관리합니다. 이 소재 팔레트를 사용하면 손쉽게 드래그&드롭으로 만든 소재들을 꺼내고 집어넣을 수 있으며, 만든 소재들은 폴더별로 깔끔하게 정리도 가능합니다. 또한 각각의 소재에 이름표를 붙이듯 태그를 붙일 수도 있으며, 이름과 태그로 검색을 하면 원하는 소재를 빠르게 찾을 수 있어 편리합니다.
남이 만든 소재를 손쉽게 가져와서 사용하거나, 반대로 내가 만든 걸 남에게 제공할 수도 있습니다. 실제로 일본에서는 이렇게 제작된 소재들을 서로 공유거나 판매를 하는 등 활발한 교류가 이루어지고 있습니다.

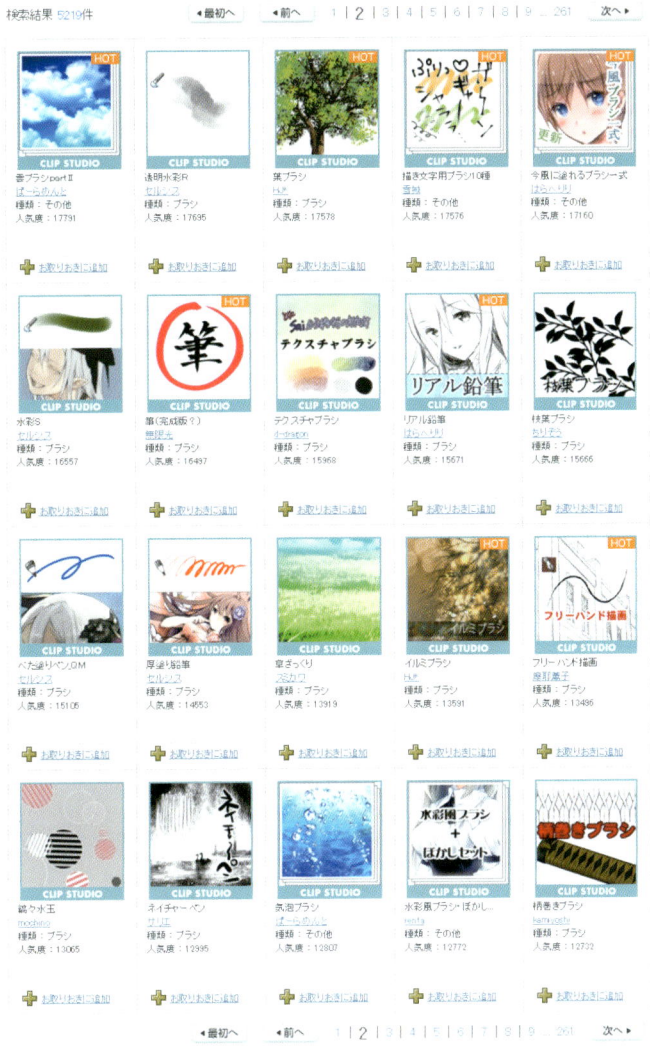

소재는 굳이 비교하자면 펜과 잉크와 톤과 참고자료사진이 가득 들어있어, 언제든 꺼내 쓸 수 있는 만화가의 서랍 같은 느낌입니다. 만화가의 실제 서랍이 그러하듯, 자신만의 소재들을 오랜시간에 걸쳐 모으고 잘 정리한다면 그 누구도 부럽지 않은 자신만의 역사가 담긴 멋진 디지털 자료서랍이 될 것입니다.

· 소재의 종류

클립스튜디오에서 만든 대부분의 요소는 소재로 만들어 관리할 수 있으며, 언제라도 꺼내 쓸 수 있습니다. 여기서는 소재의 종류에 대해 알아보도록 하겠습니다.

이미지 : 클립스튜디오에서 만든 효과음이나 캐릭터, 패턴이미지 등은 모두 소재로 만들 수 있습니다. 참고이미지 등을 넣어두어도 좋습니다. 1개 레이어를 사용할 수도 있고, 폴더 단위로도 저장이 가능합니다. 만든 하나의 이미지 소재를 패턴으로도 쓰고, 브러시 끝으로도 쓰고, 그냥 쓰기도 합니다. 각각 분리되어 따로 관리해야 하는 포토샵보다 편하고 다양하게 사용할 수 있습니다.

브러시 : 브러시 역시 소재로 만들 수 있어 자신이 세팅하고 만든 브러시를 저장하고 공유할 수 있습니다. 직접 만든 수채화 브러시나 유화 브러시 등이 특히 활발하게 공유되는 편입니다. 재미있는 브러시가 많으니 사용해보면 좋을 것 같습니다.

그라데이션 : 그라데이션 역시 소재로 만들 수 있습니다. 상황이나 분위기에 따라 다양한 그라데이션을 폴더별로 저장해 둔다면 사용하기 편리할 듯합니다.

3D&Pose : 3D 오브젝트도 소재로 만들 수 있습니다. 다른 3D프로그램으로 만든 3D오브젝트를 가지고 와서 배치하고, 관리할 수 있어 편리합니다. 특히 양이 많아지기 쉬운 종류이므로, 미리 정리해두면 좋습니다.

포즈 역시 3D캐릭터와 관련된 기능입니다. 3D캐릭터의 자세를 변경할 수 있습니다. 이 역시 활발히 공유되는 품목 중 하나입니다.

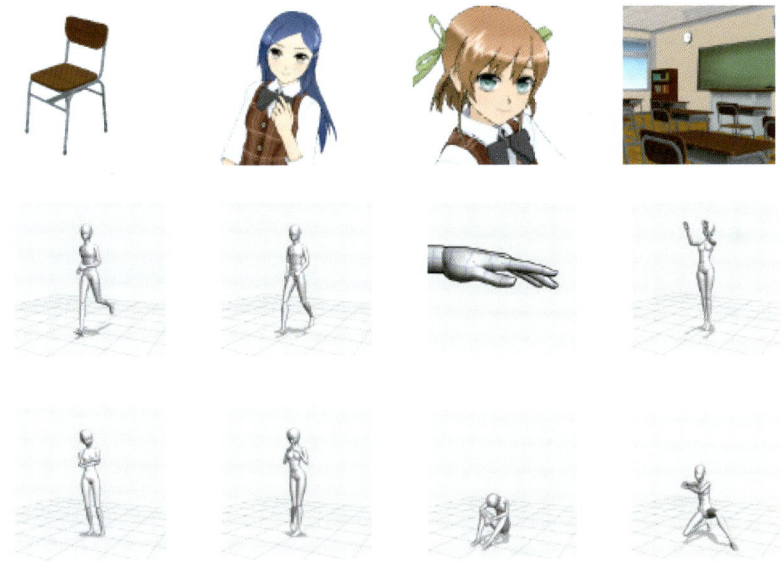

집중선 & 컷테두리 & 말풍선 : 그 외 집중선이나 컷선(컷테두리) 말풍선 등도 소재로 저장할 수 있습니다. 보통 상황에 맞춰 새로 만드는 편이긴 하지만, 자신만의 독특한 스타일이 있다면 미리 설정해두는 것이 편리합니다.

SECTION 02 소재 팔레트 살펴보기

클립스튜디오에는 소재를 관리할 수 있는 소재 팔레트가 존재합니다.

01 메인 메뉴에서 창 → 소재 → 소재 [All materials] 를 선택하면 소재 팔레트를 열 수 있습니다.

아래는 소재 팔레트의 모습입니다.

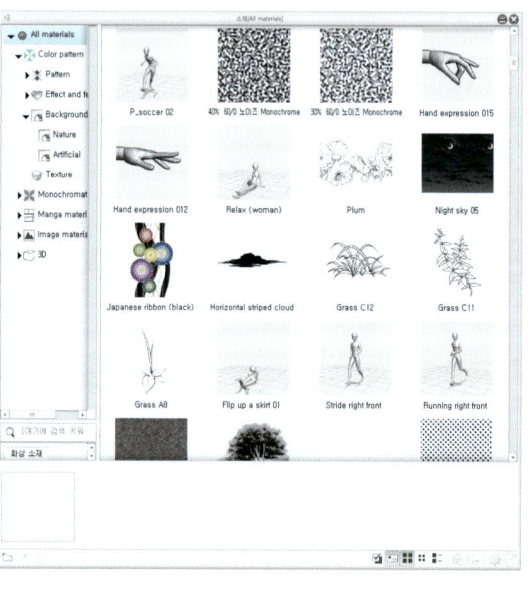

02 꽤 복잡해 보이는 느낌입니다. 하지만 세부항목을 알면, 별로 어렵지 않습니다. 각 부분에 대해 알아보도록 하겠습니다.

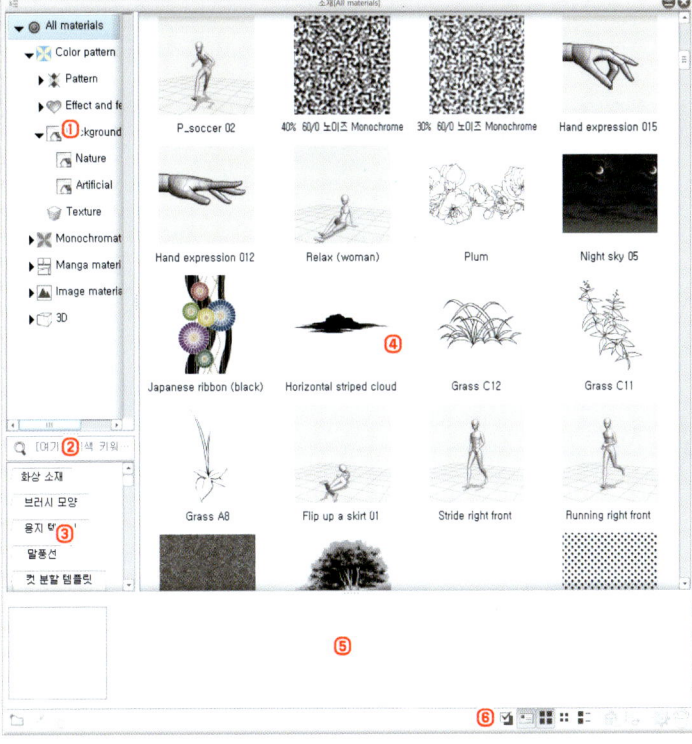

① 트리 뷰
레이어 선택 시 제외할 항목을 설정합니다.

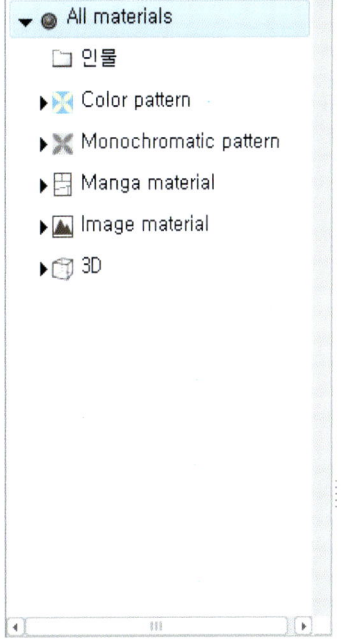

클립스튜디오의 소재들이 폴더구조로 정리 되어있는 곳입니다. 기능이나, 종류에 따라 폴더별로 관리할 수 있어 편리합니다. 폴더 이름을 클릭하면, 해당 폴더 안에 들어있는 소재들을 확인하고 사용할 수 있습니다.

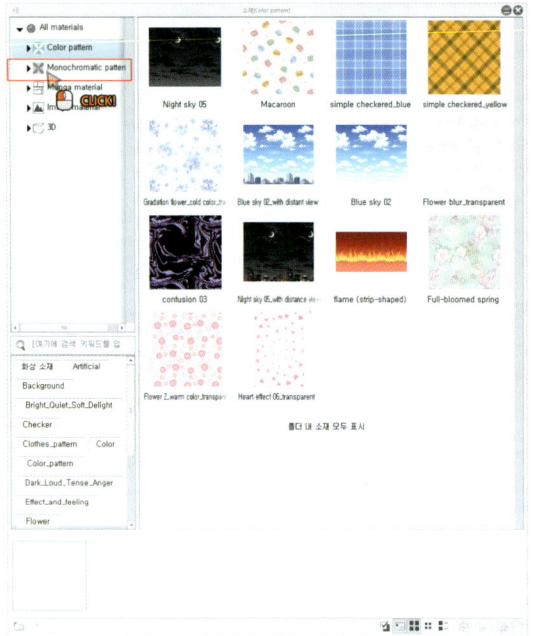
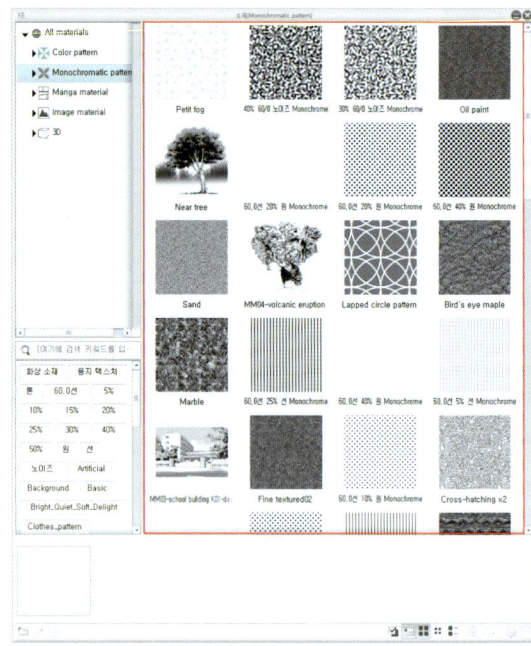

폴더이름을 더블클릭하면, 세부 폴더가 나옵니다.

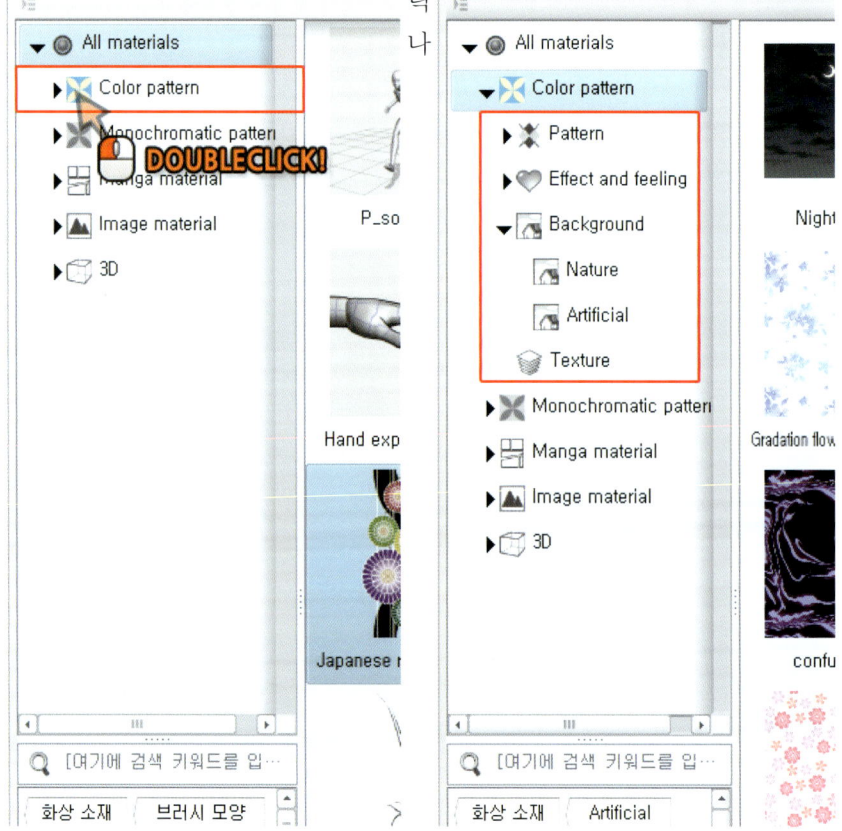

② 검색창

검색을 할 수 있는 입력칸입니다. 원하는 소재를 검색을 통해 손쉽게 찾을 수 있습니다. 태그/이름 등으로 검색이 가능합니다.

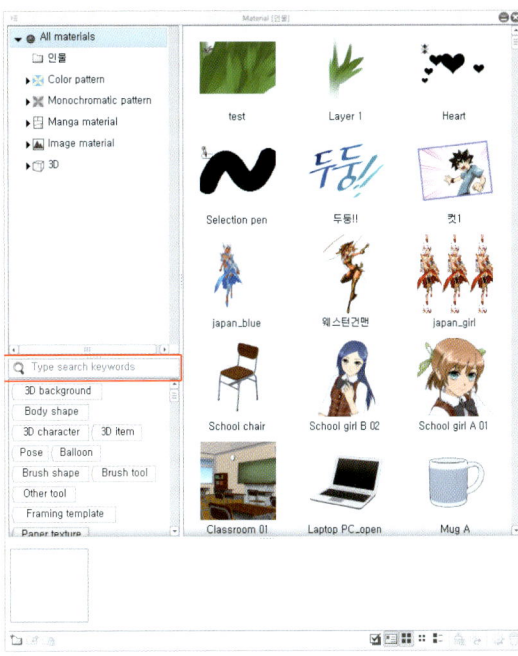

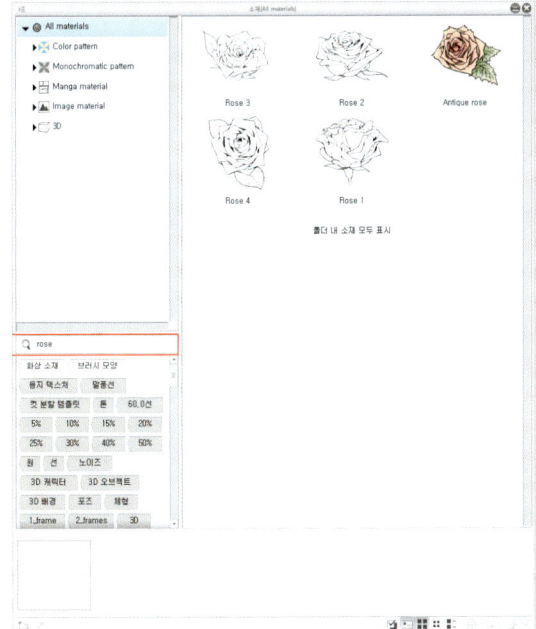

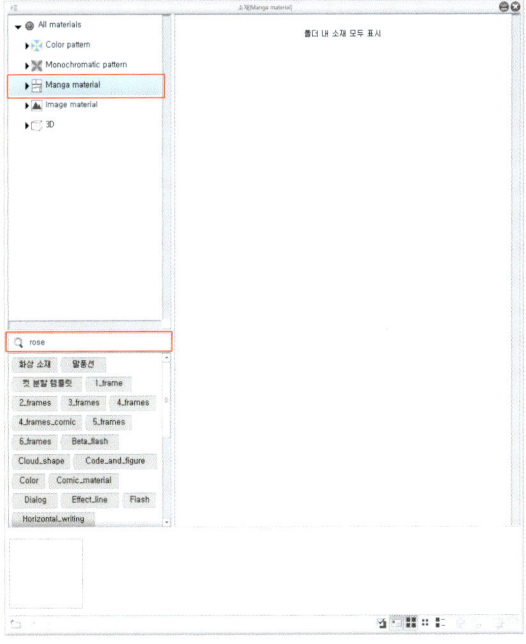

위는 rose를 검색해서 찾아본 모습입니다.

검색창의 특징은 선택한 폴더 내의 소재만 검색한다는 점입니다. 위는 Manga material에서 rose를 검색해본 모습입니다. Manga material 폴더에는 rose가 포함된 소재가 없기 때문에, 아무것도 표시되지 않는 것을 알 수 있습니다.

③ 태그창

태그창은 소재들의 태그들을 모아 둔 곳입니다. 원하는 태그를 선택하면 그 태그가 붙은 소재가 필터링됩니다. 하나의 소재에 여러 태그가 붙을 수 있으므로, 좀 더 유연한 검색을 할 수 있습니다.

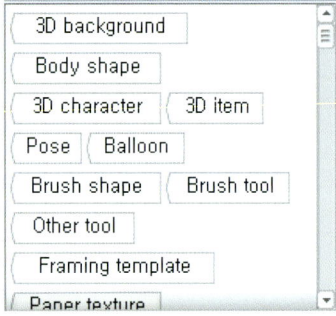

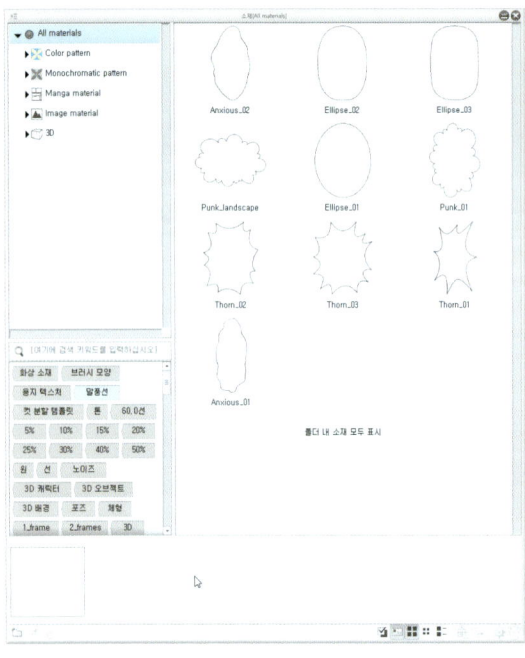

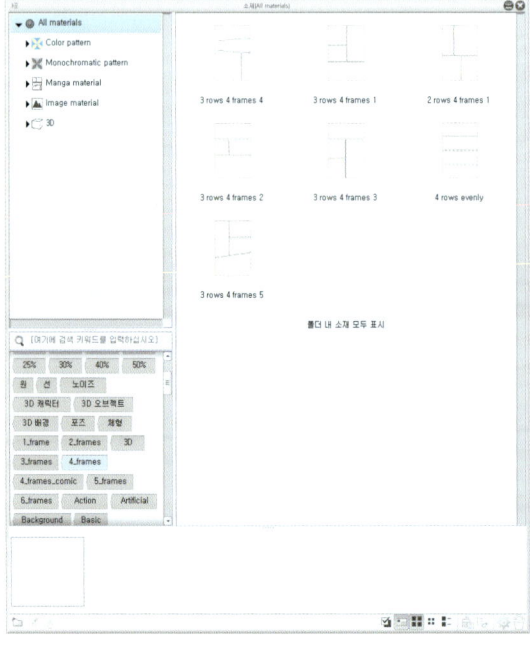

태그 종류는 ① 트리 뷰에서 선택한 폴더의 소재 중 ② 검색창에 검색된 소재와 관련된 태그만 표시됩니다.

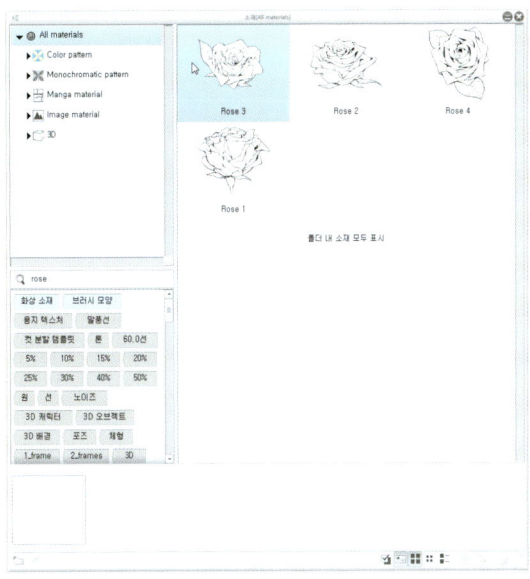

④ 소재 리스트

앞서 다양한 방식들로 선택된 소재들이 표시되는 공간입니다. 이곳에서 원하는 소재를 클릭해 내용을 확인할 수 있으며, 드래그&드롭으로 원하는 소재를 사용할 수 있습니다.

드래그&드롭은 소재 종류에 따라 달라집니다. 일반 이미지는 캔버스로, 브러시는 보조 도구 팔레트로 드래그&드롭해서 사용할 수 있습니다. 자세한 내용은 나중에 설명하도록 하겠습니다.

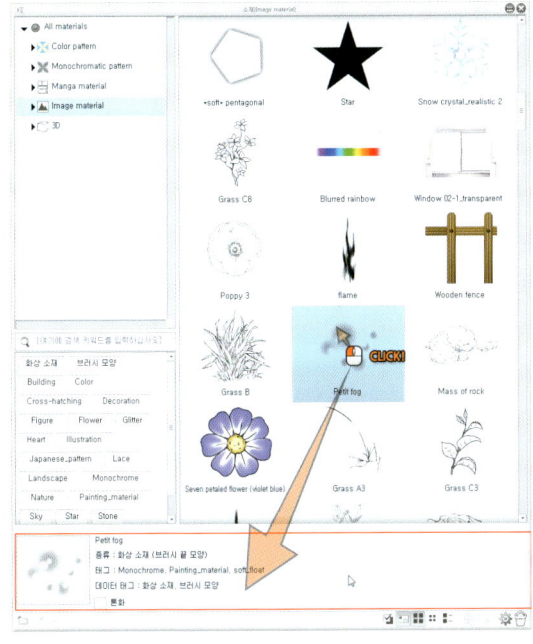

⑤ 소재 정보창

선택한 소재의 세부 설명이 나오는 곳입니다. 이를 보면서 사용용도를 좀 더 쉽게 판단할 수 있습니다.

첫 줄은 해당 소재의 이름입니다.

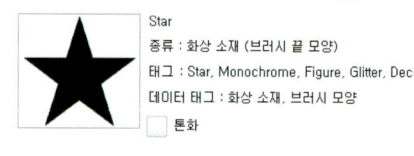

종류 : 어떤 용도인지 설명합니다. 그냥 이미지인지, 브러시 팁으로 사용할 수 있는지를 알 수 있습니다.

태그 : 제작자가 등록한 태그입니다. 태그창에 표시됩니다.

데이터 태그 : 용도에 따라 자동 등록된 태그입니다. 역시 태그창에 표시됩니다.

톤화 : 출판만화를 위한 톤처리를 할지를 표시합니다. Pro/Ex만 지원하는 기능입니다. 아래 이미지를 참고하세요.

⑥ 커맨드 창

소재를 관리하는 창으로 다양한 명령어가 모여 있습니다.

- 새 폴더를 만듭니다.
- 선택한 폴더이름을 변경합니다.
- 선택한 폴더를 지웁니다.
- 체크박스를 보입니다. 여러 소재를 선택할 때, 유용합니다.
- 인포창을 보이고 끕니다.
- 큰 섬네일을 보여줍니다.
- 작은 섬네일을 보여줍니다.
- 섬네일과 정보를 함께 보여줍니다.
- 선택한 소재를 캔버스에 붙여넣기 합니다. 새 레이어가 생성됩니다.
- 선택한 소재를 현재 레이어에 덮어쓰기 합니다. 기존 레이어의 이미지는 사라집니다.
- 선택한 소재의 속성을 편집할 수 있도록 프로퍼티 창을 띄웁니다.
- 선택한 소재를 지웁니다.

이번 시간에는 클립스튜디오의 기본 소재 팔레트에 대해 알아보았습니다. 커맨드 창의 실제 사용방법은 차차 진행하면서 좀 더 자세히 설명하도록 하겠습니다.

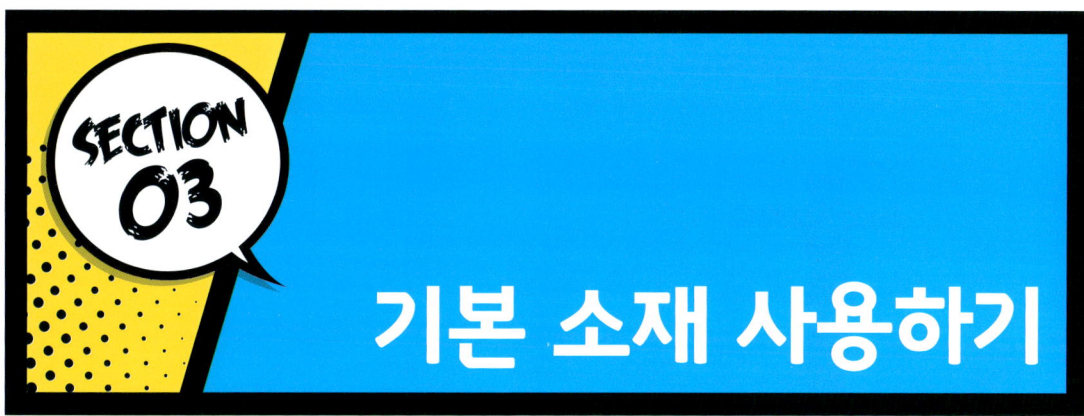

기본 소재 사용하기

앞서 소재 창에 대해 가볍게 알아보았습니다. 이제 원하는 소재를 실제로 사용하는 방법에 대해 알아보도록 하겠습니다.

· 소재 삽입하기

원하는 소재를 선택한 뒤, 화면에 드래그 하거나, 아이콘을 클릭하면 캔버스에 삽입됩니다.

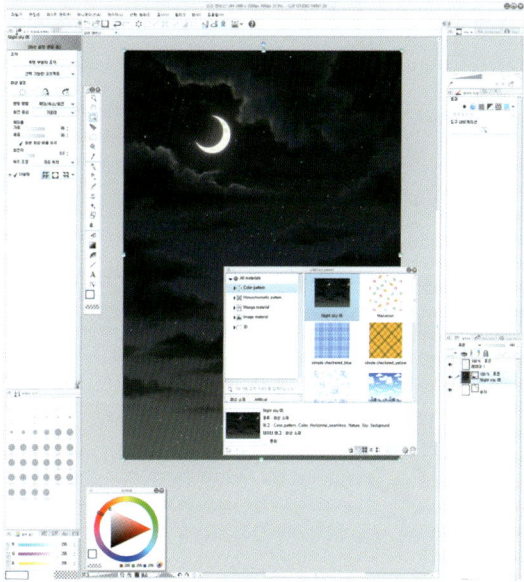

3D캐릭터, 컷선, 집중선 등 다양한 소재가 있어, 편하게 드래그&드롭으로 사용할 수 있습니다.

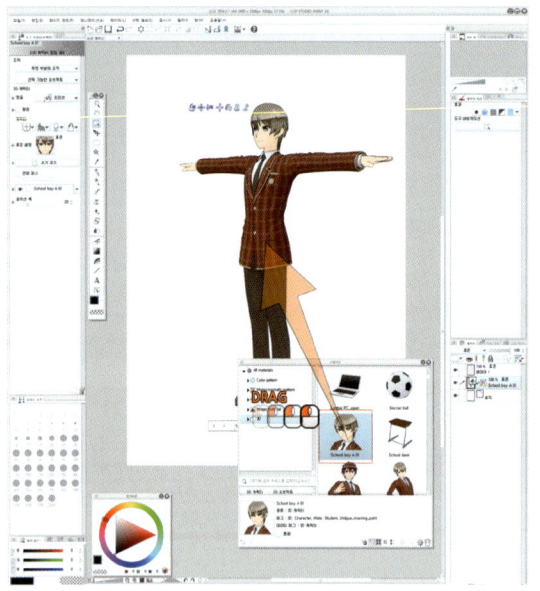

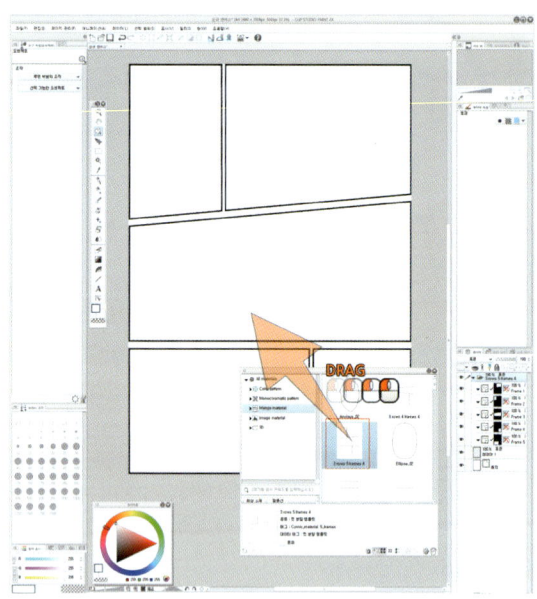

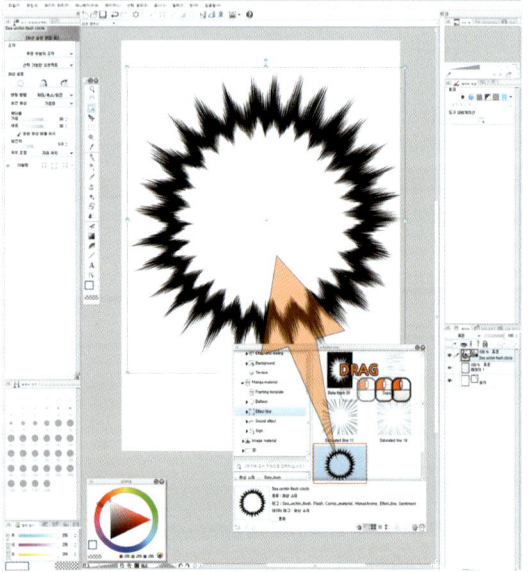

단, 브러시 소재는 캔버스로 드래그&드롭할 수 없습니다. 브러시는 보조 도구로 넣으셔야 합니다.

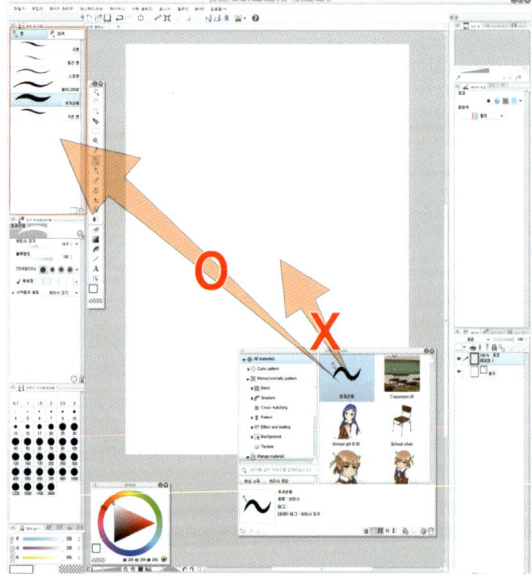

· 소재 크기 변경하기

이미지 소재, 패턴 등은 삽입 후 기즈모를 조정해서 크기/각도/방향등을 변경할 수 있습니다. 이는 소재 특성에 따라 조금씩 다릅니다.

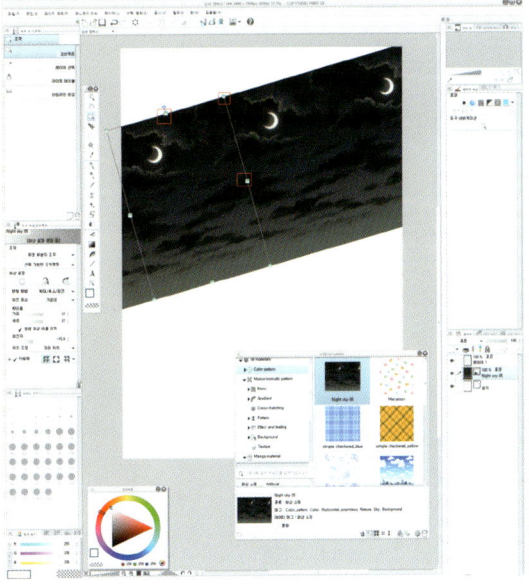

이때 오브젝트 보조 도구 항목에서 변형방법 항목을 자유 변형 으로 변경하면, 원근감을 줄 수 있습니다. 벽이나 바닥 등의 패턴에 유용합니다.

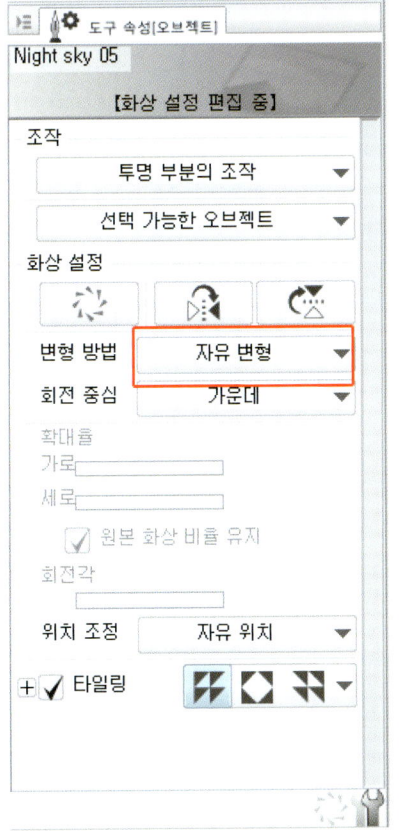
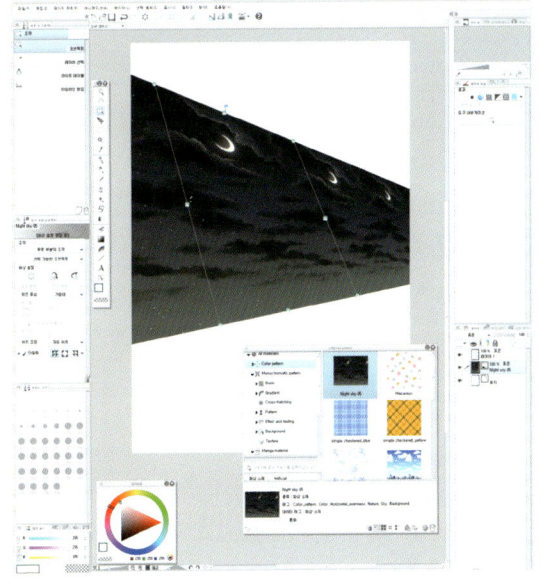

· 선택 영역 안에 소재 삽입하기

선택 툴로 선택 영역을 설정하였을 경우, 선택 영역으로 드래그하면 해당 영역만 소재가 입혀집니다.

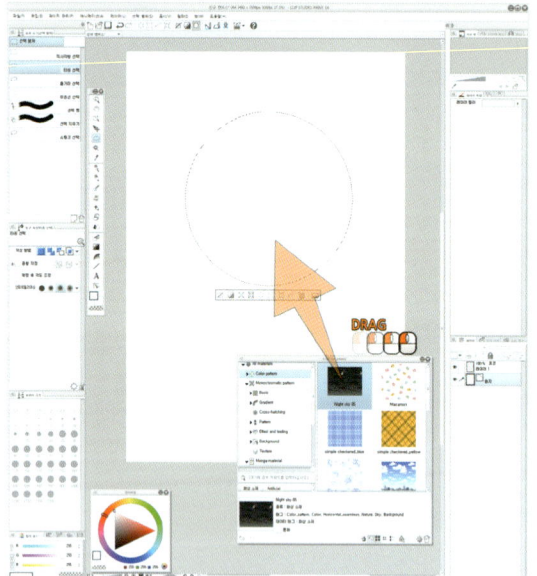 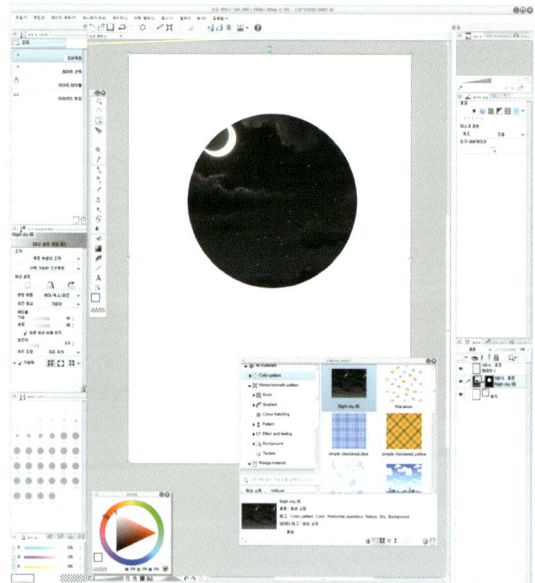

이러한 선택 영역 삽입은 옷 패턴 등을 입힐 때 사용할 수 있습니다.

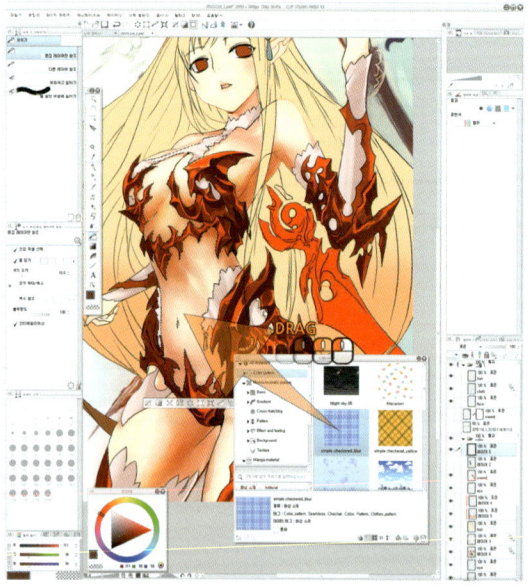 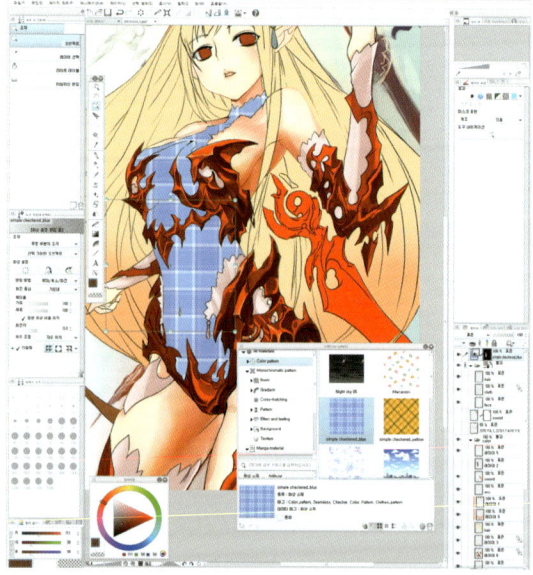

단, 컷 테두리 소재는 선택 영역과 상관 없이 화면 전체에 적용됩니다. 참고하세요.

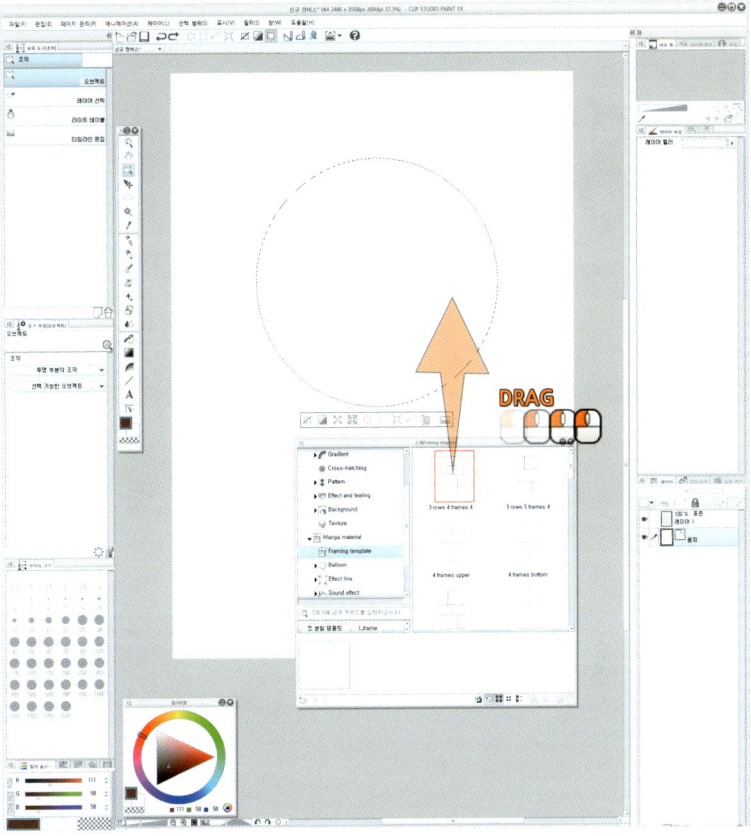

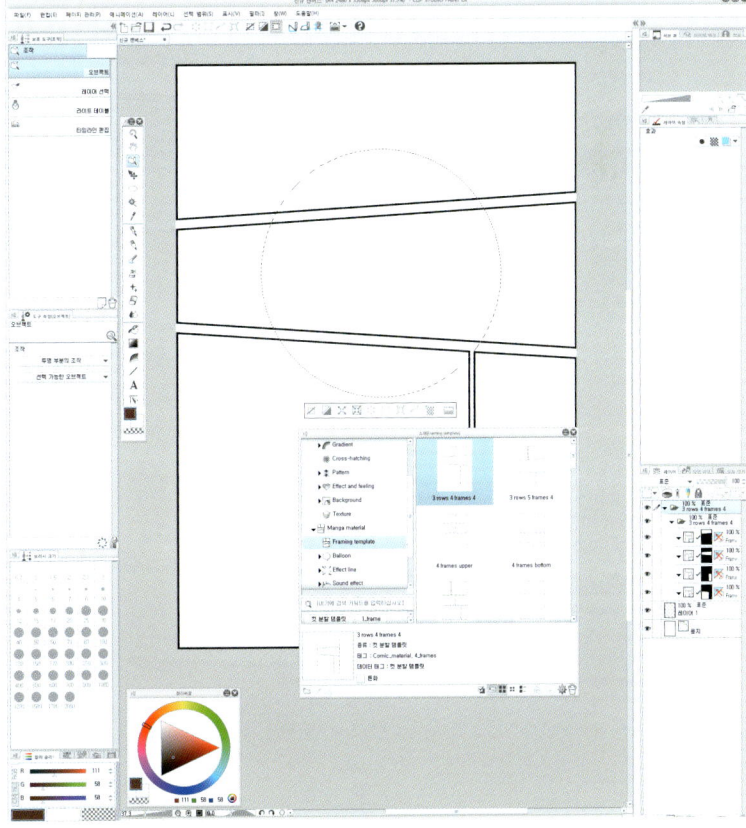

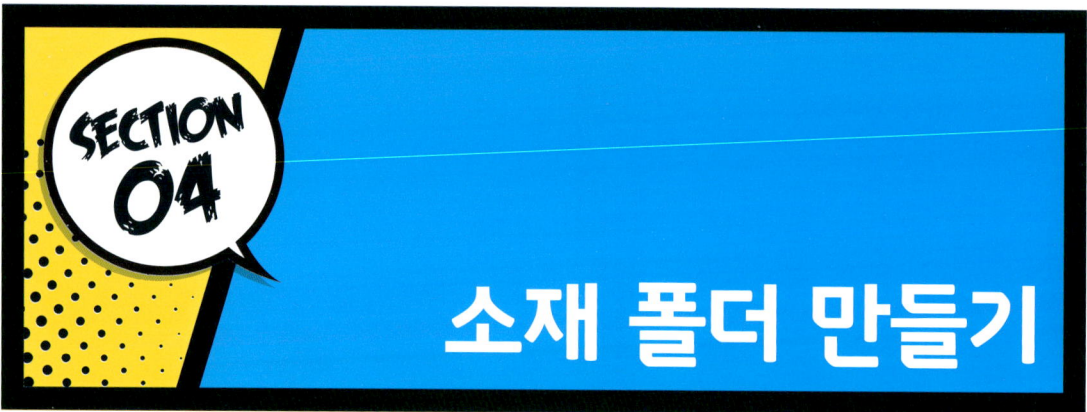

SECTION 04 소재 폴더 만들기

앞서는 소재의 기본 사용법에 대해 알아보았습니다. 이제 직접 소재 폴더를 만들고 직접 제작한 다양한 리소스를 소재로 등록해보도록 하겠습니다. 우선 나만의 소재 폴더를 만들어봅시다.

01 창 → 소재 → 소재 [All materials] 를 선택해서 소재 팔레트를 엽니다.

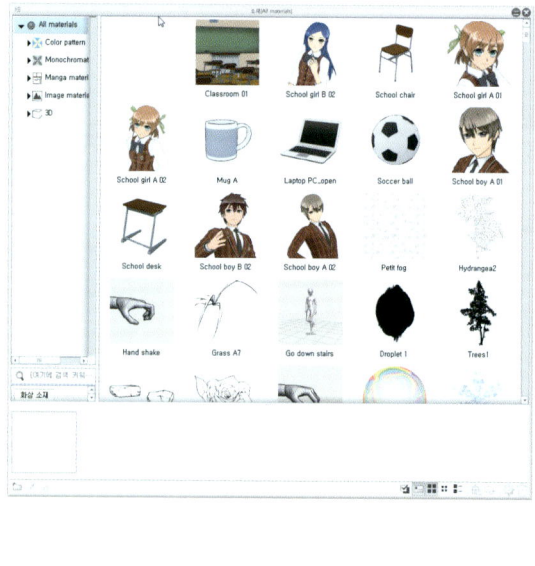

02 📁 아이콘을 클릭해 새 폴더를 만듭니다. 폴더이름은 자신의 이름으로 설정하세요. 저는 '엘프화가'라고 입력하였습니다.

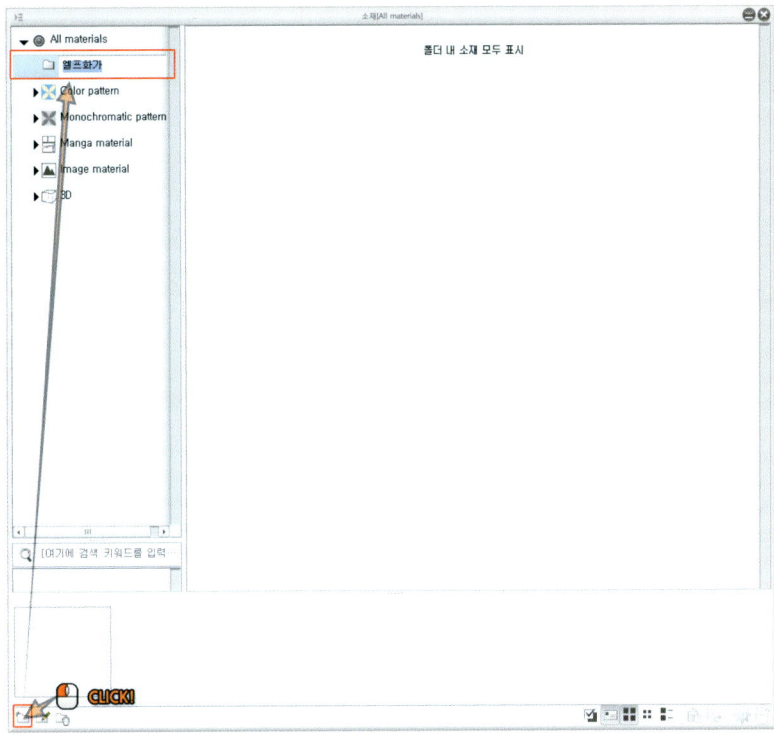

03 나만의 소재 폴더가 완성되었습니다. 새로 만든 폴더이므로 아무것도 없는 빈 폴더입니다. 이제부터 이 안을 나만의 소재로 꽉꽉 채워보도록 하겠습니다.

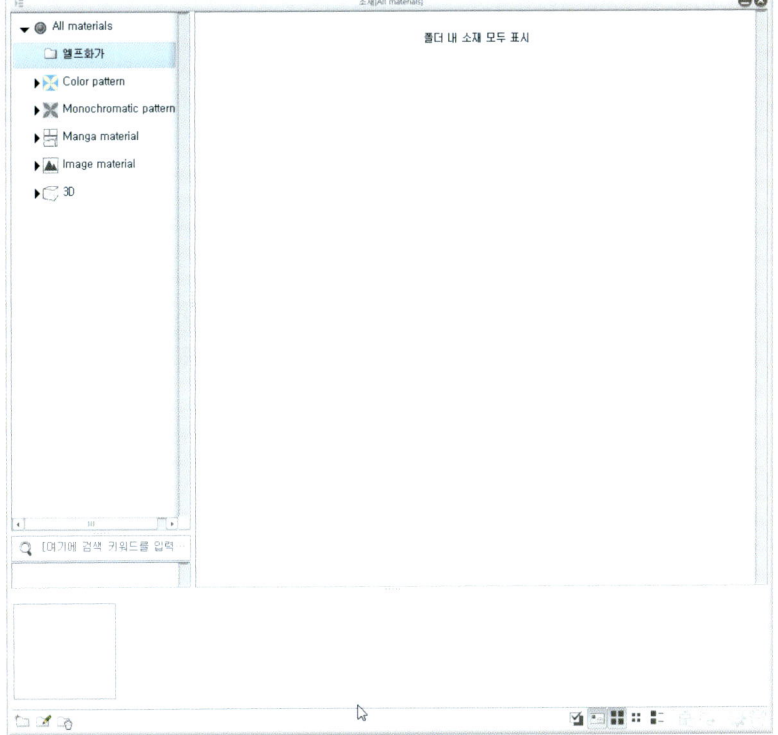

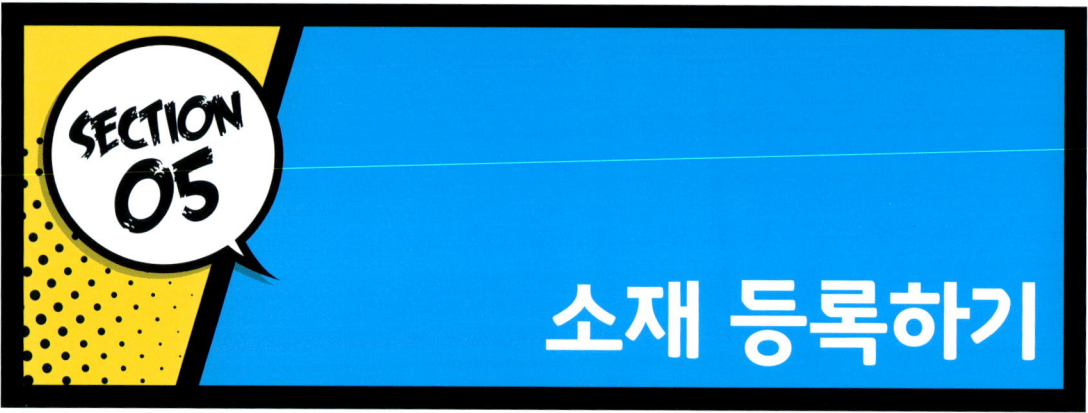

새 소재 폴더를 만들었으니, 이번에는 소재를 등록해보도록 하겠습니다.

· 이미지 소재 등록하기

우선 이미지 소재를 만들어 등록해보도록 하겠습니다.

01 새 창을 열고, 무언가를 그려봅시다. 저는 간단히 밀리펜을 이용해서, 제 홈페이지 주소를 적어보았습니다. 아무래도 웹툰 작업을 하고나면 끝부분에 사인과 홈페이지 주소 등을 매번 넣게 되는 만큼, 소재로 만들어두면 편리할 것 같습니다.

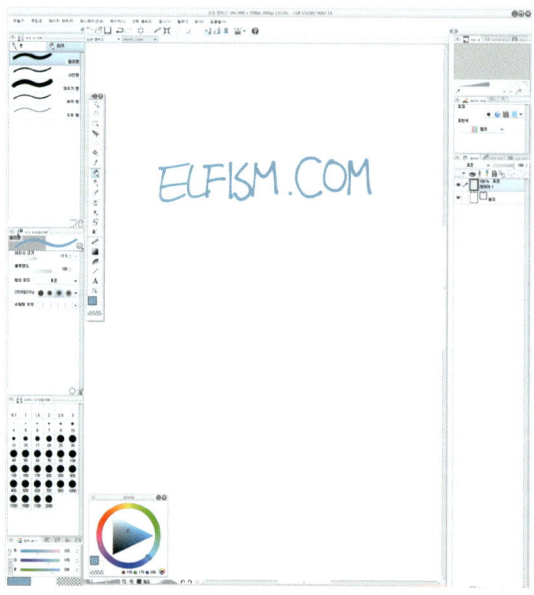

02 만든 레이어 이름은 Sign 으로 변경하였습니다. 레이어 이름이 곧 소재 이름이 되므로, 미리 설정해두면 관리하기 편합니다.

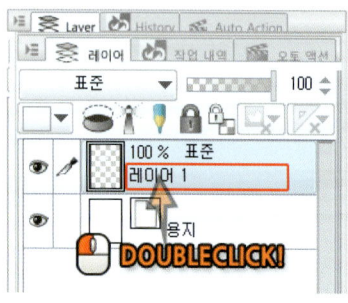 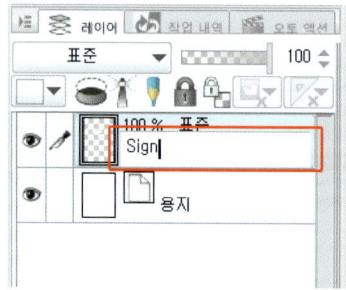 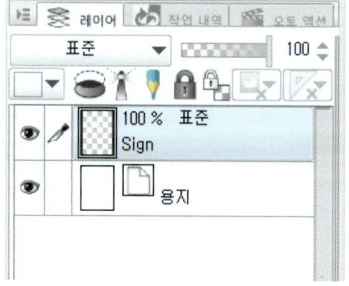

03 레이어 탭에서 Sign 레이어를 소재 팔레트의 엘프화가 폴더로 드래그해봅시다. Sign이라는 소재가 생성되며 간단히 등록되었습니다. 이처럼, 소재 등록은 대부분 드래그앤드롭으로 할 수 있습니다.

 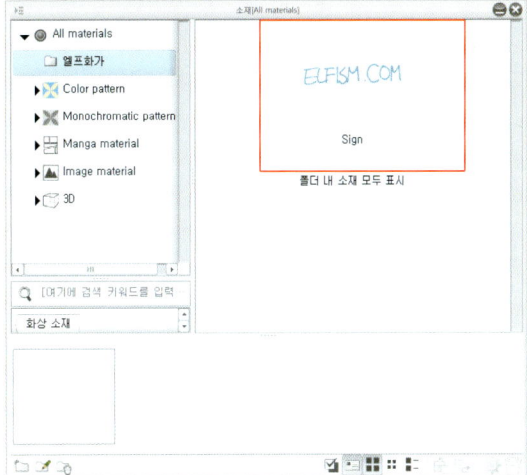

04 등록된 Sign을 다시 캔버스로 드래그해봅시다. 소재가 제대로 캔버스에 삽입되는 것을 알 수 있습니다.

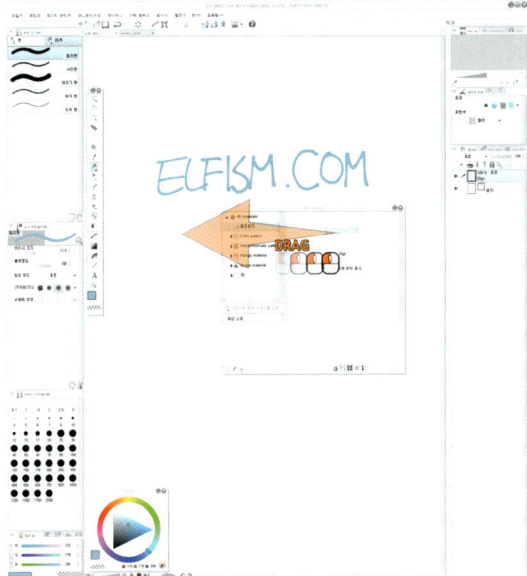 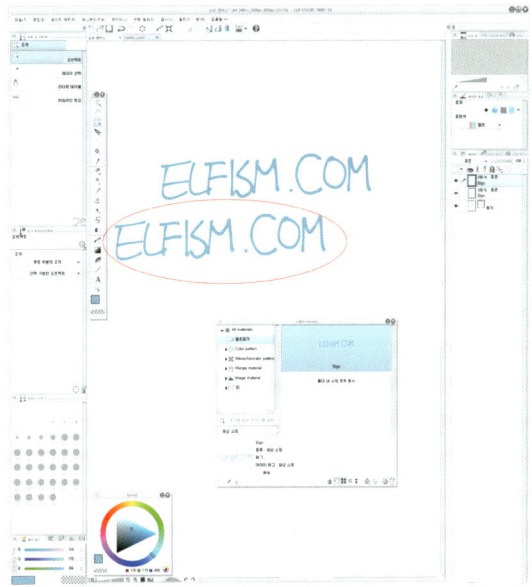

· 집중선 소재 등록하기

집중선 역시 소재로 등록할 수 있습니다.

01 간단히 집중선을 만들어봅시다. ※ 툴을 선택한 다음, 보조 도구 팔레트에서 파열을 선택합니다. 파열은 이름 그대로 터져나가는 느낌의 집중선입니다.

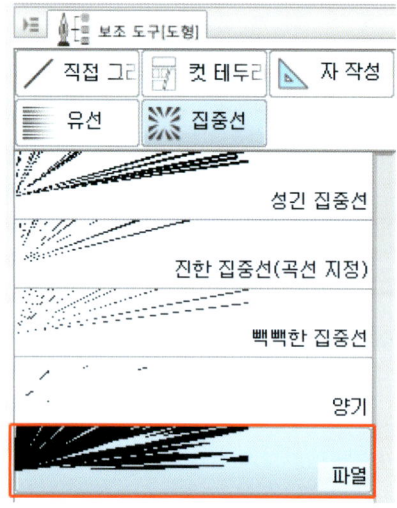

02 화면에 적절한 크기로 드래그해서 집중선을 만듭니다.

03 이대로 등록해도 되지만, 특별한 집중선일수록 등록하는 의미가 있을 것 같습니다. 오브젝트 툴을 선택해서 집중선의 기즈모를 보이게 합니다.

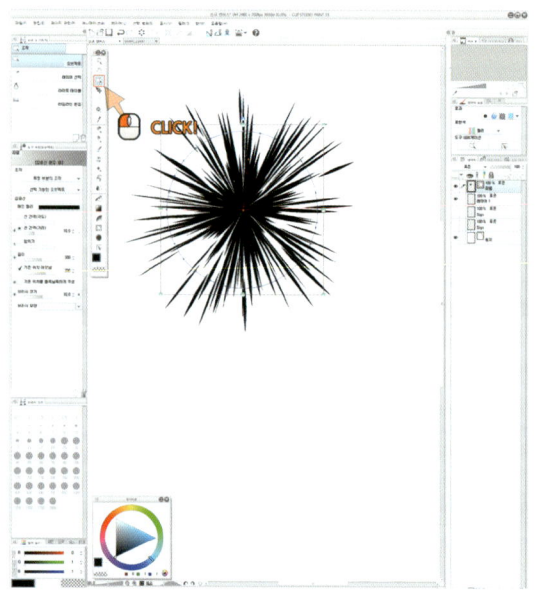

04 모서리의 점들을 적절히 당겨서, 모양을 만들어 줍니다. 저는 아래와 같이 모서리의 점을 조정해서 십자 형태로 터지는 집중선을 만들어보았습니다. 등록하고 싶은 마음이 드는군요.

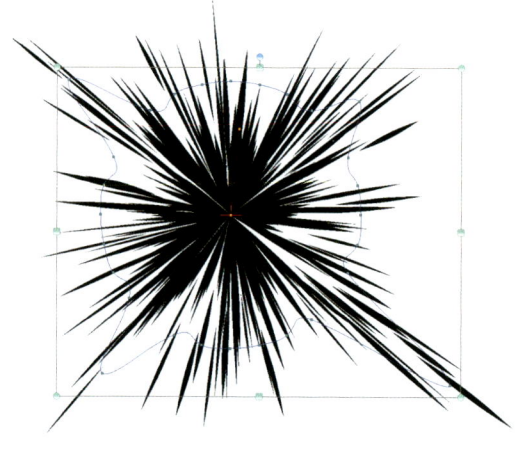

05 레이어 탭에서 집중선 레이어 이름을 Burst → 십자버스트로 이름을 바꿉니다.

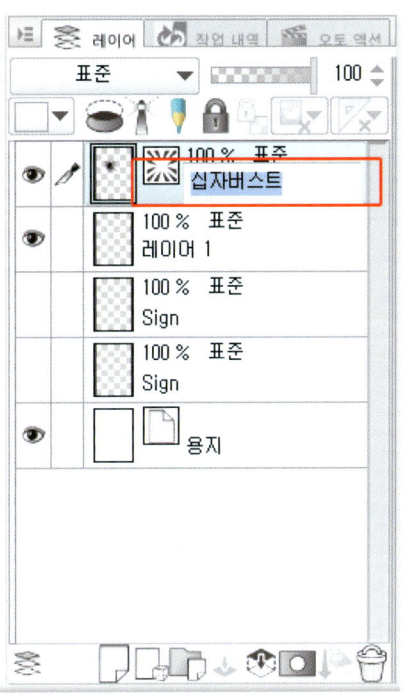

06 '십자버스트' 레이어를 소재 팔레트로 드래그해서 등록하면 완성됩니다. 다음부턴 이 멋진 집중선을 언제든 꺼내 사용하실 수 있습니다.

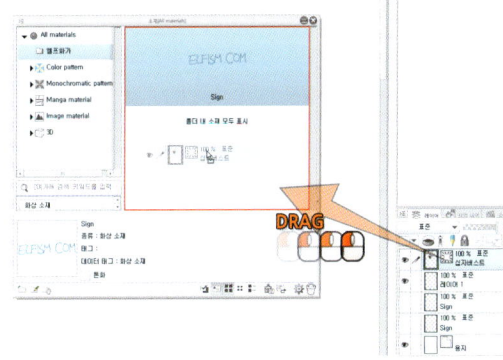

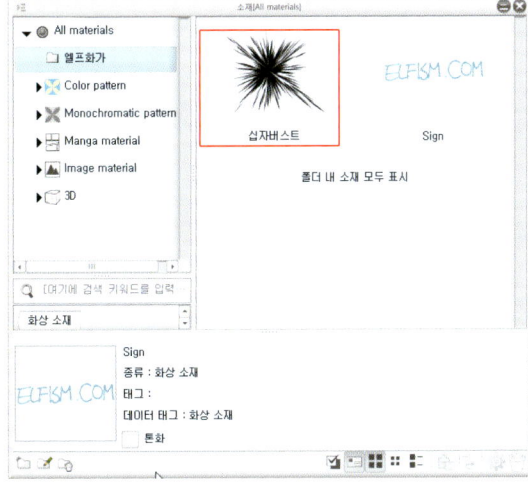

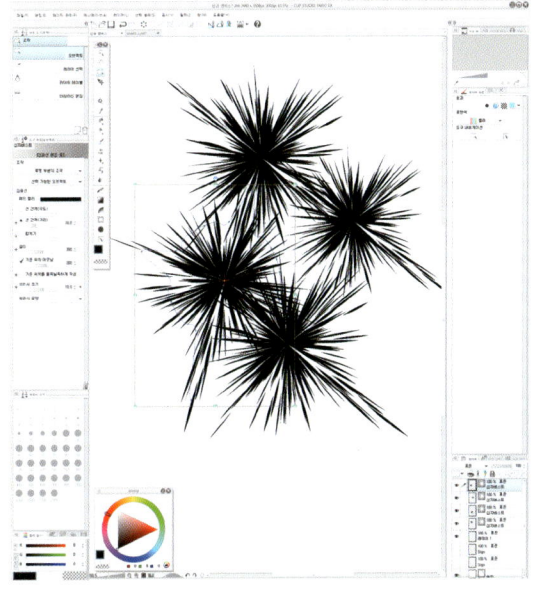

· 컷테두리(컷선) 등록하기

컷테두리 역시 등록할 수 있습니다. 일반적인 출판만화의 경우 연출에 따라 다양한 상황이 나오게 되므로, 굳이 등록할 필요는 없는 편입니다. 사용한다면, 스크롤이 기본이며 컷의 크기가 화면 폭에 맞춰 일정한 웹툰이나 출판이라면 4컷만화에서 등록해 사용하면 편리할 듯 합니다.

01 테두리 선 툴을 선택한 다음, 보조 도구 팔레트에서 컷 테두리 펜을 선택합니다. 컷 테두리 펜은 자유롭게 선을 그어 컷선을 만들 수 있어, 독특한 컷선을 만들기에는 제격인 툴입니다.

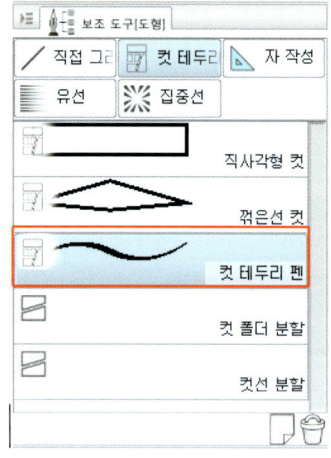

02 자유롭게 원하는 컷을 그려봅시다. 저는 아래처럼 그려보았습니다.

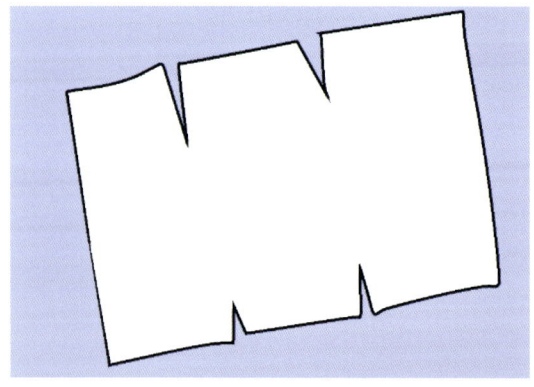
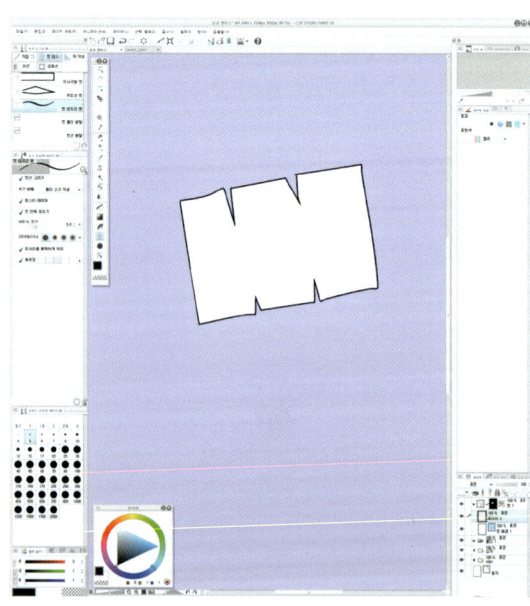

03 레이어 탭을 보면, 컷선을 포함한 폴더가 생성된 것을 볼 수 있습니다. 적절한 이름을 입력합니다. 저는 '조각컷선'이라고 입력하였습니다.

04 '조각컷선' 레이어를 앞선 방법과 같이 소재 팔레트로 드래그&드롭해서 새 소재로 등록합니다.

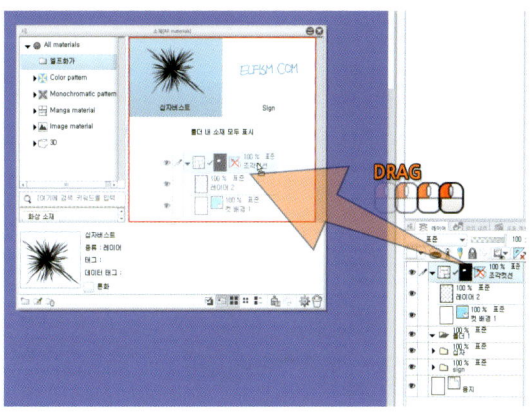

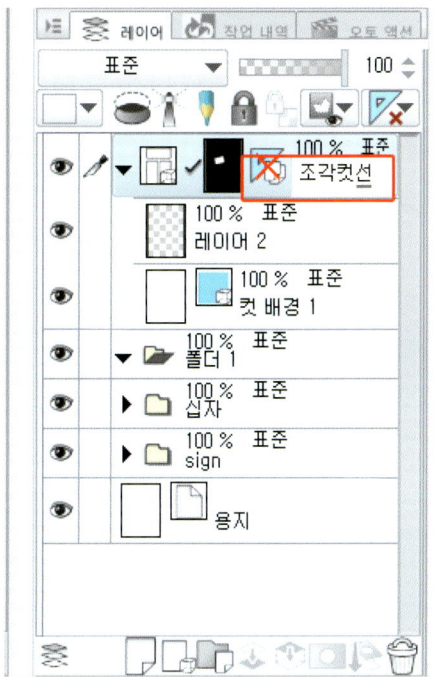

05 조각컷선 레이어가 등록된 것을 볼 수 있습니다. 역시 소재 팔레트에서 캔버스로 드래그해서 재등록할 수 있습니다.

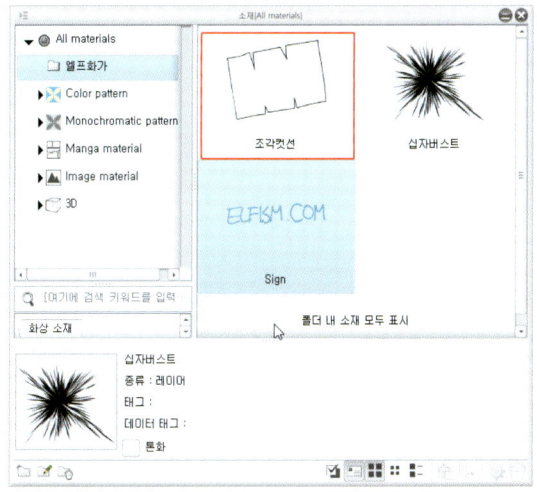

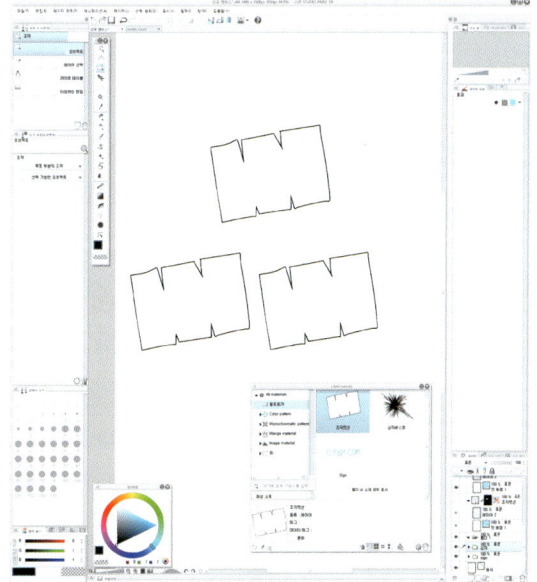

눈치 채신 분들도 계시겠지만, 소재는 폴더 째로 등록이 가능합니다. 이 방법을 이용하면 더욱 활용도가 높은 소재를 만들 수 있으니, 잘 응용해보시기 바랍니다.

· 브러시 등록하기

끝으로, 브러시를 등록하는 방법에 대해 알아보고 마무리하도록 하겠습니다.

01 기존 브러시 중 하나를 적절히 수정한 다음 복제합니다. 저는 제 사인형태로 수정한 다음 '사인브러시'로 이름을 설정하였습니다.(브러시를 만드는 방법은 6장. 브러시 마스터하기에서 좀 더 자세히 설명하도록 하겠습니다.

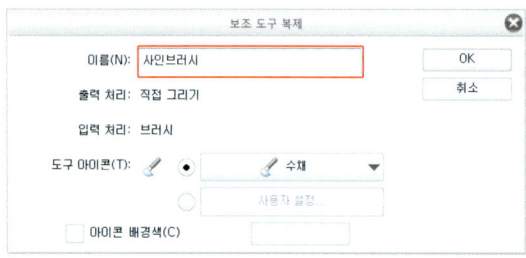

02 만든 브러시를 소재 팔레트로 드래그하면 간단히 등록됩니다.

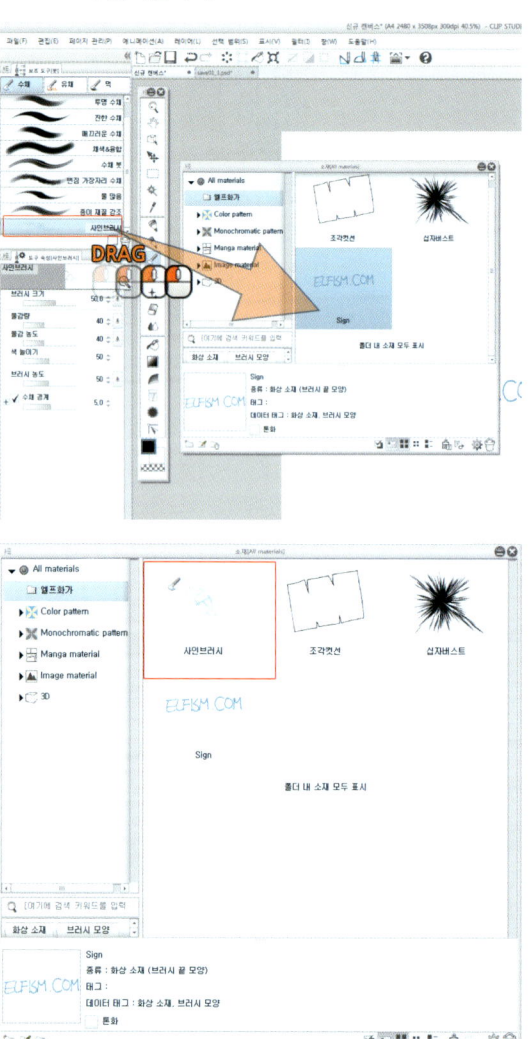

사실, 브러시는 소재로 등록한다고 해서, 캔버스에 곧바로 드래그할 수는 없습니다. 관리 혹은 외부에 공유하기 위한 정리에 가깝다고 할 수 있으니 참고하세요.

이번 시간에는 소재를 등록하는 방법에 대해 알아보았습니다. 다음 시간에는 만든 소재를 설정하는 소재 설정 창에 대해 알아보도록 하겠습니다.

소재 속성 창 살펴보기

이번 시간에는 소재 속성 창을 통해 소재를 다양하게 설정해보도록 하겠습니다. 소재 속성 창을 이용하면, 미리 다양한 속성을 세팅해둘 수 있어 편리합니다. 설정 창에서는 직접 만든 소재뿐만 아니라, 기존에 있던 기본 소재와 함께 다른 사람이 만든 소재도 조정 가능하므로 다양하게 응용할 수 있습니다.

· 소재 속성 창 살펴보기

우선, 소재 속성 창을 살펴보도록 하겠습니다. 소재 속성 창은 ⚙ 아이콘을 클릭해서 열 수 있습니다.

01 앞서 만든 Sign 소재를 선택한 뒤 ⚙ 아이콘을 클릭해 속성 창을 엽니다.

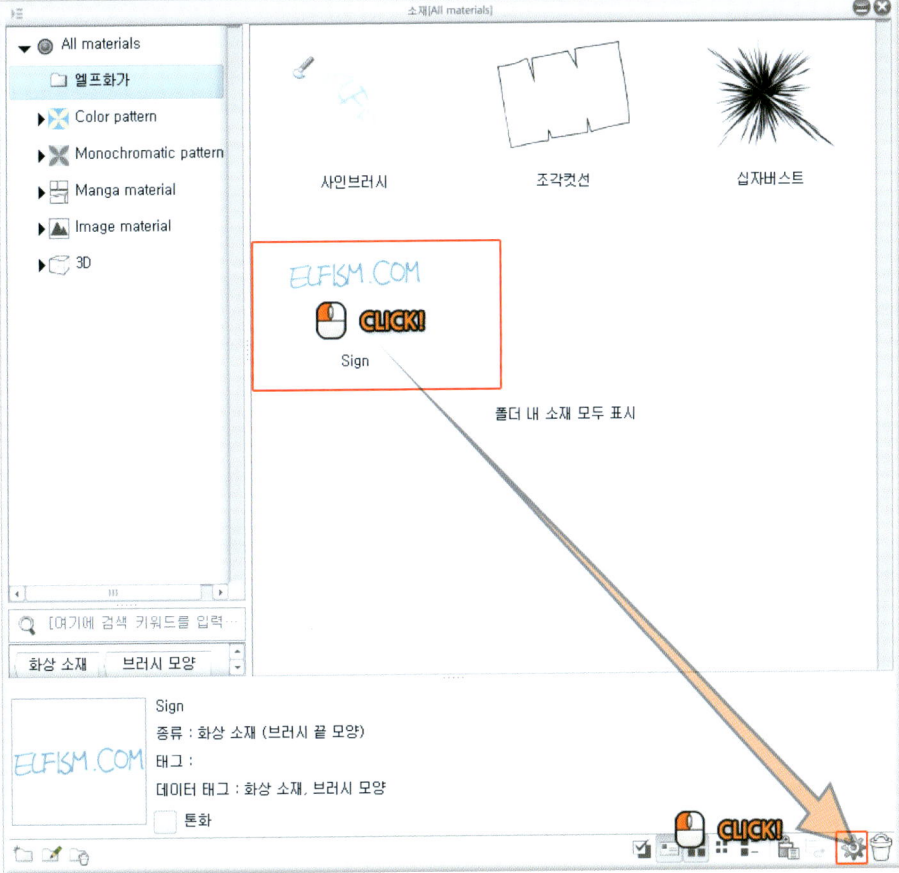

02 속성 창의 모습입니다. Sign 소재의 다양한 속성을 설정할 수 있습니다. 우선 각 기능에 대해 알아보도록 하겠습니다.

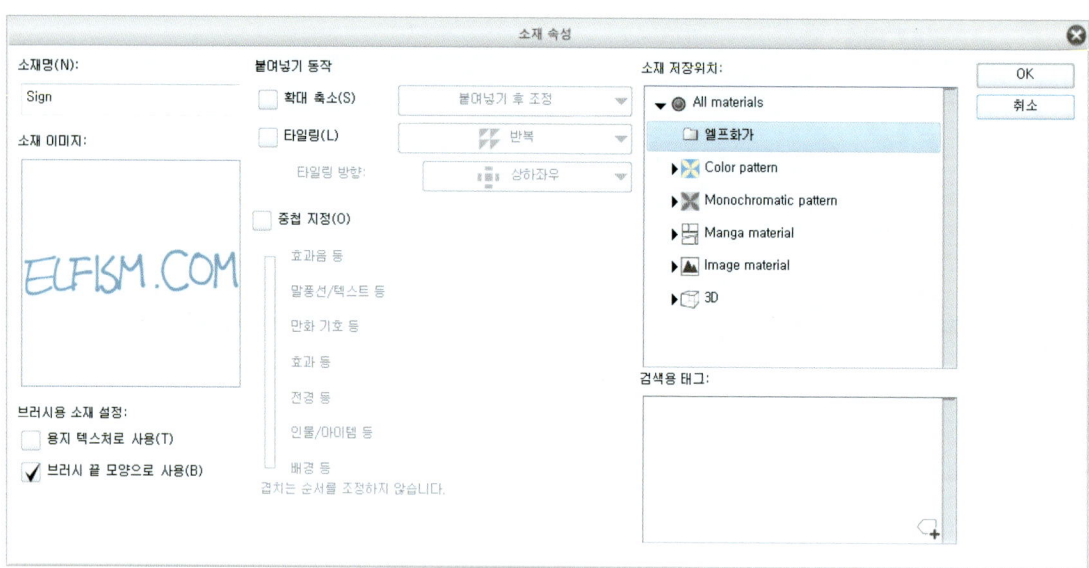

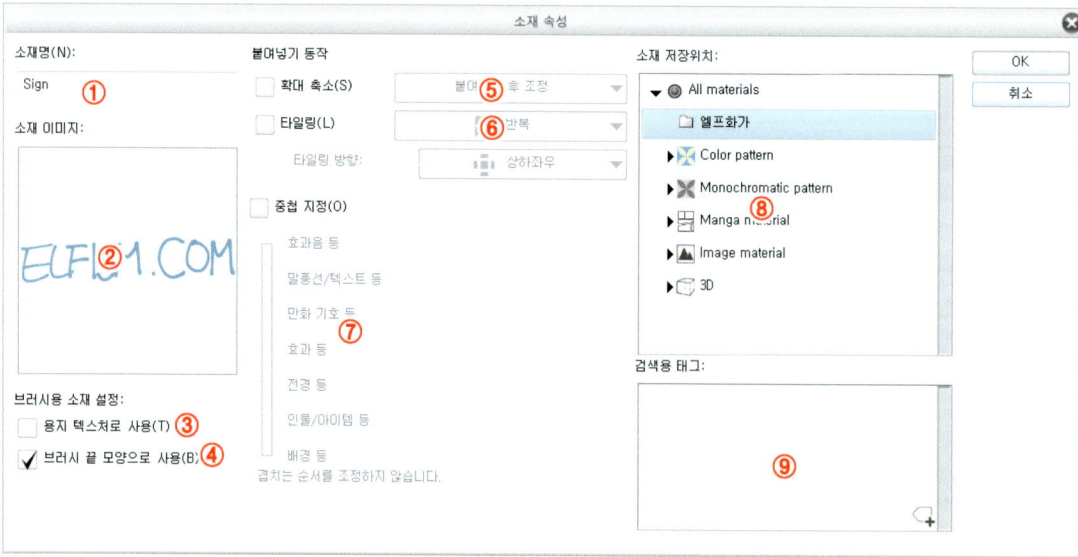

① 소재명

소재의 이름을 설정합니다.

② 소재 이미지

소재가 어떻게 보이는지의 이미지를 미리 볼 수 있습니다. 무늬가 반복되는 타일 방식일 경우에 미리보기 역시 타일 형태로 나와 이해하기 편리합니다.

브러시용 소재설정 : 브러시 소재로 사용하기 위한 세팅입니다. 한번 만든 소재는 일반 이미지 소재로도, 브러시로도 쓸 수 있어 편리합니다.

③ 용지 텍스쳐로 사용

현재 소재를 종이 질감용으로 사용합니다. 채색할 때 소재의 질감이 드러나게 됩니다.

④ 브러시 끝 모양으로 사용

현재 소재를 브러시 팁 모양으로 사용합니다. 자신만의 독특한 브러시를 만들 수 있습니다.

붙여넣기 동작 : 붙여넣을 때 동작 방식을 설정합니다.

⑤ 확대 축소

크기를 변경할 시점과 형태를 설정합니다.
붙여넣기 후 조정 : 붙여넣은 뒤 조정합니다.
붙여넣을 곳 전면에 펼치기 : 크기를 꽉 차게 맞춥니다.
붙여넣을 곳에 저장 : 크기를 맞춥니다.
붙여넣을 곳에 맞춰 조정 : 목적 레이어에 맞춥니다.
텍스트에 맞춤 : 글자에 크기를 맞춥니다.

⑥ 타일링

타일 형태로 할지를 결정합니다. 체크하면 타일 형태가 되며, 가로반복/세로반복/전체반복을 선택할 수 있습니다. 또한 반복되는 방향도 변경할 수 있습니다. 타일의 모양은 2. 소재 이미지 에서 확인 가능합니다.

A. **타일링** : 타일의 반복패턴을 결정합니다.
반복 : 현재 형태를 반복합니다.
반환 : 상하좌우로 뒤집기를 반복합니다.
뒤집기 : 이미지를 뒤집은채 반복합니다.

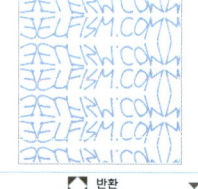

B. **타일링 방향** : 타일의 반복 방향을 설정합니다.

⑦ 중첩지정

소재를 붙여넣기할 때 레이어 위치를 자동 설정할 수 있습니다. 소재의 용도에 따라 설정할 수 있어 편리합니다.

효과음 등 : 레이어의 최상단에 배치합니다. 효과음일 때 유용합니다.

말풍선/텍스트 등 : 레이어의 최상단에 배치하지만, 말풍선이나 사인 레이어가 있을 경우 그 다음에 위치하게 됩니다.

만화/기호 등 : 레이어의 최상단에 배치하지만, 말풍선이나 사인 레이어가 있을 경우 그 다음에 위치하게 됩니다.

효과 등 : 레이어의 최상단에 배치하지만, 말풍선이나 사인 레이어가 있을 경우 그 다음에 위치하게 됩니다. 집중선 소재 등에 사용합니다.

전경 등 : 인물 레이어 위, 말풍선 사인 레이어등의 아래에 위치하게 됩니다. 하늘에서 내리는 비, 햇살 효과등의 소재에 사용합니다.

인물/아이템 등 : 백그라운드 레이어 위에 위치하게 됩니다. 인물이나 사물 소재에 설정합니다.

배경 등 : 가장 아래에 배치하게 됩니다. 하늘 등의 배경 소재에 설정합니다.

⑧ 소재 저장 위치

소재를 저장할 폴더를 설정합니다. 원하는 폴더로 옮길 수 있습니다. 현재 폴더는 '엘프화가'입니다.

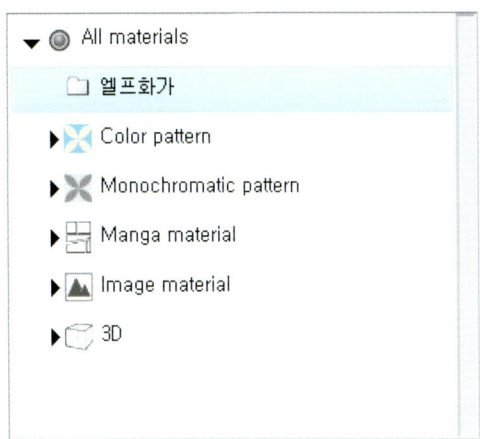

⑨ 검색용 태그

검색용 태그를 추가합니다. 하단의 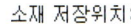 아이콘을 클릭해 추가할 수 있습니다.

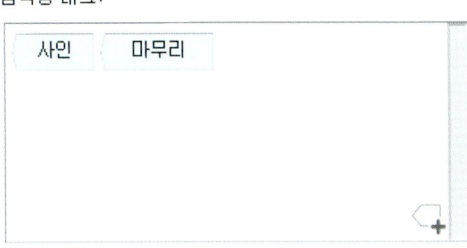

소재 속성 창에 대해 알아보았습니다. 하지만, 어떤 식으로 사용되는지는 아직 감이 안 오실 것 같습니다. 다음 시간에는 실제 사용 예시들을 통해 알아보도록 하겠습니다.

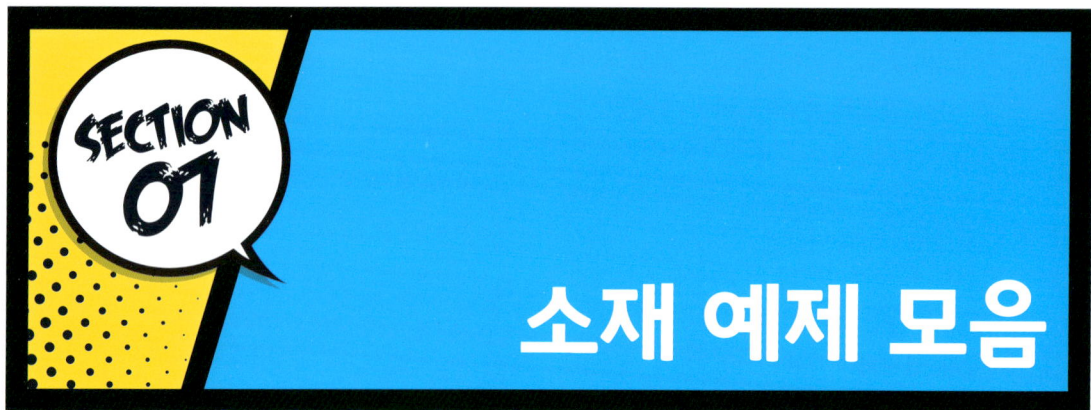

소재 예제 모음

앞서 설정 창 강좌에서 본 것처럼, 소재는 설정을 다양하게 할 수 있습니다. 하지만, 설정 창에 세팅할 내용이 많은편이라, 소재마다 어떤 식으로 설정을 해야 더 좋을지 고민될 수도 있을 것 같습니다. 이런 걸 소재로 등록을 해도 될까? 라는 궁금함도 생길 것 같습니다.

이번 시간에는 다양한 종류의 이미지 소재의 예제를 보여드릴 예정입니다. 그리고 그것들을 실제 어떤 식으로 세팅하고 실제로 사용하는지에 대해 알아보겠습니다.

· 배경인물 소재의 설정 예

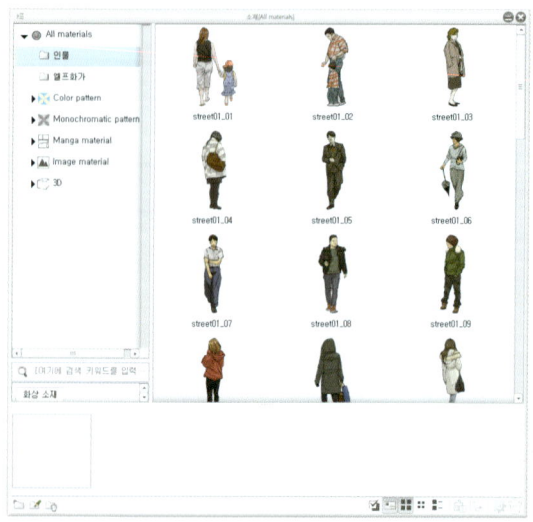

미리 다양한 배경용 인물을 소재로 만들어두면, 복잡한 도시나 인파를 그려야할 때 시간을 줄일 수 있습니다. 인물의 경우 그냥 세울 수도 있지만, 군중을 그리기 위해서는 브러시 소재로 등록하시는 것이 좋습니다. 패턴 등 다른 옵션은 크게 상관이 없을 것 같습니다. 배경인물이므로 위치는 배경으로 설정하시면 편하긴 하나, 하지 않으셔도 크게 상관 없습니다. 날씨나, 상황에 따른 태그를 입력해두는 것도 좋습니다.

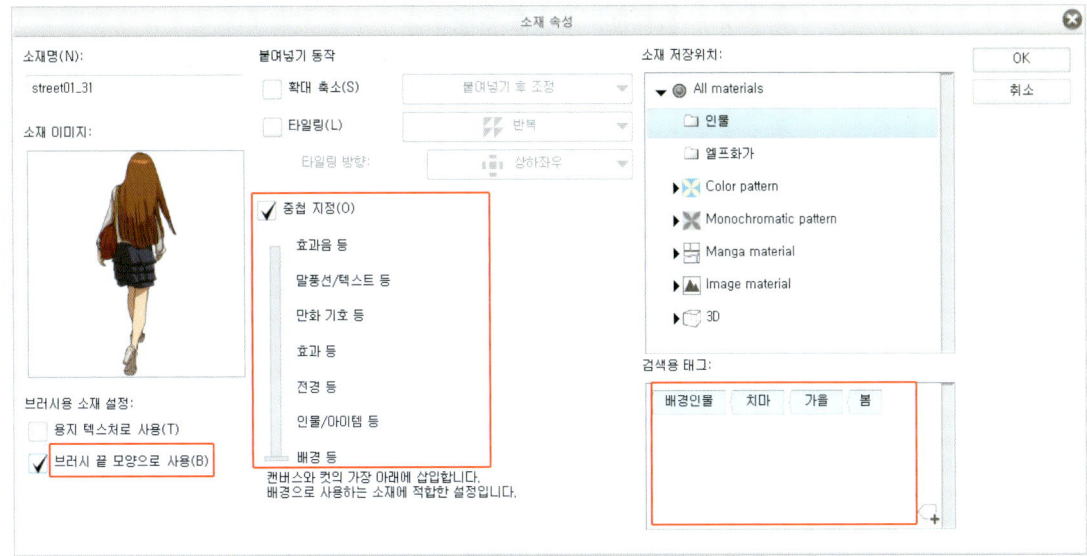

인물 소재는 직접 드래그&드롭으로도 배치할 수 있습니다. 하지만, 브러시로 만들 경우 아래와 같은 배치작업을 브러시 작업으로 편하게 진행할 수 있습니다.

아래는 인물을 패턴 브러시로 만든 다음, 한번의 터치로 그려본 군중의 모습입니다. 포토샵에서 일일이 손으로 배치하는 것보다 훨씬 편하게 사용할 수 있습니다.

이곳에 사용된 패턴 브러시는 차후 6장. 브러시 마스터하기 에서 자세히 다루어보도록 하겠습니다.

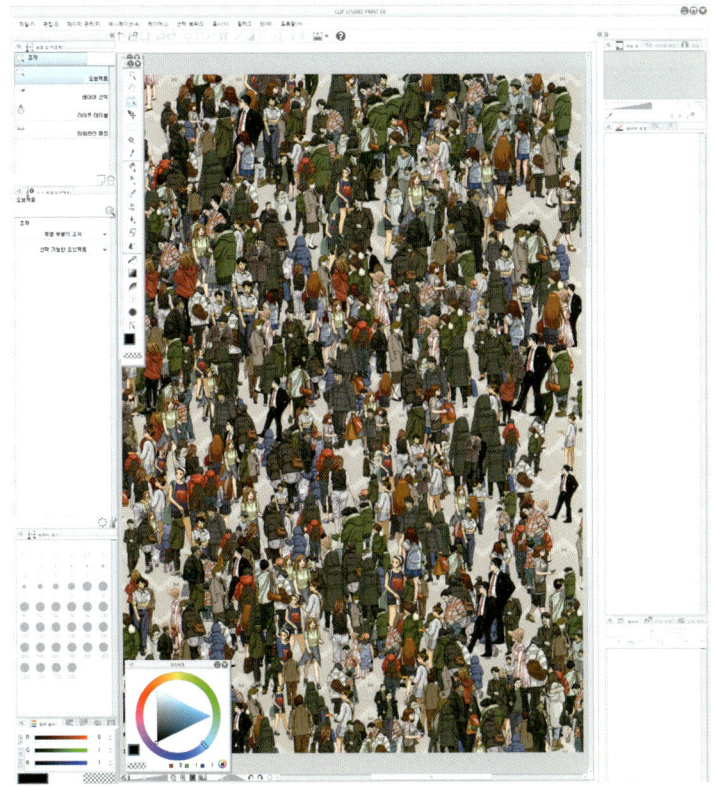

· 블록 패턴 소재의 사용 예

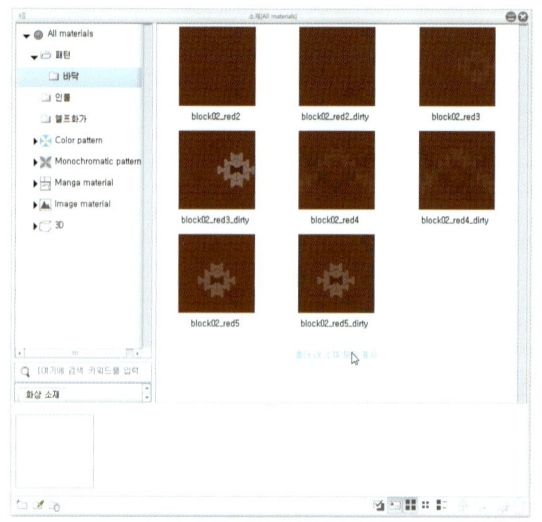

벽돌 텍스쳐나 바닥 보도블록 텍스쳐들을 미리 소재로 만들어두면 건물이나 도시배경을 빠르게 만들 수 있습니다. 이런 류의 이미지는 패턴으로 반복해서 사용되는 게 대부분이므로 텍스쳐 설정에서도 타일링을 켜두는 것이 좋습니다. 브러시의 텍스쳐로 쓸수도 있으니, 체크해둡니다. 상황에 맞는 태그도 역시 중요합니다. 재질이나 색깔 위주로 입력해둡시다.

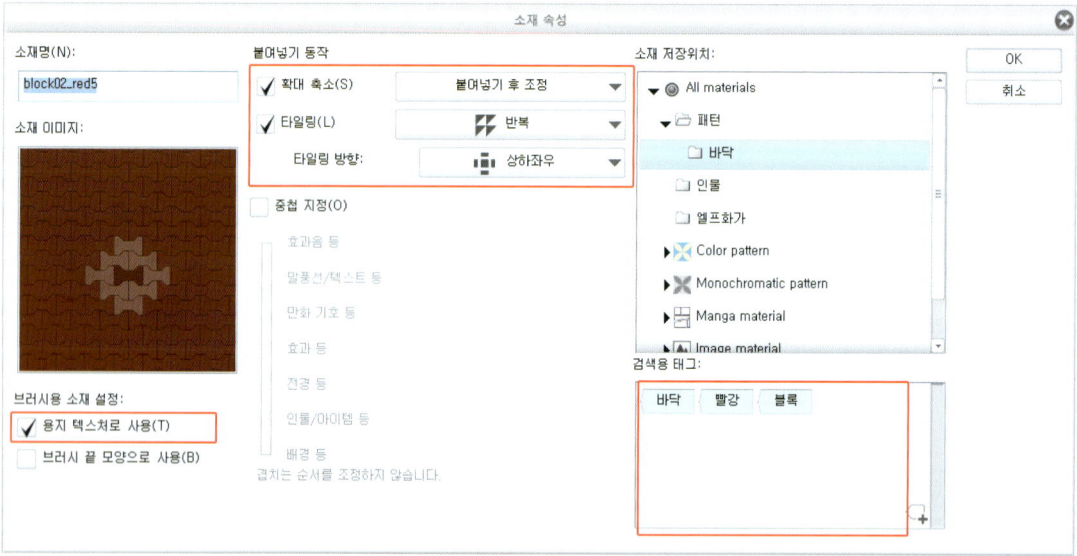

아래는 벽돌 벽과 바닥 소재를 이용해 간단히 배치해본 모습입니다. 이렇게 세팅해두면, 어떤 공간이든 빠르게 칠하고, 조정할 수 있어 편리합니다. 다만, 개인적으로는 스케치업을 기본적으로 이용하되, 패턴은 필요할 때 사용하는 걸 권합니다. 생각보다 은근 번거로운 편입니다.

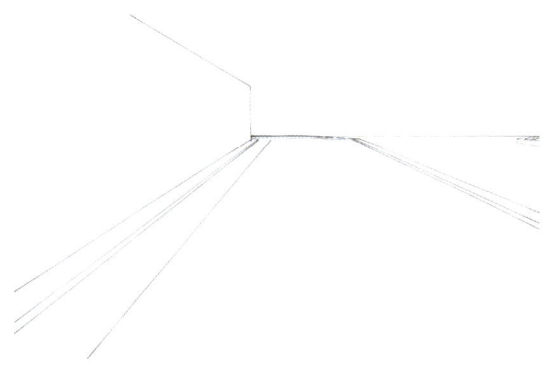

· 간판 소재의 사용 예

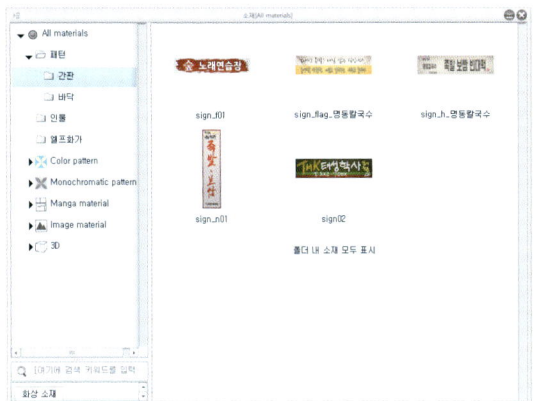
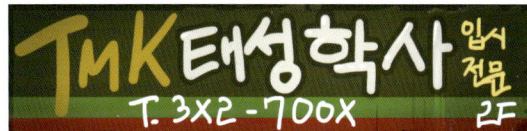

간판 이미지도 미리 여러 종류를 소재로 만들어 두면 편리합니다. 특히 하나의 씬에 간판만 바꿔서 다른 가게인 것처럼 만들 수 있습니다. 간판의 경우 확대/축소를 체크해서 넣고 난 뒤 바로 크기를 조절할 수 있게 해 두면 편리합니다.

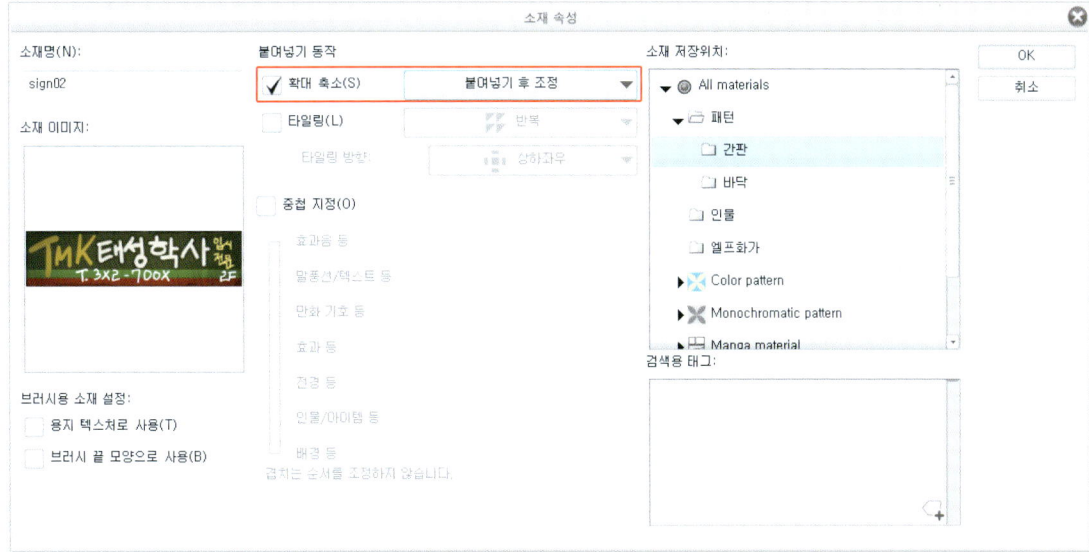

간단한 사각형 블록이 간판으로 변신하는 것을 볼 수 있습니다.

· 하늘 배경 소재의 사용 예

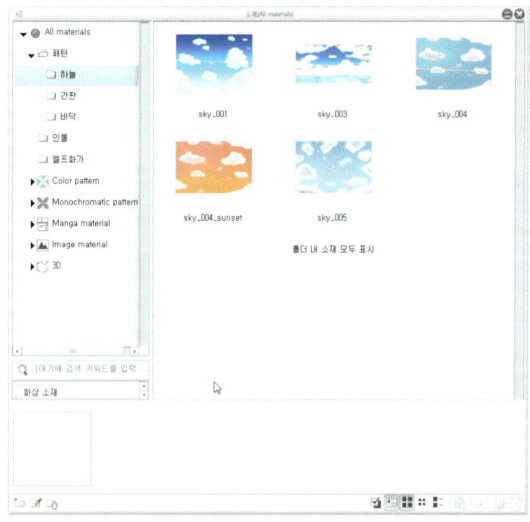

다양한 하늘 배경 이미지는 분위기를 살려주는 좋은 소재입니다. 하늘 배경 역시 패턴 형태로 사용합니다. 패턴방식은 별다른 문제가 없다면, 반환으로 사용하는 게 끊김이 덜합니다.

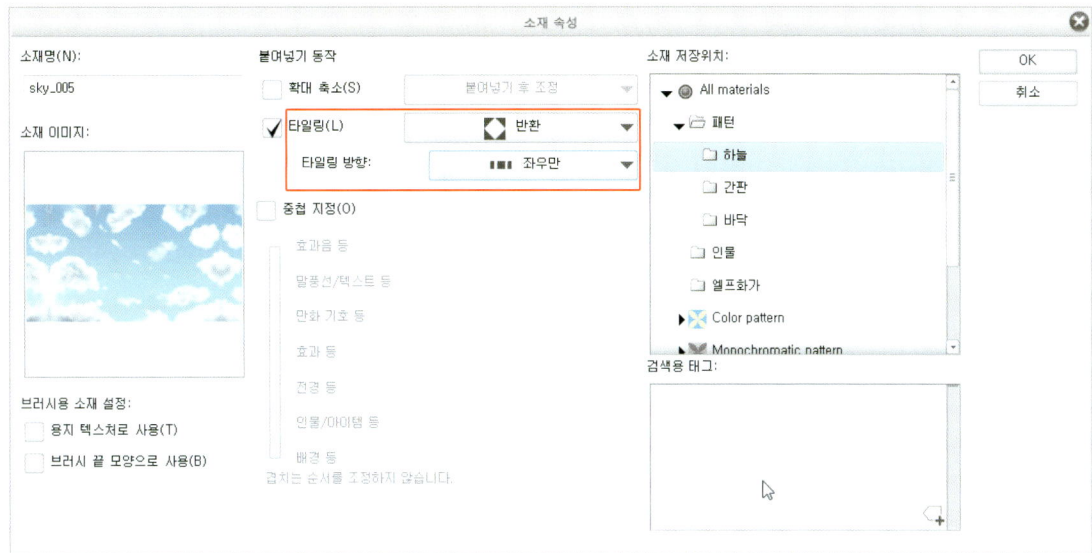

아래는 하늘이미지를 사용해본 모습입니다. 이미지가 반복되어 배치되는 것을 알 수 있습니다.

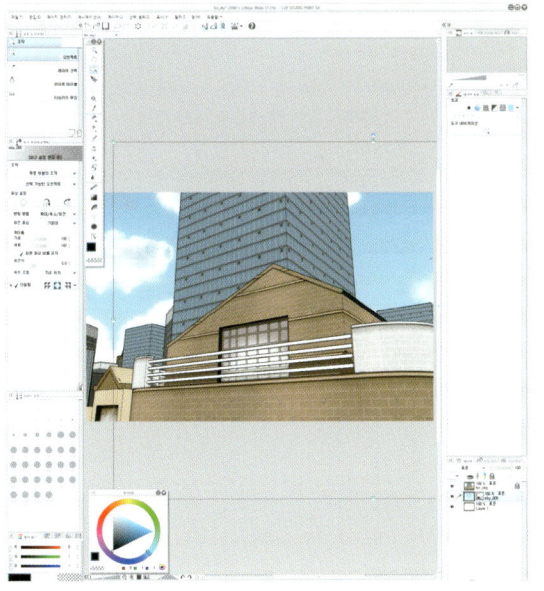

· 효과음 소재의 사용 예

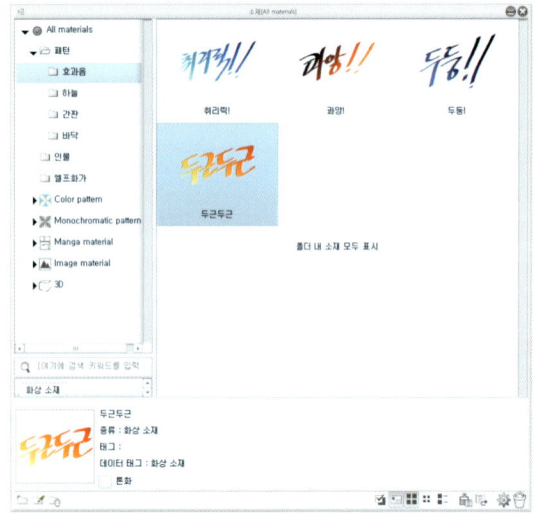

효과음의 경우 새로 그리는 게 보통입니다. 하지만 미리미리 만들어두면 바쁠 때나, 참고자료로서 무척 유용합니다. 효과음의 경우 확대/축소를 설정해서 사용하면 편리합니다. 또한 브러시로 등록하면, 좀 더 다이나믹하고 재미있는 효과를 낼 수 있습니다.

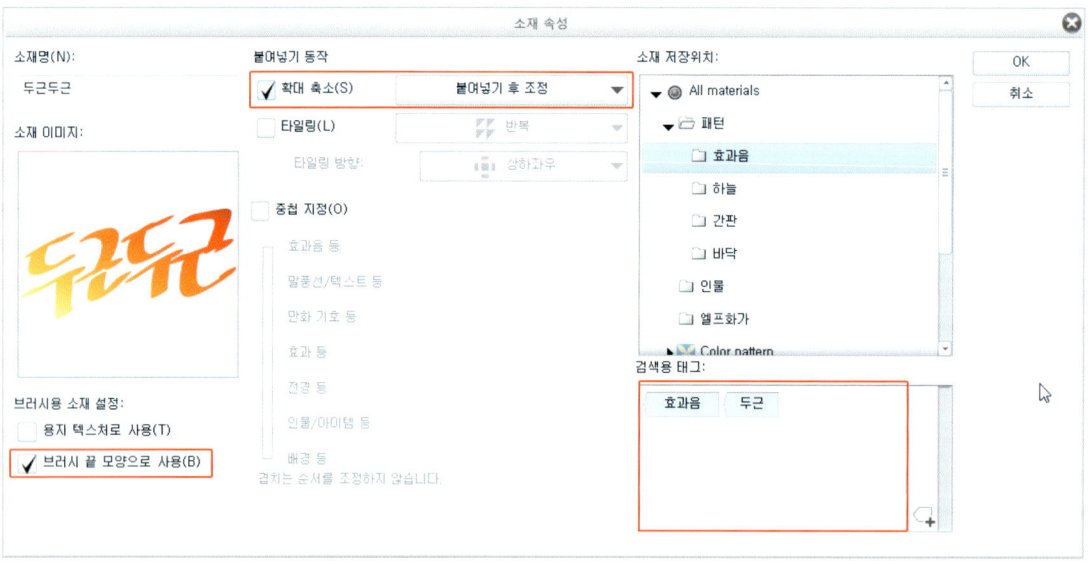

아래처럼 왜곡을 주는 방법도 유용합니다.

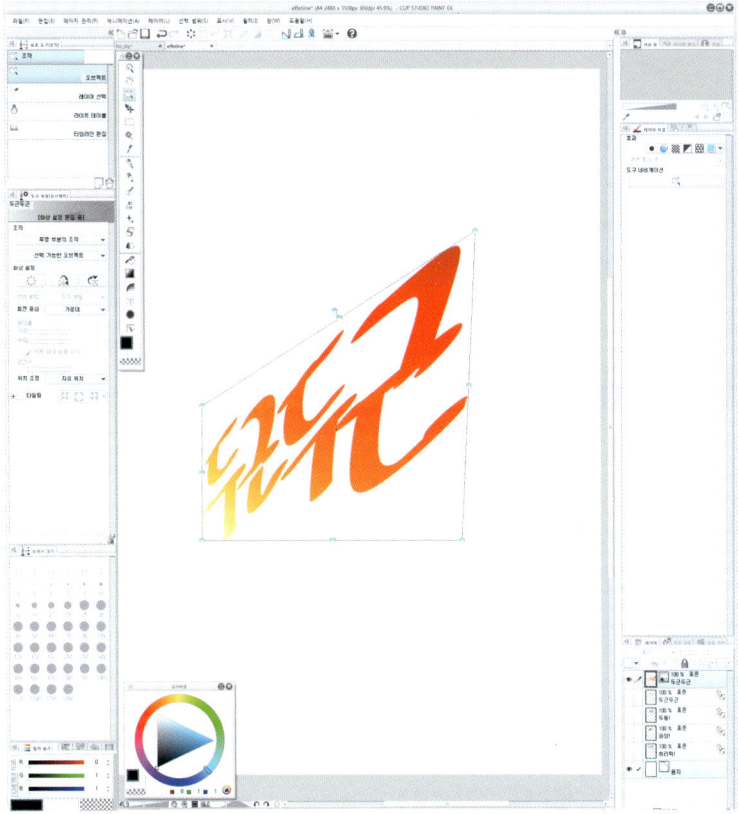

브러시로 등록해 사용해본 모습입니다. 독특한 효과음이 완성되었습니다.

이번 시간에는 다양한 소재들과 그 사용 예제에 대해 살펴보았습니다. 하지만, 이 방식은 제가 사용하는 방법일 뿐, 이것들만이 방법의 전부라고는 할 수는 없을 것입니다. 여기 소개한 내용을 보시고, 이제 자신이 만든 다양한 소재를 소재 팔레트에 잘 채워 넣고 스스로의 필요에 따라 적절한 설정을 하신다면, 더욱 편리하게 소재를 사용할 수 있을 것입니다.

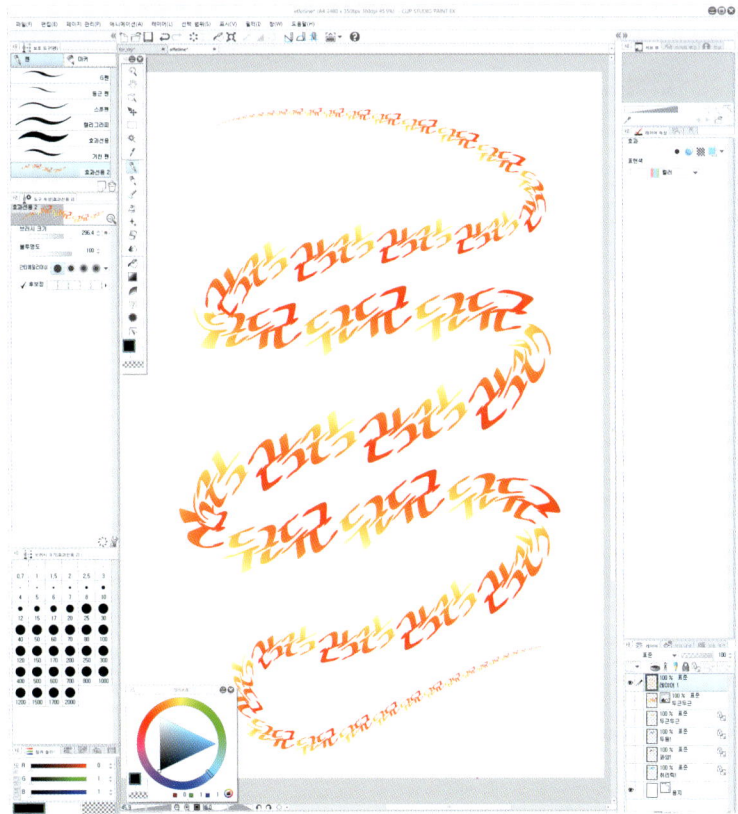

SECTION 08 — 소재 다운받아 사용하기

브러시 소재는 직접 만들 수도 있지만, 다른 사람들이 만든 소재를 사용하면 더 다양하고, 편하게 사용할 수 있습니다. 이번 시간에는 다른 사람이 만든 브러시를 사용하는 방법에 대해 알아보도록 하겠습니다.

· 브러시 소재 가져오기

클립스튜디오의 소재는 클립스튜디오 사이트나, 데비앙 아트, 혹은 개인사이트에서 손쉽게 구할 수 있습니다. 하지만 이번 시간에는 제가 만든 브러시를 사용해보도록 하겠습니다. stars라는 이름으로, 별 모양 이펙트를 손쉽게 뿌릴 수 있는 브러시입니다.

01 본문예제 챕터 5 폴더에 예제로 만든 소재 파일이 있습니다. 우선, stars.sut 파일이 있는지 확인합니다.

02 sut 파일은 이펙트 브러시 파일이므로 이펙트 보조 도구에 넣는 게 어울릴 것 같습니다. 툴을 선택합니다.

03 앞서 확인한 stars.sut 파일을 보조 도구 팔레트로 드래그해넣습니다.

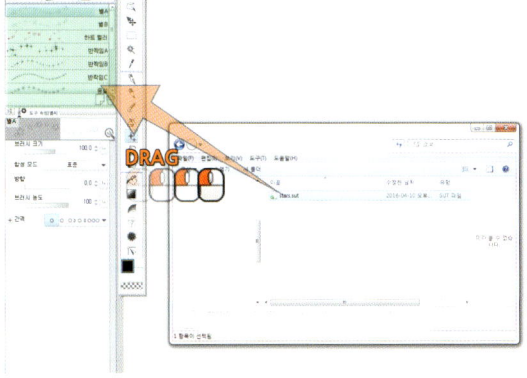

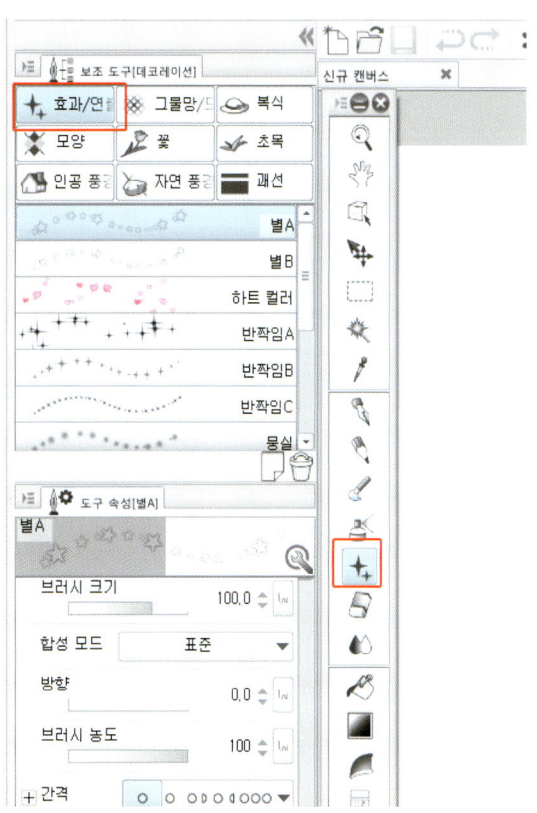

04 서브 툴에 새로운 stars 브러시가 생성된 것을 확인할 수 있습니다. 새로운 stars 브러시를 선택한 뒤 캔버스에 그어 잘 적용되었는지 확인해보세요.

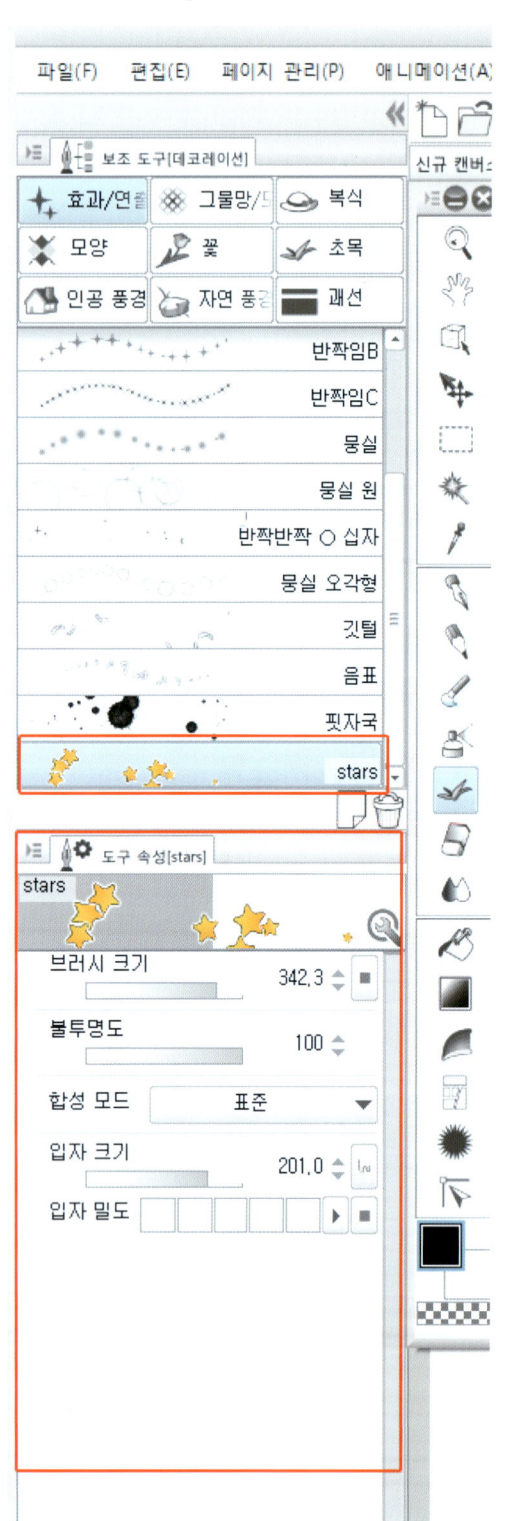

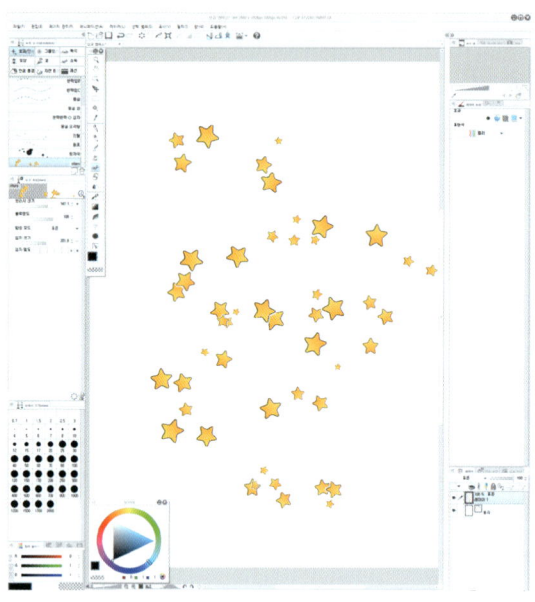

간단한 방법으로 새로운 브러시를 쓸 수 있게 되었습니다. 다음 장에서는 자신만의 브러시를 직접 만들어보는 시간을 가져보도록 하겠습니다.

> Q: 브러시 이외에 패턴 등 다른 사람이 만든 소재를 사용하고 싶습니다. 어떻게 해야 하나요?
>
> A: 아쉽게도 다른 소재는 사용이 불가능합니다. 클립스튜디오 소재장터를 통해서만 사용이 가능한데, 한글판의 경우 이 소재장터가 아예 빠져있습니다. 아무래도 저작권이나 해외저작권 등이 해결이 되지 않아서 그런 듯 합니다. 대신 일반적인 2D 이미지나, 3D파일들은 임포트 가능하므로 이쪽을 이용하시는 걸 권해드립니다.

SECTION 09 _ 브러시 소재를 다운받을수 있는 곳

클립스튜디오의 브러시는 단체나 개인 등이 다양한 경로로 공유하고 있습니다. 그중 대표적인 곳을 소개해보도록 하겠습니다.

UNIT 01 _ 클립스튜디오 공식사이트

클립스튜디오 영문사이트에서는 브러시 류를 다운받을 수 있도록 공개하고 있습니다. 다양하고 쓸만한 소스가 꽤 많으니, 둘러보시고 필요한 것들을 다운받아 보시기 바랍니다.

최근 버전에서는 클립스튜디오 소재 창을 통해 곧바로 다운받을 수 있어 더욱 편리해졌습니다.

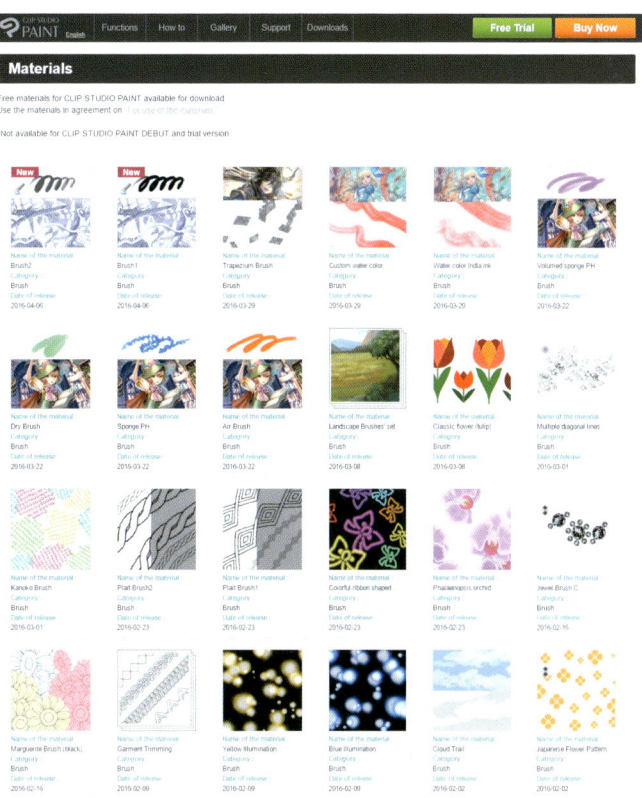

바로가기 : http://www.clipstudio.net/en/dl/materials/

그 외 클립스튜디오 일본사이트에는 소재 장터라는 전문공간이 있습니다., 해외에서는 사용하기 힘든 편이며 영문판에서는 지원기능이 빠져있습니다.

UNIT 02_ 데비앙 아트

외국 유저들이 자신들의 작업물과 리소스를 공유하는 데비앙 아트에도 클립스튜디오 리소스가 공개되어 있습니다.

이곳은 일본뿐만 아니라, 전 세계의 유저들이 리소스를 공개하는 곳이라 다양한 리소스가 있으니 클립스튜디오 공식사이트와 함께 원하시는 걸 찾아보면 좋을 것 같습니다.

바로가기로 들어가신 뒤 Clipstudio로 검색하시면 다양한 브러시가 나옵니다.

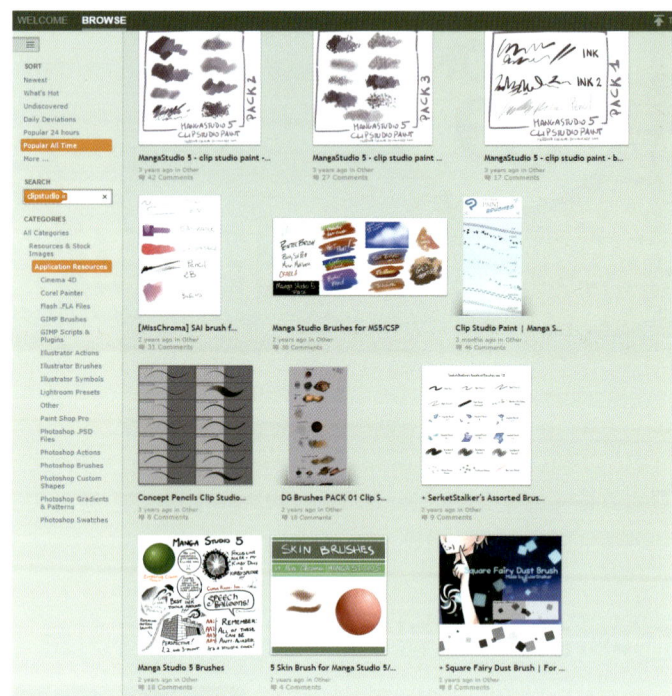

바로가기 : http://www.deviantart.com/browse/all/resources/applications

UNIT 03_ 레인님의 코믹스튜디오 카페

만화로 배우는 클립스튜디오의 저자 레인님이 관리하시는 네이버 카페에서도 여러 유저분들이 브러시와 3D소재 등을 공유하고 있습니다.

바로가기 : http://cafe.naver.com/comicstudio

MEMO

이번 시간에는 브러시를 세팅하는 방법에 대해 알아보고 나만의 브러시를 만들어 응용해보도록 하겠습니다. 강좌를 차근차근 따라오다 보면, 자신만의 멋진 브러시를 만들 수 있을 것입니다.

SECTION 01
클립스튜디오의 브러시 기능이란?

클립스튜디오에는 다양한 브러시가 있습니다. 펜이나, 연필 브러시, 지우개, 파스텔, 유화 브러시, 패턴 브러시 등등 셀 수 없이 많은 채색용 툴들이 있습니다. 그런데 실은 이 모든 툴이 단 하나의 브러시 기능을 기능에 어울리는 카테고리로 나눈 것에 불과합니다.

그래서 브러시 툴에 대해 제대로 알게 되면 펜 툴이나, 유화 브러시, 리얼한 수채화 브러시 등 자신의 손에 꼭 맞는 커스텀 브러시를 만들 수도 있고, 흩날리는 벚꽃이나 탄피, 거리에 가득한 인파를 클릭 한번에 그릴 수도 있습니다. 화염 이미지나 폭발 이미지를 손쉽고 빠르게 제작하는 것도 가능합니다. 일일이 그리기 귀찮은 끈이나, 보석 목걸이, 프릴 무늬를 간단히 그리는 것도 가능합니다. 효과음을 위한 나만의 브러시도 만들 수 있습니다.

클립스튜디오의 브러시 기능은 그 어떤 2D 툴보다도 유연하고 강력합니다. 포토샵과 페인터의 브러시, 패턴 기능을 합친 느낌으로 응용폭이 엄청나므로, 제대로 익혀두면 무척 다양하게 사용 가능한 툴입니다.

다만, 다양한 작업을 할 수 있고, 설정할 수 있는 부분이 상당히 많은 만큼, 클립스튜디오의 브러시 설정은 꽤나 어려운 느낌이 드는 것도 사실입니다. 이번 시간에는 브러시를 자유롭게 만들 수 있는 각 기능에 대해 살펴보고, 다양한 브러시를 직접 만들어보면서, 브러시의 기능에 대해 확실히 마스터할 예정입니다.

새 브러시 만들기

이번 시간에는 새 브러시를 만들고 저장하는 방법에 대해 알아보도록 하겠습니다.
새 브러시를 만드는 방법은 간단합니다.

01 우선 브러시 보조 도구 팔레트에서 자신이 만들고자 하는 브러시와 비슷한 브러시를 찾아 선택해둡니다. 저는 유채 평붓 브러시를 선택하였습니다.

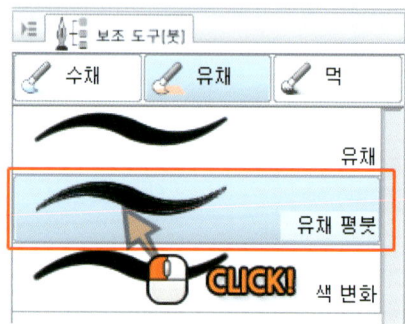

02 보조 도구 팔레트에서 보조 도구복제 아이콘을 누릅니다. 그러면, 현재 선택된 브러시를 기반으로 새 브러시를 만들 수 있는 창이 뜹니다.

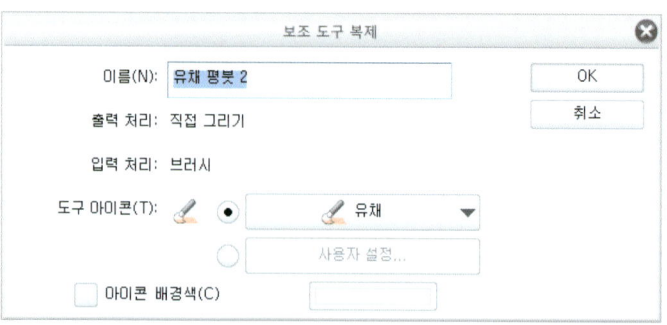

이름 : 브러시의 이름을 설정합니다.
출력 처리 : 어떤 종류의 보조 도구인지 알려줍니다.
입력 처리 : 적용방식을 알려줍니다.
도구 아이콘 : 툴의 아이콘을 선택합니다. 기존의 것에서 선택할 수도 있고, 사용자 설정을 선택해 직접 만든 아이콘을 선택할 수도 있습니다.
아이콘 배경색 : 아이콘의 배경컬러를 선택합니다. 다양하게 설정할 수 있습니다.

03 아래는 적절히 선택해본 모습입니다.

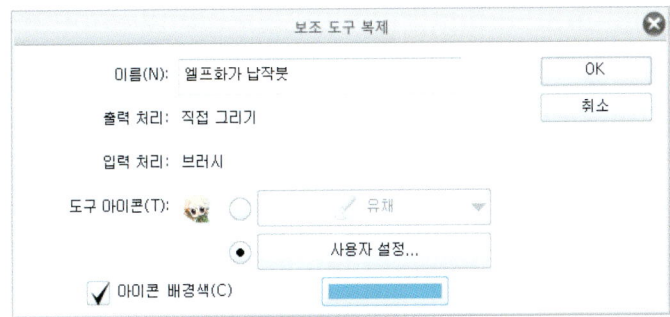

04 만든 툴은 보조 도구 에 등록되며, 툴 팔레트에 아이콘도 설정한 형태로 반영되는 것을 알 수 있습니다.

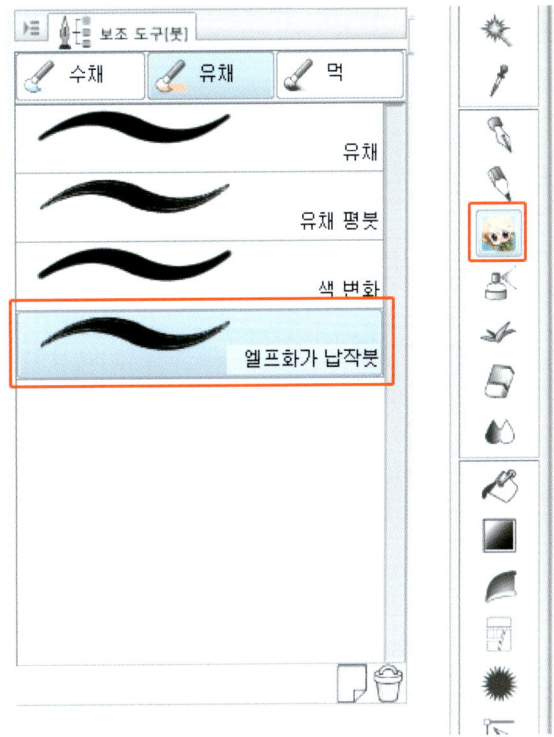

05 새 브러시가 만들어졌습니다. 다만 아직은 원래 브러시와 동일합니다. 이제 원하는 대로 설정을 변경하면 자신만의 브러시로 탄생할 것입니다.

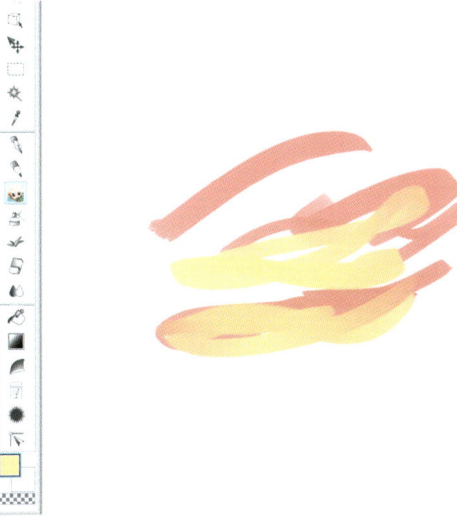

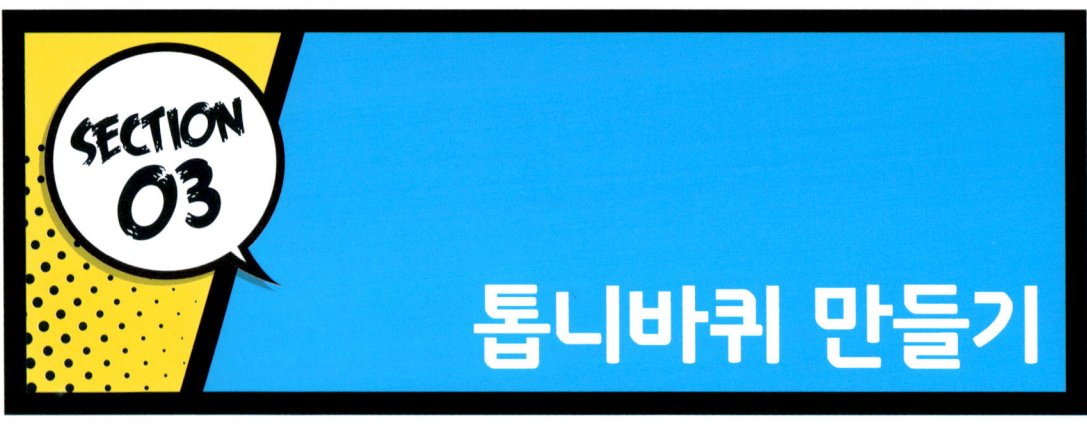

톱니바퀴 만들기

클립스튜디오의 브러시 기능과 브러시프리셋을 이용하면, 다양한 패턴을 손쉽게 만들 수 있습니다. 이번 시간에는 간단한 패턴 브러시를 만들고, 이를 이용해 톱니바퀴 이미지를 만들어보도록 하겠습니다.

· **톱니바퀴 브러시 만들기**

톱니바퀴를 만들기 위해서는 우선 톱니바퀴 브러시가 필요합니다. 톱니바퀴 브러시를 만들어보도록 하겠습니다.

01 새 레이어를 켜고, 이름을 톱니바퀴 브러시로 설정합니다. 그런 다음 도형 → 직접 그리기 → 직사각형 툴을 선택합니다.

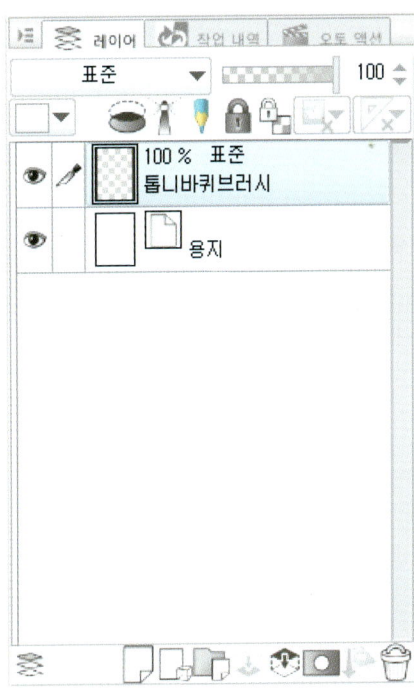

02 도구 속성 창에서 채색작성 을 선택해서 속이 찬 사각형으로 설정합니다. 그런 다음 검은색을 선택해 세로로 긴 사각형을 그립니다.

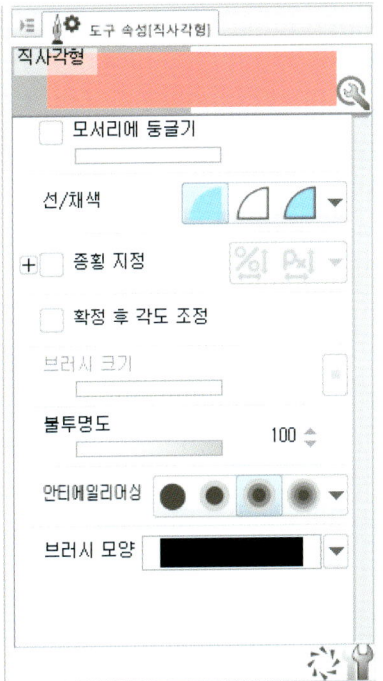
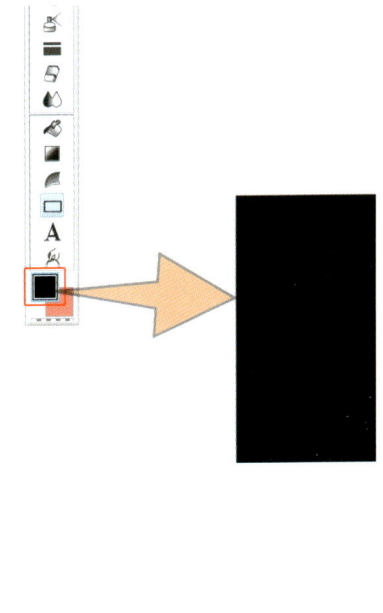

03 꺾은 선 툴을 선택하고, 역시 채색 작성을 선택한 다음, 아래와 같이 그려줍니다.

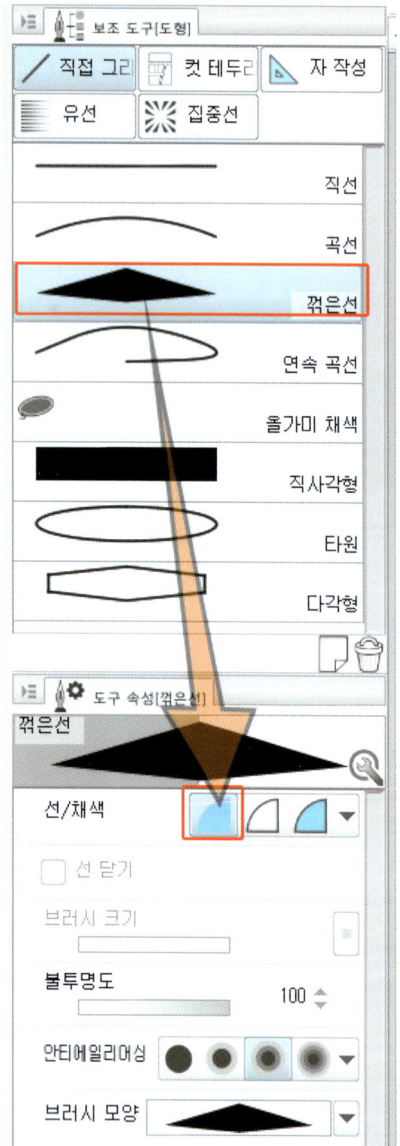

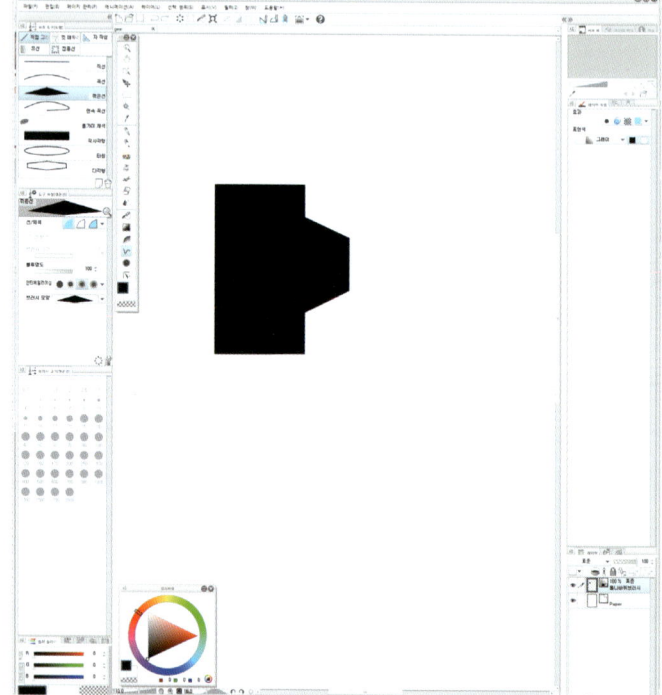

다 그렸으면, 레이어 속성 창에서 표현색을 그레이로 변경해줍니다. 그래야, 나중에 브러시 컬러를 마음대로 바꿀 수 있습니다. 이 과정을 거치지 않으면 검은색 톱니바퀴 밖에 그릴 수 없으니 주의하세요.

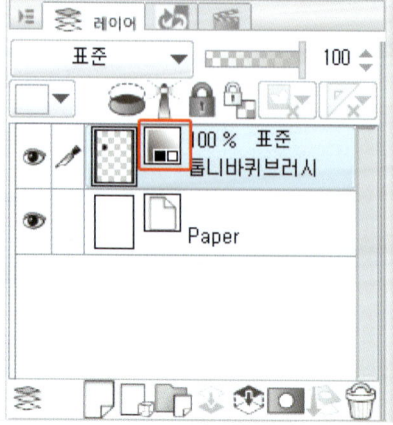

04 메인 메뉴에서 편집 → 화상을 소재로 등록 을 선택해 소재 생성 창을 엽니다. 이 방식을 사용하면 드래그 방식과 다르게 브러시 등록 창을 바로 띄울 수 있어 미리 필요한 세팅을 할 수 있습니다.

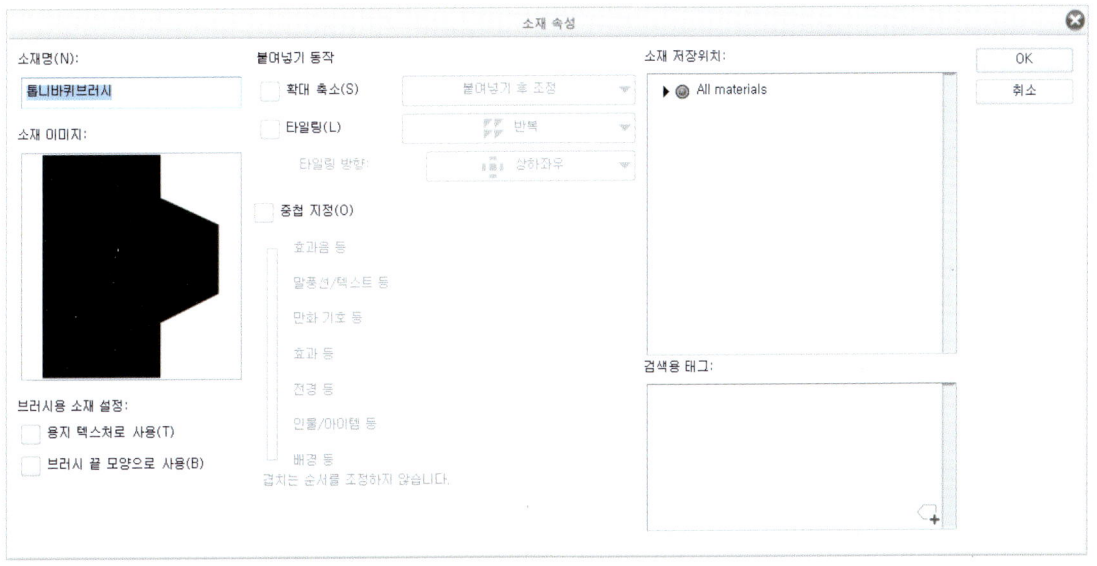

05 브러시 끝 모양으로 사용 에 체크합니다. 체크하면 브러시용 소재로 사용할 수 있습니다. 저장 폴더는 적당히 넣어두세요. 저는 미리 '톱니바퀴'라는 소재 폴더를 만들어두었습니다. 설정이 끝나면 OK 버튼을 눌러 새 소재로 저장합니다.

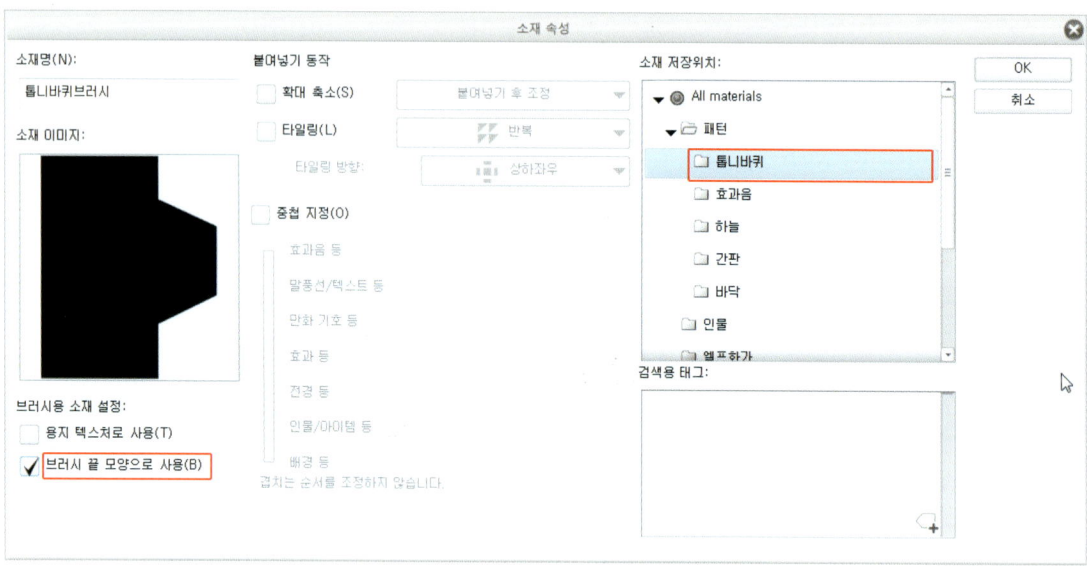

소재 창을 보면 등록이 된 걸 확인할 수 있습니다.

06 이제 톱니바퀴용 브러시를 만들어 보겠습니다. 새 브러시를 만들 때는 비슷한 브러시를 기반으로 만드는 게 좋습니다. 데코레이션 툴 → 괘선 → 요철 브러시를 선택합니다.

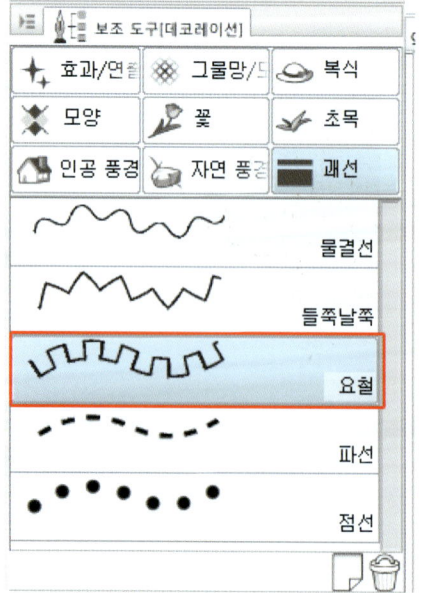

07 보조 도구 팔레트에서  아이콘을 눌러 브러시 복제 창을 엽니다.

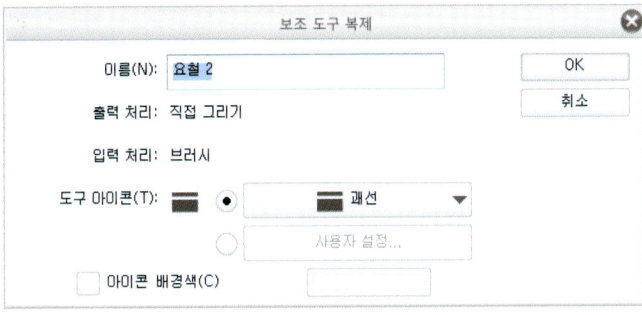

08 이름을 톱니바퀴브러시로 설정하고 OK 버튼을 눌러 저장합니다. 새 브러시가 생성된 것을 알 수 있습니다.

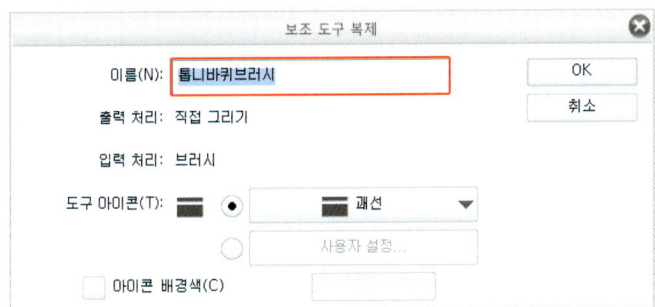

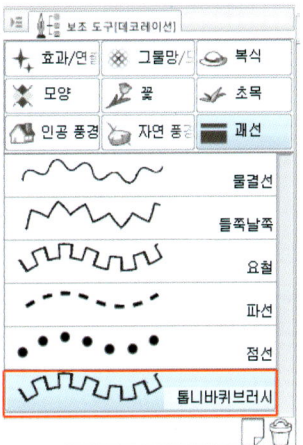

09 이제 브러시를 톱니바퀴 브러시로 만들어보도록 하겠습니다. 톱니바퀴 브러시 툴의 도구 속성 창에서 아이콘을 눌러 보조 도구 상세 팔레트를 엽니다.

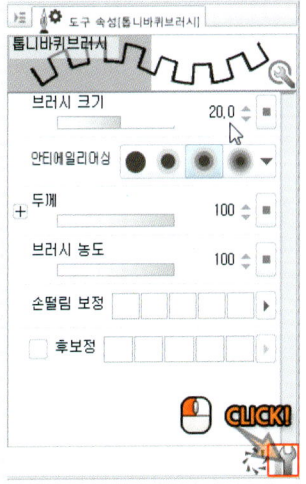

10 보조 도구 상세 팔레트의 모습입니다. 이곳에서 모든 브러시의 설정이 가능합니다. 다행히 비슷한 브러시를 골라, 수정할 사항이 많지 않습니다. 기존의 브러시에서 바꿔치기해야 할 부분은 브러시 끝부분입니다. 브러시 끝 탭을 선택하세요.

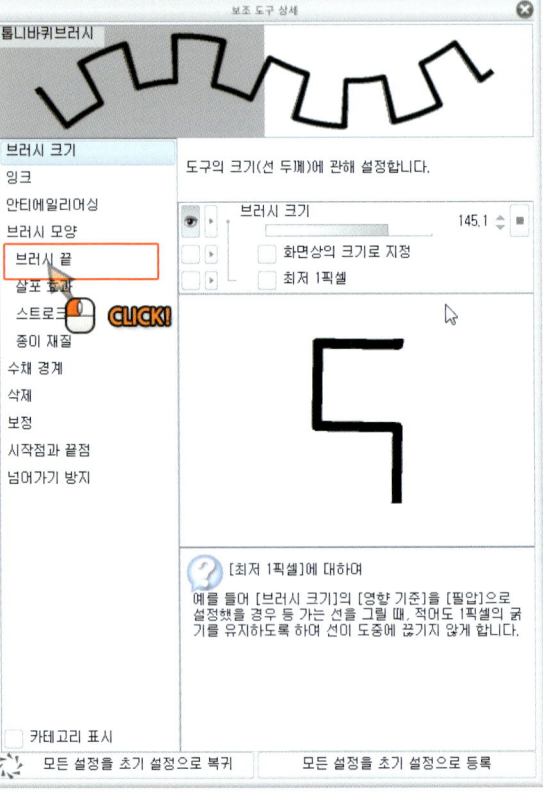

11 브러시 끝 에서는 브러시 끝의 모양을 바꿀 수 있습니다. 지금은 ㄱ자 모양(?)의 끝으로 되어 있습니다. 이것을 바꾸어보겠습니다. 팁 측면의 화살표를 클릭합니다.

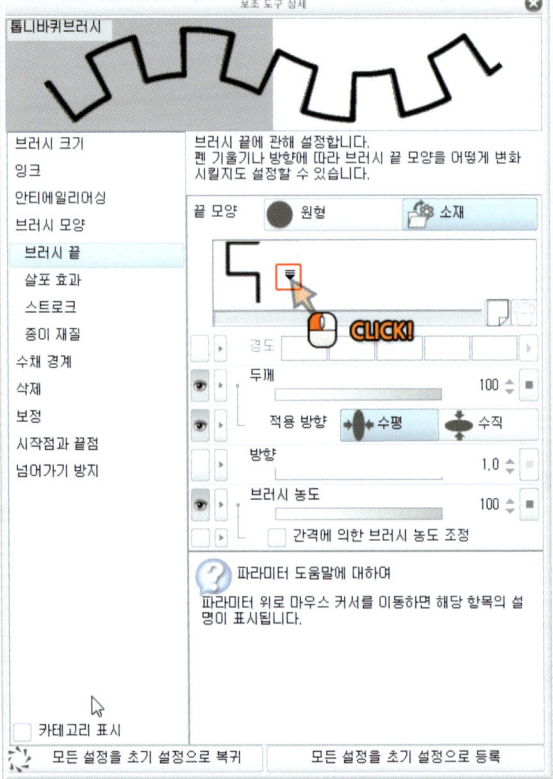

12 브러시로 등록된 소재 리스트가 나오며, 원하는 브러시를 선택할 수 있습니다. 아까 만든 '톱니바퀴브러시'를 찾아 선택합니다. 톱니바퀴가 풀어진 느낌의 브러시로 바뀌는 걸 알 수 있습니다.

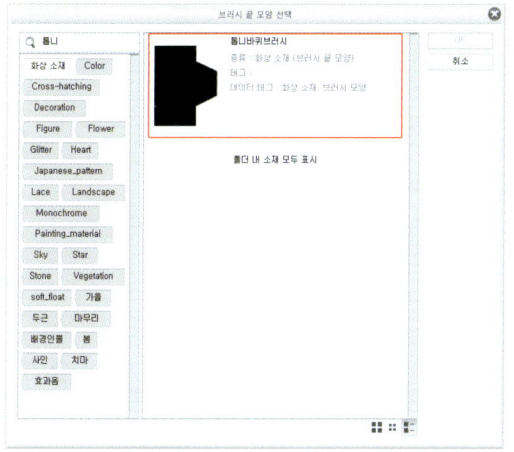
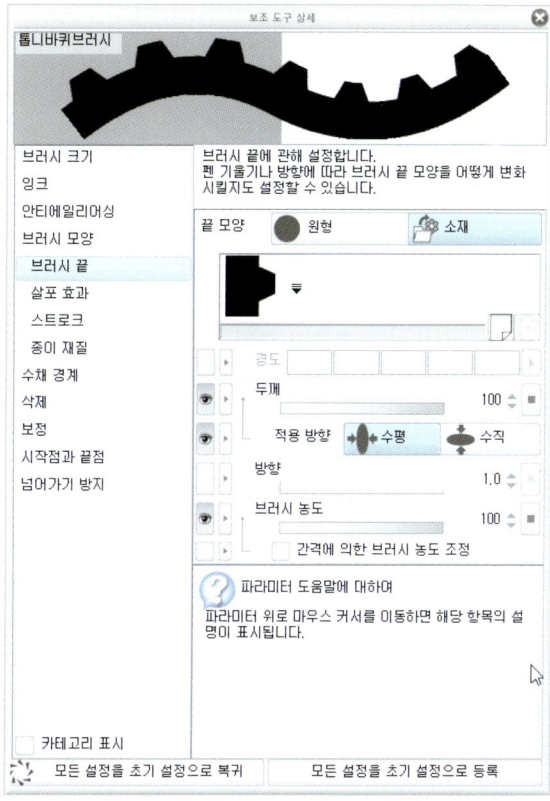

13 창을 닫습니다. 톱니모양의 브러시가 완성되었습니다. 노란색으로 바꾼 뒤, 선을 그어봅시다.

· 브러시 모양 등록하기

브러시 모양을 등록하면 일반 브러시뿐만 아니라, 컷선이나 도형 툴 등에 사용 가능합니다.

01 톱니바퀴 브러시 툴의 도구 속성 창에서 🛠 아이콘을 눌러 보조 도구 상세 팔레트를 엽니다.

02 브러시 모양 탭을 클릭해 이동합니다. 이곳은 브러시 형태를 새로 만들고, 저장하는 곳입니다.

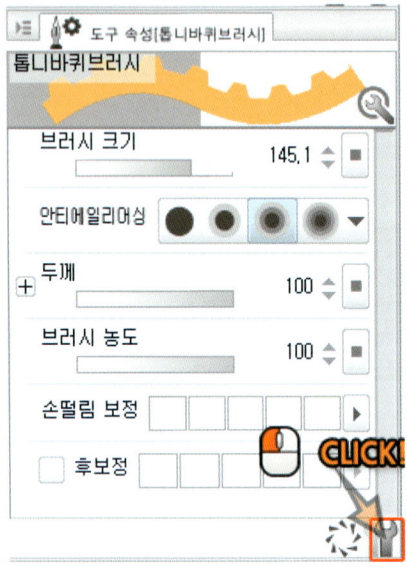

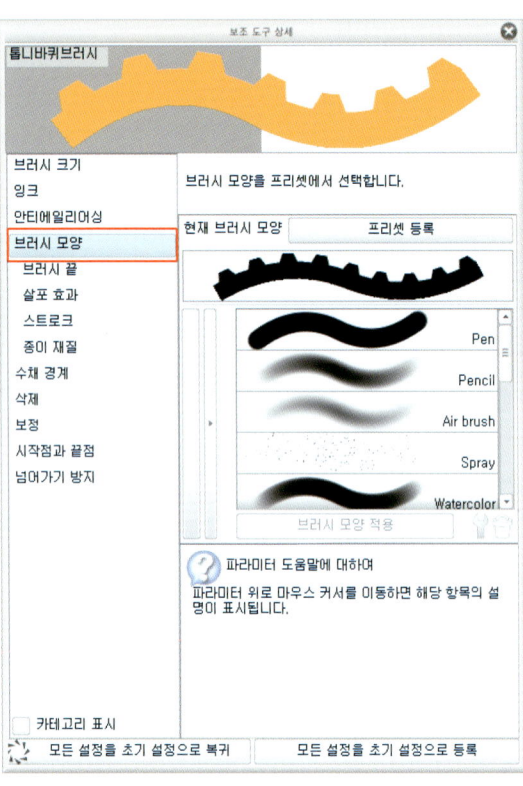

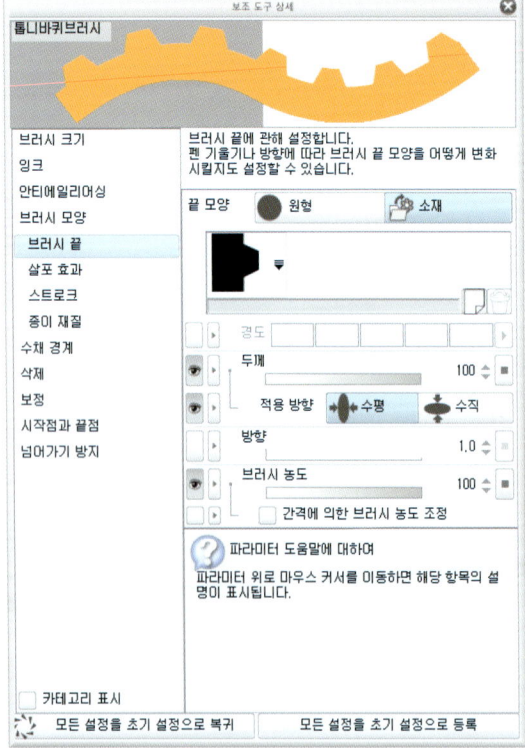

03 프리셋 등록을 눌러 브러시 형태를 등록합니다. '톱니바퀴'라는 새로운 브러시형태가 등록되는 것을 알 수 있습니다.

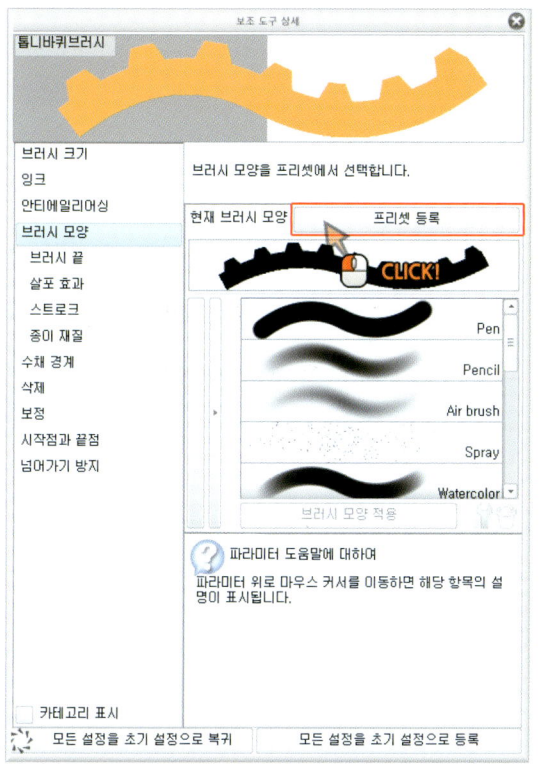
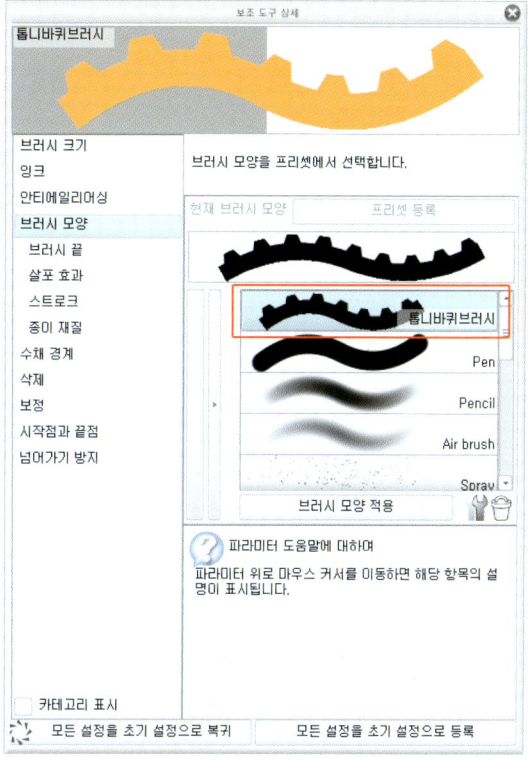

04 브러시 형태로 등록이 완료되면 피규어 툴이나, 컷선. 말풍선 등에서 테두리선으로 불러낼 수 있습니다. 집중선으로도 쓸 수 있습니다. 설정이 가능한 경우 브러시 모양이라는 항목이 존재하며, 원하는 걸 선택할 수 있습니다.

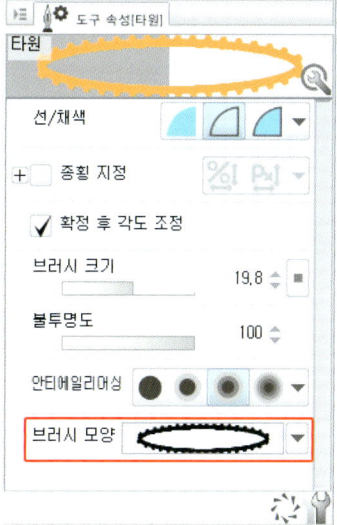

· 톱니바퀴 만들기

끝으로 톱니바퀴를 만들고 마무리하겠습니다.

01 도형 툴에서 직접 그리기 탭의 타원 툴을 선택합니다. 이 툴은 타원을 그릴 수 있는 툴입니다.

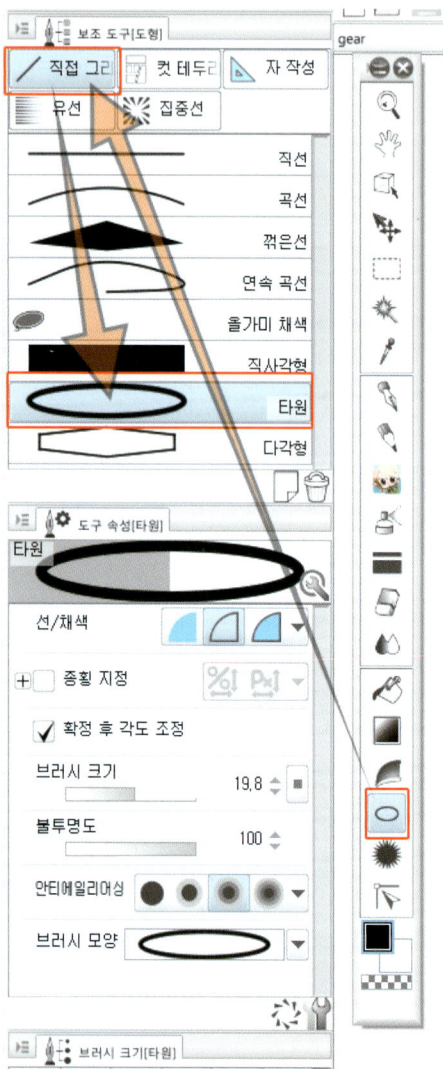

02 툴을 선택하면, 아래와 같은 도구 속성 내용이 등장합니다. 이 중 브러시 모양 탭을 클릭합니다. 다양한 브러시를 선택할 수 있으며, 우리가 만든 톱니바퀴 브러시도 있는 것을 확인할 수 있습니다. 톱니바퀴 브러시를 선택합니다.

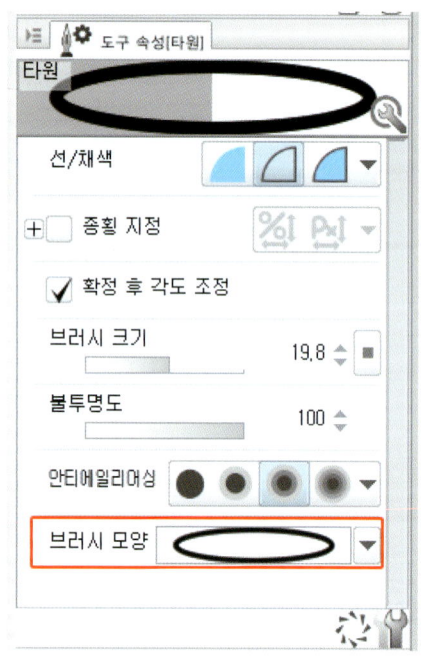

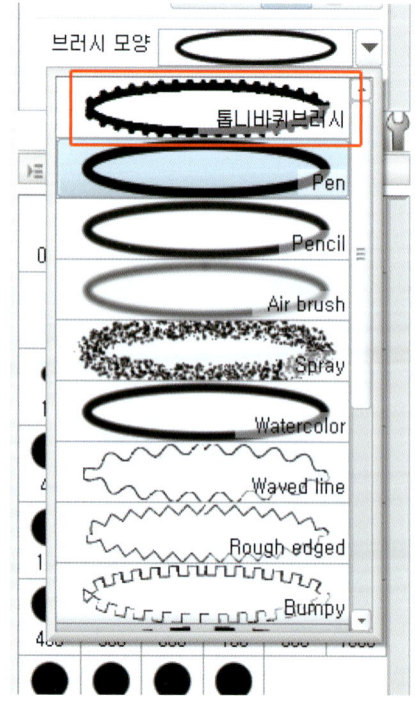

03 브러시 크기를 충분히 키운 뒤, 화면에 원을 그려봅시다. 깔끔한 톱니바퀴가 그려지는 것을 알 수 있습니다.

04 테두리를 넣어봅시다. 레이어속성에서 경계 효과를 선택합니다. 적절한 굵기와 색으로 조정해주면, 톱니바퀴에 외곽선이 생깁니다.

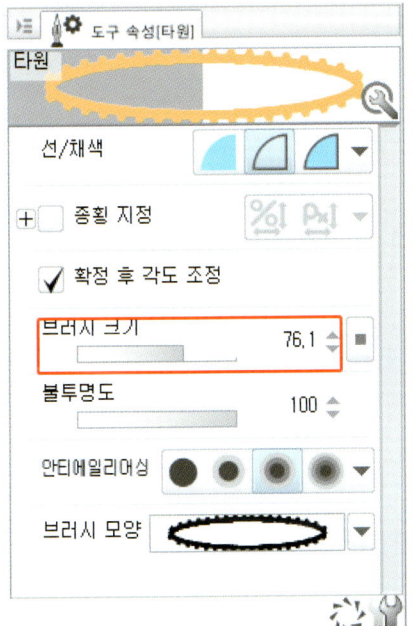

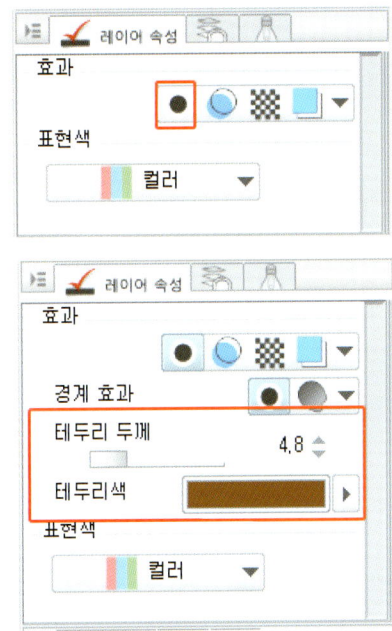

05 에어브러시의 하이라이트 툴을 이용해서 살짝 문질러주면 이미지가 밝아지며 금속 느낌을 낼 수 있습니다. 아래는 브러시 굵기와 원 크기, 색깔을 다르게 하며, 다양하게 그려본 모습입니다.

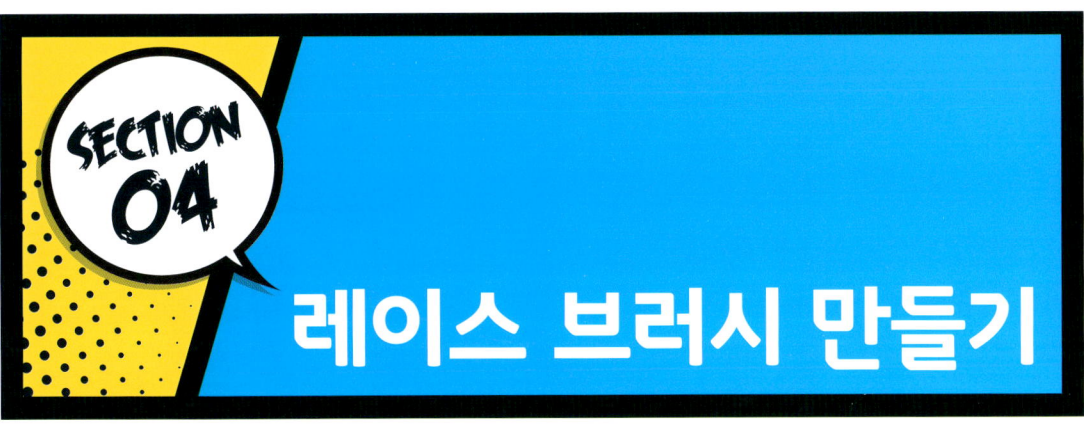

레이스 브러시 만들기

일러스트 작업을 하다 보면, 레이스가 달린 옷을 만들 때가 종종 있습니다. 이때, 적절한 레이스 브러시를 사용하게 되면, 손쉽게 고퀄리티의 레이스 옷을 만들 수 있습니다. 클립스튜디오에는 기본으로 제공하는 다양한 레이스가 있습니다. 하지만, 나에게 필요한 브러시는 의외로 없어보이기도 합니다. 이번 시간에는 자툴과 브러시 기능을 이용해 나만의 레이스를 만들고 응용해보도록 하겠습니다.

· 레이스 패턴 만들기

01 브러시의 크기가 너무 커지지 않도록, 크기 600px×600px 정도로 설정해서 새 창을 엽니다.

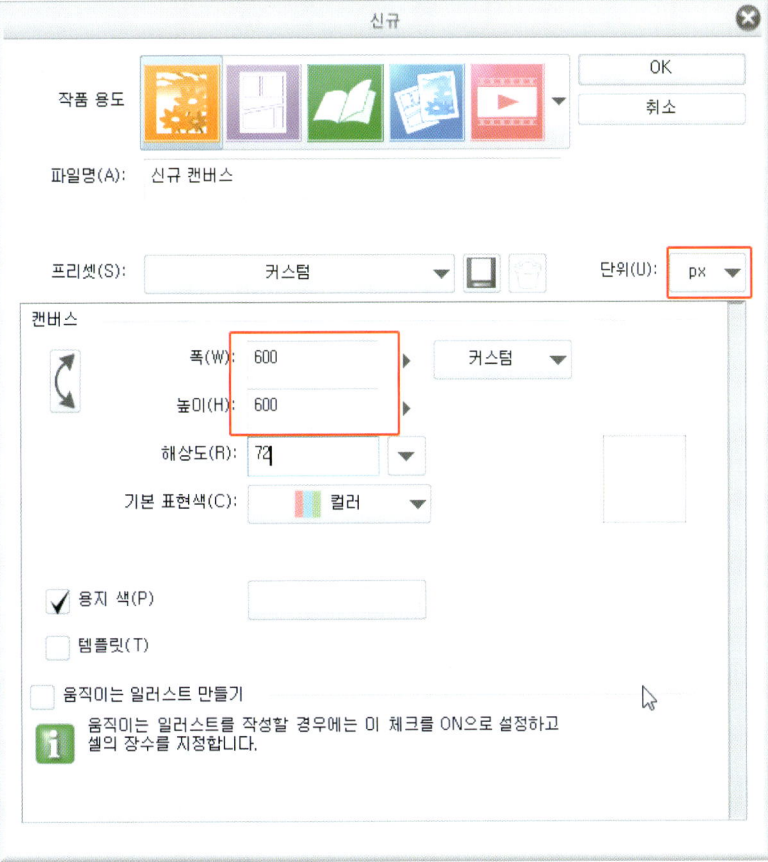

02 레이스는 반복되는 패턴이 매력입니다. 반복되는 패턴을 만들기 위해 도형 → 자 작성 툴 중 대칭자 를 선택합니다. 이 툴은 반복되는 패턴을 손쉽게 만들어주는 툴로, 다방면으로 사용하기 좋은 툴입니다.

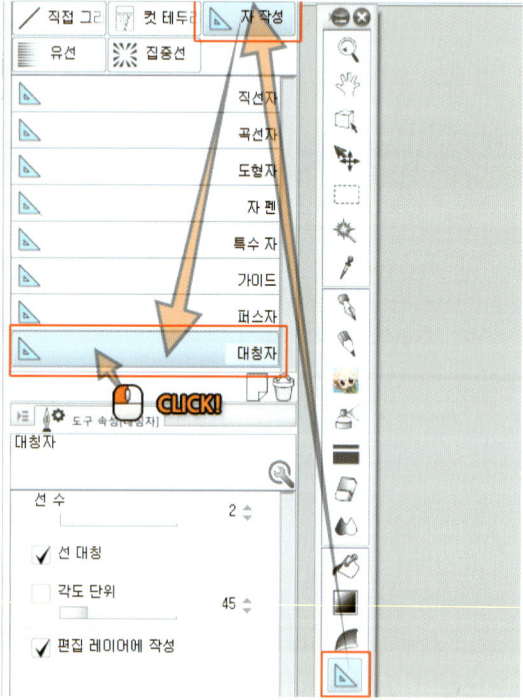

03 도구 속성 팔레트는 아래와 같이 설정합니다.

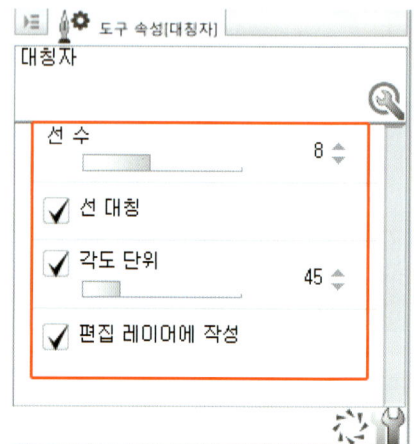

선 수 : 몇 분할할지 설정합니다. 8로 설정하세요.

선 대칭 : 그릴 때 대칭으로 그릴지 한쪽 방향으로 반복할지 설정합니다. 체크하세요.

각도 단위 : 자를 그릴 때 45'각도로 고정할지를 설정합니다. 체크하세요.

편집 레이어에 작성 : 현재 편집중인 창에 자를 배치할지를 설정합니다. 체크하세요.

04 화면 중앙쯤을 적당히 클릭합니다. 8개의 선이 생깁니다.

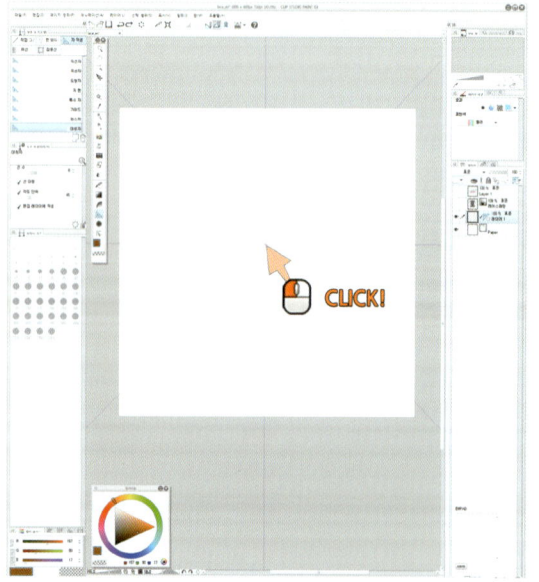

05 펜 툴로 화면에 그림을 그려봅시다. 8면에 동시에 그려짐을 알 수 있습니다.

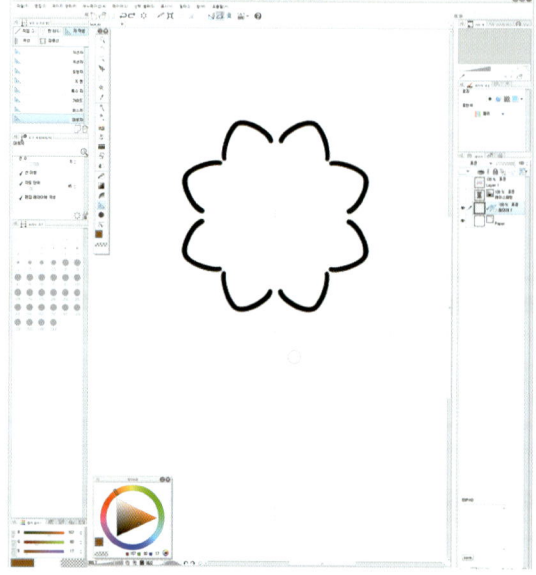

06 펜 툴과 브러시, 도형 툴 등을 이용해 원하는 패턴을 그려봅시다. 사진 등을 참고해서 그리면 더욱 그럴듯한 레이스 무늬를 만들 수 있습니다.

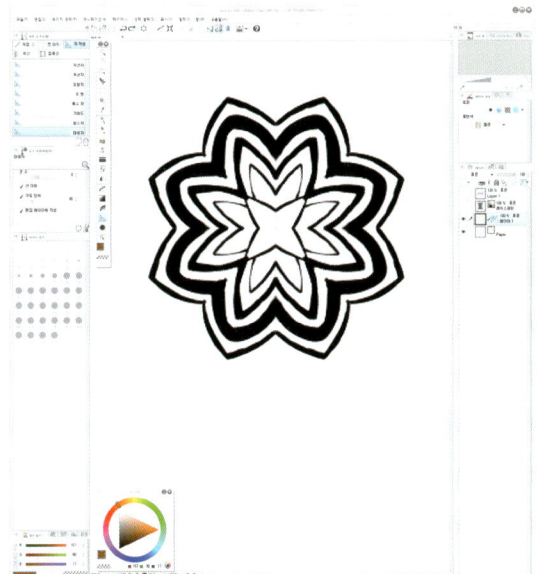

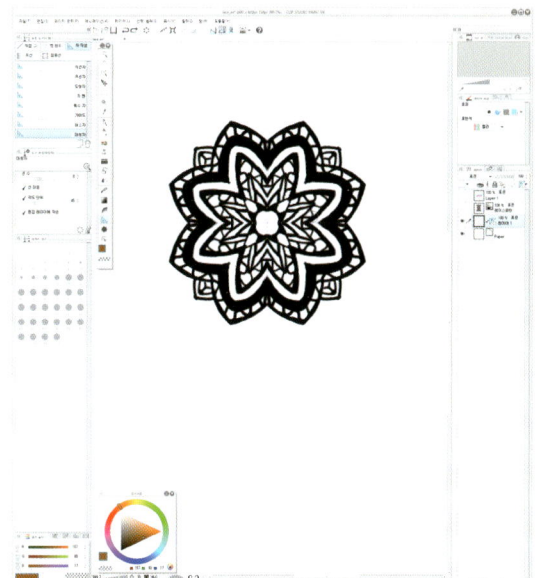

어느 정도 모양이 되었습니다. 하지만 레이스의 테두리 부분이 함께 있으면 더욱 예쁠 것 같군요.

07 레이어 탭에서 ▢를 눌러 새 레이어를 만들고 이름을 '테두리'로 변경합니다. 이 레이어에서는 앞서 그린 자 선이 적용되지 않습니다. 도형 → 직접 그리기 → 직선을 선택해서 직선을 2개 그려줍니다.

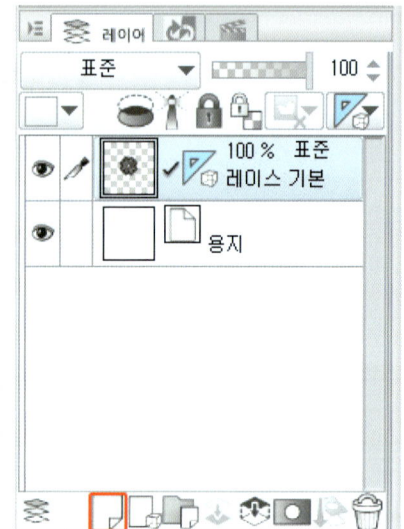
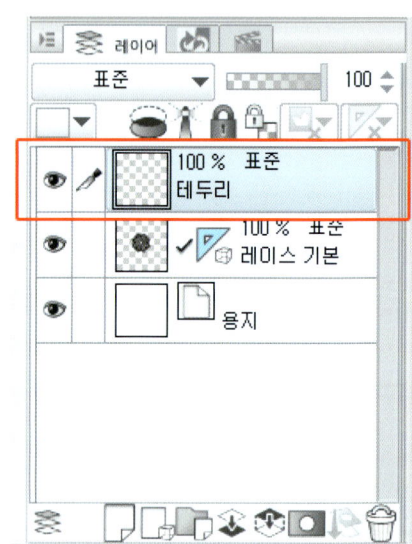
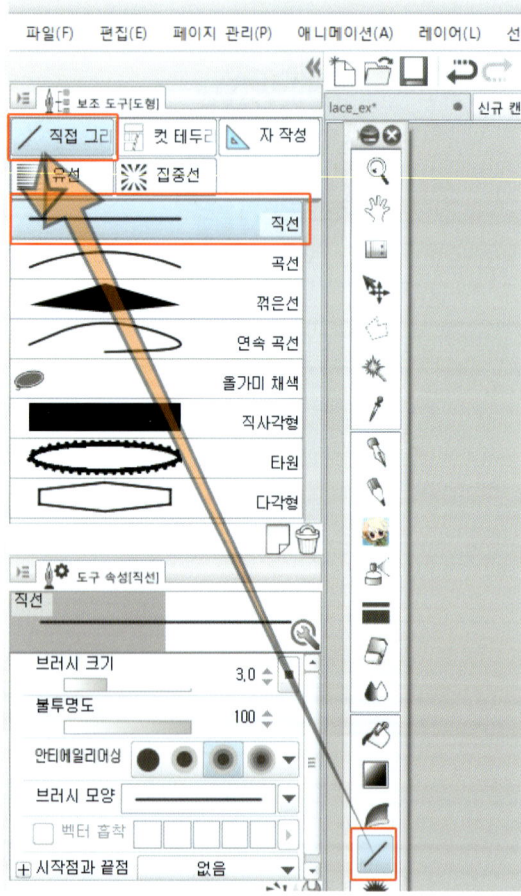

08 다시 대칭자를 선택한 다음, 선 수 를 2로 설정하고, 레이스 무늬 중앙에 배치합니다.

09 이제 중앙선 양쪽으로 동시에 그릴 수 있습니다. 양쪽 선 안쪽에 레이스 문양을 적절히 그려 줍니다.

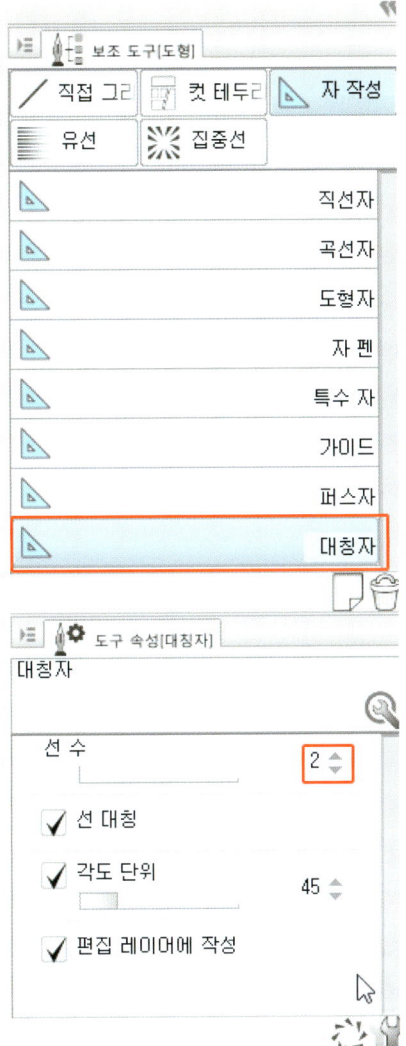

10 레이어 이동 툴을 선택한 뒤, 테두리 레이어를 SHIFT +드래그로 복사해서 위로 배치해줍니다.

[11] 만든 레이어들을 레이어 탭에서 선택한 다음 마우스 우클릭 → 선택 중인 레이어 결합 을 선택해서 합쳐줍니다.

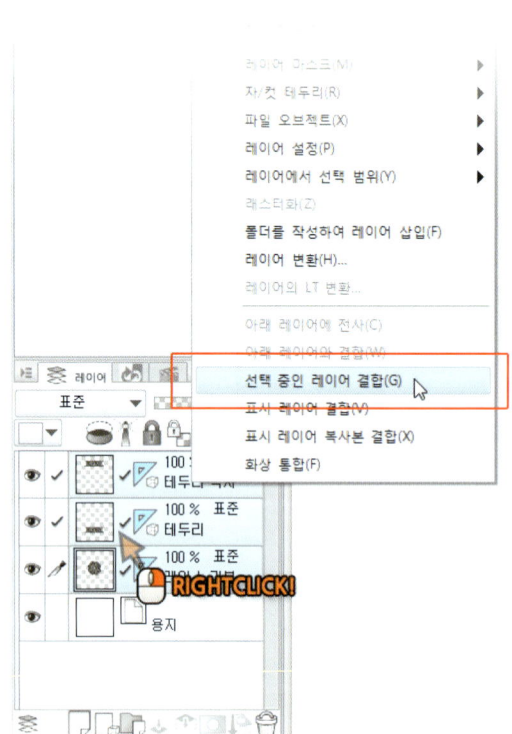

[12] 적절한 브러시 패턴이 완성되었습니다. 레이어 이름을 '레이스패턴'으로 바꿉니다.

이어서, 레이스 브러시를 만들어보도록 하겠습니다.

[13] 브러시 색을 바꿀 수 있도록 레이어 도구 속성 창에서 표현색을 그레이로 설정한 뒤, 자 아이콘을 마우스 우클릭 → 자 삭제를 선택해서 자선을 지웁니다.

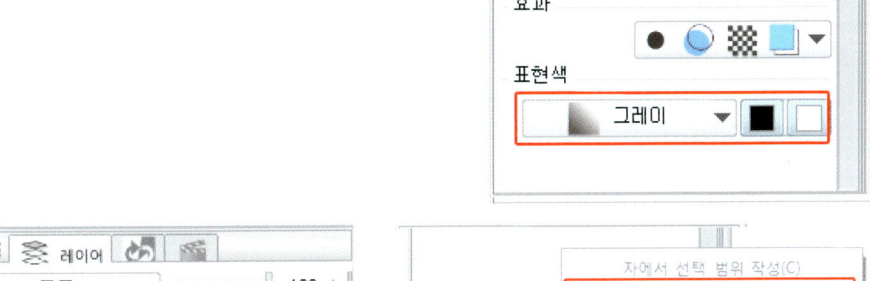

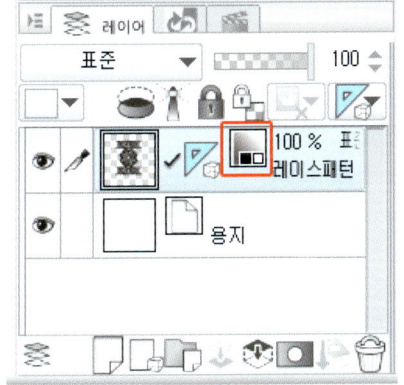

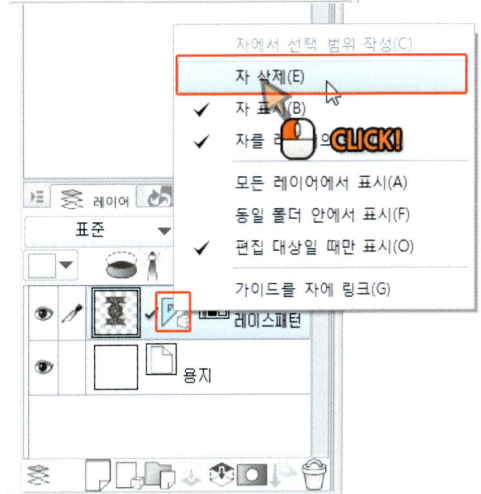

[14] 직사각형 선택 툴로 반복될 부분을 아래처럼 선택한 다음 편집 → 화상을 소재로 등록 을 선택해 소재로 만듭니다.

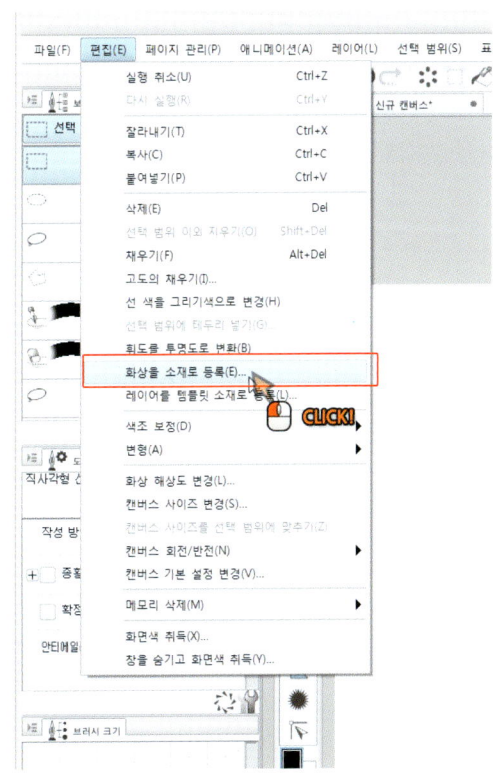

15 브러시 설정 창이 뜹니다. 브러시 끝 모양으로 사용을 체크해서 브러시 팁으로 설정합니다. 소재 폴더는 적당히 설정하세요.

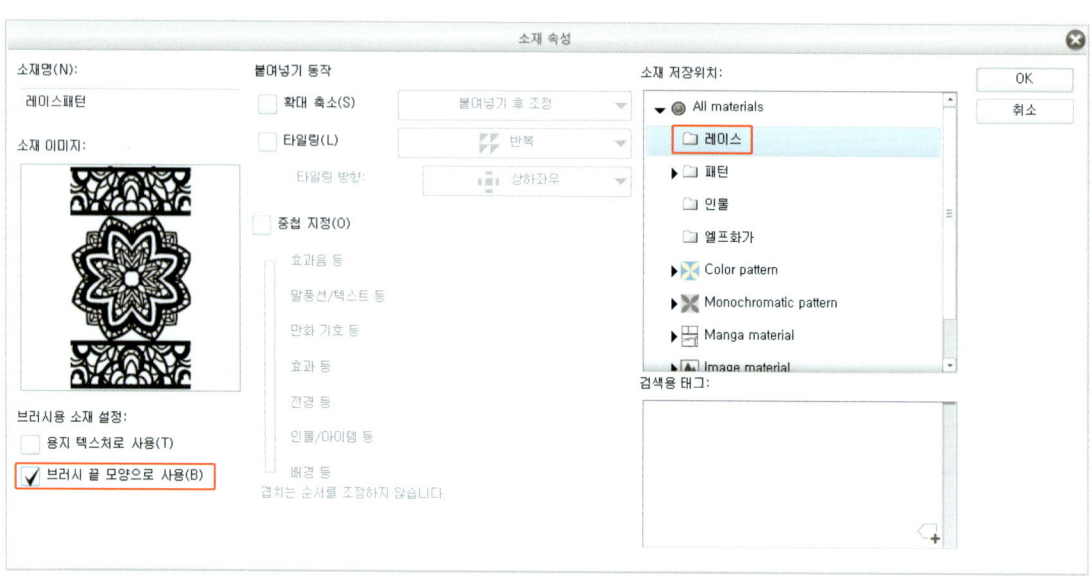

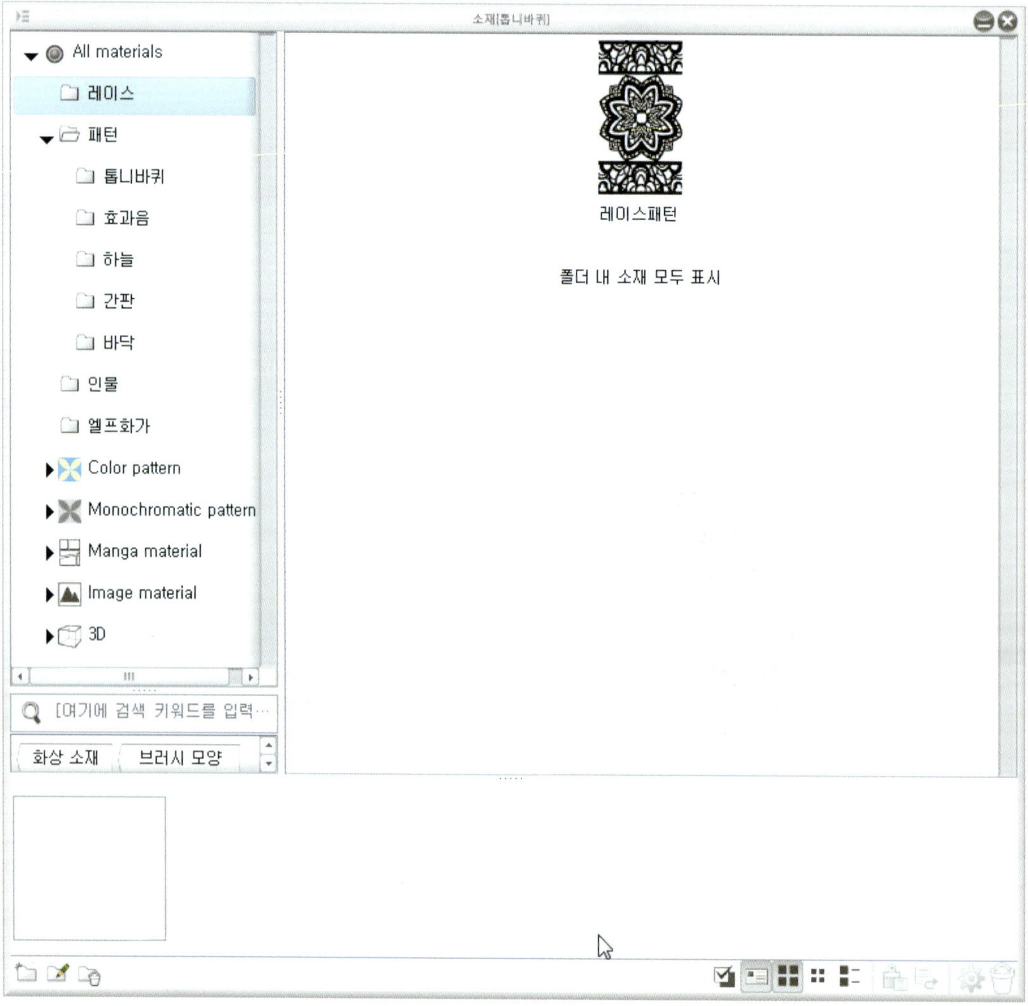

| 16 | 참고할 브러시를 선택합니다. 다행히, 레이스 브러시가 있으니 이걸 수정해보도록 합시다. 데코레이션 툴에서 의상 → 레이스 리본을 선택합니다.

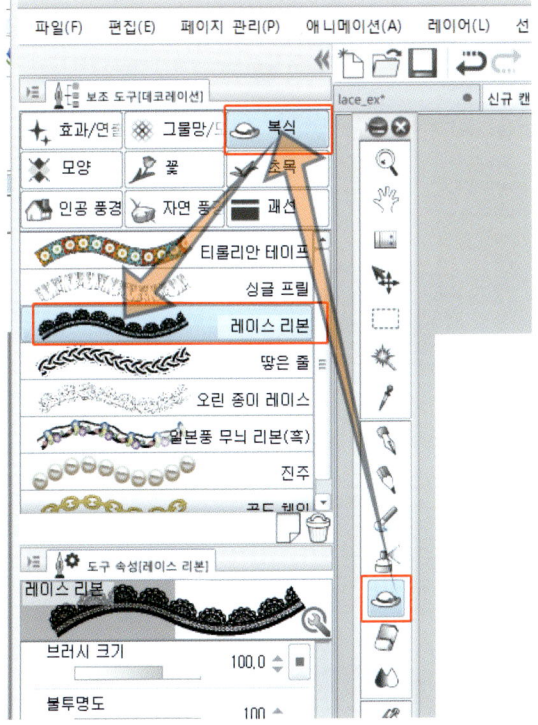

| 17 | 아이콘을 클릭해 새 브러시로 복제합니다. 이름은 '레이스 브러시'정도로 설정한 뒤 OK 버튼을 눌러 등록합니다.

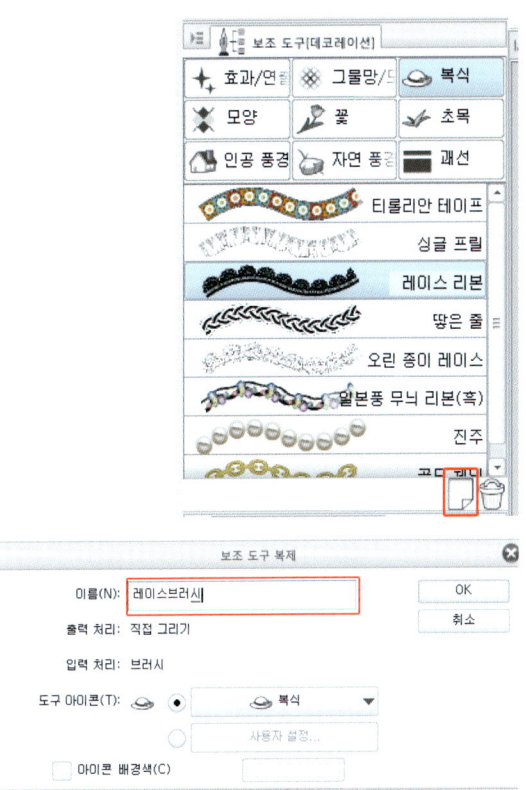

| 18 | 브러시가 복제되었으면, 보조 도구 상세 버튼을 눌러 디테일팔레트를 엽니다.

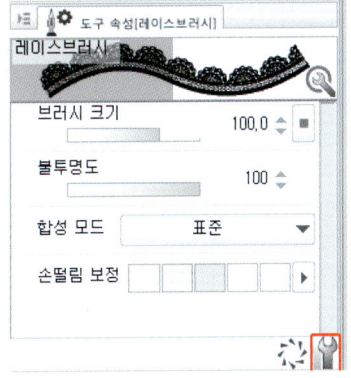

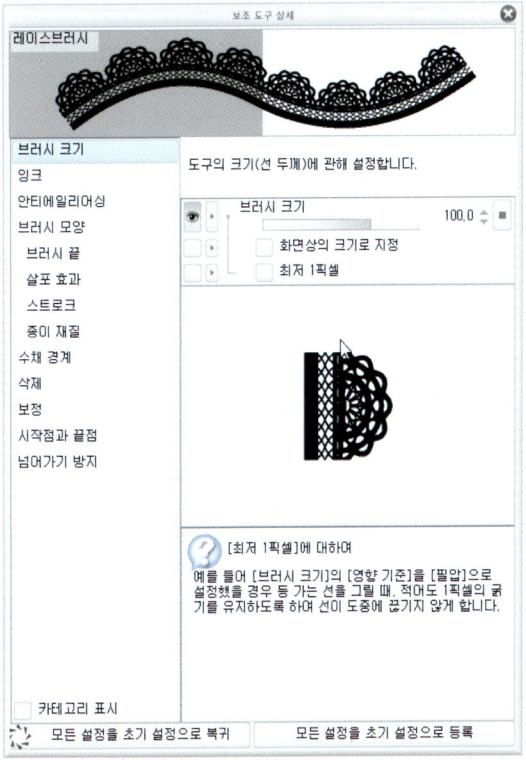

| 19 | 브러시 끝 항목으로 가서 브러시를 앞서 만든 '레이스패턴' 소재로 교체합니다.

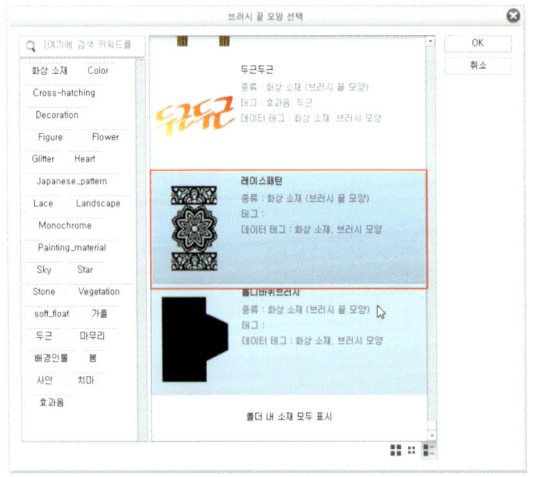

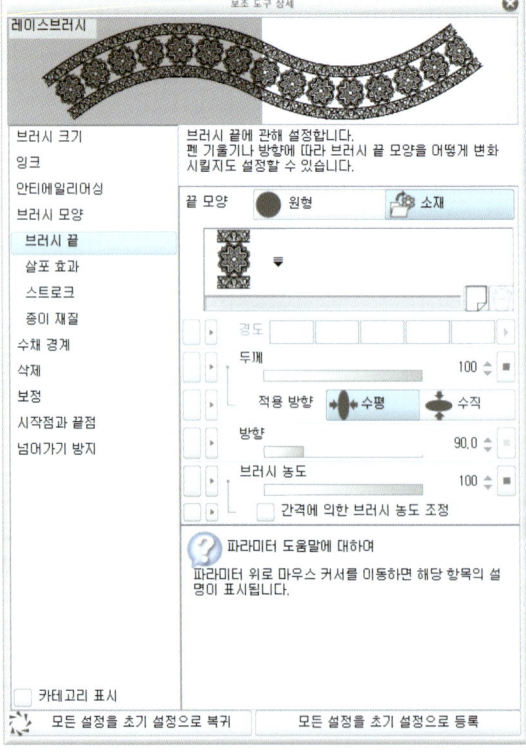

적절히 수정되었습니다. 테스트해보고 마무리합니다.

· 사용해보기

원하는 장면에 적절히 사용해봅시다.
이처럼 브러시 기능을 이용하면, 다양한 레이스와 문양을 만들 수 있습니다. 다양한 레이스나 문양등을 만들어보시기 바랍니다.

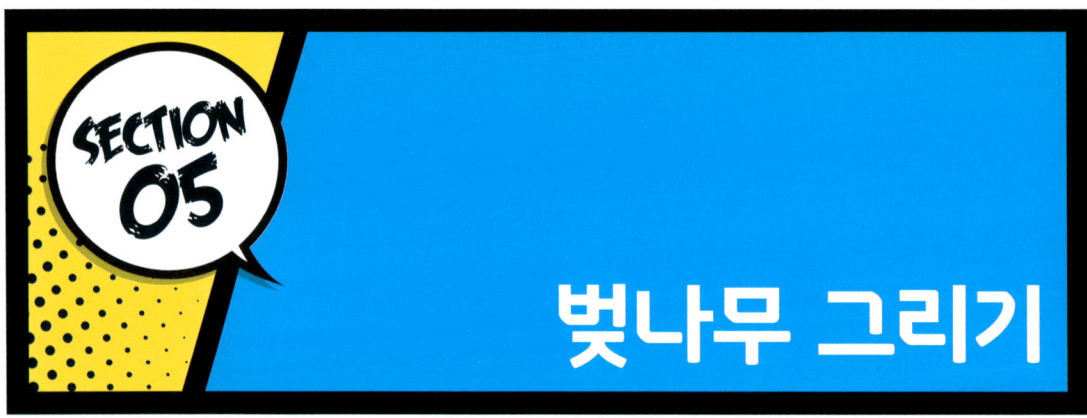

벚나무 그리기

이번 시간에는 패턴 브러시를 이용해 벚나무를 그려보도록 하겠습니다. 패턴 브러시를 사용하면 나무나 풀 등을 아주 빠르고 쉽게 그릴 수 있습니다. 특히 여러 개의 브러시 끝을 이용할 수 있는 점은 참 멋지죠.
벚나무에는 꽃부분과 가지부분 2종류의 브러시가 필요합니다. 각각 살짝 사용방법이 다르므로, 잘 따라오세요.

· 벚꽃 브러시 만들기

우선 화사한 벚꽃 브러시를 만들어봅시다.

01 새 레이어를 열고, 이름을 '벚꽃'으로 설정합니다. 색깔을 바꿀 수 있도록 레이어 속성에서 그레이로 속성을 변경하세요

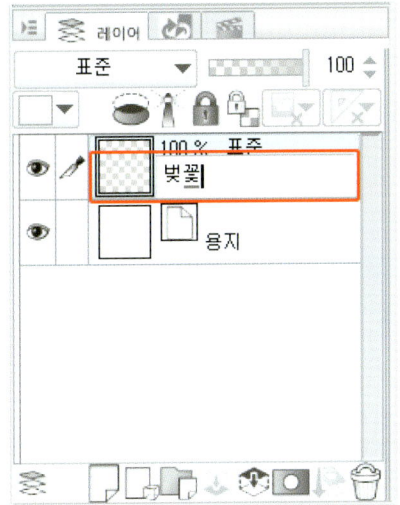
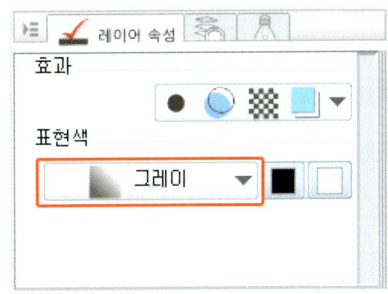

02 벚꽃 사진을 참고해서 아래와 같이 그려줍니다. 각도나 느낌 따라 3~6종 정도를 만들어두시면 좋습니다. 꽃잎은 흰색, 꽃술은 검은색에 가깝게 그려주세요.

03 이제 각 꽃들을 소재로 만들어야 할 차례입니다. 직사각형 선택 툴로 꽃 하나를 선택한 뒤, 편집 → 화상을 소재로 등록 을 선택해 소재로 바꿉니다. 이름은 각각 벚꽃 1, 2, 3…으로 설정합니다. 브러시 속성을 체크해서 브러시 끝으로 쓸 수 있도록 만들어줍니다. 폴더는 적당히 만들어두세요. 저는 '꽃잎' 폴더를 따로 만들었습니다.

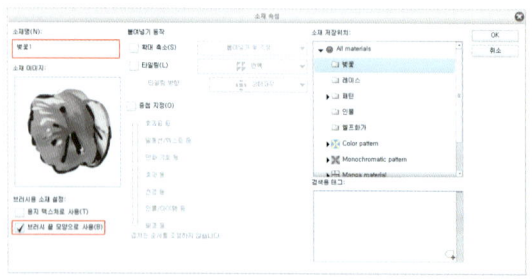

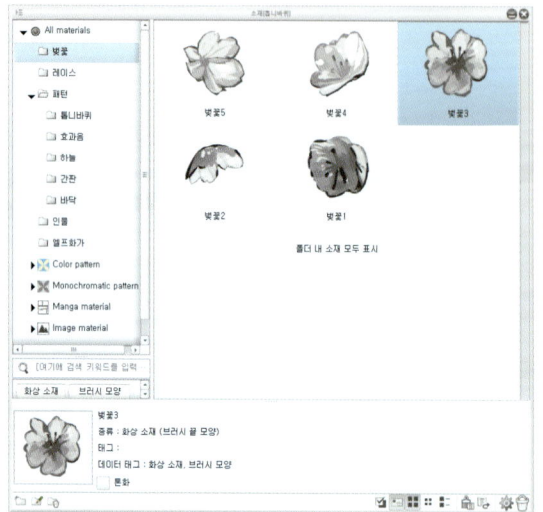

| 04 | 이제 새 브러시를 만들 차례입니다. 앞서 톱니바퀴 때처럼, 비슷한 브러시를 찾아 수정해보도록 합시다. 초목 탭에서 실루엣 단풍 브러시를 찾아 선택합니다.

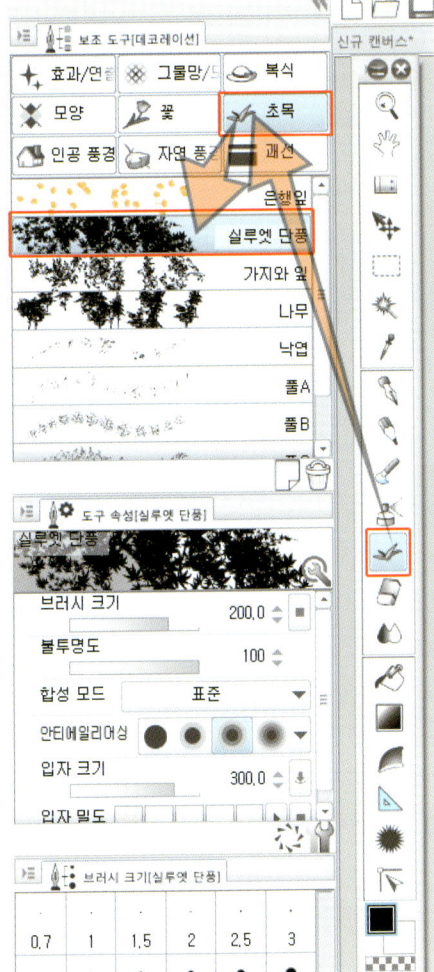

| 05 | 아이콘을 클릭해 새 브러시를 생성합니다. 이름은 벚꽃브러시라고 설정합니다.

06 속성 도구 창에서 버튼을 눌러 보조 도구 상세 창을 엽니다.

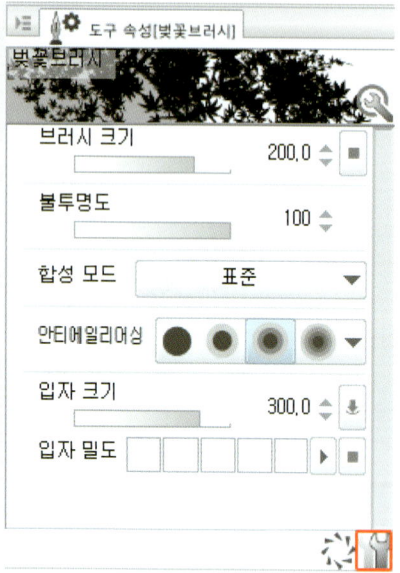

07 브러시 끝 항목으로 갑니다. 팁이 3개가 등록되어 있는 것을 알 수 있습니다. 이처럼 여러 개의 브러시를 동시에 사용하는 것은 클립스튜디오만의 장점입니다.

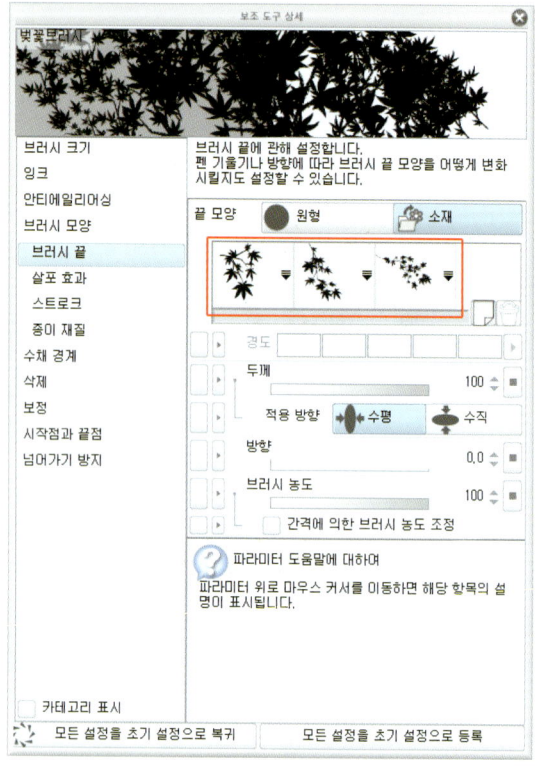

08 삼각형 모양 아이콘을 눌러, 브러시 선택창을 연 다음 벚꽃1 브러시로 교체합니다. 이때, 왼쪽 위에 있는 검색창과 태그를 사용하시면 좀 더 빠르게 원하는 것을 찾을 수 있습니다.

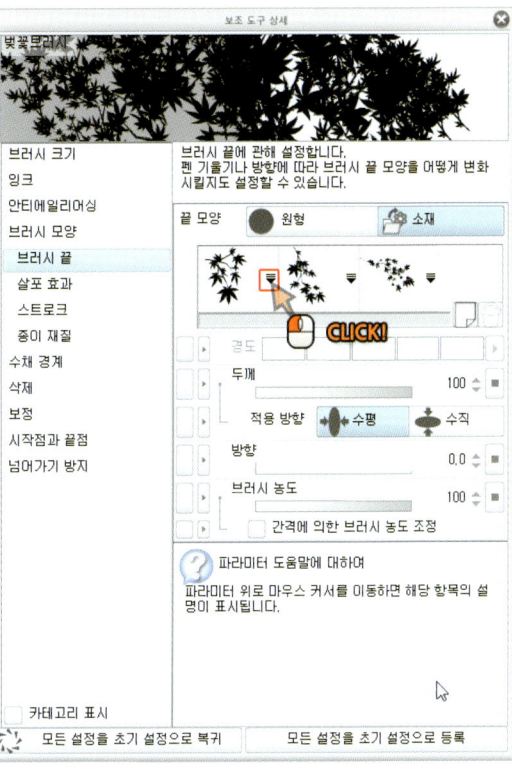

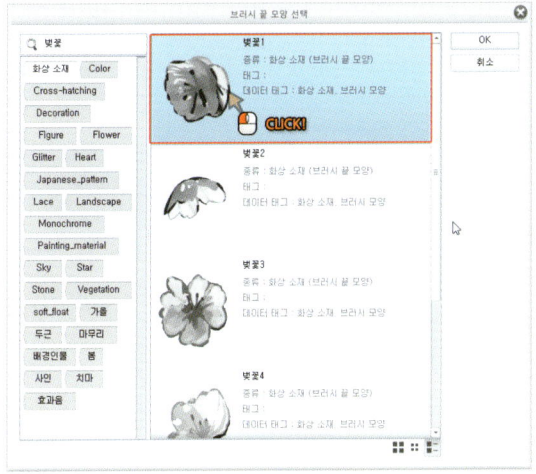

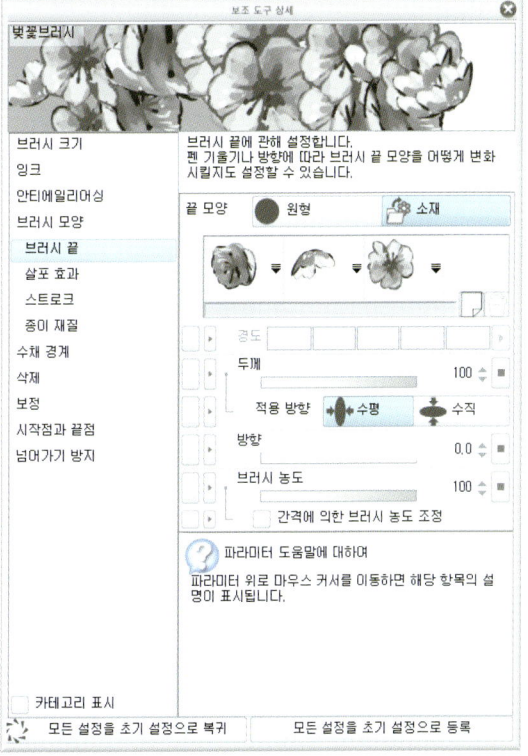

09 벚꽃은 5개를 만들었는데, 칸이 3개밖에 없군요. 이때 버튼을 누르면, 브러시 끝을 추가로 등록할 수 있습니다. 버튼을 누르면 역시 선택창이 뜹니다. 남은 벚꽃 브러시 끝을 등록합니다.

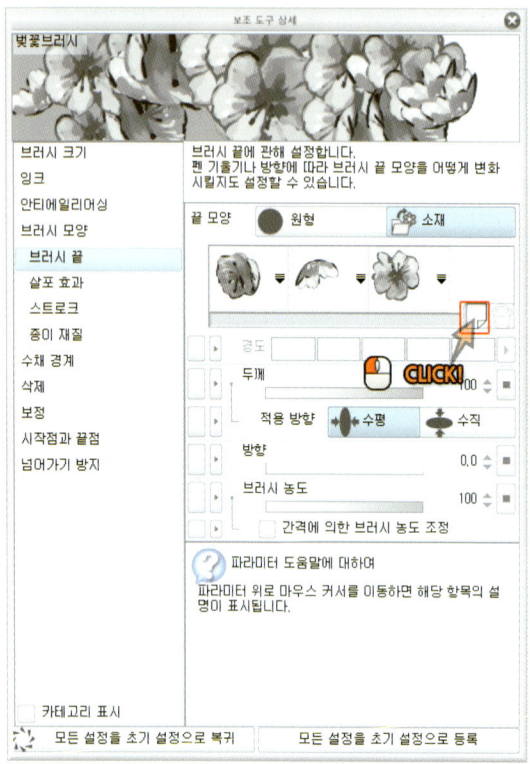

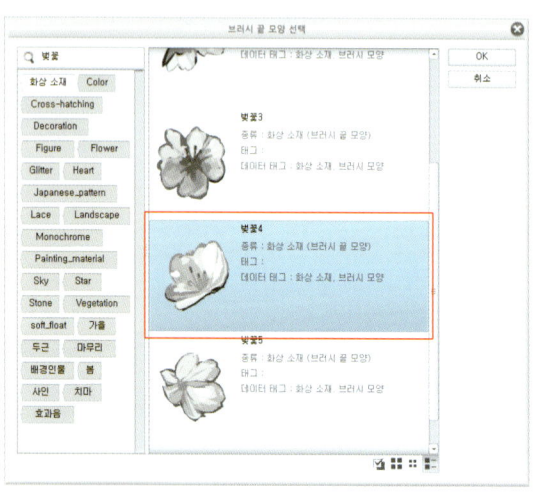

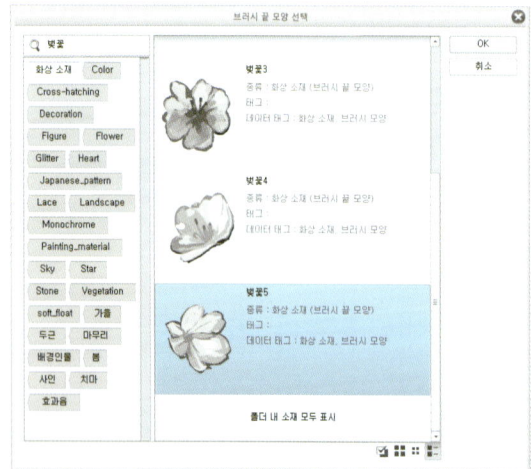

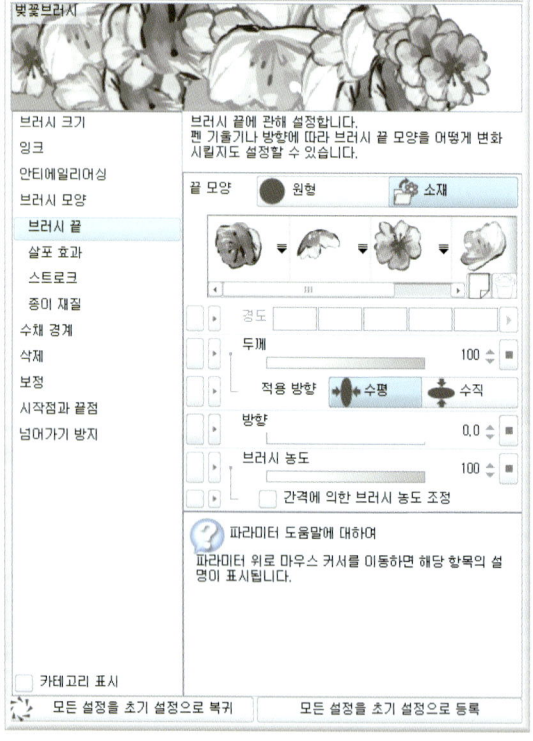

10 벚꽃 브러시 모양들이 등록되었습니다. 새 레이어를 하나 만들어서 테스트해봅시다. 이전 벚꽃 레이어는 눈을 꺼두는 게 좋습니다. 아직 수정이 끝나지 않았으므로, 보조 도구 상세 팔레트는 끄지 마세요. 화면에 브러시를 그으면 꽃들이 풍성하게 나오는 걸 알 수 있습니다.

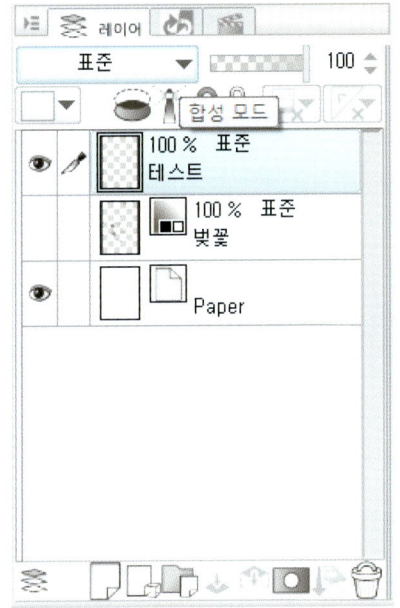
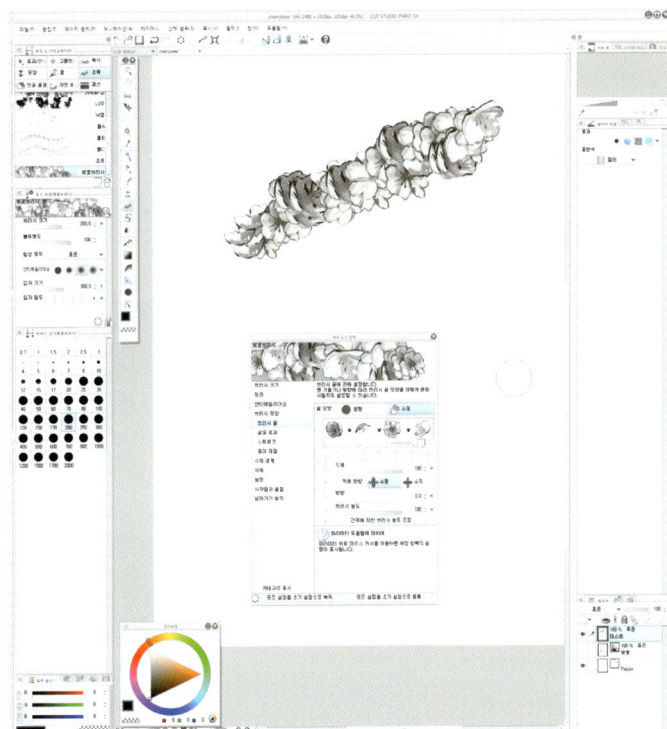

[11] 색이 회색이라 칙칙합니다. 화사한 벚꽃색깔로 변경해봅시다. 전경색과 배경색을 변경해보세요. 보조 도구 디테일 팔레트의 벚꽃색상도 함께 색상이 변합니다. 원하는 색으로 맞춰줍니다. 저는 아래처럼 맞추었습니다.

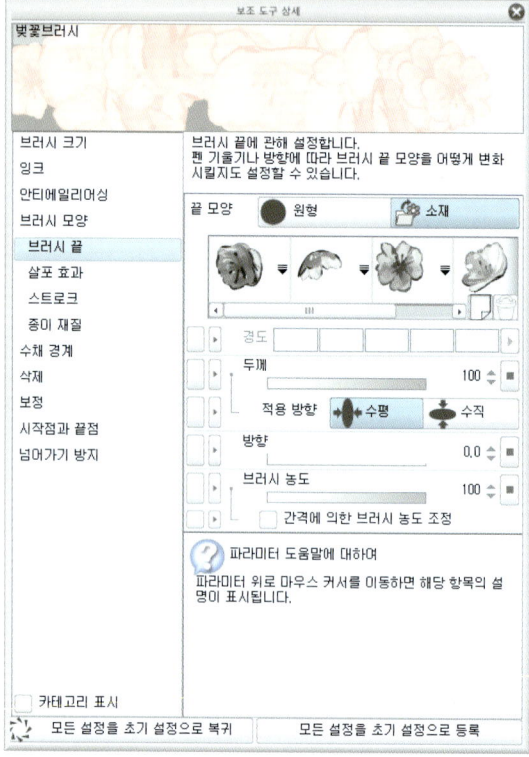

선택한 뒤, 다시 선을 그어보면 멋진 벚꽃 색상이 나오는 걸 확인할 수 있습니다.

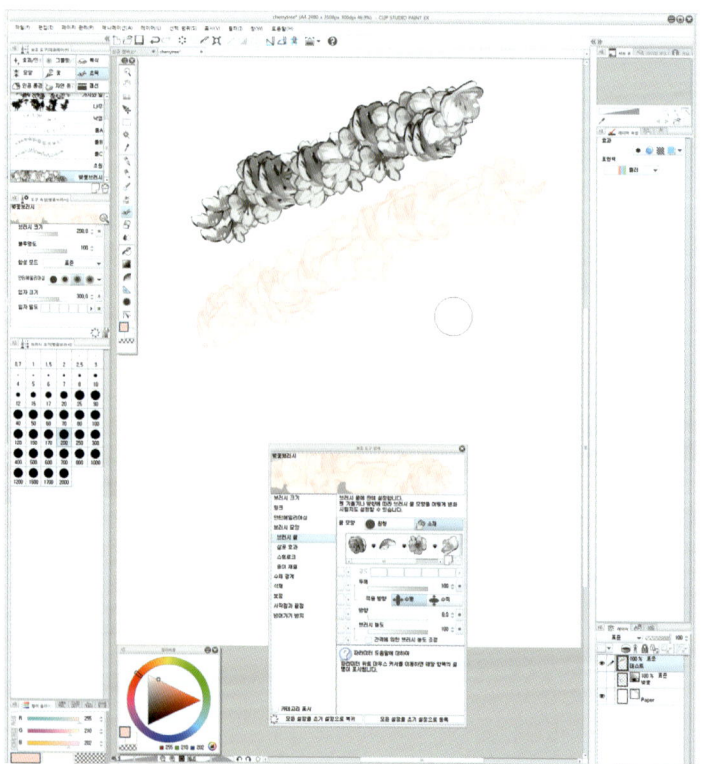

12 벚꽃의 뿌려지는 크기와 양은 살포효과에서 조정할 수 있습니다.

세팅 내용은 아래와 같습니다.

입자 크기 : 브러시의 사이즈를 결정합니다. 90~100 정도로 맞춰주면 적당합니다.

입자 밀도 : 파티클의 양을 결정합니다. 최소로 맞추시면 됩니다.

살포 편향 : 뿌려지는 범위를 결정합니다. 우측으로 갈수록 가운데에 모입니다. 가장 우측으로 맞춰주세요.

입자 방향 : 뿌려지는 입자의 방향을 설정합니다.

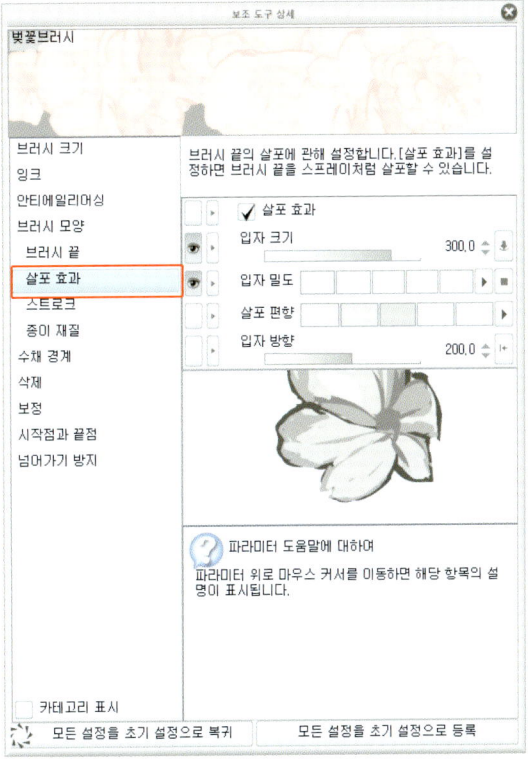

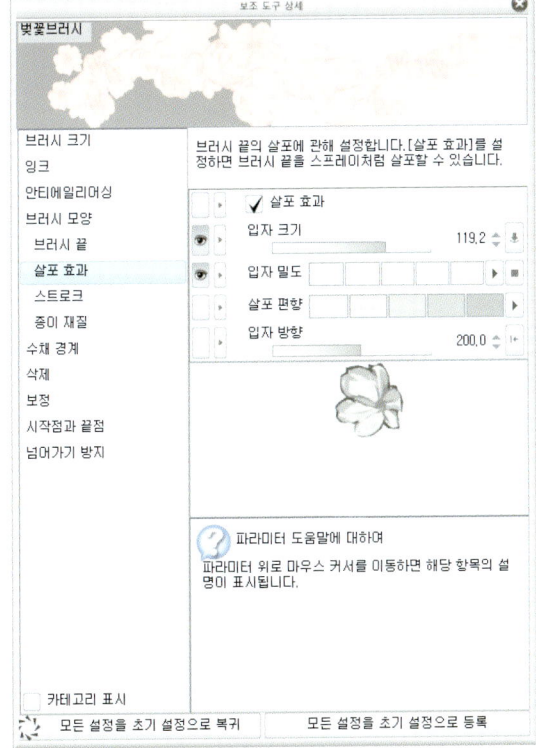

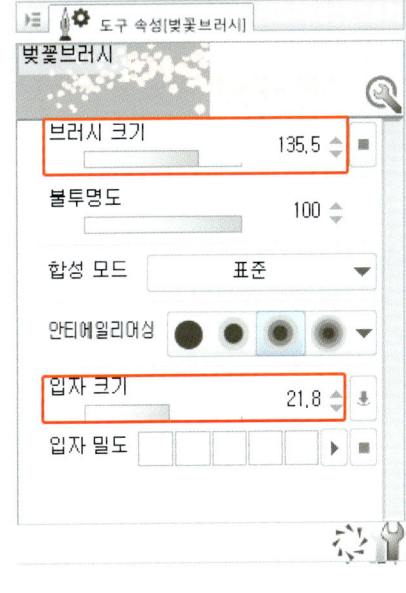

벚꽃 브러시가 완성되었습니다. 사용하실 때는 색 변경과 함께 도구 속성 창의 브러시 크기와 입자 크기 등을 조정해가면서 쓰시면 됩니다. 아래는 간단히 그려본 예제입니다. 색을 잘 조정하면 큰 덩어리와 디테일이 함께 살아나는 느낌으로 손쉽게 정리할 수 있습니다.

· 가지 브러시 만들기

이번에는 가지 브러시를 만들어봅시다.

01 새 레이어를 만든 다음, 이름을 '벚꽃가지'로 정합니다. 레이어 속성을 '그레이'로 설정해 역시 브러시의 색을 바꿀 수 있도록 미리 설정해둡니다.

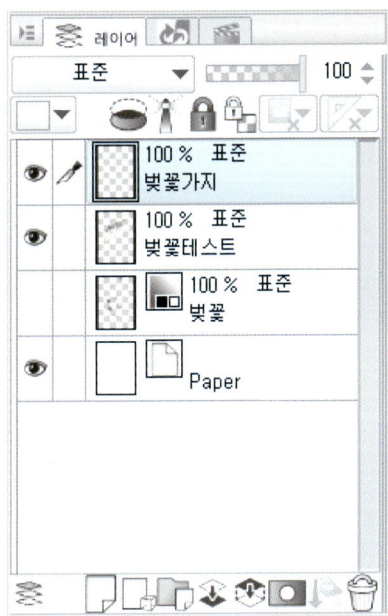
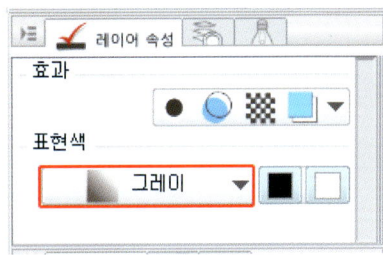

02 검은색을 선택한 다음, 세로로 긴 사각형을 만들어줍니다. 직사각형 툴로 사각형을 그린 다음, 채우기 툴로 채워줍니다.

03 펜 툴 등을 이용하여, 측면에 약간의 돌기를 만들어줍니다. 나뭇가지의 느낌을 생각하며 그려주세요.

04 레이어 탭에서 아이콘을 클릭해서, 미리 투명 영역을 잠가둡니다. 이래야 이후 이어지는 작업에서 좀 더 편하게 작업할 수 있습니다.

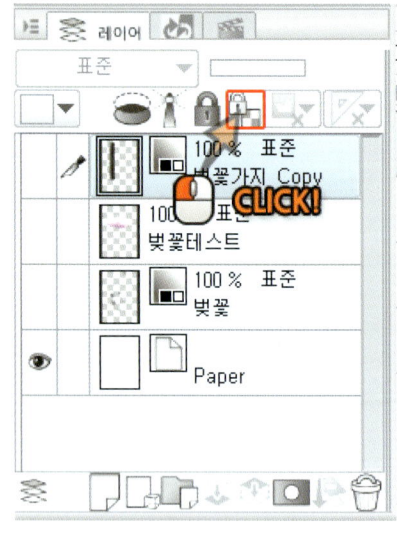

05 이제 펜 툴이나 브러시 툴 등을 이용해서 내부에 나뭇가지느낌을 그려봅시다. 일러스트나, 사진 등을 참고해서 적당히 좋은 느낌으로 터치해주세요.

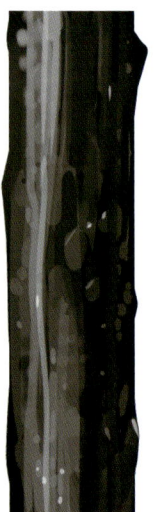

06 어느 정도 완성이 되었습니다. 이대로 브러시로 만들어도 되지만, 그러면 끝부분이 어긋나는 문제가 있습니다. 레이어 이동 툴을 선택한 다음, CTRL 를 누른채 아래로 드래그해서 '벚꽃가지' 레이어를 복사합니다. 다시 CTRL + T 를 눌러 변형 모드로 바꾼 다음, 아이콘을 클릭해 뒤집고, 위쪽 가지와 연결시켜줍니다. 끝으로, 앞서 두 개의 레이어를 모두 선택한 다음, 마우스 우클릭 → 선택 중인 레이어 결합 을 선택해서 벚꽃가지 레이어와 복사한 레이어를 합쳐줍니다. 이러면, 브러시로 만들어도 끝부분이 자연스럽게 연결됩니다.

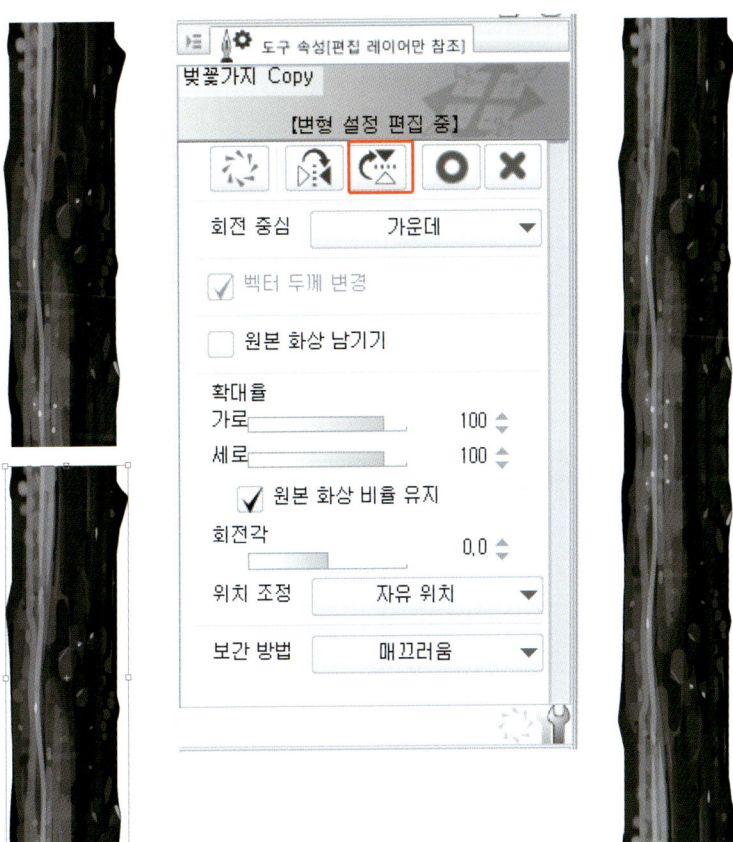

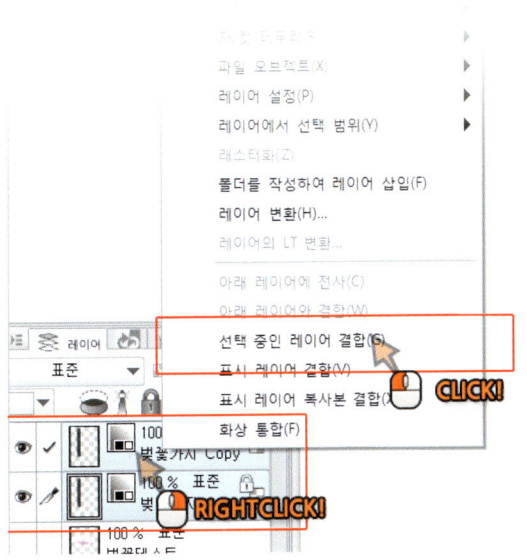

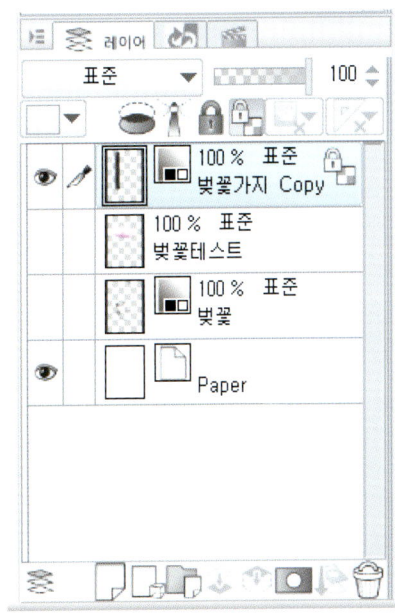

07 편집 → 화상을 소재로 등록 을 선택해 '벚꽃가지' 소재로 등록합니다. 이름과 저장 폴더를 선택합니다. 역시 브러시 항목을 체크해서 브러시로 만들어줍니다.

08 톱니바퀴 때와 비슷하게 데코레이션 브러시 중 괘선 → 요철 브러시를 선택한 뒤, 버튼을 눌러 복사합니다. 이름은 '벚꽃가지브러시' 로 설정하세요.

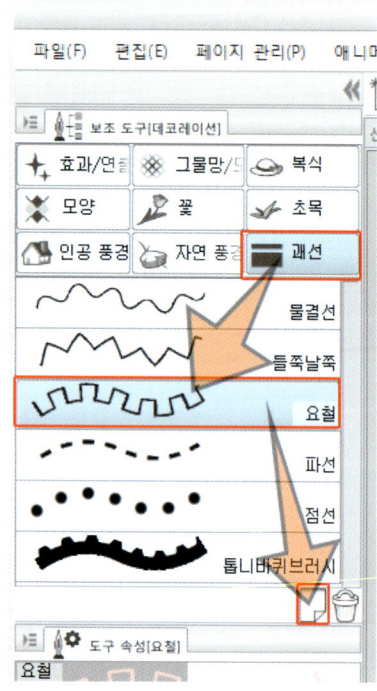

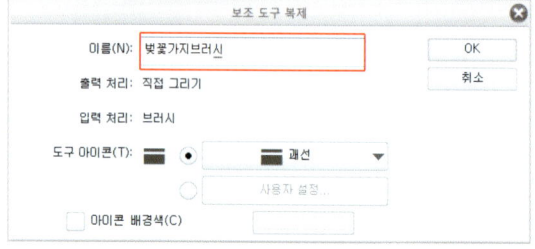

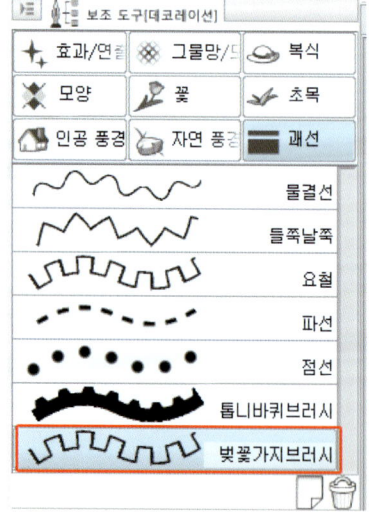

09 '벚꽃가지 브러시'를 선택한 다음, 도구 속성 창에서 🔧 을 눌러 보조 도구 상세 팔레트를 엽니다. 그리고 팁을 앞서 만든 벚꽃가지 브러시로 변경합니다.

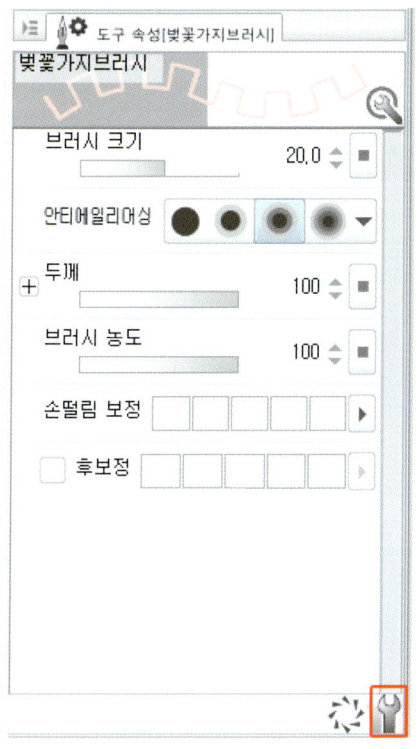
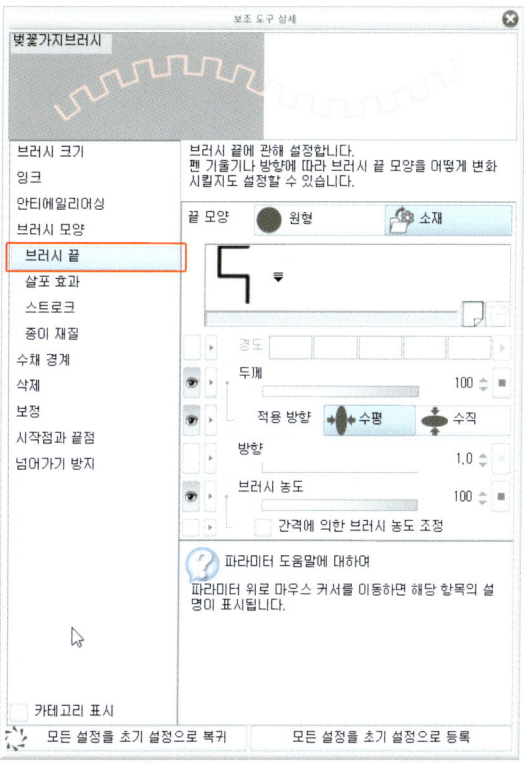

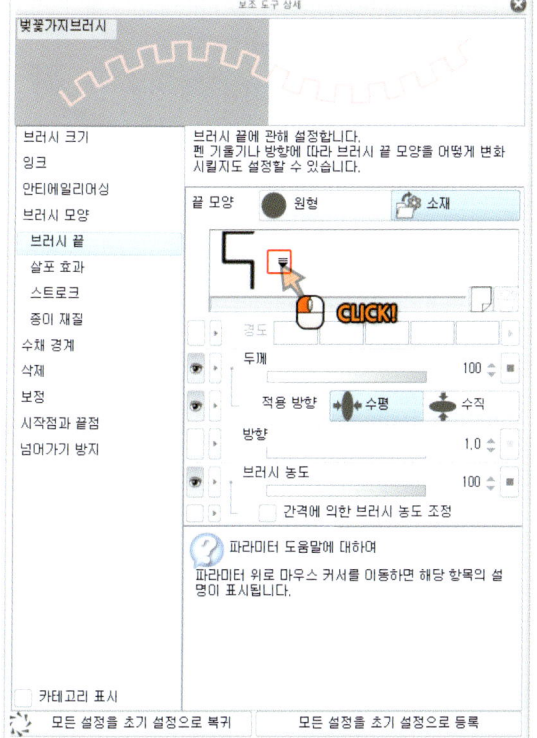
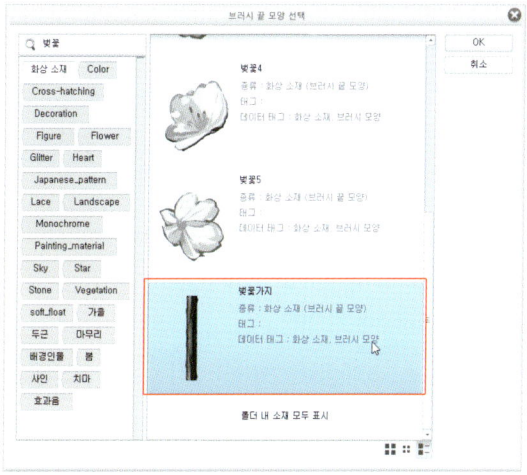

10 나뭇가지의 느낌으로 나온 것 같습니다. 하지만, 미리보기 창을 보니 굵기가 일정한 게 마음에 들지 않습니다. 나뭇가지라면, 좀 더 자연스러운 굵기가 되어야 할 것 같습니다.

브러시 크기로 간다음, 브러시 사이즈 수치 옆의 ▣ 파라메터 버튼을 눌러 파라메터 창을 엽니다. 펜 압력 속성을 체크해 압력에 반응하게 조정합니다.

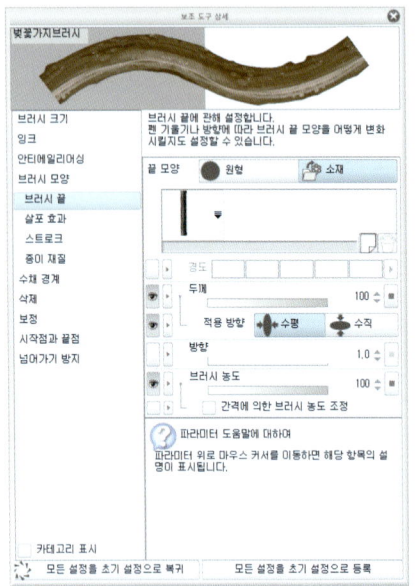 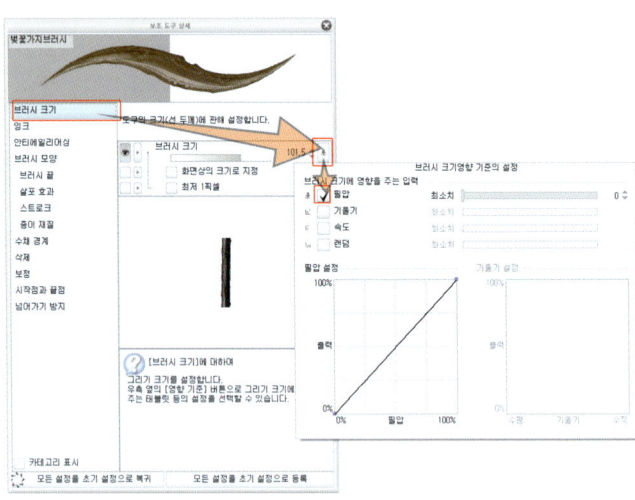

11 어느 정도 브러시 모양이 나온 것 같습니다. 새 레이어를 만들어 테스트해봅니다. 그럴듯한 나뭇가지 브러시가 완성되었습니다.

· 벚나무 그리기

끝으로 이 브러시를 이용해 직접 벚나무를 그려보도록 하겠습니다. 과정 위주로 설명하도록 하겠습니다.

01 전경과 배경을 적당한 나무색으로 설정하고 '벚꽃가지'브러시를 이용해 나무를 그려줍니다. 특유의 구불구불한 느낌을 잘 살려서 그려주세요.

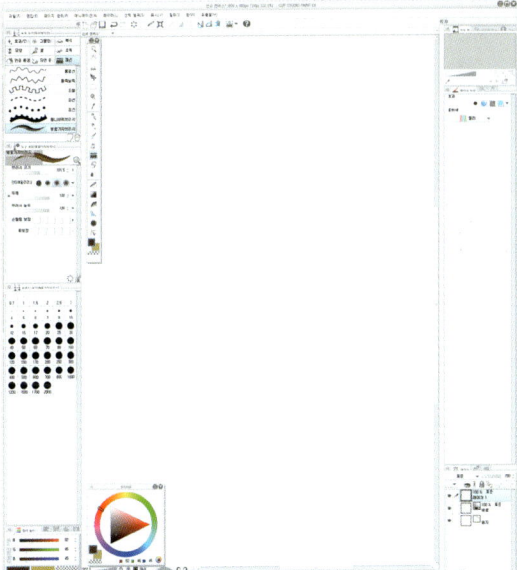
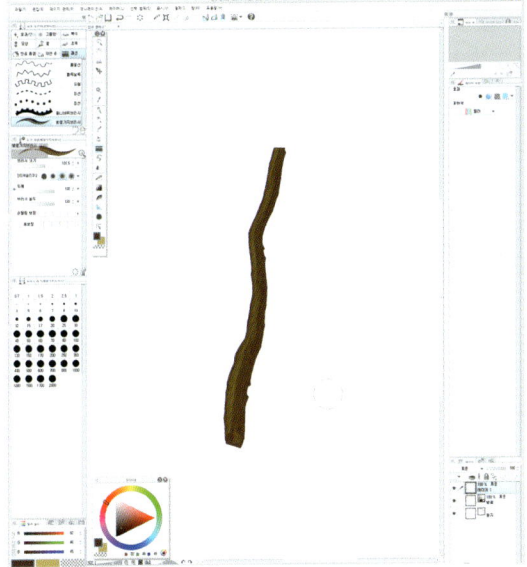

어느 정도 완성되면 새 레이어를 만들고 벚꽃 브러시를 이용해 벚꽃을 만들어줍니다. 색깔을 바꿔가면서 그려줍니다.

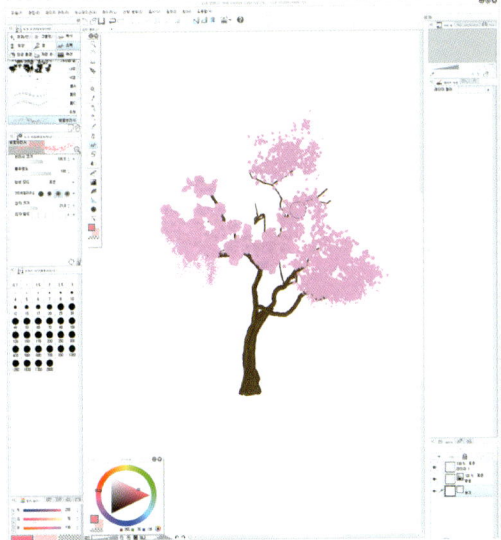

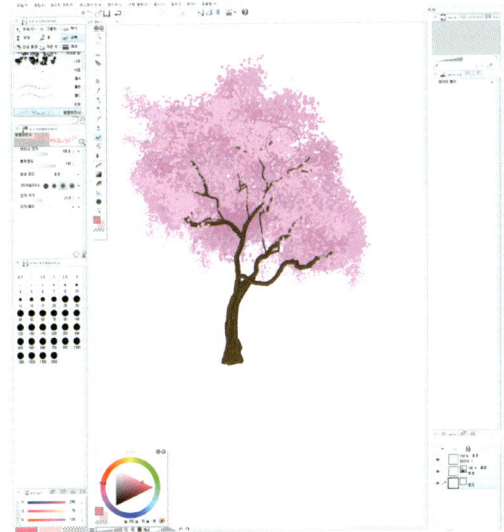

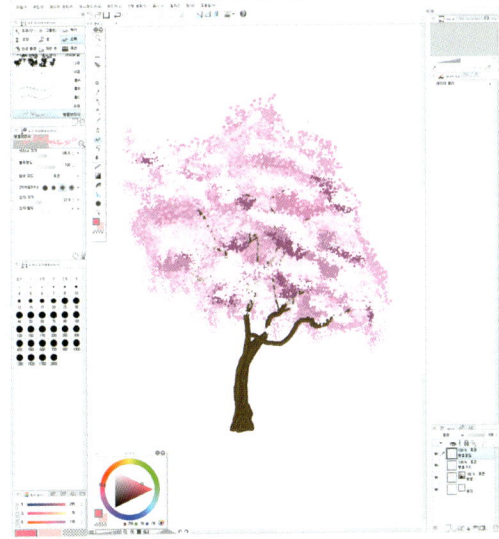

| 03 | 나무가 완성이 되면, 레이어를 모두 합쳐줍니다. 펜 툴 등으로 부족한 부분을 리터칭해줍니다. 곱하기 레이어를 하나 만든 뒤 클리핑 이미지로 만듭니다. 벚꽃색으로 아래쪽에 크게 터치를 해서 명암을 잡아줍니다. 다시 발광닷지 레이어를 만든 다음, 빛 부분도 추가해주고 마무리합니다.

이것으로 멋진 벚나무가 완성되었습니다. 클립스튜디오의 강력한 브러시 기능을 적절히 이용하면, 이처럼 빠르고 편하게 배경오브젝트를 만들 수 있습니다. 만든 벚나무는 클립스튜디오의 소재로 만들어 재사용하거나, 스케치업 등으로 가져가서 사용할 수 있어 그 응용방법은 무궁무진합니다.

SECTION 06
화염이펙트 그리기

이번 시간에는 화염브러시 2종과 이를 이용한 화염이펙트를 만들어볼 예정입니다. 한번 만들어두면, 다양한 폭파장면을 몇 번의 브러시 작업으로 만들 수 있어 편리합니다.

· 화염브러시 만들기

화염브러시를 만들어보도록 하겠습니다.

01 새 레이어를 만들고, 레이어 속성을 그레이로 변경합니다. 이름은 '화염패턴'으로 설정합니다.

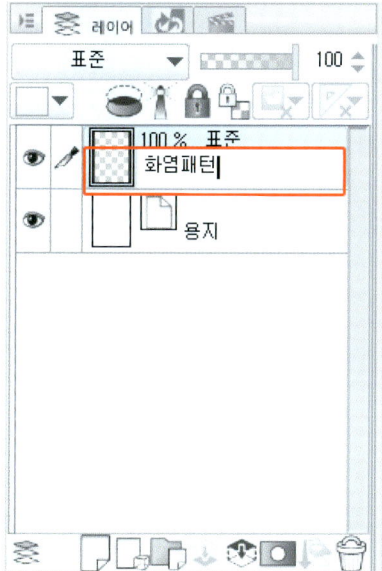

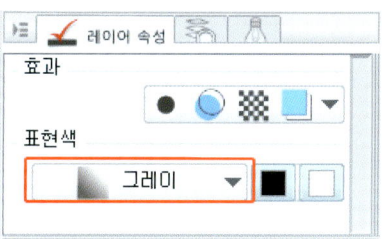

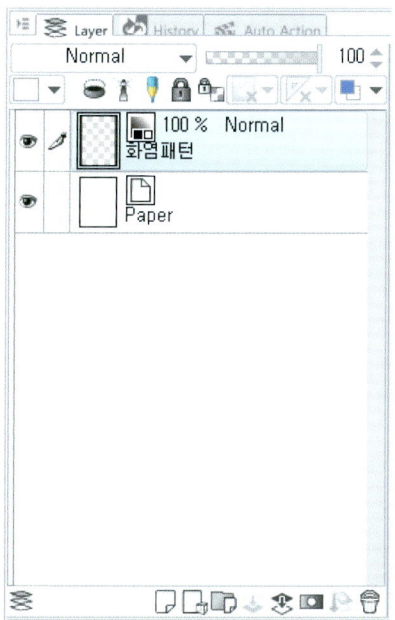

02 펜 툴 등으로 아래 같은 화염느낌이 나는 덩어리를 그려줍니다. 3~5개 정도 그려줍니다. 약간 어두운 것과 밝은 것으로 나누어서 작업합니다.

어두운 종류　　　　　밝은 종류

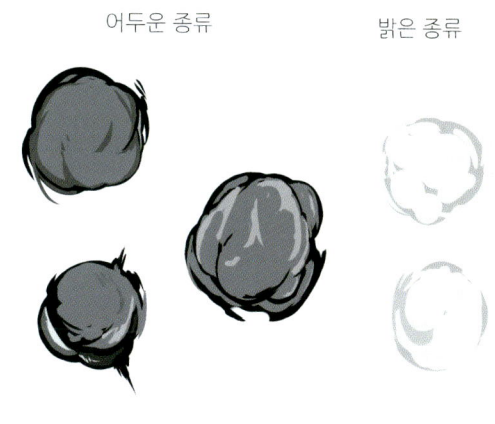

03 화염의 일부도 그려줍니다. 화염의 한쪽을 비워주는 느낌으로 만드세요. 1~2개 정도 있으면 됩니다.

일부분

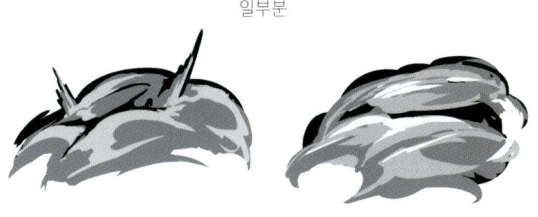

04 화염의 잔재도 그려줍니다. 흩어지는 재들을 간단히 그려주세요. 저는 아래 정도로 만들었습니다.

잔재

직사각형 선택 툴로 화염패턴들을 하나씩 선택한 다음, 각각 브러시 끝 용 소재로 만들어줍니다.

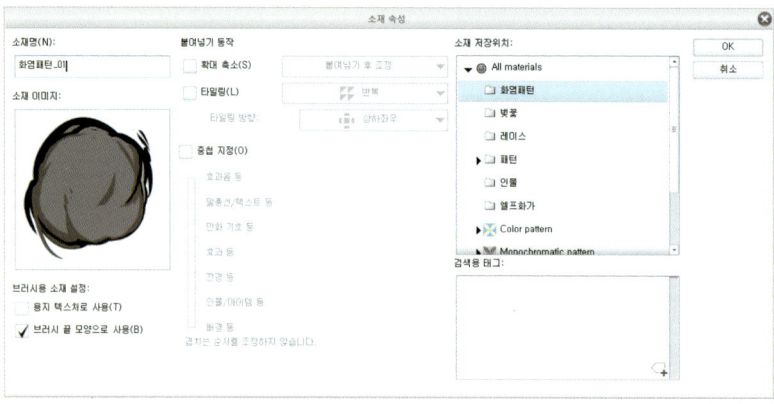

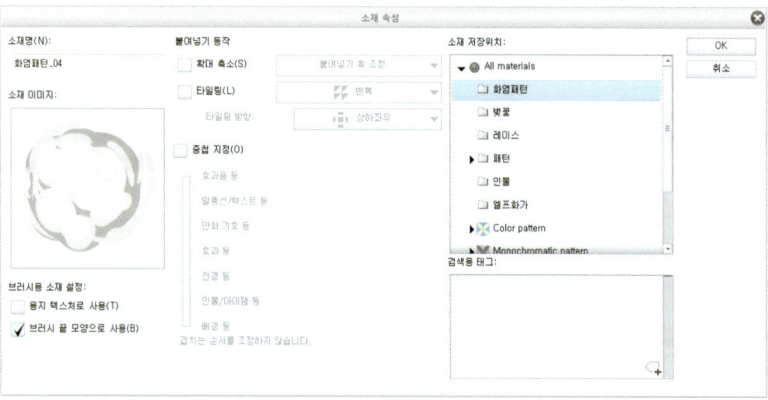

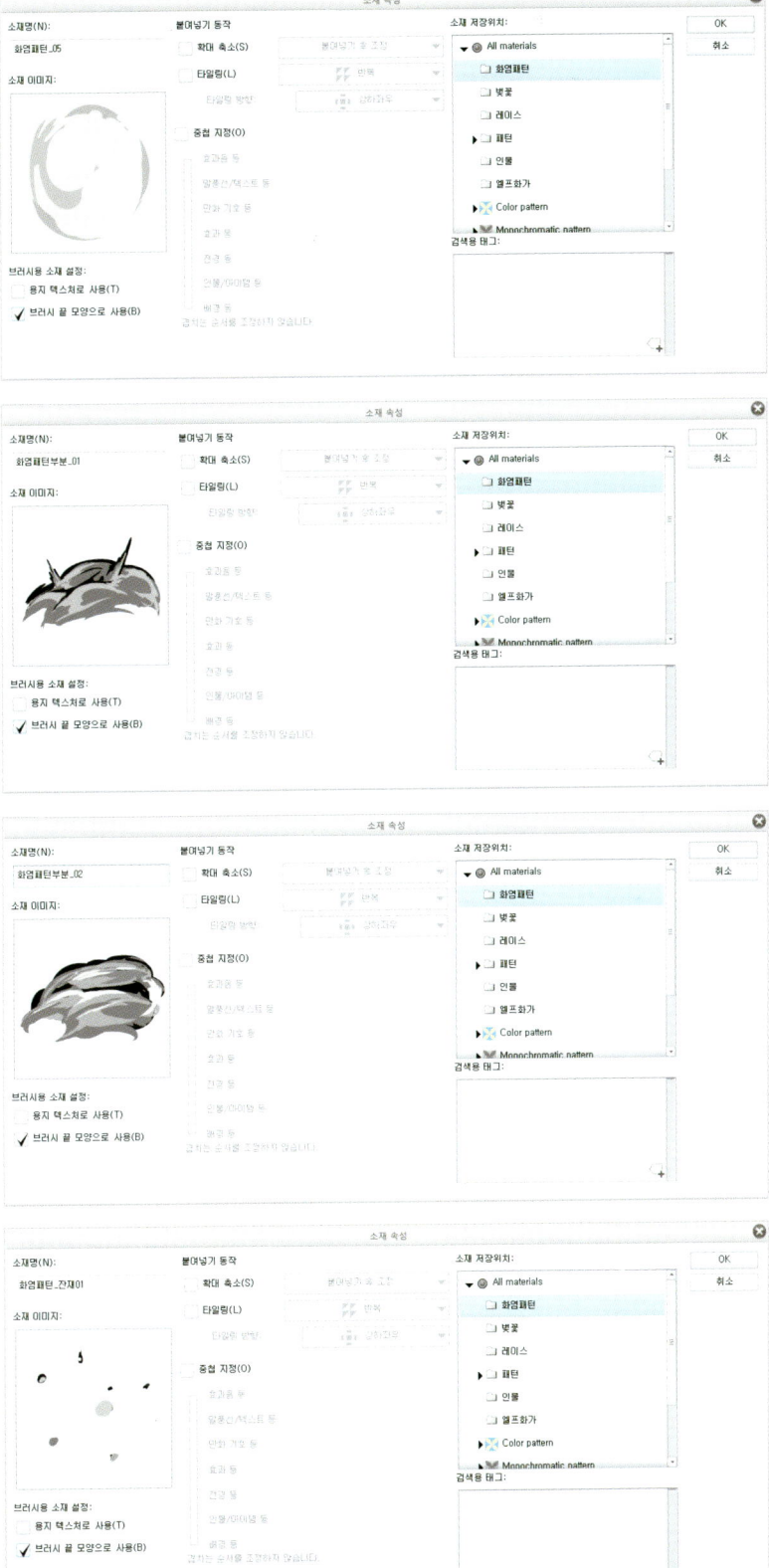

브러시 끝들이 소재 창에 추가된 모습입니다.

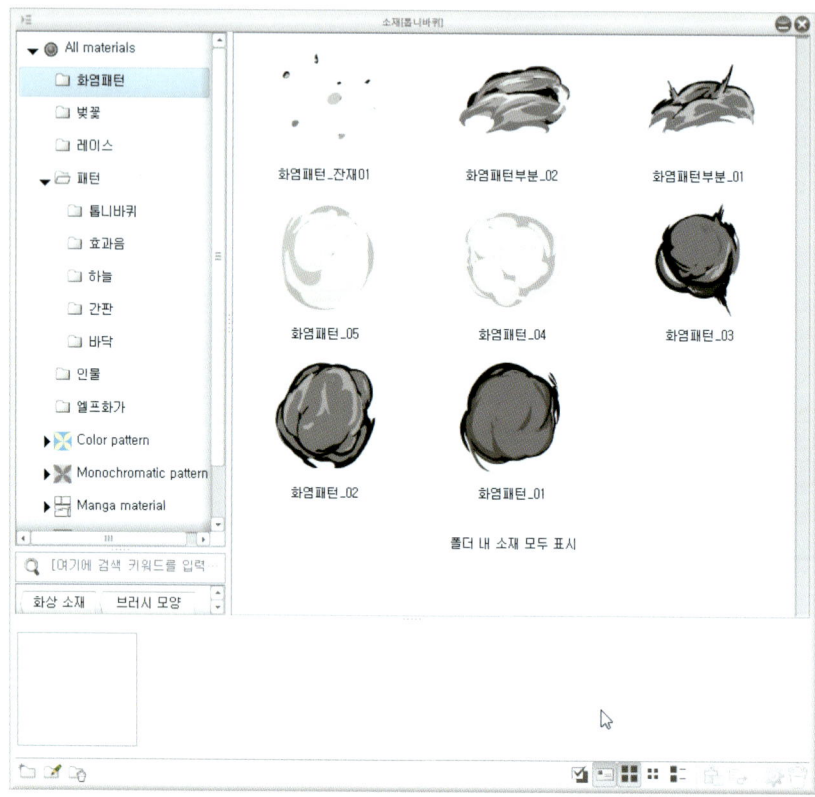

06 적당한 브러시를 복사해봅시다. 데코레이션 → 자연풍경의 모래 먼지 브러시를 복사한 다음, 이름을 화염브러시로 설정합니다.

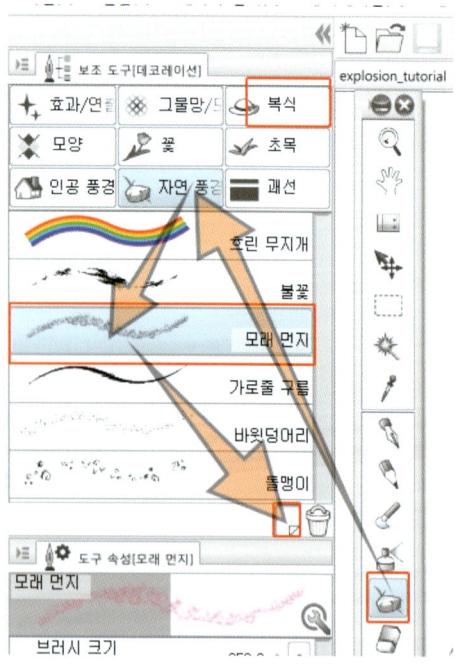

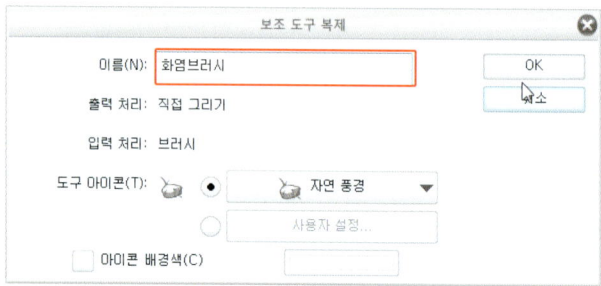

| 07 | 도구 속성 창에서 보조 도구 상세 창을 연 뒤, 앞서 만든 브러시 모양들을 불러옵니다. 기존 것들은 삼각형 아이콘을 눌러서 대체하고, 부족한 부분은 New 버튼을 눌러 새로 불러오세요.

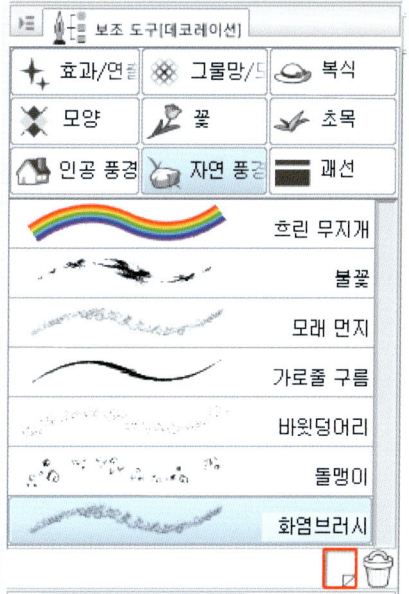

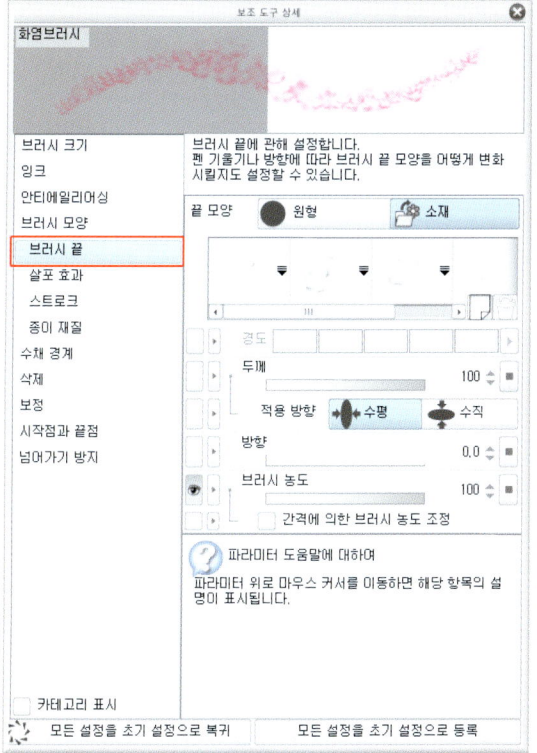

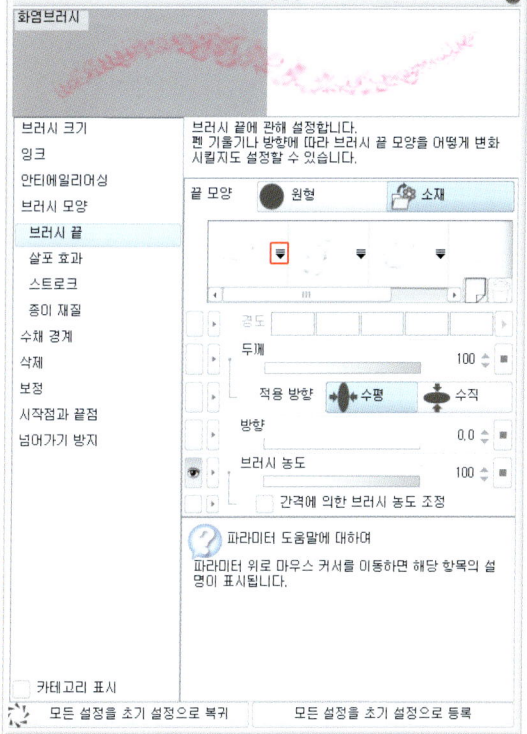

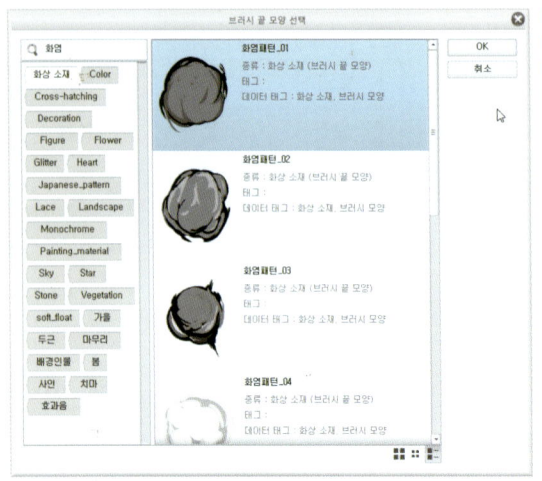

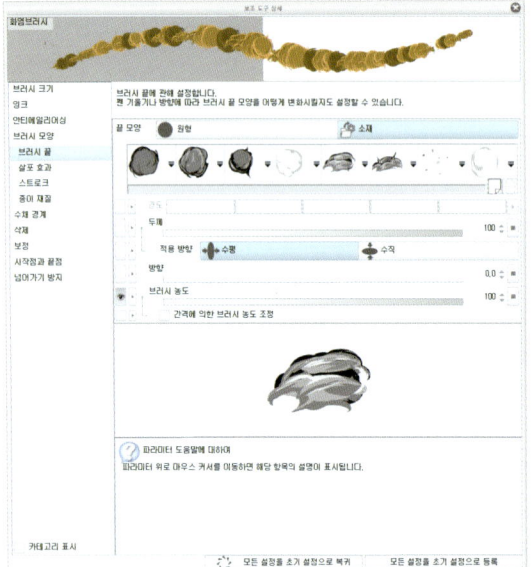

08 색을 적당히 정한 다음, 캔버스에 테스트해봅시다. 모양이 나쁘지 않지만, 너무 일정한 느낌입니다.

09 스트로크 탭에서 리본 을 체크합니다. 리본은 브러시의 방향에 따라 적당히 내용을 휘게 만들어주는 기능입니다. 이 기능을 사용하면 화염덩어리가 적절히 휘어져 좀 더 자연스러운 움직임을 보여줍니다.

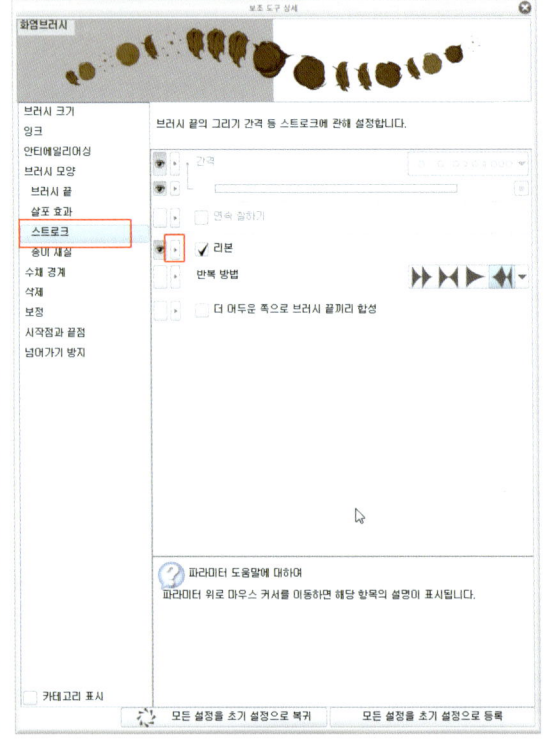

화염 브러시가 완성되었습니다. 화면에 테스트해보고 마무리합니다.

· 화염줄기 브러시 만들기

이번에는 화염줄기 브러시를 만들어봅시다. 화염 주변에 퍼지는 느낌을 추가해서 좀 더 강렬한 느낌을 줄 수 있는 브러시입니다.

 역시 새 레이어를 만들고 레이어 속성을 그레이, 이름을 화염줄기로 설정합니다.

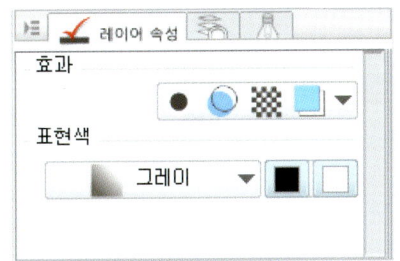
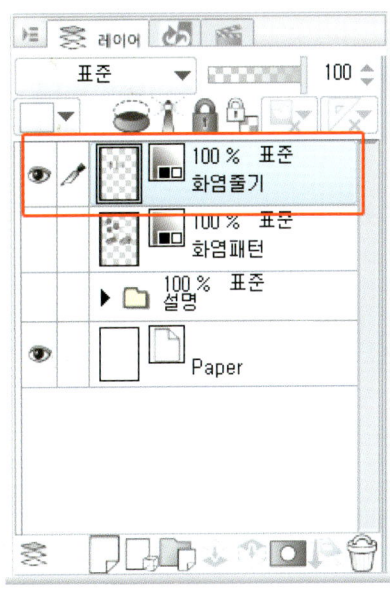

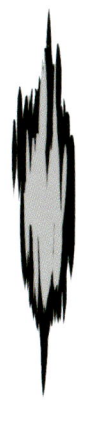 아래와 같은 이미지를 2~3종 만들어주고, 각각 브러시 끝으로 만듭니다.

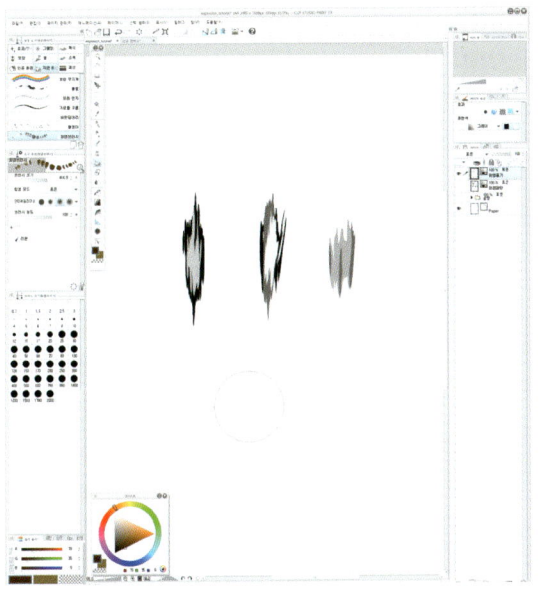
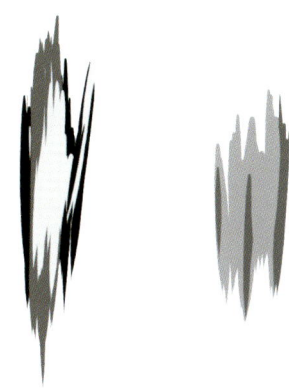

476 | 클립스튜디오

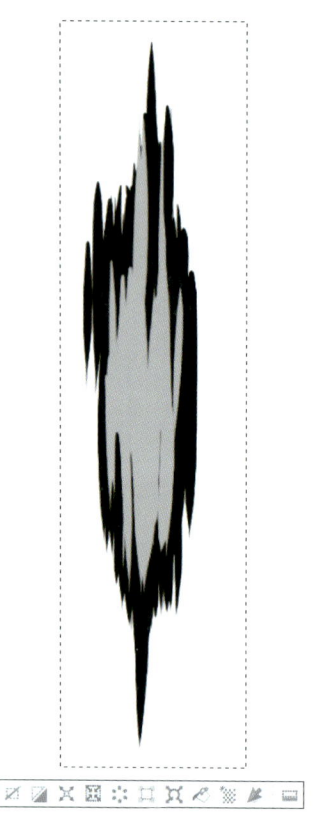
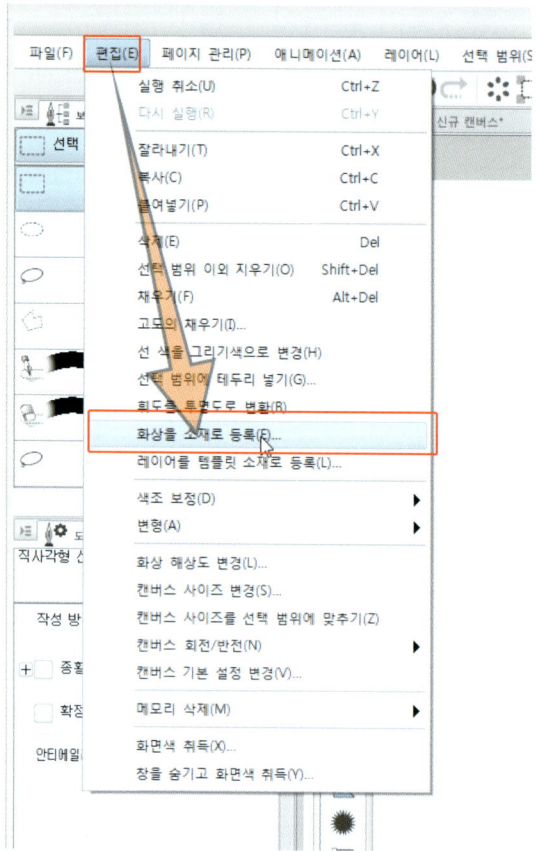
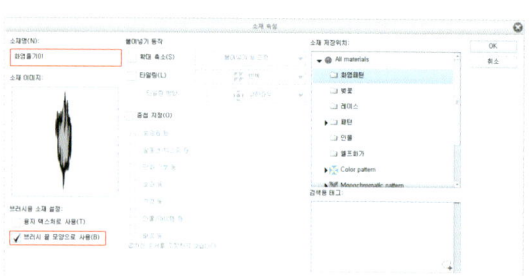
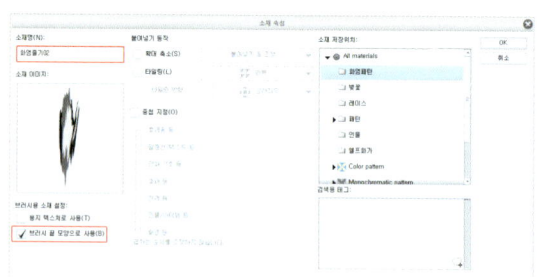

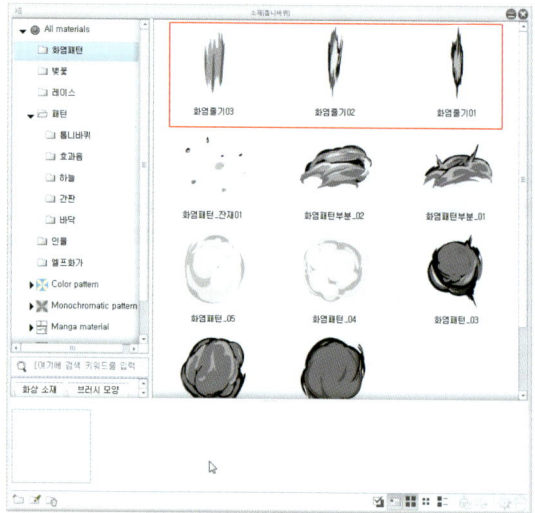

03 이번에도 비슷한 브러시를 찾아봅시다. 데코레이션 → 자연풍경에서 불꽃 브러시를 선택한 다음 복사합니다. 이름은 화염줄기브러시로 설정합니다.

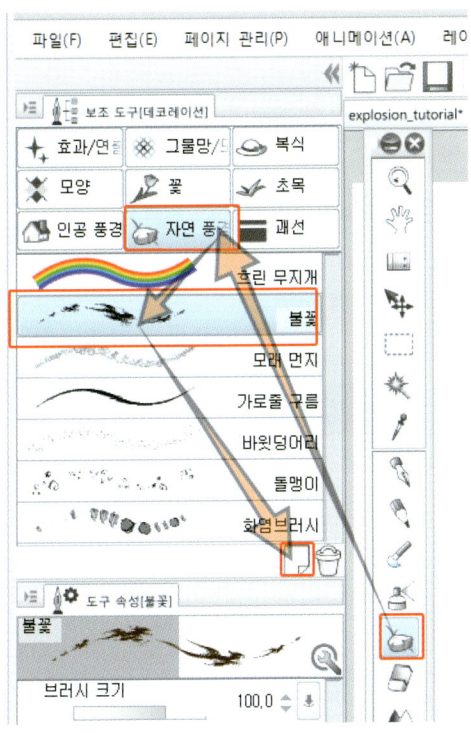
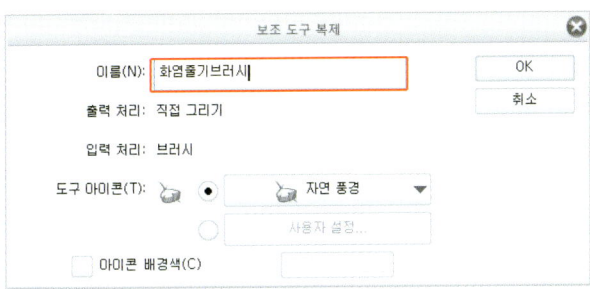

04 브러시가 생성되면, 보조 도구 상세 보기 버튼을 클릭해 설정 창을 엽니다.

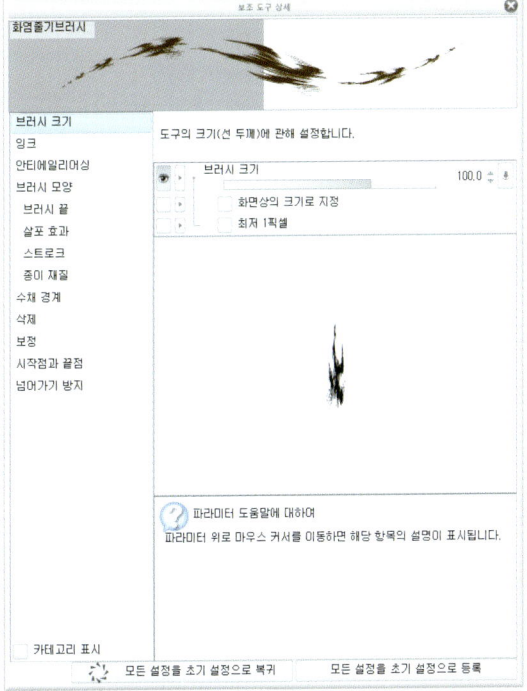

브러시 끝 항목으로 간 다음, 브러시를 화염줄기01~03 으로 교체합니다.

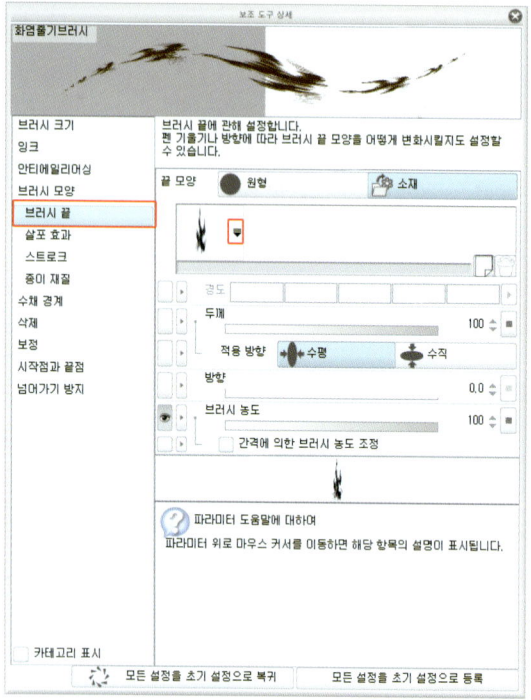
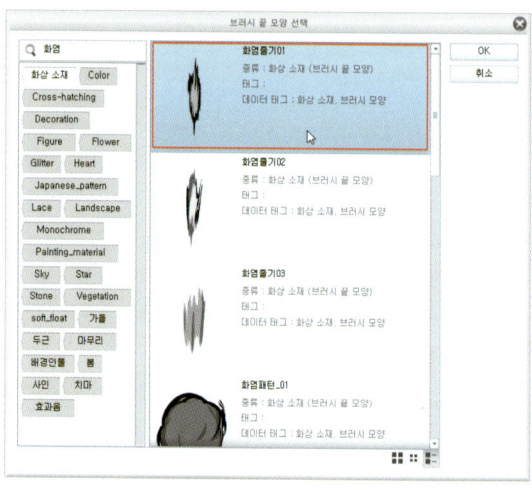
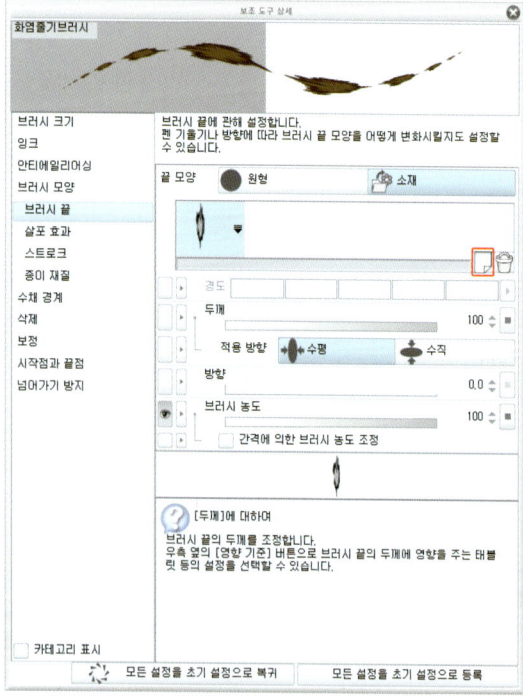
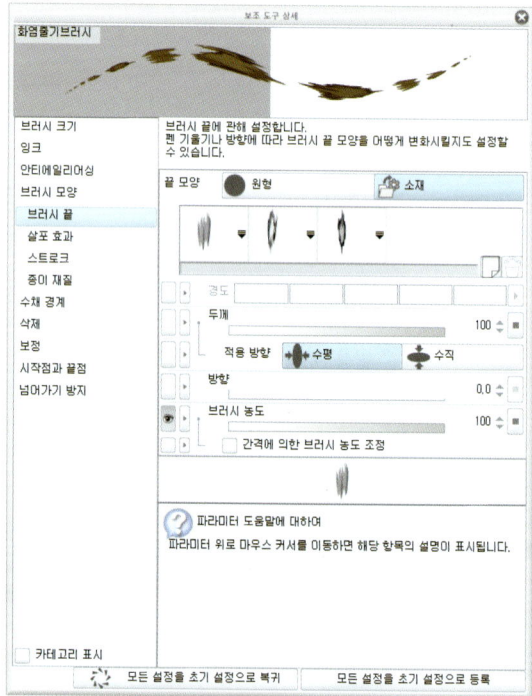

 테스트해보고 마무리합니다.

· 화염 만들기

앞서 2개의 브러시를 만들었습니다. 이제 이 브러시를 이용해서 화려한 폭발을 그려보도록 하겠습니다.

 색을 아래처럼 설정합니다.

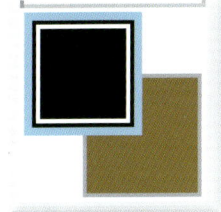

 화염브러시를 이용해서 아래처럼 그려줍니다. 회전하듯이 그려주시면 편리합니다.

03 지우개 툴로 아래쪽을 적당히 평평하게 지워주고, 펜 툴로 정리합니다.

04 화염줄기 브러시로 주변에 화염줄기를 그려줍니다. 아래쪽엔 폭발하는 느낌으로, 위쪽은 휘감는 느낌으로 작업해주세요.

05 에어브러시 툴 중 하이라이트 브러시를 선택합니다. 이 브러시는 빛을 받는 느낌을 줍니다. 색을 어두운 붉은색 → 노란색으로 변경해가며 아래쪽 면을 밝게 칠해줍니다.

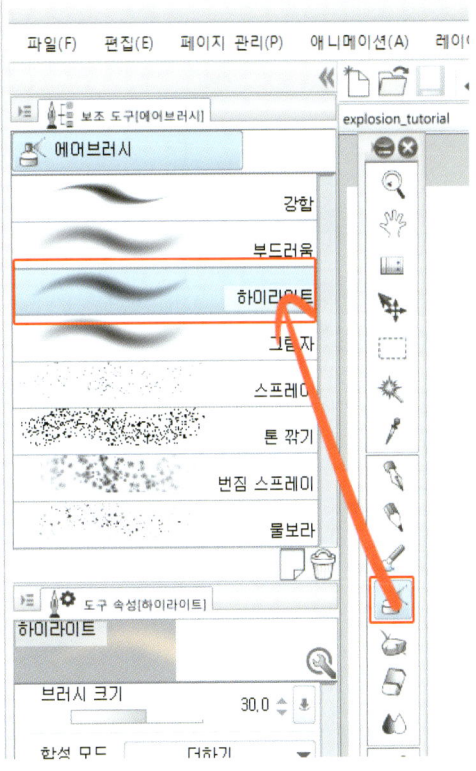

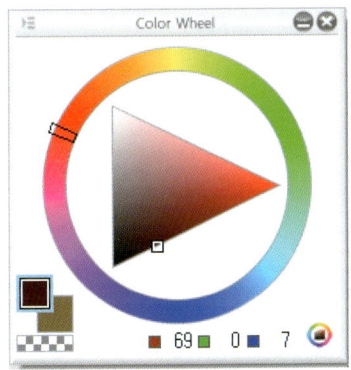

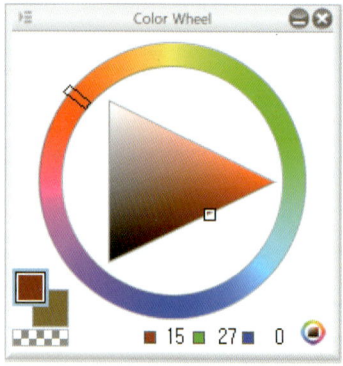

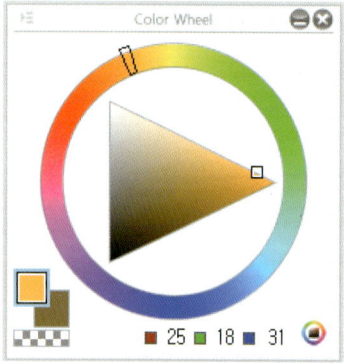

| 06 | 끝으로 에어브러시 → 물보라 브러시를 선택해서, 작은 재들을 그려주고 마무리합니다.

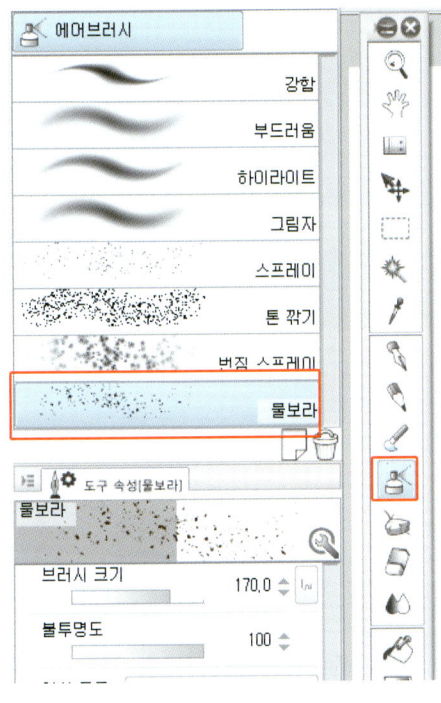

멋진 화염이펙트가 완성되었습니다. 이처럼 클립스튜디오의 브러시 기능을 이용하면, 액션감 넘치는 효과를 만화에 간단히 응용할 수 있습니다.

지금까지 다양한 브러시를 만들어보았습니다. 이렇게 자신만의 브러시를 만들어 사용하다 보면, 브러시를 다른 컴퓨터로 가져가거나 다른 사람과 공유해야 할 때가 있습니다. 이를 위해 클립스튜디오에는 자신이 만든 브러시를 파일로 저장하는 기능이 있습니다. 간단히 알아보도록 하겠습니다.

· **저장방법**

원하는 기능의 브러시를 선택한 뒤 마우스 우클릭 → 보조 도구 내보내기 를 선택하시면 됩니다.

브러시 파일은 sut 확장자로 저장이 되며, 공유하거나 다른 컴퓨터로 복사할 수 있습니다. 이는 브러시뿐만 아니라 다른 보조 도구들도 가능합니다.

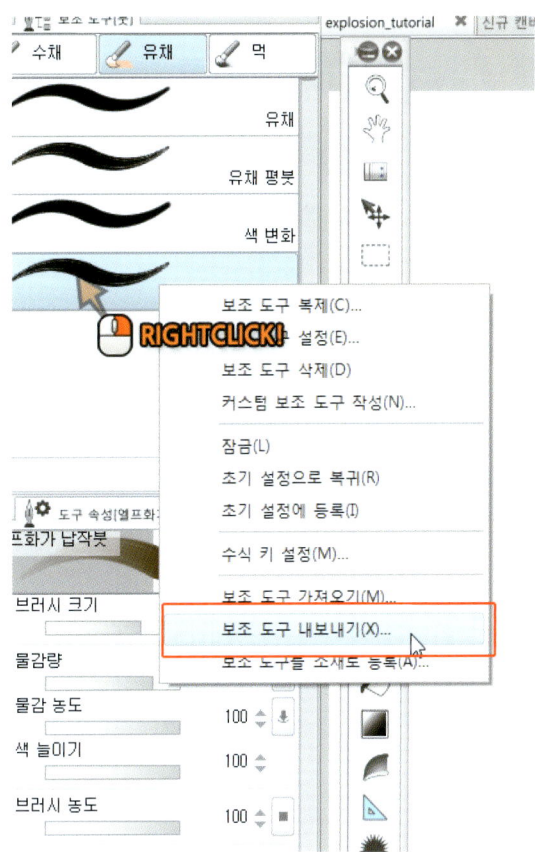

· **가져오는 방법**

만든 브러시를 가져오기 위해서는 마우스 우클릭 → 보조 도구 가져오기 를 선택하거나, 해당 sut 파일을 클립스튜디오 - 보조 도구 팔레트로 드래그해 넣으시면 됩니다.

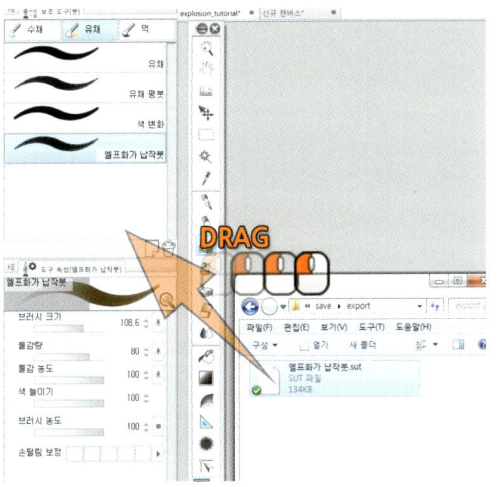

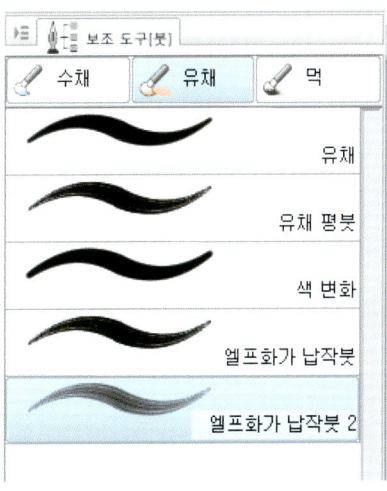

보조 도구 상세 팔레트 완전분석

지금까지 브러시를 만들면서 보조 도구 상세 창을 계속 사용했지만, 주로 기존 비슷한 툴을 손보는 수준으로 진행을 하였습니다. 아무래도 가장 쉬운 방법이기도 하고, 다양한 툴이 구비되어 있어 수정하기도 편리하기 때문인데요.

그렇다 하더라도, 처음부터 자신의 툴을 완벽히 만들고 싶은 생각이 드는 분들도 계실 것 같습니다. 이번 시간에는 보조 도구 상세 팔레트에 대해 완벽히 알아보고, 자신의 툴을 만드는 기반을 쌓아보도록 하겠습니다. 한번 정독하시고, 자신의 툴을 만들 때, 혹은 이러이러한 기능을 만들고 싶을 때 참고하시면 됩니다.

· 기본 창

기본 창의 구조에 대해 알아보도록 하겠습니다.

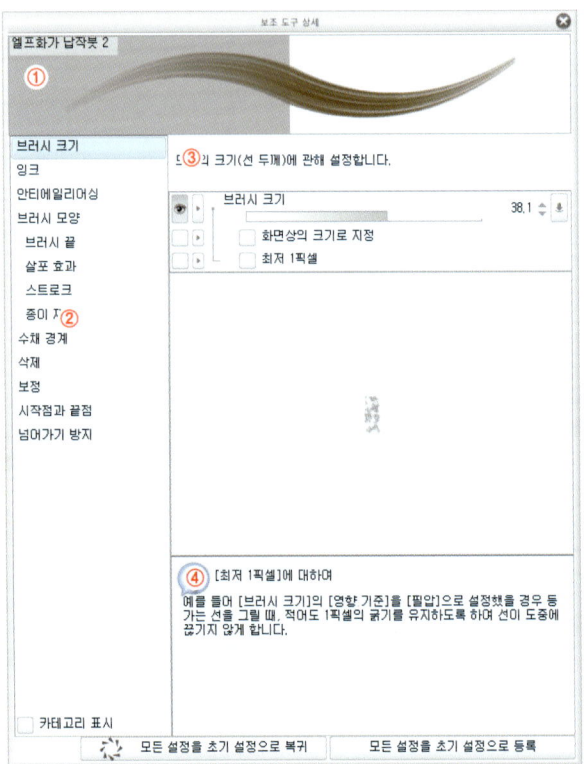

① 미리보기
이곳에는 브러시가 어떤 식으로 나올지 보여줍니다.

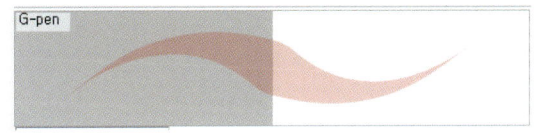

② 카테고리
변경할 수 있는 기능을 카테고리로 모아 보여줍니다.

이름	기능
브러시 크기	브러시의 크기를 설정하는 부분입니다.
잉크	잉크의 속성을 설정합니다. 투명도나 섞이는 방법이나 섞일지의 여부를 설정합니다.
안티에일리어싱	안티에일리어싱을 설정합니다.
브러시 모양	브러시의 형태를 관리합니다. 만든 브러시형태를 저장하거나 지울 수 있습니다. 저장한 브러시형태는 컷선이나 원형 등에 사용할 수 있습니다.
브러시 끝	브러시 끝의 형태를 설정할 수 있습니다. 클립스튜디오만의 강력한 기능을 다룰수 있습니다.
살포효과	스프레이 방식의 브러시를 만들 때 브러시를 설정하는 곳입니다.
스트로크	선이 연결되는 방식을 설정합니다.
종이 재질	선에 종이 질감을 적용할지를 설정합니다.
수채 경계	수채화 특유의 물 마른 자국을 적용하고 설정할 수 있습니다.
삭제	지우개로 설정하거나, 특징을 부여할 수 있습니다.
보정	선을 보정하는 등의 기능을 설정할 수 있습니다.
시작점과 끝점	시작점과 끝점을 어떻게 처리할지 설정할 수 있습니다.
넘어가기 방지	레퍼런스 레이어에 대한 처리방식을 설정할 수 있습니다.
카테고리 표시	도구 속성 창에서 카테고리별로 보여주려면 체크합니다.

카테고리가 꽤 많은 편입니다.

③ 세부설정 창

세부항목에 대한 설정과 함께 도구 속성 창에 보여줄지를 설정 하는 부분입니다. 각 항목에 대해서는 이후 추가 설명하도록 하겠습니다.

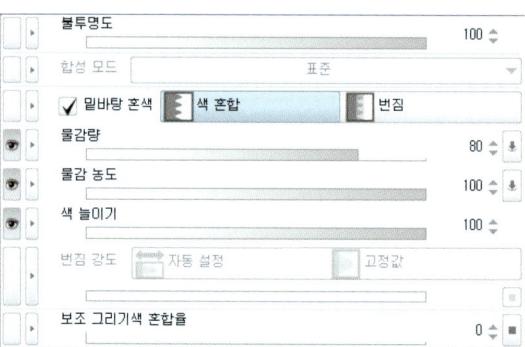

아이콘	기능
	체크하면 눈 모양 아이콘이 나옵니다. 도구 속성 창에서 항목을 보여주고, 수정할 수 있습니다.
	클릭하면 해당 기능/속성을 다른 툴로 복사할 수 있는 서브메뉴가 나옵니다. 빠르게 여러 툴을 혼합해 사용할 때 유용합니다. 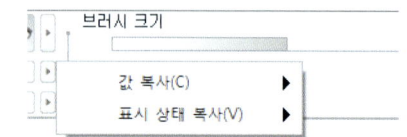
	태블릿 입력값에 어떤 식으로 반응할지에 대한 서브창이 나옵니다. 그래프 등으로 세밀한 설정이 가능합니다. 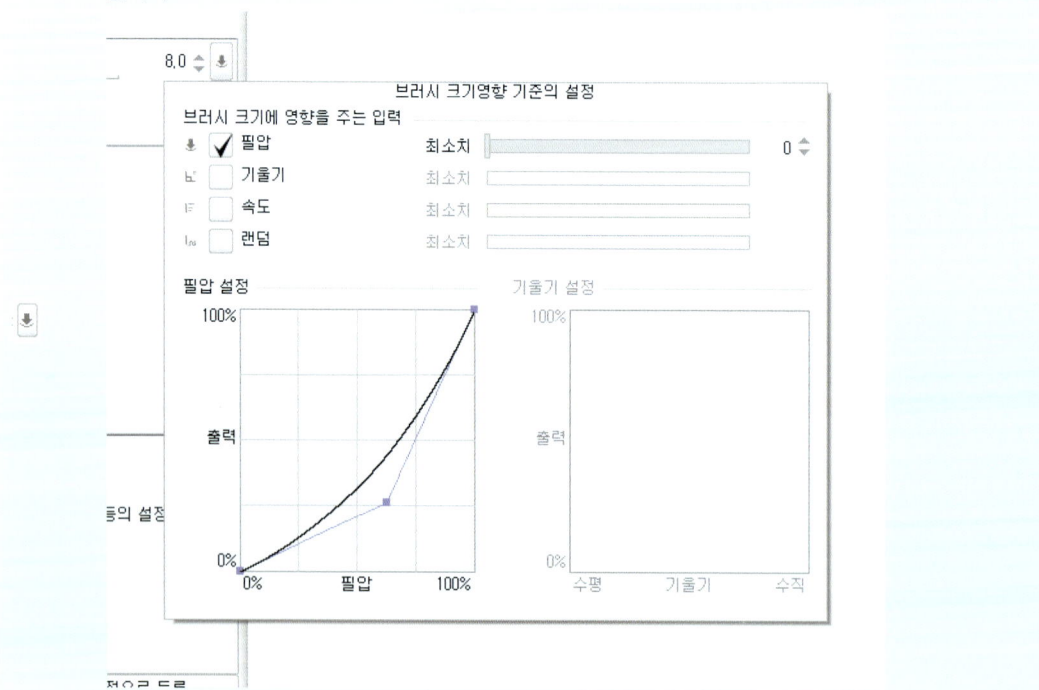

④ 도움말 창

현재 설정하는 메뉴에 대한 설명이 뜹니다. 이해하기 어려운 기능의 경우 이미지도 함께 보여줍니다.

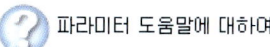
파라미터 도움말에 대하여
파라미터 위로 마우스 커서를 이동하면 해당 항목의 설명이 표시됩니다.

· 카테고리별 항목설정

각 카테고리에 대해 알아보도록 하겠습니다. 각 세부항목은 눈 아이콘을 켜고 끔에 따라 도구 속성 창에 보여집니다.

카테고리 : 브러시 크기 : 브러시의 사이즈를 설정하는 카테고리입니다.

브러시 크기	브러시 사이즈를 슬라이드 형태로 조정할 수 있으며, 측면의 아이콘을 클릭해 브러시의 정도를 설정할 수 있습니다.
화면상의 크기로 지정	체크하면 실제 캔버스 크기가 아닌 현재 화면 크기에 브러시 크기를 맞춥니다. 즉, 화면을 절반으로 축소하면, 브러시는 두배로 커져서 적용됩니다.
최저 1픽셀	체크하면 브러시 최소크기를 1픽셀로 설정합니다. 브러시 크기를 줄여도 최소 1픽셀로 찍힙니다.

카테고리 : 잉크 : 잉크의 속성을 설정하는 곳입니다.

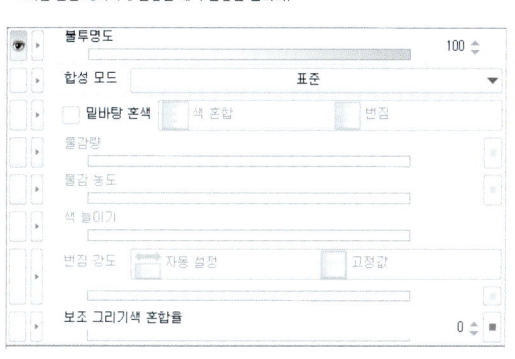

불투명도	투명도를 조절합니다. 우측으로 갈수록 진해집니다.
합성 모드	섞이는 방식을 결정합니다.
밑바탕 혼색	바닥색과 섞일지를 결정합니다. 유화 등의 표현에 사용할 수 있습니다.
물감량	원래 색깔이 반영되는 정도를 결정합니다. 우측으로 할수록 원래 색의 비율이 높아집니다.
물감 농도	원래 투명도가 반영되는 정도를 결정합니다. 우측으로 갈수록 원래 투명도의 비율이 높아집니다.
색 늘이기	색이 얼마나 오래 묻어날지를 결정합니다.
번짐 강도	색이 섞일 때 번짐을 얼마나 적용할지 설정합니다.
보조 그리기색 혼합률	배경색이 얼마나 묻어날지를 결정합니다.

카테고리 : 안티에일리어싱 : 경계를 부드럽게 하는 안티에일리어싱에 대해 설정합니다. 단일 메뉴만 있습니다.

안티에일리어싱	경계를 부드럽게 하는 안티에일리어싱에 대해 설정합니다. 우측으로 갈수록 경계가 부드러워집니다.

카테고리 : 브러시 모양 : 브러시의 형태를 설정하고 관리하는 카테고리입니다. 다양한 브러시형태가 리스트로 나오며 기존의 브러시 형태를 적용하거나, 현재 브러시를 새로운 브러시로 저장하거나, 지울 수 있습니다.

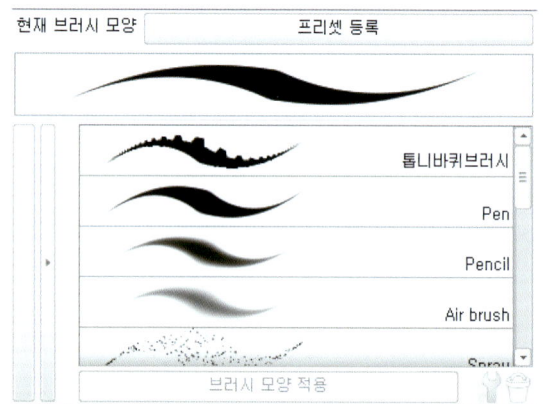

브러시 모양을 프리셋에서 선택합니다.

프리셋 등록	현재 브러시형태를 저장합니다.
브러시 모양 적용	리스트에서 선택한 브러시 형태를 지금 브러시에 적용합니다.
🔧	리스트에서 선택한 브러시 이름을 변경합니다.
🗑	리스트에서 선택한 브러시를 제거합니다.

서브카테고리 : 브러시 끝 : 브러시 모양 카테고리 중 브러시 끝을 만들고 조정하는 서브카테고리입니다.

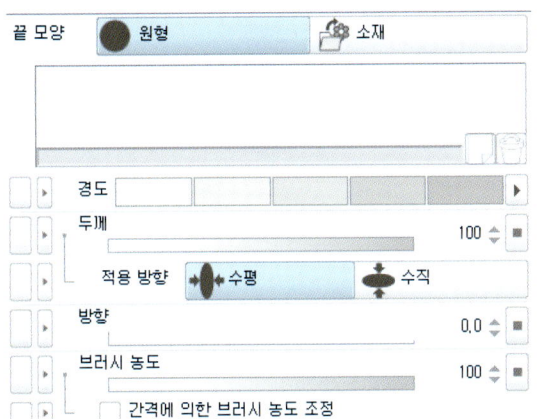

원형	원형을 기반으로 브러시 끝을 설정합니다.
소재	브러시 소재를 기반으로 브러시 끝을 설정합니다.
경도	브러시의 단단한 정도를 설정합니다. 원형 항목으로 설정되어 있을 때만 동작합니다.
두께	브러시를 납작하게 할지를 설정합니다.
적용 방향	상하로 납작하게 할지, 좌우로 납작하게 할지를 설정합니다.
방향	브러시의 방향을 설정합니다.
브러시 농도	브러시의 농도를 설정합니다.
간격에 의한 브러시 농도 조정	브러시의 간격에 따라 농도를 조절합니다.

서브카테고리 : 살포 효과 : 브러시 모양 카테고리 중 스프레이 방식의 브러시를 만들 때 사용합니다.

브러시 끝의 살포에 관해 설정합니다. [살포 효과]를 설정하면 브러시 끝을 스프레이처럼 살포할 수 있습니다.

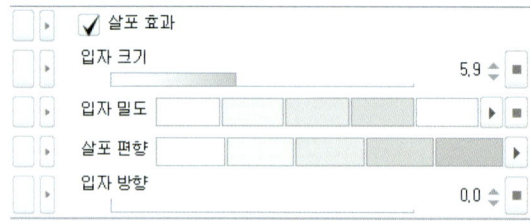

살포효과	켜면 스프레이 형태의 브러시로 변경됩니다.
입자 크기	뿌려지는 각 덩어리(파티클)의 크기를 조절합니다. 브러시 크기는 뿌려지는 범위만 설정하게 됩니다.
입자 밀도	뿌려지는 덩어리(파티클)의 밀도를 조절합니다.
살포 편향	스프레이를 중심에 많이 뿌릴지, 주변에 흐트러트릴지를 설정합니다.
입자 방향	뿌려지는 덩어리(파티클)의 방향을 결정합니다.

서브카테고리 : 스트로크 : 브러시 모양 카테고리 중 브러시의 선 형태를 결정하는 서브카테고리입니다.

브러시 끝의 그리기 간격 등 스트로크에 관해 설정합니다.

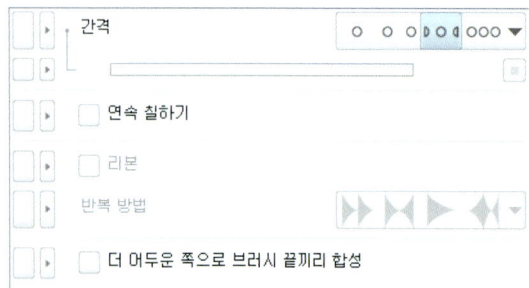

간격	브러시의 간격을 설정합니다.
연속 칠하기	체크하면 이동하지 않고, 펜을 누르고 있으면 계속 뿌려집니다. 마치 스프레이를 한 군데에 계속 뿌리는 느낌이 됩니다.
리본	브러시 형태를 리본처럼 이어서 처리합니다.
반복방법	반복 형태를 설정합니다.
더 어두운 쪽으로 브러시 끝끼리 합성	브러시가 겹칠 경우 어두운 부분을 우선합니다. 즉 어두운 브러시 위에 밝은 브러시가 칠해져도, 밝은 브러시는 나타나지 않습니다.

서브카테고리 : 종이 재질 : 브러시 모양 카테고리 중 종이 재질을 설정하는 서브카테고리입니다.

화상의 농담을 종이 재질로 선에 적용시킬 수 있습니다.

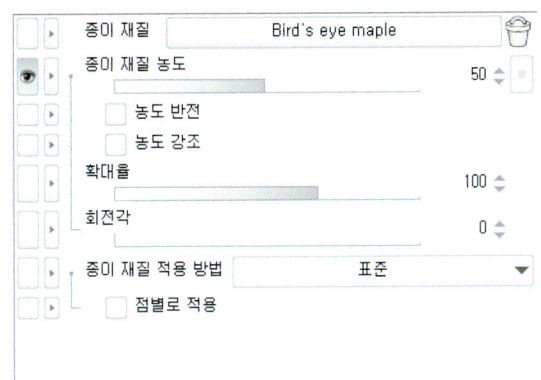

종이 재질	종이 재질 종류를 설정합니다.
종이 재질 강도	종이 재질 강도를 결정합니다.
농도 반전	질감을 뒤집어 적용합니다.
농도 강조	텍스쳐 질감에 입체감을 더해서 적용합니다. 좀 더 강한 질감이 됩니다.
확대율	종이 크기를 변경합니다.
회전각	텍스쳐 각도를 변경합니다.
종이 재질 적용 방법	텍스쳐 질감을 어떤 식으로 적용할지 설정합니다.
점별로 적용	브러시가 찍힐 때마다 텍스쳐를 매번 적용합니다.

수채 경계 : 수채화 특유의 물 마른 자국을 표현할 때 사용합니다.

[수채 경계]를 설정하면 선 가장자리가 굵어집니다. 수채화 물감처럼 엷고 미묘한 색 변화를 표현할 수 있습니다.

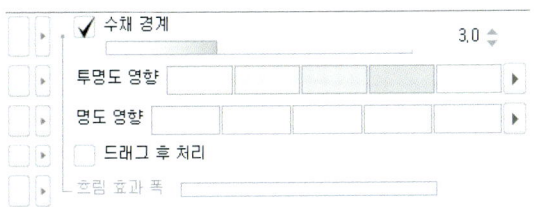

수채경계	체크하면 물자국이 생기며, 수치를 올릴수록 자국은 두꺼워집니다.
투명도 영향	물자국의 투명도를 설정합니다.
명도 영향	물자국의 밝기를 조절합니다. 우측으로 갈수록 어두워집니다.
드래그 후 처리	체크하면 선을 긋고 난 뒤 물자국이 생깁니다.

삭제 : 지우개 기능을 변경하는 카테고리이며, 지우개 툴일 때만 활성화됩니다.

벡터 지우기	벡터 레이어에서 선을 연결된 부분까지 한번에 지워주는 기능을 설정합니다. 머리카락 등을 정리할 때 유용한 기능입니다.
모든 레이어 참조	지우개에서 참고할 레이어를 설정합니다. 체크하면 전체 레이어를 모두 참고합니다.
모든 레이어 지우기	체크하면 현재 레이어 이외의 레이어도 함께 삭제합니다.

보정 : 펜 터치를 교정하는 카테고리입니다. 클립스튜디오의 특징인 손떨림 방지를 설정합니다.

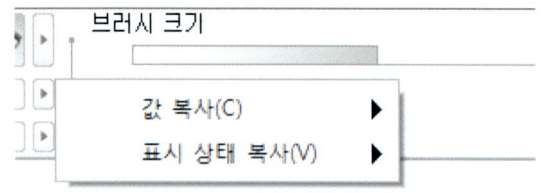 

모서리를 뾰족하게 처리	체크하면 꺾이는 부분에 삐침을 만들어줍니다. 좀 더 각진 느낌을 만들어줍니다.
손떨림 보정	손떨림방지 기능입니다. 우측으로 갈수록 강하게 보정됩니다.
속도에 의한 보정	체크하면 손떨림 방지가 펜 속도에 맞춰 설정됩니다. 빠를수록 강하게 보정됩니다.
후보정	체크하면 후보정을 넣습니다. 손으로 집중선 등을 그어야 할 때 편하게 사용할 수 있습니다.
속도에 의한 조정	속도가 빠를수록 강하게 후보정됩니다.
표시배율에 의한 조정	캔버스 해상도에 따라 보정이 변화합니다.
베지에 곡선	베지에 곡선 형태로 보정합니다. 코믹스튜디오의 후보정 방식에 가깝습니다.
선꼬리 효과	선을 그은 뒤 좀 더 그어집니다. 실제 펜선의 느낌을 좀 더 살려줍니다.
스냅 가능	체크하면 자선에 영향을 받게 됩니다.
벡터 흡착	벡터 레이어에서만 활성화되는 기능입니다. 선을 이어서 그으면 하나의 선으로 이어줍니다.

시작점과 끝점 : 펜 터치의 첫 부분과 끝부분을 보정해주는 기능입니다.

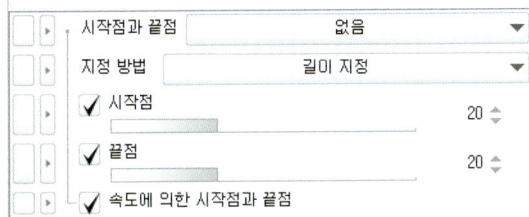

시작점과 끝점	첫 부분과 끝부분에 무엇을 적용할지 설정합니다. 두께나 투명도 등을 설정할 수 있습니다.
지정 방법	어떤 식으로 조정할지 결정합니다. 일정 길이에 반영할지 / 퍼센트 비율로 반영할지 / 끝으로 갈수록 사라지게 할지 결정할 수 있습니다.
시작점	시작점을 조정할 수 있습니다.
끝점	끝점을 조절할 수 있습니다.
속도에 의한 시작점과 끝점	속도가 빠를수록 보정을 강하게 줍니다.

넘어가기 방지 : 선이 있을 때 그 선을 넘치지 않게 해주는 기능을 설정해줍니다.

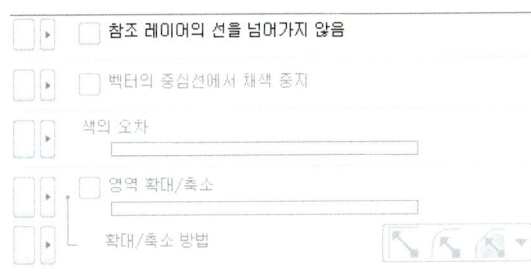

참조 레이어의 선을 넘어가지 않음	체크하면 레퍼런스 선을 일정이상 넘어가지 않습니다.
벡터의 중심선에서 채색 중지	벡터 레이어에서만 동작합니다. 벡터선의 중앙 지점까지 칠해줍니다. 선 사이의 흰색 찌꺼기가 덜 생기게 됩니다.
색의 오차	색을 어느 정도나 침범해 칠할지 설정합니다. 선의 색깔이 옅을 경우 좀 더 약하게 조정해주면 좋습니다.
영역 확대/축소	선과 닿았을 때 얼마나 넘겨서 칠할지 설정합니다. 역시 흰색 찌꺼기를 방지하는 역할입니다.
확대/축소 방법	넘겨 칠하는 방식을 어떤 식으로 넘길지 결정합니다.

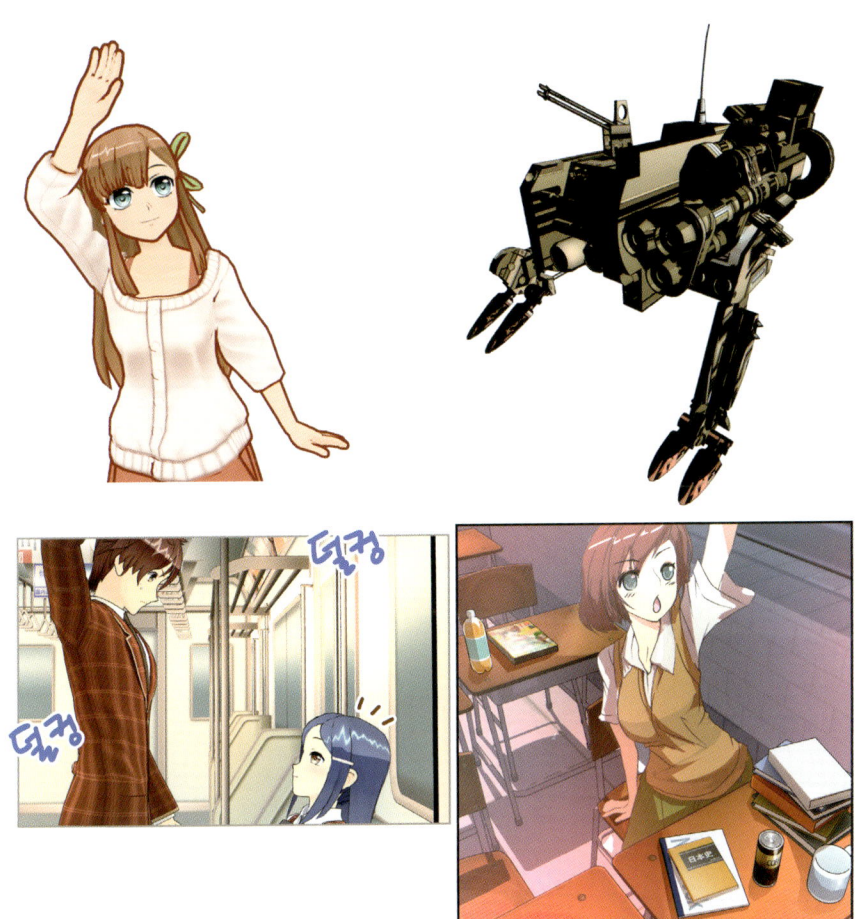

클립스튜디오의 특징 중 하나는 곧바로 삽입해 사용할 수 있는 3D 툴의 존재입니다. 3D 툴을 이용하면 손쉽게 멋진 배경이나 캐릭터를 비치하고, 일러스트나 원고에 적용해 사용할 수 있습니다. 특히 많은 3D소재들이 클립스튜디오 내에서도 제공되기도 하고, 스케치업 등에서 만든 소재를 가지고 올 수도 있어 그 활용도는 무궁무진합니다.

하지만 클립스튜디오의 3D 툴은 그 강력함에 비해 사용하기가 까다로운 도구이기도 합니다. 3D 자체가 어려운 편이기도 하고, 클립스튜디오의 도구는 설명이 없으면 이해하기 어려운 면도 있기 때문입니다.

이번 챕터에서는 3D 툴의 기본 사용법을 알아보고, 어떤 식으로 사용할지 차근차근 설명을 할 예정입니다. 인체 인형을 조정해 나만의 체형과 캐릭터를 만들고, 이어 외부의 3D 오브젝트를 불러들여 나만의 배경을 만들어 사용하는 방법까지 설명합니다. 그러므로, 이번 강좌를 마무리하시면, 자유자재로 3D 툴을 사용하고, 이용할 수 있을 것입니다. 잘 따라와 주세요.

기본 기능 사용하기

· 3D소재 배치하기

3D소재 역시 소재의 일종이므로, 3D소재 창에서 불러올 수 있습니다. 컷선 안에서 소재를 불러올 경우 컷선에 맞게 크기가 조정되며, 컷선이 없을 경우 캔버스 전체에 맞게 조정됩니다.

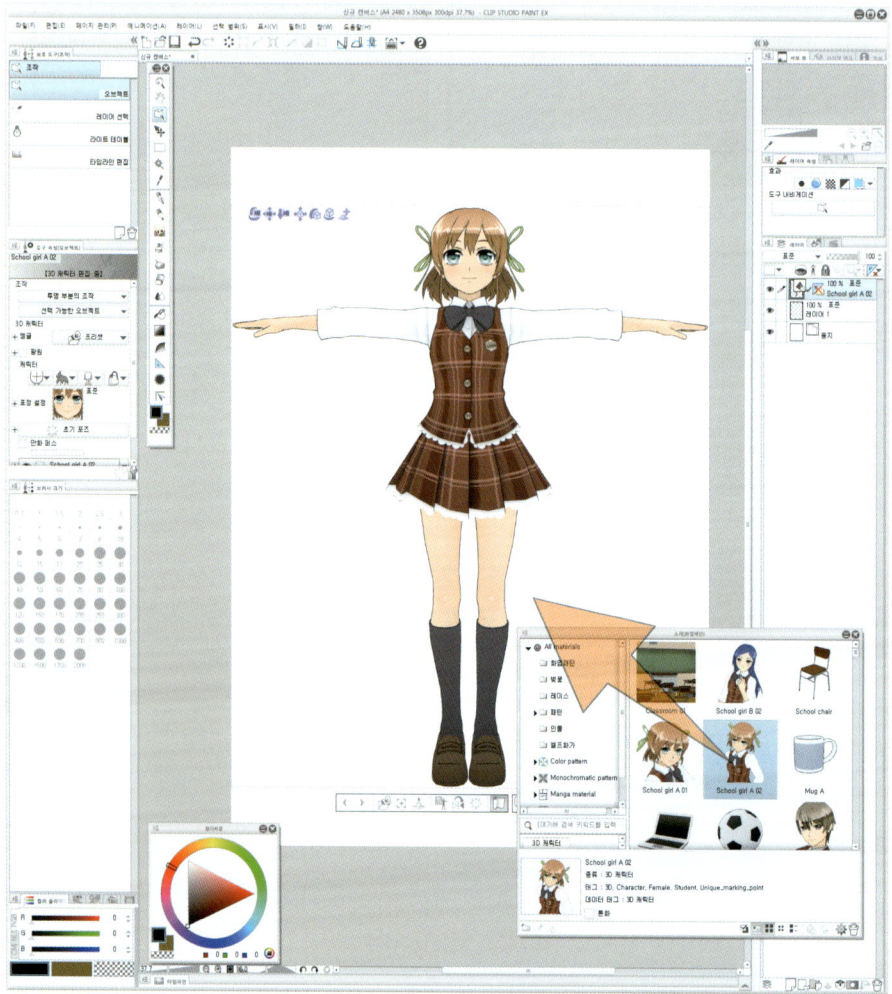

컷 안에 배치할 경우

컷이 없을 경우

01 그럼, 직접 해볼까요? 원하는 3D소재를 선택한 뒤, 드래그하거나 불러옵니다. 저는 School girl A 01 캐릭터를 드래그해서 불러왔습니다.

02 불러온 모습입니다. 컷선이 없어 캔버스 크기에 맞춰 배치되었습니다.

03 하나 더 불러와보겠습니다. 3D소재 창에서 기타 케이스를 선택해 드래그합니다.

04 기타케이스가 기존 캐릭터의 크기에 맞게 배치되는 것을 알 수 있습니다. 각 오브젝트는 미리 크기가 적용되어 있어, 일일이 크기를 맞추지 않아도 되어 편리합니다.

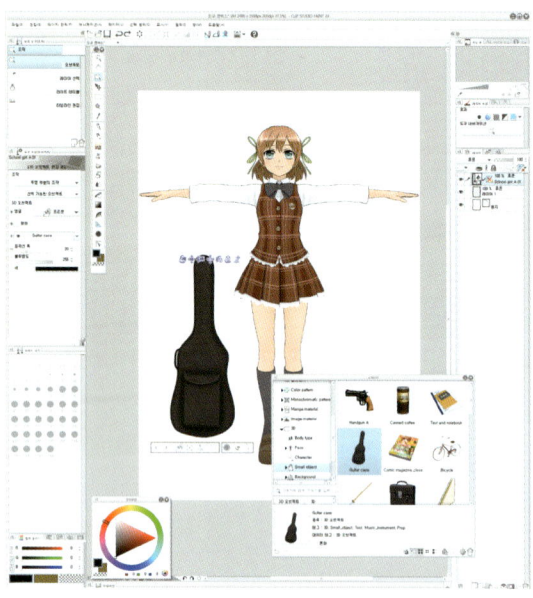

· 3D 소재 조정하기

오브젝트를 불러오면 주변에 아래와 같은 아이콘이 생깁니다. 이 아이콘들을 통해 카메라를 이동하거나, 캐릭터를 배치할 수 있습니다.

상단의 아이콘은 카메라와 오브젝트를 이동하는 기능을 합니다. 아이콘을 클릭한 채로 마우스를 드래그하는 것으로 조정 가능합니다.

아이콘	기능
	카메라를 회전합니다.
	카메라를 위아래로 이동합니다.
	카메라를 앞뒤로 이동합니다.
	선택한 오브젝트를 앞뒤좌우로 이동합니다.
	선택한 오브젝트를 아래위로 회전합니다.
	선택한 오브젝트를 좌우로 회전합니다.
	선택한 오브젝트를 앞뒤로 이동합니다.

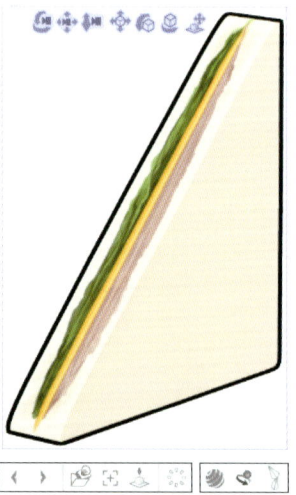

하단의 아이콘 바에서는 간단한 기능들을 제공합니다. 오브젝트와 캐릭터의 메뉴가 조금 다릅니다. 아래는 일반 오브젝트의 아이콘입니다.

아이콘	기능
‹	여러 개의 오브젝트가 있을 경우, 이전의 오브젝트를 선택합니다.
›	여러 개의 오브젝트가 있을 경우, 다음 오브젝트를 선택합니다.
	클릭하면 미리 정해둔 카메라 각도를 설정할 수 있는 프리셋 메뉴가 보입니다. 이를 통해 빠르게 원하는 각도를 선택할 수 있습니다.
	프리셋 창입니다.
	선택한 오브젝트를 캔버스에 맞춰서 비춰줍니다.
	선택한 오브젝트를 바닥 좌표에 얹습니다. 캐릭터가 허공에 뜨는 현상을 방지합니다.
	선택한 오브젝트를 최초의 각도로 되돌립니다.

측면의 작은 아이콘 바에는 그 오브젝트 특유의 설정이 들어있는 아이콘이 나옵니다.

- 텍스쳐만 바꿔서 다른 모양으로 보여줍니다. 오브젝트에 따라 없을 때도 있습니다.
- 미리 설정된 카메라 각도를 보여줍니다. 오브젝트에 따라 종류가 다릅니다.
- 폴더폰처럼 관절이 있는 오브젝트일 경우, 이를 조정하는 설정을 보여줍니다.

3D캐릭터의 경우 아래처럼, 캐릭터에 맞는 아이콘이 추가됩니다.

아이콘	기능
	현재 포즈를 소재로 저장해 둡니다.
	포즈를 좌우 반전합니다. 포즈만 반전되며, 캐릭터는 반전되지 않습니다.
	물리적인 부분을 고려한 움직임을 만들어줍니다.
	추가 얼굴이 있을 경우 설정합니다.
	추가 표정이 있을 경우 설정합니다.
	추가 헤어가 있을 경우 설정합니다.
	추가 의상이 있을 경우 설정합니다.
	추가 악세사리가 있을 경우 설정합니다.

이 아이콘들을 적절히 사용할 경우, 다양한 바리에이션을 사용할 수 있습니다. 특히 캐릭터의 경우 헤어나, 얼굴, 리본 등을 바꿔 사용할 수 있어 다양한 응용이 가능합니다.

· **마우스로 조정하기**

마우스를 이용하면, 좀 더 빠르게 위치를 바꿀 수 있습니다.
빈 공간을 클릭 → 드래그하면 카메라를 이동할 수 있습니다.

🖱 마우스좌클릭드래그   카메라를 회전합니다. 🔄 와 같은 기능입니다.

🖱 마우스중앙 드래그   카메라를 이동합니다. ✥ 와 같은 기능입니다.

🖱 마우스 우클릭드래그   카메라를 줌인/아웃합니다. 🔍 와 같은 기능입니다.

오브젝트나 신체를 클릭한 상태에서 드래그하면 오브젝트를 움직일 수 있습니다.

🖱 마우스좌클릭드래그   선택한 부분이나 오브젝트를 이동합니다. ✥ 와 같은 기능입니다.

🖱 마우스중앙 드래그   선택한 부분이나 오브젝트를 회전합니다.

마우스를 적절히 이용하면, 빠르고 직관적으로 오브젝트를 배치할 수 있습니다.

· 3D 소재 도구 속성 팔레트

3D 소재의 디테일한 기능은, 다른 툴들과 마찬가지로 도구 속성 팔레트에서 조정할 수 있습니다. 소재에 따라 조정할 수 있는 범위가 다른 편이며, 정확한 위치는 마우스보다는 여기서 조정하는 게 편합니다. 표정이나, 손동작 등 다양한 조정이 가능합니다.

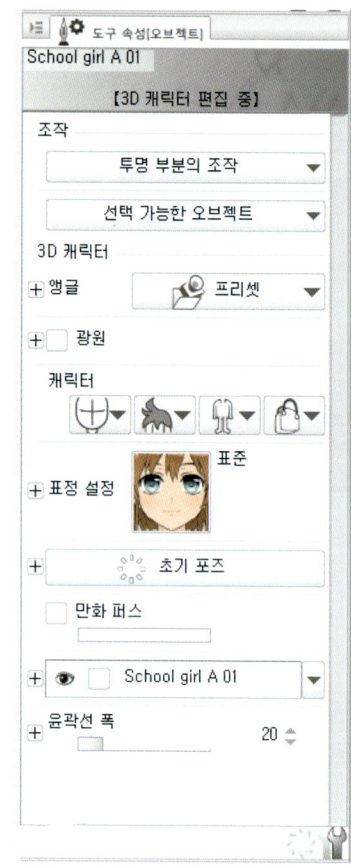

조작 : 클릭 시의 기본 동작을 설정합니다.

| 투명 부분의 조작 | 빈 공간을 클릭했을 때의 어떤 동작을 할지 결정합니다. |
| 선택 가능한 오브젝트 | 선택 가능한 오브젝트 종류를 설정합니다. |

앵글 : 화각과 카메라 기울임 등을 설정합니다. 컷 연출에 중요한 부분입니다.

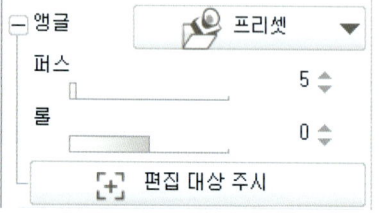

프리셋	정해진 각도로 배치할 수 있습니다.
퍼스	화각 - 원근감의 정도를 결정합니다. 높을수록 입체적으로 보입니다.
롤	카메라 기울임을 설정합니다.
편집대상 주시	선택한 오브젝트를 카메라 중앙에 배치합니다.

광원 : 체크하면 캐릭터에 음영을 더해줍니다. 원을 통해 그림자 방향을 조정할 수 있습니다. 그림자 농도의 색을 조절할 수 없는 게 아쉬운 부분입니다.

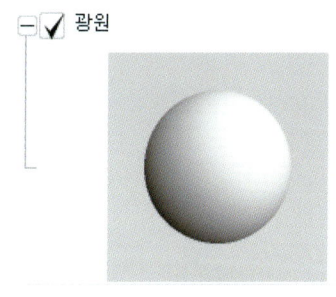

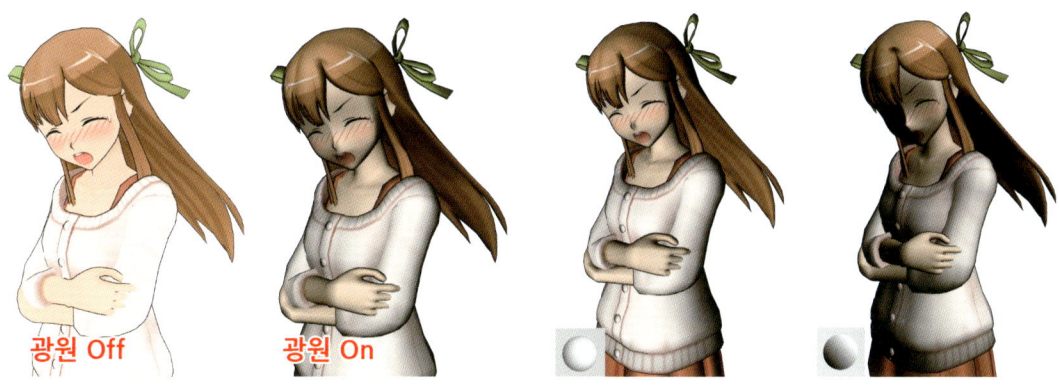

캐릭터 : 캐릭터의 얼굴, 헤어, 복장 등을 설정할 수 있습니다.

표정 설정 : 캐릭터의 표정을 설정할 수 있습니다. 설정에 따라 없는 캐릭터도 있습니다.

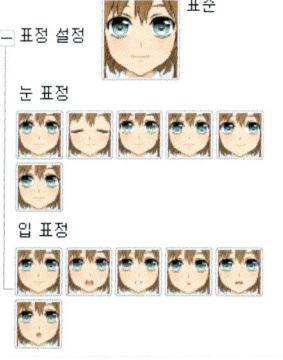

초기 포즈 : 포즈를 원래대로 되돌립니다. + 버튼을 누르면, 손 모양을 직관적으로 조정할 수 있는 UI가 나옵니다.

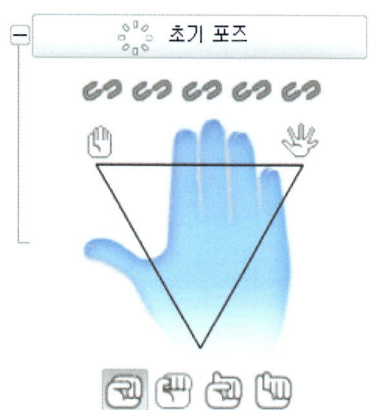

만화 퍼스 : 만화 특유의 과장된 원근법을 적용합니다. 체크하면 원근이 더 과장되게 표현됩니다. 액션을 강조해 주므로, 종종 사용하게 되는 유용한 기능입니다.

3D 오브젝트 보이기 : 오브젝트의 크기와 위치를 설정합니다.

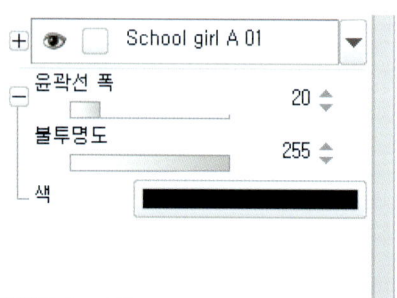

오브젝트 크기	오브젝트 크기를 설정합니다.
접지	클릭하면, 바닥 좌표로 오브젝트를 떨어트립니다.
X	가로 위치를 설정합니다.
Y	높이를 설정합니다.
Z	앞뒤 위치를 설정합니다.

윤곽선 폭 : 외곽선의 굵기와 투명도, 색깔을 선택할 수 있습니다. 독특한 색과 두께는 만화의 개성을 강조해주는 역할을 합니다. 아래는 붉은색으로 바꾼 뒤, 두께도 두껍게 조정해본 샷입니다.

SECTION 02
실전! 지하철 씬 만들기

이번 시간에는 기본 3D소재를 이용해 빠르게 지하철 씬을 만들고, 리터칭해서 씬을 완성하는 과정을 진행해보도록 하겠습니다.

· 배경과 3D캐릭터 배치하기

 우선 컷을 하나 만듭니다. 직사각형 컷 툴을 선택해서 적당한 크기로 컷선을 그려줍니다.

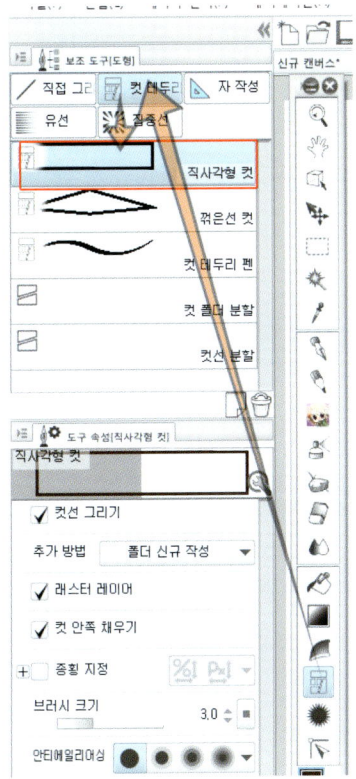

02 소재 창에서 Interior of train 소재를 찾아 컷선 안으로 드래그&드롭합니다. 지하철 안쪽 배경 씬이 간단히 추가되었습니다.

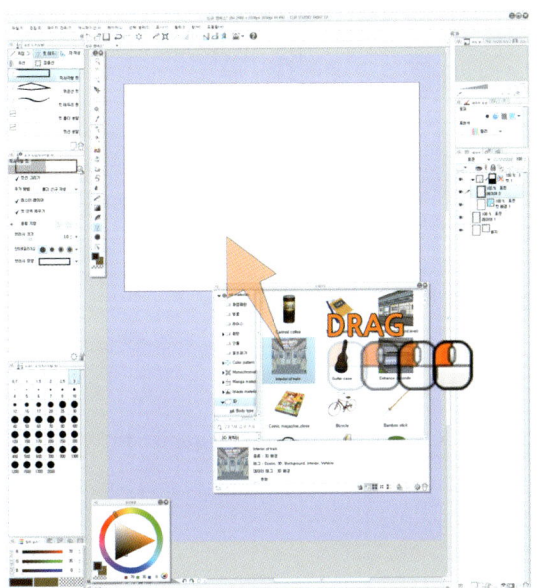

03 도구 속성 팔레트에서 앵글 항목을 찾습니다. 프리셋 버튼을 누르면, 연출에 어울리는 각도 리스트가 나옵니다. 이중에서 Seat1을 선택합니다. 의자 중심의 씬으로 변경되었습니다.

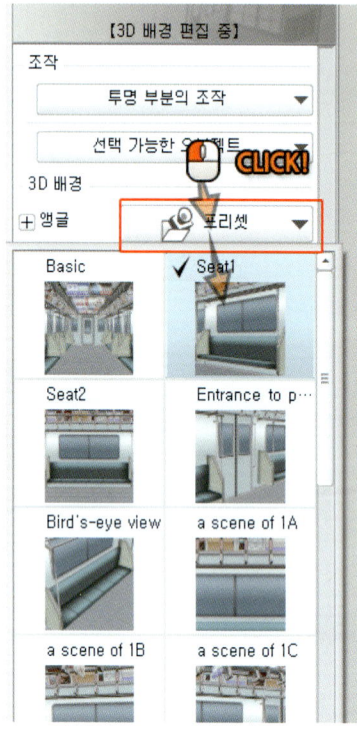
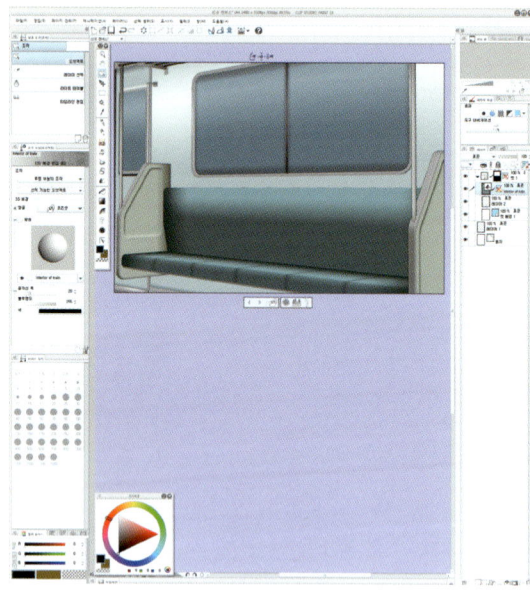

04 이제 여주인공을 배치해봅시다. 소재 팔레트에서 School girl B 02를 드래그&드롭으로 배치합니다.

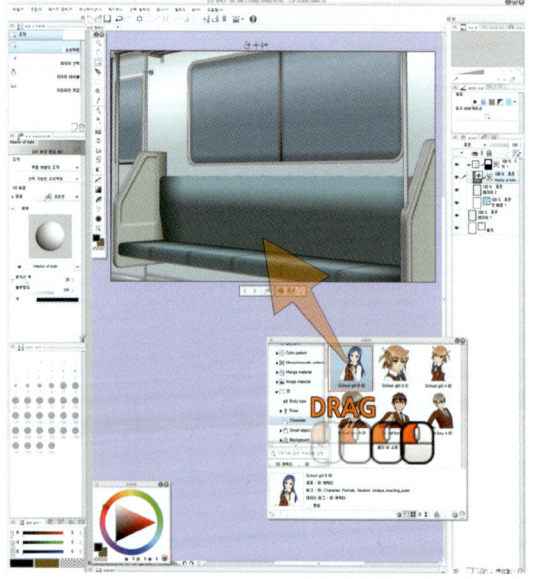

05 이대로 마우스로 조정하는 방법도 있지만, 그럴 경우 작업시간이 많이 걸립니다. 다행히 클립스 튜디오에서는 다양한 포즈 역시 지원하므로, 이용해보도록 하겠습니다. 소재 팔레트의 Pose 폴더 중 앉아있는 포즈를 찾아 캐릭터에게 드래그합니다.

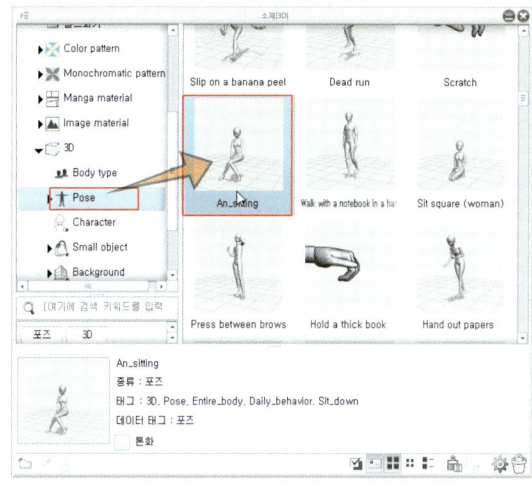

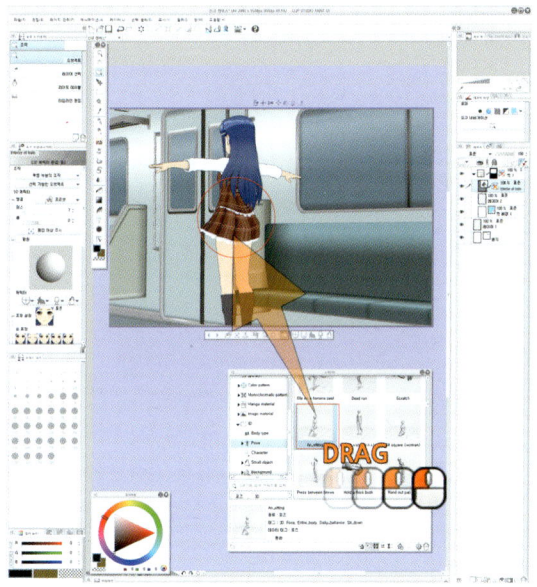

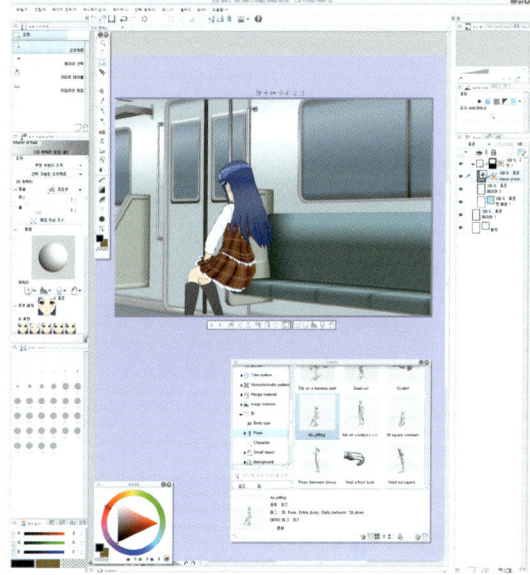

06 등을 돌리고 있는 캐릭터를 회전시켜봅시다. 캐릭터 허리부분을 클릭한 뒤 빨간 원을 드래그해서 회전하면 깔끔하게 처리됩니다.

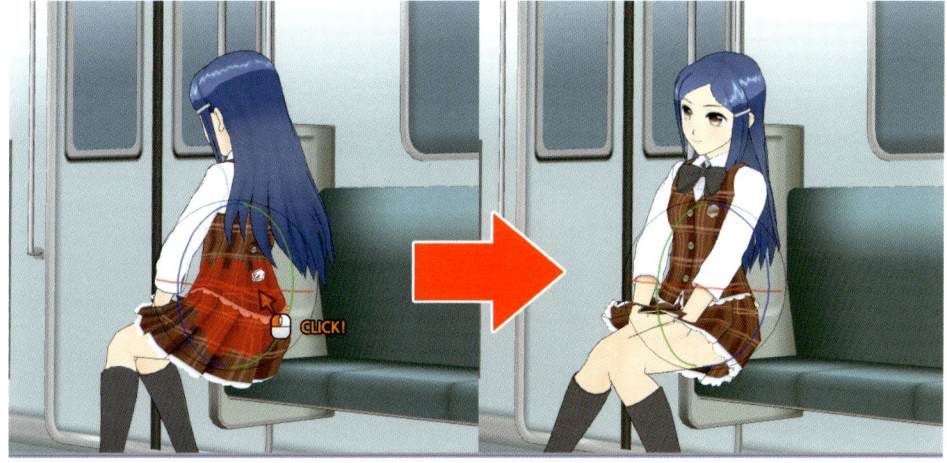

캐릭터를 의자로 옮겨봅시다. 이동은 도구 속성 팔레트에서 하시는게 편합니다. X좌표의 슬라이드를 드래그해서 조정합니다.

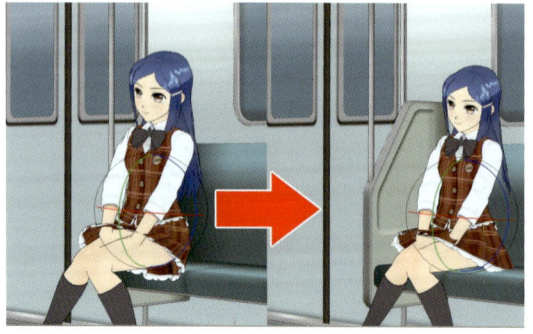

 소재 팔레트에서 가방도 선택한 뒤, 여주인공 옆에 적당히 배치해줍니다.

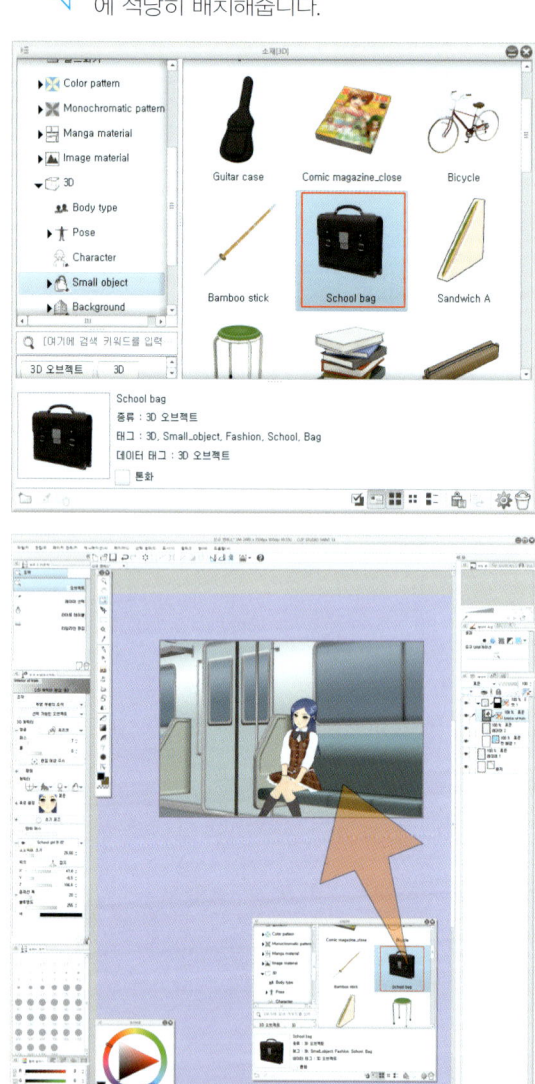

09 같은 방식으로 남학생도 배치해봅니다. School boy B 02를 드래그해서 배치합니다. 포즈는 Writing on blackboard 를 사용합니다. 딱 맞는 포즈는 아니므로, 적절히 조정해 손잡이를 잡은 포즈로 만듭니다.

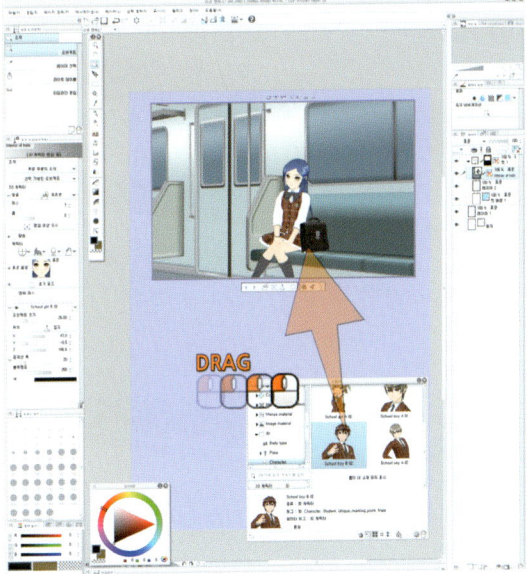

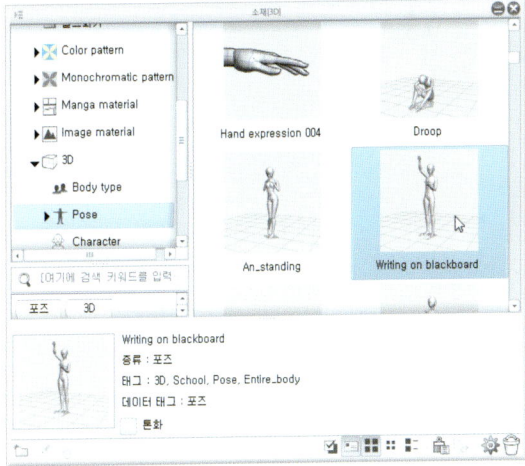

10 카메라를 확대/축소하면서 디테일한 부분을 조정합니다. 손의 경우 도구 속성 창에서 조정하면 좀 더 편하게 조정 가능합니다.

11 여주인공은 고개를 들어서 시선이 맞는 느낌으로 조정합니다. 표정 설정에서 표정도 변경해줍니다.

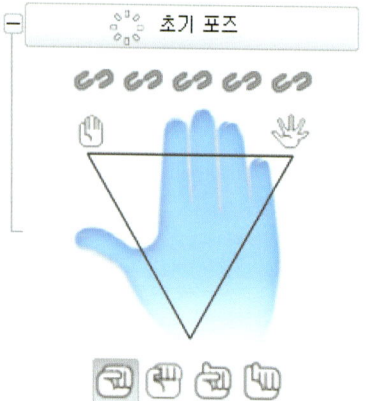

12 남주인공의 표정도 변경해줍니다.

| 13 | 끝으로 새 레이어를 만들어 발광 닷지 로 변경한 뒤, 창 쪽을 칠해서 빛 느낌을 넣어주고 마무리합니다.

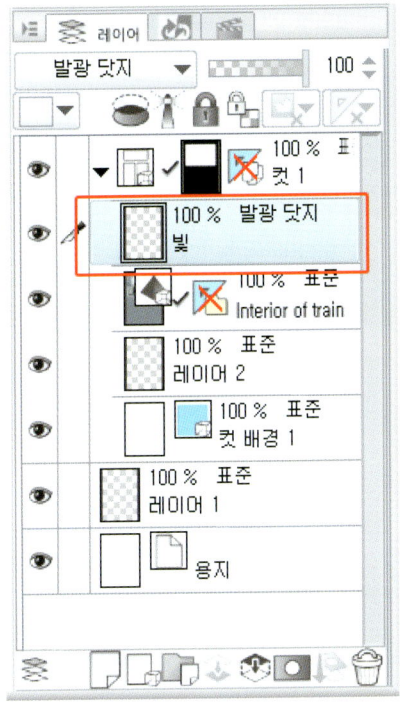

글자까지 삽입하고 마무리해본 모습입니다. 클립스튜디오는 3D와 2D를 적절히 조합할 수 있어 빠른 결과물을 만들 수 있습니다.

3D자선을 응용한 2D 배경에 오브젝트 배치하기

앞서 컷 하나를 3D로 만드는 과정을 만들어보았습니다. 하지만 실제 원고를 하게 되면, 이런 식으로 풀 3D를 사용하는 경우보다는 이미 만들어진 배경 등에 새로 오브젝트를 배치하는 경우가 대부분일 겁니다.
하지만 이때, 은근 배치하기가 쉽지 않습니다. 눈대중으로 하면 크기나 각도 등이 어긋나기 마련인데요. 이럴 때는 오브젝트를 배치할 때 함께 생겨나는 3D자선을 이용하면 정확한 배치가 가능합니다.
이번 시간에는 실제 만들어진 일러스트 위에 3D자선을 이용해 적절히 오브젝트를 배치하는 방법에 대해 알아보도록 하겠습니다.

· 러프하게 배치하기

교실 배경이므로, 교실에 알맞는 오브젝트를 골라봅시다.

01 만화책 3D소재인 Comic magazine_close를 선택해 캔버스로 끌어다 넣습니다.

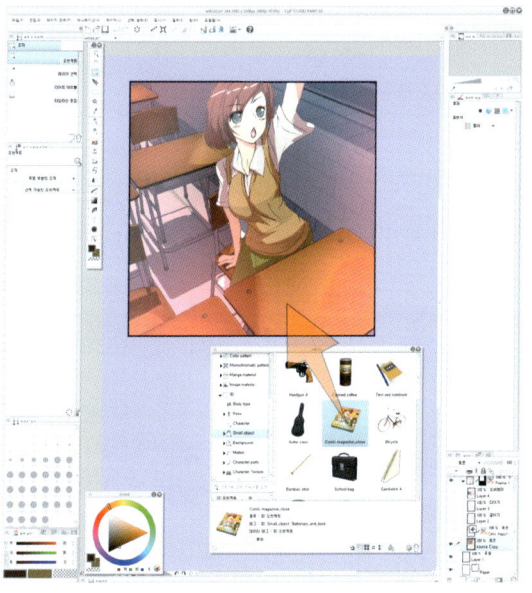 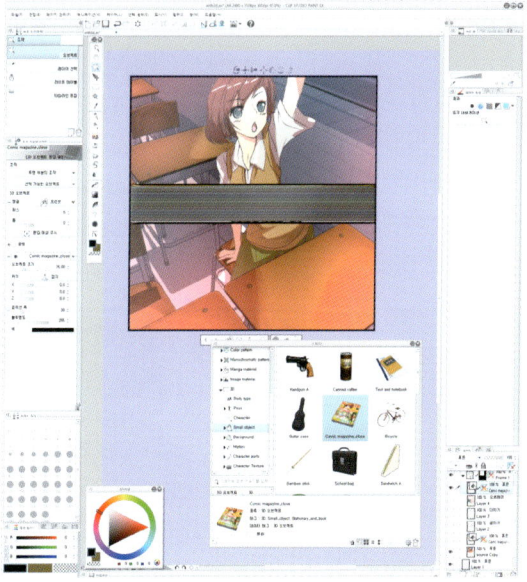

마우스 드래그 등을 이용하면 가이드 선이 나타나며 배치에 도움을 줍니다.

가이드 선을 참고해서 적당히 배치합니다.

이때, 오브젝트를 직접 움직이지 말고, 카메라 이동 기능만을 이용해서 배치하세요.

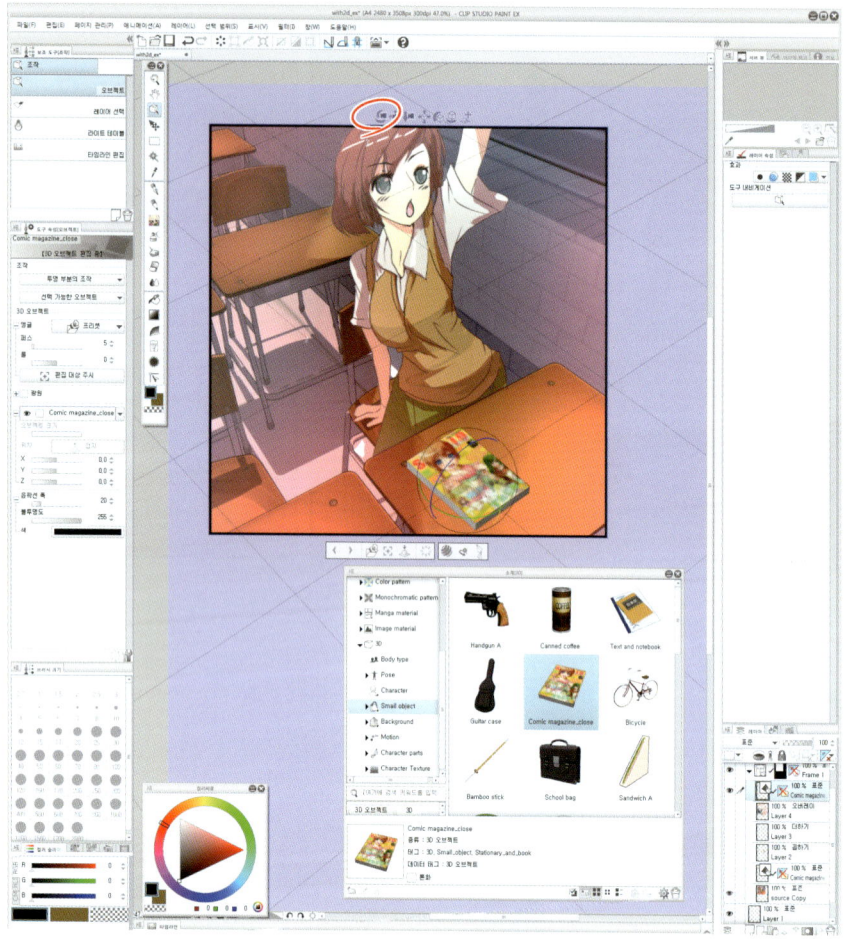

03 배치된 모습입니다. 그럭저럭 나쁘진 않지만, 책을 뒤쪽으로 옮기거나 할 경우 크기가 어긋나는 것을 볼 수 있습니다. 오브젝트 하나만 놔둘 때는 문제가 없지만, 여러 개의 물체를 배치할 경우 일일이 수정해야 해서 수정하기 까다로워집니다.

· 3D 자선 조정하기

이제, 3D자선을 이용해 공간을 디테일하게 조정해봅시다.

01 레이어 팔레트를 확인합니다. 3D자선이 x자 표시로 꺼져있는 것을 알 수 있습니다. 자 아이콘을 더블클릭해서 켭니다. 화면에 3D 자선이 표시됩니다. 클릭해서 자선을 표시합니다.

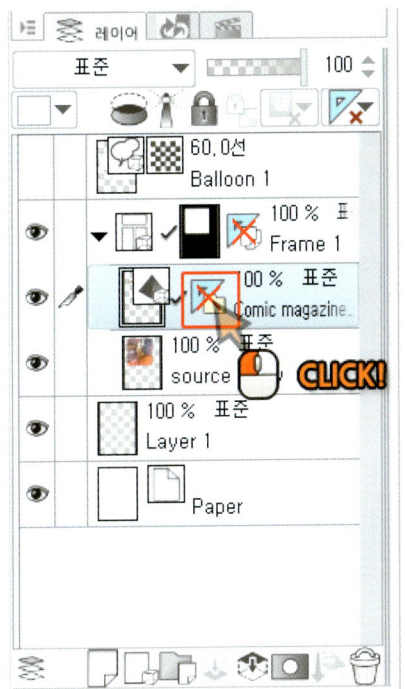
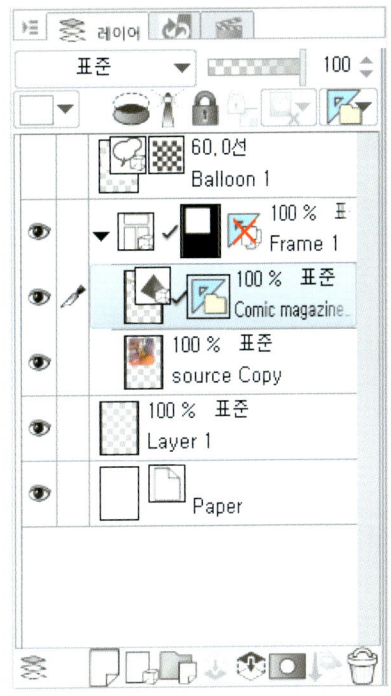

02 화면이 진해서 선이 안 보일 경우, 해당 레이어의 투명도를 낮춰서 선이 잘 보이게 합니다.

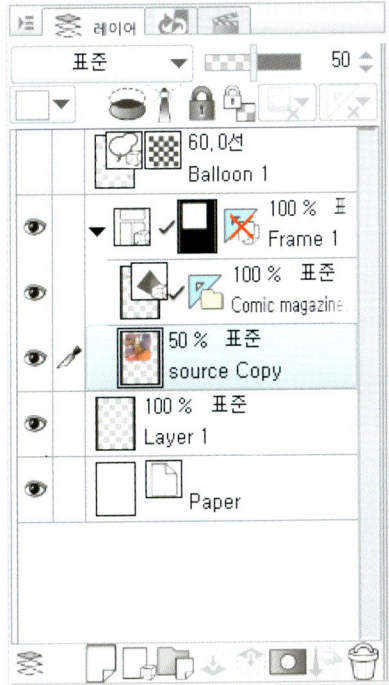

03 Comic magazine_close 레이어를 선택한 다음, 조작 아이콘을 클릭합니다. 레이어 탭에서 자선 아이콘을 클릭하면, 도구 속성 팔레트가 자선용으로 변경됩니다.

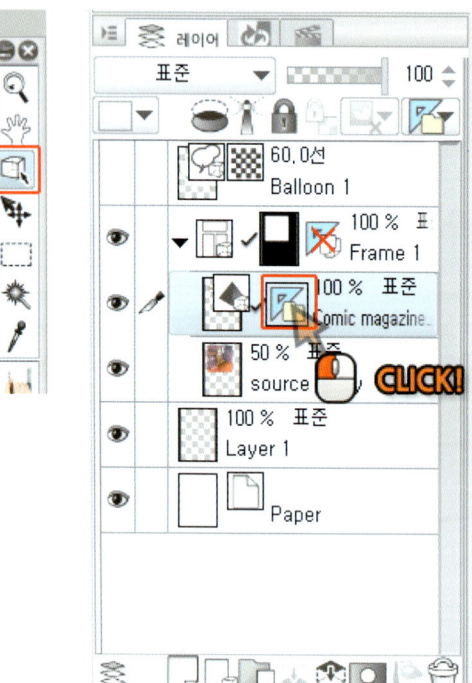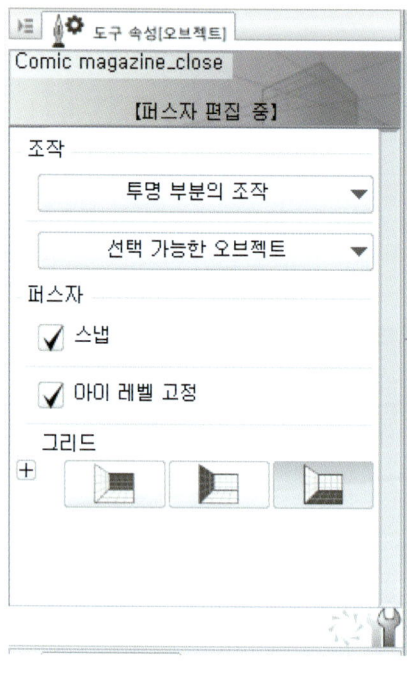

04 도구 속성 팔레트를 확인한 뒤, 아이 레벨 고정 의 체크를 끕니다. 그래야 원근감을 원하는 대로 조정할 수 있습니다.

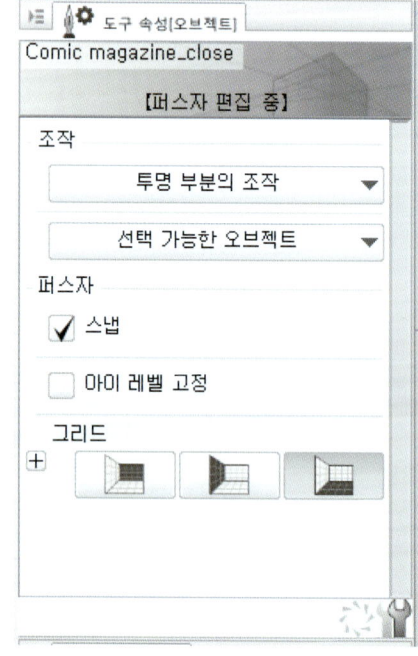

05 자선을 클릭하면, 원형/십자 형태의 아이콘이 선 위에 나옵니다. 원 아이콘은 자선이동을, 십자 형태는 각도를 조정할 수 있습니다.

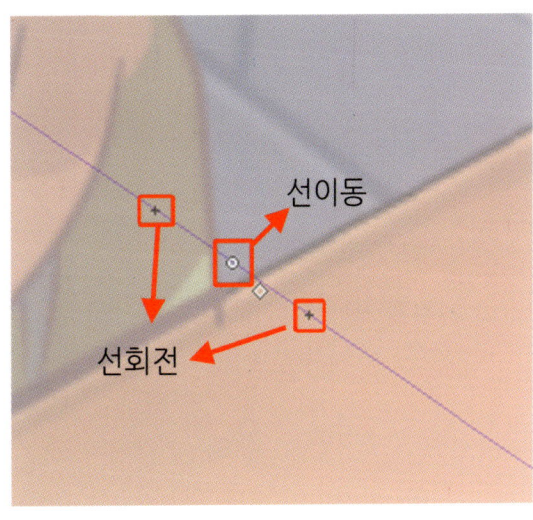

선이동

선회전

06 이 아이콘을 드래그해서 각 선을 책상, 벽과 맞추어줍니다. 각각 수직선/수평선을 찾아 맞춥니다. 이 선을 참고해서 3D공간이 새로 구성됩니다.

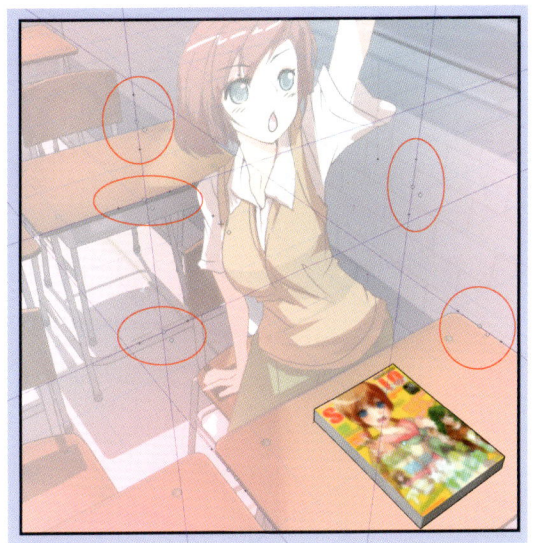

의자와 책상과 수평을 맞추어주었습니다.

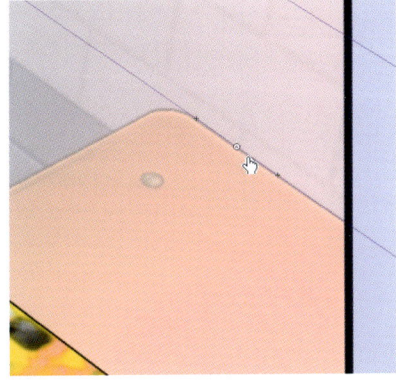
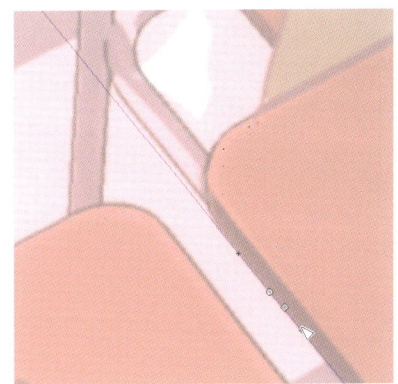

책상의 위와 아래로 수평을 맞추어주었습니다.

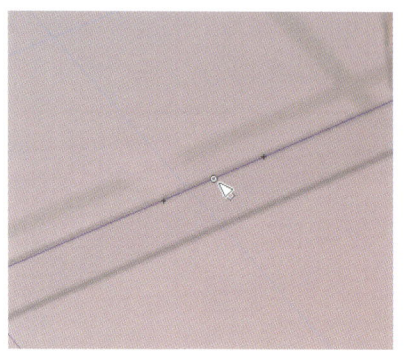

수직 라인은 벽돌 무늬에 맞추었습니다.

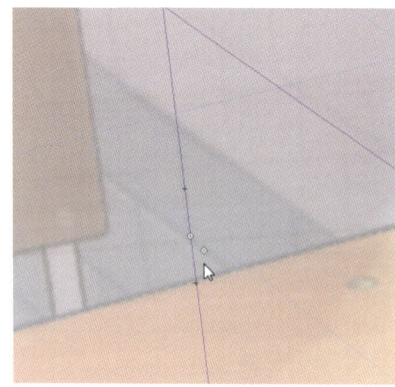 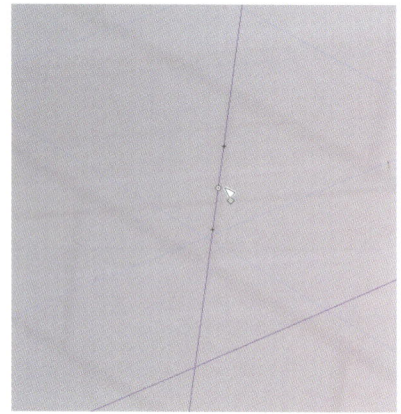

07 조정된 모습입니다. 좀 더 자연스러워진 것을 알 수 있습니다. 이제 아이콘을 드래그해서 책을 뒤쪽 책상으로 옮기면 거리에 맞게 크기가 변경됩니다.

08 이렇게 3D공간이 재정리된 상태에서는 추가하는 3D 소재 역시 동일한 공간으로 인식됩니다. 3D소재에서 책상에 어울리는 다른 오브젝트를 꺼내서 배치해봅니다. 장소에 어울리는 크기로 배치되는 것을 알 수 있습니다.

클립스튜디오의 오브젝트들은 그림자가 적용되지 않습니다. 퍼포먼스를 위해서 기능을 단순화시켰기 때문인데요. 그림자와 반사광 등 질감표현은 레이어를 추가해서 그려주시면 됩니다. 3D위에 자연스럽게 추가 리터칭을 할 수 있는 것은 클립스튜디오의 장점이기도 합니다.

이처럼 3D자선을 이용하면 기존 2D이미지에 3D오브젝트를 자연스럽게 얹을 수 있어 편리합니다. 잘 익혀두시기 바랍니다.

인체인형 사용하기

클립스튜디오의 인체 인형은 다양한 자세를 원근에 맞춰 체크하기에 알맞은 도구입니다. 등신대나, 체형을 마음대로 바꿀 수 있는 것도 장점입니다.(얼굴이 실사인건 살짝 아쉽군요) 유사한 프로그램에서는 보기 힘든, 만화전용의 강력한 기능이라고 할 수 있습니다.
이번 시간에는 기본 제공하는 인체인형을 사용하는 방법에 대해 알아보도록 하겠습니다.

· 인체인형 꺼내기

소재 창의 3D → Body type 폴더에서, 2종의 3D Drawing doll이라고 부르는 기본 체형을 찾을 수 있습니다. Male 이 남자캐릭터, Female이 여자캐릭터입니다.

01 이 중 하나를 캔버스로 드래그 해넣습니다. 저는 여성 캐릭터인 Female 을 드래그하였습니다. 회색 인체가 등장합니다. 예쁜 캐릭터는 아니지만, 기준선 등이 있어 자세를 참고하기에 유용합니다.

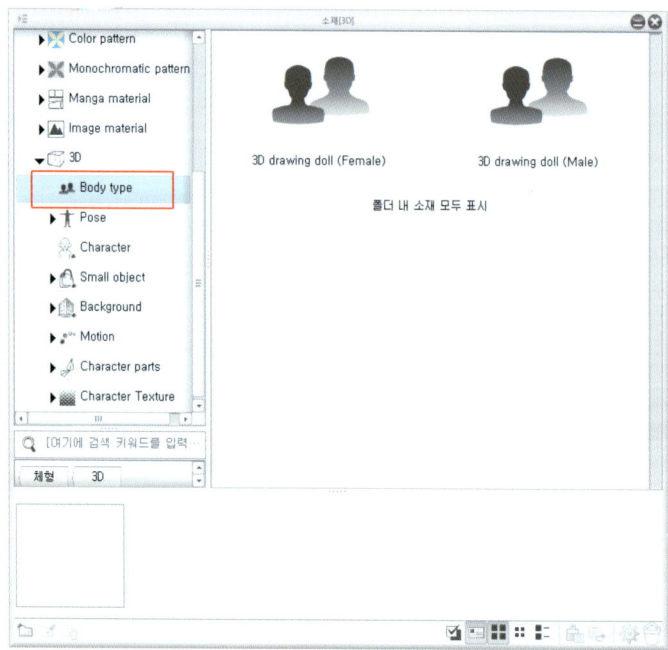

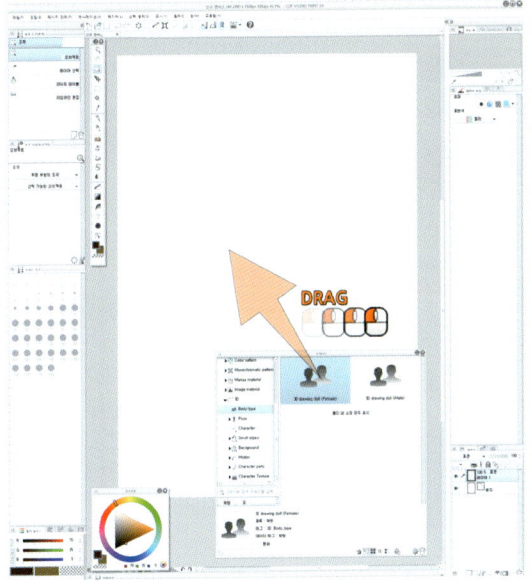
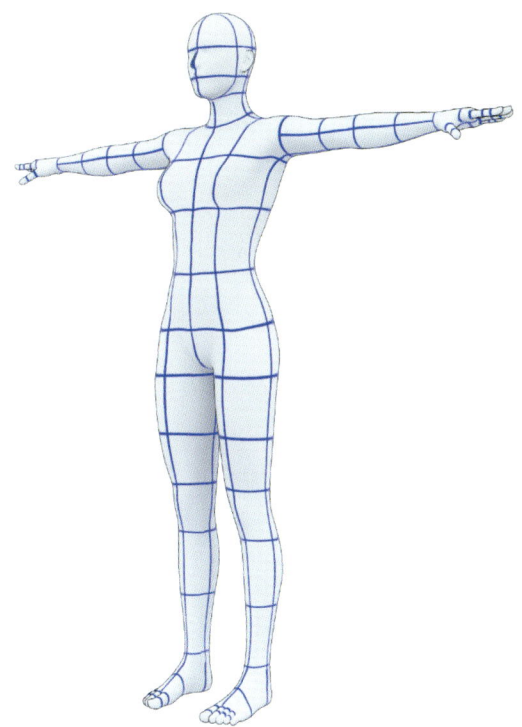

02 그림자효과를 통해 좀 더 디테일한 인체 굴곡을 보고 싶다면, 도구 속성 창에서 Light Source 를 켭니다. 인체에 명암이 들어가면서 자세한 구조를 볼 수 있습니다.

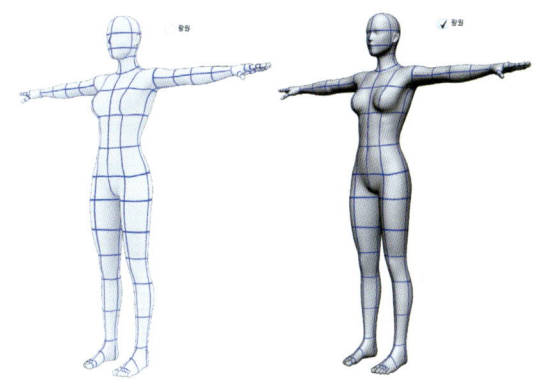

· 체형 조정하기

인체인형을 조정하는 방법은 하단의 아이콘 바에서 확인할 수 있으며, 3가지 방식으로 조정할 수 있습니다. 서로 공유하는 부분도 있고 별도로 적용되는 부분도 있으므로 하나씩 테스트해보세요.

패널을 이용해 조정하는 방법

01 아이콘을 클릭하면 패널이 등장합니다. 이 패널은 등신대와 체형을 한눈에 조정할 수 있어 편합니다.

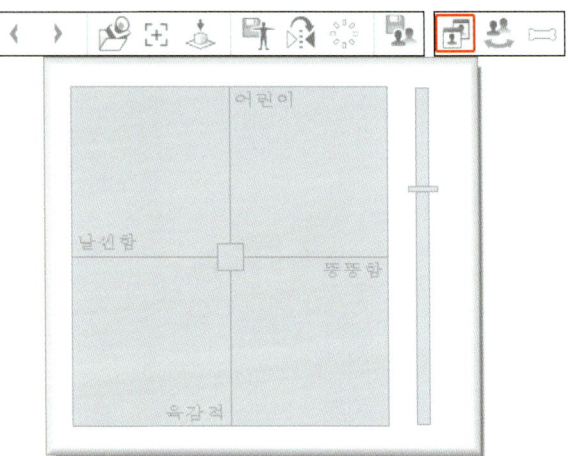

02 2개의 축으로 날씬함 ↔ 뚱뚱함, 어린이 ↔ 육감적 을 취향대로 조정할 수 있습니다. 패널의 어느 부분을 클릭하느냐에 따라 마르면서 아이체형이나, 마르면서 관능적인 체형 등 직관적인 설정이 가능합니다.

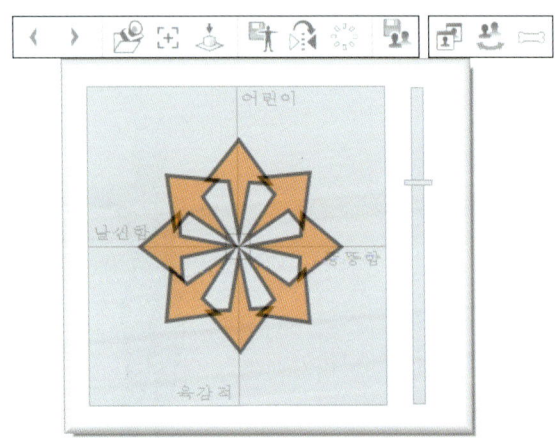

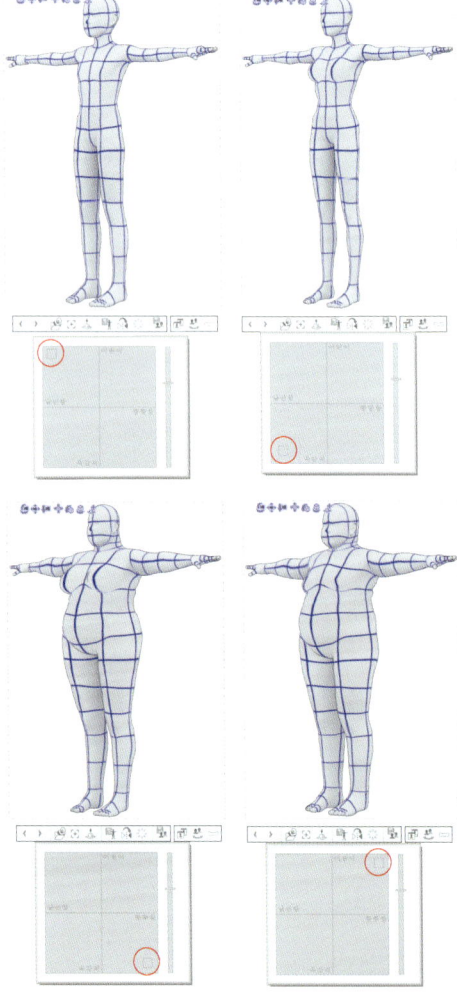

03 측면게이지를 이용해 등신대를 변경할 수 있습니다. 직관적으로 등신대를 결정할 수 있어 편리합니다.

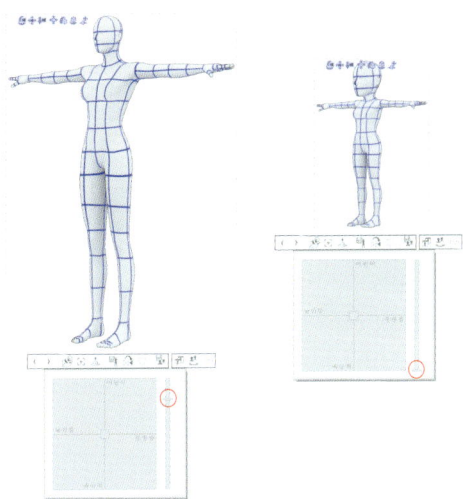

슬라이더를 이용해 조정하는 방법

01 두 번째 아이콘은 4개의 슬라이드를 보여주며, 이를 이용해 체형을 조정할 수 있습니다.

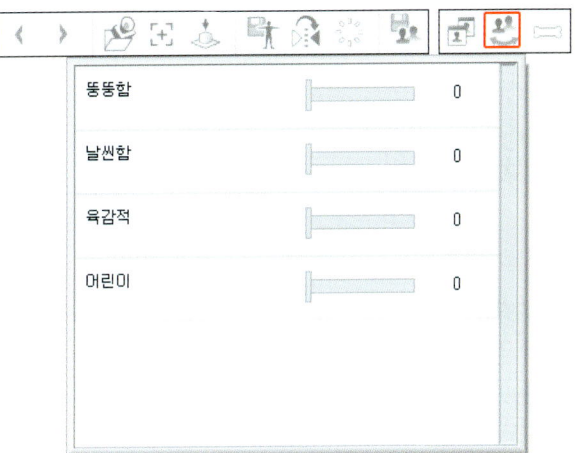

02 날씬하면서도 뚱뚱한 체형이나 아이같으면서 육감적인 체형도 만들 수 있어. 패널 형태보다 좀 더 복합적인 체형을 만들 수 있습니다.

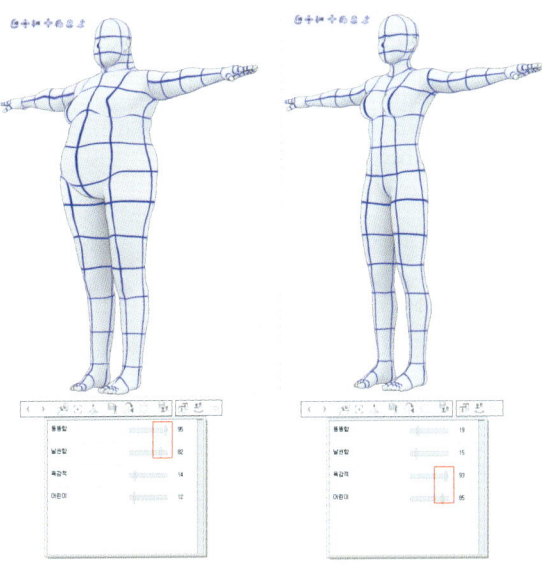

각 인체부분을 직접 조정하는 방법

01 세 번째 아이콘을 클릭하면, 인체의 각 길이를 직접 조정하는 세부 슬라이드창이 등장합니다. 자신의 취향에 맞는 체형을 만들 수 있지만, 그만큼 까다로운 편입니다.

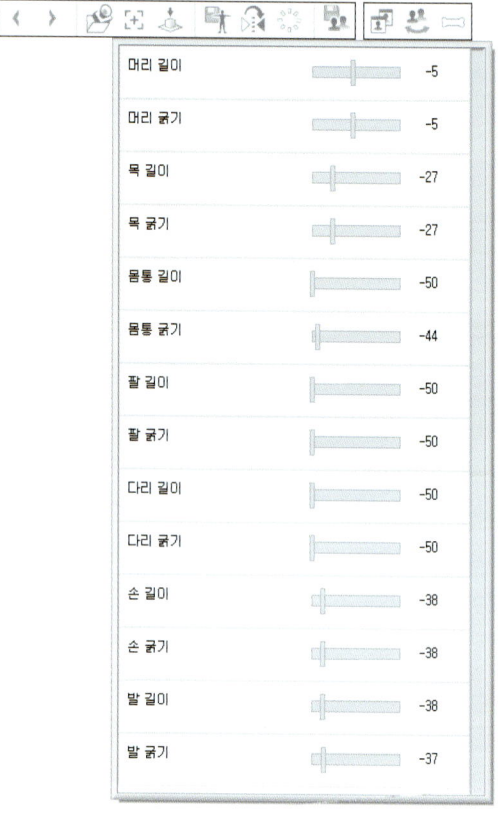

이를 참고해서 취향에 맞는 체형을 만들어봅시다.

· 체형 저장하기

01 한번 만든 체형은 아이콘을 클릭해 저장해둘 수 있습니다. 다양한 등장인물의 체형을 상황에 맞게 저장해두면 필요할 때 꺼내 쓸 수 있어 편리합니다.

저장창은 일반적인 소재 생성 창과 같지만, 일부 세팅을 할 수 없습니다.

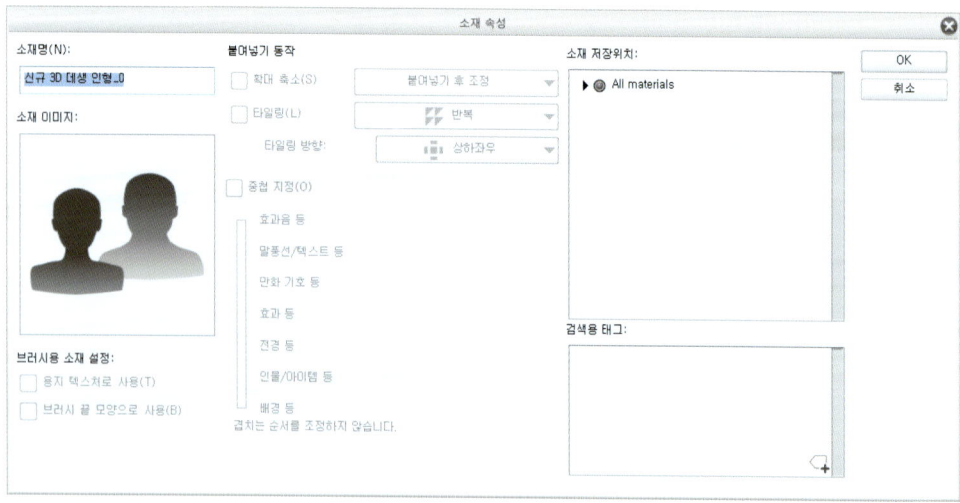

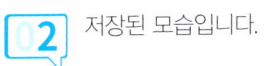 저장된 모습입니다.

· 포즈 적용하기

01 클립스튜디오는 캐릭터 뿐만 아니라 만든 포즈를 저장하고, 불러올 수 있습니다. 또한 Pose 폴더에 미리 만들어진 포즈도 다양하게 구비되어 있어, 적절히 사용하면 작업시간을 줄일 수 있습니다.

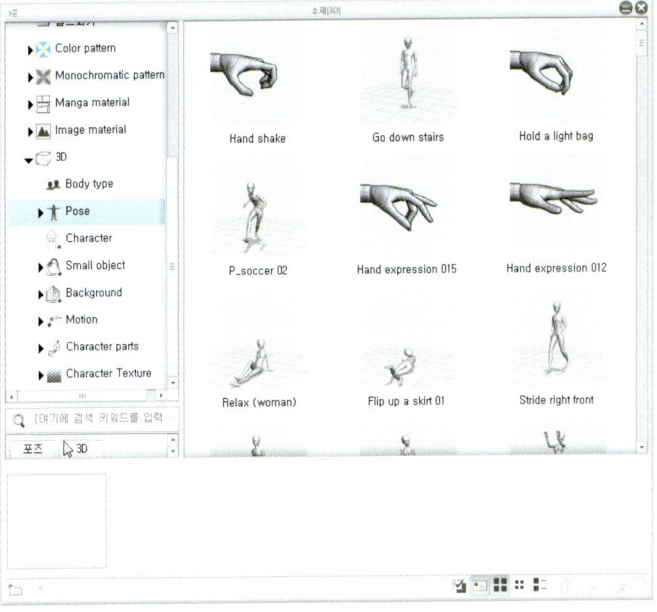

원하는 포즈를 끌어 캐릭터에 드래그하면 간단히 적용됩니다.

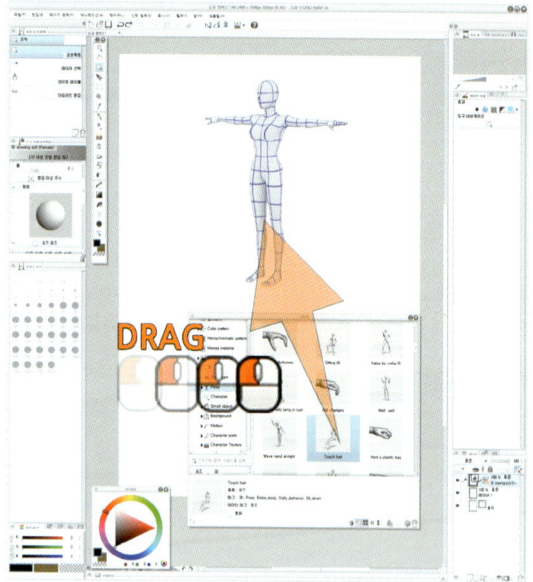 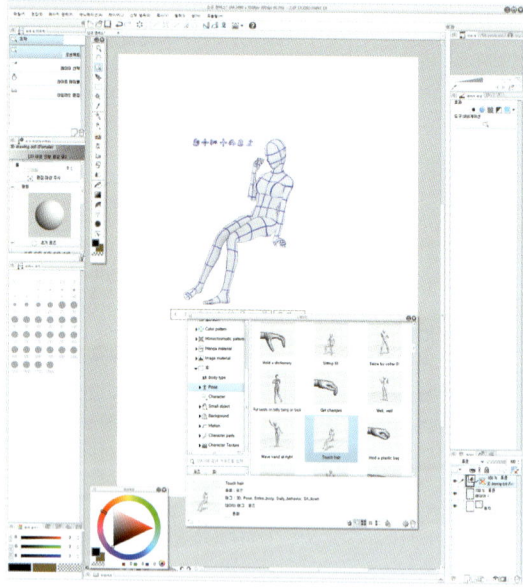

여러 캐릭터가 있을 때도 포즈를 각각 적용할 수 있어 편리합니다.

· 만든 포즈 저장하기

01 를 클릭하면, 만든 포즈를 저장할 수 있습니다.

02 역시 소재로 생성되며, 원하는 폴더를 설정할 수 있습니다.

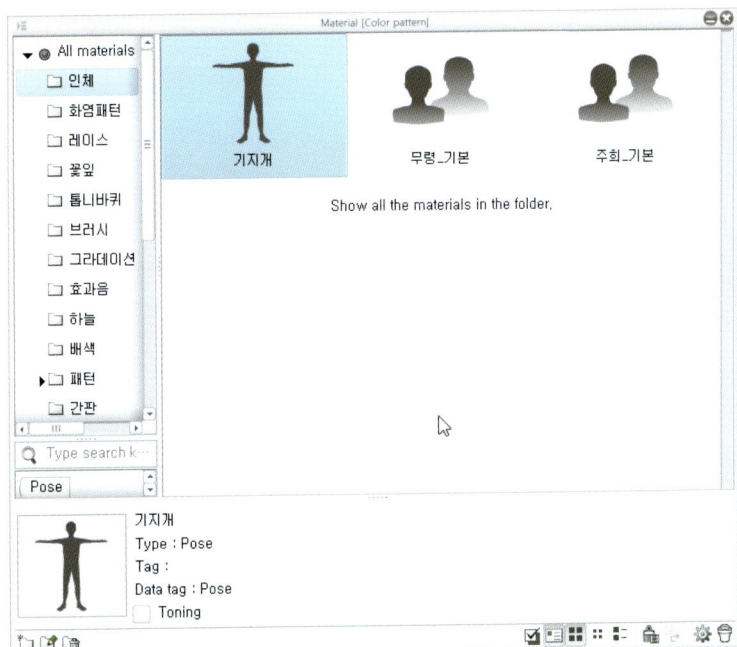

· 만화 퍼스 사용해 액션느낌 살리기

 도구 속성 팔레트에서 만화 퍼스를 사용하면 원근감을 강조하며, 좀 더 강렬한 동작을 만들 수 있습니다. 만화적인 느낌을 강하게 해주므로 체크를 해두시기 바랍니다.

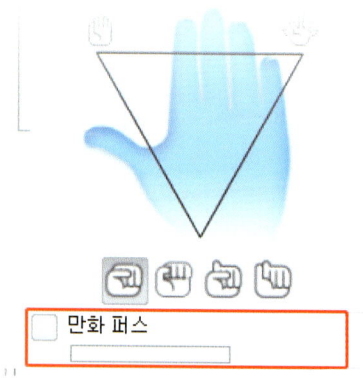

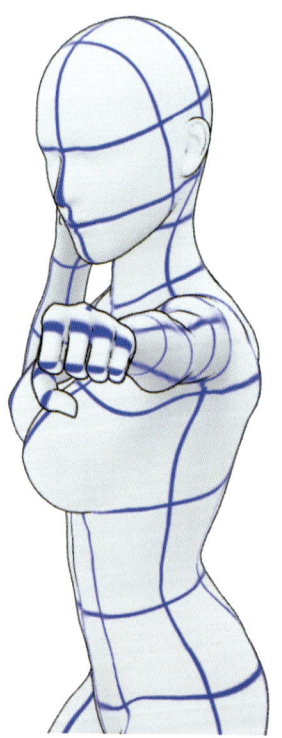
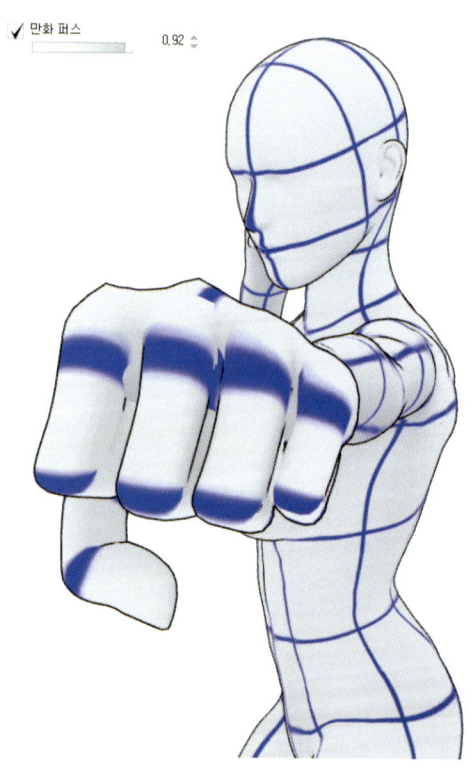

SECTION 05 스케치업의 자동차 모델 가져오기

클립스튜디오에서는 바로 사용할 수 있는 다양한 3D소재를 제공하며, 서로 공유할 수 있습니다. 하지만 기본적으로 제공하는 소재 외에도 3D소재가 필요한 경우가 종종 있습니다. 다행히 클립스튜디오에서는 FBX, 3DS OBJ등의 다양한 포맷의 3D파일을 가지고 올 수 있습니다. 특히 스케치업 웨어하우스에서는 몇만 개의 3D파일을 무료로 제공하므로, 이를 잘 이용하면 몇만 개의 3D 소재 라이브러리를 가진 것과 같은 강력한 효과를 발휘합니다.

이번 시간에는 스케치업에서 자동차를 검색해 받은 뒤, 클립스튜디오로 가져오는 방법에 대해 알아보도록 하겠습니다. 단, 이 작업에는 스케치업 프로가 필요합니다. 미리 준비하세요.

· 스케치업에서 추출하기

01 스케치업을 실행하고, 콤포넌트 창에서 원하는 오브젝트를 검색합니다. 저는 benz 를 검색하였습니다.

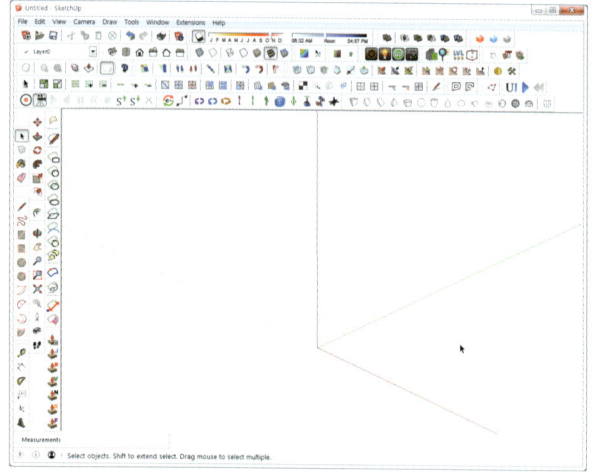
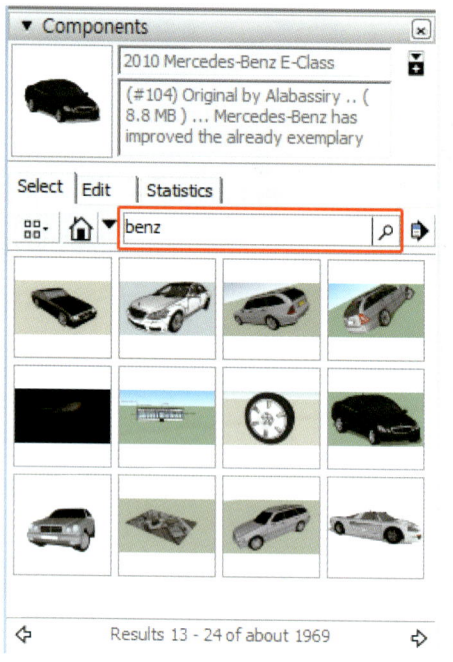

02 그중 원하는 걸 골라 클릭하면, 씬에 추가할 수 있습니다.

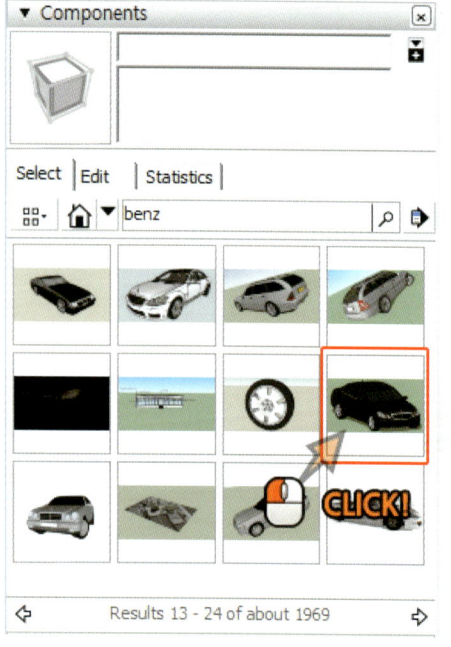
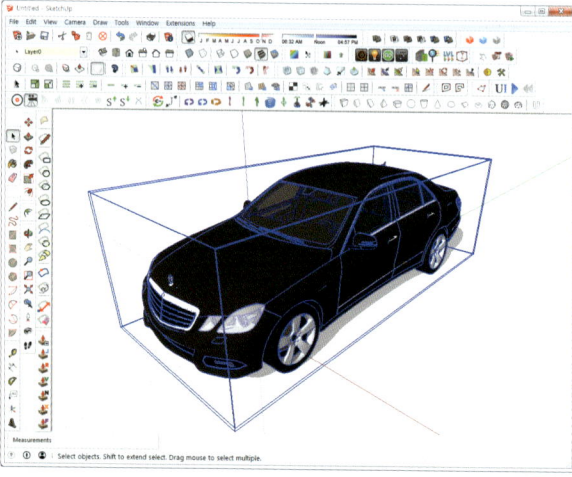

`03` 이제 스케치업의 모델을 클립스튜디오에서 쓸 수 있게 추출할 예정입니다. 단, 스케치업 프로에만 있는 기능이므로 주의하시기 바랍니다.
File → Export → 3D Model 을 선택합니다.

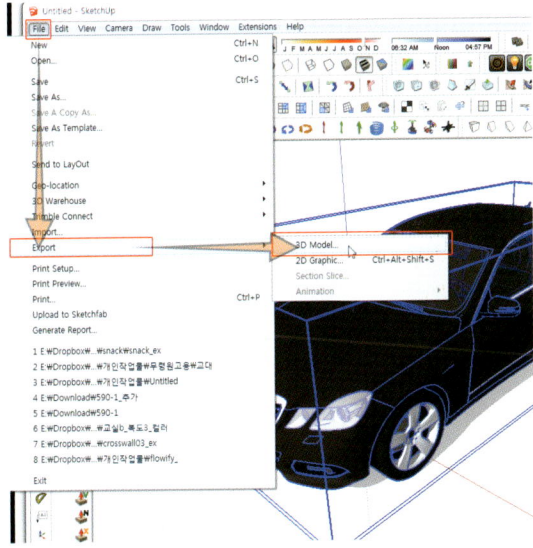

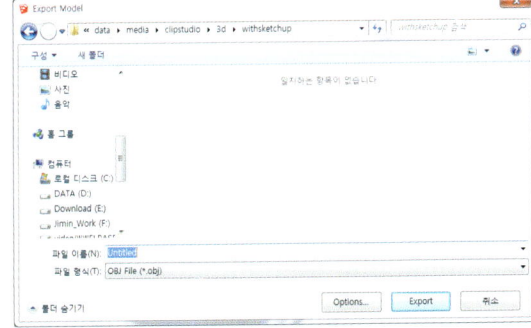

`04` 저장하기 전에 저장방식을 수정합니다. 확장자는 obj로 설정합니다.

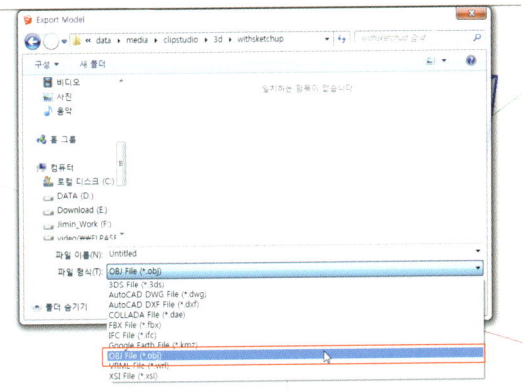

`05` 옵션 버튼을 눌러 옵션창을 연 다음, 아래와 같이 설정합니다.

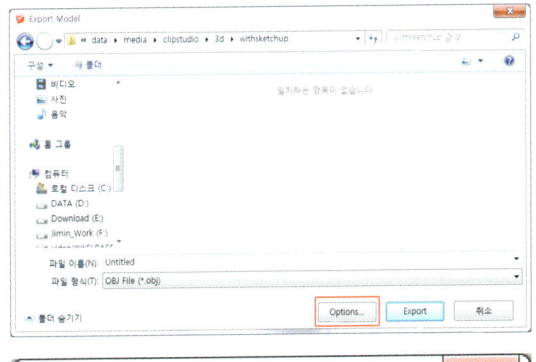

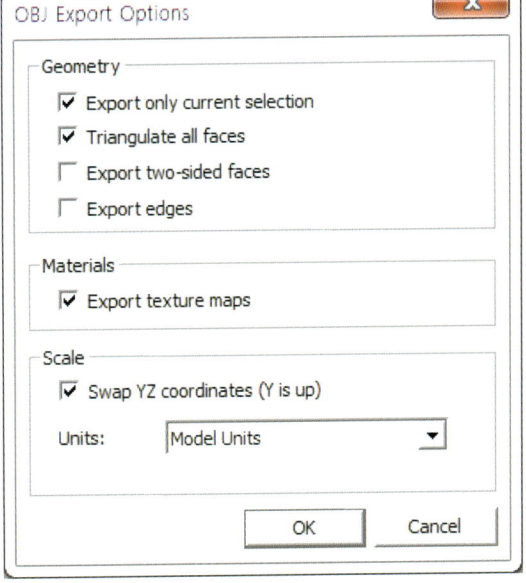

Export 버튼을 눌러 추출합니다. obj 파일과, mtl 파일, 그리고 텍스쳐가 있을 경우, 텍스쳐가 담긴 폴더가 생성됩니다.

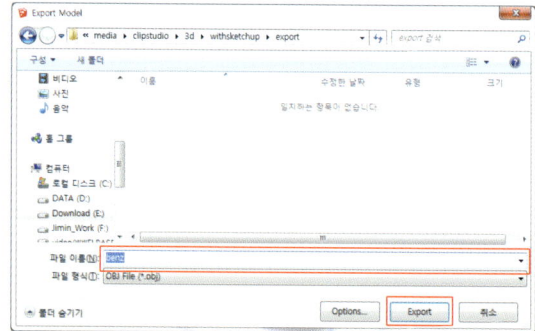

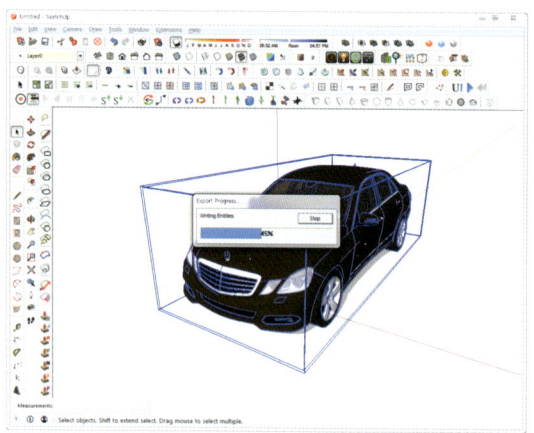

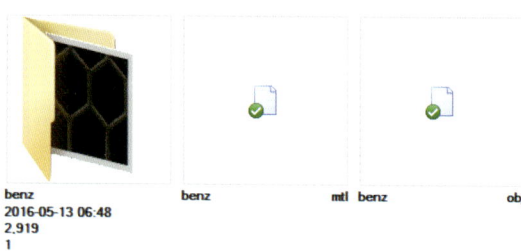

 텍스쳐 폴더에 있는 텍스쳐와 obj 파일, mtl파일을 하나의 폴더로 옮겨넣습니다.

이제 클립스튜디오로 삽입할 준비가 모두 끝났습니다.

· **클립스튜디오로 불러오기**

 클립스튜디오로 obj를 불러오는 방법은 간단합니다. 캔버스에 obj 파일을 드래그해넣습니다. 스케치업에서 불러낸 오브젝트가 적용되는 걸 알 수 있습니다. 다만, 삽입 직후에는 3D 느낌이 많이 나는 편입니다.

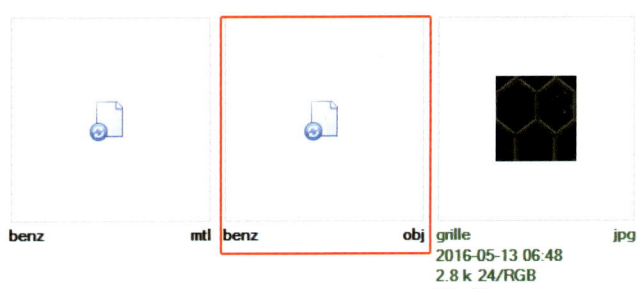

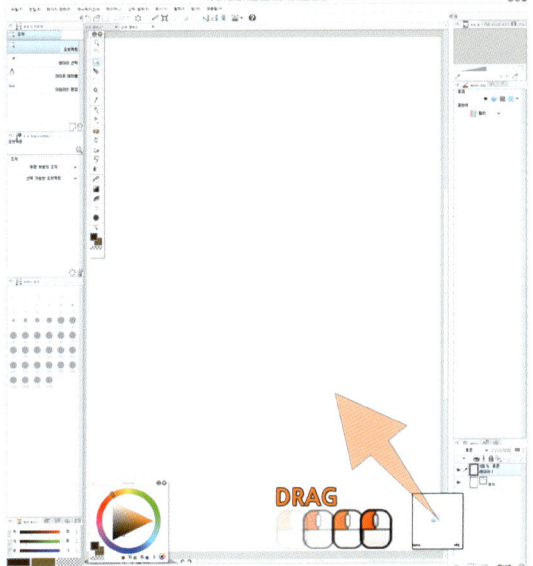
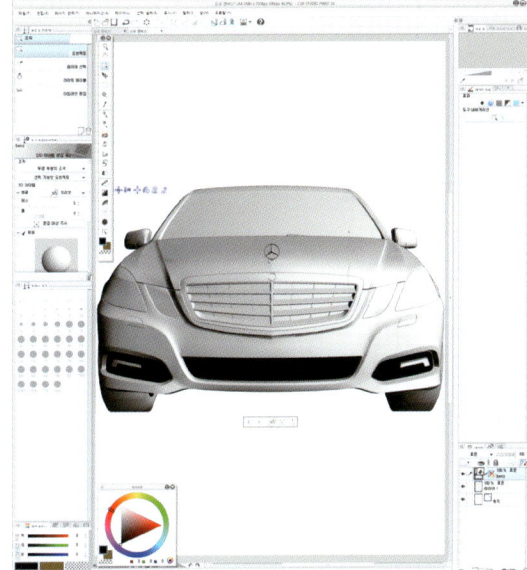

02 적당히 위치를 조정한 뒤, 레이어 속성 창에서 라인 추출을 선택합니다. 3D질감이 적절한 만화펜선 느낌으로 바뀌는 것을 알 수 있습니다. 먹칠 역치 값을 조정해서 검은 영역을 취향에 맞게 변경합니다.

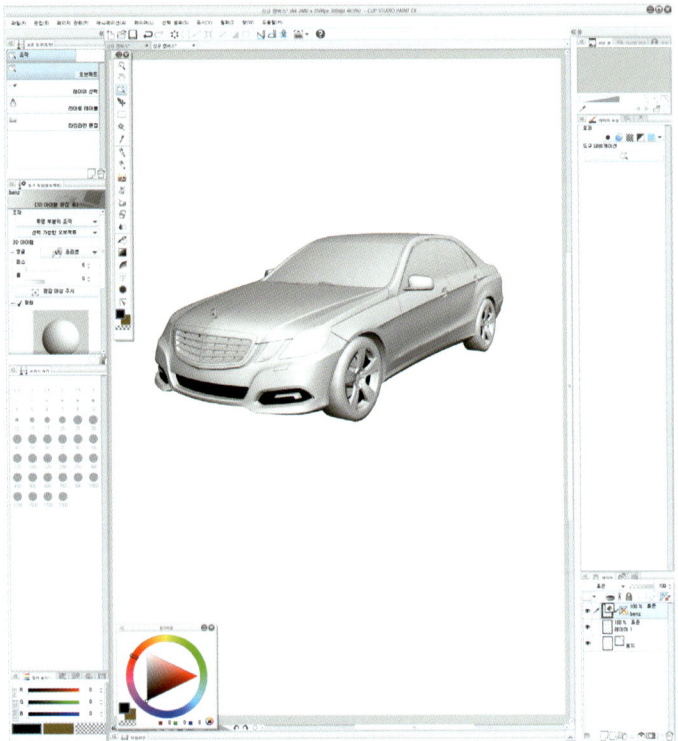

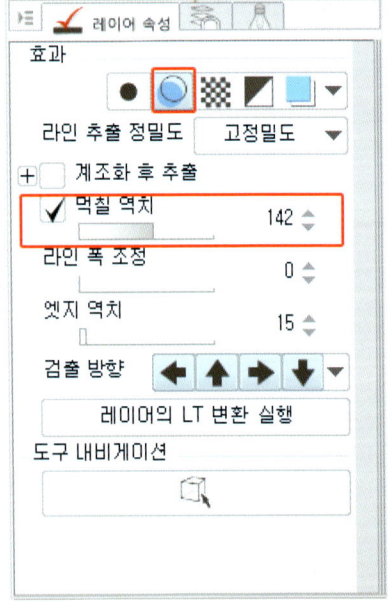

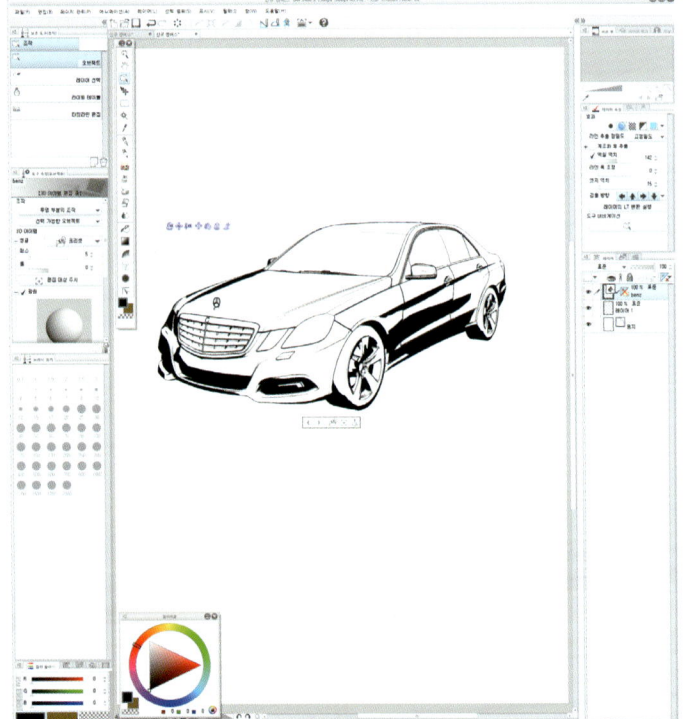

03 자동차 레이어를 복제한 뒤 광원과 라인 추출을 끄면 원래 자동차 색깔이 나옵니다. 자동차 펜션 레이어 아래에 배치한 뒤, 펜션 레이어의 합성 모드를 곱하기로 바꾸면, 펜션과 자동차가 적절히 어우러진 결과물이 나옵니다.

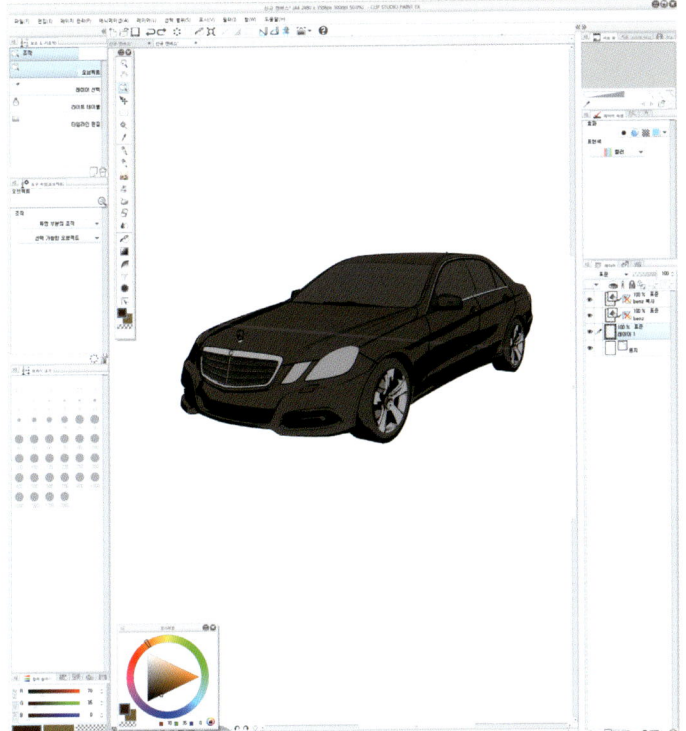

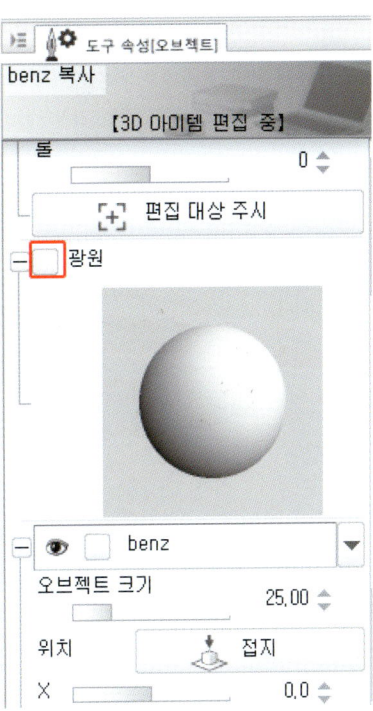

04 레이어를 추가해서 자동차를 보완하면 손쉽게 고퀄리티의 자동차를 완성할 수 있습니다.

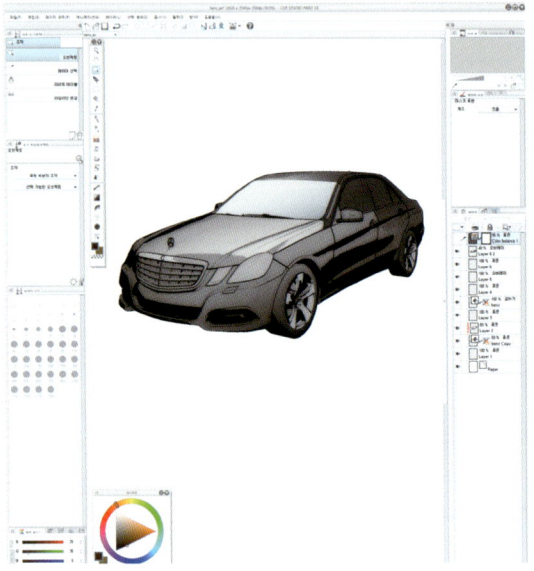

아래는 색감까지 보완해서 마무리한 모습입니다.

05 불러온 obj는 3D소재로 저장해두면 언제라도 사용할 수 있어 편리합니다.

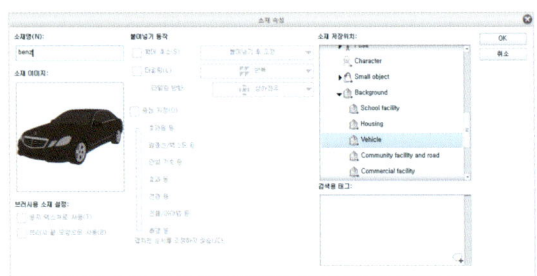

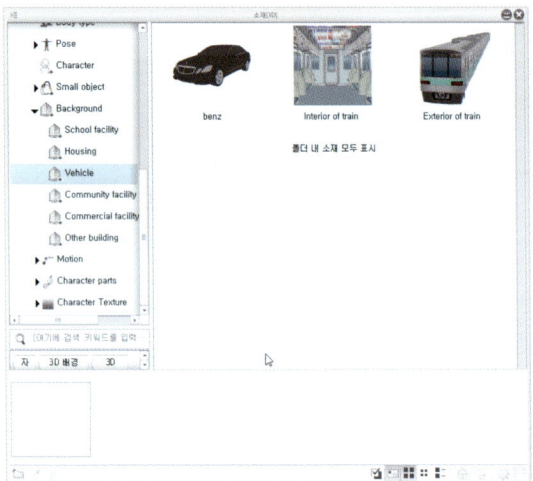

아래는 직접 제작한 SF 오브젝트를 불러와 약간의 리터칭을 더한 모습입니다. 이것만으로도 만화의 씬이 완성된 것을 볼 수 있습니다. 이처럼 스케치업 제작기법을 알고 있다면, 자신만의 다양한 오브젝트를 제작하고, 클립스튜디오에서 불러올 수 있습니다.

스케치업 모델을 다운받는 방법을 사용했지만, 웹툰 스타일로 자신만의 배경이나 소품 등을 미리 제작해두면 원고작업할 때 여러모로 편리합니다. 스케치업은 자체만으로도 훌륭한 툴이므로 웹툰을 준비하시거나, 작업하시는 분들이라면 꼭 익혀두시기 바랍니다. 스케치업을 배우시려면 제 개인위키 Elfism.com 에서 일부 공부하실 수 있으며, 제 또다른 저서 '웹툰 스케치업'에서도 다루고 있습니다.

웹툰 연재를 하고, 독자들과 소통하다 보면, 언젠가 출판을 하게 될 때가 올 것입니다. 이때 필요한 것이 바로 표지작업인데요.
클립스튜디오는 원고를 만드는 데도 탁월하지만, 멋진 표지일러스트를 그리는 데도 뛰어난 능력을 발휘합니다.
이번 시간은 클립스튜디오의 마지막 챕터로, 실제로 만화 표지를 만드는 과정을 진행해 볼 예정입니다. 이렇게 완성된 표지는 실제 이 강좌서적의 표지로 사용할 예정입니다.
자, 시작해볼까요?

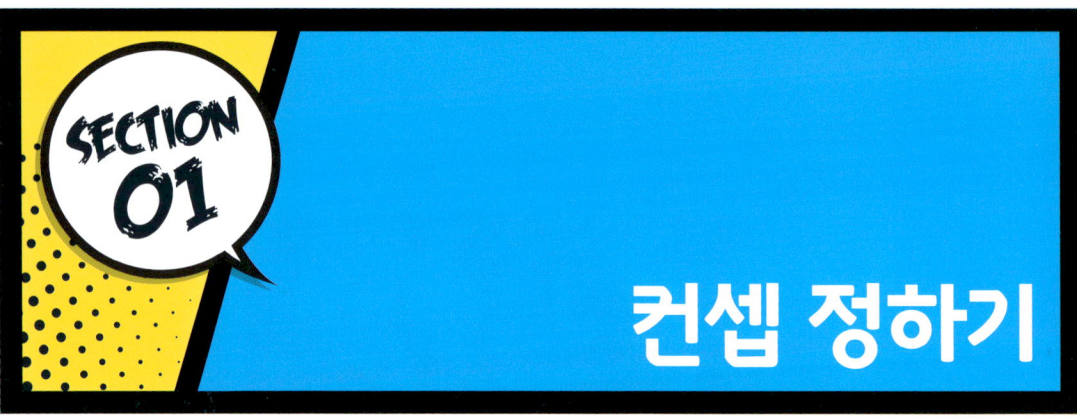

컨셉 정하기

이번 시간에는 표지 컨셉을 정하는 과정을 진행해보도록 하겠습니다. 방향성을 정하기 위해서는 디테일보다는 빠르게 분위기를 볼 수 있는 여러 썸네일을 그려서 진행합니다.

· 준비하기

01 표지 크기에 맞춰 새 페이지를 열었습니다. 대략 A4크기로 진행하였습니다. 이때, 바탕을 약간 밝은 회색으로 설정하였습니다. 바탕색을 회색으로 설정하면, 검은색과 흰색을 이용해 덩어리감을 표현할 수 있어 러프를 작업할 때 제가 자주 사용하는 방법입니다.

스케치는 제 개인 브러시를 이용해 진행하였습니다. 간단히 클립스튜디오의 진한 연필 을 하나 복사한 다음, 불투명도 항목만 추가한 형태입니다. 포토샵에서 이 방식으로 투명도만 적절히 조정해 스케치하던 게 익숙했던지라, 클립스튜디오에서도 유사한 느낌으로 만들어서 사용하고 있습니다.

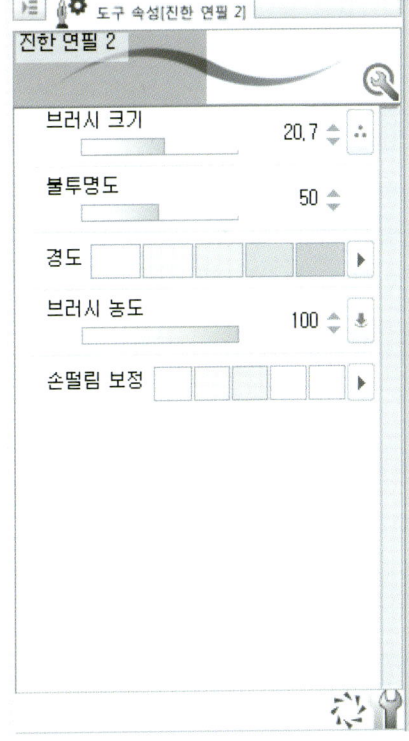

· 작업과정

우선, 떠오르는 대로 두 가지 정도 러프를 진행한 뒤, 파사*의 의견을 물었습니다.

"첫 번째로 생각한 컨셉은 만화의 세계로 빠져들어가는 앨리스야. 주변에는 붓과 팔레트 만화책 등이 날아다니는 거지. 클립스튜디오의 편리함과 매력을 어필하는 방향이고, 전체적으로 예쁘게 나올 것 같아."

"나쁘지 않은데?"

"그치? 그냥저냥. 그런데 왜 앨리스인 거지? 라는 생각이 들어."

"두 번째 건 만화가의 작업실 느낌으로 진행한 컨셉."

"우리 방이랑 비슷하네."

"헤드폰 끼고, 락 음악 들으면서, 불 꺼놓고 작업하는 전형적인 오타쿠 작가 느낌? 벽에는 만화책이랑, 피규어가 가득 차 있는 장면을 그려보고 싶어. 근데 뭔가 방향성은 맞는데, 레이아웃이 심심한 느낌이 계속 걸려."

---

* 제 와이프의 닉네임입니다. 같이 작업을 하고, 좋은 조언을 해줍니다. 그래서 자주 의견을 물어봅니다.

"둘다 뭔가 애매하네……."
"그치?"
"음, 그럼 둘을 아예 합치면 어때?"
"어……? 합쳐?"
"응. 클립스튜디오니까 만화의 컷처럼 그리는 거야. 위에서 작가가 우하하하 하면서 쳐다보고, 앨리스는 아래로 떨어지는 장면인거지. 그 중간에 타이틀 들어가고. 어때?"

난이도가 급상승하였습니다. 하지만, 뭔가 재미있을 것 같은 느낌이 들어 맥주 한 잔과 함께 러프 작업을 다시 진행해보았습니다.

처음엔 꽤 힘들었습니다. 두 장면을 끼워 넣어야 하니 각도도 비틀어야 하고, 크기도 작아지고……. 그런데 어느 정도 방향이 잡히자, 꽤 재미있는 컨셉이 되었습니다.

작가가 앨리스를 그리는 장면이면서도, 만화 속 장면이 현실로 튀어나와 있는, 그러면서도 현실과 만화의 장면이 뒤섞인, 만화에서만 가능한 연출이 되었달까요? 레이아웃도 꽉꽉 차서 매력적인 느낌으로 진행되었습니다.

컨셉이 결정되었습니다. 하지만, 분위기나 방향성만 잡혔을 뿐입니다. 다음 시간에는 좀 더 디테일한 스케치를 진행해보도록 하겠습니다.

다음 시간에는 이를 기반으로 펜선 작업을 할 예정입니다. 클립스튜디오의 특징인 벡터 레이어가 빛을 발할 시간이 될 것입니다. 기대하세요.

SECTION 02 — 디테일 스케치하기

[01] 러프 레이어의 투명도를 15% 정도로 낮춰 살짝만 보이게 한 뒤, 스케치 레이어를 만들어 디테일 스케치를 진행하였습니다. 부분부분 디테일을 올리고, 대충 얼버무렸던 부분을 인체에 맞춰 그려 넣습니다.

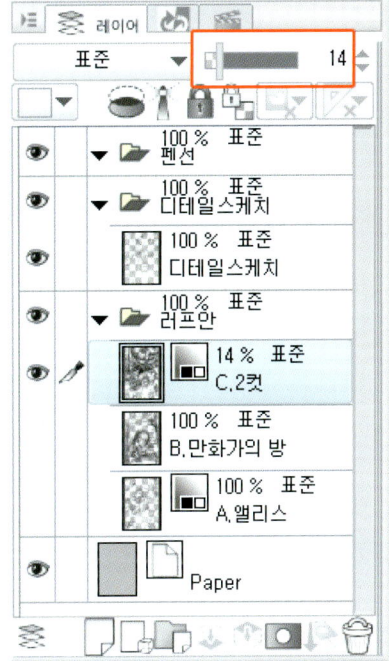

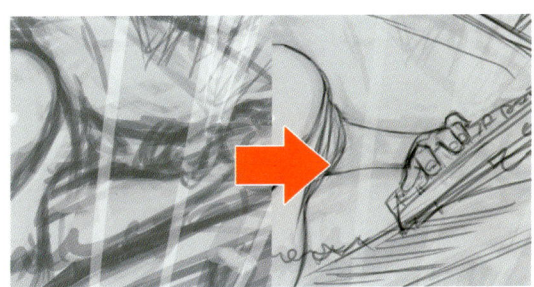

사실, 연재 중에는 이 작업은 패스하고 바로 펜선 작업으로 넘어가는 편입니다. 하지만 표지이므로 좀 더 신경써주는 게 좋겠죠.

[02] 이때 내비게이션 팔레트의 회전기능을 이용해서 회전하면 원하는 각도로 선 작업을 할 수 있어 좀 더 마음에 드는 선을 그을 수 있습니다.

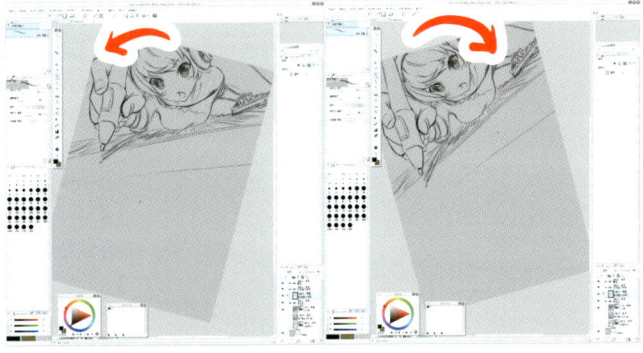

03 내비게이터의 아이콘을 클릭하면 이미지 변경 없이 보이기만 좌우반전할 수 있습니다. 얼굴 등 좌우반전을 해야 확인할 수 있는 부분을 확인하며 수정하기 편합니다. 포토샵에서는 일일이 레이어 자체를 뒤집었던 것에 비하면, 상당히 편리한 기능입니다.

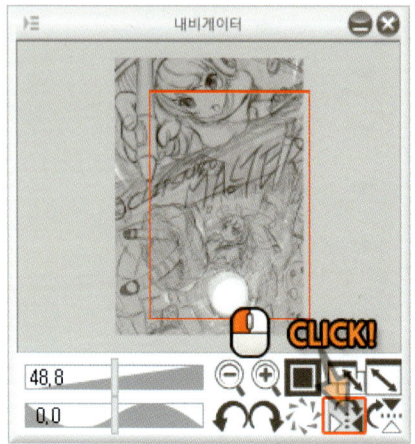
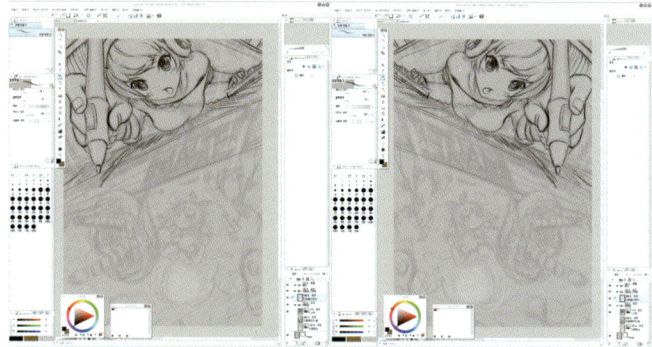

04 같은 방식으로 각 부분을 스케치해나갑니다. 빠진 부분은 잘 확인하되, 세밀한 장식 등은 방향성만 잡는 수준에서 정리합니다. 또한 오브젝트들은 3D로 제작할 예정이므로 적당한 형태만 잡아둡니다.

스케치까지 완성된 모습입니다.

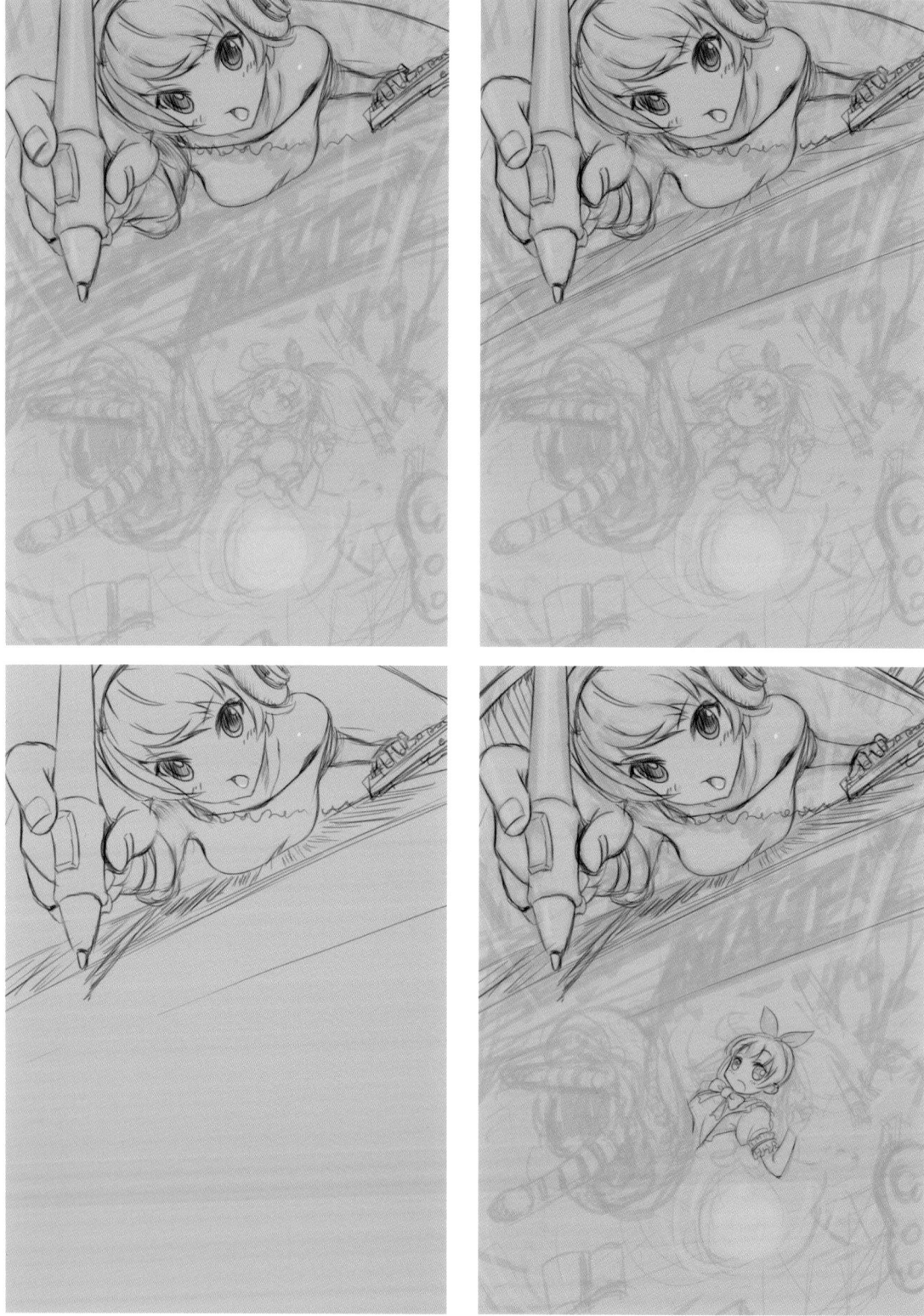

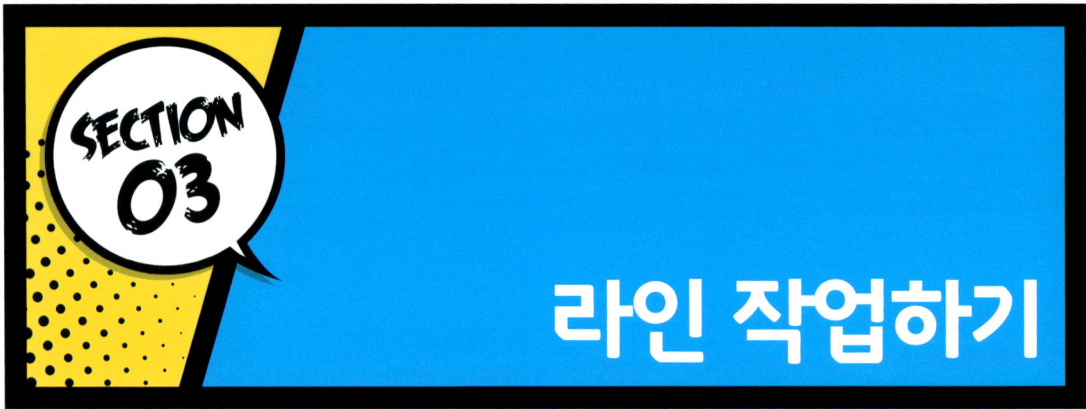

SECTION 03 라인 작업하기

이번 시간에는 지난 시간에 진행한 디테일 스케치를 기반으로 펜선 작업을 해보도록 하겠습니다.

01 레이어 팔레트에서 아이콘을 클릭해 새 폴더를 만든 뒤 이름을 '펜선'으로 설정합니다. 헤어와 얼굴, 옷 등 색깔이 구별되는 부분의 라인은 별도의 레이어로 분리해주는 것이 편하기도 하고, 이렇게 폴더로 묶어두면 한꺼번에 레퍼런스 레이어로 변경하기에도 편리합니다.

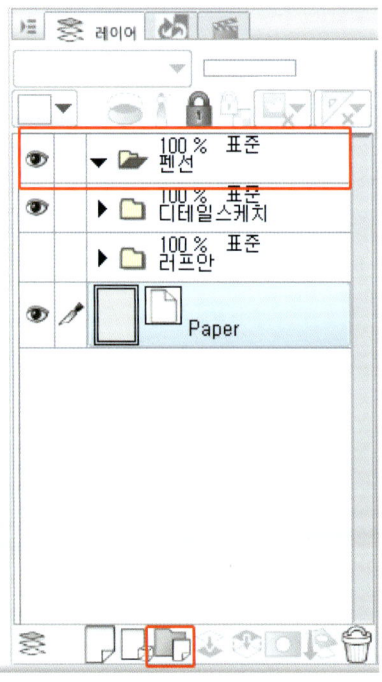

02 펜선 작업에는 벡터 펜선을 이용합니다. 작업한 뒤에 선의 굵기나 색을 빠르게 조정할 수 있습니다. 아이콘을 눌러 벡터 레이어를 만듭니다. 이름은 원하는 작업부위의 이름을 설정합니다. 저는 '작가_피부' 정도로 설정할 예정입니다.

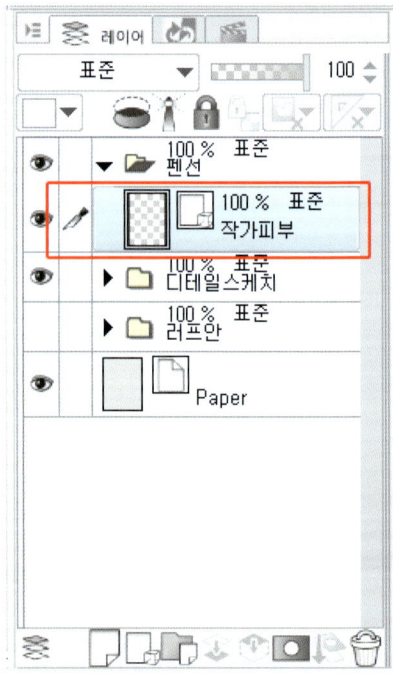

`03` 스케치 레이어의 투명도를 50% 정도로 낮춘 다음, 라인 작업을 합니다. 작업은 기본 G펜을 일부 수정해서 사용하였습니다.

`04` 불필요한 라인이 생길 경우 벡터용 지우개를 사용합니다. 불필요한 라인을 빠르게 제거할 수 있어 편리합니다. 머리카락뿐만 아니라, 작업하면서 생기는 자잘하게 튀어나온 선들을 정리하기도 편하므로, 펜선 작업 때는 기본 지우개로 설정해두고 작업하시기 바랍니다.

`05` 굵기가 마음에 안 들 경우 선 수정 툴 등을 이용해, 조정합니다. 굵게도, 얇게도 조정이 가능하므로 손쉽게 작업 가능합니다. 특히 펜선으로 쉽게 긋기 힘든 선은 직접 그리기의 연속 곡선 툴 등을 이용해 정확한 위치에 맞춰 그린 다음. 벡터선폭 다시 그리기 등으로 조정하면 굵기만 다시 잡으면 돼서 편리합니다. 특히 여러 번 긋고 지우기를 반복할 필요가 없어 시간이 많이 단축됩니다. 개인적으로 종종 사용하는 방법입니다.

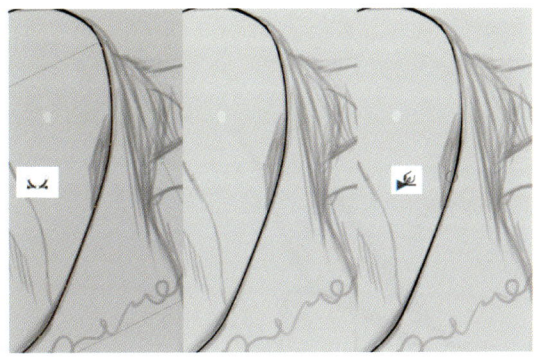

레이어를 여러 개 사용하다 보면, 자칫 엉뚱한 레이어에서 펜선을 그을 수 있습니다. 헤어 펜선을 피부 레이어에 긋거나 하는 경우도 생깁니다. 레이어 속성 창에서 레이어 컬러 속성을 레이어별로 다르게 하세요. 그럼, 구별하기 편리합니다.

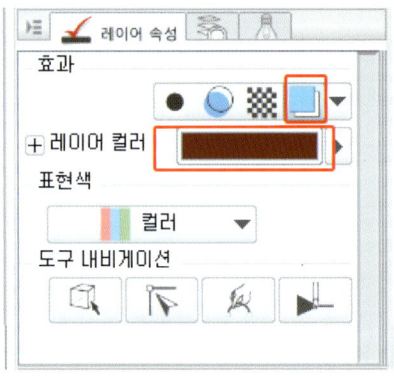

 태블릿 펜이나 배경 요소는 일단 펜작업을 하지 않습니다. 그 외 부분을 레이어를 분리해가며 진행하였습니다.

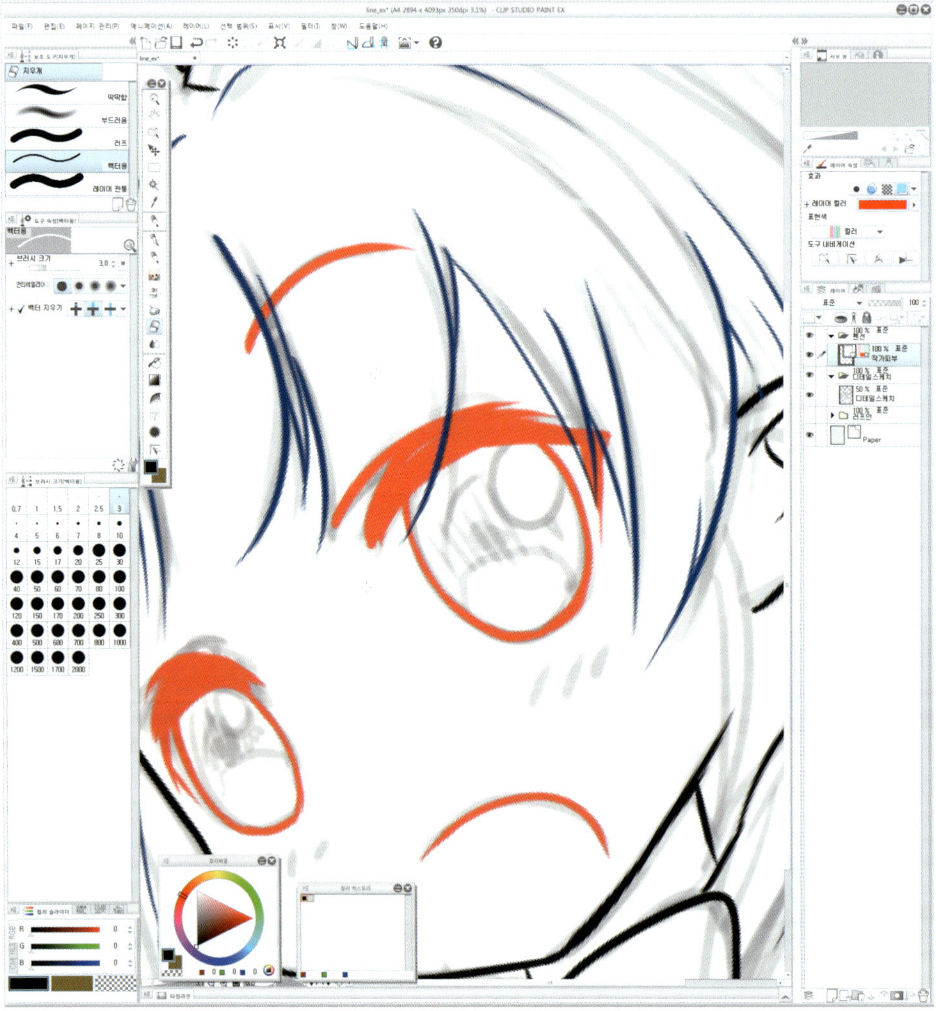

| **08** | 중간중간 스케치 레이어를 끈 다음, 잘 진행되고 있는지 확인하는 것도 중요합니다. 끈 상태로 확인하고, 필요한 부분을 리터칭합니다.

빛의 흐름을 신경쓰세요.

각 부분의 선들은 색을 칠하기 편리하도록 미리 닫아둡니다. 3D오브젝트를 넣더라도, 임시로 선을 그어 닫아두는 게 편합니다.

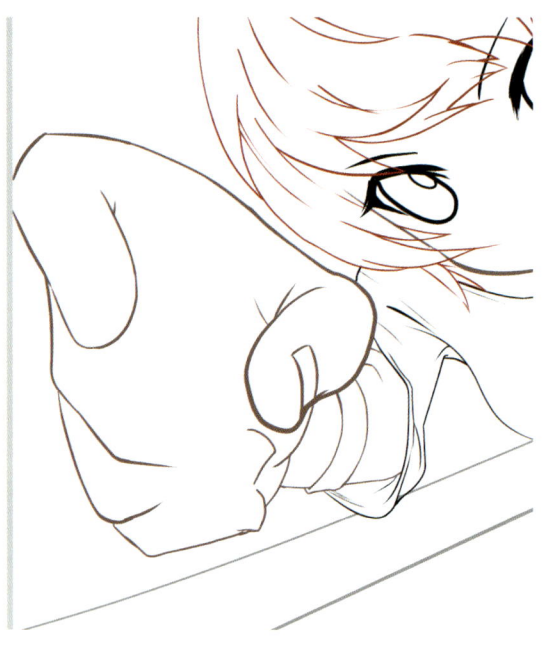

펜션 작업까지 마무리한 모습입니다. 색깔별로 레이어를 구별해 두었습니다. 다음 시간에는 기본색을 입히는 작업을 진행하도록 하겠습니다.

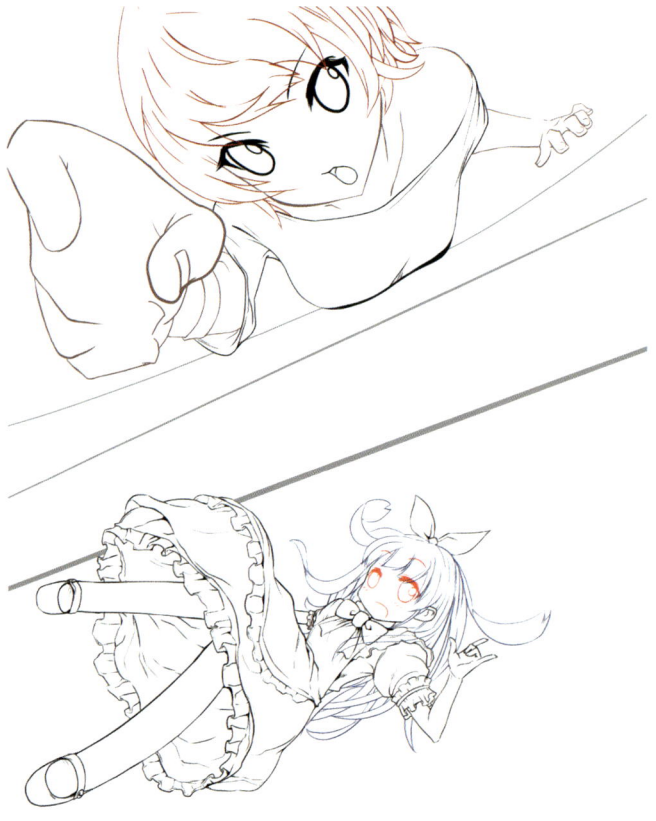

아래는 과정을 정리해본 모습입니다.

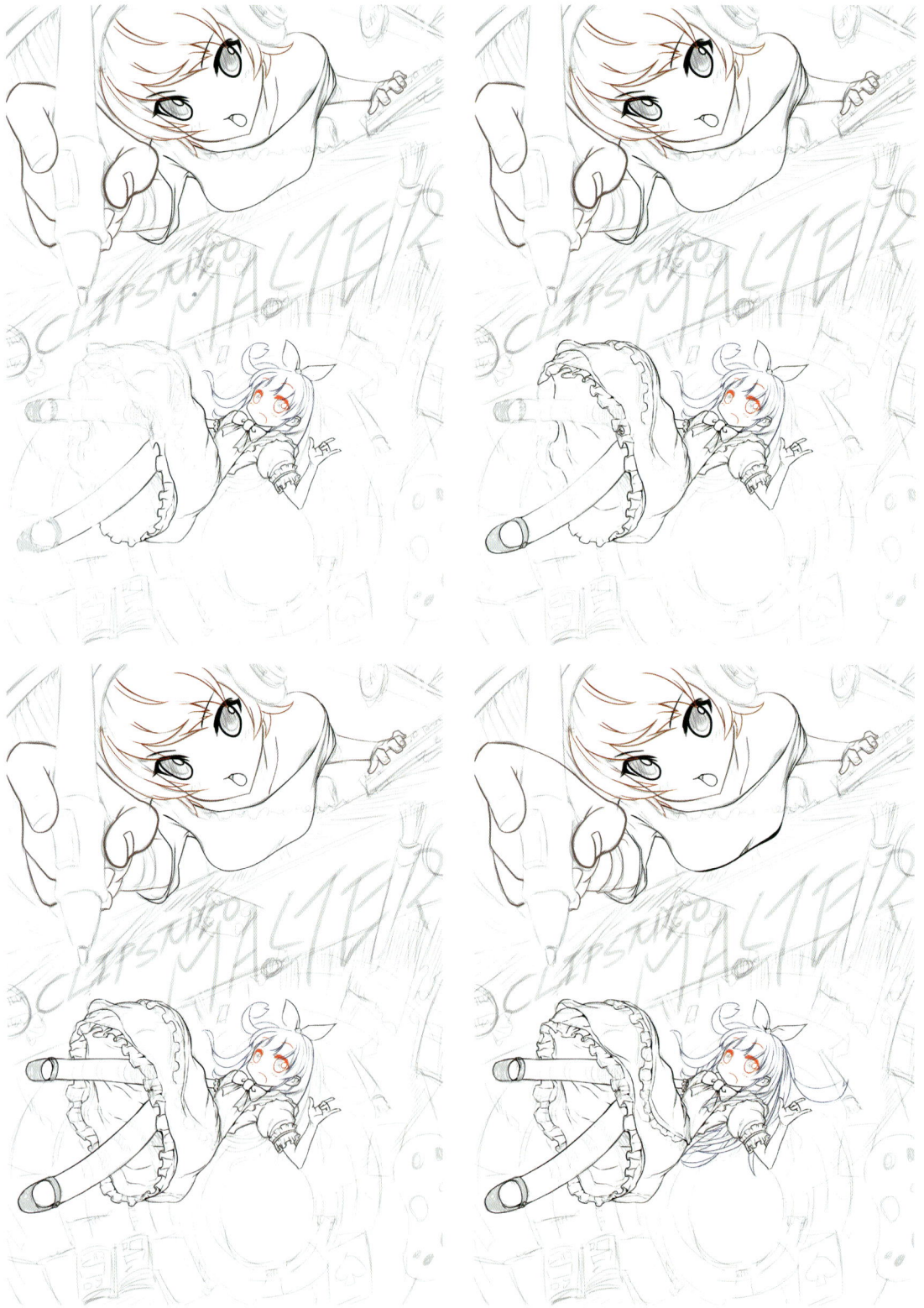

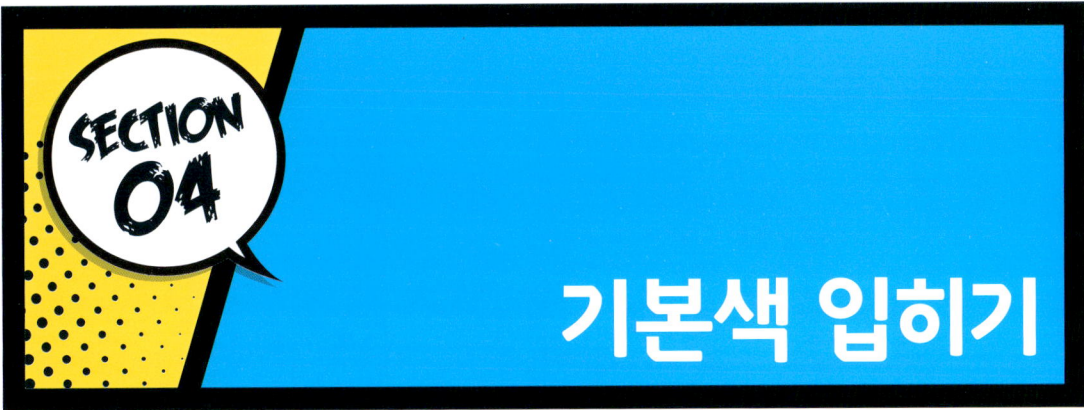

기본색 입히기

이번 시간에는 기본색을 입혀보도록 하겠습니다.

01 우선 펜션 폴더를 선택한 뒤, 참조 레이어로 설정 아이콘을 클릭합니다. 그러면 펜션 폴더 안의 모든 레이어가 참조 레이어로 인식됩니다.

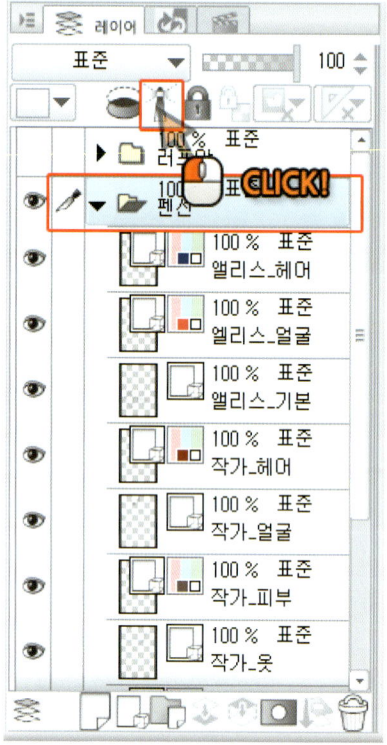

02 펜션 폴더 아래에 새 폴더를 만들고 이름은 '컬러'로 설정합니다. 새 레스터 레이어를 만든 다음 '작가_피부_컬러'로 설정합니다.

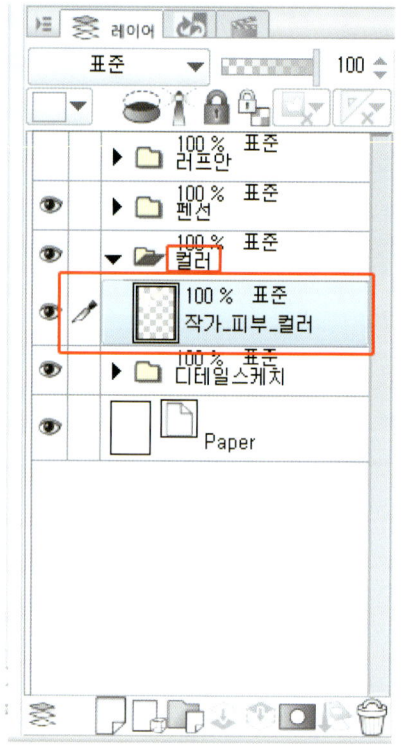

03 색을 입힐 차례입니다. 그냥 어울리는 색을 골라가며 칠하는 것도 괜찮지만, 쓸만한 레퍼런스 이미지가 있으면 그 색을 가져오는 것도 좋은 방법입니다. 자신의 다른 작업도 좋고, 참고할만한 멋진 일러스트도 좋습니다. 저는 예전에 만들었던 이미지를 참고용으로 사용할 예정입니다.

04 참고 이미지를 서브 뷰 팔레트로 드래그해서 불러옵니다. 스포이드 모드가 켜져 있으면 언제라도 색을 가져올 수 있습니다.

05 🖌 다른 레이어 참조 툴을 선택합니다. 이 툴은 참조 이미지를 참고해서 색을 칠하므로, 빠르게 색을 칠할 수 있습니다. 클립스튜디오의 멋진 특징이기도 합니다. 도구 속성 팔레트에서 복수 참조 항목을 참조 레이어로 선택해서 참조 레이어만 참조하도록 설정합니다. 그 외는 아래 세팅을 참고합니다.

06 서브 뷰 팔레트에서 색을 추출해서 피부를 칠합니다.

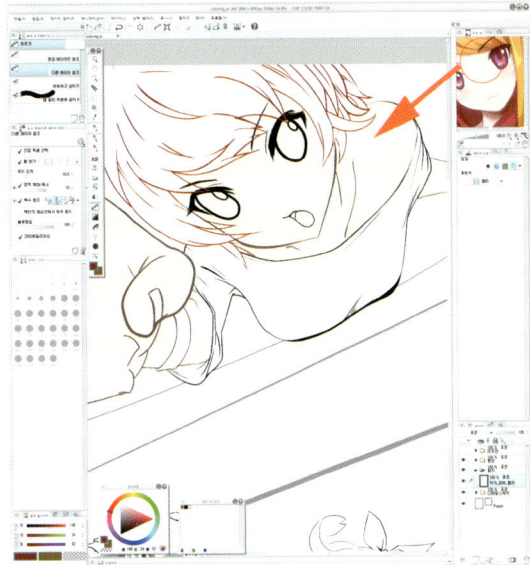

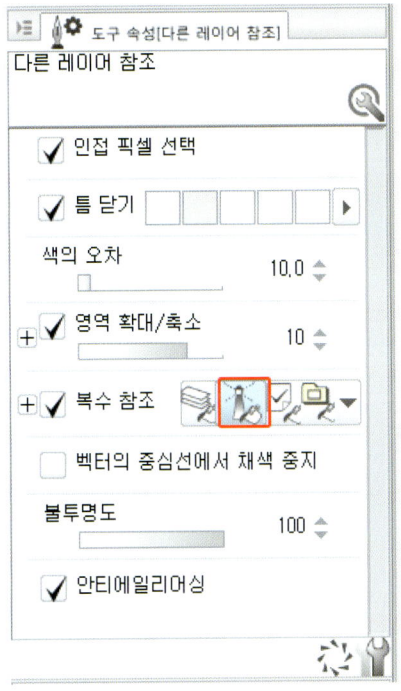

07 같은 방식으로 다른 부분도 레이어를 만들면서 칠해줍니다. 헤어 레이어를 만들었습니다.

앨리스 피부와, 옷 레이어를 만들어 칠하였습니다.

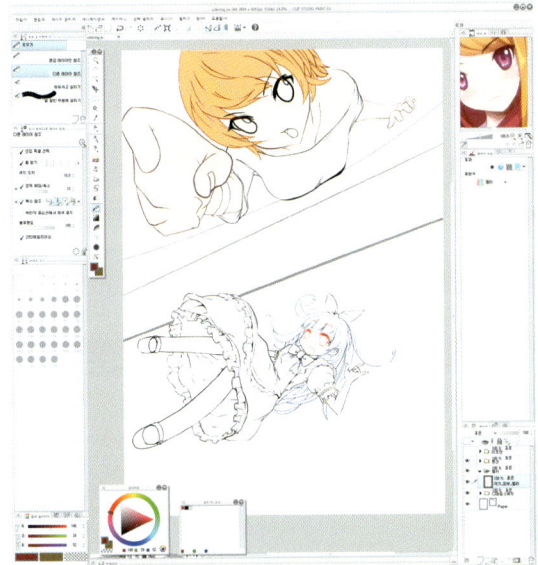

앨리스의 헤어 레이어를 만들었습니다.

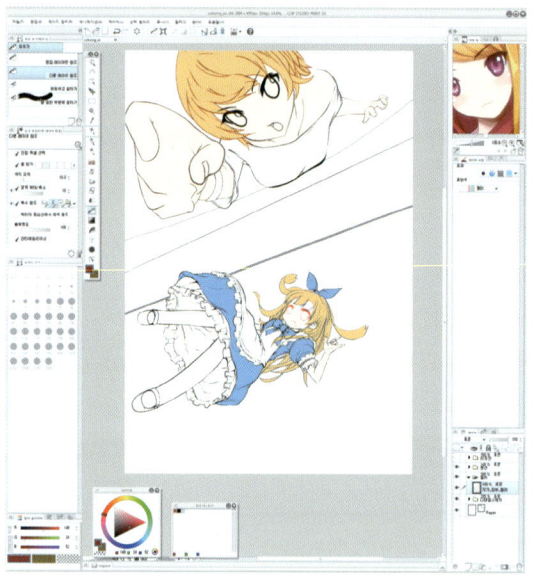

작가의 옷과 책상, 태블릿 레이어를 만들어 칠하였습니다.

배경 레이어도 만들어 남은 부분을 채웠습니다.

아래는 완성된 모습입니다.

3D 오브젝트를 이용하면, 원근감에 맞춰 빠르게 오브젝트를 삽입할 수 있습니다. 삽입한 다음, 라인만 추출하거나 리터칭 하는 등의 추가 작업도 간단하기 때문에, 잘 이용하면 시간과 퀄리티를 모두 얻을 수 있습니다.

이번 시간에는 3D 오브젝트를 다양하게 삽입하고, 컷에 맞게 배치하는 작업을 진행해보도록 하겠습니다.

 작업하기 전에 3D를 배치할 때 참고할 수 있도록 러프 폴더를 가장 상단으로 올려서 스케치가 보이게 합니다. 그리고 를 클릭해서 3D 소재를 담을 폴더를 하나 만들어둡니다.

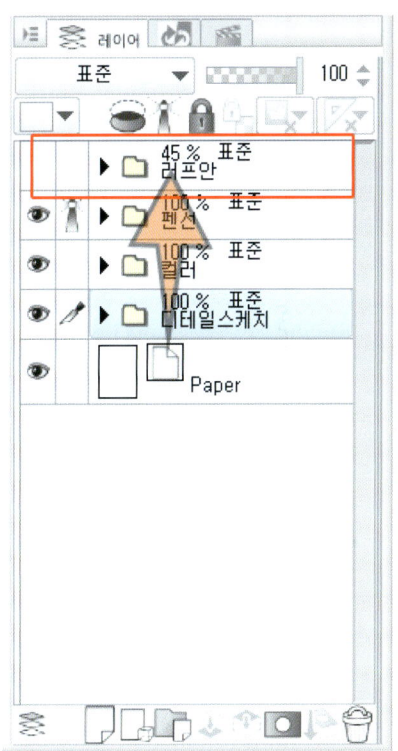

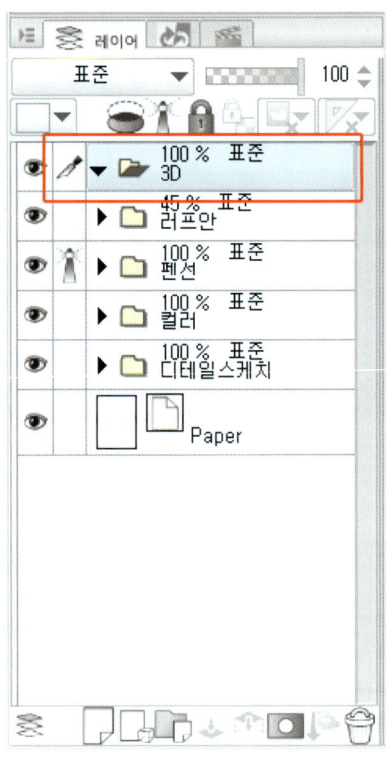

· 태블릿 펜 넣기

01 앞서 진행된 강좌 7-5. 스케치업의 자동차 모델 가져오기 를 참고해서 3D로 된 태블릿 펜 파일을 준비합니다. warehouse 에서 검색해서 찾으셔도 되고, 직접 제작하셔도 됩니다. 저는 직접 제작한 파일을 이용하였습니다.(본문예제파일에 포함되어 있습니다.)

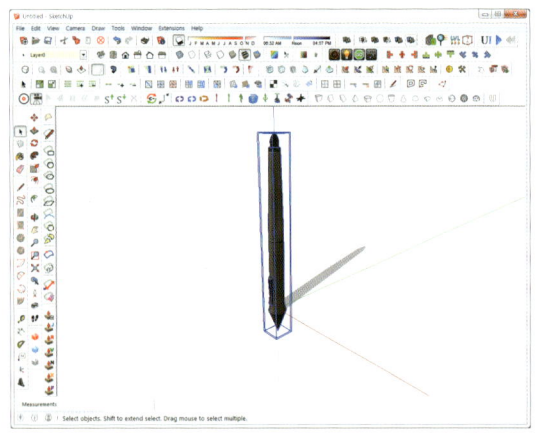
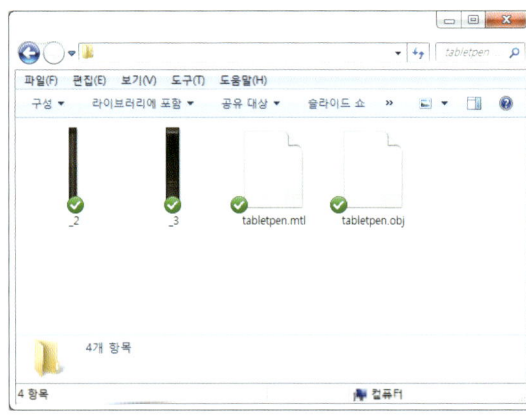

02 tabletpen.obj 를 캔버스로 드래그하면, 태블릿펜이 캔버스에 새 레이어로 등록됩니다.

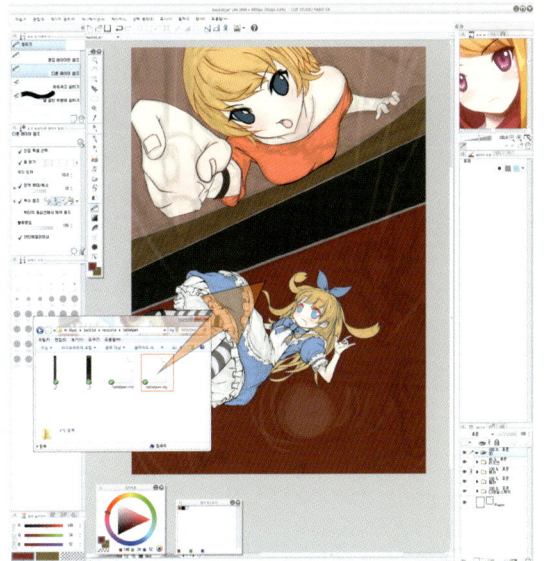 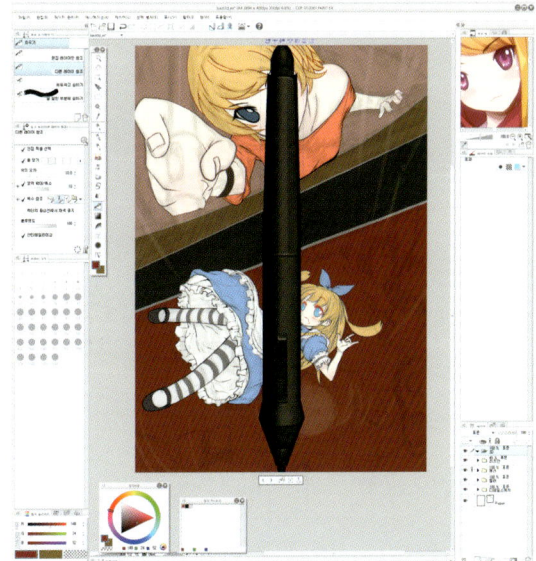

03 러프스케치를 참고해서 적당한 위치에 배치합니다. 도구 속성 탭에서 광원 을 꺼서 원래 색깔이 나오도록 하고, 아웃라인 두께도 설정해줍니다.

손가락과 겹치는 부분은 레이어 탭에서 ▨ 레이어 마스크 작성을 클릭해 마스크를 만든 다음, 지우개로 지워 자연스럽게 정리합니다.

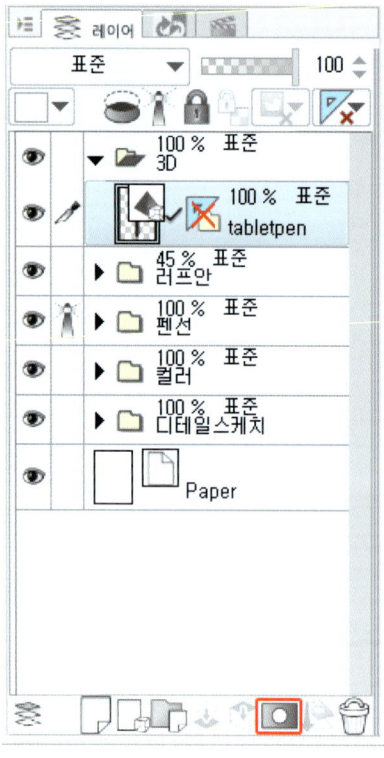

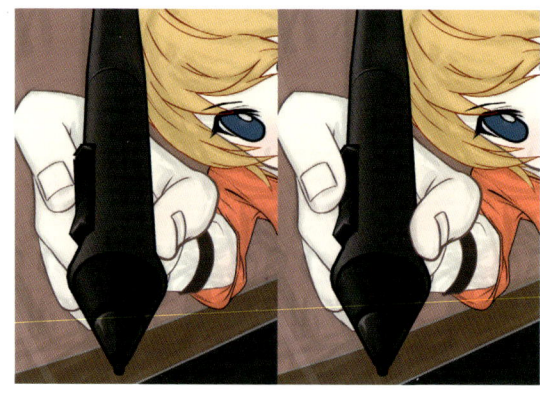

05 마찬가지 방식으로 헤드폰을 불러와 배치하고, 불필요한 부분에 마스크를 씌워줍니다.

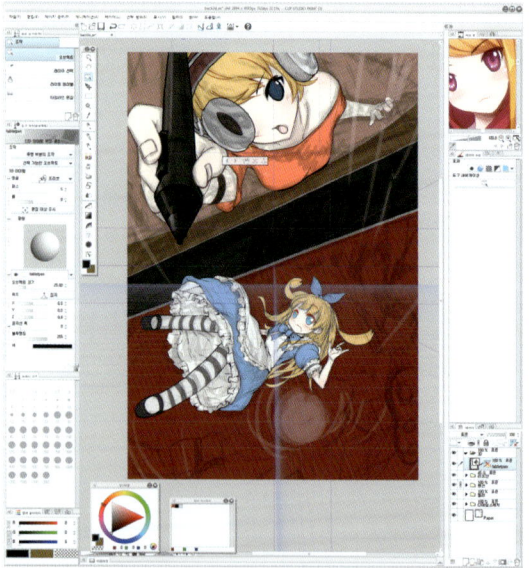

06 3D오브젝트의 퀄리티가 높지 않을 경우 새 벡터 레이어를 만들고 추가 라인을 그려 퀄리티를 올려주면 됩니다.

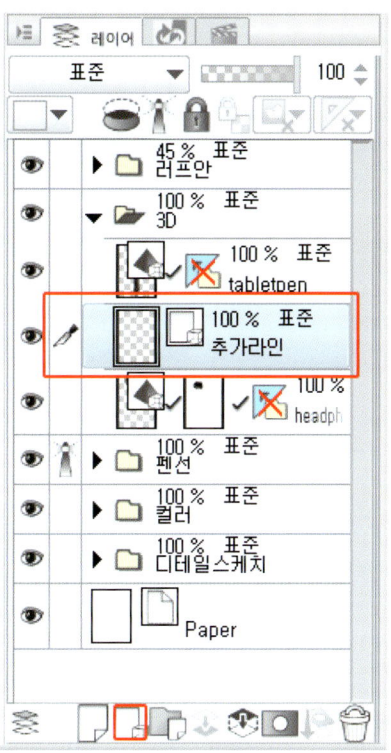

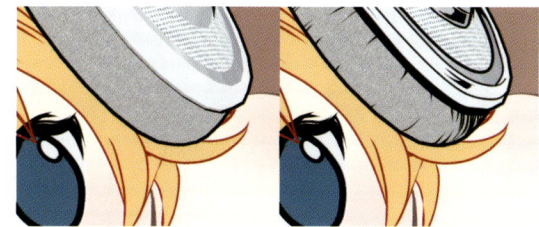

07 같은 방법으로 다른 오브젝트들도 배치해줍니다.

배경을 넣고, 색감을 맞춰주었습니다.

아래는 배경을 채운 모습입니다. 꽤 풍성하게 장면이 연출되었습니다.

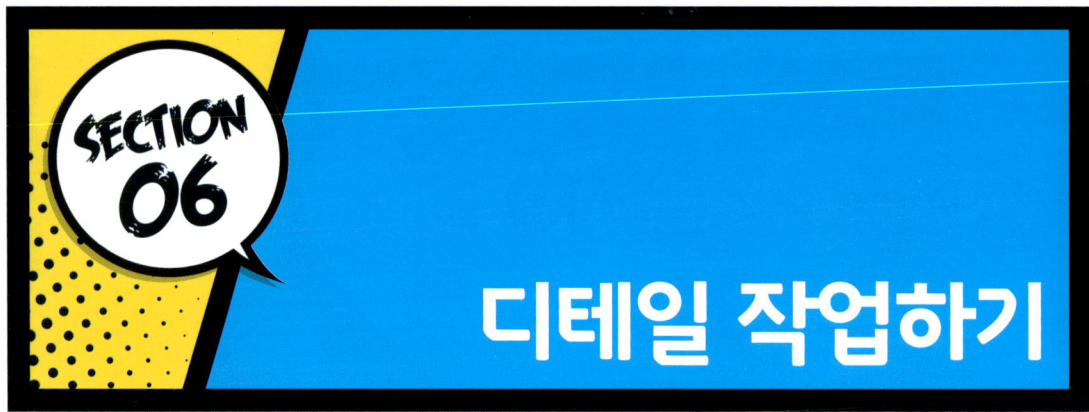

앞서, 기본 펜션과 컬러링, 필요한 오브젝트를 배치하는 과정까지 진행해보았습니다. 전반적인 레이아웃이 깔끔하게 정리된 것 같습니다.

이번 시간에는 디테일 작업을 해보도록 하겠습니다. 디테일 작업은 장면을 좀 더 살아나게 해줍니다.

· 앨리스 옷 작업하기

 앨리스의 옷부터 작업을 해보겠습니다. 앞서 앨리스의 옷은 색깔과 재질별로 분리를 해두었습니다.

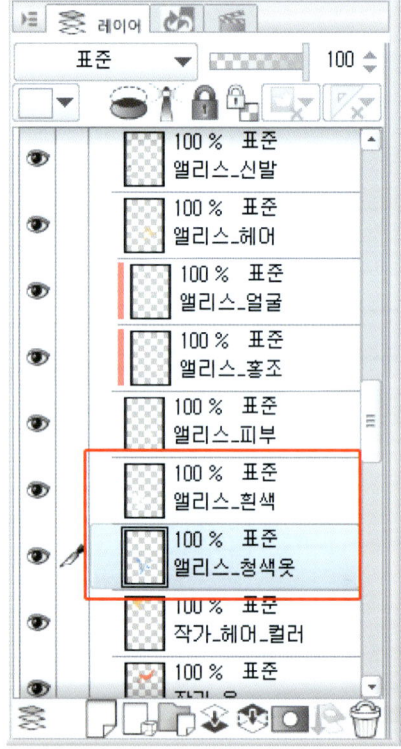

02 이중 앨리스 청색 옷 레이어 위에 새 레이어를 만든 다음, 속성을 곱하기로 설정하고, 아이콘을 클릭해 클리핑합니다. 재질과 덩어리감에 맞춰 색을 입힙니다.

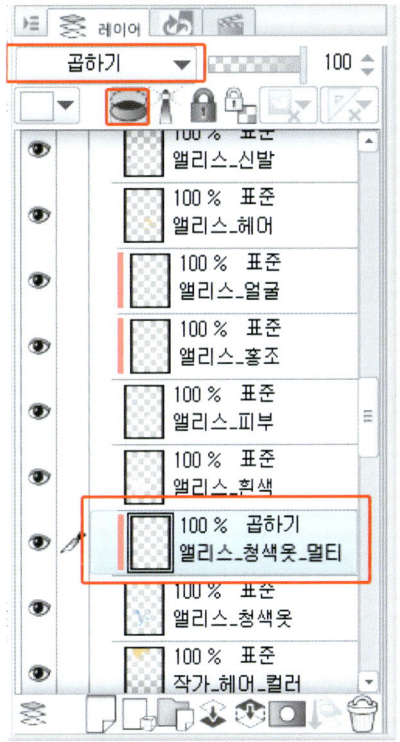

이때, 스포이드 툴을 레이어에서 색 취득 으로 설정해두면, 곱하기 레이어 자체의 색을 가져오기 때문에, 해당 레이어의 색을 조정하기 편리합니다.

작업 중간중간 불필요한 펜선은 제거해줍니다. 벡터용 지우개로 지우면 깔끔하게 지울 수 있습니다.

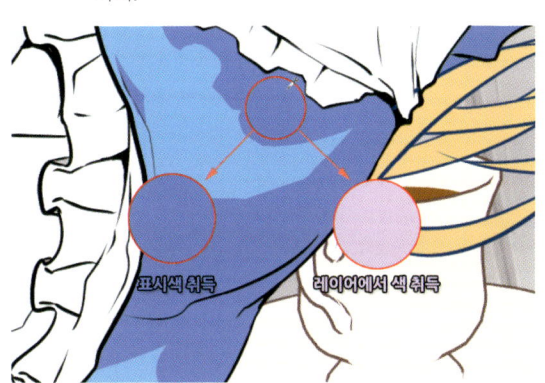

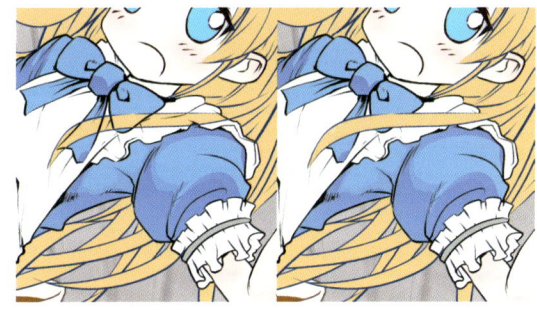

03 앨리스의 흰색 옷 부분도 마찬가지 방식으로, 새 곱하기 레이어를 만들어 그림자부분을 그려줍니다. 흰색 옷 이므로, 청색부분과 다른 그림자색을 사용합니다. 좀 더 회색에 가까운 밝은 색으로 그려줍니다.

중간 중간 펜션 색깔도 바꿔가면서 작업하였습니다. 다만, 마지막 작업에 한번 추가 조정할 생각이라 작업하기 편한 수준으로만 조정합니다.

색 변경 작업은 레이어 속성 탭의 레이어 색상 항목을 조정하시면 됩니다.

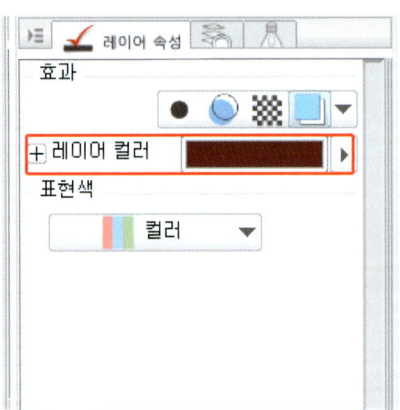

04 흰색 옷부분 디테일을 작업하였습니다.. 앞서 그림자 색을 회색으로 작업해서인지 색이 심심한 느낌입니다. CTRL + U 를 클릭해서 그림자 색을 좀 더 산뜻하게 변경합니다.

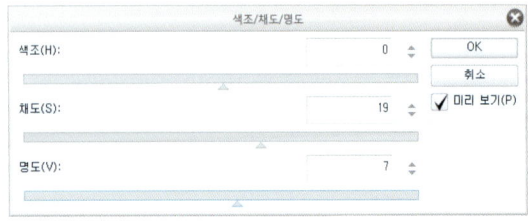

이어서 다리부분 등도 작업해줍니다.

06 어두운 부분은 곱하기 레이어를, 밝은 부분은 오버레이나 스크린으로 표현하면 예쁘게 나옵니다. 앞서와 마찬가지로 클리핑 레이어를 만들어 각 부분에 밝은 부분을 칠해줍니다.

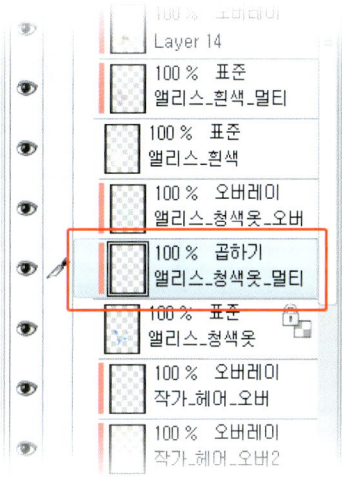

밝아지면서 무게감이 줄어든 느낌이라, 곱하기 레이어를 하나 복제해서 깊이감을 주었습니다.

같은 방식으로 다른 부분도 밝은 빛을 더해줍니다.

신발은 애나멜 재질을 표현하기 위해, 오버레이가 아닌 스크린레이어로 만들어 밝은 부분을 처리해주었습니다.

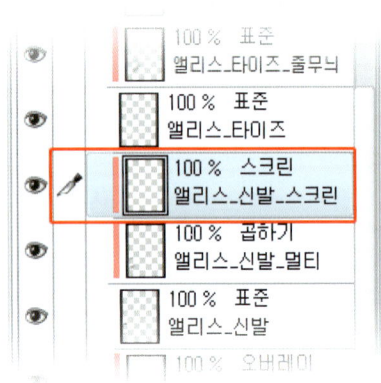 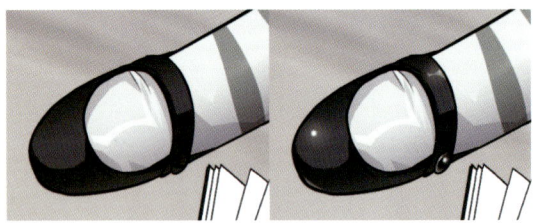

· 앨리스 헤어 작업하기

이번에는 앨리스의 헤어를 작업하도록 하겠습니다.
옷 작업과 동일하게, 새 멀티레이어를 만들어 작업합니다.

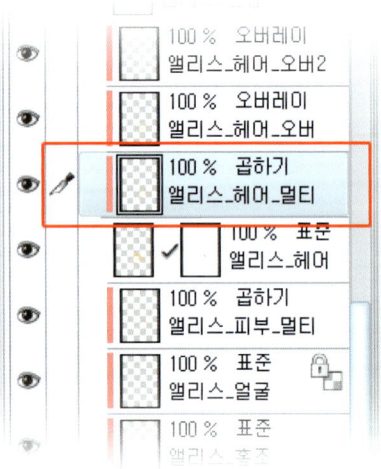

헤어는 눈이 많이 가는 부분이므로 덩어리감과, 색을 잘 잡아주는게 중요합니다.

어느 정도 모양이 잡혔습니다.

01 이제 오버레이 레이어를 만들어 빛나는 부분을 만들어줍니다.

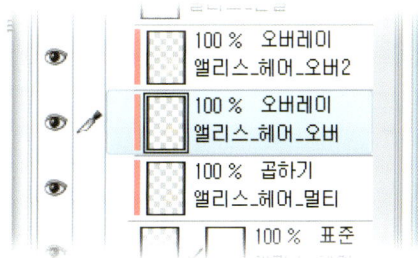

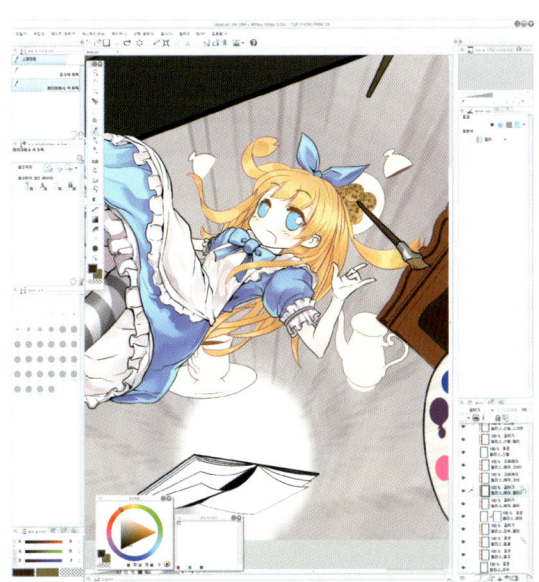

헤어는 옷에 비해 반사가 강한 편입니다. 오버레이 레이어를 하나 더 만들어 헤어의 빛 받는 부분을 강조해 줍니다.

같은 이유로 곱하기 레이어를 하나 더 만든 뒤, 어두운 부분을 더 눌러줍니다.

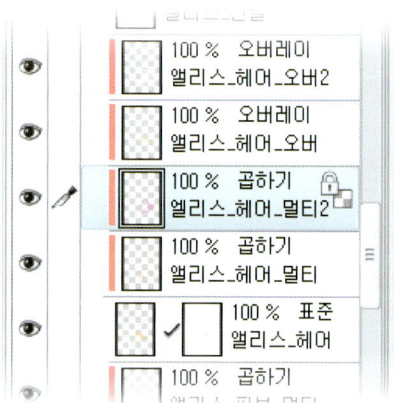

04 끝으로, 헤어 레이어에서 아이콘을 클릭해 마스크를 씌운 뒤 피부와 닿는 부분을 살짝 지워서 피부색을 드러나게 합니다. 요즘 트랜드인 좀 더 투명한 느낌의 헤어를 표현할 수 있습니다.

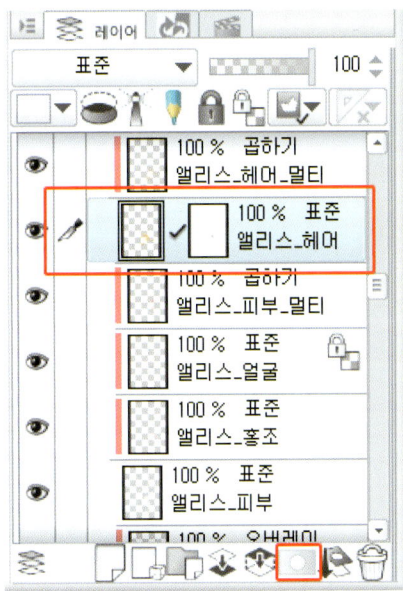

헤어까지 완료되었습니다.

· 앨리스 피부 작업하기

01 이어서 앨리스의 피부를 작업해보도록 하겠습니다. 부드러운 피부 느낌을 잘 살려서 명암을 넣어줍니다. 얼굴 쪽은 헤어 그림자 외에는 연하게 처리하는 게 귀여운 느낌을 줍니다.

02 이어서, 얼굴을 다듬어 보겠습니다. 캐릭터의 얼굴은 가장 눈이 많이 가는 부분이므로 신경 써서 작업합니다.
우선, 작업의 편의를 위해 볼의 터치를 제거해주었습니다.

03 눈 부분을 우선 리터칭하였습니다. 에어브러시 툴의 하이라이트 와 그림자 툴을 쓰면 반짝거리는 느낌을 내기 좋습니다.

04 볼터치와 입안 디테일도 그려 넣었습니다.

얼굴까지 완성되었습니다.(중간에 옷색깔을 살짝 손보았습니다.)

· 앨리스 배경 작업하기

앨리스 배경의 대부분은 3D입니다. 클립스튜디오는 3D 레이어를 일반 레이어처럼 취급할 수 있습니다. 곱하기 등으로 합성 모드를 변경할 수도 있고, 그 위에 레이어를 쌓아서 텍스쳐를 그릴 수도 있습니다. 이를 잘 이용하면, 오브젝트에 간단히 그림자를 입힐 수 있습니다.

01 우선, 티포트를 수정해보도록 하겠습니다. 3D오브젝트인 Teapot를 하나 복제합니다.

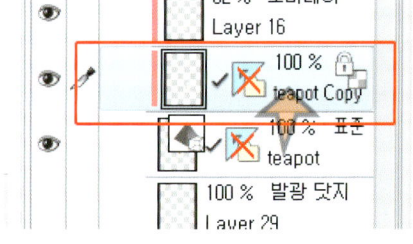

02 오브젝트 툴을 선택한 뒤, 도구 속성 창에서 광원 을 체크해 명암이 드러나게 합니다.

03 레이어 속성 팔레트에서 감색 표시 를 체크합니다. 색상이 흑백으로 바뀌는 것을 알 수 있습니다. 만화같은 명암으로 바뀐 건 좋은데, 아래 레이어가 보이지 않습니다.

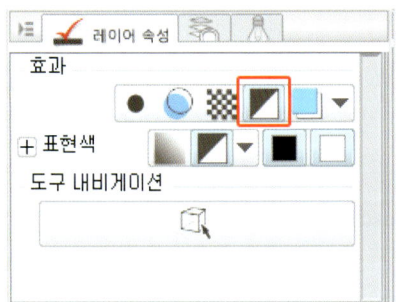

04 레이어 팔레트에서 합성 모드를 곱하기로 조정합니다. 아래 레이어가 보이는 걸 알 수 있습니다.

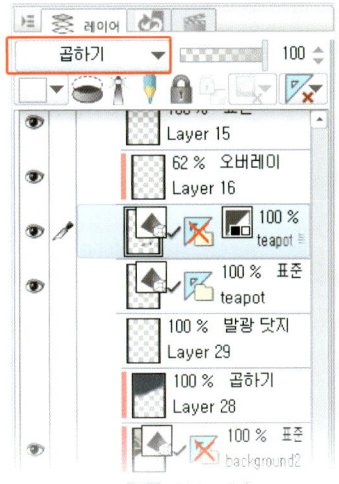 

05 이제 검은색을 다른색으로 바꾸어봅시다. 레이어 속성 팔레트에서 레이어 컬러 항목을 체크하면 검은색 대신 파란색이 입혀집니다. 색을 적당히 원하는 색으로 변경합니다.

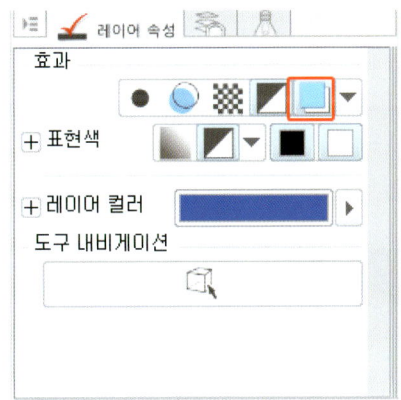 

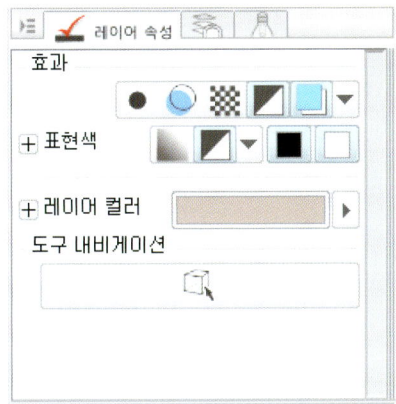 

빛의 방향이 마음에 들지 않는다면, 도구 속성 창에서 빛의 각도를 변경해주면 실시간으로 반영됩니다.(단 컴퓨터 성능을 꽤 탑니다.

06 어느 정도 각도가 잡히면, 해당레이어를 레스터화 해서 레스터 레이어로 변경한 뒤, 추가 리터칭해줍니다.

다른 부분도 역시 리터칭해줍니다. 앞서처럼 3D 기능을 이용하셔도 좋고, 직접 작업하셔도 좋습니다.

엘리스의 옷까지 진행되었습니다.

· 작가 옷 작업하기

 이제 작가의 옷 부분을 작업해보도록 하겠습니다. 기본 방식은 앨리스와 동일하게, 곱하기 레이어와 오버레이 레이어를 활용해 작업하였습니다.

· 작가 피부와 얼굴 작업하기

 이어서 작가의 피부와 얼굴부분을 작업하도록 하겠습니다. 우선 피부에 그림자를 입힙니다.

진행하면서 불필요한 라인을 지우고, 정리해줍니다.

역시 오버레이 레이어를 이용해서, 볼터치 등 하이라이트를 넣어줍니다.

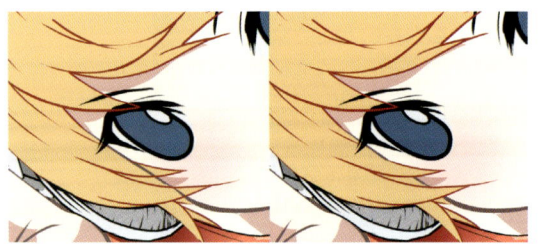

눈과 입 부분의 디테일도 올려줍니다. 기본 레이어를 하나 만들어서 덧칠합니다.

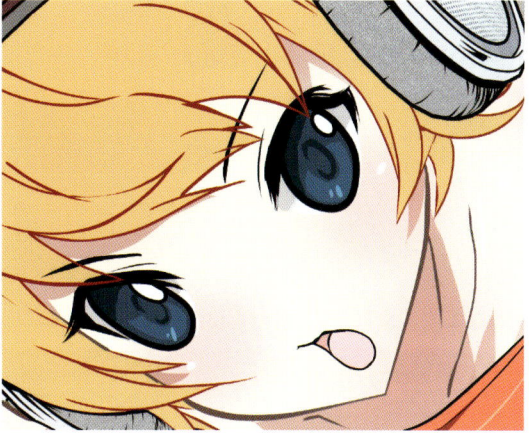

액정 태블릿으로 작업한다는 컨셉이므로 눈쪽에 하늘색으로 사각형 빛을 더합니다. 더하기 레이어를 사용하였습니다.

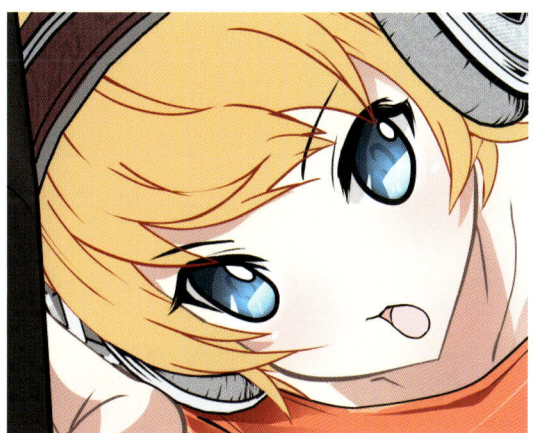

· 작가 헤어 작업하기

이어서 헤어를 진행합니다. 앨리스 때와 같이 여러 개의 곱하기와 오버레이 레이어를 이용합니다.

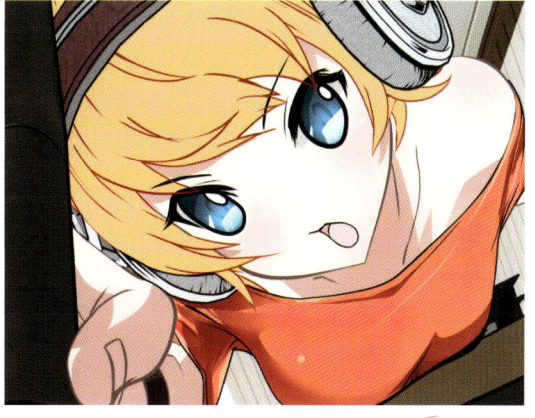

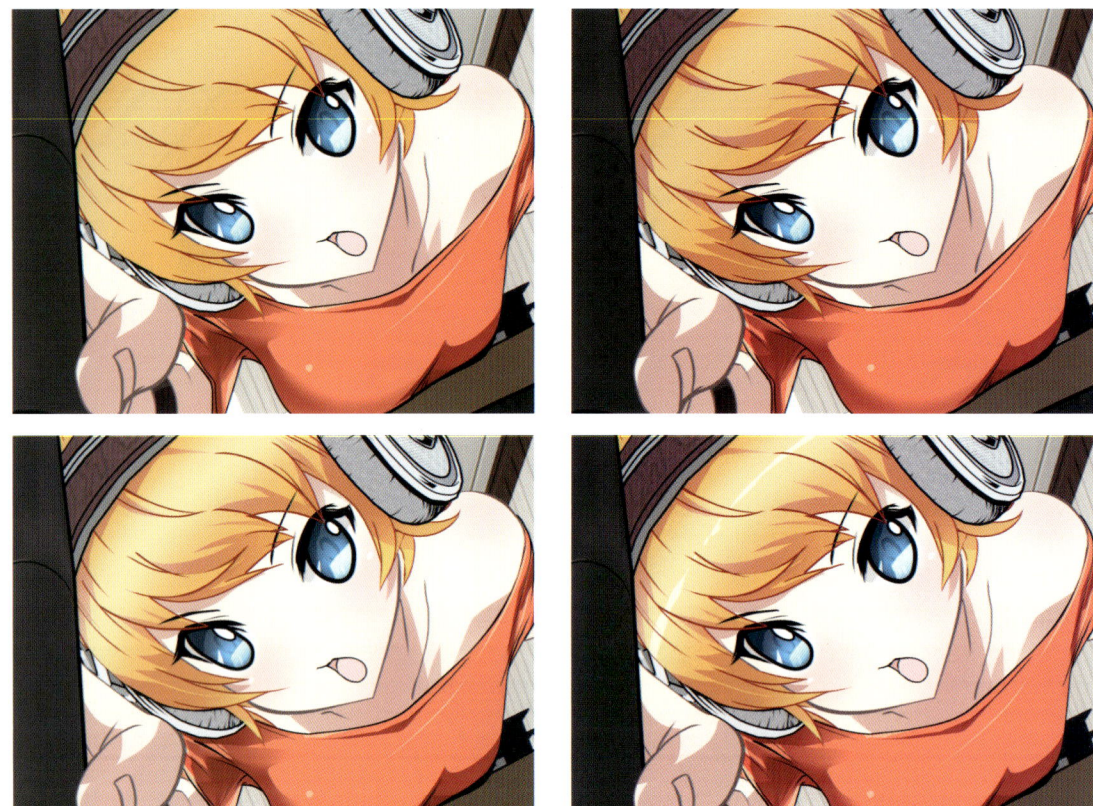

01 이어서 헤드폰과 태블릿 펜도 질감을 보완해줍니다.

지금까지 진행된 전체샷입니다.

· 태블릿과 책상 작업하기

이번 시간에는 태블릿과 책상을 작업해보도록 하겠습니다. 이 둘은 작가와 앨리스 - 현실과 환상을 가르는 벽이자, 둘을 연결시키는 문이라고 할 수 있습니다.

 태블릿용 벡터 레이어를 만든 뒤, 도형 툴을 이용해, 태블릿에 원형 디테일을 그려줍니다.

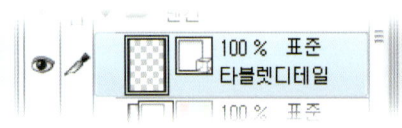

측면에 버튼 라인을 하나 그린 다음, `CTRL` + `C` 와 `CTRL` + `V` 를 눌러 복사합니다. 그리고 옆으로 옮겨서 크기를 조정하고 배치해줍니다.

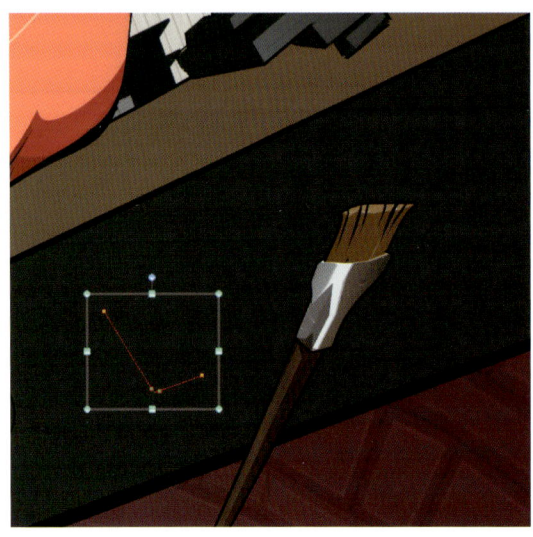
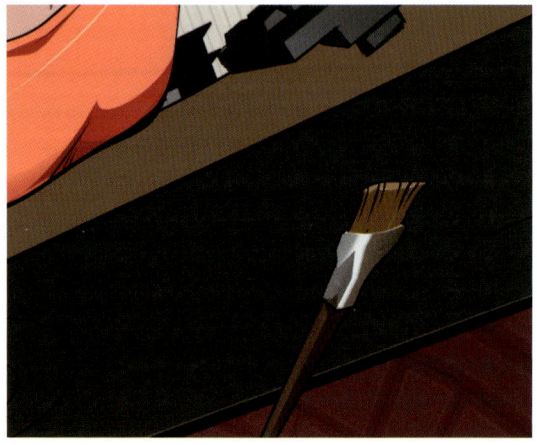

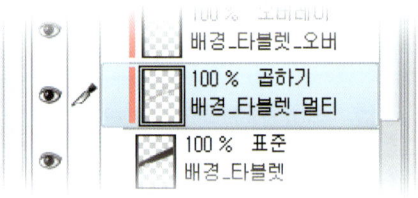 컬러 폴더에서 태블릿 레이어를 선택한 다음, 역시 곱하기와 오버레이 레이어를 만들어 디테일을 작업합니다.

LED까지 추가해주면, 그럴듯한 태블릿이 됩니다.

끝으로 책상 그림자도 추가해주었습니다.

디테일 작업이 마무리되었습니다.

다음 챕터에서는 라인색을 변경하고, 전체 빛을 보완해서 장면을 마무리할 예정입니다.

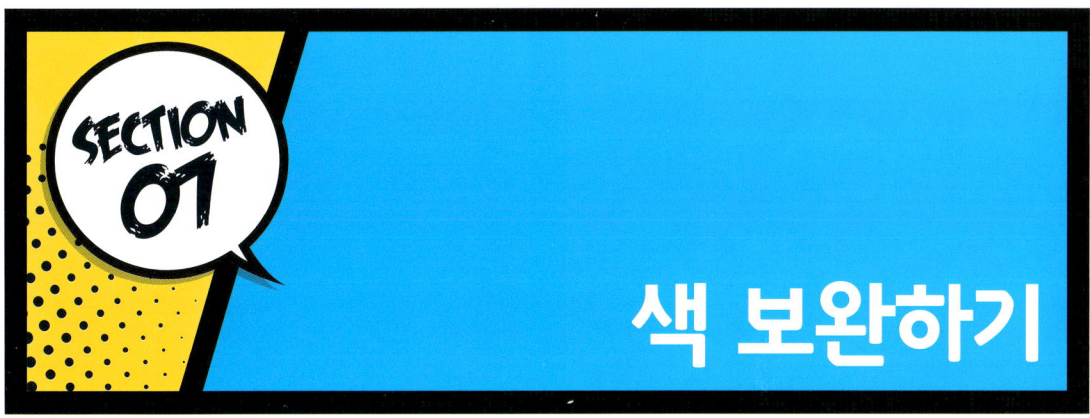

UNIT 01_ 라인색 보완하기

우선, 라인색을 보완해보도록 하겠습니다. 일반적인 벡터 레이어는 색을 바로 바꾸기 힘든 편입니다. 그래서, 클리핑 레이어를 사용합니다.

 앨리스의 복장 라인색을 변경하도록 하겠습니다. 앨리스 복장 레이어 위에 레스터 레이어를 만들고 클리핑합니다.

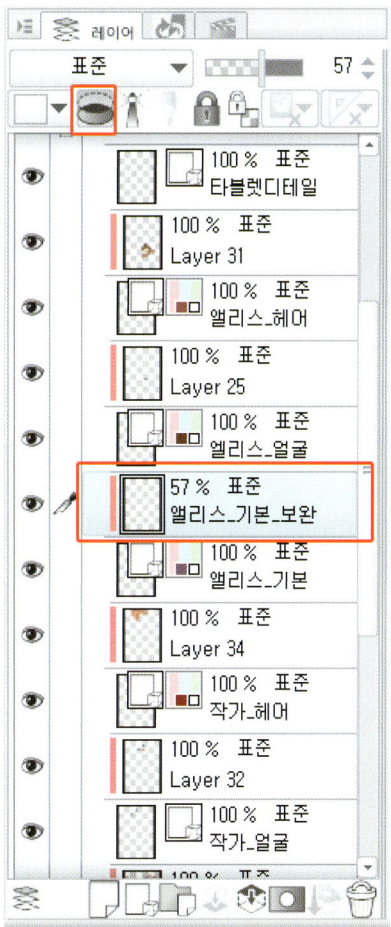

02 이 레이어에 색을 입히면 라인에만 적용됩니다. 각 부분에 맞게 색을 입혀줍니다.

채도와 명도를 약간 낮추면 안쪽의 색을 돋보이게 해주므로 적절히 조정해주세요.

03 앨리스 얼굴과 작가 쪽도 라인색을 모두 조정해줍니다.

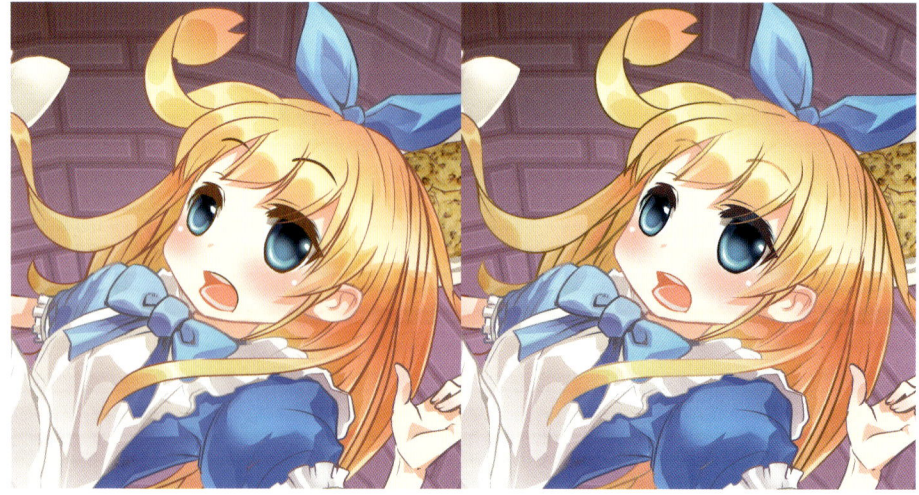

라인까지 정리된 모습입니다.

UNIT 02_ 전체 빛 보완하기

이제 전체 장면에 빛을 더해보도록 하겠습니다. 이 작업은 따로따로 놀던 전체 이미지를 하나로 묶어주는 작업입니다.

01 레이어 팔레트에서 '색 보완' 레이어 폴더를 하나 만든 다음, 속성을 통과로 변경합니다. 오버레이 레이어를 하나 만들어 '색보정1'이라고 이름을 적습니다.

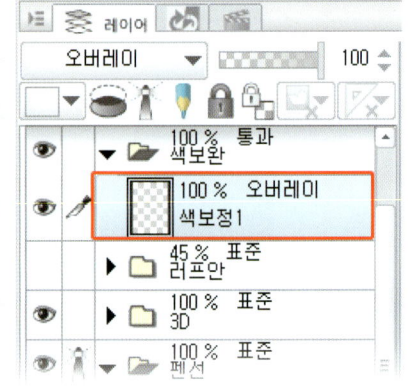

02 화면을 보면서 색을 입혀줍니다. 위쪽은 붉게, 아래쪽은 푸르게 처리해서 느낌을 다르게 주었으며, 앨리스가 빠지는 구멍은 밝게 처리하였습니다.

03 발광 닷지 레이어를 만든 다음, 빛덩어리를 뿌려서 분위기를 잡아주었습니다. 에어브러시 툴 중 번짐스프레이를 사용하면 편리합니다.

다시 레이어를 만든 다음, 밖에서 들어오는 햇빛을 그려 넣고 마무리하였습니다.

끝으로, 다음 시간에는 표지 타이틀을 넣고 마무리하도록 하겠습니다.

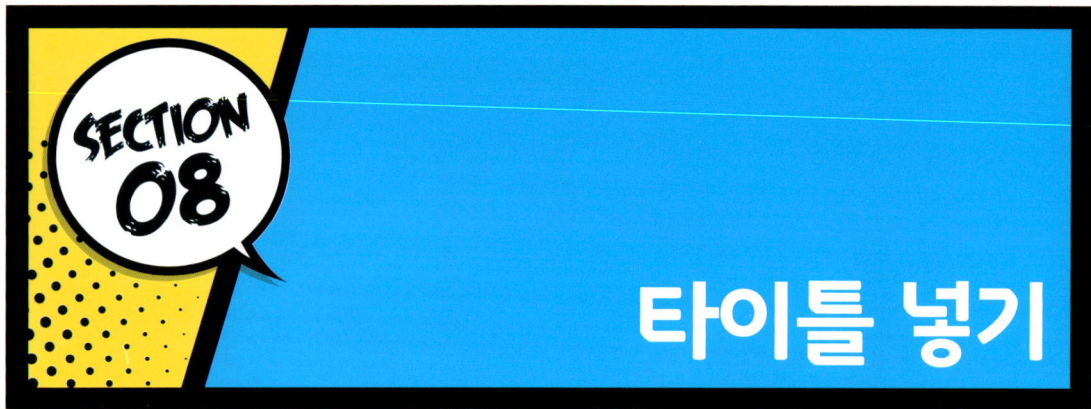

타이틀 넣기

SECTION 08

마지막은 표지 타이틀을 입혀보는 시간입니다.

01 텍스트 툴을 선택한 다음, 원하는 타이틀을 적어봅니다. 크기를 다르게 해서 여러 줄을 만들면 다채로운 느낌이 납니다.

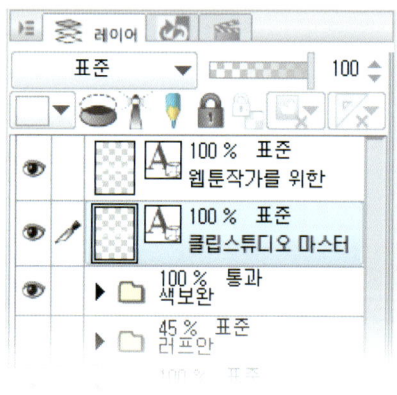

이때, 폰트는 되도록이면 출판사와 계약이 된 폰트, 혹은 상업적무료 폰트를 이용하셔야 합니다. 이 책의 뒷부분에 상업적 무료폰트를 공개하고 있으니 참고하세요. 저는 배달의 민족체를 사용하였습니다. 굵기가 있어 타이틀 용으로 사용하기 편리합니다.

02 두 텍스트 레이어를 선택한 다음 마우스 우클릭 → 선택 중인 레이어 결합 을 선택해 하나의 레이어로 만듭니다. 합치더라도 텍스트 레이어로 유지됩니다.

03 텍스트 레이어로서 이대로는 변형이 되지 않습니다. 합쳐진 레이어에서 마우스 우클릭 → 래스터화 를 선택해서 래스터 레이어로 만듭니다.

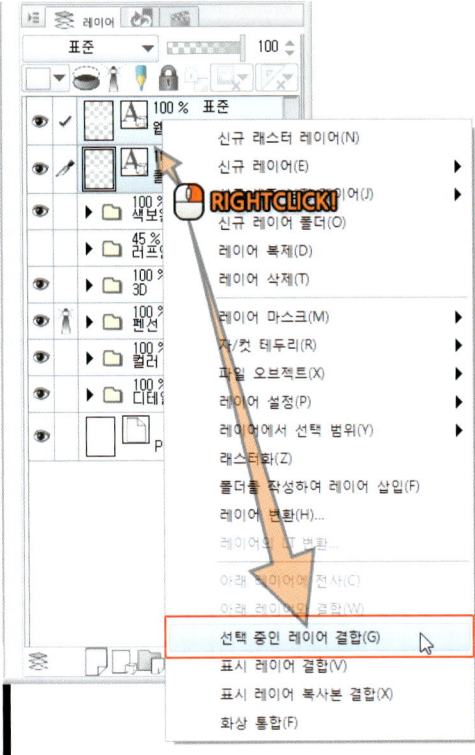

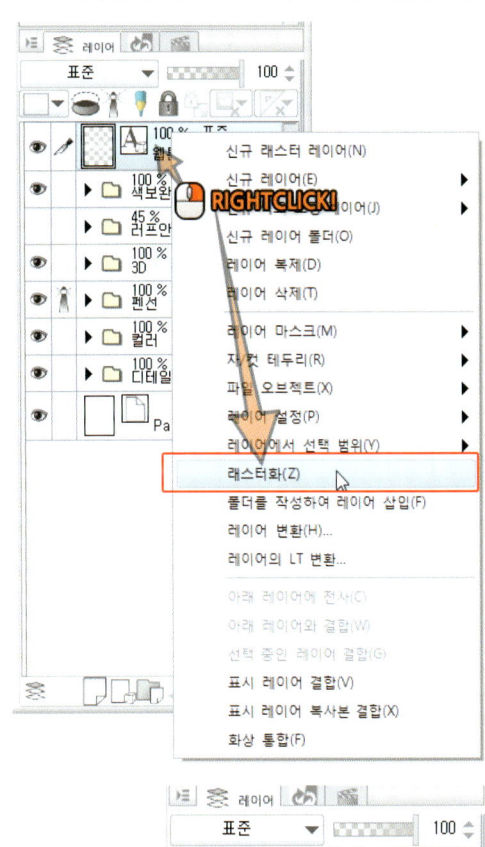

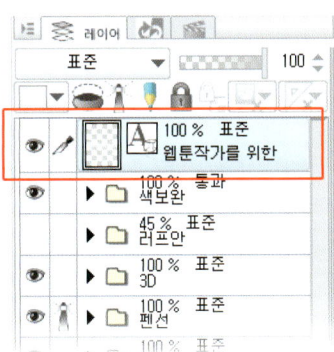

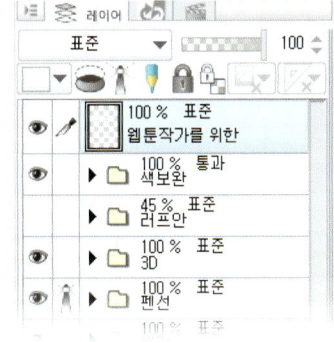

04 `CTRL`+`T` 를 눌러서 자유변형 상태로 넘어간 다음, 화면에 어울리게 배치해줍니다. 저는 태블릿의 방향에 맞추어 액션감을 강하게 주었습니다.

05 이왕 현실과 환상의 경계가 섞이는 만화적 연출을 했으니, 타이틀도 적절히 섞어봅시다. 레이어를 아래로 내려서, 배경과 적절히 섞이게 합니다.

06 글자가 아래 태블릿에 비친 연출을 해봅시다. 레이어를 하나 복제한 뒤, 아래쪽에 넣고, 오버레이 속성으로 바꾸어줍니다. 둘의 거리를 적절히 벌려주면, 마치 태블릿에 글자가 비친듯한 느낌이 됩니다.

윗쪽의 레이어는 레이어 속성에서 경계 효과 를 선택해서 적절하게 외곽선을 만들어줍니다.

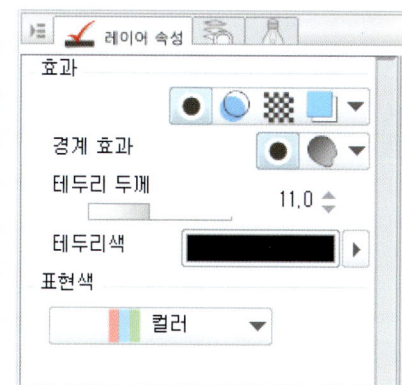

08 끝으로 글자에 금속 질감을 내보도록 하겠습니다. 레이어 탭에서 투명픽셀잠금 아이콘 을 눌러서 투명 영역을 잠근 다음, 꺾은선 선택 툴을 이용해 대각선으로 선택 영역을 만들어줍니다.

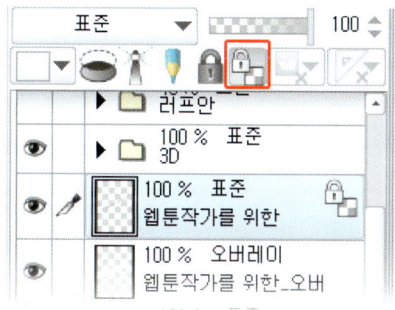

에어브러시로 회색을 입혀주면 멋진 금속질감으로 나타납니다.

아래쪽에 작가이름까지 추가해서 마무리한 모습입니다.(집필 중이라 이후 편집사와의 협의나 추가작업에 따라 변경은 있습니다.)

웹툰에 쓸 수 있는 상업적 무료 폰트 리스트

웹툰을 진행하다 보면 이런저런 폰트를 쓰기 마련입니다. 되도록이면 예쁘고, 가독성 좋고, 자신의 웹툰 분위기와 어울리는 폰트를 사용하고 싶은게 작가의 마음입니다. 폰트는 구입하기에는 돈이 많이 드는 편이라, 무료폰트를 구해서 쓰게 됩니다. 하지만 꽤 많은 무료폰트가 상업적으로 쓸 경우, 유료인 경우가 있습니다.

혼자 사용할 땐 상관이 없겠지만 만화책을 출판하거나 포탈사이트에서 만화를 연재할 경우, 무심코 사용한 폰트가 벌금으로 돌아올 수 있습니다. 이런 점을 방지하기 위해 개인용으로도, 상업적으로도 쓸 수 있는 무료폰트를 알아두면 좋을 것 같습니다. 이번 시간에는 웹툰 등에 사용할 수 있는 무료폰트를 소개해볼까 합니다.

클립스튜디오의 말풍선 안에 대사형태로 넣어, 클립스튜디오에서 각각의 폰트가 어떻게 보이는지 미리 살펴볼 수 있도록 하였습니다. 보시고, 자신의 웹툰스타일에 꼭 맞는 무료폰트를 골라서 사용해보시기 바랍니다.

· 네이버 나눔체

네이버 나눔체입니다. 꽤 좋은 가독성을 지니며, 다양한 두께가 제공되어서 대중적으로 쓰기 좋은 폰트입니다. 여러 장르의 웹툰에서 사용할 수 있을 듯 합니다.
다운로드페이지 : http://hangeul.naver.com/font

· 다음체

다음에서 제공하는 다음체입니다. 역시 상업적 사용 무료입니다. 가독성이 좋고, 큼직한 느낌이라 웹툰대사 뿐만 아니라 효과음 등을 그리기에도 유용합니다.

다음과, 카카오가 합병되면서 다음에서 제공하는 링크는 사라졌기에 네이버자료실의 링크로 대신합니다.

다운로드페이지 : http://software.naver.com/software/summary.nhn?softwareId=MFS_107624

· 한겨레결체

한겨레신문에서 공개한 한겨레결체입니다. 상업적 무료이며, 출판물에 사용할 경우(웹툰서적 등)에는 한겨레결체를 사용했음을 명시해야 한다고 합니다. 웹툰 속의 신문페이지 등에 사용하면 유용할 것 같습니다.

다운로드페이지 : http://notice.hani.co.kr/view.html?sort=h&no=56

· 전라북도체

전라북도에서 공개한 전라북도체입니다. 개인, 기업, 단체 등에서 무료로 사용할 수 있습니다. 개성적이고 단단한 느낌이라, 간판 등에 사용하기 좋아보입니다.

다운로드페이지 : http://dcomz.com/dcomzbbs/bbs/board.php?bo_table=download&wr_id=1

· 배달의 민족 도현, 주아, 한나체

 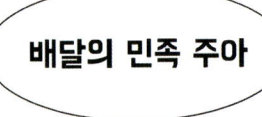 

배달의 민족에서 만들어진 무료폰트 3종입니다. 60~70년대 간판디자인을 모티브로 하였습니다. 웹툰의 간판 등을 제작할 때도 유용할 것 같습니다.

다운로드페이지 : http://www.woowahan.com/?page_id=3985

· 대한체

윤디자인에서 배포한 명조체인 대한체입니다. 임베딩 형식을 제외한 다양한 상업적 용도로 자유롭게 사용 가능합니다. 한국적인 느낌이 물씬 풍기는 글자체로, 사극이나 일제시대를 배경으로 하는 웹툰에 어울리는 폰트입니다.
다운로드페이지 : http://yoonfont.co.kr/event/20140101_daehan/daehan_20140101.html

· 본고딕(NotoSans)

구글과 어도비가 함께 협력하여 만든 오픈소스 폰트입니다. 당연히 상업적 무료일뿐만 아니라, 원한다면 폰트를 수정하여 사용할 수도 있습니다. 매우 다양한 굵기를 지원해서 상황에 맞춰 사용할 수 있습니다.
다운로드페이지 : http://www.google.com/get/noto/#/family/noto-sans-kore

· 이순신체

한글날을 맞아 아산시청에서 제작한 폰트입니다. 이순신 장군님의 '난중일기'를 토대로 진행했다고 합니다. 거친 필체로, 사극이나 무협 웹툰 쪽에 잘 어울릴 듯 합니다. 공공기관 / 학교 / 회사 / 출판 등 대부분 사용 가능합니다.
다운로드페이지 : http://www.asan.go.kr/font

· 가비아 손글씨체 3종

도메인 및 호스팅 회사인 가비아에서 공개한 폰트입니다. 유료로 폰트 재판매를 제외한, 개인사용자/상업적 이용이 가능한 무료폰트입니다. '가비아 솔미체', '가비아 봄바람체', '가비아 납작블록체'라고 하며, 읽기 편안한 글씨체를 추구한다고 합니다. 일상툰이나, 연애물에 잘 어울릴 것 같은 느낌입니다.
다운로드&소개페이지 : http://company.gabia.com/font

· 미생체

'미생'의 작가 윤태호님의 손글씨를 토대로 만든 폰트입니다. 역시 상업적 이용이 가능합니다. 웹툰 이름을 딴 만큼 여러 웹툰에 두루 잘 어울릴 것 같습니다.

다운로드페이지 : http://webtoon.daum.net/event/misaengfont

웹툰작가를 위한
클립스튜디오 마스터 한글판

| 1판 1쇄 인쇄 | 2016년 8월 10일 | 1판 1쇄 발행 | 2016년 8월 15일 |
| 1판 6쇄 인쇄 | 2021년 12월 15일 | 1판 6쇄 발행 | 2021년 12월 20일 |

지은이 엘프화가 조지훈
발 행 인 이미옥
발 행 처 디지털북스
정   가 32,000원
등 록 일 1999년 9월 3일
등록번호 220-90-18139
주   소 (03979) 서울 마포구 성미산로 23길 72 (연남동)
전화번호 (02) 447-3157~8
팩스번호 (02) 447-3159

ISBN 978-89-6088-187-7 (13560)
D-16-12
Copyright ⓒ 2021 Digital Books Publishing Co., Ltd

Book · Character · Goods · Advertisement · Graphic · Marketing · Brand consulting

D·J·I
BOOKS
DESIGN
STUDIO

facebook.com/djidesign